ÖTZTALER ALPEN

ALPENVEREINSFÜHRER

Ein Taschenbuch in Einzelbänden
für Hochalpenwanderer und Bergsteiger
zu den Gebirgsgruppen der

OSTALPEN

Herausgegeben
VOM DEUTSCHEN UND VOM
ÖSTERREICHISCHEN ALPENVEREIN

Band
ÖTZTALER ALPEN
Reihe: Zentralalpen

DR. HEINRICH KLIER / DR. HENRIETTE KLIER

ÖTZTALER ALPEN

Ein Führer für Täler, Hütten und Berge
mit 28 Bildtafeln, einer Übersichtskarte,
drei Panoramen und zwei Skizzen

BERGVERLAG RUDOLF ROTHER · MÜNCHEN

Umschlagbild: Hintere Schwärze (ganz links) und
Westliche Marzellspitze vom Similaun-Nordgrat
Foto: Hans Huber, Garmisch

Der Text aller in diesem Führer beschriebenen Touren wurde
nach bestem Wissen und Gewissen der Autoren ausgearbeitet.
Autor und Verlag können jedoch keine Haftung für die
Richtigkeit der Angaben übernehmen.

Alle Rechte vorbehalten
7. Auflage 1975
ISBN 3 7633 1209 9

Hergestellt in den Werkstätten Rudolf Rother, München
(1784 / 4853)

Geleitwort für den Alpenvereinsführer Ötztaler Alpen

Die erste Auflage dieses Führers durch die Ötztaler Alpen ist im Jahre 1953 als 3. Band der vom Deutschen und vom Österreichischen Alpenverein gemeinsam herausgegebenen „Alpenvereinsführer erschienen. Seither kamen 21 neue Bände hinzu.

Anläßlich dieser Neuauflage kann festgestellt werden, daß der Gedanke, AV-Führer in Einzelbänden für alle Gebirgsgruppen der Ostalpen herauszugeben, auf fruchtbaren Boden gefallen ist. Alle bis jetzt erschienenen AV-Führer (Allgäuer Alpen, Berchtesgadener Alpen, Bregenzerwald- und Lechquellengebirge, Dachstein, Ferwall, Glockner-Gruppe, Hochschwab, Kaisergebirge, Karwendel, Lechtaler Alpen, Lienzer Dolomiten, Loferer und Leoganger Steinberge, Radstädter und Schladminger Tauern, Rätikon, Rofan, Schobergruppe, Silvretta, Stubaier Alpen, Tennengebirge, Totes Gebirge, Venedigergruppe, Wetterstein, Zillertaler Alpen), die von hervorragenden Sachkennern verfaßt worden sind, haben sich als gute und brauchbare Berater der Bergsteiger aller Richtungen erwiesen. An der weiteren Vervollständigung der Reihe wird dauernd gearbeitet.

Möge auch diese Neuauflage des AV-Führers durch die Ötztaler Alpen, die auf den neuesten Stand gebracht und mit vermehrtem und verbessertem Bildmaterial ausgestattet ist, den Bergsteigern ein stets zuverlässiger Begleiter sein und ihnen helfen, den Weg zu den Schönheiten der Täler und Gipfel zu finden!

Im März 1975

Für den Verwaltungsausschuß
des Österreichischen Alpenvereins
Dr. R. Pfeningberger

Für den Verwaltungsausschuß
des Deutschen Alpenvereins
Heinrich Frank

Vorwort zur 1. Auflage
(gekürzt)

Der Karwendelführer war kaum unterwegs, als der Bergverlag den Plan faßte, einen neuen „Großen Ötztaler Führer" herauszugeben. Wir hatten viele glückliche Bergtage erlebt in dem Zauberreich zwischen Inn und Etsch, viel Sonne und Sturm, Fahrten auf schnellen Hölzern und Stunden in steilem Granit. So wie beim „Karwendelführer" die Zusammenarbeit über die Grenze im Norden hinweg dem Buche eine tiefere Bedeutung gab, so auch hier: die Zusammenarbeit mit unseren Südtiroler Bergkameraden nimmt im alpinen Bereich eine Entwicklung vorweg, die im politischen — so hoffen wir — auch eines Tages reifen wird. Schon mehrmals sind die Bergsteiger im großen Freundschafts- und Friedenswerk der europäischen Völker als erste zu praktischen Ergebnissen gekommen.

Wir haben zu danken Herrn Privatdozent Dr. Karl Finsterwalder für seine Mitarbeit. Seine Namengebung in den neuen AV-Karten kann vollkommen genannt werden.

Ferner haben wir zu danken Herrn Ing. Franz Malcher, einem Mann, dessen Namen wir schon vor einem halben Jahrhundert zusammen mit vielen Ötztaler Bergen genannt finden; Herrn Dr. Josef Prochaska für seine Übertragungen aus der italienischen Literatur; den Herren Dr. Helmut Heuberger, Hans Pitschmann und Herbert Reisigl für die Bearbeitungen der Teile „Landeskunde", „Gesteine, Formen, Gletscher" und „Das Pflanzenkleid".

Sehr verbunden sind wir Herrn Prof. Martin Busch, der uns als Verwalter des Vermögens des ehemaligen DAV in Österreich volle moralische und praktische Unterstützung hat angedeihen lassen.

Möge das Buch, das wir nun in die Hände der Bergsteiger legen, recht viele Menschen zu Bergglück und Höhenfreude führen; möge es ein Wegweiser sein zur Schönheit unserer Welt und unseres Daseins, an die viele nicht mehr recht glauben wollen.

Innsbruck, im Frühjahr 1953

Dr. Henriette Prochaska   Dr. Heinrich Klier

Zur Neuauflage 1961

Einem Führerwerk kann nichts Besseres widerfahren, als wenn es bald vergriffen ist und der Verlag sich zu einer Neuauflage entschließt. Dadurch wird es dem Bearbeiter möglich, immer wieder Neuerungen und Verbesserungen anzubringen. Seit der letzten Auflage war das große Ereignis die Rückgabe der auf österreichischem Boden gelegenen Alpenvereinshütten des DAV an die hüttenbesitzenden Sektionen. Durch diese gerechte Regelung ist mächtig Leben in die Bereiche dieser Hütten gekommen, zahlreiche Verbesserungen wurden dort durchgeführt, und Sektionen, die selbst keine Hütten besitzen, haben sich durch Wegebauten verdient gemacht (Fuldaer Höhenweg vom Taschachhaus zur Rifflseehütte). Wir haben hier allen hüttenbesitzenden Sektionen des DAV und ihren Hüttenwarten für die besonders rege und freundliche Mitarbeit zu danken, insbesondere den Sektionen Frankfurt a. M., Aachen, Karlsruhe, Bremen, Braunschweig, Chemnitz, Breslau und Hamburg. Besonders zu danken haben wir ferner dem Postenkommandanten Insp. Friedl Kleißl von Sölden, der seinen gewaltigen hochalpinen Amtsbereich kennt wie kein zweiter; Prof. Heinrich Hohenegger, einem geborenen Langtauferer; Dr. Walter Plankensteiner, dem Kaunertaler; Lois Köll und Franz Malcher; Doz. Dr. Job für Übersetzungen aus dem italienischen Führer und den Hüttenwirten der Südtiroler Hütten.

Die Hauptarbeit galt diesmal der Südabdachung des Gebirges. Seit der Enteignung der Südtiroler Alpenvereinshütten durch die faschistischen Machthaber 1922 ist es sehr still geworden in diesen Hochtälern. Mehrere Hütten wurden von den neuen „Besitzern" dem Verfall überantwortet. Und wenn man es noch verstehen könnte, daß ehemalige deutsche und österreichische Hütten als „Reparationen" enteignet wurden, — unbegreiflich bleibt es, wieso auch den Südtiroler Sektionen — sozusagen als Willkomm im neuen Staatsverband — die Hütten genommen wurden. Daß der CAI damit nichts anzufangen weiß, wundert uns nicht. Schutzhütten sind fast nirgends ein Geschäft, und hier, in diesen einsamen stillen Bergen über dem Vinschgau schon gar nicht. Man muß dafür Opfer bringen, und das tut man nur, wenn man etwas liebt.

Lediglich über dem hintersten Passeier konnte eine empfindliche Lücke geschlossen werden — durch die Wiederinstandsetzung der Zwickauer Hütte am Planferner. Anstelle der vollkommen verfallenen Höllerhütte können wir guten Gewissens den Inneren Glieshof im Matscher Tal als Stützpunkt empfehlen. Die Höhenmeter, die wir zusätzlich machen müssen, werden durch die echte Südtiroler Gastlichkeit des Bergbauernhofes reichlich ausgeglichen.

Insbesondere sagen wir auch dem Verwaltungsausschuß des ÖAV Dank für die großzügige Unterstützung, die er diesem Werk wieder angedeihen läßt. Nicht nur ist uns dies eine wertvolle praktische Hilfe, die uns die schwere Arbeit großzügiger durchführen läßt: er anerkennt damit auch die Bedeutung der Führerliteratur für die Förderung des Bergsteigens und die Erschließung junger Herzen für die weltalte Schönheit des Hochgebirges.

Poschenhof, Rum, Tirol, im Jänner 1961

Dr. Henriette Klier   Dr. Heinrich Klier

Zur 6. und 7. Auflage

Wir freuen uns, daß unsere Bitte um stetige Mitarbeit durch alle Führerbenützer so viel Gehör findet. Dürfen wir diese Bitte auch hier neuerdings anfügen. Wir sind für jede Nachricht und für jede Kritik, die der Sache dient, dankbar. Insbesondere danken wir den Herren Norbert Fohler und Hasso L. Gehrmann für ihre wertvolle Mitarbeit bei mehreren Auflagen des Führers, sowie den Bergsteigern Alfred Linsbauer, Richard Goedeke, Günter Franke, Karl Hans Pörtl, Anno Diemer, Wolfgang Cornely, Johannes Ullrich, Walter Mayer, Willy Kometer, Werner Freudenberger und W. Zückler für wichtige Informationen.

Mein Sohn Walter, der schon als kleiner Bub gerne mit auf die Berge stieg, ist inzwischen zu einem zünftigen Bergsteiger und Kletterer herangewachsen. Auch ihm macht — wie mir selbst — Bergsteigen in seiner vollen Bandbreite vom ersten bis zum sechsten Grad Freude. Er ist also der ideale Mitarbeiter am AV-Führerwerk geworden. Die Arbeit bescherte uns wieder viele schöne Bergtage in den Ötztalern, und die Erkenntnis, daß die Berge nichts von ihrer Anziehungskraft verloren haben. Die Hütten sind gut besucht, die Seilbahnen schaukeln mehr Menschen bergwärts als je zuvor; und die Steinböcke am Kaunergrat gedeihen dennoch prächtig — den Miesmachern zum Trotz: In diesem großen Gebirge zwischen Timmelsjoch und Reschen ist für jeden Raum genug.

Innsbruck, im November 1974

Walter Klier   Dr. Henriette Klier

Inhaltsverzeichnis

A. Einführender Teil

Seite

    I. Neues und Altes aus den Ötztaler Bergen 13
   II. Begrenzung, Name, Gruppierung . . . 16
  III. Landeskundliche Einführung 17
      1. Der Mensch in der Landschaft . . . 17
      2. Gesteine, Formen, Gletscher 22
      3. Das Pflanzenkleid 28
      4. Naturschutz in den Ötztaler Alpen . 30
  IV. Verkehrsverhältnisse, Entfernungstafel, Rettungswesen, Führerwesen, Staatsgrenze 31
   V. Die Ötztaler Alpen im Winter 34
  VI. Schrifttum und Karten 35
 VII. Hinweise auf den Gebrauch des Führers, Schwierigkeitsbewertung, Namenberichtigungen, Abkürzungen 37

B. Talorte, Hütten und Wege

Erster Abschnitt: **Talorte**

Randzahl:

1—49	I. Das Oberinntal	40
50—89	II. Das Ötztal	48
90—107	III. Das Pitztal	61
108—112	IV. Das Kaunertal	66
113—136	V. Der Vinschgau	69
137—166	VI. Die Seitentäler des Vinschgaues . . .	76

Zweiter Abschnitt:

Die Hütten und ihre Zugangswege

Randzahl:		Seite
167–198	a) Geigenkamm	83
199–211	b) Kaunergrat	89
212–220	c) Glockturmkamm, Nauderer Berge	93
221–242	d) Weißkamm	96
243–264	e) Hauptkamm	101
265–278	f) Texelgruppe, Salurnkamm	107

Dritter Abschnitt:

Verbindungswege - Höhenwege - Übergänge

279–289	a) Geigenkamm	111
290–300	b) Kaunergrat	117
301–316	c) Glockturmkamm, Nauderer Berge	124
317–339	d) Weißkamm	131
340–375	e) Hauptkamm	142
376–406	f) Texelgruppe, Salurnkamm, Planeiler Berge	153

C. Gipfel und Gipfelwege

407–624	I. Geigenkamm	161
625–862	II. Kaunergrat	197
863–1013	III. Glockturmkamm	264
1014–1053	IV. Die Nauderer Berge	295
1054–1265	V. Weißkamm	303
1266–1507	VI. Hauptkamm	357
1508–1610	VII. Texelgruppe	422
1611–1667	VIII. Salurnkamm	446
1668–1715	IX. Die Berge ums Planeiltal	456
	Nachtrag	464
	Randzahlen-Verzeichnis	465

Verzeichnis der Abbildungen

Seite

I.	Gsallkogel von S	209
II.	Rofelewand von S	214
III.	Verpeilspitze von S	221
IV.	Verpeilspitze von O	223
V.	Madatschtürme	231
VI.	Waze von O	237
VII.	Waze von NO	239
VIII.	Seekarleschneid von NW	243
IX.	Seekogel von O	247
X.	Brunnenkögel und Mitterkamm	314
XI.	Wildspitze von O	318
XII.	Wildspitze	320
XIII.	Taschach-Eiswände und Taschachferner	322
XIV.	Petersenspitze	325
XV.	Hochvernagt	333
XVI.	Vernaglwand und Langtauferer Spitze von W	344
XVII.	Weißkugel von N	349
XVIII.	Granatenkogel	365
XIX.	Hochfirst	369
XX.	Liebener Spitze	372
XXI.	Rotmoos-Gipfelrunde	375
XXII.	Schalfkogel von O	391
XXIII.	Ramolkogel von N	397
XXIV.	Hint. Schwärze von O	404
XXV.	Hintere Schwärze von W	408
XXVI.	Similaun-Nordwand	413
XXVII.	Fineilspitze	418
XXVIII.	Texelgruppe von N	436
	Panorama Weißkamm	96
	Panorama Gurgler Ferner	224
	Panorama Geigenkamm	384

Bildnachweis: Dr. Klier (II, IX—XI, XIV, XV, XIX—XXI, XXIII), Fred Oswald (I, III—VIII, XVI, XVII), Lohmann, Obergurgl (XVIII, XXII, XXIV, XXVIII), Lohmann, Vent (XII, XXV—XXVII), Seibert (XIII).

A. EINFÜHRENDER TEIL

I. Neues und Altes aus den Ötztaler Bergen

Immer wieder zieht das große Bergreich zwischen den Tälern des Inns und der Etsch, der Passer und der Ötztaler Ache Bergsteiger und Höhenwanderer, Skifahrer und Sonnenhungrige in seinen Bann. Noch immer kann der Einsamkeitssucher hier Einsamkeit und Alltagsferne finden, noch immer kann der junge Stürmer und Dränger hier seine eigenen, zumindest eigenwilligen Wege gehen ... wenn auch das Gebirge, das wir „Ötztaler Alpen" zu nennen uns geeinigt haben, durchwegs erschlossen ist.
Wie der Karwendelführer, läßt sich auch dieser neue „Große Ötztaler Führer" in der Reihe der Alpenvereinsführer als Zeichen eines Abschlusses setzen. Wenn der neue Weg im Karwendel ein Weg der Winterbergsteiger ist, so ist es hier die weiße Spur des Winterwanderers und Skifahrers, die in die Zukunft weist.
Seit etwa einem Jahrzehnt verschaffen sich die Ötztaler als Zauberland der winterlichen Gipfelstürmer einen Ruf, der ihrer Beliebtheit im Sommer die Waage hält.
Wie überall in den Ostalpen, so ist besonders auch in den Ötztalern die Tätigkeit des Alpenvereins nicht mehr wegzudenken. Dort, wo er nicht wirken kann, sind verfallene oder ausgebrannte Hütten beredte Zeichen seines Fehlens: Heilbronner Hütte, Essener Hütte, Höllerhütte.
Aber auch südl. der Grenze beginnt schon wieder die segensreiche Aufbautätigkeit des Alpenvereins Südtirol, vor allem der Sektion Meran und der jungen, aufstrebenden Sektion Vinschgau.
Nördlich der Grenze entstanden inmitten der schönsten Gletscherwelt der Ötztaler trotz der Schwierigkeiten der Zeit zwei neue prächtige Alpenvereinshäuser: das Hochwildehaus der Sektion Karlsruhe, und die prächtige Martin-Busch-Hütte der Sektion Berlin-Mark Brandenburg (auf Samoar).
Es entstanden aber auch vier der schönsten Kartenblätter, die die Alpengeographie überhaupt kennt: die Blätter Gurgl, Wildspitze-Weißkugel, Kaunergrat–Geigenkamm und Nauderer Berge.
Auch dieser Führer, im Gesamtwerk „Alpenvereinsführer Ostalpen" erscheinend, will mit ein Baustein sein, Führer für Bergwanderer und Gipfelstürmer, Ratgeber bei der Planung zu Hause, Ergänzung zu den Kartenwerken; alpine Bilanz in der Mitte unseres Jahrhunderts, eine Bilanz, die Dr. Ludwig Obersteiner in so verdienstvoller und solider Weise bereits zweimal vor uns gezogen hat, einmal 1925, und dann wieder 1937, und der seinerseits wieder aufbauen durfte auf den bedeutsamen „Illustrierten Führer durch die Stubaier und Ötztaler Alpen" von Heinrich Heß aus dem Jahre 1889.
Was Dr. L. Obersteiner vor drei Jahrzehnten feststellte, daß nämlich „die Ötztaler Alpen genügend mit Schutzhütten und angelegten Wegen versehen sind", gilt auch heute noch und hat sich stets bewahrheitet. Es entstanden tatsächlich keine neuen, nur bessere Schutzhütten. Die Ötztaler, zumindest das Höhenreich, das wir meinen, soll ein Wildland bleiben; wer auf ihre Gipfel will, muß auch heute noch das Abenteuer und die Gefahr bejahen.
Nur wer den Alpenverein mit einem Verschönerungsverein verwechselt, kann die Tatsache, daß keine neuen Hütten und Wege entstanden — ja, daß man sogar Wege, die nicht zumindest vom Begehern her, nach Erneuerung verlangten, verfallen ließ — als Rückgang der alpinen Bewegung deuten.
Neuland, das es für den Führerbearbeiter einer Erkundung zu unterziehen galt, wurde aber vor allem durch den Rückgang der Gletscher geschaffen, der auch in den Ötztalern — vor allem in den letzten Jahren, unvorstell-

bare Ausmaße angenommen hat. Neufahrten gab es und gibt es nur noch im Kaunergrat, in der Texelgruppe und im östlichen Hauptkamm zu machen; von diesen wurde nur aufgenommen, was wirklich dem Charakter der „Ötztaler", die niemals ein Klettergarten sein werden, entsprach.

Das Wissen von den Ötztaler Bergen und Gletschern ist sehr alt. Den Grund bildete allerdings nicht die Schönheit dieser Hochgebirgswelt, sondern die gefährlichen Vorstöße der Ferner (etwa des Vernagtferners, worüber die „Fuggerschen Korrespondenzen" im Jahre 1599 berichten). Zu dieser Zeit waren in den gesamten Alpen erst 12 bedeutendere Gipfel erstiegen; die Überschreitung des Ötztaler Hochjochs durch den Klosterrichter Chr. Mayr und den „Anwalt" Adam Rainer von Schnals, zusammen mit Einheimischen, zum Zwecke der Vieh- und Almnachschau im Rofental, wird 1601 in den Urkunden eigens als besonderer Vorfall hervorgehoben. Achtzig Jahre später wird der Saumweg zum vergletscherten Hochjoch durch Vorstöße des Vernagtferners völlig zerstört. Wer den Gletscher heute hoch droben über dem Rofental verenden sieht, kann sich eine solche Wildheit kaum vorstellen.

Auch im hintersten Gurgltal gebärdeten sich die Gletscher wild; 1718 wird uns eine feierliche Bittprozession beurkundet, die von Gurgl hinaufzieht zum „Steinernen Tisch" (der Stelle, auf der heute das neue Hochwildehaus steht), um den drohenden Ausbruch des Gurgler Eissees durch gläubiges Gebet zu verhindern.

1724 findet man in einem Eisbruch des Hochjochferners einen Toten, der 1701 in einer Spalte verunglückte.

Die großen Gletscherkatastrophen (Ausbrüche der Gletscherseen, wie sie heute noch in den peruanischen Cordilleren vorkommen) regten schon gegen Ende des 18. Jahrhunderts zu systematischen Forschungen an. Prof. Josef Walcher besuchte 1772 den Rofensee, der durch den seitlichen Stau des Vernagtgletschers entstanden ist. A. C. Bordier erkennt, daß die Gletscher zähflüssig sind und strömen. Ein Jahr später erscheinen Walchers „Nachrichten von den Eisbergen in Tirol" — im selben Jahr wird in Landeck die letzte Hexe verbrannt: die Erkenntnisse gingen also Hand in Hand. Steinbock, Bär und Luchs verschwinden aus dem Ötztal.

Mehrere Jahrzehnte lang schweigt die Chronik. Die Freiheitskämpfe ziehen alle Kräfte an sich. Die Bauern aus dem Ötztal und Kaunertal und der Sandwirt aus dem Passeier spielen darin mehrfach große Rollen.

Fähnrich Hauslab, später österreichischer Feldzeugmeister, ist in seinen jungen Jahren ein erfolgreicher Bergsteiger; nach 1811 treffen wir ihn mehrfach im Ötztal. Er besteigt dabei die Talleitspitze, 3407 m, und den nach ihm benannten Hauslabkogel (siehe auch Hauslabjoch) nördl. des Niederjochs.

1830 entsteht am Steinernen Tisch über dem Gurgler Ferner eine primitive Schutzhütte; Fidelitashütte und Hochwildehaus der Sektion Karlsruhe stehen also auf historischem Boden. Im selben Jahr treffen wir auch den ersten Engländer in den Ötztalern: Frédéric Mercey ersteigt u. a. den Schalfkogel. Dann geht es Zug um Zug; die ersten großen Pioniere der Ötztaler treten auf den Plan und ersteigen die ersten großen Berge.

1834: Pfarrer Kaserer von Schnals ersteigt mit Josef Raffeiner den Similaun, der schon fünf Jahre später unseren und drittem Besuch erhält.

Die Weißkugel wird erstmals 1845 von zwei Schnalsern, Gurschler und Weithalm, angegangen; die erste touristische Ersteigung ist uns erst 1861 verbürgt (J. A. Specht mit Raffeiner und einem der Brüder Klotz).

Die Wildspitze wird erstmalig 1847 aus ihrem weltalten Schlaf aufgestört: die Brüder Schlagintweit kommen an ihr bis auf 3500 m; wahrscheinlich steht im Jahre 1848 Leander Klotz, der berühmteste der „Klötz von Rofen" auf dem S-Gipfel. Sicher ist, daß er 1861 als erster den Hauptgipfel be-

tritt. Die 1. touristische Ersteigung des Hauptgipfels (N-Gipfel) folgt erst 1870: Moritz von Statzer und Kurat Franz Senn, der Gletscherpfarrer von Vent, mit mehreren Führern.
Der Ruf von Vent und Gurgl als Touristen-Standquartiere ist schon über hundert Jahre alt: 1845 weist Vent den Besuch von 8 Touristen, Gurgl sogar den von 19 nach. Dazu gehören die Brüder Schlagintweit, die hier Gletscherstudien betreiben, und der Engländer Filton, der als erster das Langtauferer Joch von Hinterkirch nach Vent überschreitet.
Nach 1850 tauchen die kühnen Vermesser auf: Hauptmann Ganahl ersteigt 1852 die Hochwilde, andere Vermessungsoffiziere die Hohe Geige, den Funduspfeiler, den Glockturm, den Nörderkogel und eine Reihe kleinerer Gipfel. 1861 ist der erste große Führerlose, J. J. Weilenmann, in den Ötztalern und überschreitet allein das Weißseejoch, das Ölgrubenjoch und das Pitztaler Jöchl. Meist allein ersteigt er sodann den Weißen Kogel, den Ramolkogel, Similaun, Roßkopf, Mitterkopf und die Hochwilde ... alle im Jahre der Gründung des ÖAV in Wien.
Schon ein Jahr später tritt der Gletscherpfarrer Franz Senn an den neuen Verein heran, will ihn zur Unterstützung eines Wegbaues von Vent über das Hochjoch (nachdem der alte 150 Jahre früher, vom Vernagtferner zerstört wurde) überreden und ihm 200 Gulden abknöpfen. Der Alpenverein lehnt den Antrag "als ein in seinen Wirkungen schließlich zweifelhaftes, kostspieligen Einflüssen ausgesetztes Unternehmen" ab.
Pfarrer Senn läßt sich daraufhin mit dem "Referat Hütten und Wege" nicht weiter ein und baut aus eigenen Mitteln und mit Hilfe Einheimischer eine kleine Schutzhütte an der Kreuzspitze — etwa eine Stunde oberhalb der jetzigen Samoarhütte. Dort hauste später längere Zeit der Maler Brizzi, weshalb sie auf den Karten durchwegs als Brizzihütte bezeichnet wurde. Sie ist längst verfallen. Im selben Jahr ersteigt der Gletscherpfarrer mit dem besten Ötztaler Führer Cyprian Granbichler die Fineilspitze, die Hochvernagtspitze und die Kreuzspitze. Cyprian ersteigt im selben Jahr beide Wildspitz-Gipfel und pflanzt dort Fahnen auf. Drei Jahre später findet der treue Führer im Schneesturm am Hochjoch den Tod, dem der Gletscherpfarrer nur mit knapper Not entgeht.
Doch ungebrochen arbeitet der Gletscherpfarrer weiter. 1869 gründet er einen Führerverein des Ötztales, fördert den Bau eines kleinen Hospizes am Weg zum Hochjoch durch Benedikt Klotz (an der Stelle des im ersten Weltkrieg verfallenen Alten Hochjochhospizes), ersteigt mit dem Berliner Professor Scholz den Fluchtkogel, und schickt den Führer Alois Ennemoser zur Erkundung der Watzespitze aus, der diese dann gleich selbst ersteigt.
1871 hören wir das erstemal Nachrichten aus den Bergen südl. des Hauptkammes: Dr. Th. Petersen ersteigt mit Alois Ennemoser die Texelspitze, Dr. V. Hecht mit R. Raffeiner die Hohe Weiße.
1874 erbaut die Sektion Frankfurt ein Haus über dem Taschachferner, das alte Taschachhüttl; 1876 wird das Hochjochhospiz, das Josef Gruener inzwischen übernommen und erweitert hatte, von einer Lawine zerstört. Gruener erbaut daraufhin im folgenden Jahr die Samoarhütte, die ihm der AV 1907 abgekauft hat.
1880 hören wir von den ersten Winterbergsteigern: Kurat Kuprian von Gurgl ersteigt mit einem Gast aus Wiesbaden, unter Führung von P. P. Gstrein, den Ramolkogel am 9. Februar dieses Jahres. Bald kommen die großen Alleingeher und führen J. J. Weilenmanns Pläne aus: E. G. Lammer durchsteigt die SO-Wand der Wildspitze, Dr. Pfaundler die S-Wand der Hochwilde, Dr. Mann ersteigt die Mutspitze und die Texelspitze im Winter. Braunschweiger, Weißkugel- und Frischmannhütte entstehen um 1890. Der Kaiserjäger-Oberleutnant Franz Kasparowski aus Innsbruck ist der erste, der den Beweis erbringt, daß man auch mehrere Berge auf einmal ersteigen

kann; am 9. August 1890 ersteigt er, zusammen mit Johann Scheiber aus Vent, Weißkugel, Fluchtkogel und Wildspitze an einem Tag, in kaum 20 Stunden. Hörtnagl, Forcher-Mayr und Gef. vom AAKI überschreiten den gesamten Geigenkamm in einem Zuge.

Damit war die erste Erschließung in den Ötztaler Alpen beendet. Große Vorbilder hatten große Möglichkeiten aufgezeigt. Neue Hütten und Zugangswege gaben der kleinen Erschließung mächtige Impulse. Selbst die Tagesmärsche durch die verhältnismäßig lange unbefahrbaren Täler im Norden (Ötztal, Pitztal, Kaunertal) schreckten die Bergsteiger von damals nicht ab.

Aus der Tatsache der langen, unwirtlichen und lawinengefährdeten Anmarschwege erklärbar — stießen die Pioniere des weißen Sports verhältnismäßig spät in das Ötztaler Bergreich vor. Erst um die Jahrhundertwende finden wir da und dort einen Skifahrer, und erst in den Dreißigerjahren nehmen die Ötztaler ihren gewaltigen Aufschwung als erstrangiges hochalpines Skigebiet, und Gurgl, Vent und Sölden werden Wintersportplätze mit internationalem Gepräge. Durch den Krieg nur unterbrochen, hat dieser Aufschwung seinen Höhepunkt noch lange nicht erreicht. Man müßte sich die Augen vorstellen, die der Gletscherpfarrer machen würde, stiege er an einem Ostermorgen auf die Wildspitze, und träfe dort hundert begeisterte Skifahrer beiderlei Geschlechtes an, unter einem mächtigen, glitzernden Gipfelkreuz ihre Gipfelfotos aufnehmend, um jenen weiten Weg zu ahnen, den die Menschen gegangen sind ... von jener feierlichen Bittprozession zum „Steinernen Tisch" bis auf unsere ostermorgendliche Skifahrerprozession auf den höchsten Gipfel des Ötztaler Bergreiches.

Es bleibt uns nur nochmals zu sagen, was wir schon am Ende des Vorworts zum Karwendelführer ausdrückten: Möge der neue Ötztaler Führer seinen Benützern ebenfalls soviel Freude bringen, wie er seinen Verfassern bereitet hat.

II. Begrenzung, Name, Gruppierung

Begrenzung:

Die natürliche Abgrenzung gegen die Stubaier Alpen im O, mit denen die Ötztaler Alpen bis zur Jahrhundertwende zusammen genannt wurden, stellt das Ötztal von der Einmündung der Ötztaler Ache in den Inn bis Zwieselstein und weiter bis zum Timmelsjoch dar (Timmelsbach). Vom Timmelsjoch südl. hinab ins Passeiertal, über St. Leonhard nach Meran im Etschtal.

Die Begrenzung im NW, W und S ist ebenfalls klar vorgegeben: Von Bh. Ötztal dem Inn aufwärts bis Finstermünz. Sodann verläuft die Gebirgsgrenzung über den Reschen und durch den Vinschgau etschabwärts bis Meran.

Name:

Der Name Ötztal leitet sich her vom Dorf Ötz. Unrichtig ist es, die Ötztaler Ache als „die Ötz" zu bezeichnen. Ötz ist ein deutscher Flurname und bedeutet „Weide" (vgl. „äsen", „etzen").

Warum erhielt das Tal seinen Namen nach dem Dorf Ötz? Das Dorf Ötz war kirchlich eine Filiale von Silz und als solche nicht bedeutender als z. B. der Nachbarort Umhausen, dessen kirchlicher Bereich sogar noch Sölden und Gurgl einschloß. Aber in gerichtlicher Beziehung hatte Ötz eine Vorrangstellung. Die Kirchspiele Ötz und Umhausen bildeten einen einzigen Untergerichtsbezirk, der das ganze Tal außer Vent umfaßte. Der Dingstuhl dieses Gebietes stand in Ötz. Deshalb ging der Name des Dorfes auf das ganze Tal über. Fest steht, daß bereits 1269 der Name Ötztal bis Zwieselstein ausgedehnt war (K. Finsterwalder).

Gruppierung und Benennung
(vgl. Skizze S. 18)

Die früher übliche Benennung „Weißkamm — Weißkugelkamm — Weißkugel-Salurn-Kamm" war verwirrend.
Es besteht kein stichhaltiger Grund, den riesigen „Weißkamm", der eine gewaltige, durchwegs zusammenhängende Gletscheroberfläche darstellt, zu unterteilen, zumal auch die Namen seiner großen begrenzenden Berge ihre Stammeszugehörigkeit nicht verleugnen: Weißer Kogel im O, Weißkugel im SW, Weißseespitze am westl. Eck. Vom Weißkamm streichen nord- und nordwestwärts die vier großen Seitenkämme (Geigenkamm, Kaunergrat, Glockturmkamm, Nauderer Berge) ab, mit denen wir die Beschreibung beginnen (I—IV), Weißkamm V.
Der Hauptkamm (VI) — vom Timmelsjoch bis zum Hochjoch — ist ein geschlossener Zug, so daß kein Grund besteht, ihn den nördl. abzweigenden Seitenkämmen zuliebe weiter zu unterteilen. Wir nennen die Wasserscheide vom Timmelsjoch bis zum Hochjoch „Hauptkamm".
Die Berge südl. des Hauptkammes bilden drei — vor allem etwa für den Beschauer von der Weißkugel oder der Hochwilde aus — deutlich zusammengehörige Gruppen: die kreisförmige Texelgruppe im O (VII), den Y-förmigen, mit dem Fußpunkt des Y am Quelljoch wurzelnden Salurnkamm (VIII) in der Mitte, und die hufeisenförmig um das Planeiltal liegenden „Planeiler Berge", die mit dem Rund des Hufeisens (Äußerer Bärenbartkogel) an das Bärenbartjoch und die Weißkugel anstoßen (IX).
Auch von einer Unterteilung der Kämme in Stöcke, Untergruppen und dergleichen wurde abgesehen; dieses Bild bietet sich vielfach nur auf den Karten, während der Geher im Gelände unversehens von einem Unter-Stock auf den nächsten gerät. Orographie darf in einem Führerwerk nie Selbstzweck werden.
Diese Vereinfachung ermöglicht uns erstens, Raum zu sparen; zweitens den mancherort geäußerten Befürchtungen, ein Spezialführer sei eine Frucht der allgemeinen Überspezialisierungs-Sucht, entgegenzuhalten, daß wir nur dort genau sind, wo dies wichtig ist, im übrigen aber die Sache so einfach wie nur möglich machen.
Unsere neue Einteilung und Benennung ist also wie folgt:
I. Geigenkamm — II. Kaunergrat — III. Glockturmkamm — IV. Nauderer Berge
V. Weißkamm
VI. Hauptkamm (mit den Seitenkämmen: Ramolkamm, Kreuzkamm)
VII. Texelgruppe — VIII. Salurnkamm — IX. Planeiler Berge.
Die kleine Übersichtskarte mag zu unserer Neueinteilung und -benennung das übrige sagen.

III. Landeskundliche Einführung
(Helmut Heuberger)

1. Der Mensch in der Landschaft

Das Ötztal empfängt einen nicht sehr freundlich. Man muß erst die föhrenbestandene Trümmerlandschaft des Tschirgant-Bergsturzes durchwandern, ehe man in Bereich Sautens — Ötz bäuerliches Kulturland betritt. Die beiden Ortschaften liegen weitab von der Ötztaler Ache: Sautens auf einem mächtigen alten Murschuttkegel, Ötz ebenfalls auf randlichen Aufschüttungen. Die ersten Siedler schützten sich auf diese Weise vor Hochwasser. Diese Anpassung an die natürlichen Gegebenheiten finden wir bei allen älteren Siedlungen. Und sehr alt sind auch diese beiden Orte. vor allem Sautens, dessen v o r d e u t s c h e n N a m e n wir nicht mehr

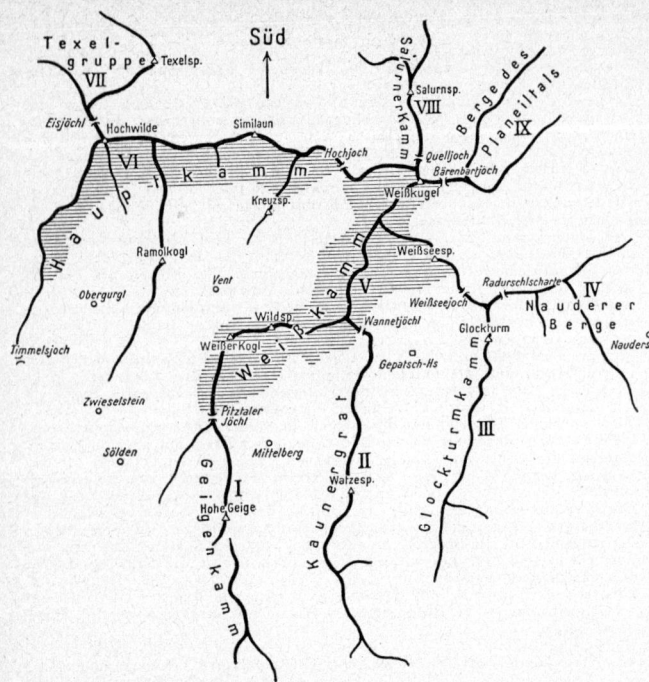

Die Einteilung der Ötztaler Alpen in 9 Gruppen

verstehen. Die ältesten namentlich bekannten Siedler waren im Inntal die Breunen, im Vinschgau die Venosten — beide Vindelicerstämme, deren romanisierte Nachfahren man wegen ihrer Zugehörigkeit zur römischen Provinz Rätien Rätoromanen nennt.

In scharfem Gegensatz grenzen an die Föhrenwälder des Bergsturzgebietes Wiesen und Felder, die in dem feineren und an sich schon fruchtbareren Material der seitlichen Aufschüttungen einen guten Boden finden. Hier gedeihen alle wichtigeren Getreidearten, Mais und Obst. Die Früchte der Zypressen, Maulbeerbäume und Kastanien an der Straße und um die Hotels reifen noch in warmen Sommern. Einige Flachsfelder erinnern an die Zeit der Leinenweberei. Die Leinwandweberei spielte in Tirol als Hausgewerbe früher eine ziemliche Rolle, besonders im Ötztal, aber auch im Pitz- und Kaunertal, wo früher viel mehr Flachs angebaut wurde. Der Ötztaler Flachs wurde aber auch auf dem alten Saumweg über das Timmelsjoch ins Passeiertal gebracht, dort versponnen und die Leinwand ins Etschtal verkauft. Nach dem Niedergang der Leinwandweberei im 19. Jahrhundert wird heute nur noch vereinzelt für den eigenen Hausgebrauch Flachs gesponnen. — Den Nebenverdienst bringt heute der Fremdenverkehr ein.

Über eine Stufe erreichen wir Habichen. Dort hört der Maisbau auf, während er im Pitztal in der Gemeinde Jerzens bis 1160 m hoch ansteigt. Eine weitere Stufe führt zur nächsten Ebene.

Tumpen, Ösen, Umhausen — diese deutschen Namen weisen darauf hin, daß sich als erste in diesem Gebiet deutsche Siedler festgesetzt haben. Ebenso finden wir es in den anderen Tälern: An den Ausgängen vordeutsche Siedlungen wie Arzl, Wenns und Jerzens im Pitztal, Kauns im Kaunertal, Riffian im Passeier — deutsche Ortsnamen weiter taleinwärts: Zaunhof, St. Leonhard, Trenkwald im Pitztal, Feichten im Kaunertal, St. Leonhard, Moos und Rabenstein im Passeier.

Die vordeutsche Bevölkerung ist nicht sehr zahlreich gewesen und hatte sich mit der Besiedlung der Haupttäler und der äußersten Nebentäler begnügt. Die Deutschen aber kamen auf die Dauer damit nicht aus und drangen rodend in die inneren Täler vor. So finden wir im Ötztal bis Zwieselstein fast nur noch deutsche Ortsnamen. Die Baiern erreichten in der zweiten Hälfte des 6. Jahrhunderts das mittlere Inntal und überschritten um etwa 590 den Brenner, aber erst im 12., 13. und 14. Jahrhundert erschlossen sie die Waldgebiete und besetzten den gesamten heutigen Siedlungsraum. Auf der N-Seite des Hauptkammes standen hinter dieser Kolonisation vor allem weltliche und geistliche G r u n d h e r r e n aus dem schwäbisch-bayrischen Alpenvorland wie die schwäbischen Herren von Schwangau, von Ronsberg und die Welfen, das schwäbische Kloster Ottobeuren und die bairischen Stifte Frauenchiemsee und Regensburg. Auf der S-Seite sind im Passeier erst auch die Welfen genannt (11. Jahrhundert), aber ansonsten saßen die Grundherren doch im Bereich des Vinschgaues. Mehr als auf der N-Seite finden wir auf der S-Seite noch Zeugen dieser adeligen und geistlichen Grundherrschaften und Gerichte (Burgen, Klöster). Ein Unikum sind die 11 Schildhöfe im Passeier (Bereich St. Leonhard), halb Edelsitze — halb Bauernhöfe, deren — ursprünglich adelige — Besitzer ritterliche Vorrechte und Pflichten innehatten.

Der Unterschied zwischen vordeutscher und deutscher Siedlung springt vor allem angesichts der Höhensiedlungen in die Augen. Schon über Ötz sahen wir Höfe und Weiler hoch am Sonnenhang emporrreichen. Die Rätoromanen blieben unten in ihren sehr geschlossenen Dörfern. Die Baiern zerstreuten sich selbst im Bereich der Talsohle häufig, wie schon die vielen Weiler im Bereich von Umhausen zeigen. Die Möglichkeit der Einzelsiedlung befähigte sie, auch kleine Terrassenstücke und gute Lagen an den Hängen zu nützen. An den seilen Flanken des Gebietes Tumpen-Umhausen sehen wir da nur den Weiler Farst an einer abschüssigen Terrasse über Felsabbrüchen hängen. Große Landnot muß geherrscht haben, als sich hier die ersten Bauern festsetzten. Die Getreidesamen werden hier einzeln mit dem Daumen in die steilen Äcker gedrückt. Die herabgespülte Ackererde muß alljährlich wieder emporgeführt werden (meist noch auf dem Rücken!).

Nun windet sich die Straße durch die waldige Fels- und Trümmerwildnis der Maurachschlucht, bis sich plötzlich das ehemalige Seebecken von Längenfeld weit öffnet.

Wir haben an Höhe gewonnen. Der Weizen fehlt bereits. Am Kaunerberg Weizen bis 1300 m; höchster Weizenstandort des Gebietes und gleichzeitig einer der höchsten in den Ostalpen: letzte Höfe von Greit im Radurschltal (1440 m).

Gerste und Kartoffel überwiegen, aber auch Roggen und Flachs kommen noch auf (Roggen bei Fineil [Schnals] noch in rund 1900 m Höhe). Im Winter gilt diese Gegend als die kälteste des Tales, da sich die Kaltluft wie in jedem Becken hartnäckig festsetzt.

Ende der dreißiger Jahre wollte man das Längenfelder Becken zu einem riesigen Speichersee stauen, den man jedoch im zerrütteten Fels der Maurachschlucht, nicht genügend hätte abdichten können. Die Stufengliederung des Ötztales, der Wechsel von Weitungen und Engen aber reizt weiterhin zur Nutzung der Wasserkraft.

Seit 1956 läuft das Innwasser vom Stausee oberhalb Landeck durch einen Stollen direkt zur Imsterau, fast genau wie der ehemalige Innlauf Pillersattel—Pitztal, nur tiefer. Im inneren Kaunertal (bei „See") wurde ein riesiger Speicher gebaut, der auch Wasser vom Pitztal herüber aufnimmt. Auch im Pfossental wird ein Staudamm errichtet.

In Schnals entstand oberhalb Hauptortes Unsere liebe Frau ein großer Speicher. Dieser Stausee der „Etschwerke" füllt den ganzen Talgrund des „Gerstgraserbodens" oberhalb von Unsere liebe Frau bei Obervernagt, wo einige alte Höfe geräumt werden mußten.

Hinter Huben verengt sich das Tal. Nur selten begegnet uns eine Siedlung in dieser Waldschlucht. Endlich treten die Hänge wieder auseinander und vor uns liegt Sölden, die flächenmäßig größte Landgemeinde Österreichs, ein Musterbeispiel dafür, wie sich selbst im Talgrund die deutsche Siedlung des Hochmittelalters völlig in Weiler und Einzelhöfe auflöste.

Selbst wenn man bisher noch nicht auf die vielen Bewässerungskanäle geachtet hat — hier sieht man an der Straße noch einige der früher zahlreichen Holzrinnen durch das gletschergeschliffene Randbuckelgelände laufen. Im ganzen Oberinntal und dessen Seitentälern trifft man diese einfachen Anlagen, die den Feldern und vor allem den Wiesen oft von weit her Bachwasser zuführen. Hier in den innersten Alpentäler gelangen nur mehr wenig Niederschläge, so daß der Bauer der Natur nachhelfen muß. Noch mehr gilt das für den Vinschgau. Hier treten die höchsten Wasserleitungen im Sommer als scharfe Grenzen zwischen dürrer Steppe oben und grünem Bewässerungsland unten hervor. Diese uralten „Waale" (aquale) weisen ein fast unmerkliches, erstaunlich gleichmäßiges Gefälle auf. — Ein strenges Wasserrecht ordnet die Verteilung des Wassers. Besonders auf der N-Seite benützt man diese mittelalterlichen Anlagen vielfach nicht mehr und sie verfallen.

Die beiden großen Äste des Ötztales führen uns in die Kampfzone der Dauersiedlung. Hoch oben am Hang beim Geislacher (nahe Heiligkreuz) liegen in rund 1800 m Höhe die höchsten Gerstenäcker der N-Abdachung unseres Gebietes. Im Talgrund selbst treffen wir die letzte Sommergerste bei Winterstallen in etwa 1740 m Höhe. Das höchste Gerstenfeld der Ötztaler Alpen überhaupt wurde in den letzten Jahren bei Kurzras (Kurzhof) in Schnals in ungefähr 2040 m Höhe gesehen.

Hier im Herzen der Ötztaler Alpen steigt die Dauersiedlung fast am höchsten in den Ostalpen. Nur an wenigen Stellen der Alpen reicht sie noch höher. Obergurgl (1910 m) ist das höchste Kirchdorf Österreichs, Vent (1896 m) bleibt dahinter nicht weit zurück. Als äußerster Vorposten ganzjährig bewohnter ländlicher Dauersiedlung behaupten sich die Rofenhöfe (2014 m) im Bereich der letzten geschlossenen Waldungen. In Rofen gedeihen nur noch Kartoffeln und Gemüse in kleinen Gärten

(Krautgartln). — Je höher wir gestiegen sind, desto ausschließlicher hat sich der Schwerpunkt der Landwirtschaft auf die Viehhaltung verlegt. Im 14. Jahrhundert war die Besiedlung der Täler in großen Zügen abgeschlossen. Die Baiern — anfangs hauptsächlich Viehzüchter — hatten damals auch den Ackerbau bereits bis an seine klimatische Obergrenze vorgeschoben, höher als heute. — Vent ist nun auf einmal wieder ein vordeutscher Name. Noch mehr fällt dieser Wechsel in den Berg-, Gletscher- und Flurnamen auf. Beispiele: Vernagt (wohl von rovinaticum = etwas Vermurtes), Latsch (früher Flatsch, von vallacia = Hochtal), Glasëir (von clausura = umzäuntes Grundstück), Marzell (von mara = Mure), Firmisan (Valmezana = Mitteltal). Diese Namen beschreiben das Hochgebirge, die Naturgewalten oder nehmen Bezug auf die Viehweide.

Wir erkennen folgenden Siedlungsgang: Eine dünne rätoromanische Siedlerschicht saß an den Talausgängen, rodete nicht, betrieb aber in den Talhintergründen bereits Hochweidewirtschaft, vielleicht sogar regelrechte Almwirtschaft. Die später eingedrungenen Baiern drangen rodend weiter in die Nebentäler ein, zuletzt auch in die alten Weidenutzungsgebiete, wo sie schließlich sogar Dauersiedlungen anlegten, später zum Teil jedoch wieder aufgaben.

Das friedliche Nebeneinander deutscher und vordeutscher Namen, die unveränderte Übernahme vordeutscher Namen durch die Deutschen läßt keine gewaltsame Eroberung erkennen, sondern ein friedliches Durchdringung, wobei die schwächere ältere Siedlerschicht allmählich aufgesogen wurde. Im oberen Vinschgau hielt sich sogar bis zum Beginn des 18. Jahrhunderts eine romanisch sprechende Minderheit, im Ausläufer der Rätoromanen Graubündens. — Mitte Juni oder September kann man mitten auf dem Gurgler Ferner oder auch auf dem Niederjoch- oder Hochjochferner großen Schafherden begegnen. Es sind Schafe aus Schnals, dem Vinschgau und sogar aus dem Ultental auf dem Weg zu den Weidegebieten innerhalb von Vent und Gurgl (Gurgler Großalm) oder auf dem Rückweg. Bis zu 4000 Schafe queren jährlich von Schnals her den Hauptkamm. Es sind die Reste einst viel größerer Viehtriebe, an denen auch Großvieh beteiligt war. Dieses Übergreifen uralter Weiderechte von S her über die Wasserscheide und derzeitige Staatsgrenze beleuchtet die ganze Siedlungsgeschichte des inneren Ötztales. Der Vinschgau liegt der Wasserscheide viel näher als das Inntal. Zudem war das Etschtal früher dichter besiedelt. Daher erreichten die Leute von der S-Seite den Hauptkamm eher und dehnten ihre Nutzungsgebiete auf die N-Seite hinüber aus. Den Besitzgrenzen folgten weitgehend auch die kirchlichen und weltlichen Grenzen. Bis 1939 bestand eine gewisse Abhängigkeit der Kuratie Vent von Schnals, bis ins 19. Jahrhundert war Schloß Castelbell Gerichtssitz für Vent wie Innerschnals und bis 1918 reichte die Bezirkshauptmannschaft Schlanders (Vinschgau) fast bis Vent. Außer den Almhütten sieht man oberhalb der Waldgrenze oft kleine Heuhütten, die zu Bergmähdern gehören. Nur einmal im Jahr wird hier gemäht. Besonders im Gurgler Tal kann man beobachten, wie dann die Heubündel an einfachen Seilaufzügen zu Tal schweben. Häufig und gefährlicher werden sie im Winter mit Schlitten herabgeführt.

Wo die Hänge nach oben zu flacher werden, lösen die Almen und Bergmähdern den Wald ab. Die Waldgrenze ist also vom Menschen gezogen worden und liegt tiefer, als es die Natur verlangt. Nicht nur, weil das Klima rauher wurde, ist sie seit dem frühen Mittelalter um Hunderte von Metern gesunken. Wo aber der Wald nicht mehr den Boden festhält und sich nicht mehr als Hindernis in die Hänge stellt, brechen Muren und Lawinen bis zum Talgrund vor (Januar 1951!).

Im großen und ganzen sind die Täler der Ötztaler Alpen noch eine Bergbauernlandschaft. Der Fremdenverkehr verhilft zum notwendigen Zusatzverdienst, aber er ändert auch das Gesicht dieser Landschaft und ihrer Menschen.

2. Gesteine, Formen, Gletscher

Würden die Gletscher weiter abschmelzen und schließlich ganz verschwinden, so träte der Gegensatz zwischen zentralen und nördl. Ötztaler Alpen noch klarer zutage. Die höchsten Erhebungen im Bereich der größten Gletscher, die Gipfel des Zentralkammes und auch die weiter südl. — sie alle wären ohne Eis eine ziemlich eintönige Gesellschaft im Vergleich zu den verwegenen Gestalten, denen man in den nördl. Kämmen begegnet. Dieser Unterschied liegt vor allem im Gestein begründet.

Wildspitze und Weißkugel — überhaupt die Berge südlich der Linie Langtaufers—Gepatsch—Mittelberg—Sölden bis über den Hauptkamm — gehören dem häufigsten Gestein der Ötztaler Alpen an, das auch weiter nördl. immer wieder zu finden ist, außerdem in ähnlicher Ausbildung im SO, besonders zwischen Pfelders und unterem Vinschgau. Es sind die S c h i e f e r g n e i s e und G n e i s g l i m m e r s c h i e f e r. Sie bestehen hauptsächlich aus Schuppen von braunschwarzem Magnesia-Eisen-Glimmer (Biotit), ferner aus weißkörnigem Quarz und aus weißem Feldspat. Je reichlicher Feldspat enthalten ist, desto mehr wird das Gestein zum festen Gneis; je weniger Feldspat es führt, desto mehr ähnelt es Glimmerschiefern. Der Glimmer verwittert am leichtesten und färbt das Gestein dann braun bis rotbraun (Eisengehalt). Darum widersteht es der Abtragung nicht besonders, die Vegetation ergreift leicht Besitz davon, und die Grate setzen sich oft nur aus Trümmern zusammen. Die Gipfelformen sind ruhig und ohne Eis eher unscheinbar; nach hohen Wänden, nach steilen Graten und Kanten sucht man vergeblich. Darum begegnet der Kletterer in diesem Gestein selten größeren Schwierigkeiten. Es bietet reichlich Griffe und Tritte, ist aber ziemlich brüchig und schuttbedeckt — und dies um so mehr, je weniger Feldspat es führt.

Die Berge um den Gepatschferner fallen in der Nachbarschaft dieser mäßig steilen, zerfurchten, rostbraunen Kämme durch graue, schroffe Wandabbrüche und steile Gipfelformen auf. Sie gehören der härtesten Abart der Schiefergneise, einem schuppigen B i o t i t g n e i s an. Die schön parallel geordneten dunklen Glimmerschuppen treten in dem weißkörnigen Quarz-Feldspat-Gemenge mehr zurück. Diese feinkörnigen Gneise bilden mit Vorliebe Tafeln und dicke Bänke aus. Der Kletterer findet hier steileren, festeren Fels und besonders dort, wo sich die Platten aufrichten, weniger und kleinere Griffe.

Südl. des Hauptkammes, im Gurgler Gebiet über den Hauptkamm auf die N-Seite greifend, herrschen zunächst zusammenhängend, weiter im S meist überwiegend, verschiedene G l i m m e r s c h i e f e r a r t e n.

Westl. des Gurgler Gebietes breiten sich hauptsächlich auf der S-Seite des Hauptkammes bis an die Linie Planeil — Tascheljöchl — Karthaus S t a u r o l i t h - G l i m m e r s c h i e f e r aus. Heller Glimmer (Muskovit) überwiegt, Feldspat tritt ganz zurück. Alles was für die Schiefergneise gesagt wurde, gilt für die Glimmerschiefer in erhöhtem Maße. Wo sie nicht durch härtere Gesteinszüge gestützt werden, bilden sie gewöhnlich keine Kletterberge, sondern eher weit hinauf begrünte Skiberge. Die höchsten Erhebungen ähneln denen der Gneisglimmerschiefer. Um Haltepunkte wird man nicht verlegen, aber das Gestein zerfällt leicht und überzieht sich unangenehm mit blätterigem Schutt.

Im Bereich des oberen Passeiertales und des Zentralkammes im Gurgler Gebiet (zwischen Königskogel und Karlesspitze) und dessen S-Seite bis zur Texelgruppe herrschen graue G r a n a t g l i m m e r s c h i e f e r vor, die allerdings vielfach von Zügen härterer Gesteine durchsetzt werden: Von weißem Marmor, dunkelgrünem Amphibolit, ferner namentlich an der Hohen Wilde von gelben Quarziten. Sie unterscheiden sich von den oben beschriebenen Glimmerschiefern besonders durch größeren Mineralreichtum: Granat bis zu Faustgröße (Granatenkogel-S-Seite der Hochwilde), dunkelgrüne Hornblendestengel, dunkle Glimmer usw. durchsetzen das Gestein regellos. Alle bisher besprochenen in sich sehr differenzierten Gesteine rechnet man zu den Trug- oder P a r a g n e i s e n ; sie sind ihrer Herkunft nach als Schichtgesteine keine echten Gneise. Ihnen stehen vorwiegend in den nördl. Gruppen der Ötztaler Alpen die echten, die O r t h o g n e i s e gegenüber, die als schmelzflüssige Massen aus dem Erdinneren in die Schichtgesteine eingedrungen sind. Zwei Haupttypen lassen sich in unserem Gebiet unterscheiden: Die hellen Granitgneise und die dunklen, grünen Amphibolite (Hornblendegesteine).
Mit die großartigsten Gestalten des Kaunergrats (Watzespitze, Rofelewand usw.) sind Vertreter eines Granitgneises, des B i o t i t g r a n i t g n e i s e s. Die Bestandteile dieses Gesteins sind grundsätzlich die gleichen wie bei den Schiefergneisen, doch überwieg Quarz und Feldspat bedeutend. Bei der Tiefentalalpe (1853 m) im Pitztal Vorkommen von Andalusit.
Weiters gehören dazu Berge im Glockenturmkamm, und im Geigenkamm die Hohe Geige, wo man allerdings mehr von B i o t i t a u g e n g n e i s spricht, da auffallende große Feldspat-„Augen" hervortreten; das gilt auch für die Watzespitze. Biotitgranitgneis baut u. a. den Hauerkogel, Zielspitze und Tschigat auf. Er bildet wuchtige Gipfel mit steilen Graten und prallen Wänden — Gestalten, die man sich einprägt. Hier kommt der Kletterer auf seine Rechnung. Er findet im allgemeinen festen, rauhen Fels, allerdings oft auch plattige, griffarme Stellen. Er muß sich überdies vor losen Blöcken hüten, die durch eine leichte Berührung ins Rollen kommen. Seekogel und Puitkogel bestehen aus einem ähnlichen Gestein, aus T o n a l i t g n e i s, der grobkörniger ist als der Biotitgranitgneis und außer den Glimmerschuppen auch dunkelgrüne Hornblendestengelchen enthält.
Der Glockturm (Vorkommen von Andalusit und Disthen) und die meisten seiner nächsten Nachbarn vertreten den am meisten verbreiteten Granitgneis der Ötztaler Alpen. Er weicht von den bisher besprochenen deutlich ab: Der Biotit tritt hinter den hellen Kali-Glimmer (Muskovit) zurück. Die Feldspäte bilden große „Augen" und ausgezogene Linsen (Flasern). Daher spricht man von z w e i g l i m m e r i g e n A u g e n - u n d F l a s e r g n e i s e n. Vor allem sind sie viel stärker durchbewegt als die übrigen (jüngeren) Granitgneise, also gefaltet und verbogen, zerdrückt und die Glimmerschuppen oft zu grünlich schillernden Serizithäuten verquetscht. Dieses Gestein baut den Rostizkogel im Kaunergrat auf. Es erscheint in großer Verbreitung bei Umhausen und im mittleren Pitztal, in den Bergen östl. und nordöstl. des Mittelbergernteises usw. Im Verhältnis zu ihrer großen Verbreitung haben diese Gneise für den Bergsteiger nur an wenigen Punkten Bedeutung. Sie bilden mächtige Gipfel als die Schiefergneise, aber weder besonders hohe Wände noch besonders steile Grate wie die Granitgneise. Sie sind grobkörniger und rauher als diese, außerdem viel stärker zerklüftet und daher brüchiger. Die losgewitterten Blöcke und Platten sind meist gut verankert. Den inneren Granitgneis schließt sich um den Glockturm herum ein etwas ähnlicher Granit an, der besonders weiß ist: Er führt außer Quarz und Feldspat nur hellen Glimmer (Muskovit), der bisweilen fast verschwindet. Er bildet auch keine Augen, ja er ist oft nicht einmal geschiefert, sondern zeigt so

ursprüngliche, völlig ungeordnete granitische Struktur. Dieser M u s k o v i t g r a n i t ist rauh (grobkörnig) wie der Augengneis, aber sehr fest. Er bildet pralle Formen, ist wenig gegliedert und arm an Griffen. Auch in der nördl. Nachbarschaft des Glockhauses macht er sich bemerkbar, ferner in der Hinteren Ölgrubenspitze. Besonders kommt er in der scharf geschnittenen Pyramide des Pitztaler Urkunds zur Geltung. Häufig tritt diese Gesteinsart an den Rändern der anderen Granite in Form von dicken Adern oder breiteren Gängen auf, wobei man den feinkörnigen A p l i t und den grobkörnigen P e g m a t i t unterscheidet. Beispiel: S-Flanke des Rostizkogels. Solche weiße Gänge findet man häufig auch in den Planeiler Bergen, wo sie steile Wandstufen in den Glimmerschiefern bilden und auch Hindernisse auf den Graten. Besonders die Aplite können durch ihre Glätte und Griffarmut unangenehm werden; man bringt auch schwer Haken hinein. Noch ein Gestein verhilft dem Geigenkamm und dem Kaunergrat zu wildem Aussehen. Es bildet die lange Talenge des Ötztales zwischen Längenfeld und Sölden und baut dann fast sämtliche Gipfel des Geigenkammes zwischen Luibiskogel und Hoher Geige auf, weiter im N zur Hauptsache den Wildgrat und das Kreuzjöchl, im Kaunergrat die Verpeilspitze, Gsahlkogel, Peuschelkopf und weiter im N die Gruppe Acherkogel — Ölgrubenspitzen — Köpfle. Es sind meist nackte, steile Gipfel, oft wilder noch und vor allem zerrissener als die der Granitgneise, mit zerhackteren Graten. Durch die dunkelgrüne Farbe des Gesteins wirken sie besonders düster. Hier haben wir es mit der zweiten Gruppe der Orthogneise zu tun, mit den A m p h i b o l i t e n : Neben den Hauptbestandteil, die dunkelgrüne Hornblende (Amphibol), tritt weißer Feldspat, dazu häufig Granat und gelbgrüner Epidot, gelegentlich auch dunkler Glimmer. Wo dieses Gestein an die Oberfläche tritt, bringt es eine scharfe Note in die Landschaft, denn es ist hart, zäh und besonders wetterfest. Es kann schroffe Flanken bilden, meist sind diese aber mehr gegliedert als bei den Graniten, denn die Amphibolite sind gut gebankt. Sie geben einen festen Kletterfels, der glatter ist als die Granitgneise. Er verwittert weniger als die Granite und bildet scharfrandige Platten; Henkelgriffe sind weit seltener als bei den Granitgneisen.

In den Schneeberger Glimmerschiefern sieht man oft lange, schmale, manchmal auch mächtige Züge weißen M a r m o r s , z. B. am Kirchenkogel (Gaißbergtal). Ihnen verdankt die Hohe Weiße ihren Namen und auch sonst treten sie in der Texelgruppe auffallend hervor. Sie neigen zur Wand- und Wandstufenbildung. Dadurch verschärfen sie die milden Felsformen der Granatglimmerschiefer und auch auf Graten, die sie queren (N-seitige Nebenkämme des Hauptkammes) treten sie als helle Sägezähne hervor. Der Fels ist steil, kleingriffig und oft glatt, aber fest. Der Endkopf (Jaggl) über dem Reschensee ist der inselhafte Rest einer einst größeren Deckschicht von Kalkgesteinen. Hauptsächlich handelt es sich im Gipfelaufbau um einen zuckerkörnigen, vorwiegend dunklen Dolomit (W e t t e r s t e i n d o l o m i t).

Am NW-Rand des Gebietes tauchen unter den bisher besprochenen Gesteinen völlig fremde Schiefer auf: die B ü n d n e r s c h i e f e r . Es handelt sich dabei hauptsächlich um veränderte Sedimentgesteine, um graue und darüber liegend um bunte Kalkglimmerschiefer und Phyllite, die besonders leicht verwittern und im allgemeinen nur sanfte niedrige Vorberge bilden.

L a g e r u n g s v e r h ä l t n i s s e : Die Gesteinspakete sind meist eng gefaltet und steil aufgerichtet (im N-Teil, dem Gebiet der vielen Orthogneise, meist nach N oder S; im SO-Teil meist nach SO oder NW). Namentlich im Venter Gebiet fast senkrechte Stellung und sehr schwankender Verlauf — Lange Simse und Bänder fehlen. — Besonders am NW-Rand des Gebietes, aber auch sonst oft Gestein durch Bewegungen verquetscht und morsch.

*

Die riesige Fläche des Gepatschferners kann einen fast vergessen lassen, aus welch engen Tälern man emporgestiegen ist. Man steht inmitten einer sanften, weiten Landschaft, die von ruhigen Firnkuppen und scharfen, aber niedrigen Felsgipfeln überragt wird — und dies im Herzen des Hochgebirges! Ähnlich ergeht es einem im Firngebiet aller größeren Ferner, sei es nun der Vernagtferner, der Gurgler Ferner oder der Mittelbergferner. Man muß hohe Steilstufen überwinden, um aus der Flachregion der Firnfelder und Kare hinab in die eigentliche Talregion zu gelangen. Vermittelnd schiebt sich das breite Krummgampental, im Gurgler Gebiet das Rotmoostal und Gaißbergtal dazwischen, deren sanfte Sohlen wiederum als Steilstufen auslaufen; die Bäche überwinden sie teils stürzend, teils in tiefen Klammen. Gleichsam erst ein Stockwerk tiefer also erreicht man die Gebiete von Gepatsch und Gurgl. Wieder steht man in ziemlich breiten, flachsohligen Tälern. Vom Gepatschhaus muß man abermals über eine Stufe hinab und dann zieht sich das Tal endlos hinaus bis zur Mündungsstufe und -schlucht. Die Gipfel verstecken sich hinter den steilen, oft felsigen Talflanken. Mehr Abwechslung bringt das Ötztal. Das Gurgler Tal läuft auf einer hohen Stufe aus, über die man nach Zwieselstein hinabsteigt. Weiter hinab reihen sich wie eine Perlenkette Stufen und Becken, Engen und Talweitungen. Alle Seitenbäche kommen durch Klammen oder stürzen über hohe Stufen. — Dem Bergsteiger in den Alpen ist diese Riesentreppe ein vertrautes Bild. In vielen anderen Gebirgen (Kaukasus, Himalaya, Anden) fehlt die sanfte Hochregion. Sie ist nicht durch die Gletscher entstanden, sondern schon lange vor dem Eiszeitalter, als die Alpen noch ein niedriges Mittelgebirge waren — nur mit Ansätzen zum Hochgebirge. Dann erst, längst nachdem sie gefaltet waren, hoben sie sich heraus, und nach jeder Hebungsphase schnitten sich die Flüsse aufs neue ein, indem sie vom Rand her den Gefällsbruch, der durch die Hebung entstand, allmählich immer tiefer ins Gebirge schoben, wo wir ihn heute als Talstufen antreffen, besonders an den Mündungen von Seitentälern, deren Bäche sich nicht so schnell eingeschnitten vermochten wie die der Haupttäler.
An den Rändern der Gebirgsgruppe haben sich die Täler natürlich schon am tiefsten eingegraben, so daß sie hier die Gipfel unmittelbar angreifen. Dadurch wird der durch das Gestein bedingte Formunterschied zwischen Zentralkamm und nördl. Ötztaler Alpen noch weiter verschärft. Über den inneren Tälern aber haben sich die alten Flächen besser erhalten als in irgend einer anderen Gebirgsgruppe der Ostalpen, denn die Alpen sind an dieser Stelle am breitesten und so hatte die Talzerschneidung hier immer den längsten Weg. Die Ötztaler Alpen weisen also die höchste Aufragung in breiter Masse, die höchste Massenerhebung in den Ostalpen auf, wenn auch einzelne Gipfel anderer Gruppen höher sind. Auf der S-Seite liegt der Alpenrand tiefer und näher als im N; daher ist der Zerschneidungsprozeß von dorther schon weiter gediehen und der Gebirgsabfall schroffer und ärmer an alten Landoberflächenresten.
Dies alles wirkt sich entscheidend auf die Vergletscherung aus, denn die alten Flächenreste sind dank ihrer hohen Lage die ausschlaggebenden Stützpunkte der Gletscher. So stehen die Ötztaler Alpen mit rund 350 qkm (1880—1890) vergletscherter Fläche weitaus an der Spitze aller ostalpinen Gebirgsgruppen. Der Gepatschferner ist mit 18.74 qkm (ohne Langtauferer Zufluß) der zweitgrößte und mit 9,4 km Länge mit der längste Gletscher der Ostalpen (1942/43). Größer und gleich lang ist nur die Pasterze. — Die großen Gletscher reichen tief in die jüngeren Täler hinunter,

denen sie sich in Zungen anpassen, wobei sie den Sprung von Stockwerk zu Stockwerk oft in gewaltigen Brüchen überwinden (Gepatsch-, Mittelberg-, Kesselwand- Taschachferner). Gurgler-, Hochjoch- und vor allem der Gepatschferner entsenden auch Zungen nach der S- Seite, wo im übrigen nur ein Bruchteil der vergletscherten Fläche zu finden ist.

Die große Massenerhebung drückt aber auch die oberen Klimagrenzen in die Höhe, denn die Winde werden besonders weit hinauf beeinflußt, vor allem aber wird dadurch eine bedeutende Heizfläche (Ausstrahlung der empfangenen Sonnenwärme durch die Erdoberfläche) in größte Höhe gehoben. Die Niederschlagsarmut folgt aus der Abschirmung durch die Lechtaler Alpen und Ortlerberge. So steigt die Schneegrenze, über der sich der Schnee über den Sommer hält und die Gletscher ihre Vorräte auffüllen, in den inneren Ötztaler Alpen bis über 3100 m an. Litznerspitze (3203 m) und Mastaunspitze (3200 m) (zwischen Matscher und Schnalser Tal) sind die höchsten unvergletscherten Gipfel der Ostalpen.

Die Ötztaler Ferner gehören zu den klassischen Stätten der Gletscherforschung. Ein Hauptverdienst daran hat der Alpenverein, der die nötigen Mittel zur Verfügung stellte. Am Vernagtferner entwickelte 1897 S. Finsterwalder seine grundlegende Gletscherströmungstheorie, wobei er sich als erster bei der Aufnahme eines Gletschers der Photogrammetrie (Bildmessung) bediente. 1904 erbohrten H. Heß und A. Blümcke erstmals die Tiefe einer Gletscherzunge am Hintereisferner (214 m; höher oben bei 224 m Felsgrund nicht erreicht). Das bildete wiederum die Grundlage für die ersten seismischen Tiefenmessungen an Gletschern (Explosionen, deren Erschütterungswellen durch Messung verfolgt werden), womit H. Mothes 1928 hier 184 und 293 m Eisdicke maß. — 1933—1935 zeigte V. Vareschi durch die Untersuchung von Blütenpollen im Gepatschferner neue Wege zur Erforschung der Gletscherstruktur auf. Am alten Hintereisferner und Vernagtferner wurden seit 1950 durch die Forschungen von H. Hoinkes, ferner von W. Ambach, R. Rudolph und O. Schimpp zu den wichtigsten Untersuchungsgebieten des Eishaushaltes ostalpiner Gletscher.

Traurig sehen wir dem Dahinsiechen der Ferner zu. Den einst so berühmten Mittelbergferner erblickt man kaum noch von Mittelberg aus. Vom Gepatschhaus aber hält man nachträglich Ausschau nach der großen Zunge des Gepatschferners. — Viele Anstiege haben sich besonders dadurch verändert, daß auch in den Firngebieten die Gletscher immer mehr Fels freigeben. Dadurch kommen oft sehr steile und glatte Wandpartien zum Vorschein, andererseits aber auch völlig morsches Gestein, das durch die ständige Durchfeuchtung und den Frostwechsel (Frostsprengung) so zerstört wurde.

Seit über einem halben Jahrhundert verfolgen Forschungsgruppen des Alpenvereins diesen Gletscherrückgang durch jährliche Messungen. Um zu den heute flachen, schmutzigen Zungen der Ferner zu gelangen, muß man sich kilometerweit durch loses Blockwerk kämpfen und schuttbedecktes Eis macht einen besonders zu schaffen. Diese Gletschervorfelder heben sich von weitem durch geringen Bewuchs scharf von ihrer Umgebung ab. Sie sind durch hohe Moränenwälle begrenzt, denen meist die Wege folgen und deren nachgiebige, steile Innenböschungen gefährlich sind. Diese Moränen sind die Zeugen eines bedeutenden Gletschervorstoßes um das Jahr 1850 herum, der in vielen Fällen der größte seit der Eiszeit überhaupt war. Damals endigte der Gepatschferner — 120 m von der Gepatschalm entfernt — mitten im Zirbenwald. 750 m vor Mittelberg wölbte sich die Zunge des Mittelbergferners mit einem gähnenden Gletschertor, und alljährlich führte der Pfarrer von St. Leonhard am Annatag (26. Juli) eine Prozession dorthin; von einer in Eis gehauenen Kanzel aus bat er um Schutz vor Verheerungen durch den Ferner. Kesselwand- und Hintereisferner bildeten damals eine gemeinsame Zunge. Ebenso verbanden sich Marzell- und Schallferner. Sehr von sich reden machte der **Vernagtferner**. Dessen Zunge, vereinigt mit der des Guslarferners, stieß bis ins Rofental vor und staute den Rofenbach zum Rofner Eissee (1210 m lang, bis 260 m breit, bis 85 m tief). Das geschah um die Jahre 1600, 1678, 1773, 1848. Oft brach der See aus und verheerte wiederholt das Ötztal (1878 große Bittprozession von Ferner). — Fast ebenso berühmt war der Gurgler Eissee, den der Gurgler Ferner im Langtal abdämmte, vor das er sich besonders um 1850 legte, aber auch schon früher (1718 Prozession von Sölden zum Steinernen Tisch (Hochwildehaus), wo am Gletscherufer eine Messe gelesen wurde; Jahreszahl dort eingemeißelt). Die Ausbrüche dieses Sees verursachten keine besonderen Schäden.

Das sind wichtige Zeugnisse für historische Gletschervorstöße. Der größte seit dem Eiszeitalter war am Vernagtferner der von 1773, an vielen anderen Alpengletschern der von 1600.

Überall in den Tälern bis hoch zu den Kämmen hinauf und in den Karen begegnen uns Moränenablagerungen und Gletscherschliffe aus dem **Eiszeitalter**. Vor etwa 20 000 Jahren noch waren die Täler erfüllt von ungeheuren Eismassen, über die nur die höheren Gipfel aufragten. Zur Zeit des Höchststandes lag die Oberfläche des Innglctschers am Ausgang des Ötztales vermutlich in rund 2500 m Höhe, der Ötztaler Gletscher stand bei Vent und Gurgl mindestens 2900 m hoch und der Etschgletscher im Untervinschgau bei rund 2300 bis 2400 m. Etsch- und Inngletscher hingen also über die Ötztaler Jöcher zusammen. — Die vielen hufeisenförmigen Moränenwälle, die heute weit von den Gletschern entfernt in den Tälern und vor allem oben in den Karen liegen, stammen großenteils von Vorstößen der Gletscher am Ende der letzten Eiszeit während des allgemeinen Eisrückgangs. Von der Wirkung der Eiszeitgletscher kann sich der Bergsteiger überall überzeugen. Ihnen verdankt er es vor allem, daß die Gipfel vielfach so steil geworden sind. Die Gletscher haben sie zugeschärft, indem sie die Wände untergruben und dabei die Kare und überhaupt die alten Hochflächen noch vergrößerten. Auf gleiche Weise machten sie unten in den Tälern die Flanken schroffer (Trogtäler). Auch die Talstufen waren vorher nicht so steile Fronten wie heute vielfach. — Der Rifflsee (Pitztal) ist nur als Werk der Gletscher zu verstehen. Sie allein können aus flachen Talsohlen tiefe Becken schürfen. Auf diese Weise gab es am Ende der Eiszeit zahlreiche Talseen, die aber — vor allem durch die Schuttlieferung der Bäche — wieder verlandeten (Rotmoos bei Gurgl). Nur in den Karen, wo die Bäche nicht diese Kraft haben, sehen wir noch zahlreiche Seen in Felsbecken und hinter Moränenwällen.

Am Bahnhof Ötztal sieht man sich von eintönigen Föhrenwäldern umgeben, die einen bis in die Gegend von Ebene begleiten. Sie stehen auf einer hügeligen Trümmermasse, die in grauer Vorzeit vom Tschirgant niederbrach. Viele solcher **Bergstürze** haben sich nach der letzten Eiszeit ereignet, denn die Talflanken waren ja steiler geworden, und als die Gletscher — die als Widerlager wirkten — schwanden, verloren oft größere Felspartien ihren Halt. Kein Tal in Tirol kann sich in dieser Hinsicht mit dem äußeren Ötztal messen. Die beiden Stufen unterhalb und oberhalb von Habichen und dem Piburger See entstanden durch Bergstürze von der W-Flanke. Über Köfels im Ötztal brach der ganze Kamm nieder. Die Sturzmassen riegelten die Becken von Längenfeld und Niederthai ab; daher auch der Stuibenfall!

Selten sehen wir in den größeren Tälern die Felssohle; meist sind sie hoch angefüllt mit Schutt, hauptsächlich aus dem Eiszeitalter. Die Felssohle des Längenfelder Beckens (nördl. Teil) erbohrte man in 135,20 m Tiefe, andere Bohrungen erreichten den Grund nicht. Im obersten Vinschgau zwischen

Mitter- und Haidersee fand man bei 183 m Bohrtiefe noch keinen Fels, ebensowenig bei Obervernagg (Schnalser Tal) in 100 m Tiefe.
Am Ende der Eiszeit waren die ganzen Hänge mit einem dicken Schuttmantel überzogen, den die Bäche — vor allem in der ersten Zeit — zu Tal schleppten. Dort bauten sie große Schwemmkegel vor, die dann, nachdem ihre Bildung mangels weiteren Nachschubes abgeschlossen war, von der Siedlung besonders bevorzugt wurden (Schutzlage!). An vielen Stellen aber kann man diese Vorgänge noch beobachten. Nach Gewittern muß der Bergsteiger oft mühsam über frische Muren steigen, welche Straßen und Wege unterbrochen und manchmal sogar die Bäche gestaut haben. Die Verbauungsarbeiten verschlingen viel Geld. Vor allem bemüht man sich, durch Wiederaufforstung jenen natürlichen Bodenschutz neu zu schaffen, der in den vergangenen Jahrhunderten so leichtfertig preisgegeben wurde.

3. Das Pflanzenkleid
(Hans Pitschmann, Herbert Reisigl)

Die Massenerhebung der Ötztaler Alpen drückt sich in dem eigenartigen „kontinentalen" Klimacharakter der inneren Täler deutlich aus: sehr geringe Niederschläge, kalte Winter, heiße, trockene Sommer. Pflanzen, die durch längere Zeit hohe Feuchtigkeit brauchen, gedeihen nur ausnahmsweise und unter günstigen Bedingungen (Tannen und Buchen vereinzelt bei Sautens und im Passeier), dafür nehmen Gesellschaften mit geringeren Wasseransprüchen, sogar Steppen, breiten Raum ein. Gleichzeitig erreichen hier viele Arten ihre absoluten Höchstgrenzen. Der Mangel an größeren Kalkgebieten und die lange, in den Tälern vollständige Vergletscherung während der Eiszeit lassen die Lebewelt relativ arm erscheinen. Dennoch bieten die Ötztaler Alpen mit einem Höhenunterschied von fast 3500 m der Pflanzenwelt einen weit gespannten Bogen, der in stetem Wechsel und reizvollen Gegensätzen die Brücke schlägt von der südl. Vegetation des Vinschgaus zu den letzten Blüten hoch oben im Eiswind der Gletscher.
In der flirrenden Hitze der S-Hänge fehlt alles Wasser, und über weite Strecken breitet sich die einförmige, bräunlichweiße Dürre der Steppen. Im oberen Inntal (Fendels, Kaunerberg, Fließ) und im äußersten Ötztal finden wir ähnliche Steppen wie im Vinschgau, im Innerötztal reichen sie als Bergsteppen bis hinter Vent.
Die Felsensteppe ist das eigentliche Revier des Sefenstrauches (Juniperus Fabina). Im ganzen Gebiet kleben seine flachen, braungrünen Teppiche hoch oben in heißen, oft senkrechten Wänden. Bei Vent, im Pfossental und hinter Feichten steigt er mit den letzten Zirben bis auf 2400 m.
In weiter Verbreitung herrscht auf trockenen, warmen Böden die Waldsteppe mit der anspruchslosen Föhre (Pinus silvestris), dem Heiderich (Erica carnea) und vielen echten Steppenpflanzen.
In mittleren Lagen folgt die Bergwaldstufe der Fichten-Lärchenwälder. Abwechslung bringt das hin und wieder eingestreute Laubwerk von Bergahorn, Bergulme, Zitterpappel und Eberesche. Die prächtigen, blumenreichen Lärchwiesen (besonders schön die Pfundser Tscheywiesen und die bei Nauders) sind unter dem Einfluß der Menschen entstanden, welche die Fichte geschlagen, die nadelwerfende und damit düngende Lärche aber geschont haben.
Die subalpine Zirben- und Krummholzstufe.
Lärchen und vor allem Zirben bilden in den Zentralalpen fast allgemein die Waldgrenze (maximal bei 2200 m). An südseitigen Felsen klettert die frostharte, aber gegen Schneedruck sehr empfindliche Zirbe vereinzelt bis 2400 m. Die schönsten, fast reinen Zirbenhochwälder sind im einsamen, wildreichen Radurscheltal.

Wo Lawinen und Felsstürze dem Wald breite Wunden geschlagen haben, füllt oft das K r u m m h o l z die Lücken. In nassen Runsen, aber auch an natürlich baumfreien, feuchten Schutthalden der N-Seiten dehnen sich die oft riesigen, undurchdringlichen Bestände der Grünerle (Alnus viridis) aus. Auf kaliarmen, von Schafen nicht beweideten Gründen vermag die im Kalk so charakteristische Legföhre (Pinus Mugo) auch im Urgesteinsbereich stellenweise größere Flächen zu besiedeln (Niedertal bei Vent).

Die Stufe der Z w e r g s t r a u c h h e i d e n (untere alpine Stufe).
Grünerle, besonders aber rostrote Alpenrose (Rhododendron ferrugineum) und Schwarzbeere (Vaccinium Myrtillus) bilden den Unterwuchs der Zirbenwälder. Während die erste jedoch die Baumgrenze kaum überschreitet, formen die schneeschutzbedürftige Alpenrose und der blaugrüne Zwergwacholder (Juniperus sibirica), der als einziger unsere Nadelhölzer 3000 m übersteigt, das Mosaik unserer Stufe.

Die H o c h m o o r e sind klimatisch und der Entstehung nach mit den Zwergstrauchheiden eng verknüpft. In schönster Ausbildung sehen wir sie am Pillersattel (Putzenmoos), im Radurscheltal und über Sölden (Atemlöchermoos). Ihre Pflanzen sind bezeichnend, zum Teil begegnen wir ihnen nur hier: Oft wuchert dichtes Latschengestrüpp, immer aber treffen wir mehrere Torfmoose (Sphagnum), Rauschbeere, die Moosbeere (Oxycoccus microcarpa), den fleischfressenden Sonnentau (Drosera rotundifolia) und das seidige Wollgras (Eriophorum vaginatum). Reste alter Moore finden sich im Gurgler Rotmoos (2300 m) und am Platteiboden über Rofen noch bei 2723 m. Ihre Bildung fand in einer wärmeren Zeit (etwa 5. bis 2. Jahrtausend v. Chr.) und noch unterhalb der damaligen Baumgrenze statt, die einst im Rofental 2800 m erreicht hat.

Durch intensive Beweidung ist die Zwergstrauchheide vielfach vom Bürstling (Nardus stricta) und in höheren Lagen vom Buntschwingel (Festuca varia) verdrängt worden, die saftigere Gräser nicht hochkommen lassen. Die höchststeiger.den geschlossenen Pflanzengesellschaften schließlich stellen die gelbbraunen Matten der G r a s h e i d e n (obere alpine Stufe). Größte Verbreitung im Gebiet haben vor allem die Bestände der lockigen Krummsegge (Carex Curvula, bis 3000 m), der Hortsegge (Carex sempervirens) und an Windecken die des Nacktrieds (Elyna myosuroides).

In warmen Felsspalten kann das feine Gamshaar (Juncus trifidus), zusammen mit der Spinnwebhauswurz (Sempervivum arachnoideum) und Schrofenrösl (rote Platenigl, Primula hirsuta) stellenweise die Seggenarten ersetzen. In Felsritzen noch höherer Lagen sind die duftenden Edelrauten (Artemisia laxa und Genipi) zu Hause. In feuchten Schuttrinnen wiederum kriecht mit langen rötlichen Ausläufern die gelbe Bergnelkenwurz (Sieversia reptans) zwischen den Goldsternen der Gamswurz (Doronicum Clusii).

Wo sechs und mehr Monate im Jahr Schnee liegt, geht der Rasen in die sogenannten S c h n e e b ö d e n über, die eine ganz bezeichnende Pflanzenwelt (Gletscherweide — Salix herbacea, Polytrichum-Arten) beherbergen. Auf dem Neuland der Gletschervorfelder siedeln zuerst Moose, Steinbrecharten und ein Rispengras (Poa laxa), dann kommen langsam Hornkräuter (Cerastium pedunculatum und uniflorum), Wundklee (Anthyllis alpestris) und zwei weitere Kleearten.

Über 3000 m lockert sich die geschlossene Rasendecke zusehends und nur auf besonders sonnigen, windgeschützten und humosen Felsbändern steigen zimmergroße Teppiche der Krummsegge, mit ihr viele der früher genannten Arten in die S c h n e e s t u f e (bis 3300 m am Hinteren Spiegelkogel).
Darüber beginnt die Region der Polsterpflanzen. Schon in den geschlossenen Grasheiden, noch mehr aber hier oben, haben sich die Pflanzen auffallend verändert: Der Wuchs ist kräftiger, gedrungener, die Farben sind leuchtender

geworden; die Blätter werden von langen Haaren oder dickem Filz umsponnen, aber vor allem ist es die Bildung von Polstern, welche die Pflanze gegen Wind und Verdunstung schützen und gleichzeitig manchen anderen Samen ein Keimbett schaffen. Wenn wir nach langer, mühevoller Wanderung über Schutt und Eis den festen Fels betreten, und plötzlich eine große Kugel entdecken, die übersät ist von zahllosen kleinen roten Nelkenblüten (stengelloses Leimkraut, Silene acaulis), so berührt es uns immer wieder ganz eigen: welche Kraft muß doch in dieser Pflanze sein; auf eine ganz kurze Zeitspanne ist ihr Wirken zusammengerückt. In weniger als 3 Monaten blüht sie, verblüht und fruchtet, und schafft noch Vorrat fürs nächste Jahr. Die höchsten Spitzen und Grate tragen nur noch wenige Laubmoose (Grimmia- und Racomitrium-Arten), Nabelflechten (z. B. Umbilicaria-Arten) und sehr viele Krustenflechten (auffallend an vogelgedüngten Blöcken vor allem die orangerote Caloplaca elegans). Hier ist das Leben in seiner äußersten Grenze; hier empfinden wir es noch als Wunder.

Nach den bisherigen Beobachtungen übersteigen in den Ötztaler Alpen 74 Blütenpflanzen die 3000-m-Grenze, am hinteren Spiegelkogel blühen und fruchten in einem winzigen Blumengarten auf 3400 m Höhe nicht weniger als 29, und die Rauschbeere hält noch bei 3300 m allen Stürmen stand.

Dem Bergsteiger werden manchmal mitten im schmelzenden Firn der Gletscher weinrote Flecken auffallen. Dieser „rote Schnee" rührt von einer mikroskopisch kleinen Alge (Chlamydomonas nivalis) her, die uns aber durch ihre Färbung und das Vorkommen in großen Massen erkennbar wird.

4. Naturschutz in den Ötztaler Alpen
(nach der Tiroler Naturschutzverordnung vom 15. Januar 1952):

Im Bereich der Ötztaler Alpen finden sich an Naturdenkmalen (in Klammer das Jahr der Unter-Schutz-Stellung):
Piburger See (1928), Grünsee bei Nauders (1933). Ein eigenartiges geologisches Naturdenkmal ist das Bimsstein-Vorkommen bei Köfels im Ötztal (1928). Unter Schutz gestellt wurden ferner die in etwa 3000 m Höhe befindlichen Aufenthaltsorte des Matterhorn-Bärenspinners (1951).

An geschützten Tieren finden sich in den Ötztaler Alpen:
Wirbeltiere: Igel, Spitzmäuse, Fledermäuse, Haselmaus, Maulwurf, Wiesel und Eichhörnchen. ferner Bergeidechse, Blindschleiche und Ringelnatter, Alpensalamander, Laubfrosch, Kröten und Unken.
Insekten: 3 Schmetterlinge: Apollo, Segelfalter und Matterhorn-Bär; ferner der Hirschkäfer und die Rote Waldameise.

Bei den geschützten Pflanzen lassen sich drei Gruppen unterscheiden:
I. Völliges **Pflückverbot** besteht für Edelrauten (§ 2), Artemisia laxa und Genipi.
II. Es dürfen höchstens 5 Stück je Person gepflückt werden (§ 1) von: Türkenbund (Lilium martagon), Feuerlilie (Lilium bulbiferum), Kohlrösel (Nigritella nigra und rubra). Akelei (Aquilegia atrata), Küchenschelle (Pulsatilla vernalis), Seidelbast (Daphne mezereum), Steinrösel (Daphne striata), Aurikel (Primula auricula), Edelweiß (Leontopodium alpinum).
III. Es ist verboten, mehr als einen kleinen Handstrauß (was man mit Daumen und Zeigefinger einer Hand umspannen kann) zu pflücken (§ 3):
Eisenhut, alle Arten (Aconitum), Enzian, alle klein- und großblütigen Arten (Gentiana), Orchideen (Knabenkraut und verwandte Gattungen), Weiße Alpenanemone (Anemone alpina), Berghähnlein (Anemone narcissiflora). [Nach Prof. Dr. K. Walde.]

IV. Verkehrsverhältnisse, Entfernungstafel, Rettungswesen, Führerwesen, Staatsgrenze
Verkehrsverhältnisse

Eisenbahnlinien:
Der N-Rand des Gebirges stößt an die Linie der Arlbergbahn; Bh. Ötztal, Imst und Landeck liegen an dieser Linie. Sie sind Haltestellen der meisten D-Züge und Ausgangspunkte für das Ötztal, Pitztal und Kaunertal. Dadurch ist die große Zufahrtsmöglichkeit für den N-Teil des Gebirges bereits gegeben.
Für den S-Teil ist Meran der Verbindungspunkt mit den großen Bahnlinien: Brenner — Bozen — Meran; oder Verona — Bozen — Meran. Von Meran führt die Vinschgau-Bahn etschaufwärts bis Mals.

Autoverbindungen:
Wenige Jahre nach dem zweiten Weltkrieg wurden sowohl durch die Österreichische Bundespost, als auch durch eine Reihe von privaten Unternehmungen zahlreiche, für den Bergsteiger ungemein günstige Autoverbindungen aufgenommen.
Innsbruck — Ötztal — Ötz — Zwieselstein — Obergurgl.
Bahnhof Ötztal — Sölden — Zwieselstein.
Zwieselstein — Obergurgl.
Bahnhof Imst — Pitztal — Wenns — Trenkwald — Planggeroß.
Innsbruck — Imst.
Landeck — Prutz — Feichten (im Sommer bis Hst. Märchenwiese).
Landeck — Prutz — Nauders.
Innsbruck — Brenner — Bozen — Meran.
Bozen — Meran — Mals — Reschen.
Meran — St. Leonhard im Passeier.
Mcran — St. Leonhard — Jaufenpaß — Gossensaß — Sterzing — Innsbruck (und zurück; von Mai bis Oktober).
Graun — Langtaufers — Hinterkirch.

Jeepverbindungen:
Sölden — Hochsölden.
Zwieselstein — Vent.
Feichten — Gepatschhaus (nur fallweise eingerichtet; vorherige Erkundigung nötig).
Weiter sind mit Pkw (bzw. Jeep) befahrbar: Das Passeiertal bis Pfelders (bzw. Lazins), und bis auf das Timmelsjoch. Das Schnalstal bis Kurzras, das Matscher Tal bis Whs. Glieshof, das Planeiltal bis Planeil, das Pitztal bis zur Taschachalm, und die Timmelsjochstraße: Untergurgl, Hochgurgl, Timmelsjoch — Passeiertal.

Seilbahnen und Lifte von bergsteigerischem Interesse:
Sesellift Sölden — Hochsölden.
Sölden — Geislacher Kogel (Gletscherbahn).
Obergurgl — Festkogel.
Obergurgl — Hohe Mut.
Hochgurgl — Wurmkogel.
Hochzeigerbahn (Jerzens im Pitztal)
Mandarfen — Riffelseehütte.
Venetbahn (Landeck).
Sesellifte Nauders.
Sesellift Meran — Küchelberg.

Materialseilbahnen (Rucksacktransport):
Mittelberg — Braunschweiger Hütte.
Rofen bei Vent — Breslauer Hütte.
Karlsruher Hütte — Hochwildehaus.

Gurgl — Ramolhaus.
Pitztal — Riffelseehütte.
Kurzras — Whs. Schöne Aussicht.
Hüttenhang zur Similaunhütte auf dem Niederjoch.
Taschachalm (Moränenhügel) — Taschachhaus.

Entfernungstafel

Innsbruck — Bahnhof Ötztal	46 km
Bahnhof Ötztal — Umhausen	15 km
Umhausen — Sölden	25 km
Sölden — Zwieselstein	6 km
Bahnhof Ötztal — Zwieselstein	46 km
Innsbruck — Imst	55 km
Bahnhof Imst — Wenns	8 km
Bahnhof Imst — Mittelberg	38 km
Innsbruck — Landeck	78 km
Landeck — Prutz	13 km
Prutz — Feichten	13 km
Feichten — Gepatsch	16 km
Prutz — Nauders	28 km
Nauders — Reschen (Grenze)	6 km
Bozen — Meran	32 km
Meran — Mals	72 km
Mals — Reschen (Grenze)	20 km
Meran — St. Leonhard im Passeier	12 km

Rettungswesen

Die Berge sind kein Sportplatz; dies wird in keiner Lage so deutlich, wenn der Berg seine Opfer fordert. Das Wissen um die Gefahr ist der erste Schritt zu ihrer Verhütung.
Der Rat des Erfahrenen, wohlüberlegtes Handeln, eine tadellose Ausrüstung, — dies alles kann helfen, Unfälle zu verhindern. Die Eintragung ins Hüttenbuch mit Angabe der geplanten Bergfahrt oder das Zurücklassen einer Nachricht erweisen sich immer wieder als ungemein wertvoll bei Unfällen, denn die Suchaktion kann sonst so viel Zeit in Anspruch nehmen, daß es für die Rettungsaktion zu spät geworden ist. Einmal in Bergnot, ist das alpine Notsignal der erste Schritt zur Bergung. Es besteht aus einem beliebigen hör- oder sichtbaren Zeichen, das sechsmal in der Minute in regelmäßigen Abständen gegeben und nach einer Minute Schweigepause oder einem längeren, aber regelmäßig wiederkehrenden Abstand so oft wiederholt wird, bis eine Antwort gegeben wird. Diese besteht aus dreimal in der Minute mit regelmäßigen Abständen gegebenen Zeichen. Es ist Bergsteigerpflicht, über ein Notsignal sofort der nächsten Unfallmeldestelle, dem nächsten Gendarmerieposten, sowie Bergführern und Hüttenwirten Bescheid zu geben.
Unfallmeldestellen und Ortsstellen des Bergrettungsdienstes im Bereich der Ötztaler Berge:
Haupt- und Ortsstelle Innsbruck,
Dienststelle Ruf 0 52 22 / 2 21 22, 2 21 23, sonntags und während der Nacht: 2 21 75 (Dr. Gerhard Flora); Flugrettung: Ruf 0 52 22 / 2 77 77.
Ortsstelle Ötz, Meldestelle: Bergführer Ignaz Schöpf, Habichen 71, Ruf 0 52 53 / 240.
Meldestelle Sautens, Sepp Markt, Ruf 0 52 52 / 260.
Ortsstelle Umhausen, Gendarmerie, Ruf 0 52 55 / 224 oder 205. Josef Gufler, Meldestellen: Frischmannhütte, Erlanger Hütte, Gubener Hütte, Niederthai.
Ortsstelle Längenfeld, Längenfeld 29, Ruf Gendarmerie 0 52 53 / 214 oder

Post 231; A. Kuprian, Meldestelle Huber, Ghs. Alpenblick; Aschbach, Bergführer Karolinger.
Ortsstelle Vent, Hotel Post, Ruf 0 52 54 / 2 61 19. A. Pierpamer.
Meldestellen: Samoarhütte, Hochjochhospiz, Vernagthütte, Breslauer Hütte, Brandenburger Haus, Similaunhütte, Heiligkreuz, Pfarrgasthof, Tel.
Ortsstelle Obergurgl, Haus Schönblick, Giacomelli Karl, 0 52 56 / 251.
Meldestellen: Hochwildehaus, Langtaler-Egg-Hütte, Ramolhaus.
Haupt- und Ortsstelle Sölden, Bergf. Fender, Ruf 0 52 54 / 251 oder 277.
Meldestellen: Zwieselstein, Ghs. Post, Ruf 0 52 54 / 214; Hochsölden, Hotel Gurschler, Ruf 0 52 54 / 229.
Haupt- und Ortsstelle Imst, Ruf 0 54 12 / 324 oder 348. Bernhard Anker, Imst, Postgasse.
Meldestellen: Arzl bei Imst, Roggl, Ruf 0 54 12 / 54 60 09; Ghs. Schön im Pitztal; Ghs Rohrhofer, Tel.; Jerzens, Ghs. Lamm, Ruf 0 54 14 / 226; Piller auf der Pillerhöhe, Ghs. Piller, Tel.; Hochzeigerhaus, Roppen; Wenns, Ghs. Alpenverein.
Ortsstelle St. Leonhard im Pitztal, Ruf 0 54 13 / 204; Gendarmerie Al. Neururer, Nr. 29.
Meldestelle Ghs. Zaunhof, Tel., „Wiese" im Pitztal, Tel.
Ortsstelle Planggeroß, S. Füruter, Weißwald 5, Ruf 0 54 13 / 2 14 05; Ruf Gendarmerie 0 54 13 / 204 oder 221.
Mittelberg, Ghs. Falbesoner, Ruf 0 54 13 / 21 40 02, Chemnitzer Hütte; Braunschweiger Hütte; Taschachhaus; Rifflseehütte; Kaunergrathütte.
Ortsstelle Feichten im Kaunertal, Eduard Larcher, Ruf 0 54 72 / 33 17.
Meldestellen: Verpeilhütte, Gepatschhaus.
Ortsstelle Ried im Oberinntal, Gendarmerie 0 54 72 / 215.
Meldestellen: Ladis, Ghs., Tel.; Prutz, Gendarmerie, Tel.; Anton-Renk-Hütte; Fendels, Ghs., Ruf 0 54 72 / 335. Fritz Traumüller, Haus Nr. 76, Tel. 0 54 72 / 275.
Ortsstelle Pfunds, Gendarmerie 0 54 74 / 201. Franz Netzer, Haus Nr. 27.
Meldestellen: Radurschlhaus, Hohenzollernhaus.
Ortsstelle Nauders, Gendarmerie, Ruf 0 54 73 / 201. Walter Waldegger, Haus Nr. 17, Ruf 0 54 73 / 201.
Meldestellen: Nauderer Skihütte, Hochfinstermünz, Hotel Priebst, Ruf 0 54 73 / 224.
Meldestelle Meran: Goldene Rose, Lauben, Ruf 14 00.
Bergrettungsdienst Südtirol:
Geschäftsstelle Bozen, Hotel Mondschein, Bindergasse 25, Ruf 2 17 29.
Außenstellen: **St. Leonhard im Passeier,** Leonhard Mader, Gemeindeweg 103.
  St. Martin im Passeier, Sepp Haller, St. Martin, Nr. 92.
  Latsch im Vinschgau, Eugen Eder, Moosweg 245.
  Meran, Geschäftsstelle, Meran, Lauben 239, Ruf 2 41 34; Heinrich Pinamonti, Meran, Ghs. Goldene Rosen, Lauben, Ruf 2 64 00.
  Rettungsstelle in Unser Frau im Schnalstal.

Führerwesen

Bergführerstandort im Bereich der Ötztaler Alpen sind: Ötz, Umhausen, Längenfeld, Huben, Sölden, Obergurgl und Vent im Ötztal; Wiese, Zaunhof, Bichl, St. Leonhard, Plößmes, Stillebach, Trenkwald, Planggeroß und Mantarfen im Pitztal; Prutz, Vergötschen und Feichten im Kaunertal; Langtaufers, Matsch, Mals, Kurzras, Schnals, Plan und Meran im südtirolischen Teil des Gebirges (Bergführerordnung des CAI). Überdies sind auf fast allen Hütten der Ötztaler Alpen in der Hauptwanderzeit Führer stationiert, bzw. die Hüttenwirte auch Bergführer.

Staatsgrenze

Die Staatsgrenze zwischen Österreich und Italien verläuft derzeit:
Timmelsjoch, 2478 m — Bankerjoch, 2879 m — Äußere, Vordere, Mittlere und Hintere Schwenzerspitze, 2993 m, 2904 m, 2889 m, 2875 m — Königsjoch, 2825 m — Königskogel, 3055 m — Aperes Ferwalljoch, 2903 m — Schneeiges Ferwalljoch, 2908 m — Granatenkogel, 3304 m — Granatenscharte, 3176 m — Essener Spitze, 3200 m — Hoher First, 3405 m — Gaißbergjoch, 3237 m — Seewerspitze, 3302 m — Liebenerspitze, 3400 m — Heuflerkogel, 3245 m — Trinkerkogel, 3161 m — Scheiberkogel, 3135 m — Rotmoosjoch, 3055 m — Rotmooskogel, 3338 m — P. 3424 m — Hinterer Seelenkogel, 3472 m — Rotegg, 3341 m — Langtalerjochspitze, 3157 m — Langtaler Joch, 3055 m — Hochwildejoch, 3225 m — Hochwilde, 3482 m und 3461 m — P. 3290 m — Gurgler Eisjoch, 3151 m — Bankkogel, 3309 m — Falschungspitze, 3363 m — Karlesspitze, 3465 m — Karlesjoch, 3269 m — Fanatjoch, 3200 m — Rötenspitze, 3396 m — Pfaßer Scharte, 3292 m — Roßbergjoch, 3450 m — Hintere Schwärze, 3628 m — Östliche Marzellspitze, 3555 m — Marzelljoch, 3450 m — Mittlere und Westliche Marzellspitze, 3530 m und 3540 m — Similaunjoch, 3349 m — Similaun, 3606 m — Niederjoch, 3020 m — Fineilspitze, 3516 m — Fineilköpfe, 3418 m — Schwarze Wand, 3355 m — Hochjoch, 2840 m — Im hinteren Eis, 3270 m — Egg, 3217 m — Teufelsjoch und Teufelsegg, 3227 m — Steinschlagjoch, 3238 m — Innere Quellspitze, 3516 m — Hintereisjoch, 3471 m — Weißkugel, 3739 m — Weißkugeljoch, 3362 m — Langtauferer Spitze, 3529 m — Langtauferer Joch, 3172 m — Vernagl, 3355 m — Hochvernaglwand, 3435 m — Hintereisspitze, 3486 m — Zinne, 3381 m — Weißseespitze, 3526 m — Falginjoch, 3099 m — Vordere und Hintere Karlesspitze, 3230 m und 3160 m — Wiesjagglskopf, 3160 m — Weißseejoch, 2960 m — Nasse Wand, 3092 m — Naßwandegg, 3077 m — Hennesiglspitze, 3144 m — Hennesiglköpfe, 3119 m und 3100 m — Glockhauser, 3025 m — Radurschelschartl, 2872 m — Nauderer Hennesiglspitze, 3045 m — Tscheyer Schartl, 2807 m — Schafkogel, 3001 m — Klopaierspitze, 2953 m — Reschen-Scheideck, 1510 m.
Das Überschreiten der Grenze, außer über den Brenner- oder den Reschen-Paß ist verboten.
Das Betreten der Grenzhütten, Similaunhütte am Niederjoch und Whs. „Schöne Aussicht" am Hochjoch, ist ohne Paß (Grenzschein) gestattet.

Die Ötztaler Alpen im Winter

Während noch vor 60 Jahren die Berge im Winter als unzugänglich galten, strömen heute im Spätwinter und Frühling Hunderte, ja, seit Kriegsende sogar Tausende mit den Skiern bergwärts.
Besonders die Ötztaler Bergwelt, und hier vor allem die Berge des Hauptkammes und Weißkammes, erfreuen sich bei den Winterbergsteigern und Skiläufern immer größerer Beliebtheit.
Die weiten Gletscherböden der Ferner (Langtaler-, Gurgler, Schalf-, Marzell-, Hochjoch-, Niederjoch-, Gepatsch-, Vernagt-, Taschach-, Mittelberg- und Rettenbachferner) locken mit ihrem blendenden Weiß, ihren Hängen und Mulden, mit Pulver- und Firnschnee.
Fast alle Gipfel, die rings um diese Gletscherbecken auftragen können im Winter bestiegen werden.
Für weniger tüchtige Skibergsteiger bieten die Randgebiete der Ötztaler Berge Erholung und Gipfelglück.
Der Skiführer durch die Ötztaler Alpen (mit Skikarte 1:50 000) von Dr. H. Prochaska, erschienen im Bergverlag R. Rother, ist ein verläßlicher Wegweiser für alle Freunde der Ski-Hochtouristik, sowie für Wintersportler, die Erholung und Pistenfreuden suchen.

VI. Schrifttum und Karten

Aus der großen Reihe der über die Ötztaler Alpen entstandenen Schriften und Bücher wird hier nur eine beschränkte Auswahl angeboten, die weniger nach kritischen Gesichtspunkten, als nach der leichteren Greifbarkeit getroffen wurde. Wertvolle Aufsätze finden sich vor allem in vielen Jahrgängen der Zeitschrift (Jahrbuch) und der Mitteilungen des AV, in der ÖAZ, DAZ, ÖTZ, im „Bergsteiger" und in den Jahresberichten der alpinen Klubs, Vereine und Sektionen (vornehmlich Innsbruck).

1. Erschließungsgeschichte und allgemein

Eduard Richter: Erschließung der Ostalpen, 1894, Band II.
Dr. L. Obersteiner: Zur Erschließungsgeschichte des Kaunergrates, ZAV 1927.
Vera Lienbacher, Liebes Ötztal. Ein kleines Landschaftsbuch von den Ötztaler Alpen, Bergverlag Rudolf Rother, München, 1963.
R. v. Klebelsberg, Das Ötztal, Natur und Bild, ZAV 74, 1949, S. 5 ff.
F. Huter, Die Besiedlung des Landes im Gebirge, ZAV 70, 1939, S. 194 f.
H. Wopfner, Bäuerliche Siedlung und Wirtschaft, Alpenvereinswerk Tirol, Bruckmann, München, 1933.
 Bergbauernbuch, 1. Lieferung, Tyrolia, Innsbruck, 1951.
O. Stolz, Die Schwaighöfe in Tirol, Wiss. Veröff. des DÖAV, 5, 1930.
R. v. Klebelsberg, Die Obergrenze der Dauersiedlung in Südtirol, Schlernschriften 1, 1923.
 Die Obergrenze der Dauersiedlung in Nordtirol, Schlernschriften 51, 1947.
K. Finsterwalder, Zur Namens- und Siedlungsgeschichte des inneren Ötztales, ZAV 74, 1949, S. 47 ff.
Josef Pienz: Ötztaler Talkunde, Verlag Josef Egger, Imst, Ötz, 1963.

2. Beschreibung von Teilgebieten

Gustav Becker, Der Gurgler Kamm, ZAV 1896.
Schucht, Das Pitztal, ZAV 1900 (und 1906).
Dr. Franz Hörtnagl, Die Berge des Geigenkammes, 9. Jb. d. AAKI, 1901/02.
 Die Berge des Glockturmkammes, 11. Jb. AAKI, 1903/04.
Dr. Eugen G. Lammer, Die Texelgruppe, ZAV 1901 und 1902.
Dr. F. Hörtnagl: Die Venter Wildspitze und ihre Trabanten, 31. Jb. d. AAKI, 1923/24.
K. Finsterwalder, Von den Namen des Weißkugel-Glockturmgebietes, ZAV 76, 1951.
Das Venter Tal, herausgegeben vom Zweig Mark Brandenburg, DAV. Bruckmann München, 1939.
A. Bär, Das Pitztal, Veröff. d. Museum-Ferd. Innsbruck 18, 1938.
R. v. Klebelsberg, Südtiroler Landschaften — Vinschgau, ZAV 68, 1937, S. 197 ff.
F. Dörenhaus, Das deutsche Land an der Etsch, Tyrolia, Ibk. 1933.
F. Huter, Schnals und Inner-Ötztal, ZAV 76, 1951, S. 25 ff.
 Schnalser Land und Schnalser Leut, Dolomiten 1951, Nr. 152, 158, 164.
K. Rosenberger, Die künstliche Bewässerung im oberen Etschgebiet, Forschungen zur deutschen Landes- und Volkskunde 31, 1936, S. 286 ff.
Dr. Hans Kiene, Südlich der Weißkugel
 1. Teil (Salurn- und Mastaungruppe), ZAV 1940;
 2. Teil (Hochalt - Litznergruppe), ZAV 1941.
 (Für alle Besucher der südlichen Ötztaler Berge besonders wichtig!)

3. Zur Geologie und Gletscherkunde der Ötztaler Alpen

R. v. Klebelsberg, Geologie von Tirol, Berlin 1935.
 Handbuch der Gletscherkunde und Glacialgeologie, Wien, 1948—49.
W. Hammer, Geol. Führer durch die Westtiroler Zentralalpen, Sammlung geol. Führer, XXII, Berlin, 1922.

S. Morawetz, Die Vergletscherung der Zentralen Ötztaler Alpen, Z. f. Gletscherkunde und Glacialgeologie II, 1952, S. 105 ff.
G. Mutschlechner, Das Felsgerüst der Ötztal - Stubaier Alpen, ZAV 68, 1937.
R. Finsterwalder, Geschichte der Gepatsch-Ferner-Vermessung, ZAV 76, 1951.
J. Sölch, Fluß und Eiswerk in den Alpen, 1. Teil, Petermanns Mitt., Erg.-Heft 219, 1935.
Führer durch die Quartärexkursionen in Österreich, II. Teil, Geol. Bundesanstalt, Wien, 1936.
Hasso Lutz Gehrmann, Die Mineralfundstellen der Salzburger und Tiroler Zentralalpen, Alpenvereinsjahrbuch 1974.
Österreichische Geologische Spezialkarte 1:75 000, Blatt 5145 / Landeck (O. Ampferer — W. Hammer, 1924), 5146 / Ötztal (W. Hammer, 1929), 5245 / Nauders (W. Hammer, 1923), 5246 / Sölden und St. Leonhard (O. v. Schmidegg 1932), 5345 / Glurns und Ortler (W. Hammer, 1912). Herausgegeben von der Geologischen Bundesanstalt, Wien. Außer 5246 jeweils mit Erläuterungen.
B. Sander und W. Hammer, Carta geologica della Tre Venezie, foglio Merano. 1:100 000. Mit Erläuterungen.
Ufficio Idrografico del R. Magistrato alle Acque-Venezia, sez. geol., Padova 1926.

4. Andere wissenschaftliche Veröffentlichungen

G. Sauser, Die Ötztaler. Anthropologie und Anatomie einer Tiroler Talschaft.
Berichte des Naturwissenschaftl.-med. Vereines in Innsbruck 45/46, 1934/1935 — 1937/38, 1938.
H. Gams. Die Pflanzenwelt Tirols. Im AV-Werk „Tirol", Bruckmann-Verlag, München, 1933.
H. Gams, Die Pflanzendecke der Venter Täler. „Das Venter Tal", Festgabe zum 40jährigen Bestehen d. Zweiges M. Brandenburg, Bruckmann 1939.
W. Toth-Sonns, Sommerführer durch die Ötztaler Alpen, Bergverlag Rudolf Rother, München, 1941.

5. Führer

Dr. L. Obersteiner, Führer durch die Ötztaler Alpen, 2. Aufl., Innsbruck, 1937.
Saglio, Guida dei monti d'Italia, Alpi Venoste, CAI, 1939 (für die S-Seite der Ötztaler).
Heß-Purtscheller, Der Hochtourist in den Ostalpen, Band IV, 1926.
Heinrich Heß, Illustrierter Führer durch die Ötztaler Alpen, 1889.
J. Gallian, Skiführer durch die Inner-Ötztaler Alpen. Bergverlag Rudolf Rother, München, 4. Aufl., 1939.
Dr. H. Prochaska, Neuer Ötztaler Skiführer, Bergverlag Rudolf Rother, München, 1961.
V. Lienbacher, Kleiner Führer durch die Ötztaler Alpen und die angrenzenden Stubaier Alpen, Bergverlag Rudolf Rother, München, 1962.
Schwaighofer, Führer durch die Stubaier und Ötztaler Alpen.
Dr. Josef Moriggl: Von Hütte zu Hütte.
Dr. Valentin Falkner: Wanderführer Inner-Ötztal, Tyrolia-Verlag, 2. Auflage, Innsbruck, 1966.

6. Karten

Alles andere weit überragend die vier neuen Kartenblätter des AV: „Gurgl" „Wildspitz-Weißkugel", „Kaunergrat-Geigenkamm" und „Nauderer Berge" im Maßstab 1:25 000 (1949, 1951, 1953, 1954).
Dieselben als Skikarten mit eingezeichneten Skiabfahrten.
Die alten AV-Karten im Maßstab 1:50 000.
Wanderkarte Freytag und Berndt, 1:100 000.

Wanderkarte Ötztaler Alpen, 1:50000, in vielfarbigem Reliefdruck, Bergverlag Rudolf Rother, München, 1964.
Skikarte Inner-Ötztaler Alpen, Bergverlag Rudolf Rother, München, 1959.

VII. Hinweise auf den Gebrauch des Führers, Schwierigkeitsbewertung, Namensberichtigungen, Abkürzungen

Der Aufbau des vorliegenden Führers wird am besten aus dem Inhaltsverzeichnis deutlich. Der „Einführende Teil" gibt die allgemeinen Grundlagen, die für den Besucher der Gruppe wichtig sind. Sollte ihm dies zu wenig sein, — und es konnte nur das Notwendigste sein, da das Buch im Format für den Bergsteiger brauchbar sein mußte — so weist ihm der Abschnitt „Schrifttum und Karten" den Weg, auf dem er sein Wissen bereichern kann.
Die Folge der Beschreibung in allen weiteren Abschnitten der Teile B und C (Talorte, Hütten, Verbindungswege, Gipfel) ist stets dieselbe:
Die Beschreibung beginnt im NO (Ötz) und endet im äußersten SW (Vinschgau); Täler und Kämme werden in der Richtung des Anmarsches beschrieben — d. h. im nördl. Gebirgsteil von N nach S; im südl. Gebirgsteil von O nach W. Hauptkamm und Weißkamm werden von O nach W beschrieben. Über die Zugänge und Verkehrsverhältnisse im großen, d. h. auch außerhalb der Ötztaler Alpen selbst, siehe A. Einführender Teil: IV.
Am Talstützpunkt angelangt, schlägt der Benützer des Führers den Namen des betreffenden Ortes im Register nach; eine Randzahl verweist ihn von dort auf den Text. Hier wird er in knappster Form über Unterkünfte, BRD, beste Verbindung und häufigste Fahrtenziele unterrichtet. Ebenso erfährt er, wenn er die Namen seines Fahrtenziels kennt, den Weg zur Hütte und zum Gipfel. Steht nur der Gipfel auf seinem Programm, dann wird er zuerst den Gipfel aufschlagen, sich den geeigneten Weg und die entsprechende Hütte auswählen, und schließlich bei d i e s e r den Weg vom Tal zur Hütte finden. Zusammen mit der strengen sachlichen Ordnung werden Register und Randzahlen das Nachschlagen des gewünschten Textes rasch und sicher gestalten. Die römische Zahl unter der Randzahl bedeutet die Bildtafel, auf der die betreffende Führe eingezeichnet ist.

Schwierigkeitsskala

Der Führer verwendet folgende, auf der Alpenskala beruhenden Schwierigkeitsgrade für Fahrten im F e l s:

OeAV- und DAV-Sprachgebrauch	UIAA- und SAC-Sprachgebrauch
I = wenig schwierig	leicht
II = mäßig schwierig	mäßig schwierig
III = ziemlich schwierig	ziemlich schwierig
IV = sehr schwierig	schwierig
V = besonders schwierig	sehr schwierig
VI = äußerst schwierig	äußerst schwierig

Plus- oder Minuszeichen nach der römischen Ziffer bedeutet die untere oder obere Grenze des betreffenden Schwierigkeitsgrades.

Schwierigkeiten des sechsten Grades kommen — nach dem Vorgang der Alpenskala — in unserem Führer-Bereich nicht vor. Eine vergleichende Schwierigkeitsskala mit Felsfahrten aufzustellen, ist nach den Erfahrungen der Praxis nicht tunlich. Die Schwierigkeitsbegriffe der Alpenskala sind bereits bergsteigerisches Allgemeingut. Zur ständigen Überprüfung der Genauigkeit der Schwierigkeitsbewertung (denn der Bearbeiter kann eine Fahrt selten öfter als einmal durchführen) bitten wir alle Begeher von Kletterfahrten, die mit der Schwierigkeitsbewertung nicht einverstanden sind, um persönliche Nachricht (Dr. Heinrich Klier, Poschenhof, Rum, Tirol).

Schwierigkeitsbewertung im Eis:
(Auszug aus einer größeren Arbeit zu diesem Thema von Dr. H. Klier, „Der Bergkamerad" 1952/53, S. 293):
Schwierigkeitsbewertung im Eis ist einfacher, eben weil sie von vorneherein viel ungenauer sein wird. Der Wahn unseres materialistischen Zeitalters, in welchem Spezialisten schon den Zeitpunkt des Todes genau vorhersagen möchten, wird angesichts der viel bewegteren und wilderen und wechselvolleren Verhältnisse in vergletscherten Gebieten lächerlich. Hier sind noch viel mehr Dinge dem Zufall überlassen. Hier wird noch viel mehr Wagnis verlangt vom Bergsteiger. Objektive Faktoren, die der Führer-Bearbeiter mit Gewißheit angeben kann, gibt es nur wenige; das meiste bleibt der subjektiven Einschätzung des Begehers überlassen.

Der Führerbearbeiter kann angeben:

a) bei Gletschern: Zerrissenheit, ungefähre Neigung, gleichbleibende Riesenspalten, die eine ganze Zone sperren;
b) bei Graten: Schwierigkeiten der Felsstellen, manchmal mit einem Hinweis auf mögliche Vereisung; Überwächtung; Neigung der vergletscherten oder verfirnten Abschnitte;
c) bei Eiswänden: Neigung in Graden; mögliche Überschreitbarkeit der Randkluft.

Für den erfahrenen Bergsteiger lassen weiters die Himmelsrichtungen (N-Wand, S-Grat usw.), sodann klimatische Einflüsse (Tropengebirge, Gebirge kalter Zonen) und Witterungseinflüsse (hier sowohl jahreszeitliche, als auch tageszeitliche) erhebliche, doch nie unbedingt verläßliche Schlüsse auf die Verhältnisse zu.

Auch die vorbildlichen SAC-Führer von Marcel Kurz lassen es bei diesen Angaben bewenden.

Der Volltreffer
in der Reihe der Bergverlags-Landschaftsbildbände:

Sepp Schnürer,

Die Hohe Route der Ostalpen

208 Seiten mit 32 Farb- und 61 Schwarzweißbildern und einer vielfarbigen Übersichtskarte der Ostalpen im Maßstab 1:400 000 auf dem Vorsatzblatt. Größe 22 x 28 cm, Ganzfolienband.

Über Eis und Urgestein auf 53 Dreitausender zwischen Großem Hafner und Seehorn!

Abkürzungen

Außer den für die Himmelsrichtungen üblichen Abkürzungen N, O, S, W, sowie NO, SO, NW, SW u. ä., und nördl., östl., südl., westl., nordöstl. usw. wurden noch folgende Abkürzungen verwendet:

AAKI	= Akad. Alpenklub Innsbruck	L.	= Lager
a. a. O.	= am angegebenen Ort	Lit.	= Literaturnachweis
AV	= Alpenverein	M.	= Matratzen
AVK	= Alpenvereinskarte	Min.	= Minuten
B.	= Betten	Mitt.	= Mitteilungen
bew.	= bewirtschaftet	N.	= Notlager
Bew.	= Bewirtschafter	o. G.	= obere Grenze
bez.	= bezeichnet, markiert	ÖAZ	= „Österr. Alpenzeitung"
BRD	= Bergrettungsdienst	ÖTZ	= Österr. Touristenzeitung
CAI	= Club Alpino Italiano	R	= Randzahl
DAZ	= Deutsche Alpenzeitung	s.	= siehe
		S.	= Seite
E.	= vom Einstieg	SAC	= Schweizer Alpenclub
Einw.	= Einwohner		
Erg.	= Ergänzung	st	= Stunde, Stunden
f., ff.	= folgender, folgende	u. ä.	= und ähnliches
ganzj.	= ganzjährig	u. Gr.	= untere Grenze
Ghs.	= Gasthaus	Whs.	= Wirtshaus
H.	= Haken	WR.	= Winterraum
Ibk.	= Innsbruck	Ww.	= Wegweiser, Wegtafel
Jb.	= Jahresbericht, Jahrbuch	ZAV	= „Zeitschr." des AV

B. TALORTE, HÜTTEN UND WEGE

Erster Abschnitt: Talorte

I. Das Oberinntal

● 1

Das Oberinntal reicht von der Einmündung des Sellraintales westl. von Innsbruck bis zur Schweizer Grenze bei Finstermünz. Es trennt die Nördlichen Kalkalpen von den Urgesteinsbergen der Stubaier und Ötztaler Alpen. Daher nördl. des Inns schroffe, helle Kalkberge, im S sanftere Lehnen mit weit hinaufziehenden Wäldern und Wiesen, überragt von den dunkleren Urgesteinserhebungen.

Die größeren Orte liegen auf der Talsohle, meist an die großen Schwemmkegel der Seitentäler (Wasserversorgung) gesetzt.

Große Hangterrassen südwärts über dem Inntal tragen kleinere Bauernsiedlungen, die meist älter sind als die Taldörfer und sich oft ihren urigen Charakter bewahrt haben.

Vor dem 13. Jahrhundert besaßen bayerische Herzöge die Gebiete des Oberinntals; Graf Meinhard von Tirol brachte 1290 das Oberinntal an sich.

Die durch das Oberinntal laufende Arlbergbahn verbindet Tirol mit Vorarlberg. Sie führt von Innsbruck bis Landeck, verläßt hier das Inntal und steigt durch das Stanzer Tal nach St. Anton am Arlberg empor und weiter nach Vorarlberg. Von Landeck bis Finstermünz bzw. Nauders verkehren Postautos.

● 2   Bahnstation **Ötztal,** 692 m
(Siehe R 51)

● 3   **Roppen,** 711 m

Nächste Bahnstation von Ötztal innaufwärts. (Keine Schnell-Zugstation.) 1050 Einw. BRD-Meldestelle (Bahnstation, Gendarmerie, Ruf: 2). Gaststätten: Klocker Stern, Karlsruhe, Pfitscher, Roppener Hof, Hohenegg.

Roppen ist Ausgangsort für Wanderungen im nördlichsten Teil des Geigenkammes, sowie ins Ötz- und Pitztal. In Roppen beginnt der Forchheimer Weg, der als Höhenweg über die Erlanger und Frischmannhütte, den Hauersee zur Chemnitzer und zur Braunschweiger Hütte führt. Herrliche Höhenwanderung (nur für Geübte, da teilweise verfallen und teilweise vergletschert). Oberhalb von Roppen am Beginn des Höhenweges die Forchheimer Biwakschachtel.

Spaziergänge:

● 4 Von Roppen zum Piburger See im Ötztal, 1½ st.

● 5 Auf breitem Weg östlich durch den Wald und durch Wiesen zum Dorf Sautens, 809 m (Ghs. Kreuz, Gisela) (R 52). Von Sautens südöstl. empor nach Haderslehn, rund 1000 m (Kapelle). Östl. durch Wald nach Piburg und hinab zum See.

● 6 Nach Wald am Ausgang des Pitztales, 1½ st. Abwechslungsreiche Wanderung. Von Roppen (Bhf.) südwestl. nach Waldele, einer Häusergruppe mit Kapelle. Westl. aufwärts zum schön gelegenen Dorf Wald, 895 m (siehe dort).

Zur Erlanger Hütte, 7 st (bez.) (siehe bei Hütten).

● 7 Imst, 705 m

Der Ort Imst liegt ½—¾ Gehstunden vom Bahnhof entfernt nordwestl. im Imster Gurgltal. Postautos. Imst ist Bezirkssitz, 6000 Einw. Freischwimmbad, Lifte, zahlreiche Gaststätten.

Die Bahnstation Imst ist Ausgangspunkt für alle Fahrten im Pitztal.

Vor dem Bahnhof Abfahrt der ins Pitztal verkehrenden Autobusse. Imst ist Schnellzugstation.

In Imst BRD-Ortsstelle, Ruf 05412/324 oder 348.

● 8 Schönwies, 725 m

Bahnstation im Oberinntal, 950 Einw., Post, Tel.

Talort für die Skihütte Schönwies. Der Venet kann von Schönwies aus bestiegen werden.

Die älteste Siedlung der Gegend war östl. über Schönwies auf der Terrasse von Obsaurs, am Hang des Venet. In Obsaurs alte Kapelle. Auf der nördl. Talseite das kleine Dorf Mils, 737 m (Ghs.: Post, Sonne).

Gaststätten: Gabl, Schoder, Zoller.

Spaziergänge:

● 9 Über Falterschein zur Kronburg und nach Zams, 2½ st. Von Schönwies auf einem Fahrweg auf das südwestl. über Schönwies im Wald gelegene Dorf Falterschein. Schöner Blick auf die Lechtaler Berge, den Pettneuer Riffler und die Silberspitze. Von der Kirche (Ww.) hinab durch Wiesen und Wald in die Schlucht des Kronburger Baches. Man quert sie und gelangt zum Wallfahrtsort Kronburg, 956 m, Ghs. Nördl. auf dem steilen, waldigen Hügel steht die Ruine Kronburg. Von hier Blick ins Inntal. Die Höhe von Kronburg wahrscheinlich in vorgeschichtlicher Zeit besiedelt und befestigt. 1380 wurde die Burg Kronburg aus einem früheren Bau errichtet. Von Kronburg südwestl. guter Weg nach Zams hinab.

● 11   **Zams,** 777 m

Nahe Landeck in sonniger, geschützter Lage am NW-Fuß des Venet gelegen.
3000 Einw., Bahnstation, Post, Tel., etwas über einen Kilometer von der Schnellzugstation Landeck entfernt. Großes Krankenhaus. BRD-Meldestelle: Gh. Gams/Haueis, Ruf 05442/478.
Bester Ausgangspunkt für die Besteigung des Venet, im Sommer wie im Winter und für die Venethütte.
Ausgangsort auch für Württemberger Haus, Steinseehütte und Memminger Hütte durch das Zammer Loch.
Zams wurde nach dem großen Brand von 1911 wieder aufgebaut.

Gaststätten: Thurner, Gemse, Schwarzer Adler, Sonne.

Ausflüge:

● 12 **Lötzer Wasserfall**, 20 Min. Nördl. aus dem Ort und über den Inn. Westl. nach Lötz und empor zum Wasserfall.

● 13 **Kronburg** (Ruine), 1 st. Nordöstl. auf einem Fahrweg durch Wald und Wiesen (siehe R 9). Über Schönwies auch mit Fahrzeugen erreichbar.

● 14 Ruine **Schroffenstein** 1 st. Wie R 12 nach Lötz, südwestl. hinauf zur Ruine. Schöner Blick ins Inntal.

● 15 **Zamser Berg**, 2 st. Vom Ort östl. über die Bahn auf dem Fahrweg durch Wald und Wiesen in abwechslungsreicher Wanderung über die Weiler Rifenal, Schweighof, Taschhof, Lahnbach nach Grist, oder weiter bis Falterstein.

Gaststätten: Rifenal, Alpenrose (in Grist), Alpenjäger (in Falterschein).

● 16 **Zammer Alm**, 1740 m, 3 st. Von Zams wie oben zum Weiler Grist und südl. auf gutem Steig (bez.) durch lichte Zirbenbestände auf einem Rücken des Venet empor zur Alm.

● 17 **Venet**, 2513 m. Von der Zammer Alm, 1½ st. Leicht und lohnend. Näheres R 626. 1967 Venet-Seilbahn.

● 18   **Landeck,** 816 m

Größter Ort des Oberinntales, 7500 Einw., Schnellzugstation (zur Stadtmitte 15 Min.). Bezirksbehörde. Postautoknotenpunkt (Oberinntal, Paznauntal, Kaunertal, Engadin, Garmisch, Stanzertal, Meran). Post, Tel., Apotheke, Ärzte.
Berg- und Skiführerstandort. BRD-Ortsstelle, Leiter: Hugo Vorhofer, Herzog-Friedrich-Str. 19, Tel. 0 54 42/25 97; Meldestelle: Gendarmerie, Ruf 0 54 42/28 81; AV-Zweig Landeck. Landeck ist Ausgangspunkt für Touren auf den Venet, Wanderungen auf den Piller und den Kaunerberg.

Venetseilbahn. Talstation und Parkplatz an der Bundesstr. 1 zwischen Landeck und Zams. Mehrere Schlepplifte im Höhenbereich. Thial-Lift vom Ortsteil Perfuchs.

Die Gegend von Landeck war bereits in der Bronzezeit besiedelt. Auf den Feldern von Perjen auch römische Funde. Landeck erhielt erst um die Mitte des 15. Jahrhunderts seinen Namen, als sich die zwei kleinen Dörfer Angedair und Perfuchs zu einer Kirchengemeinde zusammenschlossen. Landeck übertraf erst seit dem 18. Jahrhundert das benachbarte Zams an Verkehrsbedeutung und an Größe. 1884 wurde die Arlbergbahn eröffnet. 1902 wurde ein Karbidwerk erbaut. Eine große Spinnerei und das Trisannakraftwerk gaben Landeck das Gepräge einer kleinen Industriestadt. 1923 wurde es zur Stadt erhoben.

Landeck liegt in einem Talkessel, am Zusammenfluß des Inns und der Trisanna. Es setzt sich aus mehreren kleineren Orten zusammen: Angedair, Perfuchs, Bruggen, Perjen. Hier kreuzen sich drei Verkehrswege: südl. nach dem Etschland und ins Engadin, östl. nach Innsbruck, westl. nach Vorarlberg. Im NW von Zams, überragt von der teilweise vergletscherten Parseierspitze, liegen die Dörfer Stanz und Grins (nach dem Brand teilweise neu erbaut) auf einer fruchtbaren Talhochfläche. Im O zieht ein Rücken des Venet (mit dem Grabberg) bis zur Stadt herab. Im W beherrscht die prächtige, vergletscherte Hohe Riffler, 3160 m, das Bild.

Sehenswürdigkeiten:
Die gotische Pfarrkirche steht auf einer Anhöhe am S-Ende der Stadt. Sie wurde 1471 begonnen, 1520 vollendet. Im Innern der Kirche mehrere Meisterwerke der Gotik: Taufstein, Grabstein Oswald von Schrofensteins (1497), Schrofensteiner Altar mit gotischen Figuren. Die Gruppe der Hl. Drei Könige.

Am Berghang im SO der Stadt erhebt sich Schloß Landeck. Wahrscheinlich von Meinhard II. um 1300 ausgebaut. Heute ist es im Besitz der Gemeinde, die es 1813 von der bayr. Regierung erworben hat, und an die Cont. Ges. f. a. Elektr. verpachtet hat.

Gaststätten: Arlberg, Tyrolerhof, Kaifenau, Morandell, Alpenheim. Berghotel Tramserhof, Greif, Müller, Nußbaum, Post, Schöne Aussicht, Schrofenstein, Schwarzer Adler, Sonne, Traube, Vorhofer, Privatbetten.

Im Winter ist Landeck Zufahrtsort zu den bekannten Skisportorten des Arlbergs, der Silvretta, der Samnaungruppe mit dem Komperdell, für die Nauderer Skiberge, die Skiberge im äußeren Kaunergrat und im Kaunertal. In der Nähe Landecks schönes Skigelände am Krahberg, Sprungschanze, Rodelbahn. Eislaufplatz.

Spaziergänge:
● 19 Schloß Landeck. Schloßterrasse mit Blick ins Tal und auf die Berge der Samnaungruppe. Vom Schloß schöner Spaziergang in den Schloßwald. Über den Knappenbüchel zu den Galltaunwiesen.
Über die Tramswiesen nach Zams.
Schattige Wanderung durch die Innschlucht nach Urgen.
Sonnige Wanderung zur Stanzer Leiten.

Ausflüge:
● 20 Nach Grins. Auf sonniger, fruchtbarer Terrasse nördl. über der Trisanna. Auf den Venet, 5 st (bez.). Leicht und lohnend. (Siehe dort.)
Bergstation Tial-Lift zum Thialkopf (2 st).
Über Fließ auf den Piller. Schöne Wanderung durch Wald und Wiesen. (Siehe R 290.)

Über Fließ zum Gachen Blick, auf den Kaunerberg und nach Kaltenbrunn, 4½ st.

● **21**   **Fließ**, 1070 m

Südl. von Landeck, 200 m hoch über dem Tal, auf sonniger Hochfläche gelegen. Mildes Klima. Im Hintergrund die Berge des Kaunergrates. Postautoverbindung mit Landeck. 2400 Einw.

Fließ ist eine alte Siedlung. Durch mehrere Brände ist das Dorf kleiner geworden. Die ebenfalls beschädigte Pfarrkirche konnte ihre gotische Form bewahren.
Oberhalb des Dorfes das Schloß Bideneck. Seit 1693 bis heute im Besitz der Herren von Pach.
Fließ ist Ausgangspunkt für Besteigungen des Venet, für den Weg über den Piller nach Wenns im Pitztal, oder für Touren im äußersten Kaunergrat (Aifenspitzen).

Gaststätten: Post, Schwarzer Adler, Traube, Weißes Kreuz.

Ausflüge:

● **22** Gacher Blick, 1—1½ st. Herrlicher Blick auf den 700 m tiefer fließenden Inn von dem kleinen Platz oberhalb des Abbruches. Aussicht auch in das oberste Inntal, Prutz und die Berge des äußeren Glockturmkammes.

● **23** Piller, 1 st. Waldwanderung zu den abgelegenen Dörfern der Hochfläche, Fuchsmoos, Piller. Von hier in einer Stunde hinab nach Wenns im Pitztal (auch Fahrstraße).

● **24** Kaltenbrunn (über Kauns am Kannerberg), 3 st. Reizvolle Wanderung.

● **25**   **Prutz**, 866 m

1300 Einw., Postautohaltestelle, 13 km von Landeck, Post, Tel., Arzt, BRD-Meldestelle.
Bei Prutz mündet von SO das Kaunertal ins Inntal. Prutz ist Ausgangspunkt für Fahrten im Kaunergrat und äußeren Glockturmkamm. Postautoverbindung nach Feichten im Kaunertal (Gepatschhaus).

Prutz wurde nach dem großen Brand von 1903 neu aufgebaut. Von den alten Bauten stehen noch der „Obere" und der „Untere Turm" am O-Rand des Ortes. Die ursprünglich romanische Pfarrkirche wurde 1521 umgebaut, im 17. Jahrhundert im Inneren barockisiert. Die seitlich angebaute St.-Antonius-Kapelle gotisch und barock. Sauerbrunnenquelle westl. der Innbrücke. Südl. der Ortschaft das Kaunertal-Kraftwerk-Freischwimmbad.
Prutz ist von den Orten des obersten tirolischen Inntales wohl am schönsten gelegen. Im NO ziehen grüne Hänge mit Gehöften empor, im W thront die stolze Burg Laudeck auf den Höhen von Ladis. Im N blickt der Venet herab. Im SO Blick auf die Kaunerberge.

Gaststätten: Gemse, Greif, Kreuz, Post, Waldheim, Rose, Lorenz.

Spaziergänge:

● **26** Ladis, 1 st. Schöner Spaziergang auf das westl. über dem Inntal gelegene Dorf Ladis und zur Burg Laudeck. Von Prutz westl. über den Inn und jenseits auf dem Fahrweg oder (kürzer) auf dem sogenannten Felsenweg zum Dorf. Oder über die Pauferhöfe.

Malerisches Dorf in der Nähe eines kleinen Sees gelegen. Eng zusammengebaute Häuser in zum Teil noch vordeutscher Bauform mit Malereien aus dem 15. und 16. Jahrhundert. Bekannte Schwefelquellen (in Bad Obladis, 1386 m; auch Sauerbrunn), mildes Klima, Schwimmbad im See.
350 Einw., Autoverbindung mit Prutz.
BRD-Meldestelle, Leiter: Peter Kraft, Ghs. Rose.
Die Hochfläche von Ladis erstreckt sich 7 km lang nach S über Fiß bis nach Serfaus. Schöne, reizvolle Wanderung mit Blick auf den Kaunergrat und Glockturmkamm.
Über dem Ort, auf einem Felskopf, das Schloß Laudeck aus dem 13. Jahrhundert, in letzter Zeit restauriert. Herrlicher Ausblick ins Inntal.
Gaststätten in Ladis: Sporthotel, Rose.

● 27 Leitenwald und Burgschrofen, 1914 m, 2 st. Von Prutz östl. auf der Kaunertalstraße ein Stück talein und in den Leitenwald.

● 28 Fendels und Fendler Alm, 1943 m. Schöne Wanderung (s. R 36).

● 29 Kauns und Kaunerberg, 1054 m, $^3/_4$ st. Von Prutz auf der Kaunertalstraße ein Stück talein, wo die Straße zum Faggenbach kommt, über die Brücke und jenseits empor auf den Kaunerberg.

● 30 Gacher Blick und Piller, 3 st. Von Prutz nordöstl. auf einem Fahrweg über den Faggenbach. Über die Weiler Inner-, Ober- und Außergufen zum Erzbach. Über ihn und über den Weiler Paschlin nördl. zum Gachen Blick. Von dort zum Piller.

● 32 Fiß, 1436 m, $^3/_4$ st. Südwestl. von Ladis auf der Hochfläche gelegen. Mit Ried im Inntal durch eine Straße verbunden. Eines der am besten in ihrer ursprünglichen Form erhaltenen Dörfer in Tirol. Häuser aus dem 15. Jahrhundert. Besonders beachtenswert die Häuser 4, 13, 39. Pfarrkirche aus dem Jahr 1310.
Ghs. Lamm. BRD-Meldestelle.

● 34   Ried, 879 m

In einer Ausweitung des Inntales an der Einmündung des Fendler Baches gelegen.
850 Einw., Postautohaltestelle, Post, Tel., Arzt, Apotheke. BRD-Meldestelle, Ruf Gendarmerie 05472/275. Schwimmbad, Forellenfischerei.

Talort für die Anton-Renk-Hütte (R 212). Stützpunkt für Fahrten im Glockturmkamm wie Mathankopf, Mittagskopf, Roter Schrofen, Gamskopf, Karlsspitze, Alter Mann, Kuppkarlspitze.
Im Winter Skitouren nach Serfaus und in das Komperdell (Kölner Haus). Ried ist nicht in so alter Zeit besiedelt worden wie die umliegenden Dörfer auf den Hangterrassen.
Schloß Siegmundsried (heute Amtsgericht) stattlicher Bau im Dorf. Pfarrkirche des Hl. Leonhard, aus dem 14. Jahrhundert. Frauenkloster/Altersheim.
Gaststätten: Truyenhof, Krone, Linde, Post, Sonne, Bergheim.

Spaziergänge:
● 35 Nach Fendels, 1356 m, 1 st.
Ladis, 1 st. Fiß und Serfaus, 1½ st. Auf der Straße oder Abkürzungswegen neben ihr.
Zur Anton-Renk-Hütte, 3½ st (s. R 212).

● 36 **Fendels,** 1356 m

Im Fendlertal östl. hoch über Ried gelegen. (Seit 1959 Fahrstraße von Prutz.) 160 Einw. Das kleine Dorf liegt auf der nördl. Talseite über dem Fendlerbach. Von Ried in einer Gehstunde erreichbar, von Prutz in 1½ st. Terrassenförmig angelegte Felder und Wiesenhänge umgeben das Dorf. Zwei Schlepplifte. BRD-Meldestelle, Ghs., Ruf 05472/33 10 06.
Von hier auf die Fendler Alm, zur Anton-Renk-Hütte, und auf die Berge des äußeren Glockturmkammes.

● 37 **Tösens,** 931 m

Zusammengefügt aus den Weilern Brücke, Klettach und Steinach.
400 Einw. Postautohaltestelle, Post, Tel.
Ausgangspunkt für Fahrten um das Bergler- und Platzertal und die Berge des Glockturmkammes. Von Tösens über Serfaus auf die Kölner Hütte und ins Komperdell.
Im Winter Skitouren im Bergler- und Platzertal, Übungsgelände um Tösens (Tscheybergwiesen und am Frudig).
G a s t s t ä t t e n : Wilder Mann, Tschupbach.

A u s f l ü g e :
● 38 St. G e o r g e n und S e r f a u s , 1½ st. Reizvoller Ausflug. Von Tösens über den Inn und nördl. empor zum St.-Georgen-Kirchlein. Sehr altes Bauwerk. Gotisches Schnitzwerk. Von St. Georgen steil aufwärts nach Serfaus.

● 39 H e x e n k o p f , 3038 m. 2½ st südwestl. von Komperdell, leicht. Herrlicher Blick ins Berner Oberland und die Ötztaler Gletscher.

● 40 S c h ö n j ö c h l , 2676 m, 4—5 st. Eine Kammerhebung zwischen Bergler- und Platzertal. Von Tösens auf dem neuen Weg (über Klettach) die bewaldete Steilstufe in das Berglertal empor und zu den Höfen von Übersachsen. Über die Höfe von Bichl talein zur Unteren Berglerhütte und zuerst neben dem Bach, dann auf der westl. Talseite aufwärts talein, bis hinter der oberen Bergleralm nach rechts (südwestl.) ein Weg zum Schönjöchl abzweigt. Vom Gipfel schöner Blick auf die Berge des Glockturmkammes. Abstieg über die Anlagen des aufgelassenen Silber- und Bleibergwerkes und talaus durch das Platzertal nach Tösens.

● 41 **Pfunds,** 971 m

Dazugehörig S t u b e n , 972 m, am rechten Innufer. Zusammen eine Gemeinde. 1800 Einw. Postautohaltestelle, Post, Tel., Arzt, Apotheke.
Bergführerstandort, BRD-Meldestelle: Gendarmerie, Ruf 05474 / 201. Pfunds ist der größte Ort des „oberen G'richts". 5 km von der Schweizer Grenze, 16 km von der Staatsgrenze (Südtirol) entfernt. Knotenpunkt der Autolinien Landeck — Südtirol, Landeck — Engadin, bzw. Samnaun.

Pfunds ist Talort für das Hohenzollernhaus im Radurscheltal und für das Radurschelhaus (Jagdhaus, Almhütte, keine Unterkunft). Tourenstützpunkt für den Schmalzkopf, St. Ulrichskopf, Ochsenkopf und Affenkopf. Der Übergang nach S über das Tscheyer Schartl zum Radurschelschartl ist ausführbar. Gutes Skigelände. Günstigster Zugang in das Samnauner Gebiet. Rodelbahnen.

Pfunds ist eine sehr alte Siedlung, war einst Gerichtssitz. Angeblich sind die heute nur mehr im Sommer bewohnten Praishöfe die ersten deutschen Siedlungen, 1588 m (nordwestl. von Pfunds am N-Hang des Stubentales). Die Häuser in Pfunds weisen meist alte Bauweise auf und stehen eng aneinandergebaut. Die Liebfrauenkirche spätgotischer Bau (1470) mit spätgotischen Wandmalereien, Altarschrein aus dem 16. Jahrhundert. Am W-Ende des Ortes das ehemalige Gerichtshaus (1579).

Gaststätten: Hirsch, Kreuz, Post, Traube, Mohr, Privatbetten.

Spaziergänge:

● 42 Hochfinstermünz, 1137 m, 1—1½ st. Fahrstraße nach Nauders. Ghs. Hochfinstermünz. Hotel. Postautohaltestelle. BRD-Meldestelle. stelle. Blick auf die wilde Wald- und Berglandschaft. Über der Innschlucht Zacken des Kitzmais und Piz Mondin. Über der Enge von Engadin der Piz Schalambert und Piz Ajüz. Unterhalb von Hochfinstermünz der alte Wartturm.
Bei der Kajetansbrücke (neue Zollwachhäuser) beginnt die Straße, die über Martinsbruck ins Engadin führt.

● 43 Häusergruppe Vorderer und Hinterer Kobel, 1437 m, 2½ st. Alte Bauernhäuser am westl. Talhang hoch über Pfunds gelegen. Von dort auf Almweg empor auf die Preißwiesen. Zurück nach Pfunds über Rauth. Hohenzollernhaus (s. R 216).
Schöne Wanderung durch das Radurscheltal. Schöne Zirbenwälder.

● 44 Nauders, 1365

1300 Einw. Endstation der Postautolinie, Post, Tel. Bergführer und Skilehrer. Arzt. Bergkastelseilbahn (2200 m), zahlreiche Lifte. Hallenbäder, Sauna, Reitstall (Seilbahn auf den Mataunkopf projektiert).
BRD-Meldestellen: Gendarmerie, Ruf 05473 / 201 und Ghs. Löwen, Ruf 05473 / 208.
Nauders liegt auf einer Hochfläche nahe der Südtiroler und schweizerischen Grenze. Im W beherrschend der Piz Lad, die Dreiländerecke und der dreigipfelige Piz Mondin, 3147 m.

Nauders ist Ausgangspunkt für die Nauderer Skihütte, Stützpunkt für Bergtouren im westlichsten Teil der Nauderer Berge, wie Bergkastel- und Klopaierspitze; Ganderbild, Mathaunkopf und Großer Schafskopf; für Gaißplaißkopf, Ochsenkopf, Schartlkopf und Weißes Eck. Nauders hat ein prächtiges Skigelände. Sessellift auf den Mutzkopf (1850 m). Schlepplift Lawerz (1650 m). Schlepplift Mösle. Neuer kombinierter Sessel-Schlepplift: Riatshof Stablesboden, Stableshof.
Von den Forschern wird der römische Ort des Ptolemäus (140 n. Chr.) Inoutrion für das heutige Nauders gehalten. Im 10. Jahrhundert war Nauders Gericht und gehörte zur Grafschaft Vinschgau. Meinhard II. übergab das Verwaltungsamt einem landesfürstlichen Beamten. Die Gerichtsgemeinde Nauders umfaßte das ganze Unterengadin und das Gebiet von Finstermünz bis zur Malser Heide. Bis zur Zerreißung Tirols 1919 war Schloß Naudersberg das „höchste" (höchstgelegene) Gericht Österreichs.

Sehenswürdigkeiten:
Im Oberdorf von Nauders Häuser aus dem 15. und 16. Jahrhundert. Im 16. Jahrhundert an Stelle der alten eine neue Pfarrkirche erbaut. Schöne

spätgotische Schnitzaltäre. Die St.-Leonhards-Kapelle beim Schloß Nauderberg aus dem 12. Jahrhundert hat Züge aus der romanischen Zeit. Das Schloß Nauderberg südl. über dem Ort auf einem Hügel.
Gaststätten: Goldener Löwe, Lamm, Margarete Maultasch, Mondschein, Post, Schwarzer Adler, Steinbock, Tiefhof.
Spaziergänge:
● 45 Ortlerblick. Von der Pfarrkirche über den Friedhof zum Kreuz. Hier Blick auf den Ortlerstock, 3900 m.
● 46 Schöpfwarte, 1/2 st. Zum Weiler Mühlen (südl. von Nauders) und auf der Straße weiter zum Kreuz (Ghs.). Hier führt die Straße rechts (westw.) nach Martinsbruck hinab. Rechts auf einem Weg zuerst über Felder, dann durch den Wald zur Schöpfwarte, einem schönen Aussichtspunkt des Inntales. (Ehrenmal für die im ersten Weltkrieg gefallenen Mitglieder der AV-Sektion Hohenzollern, 1925 errichtet.)
● 47 Martinsbruck, 1½ st. Wie oben zum Kreuz. Gleich danach biegt von der alten Straße die neue ab, dieser folgend hinab nach Martinsbruck am Inn. Zollhaus und Gasthaus. Jenseits der österr.-schweiz. Grenze das schweizerische Dorf Martinsbruck.
● 48 Altfinstermünz, 1 st. Von Nauders nordwestl. auf der Straße und den Abkürzungssteigen in die Felsenenge Hochfinstermünz mit dem ehemaligen Sperrfort. Von hier auf schöner Straße hoch über dem Inn weiter zum Hotel und hinab zum Inn und zur alten Festung Altfinstermünz, von der eine Brücke durch den alten Wartturm auf die Schweizer Seite hinüberführt. Finstermünz seit dem 11. Jahrhundert als Grenzgegend belegt.
Über das **Saderer Joch** in das Radurscheltal, 4—5 st. Bezeichnet. Lohnend (s. R 1039).
Über das **Tscheyjoch** zum Hohenzollernhaus, 6 st. Teilweise weglos (s. R 315).
Weiter nach Partitsch, Novelles, Stables, Riatsch (Rasthäuser).

● 50 **II. Das Ötztal**

Die Begrenzung der Ötztaler Alpen bilden im O das Ötztal und das Timmelstal bis zum Timmelsjoch. Das Ötztal ist mit 60 km das längste Seitental des Inntales. In mehreren Stufen, die beim Rückgang der Gletscher entstanden sind, führt es durch Talengen und fruchtbare Böden bis Zwieselstein, wo es sich in das Gurgler und Venter Tal gabelt. In diesen liegen die zwei höchsten Dörfer der Ostalpen, Gurgl, 1927 m, und Vent, 1893 m. Das Venter Tal gabelt sich bei Vent in die zwei kurzen Hochtäler des Rofentals und des Niedertals, die bis an die Gletscher des Hauptkammes heranführen. Fahrstraßen bis Obergurgl und Vent.
Der Ausgangspunkt für das Ötztal ist die Bahnstation

● 51 Ötztal, 692 m

an der Einmündung des Ötztales ins Inntal gelegen.
Schnellzughaltestelle, etwas abseits der Autostraße. Haltestelle aller im Ötztal verkehrenden Autobusse.

OETZ IM OETZTAL, der ideale Erholungsort mit dem wärmsten Badesee Tirols — Piburgersee. Geheiztes Freischwimmbad im Ort.
Auskünfte und Prospekte: Fremdenverkehrsverband A-6433 OETZ-Telefon 0 52 52 - 280.

Hinter dem Bahnhof das Ghs. „Ötztaler Hof". Gegenüber erhebt sich im N der mächtige Tschirgant, 2372 m. Die Autostraße führt von der Station Ötztal südwestl. zur Bundesstraße 1. Man folgt ihr 300 m westw. hügelan bis zur großen Abzweigung „Ötztal". Hier links (südl.) ab und auf der Ötztaler Straße südw. an mehreren bewaldeten Schuttkegeln entlang zum Weiler **Ebene**, 730 m. Hinter dem Dorf links, östl., der schöne Stuibenfall. Hier zweigt westl. die Straße nach Sautens ab. Südöstl. beherrscht der stolze Acherkogel, 3010 m, das Tal.

● 52   Sautens, 809 m

1000 Einw., beliebtes Sommerfrischdorf, besonders fruchtbare Umgebung, Aprikosengegend.
Sautens ist eine alte Siedlung (Funde aus der Bronzezeit).
Hotels, Gasthäuser und Pensionen, 2 Cafés; ebenfalls in Haderlehn ein Gasthaus. Schlepplift.

Zugänge:

Von **Roppen** im Oberinntal, 706 m (Ausgangspunkt des Forchheimer Wegs R 261) auf kleiner Güterstraße zunächst über Wiesen, dann durch Wald ansteigend, sodann fast eben zu einer kleinen Wallfahrtskapelle im Wald und an den Kreuz-Stationen vorbei nach Sautens, 1¼ st.
Von **Ebene** auf Straße über die neue Achenbrücke und gerade aufwärts auf der neuen breiten Straße, die im Mittelpunkt des Ortes, nahe Pension Gisela, mündet, 20 Min.

Spaziergänge:
Von **Ebene** auf Fußweg. Zunächst auf der Autostraße an der Auer Klamm mit Wasserfall über die Brücke in Richtung Oetz. Kurz nach der Brücke (5 Min.) zweigt rechts ein Steig ab, der über einen Steg die Ache überquert und durch Wiesen zum Pirchhof nach Sautens führt, etwa ½ st.
Zum Ritzlerhof. Auf Güterstraße von der Kirche durch Wiesen und Wald zum Ritzlerhof, 15 Min., schöne Aussicht.
Haderlehen, Gh., Jausenstation. Von hier zum Piburger See. Oder zur Karalm, 2123 m, 2½ st, und zur Blose, 2538 m, 3½ st.

● 53   Oetz, 827 m

Der vielbesuchte Sommer- und Winterkurort (mit schönen Gasthäusern und Hotels) liegt in einer fruchtbaren Talweite und zeichnet sich im Sommer besonders durch sein mildes Klima aus (Mais, Wein, Pfirsiche, Aprikosen).
Bergführer, Reisebüro, Wechselbüro. Schwimmbad am Piburger See und geheiztes Freischwimmbad in Oetz. Tennisplatz. Arzt. BRD-Meldestelle, Ruf 05252/306 (Willi Pohl, Ötz 306) (und

Sautens, Ruf 05252/260, Mark). 1800 Einw. Postautohaltestelle. Straße nach Kühthai, ganzj. offen gehalten.

Sehenswürdigkeiten: Ghs. Stern — ursprünglich Gerichtshaus — mit schönen Malereien von 1573 und 1615, Tor und Erker.
Pfarrkirche mit der St.-Michaels-Kapelle unter dem Chor aus der Zeit um 1400. Die Kirche mit dem gotischen Turm wurde 1667 vergrößert und 1744 mit barockem Schmuck versehen.
Im frühen Mittelalter besaßen die Grafen von Ronsberg (Schwaben) das Ötztal. 1284 brachte Graf Meinhard II. von Tirol das Tal an sich. Oetz kam dann zu Silz, erhielt 1398 einen eigenen Priester. Oetz wurde durch einen Brand (1620) und durch Murbrüche mehrmals verwüstet.
Zahlreiche Hotels, Pensionen, Gasthöfe und Privatquartiere.

Spaziergänge und Ausflüge:
● 53 a Zum Piburger See, ³/₄ st. Mehrere Ghs. Von Oetz südl. aus dem Dorf und westl. über die Achbrücke. Durch Wiesen an den Talhang und durch Wald empor. Bei einer Wegteilung südl. aufwärts, beim „Teufelsstein" vorbei. Zuletzt im Wald zwischen Blöcken abwärts zum waldumgebenen Piburger See, 915 m, Ghs. Der Acherkogel beherrscht den Ausblick im Hintergrund. Der See ist 800 m lang, 250 m breit und 30 m tief und entstand durch einen Bergsturz. Eine Straße führt um den See herum, auf der man durch Wald zur Achbrücke von Oetz hinabgelangt.

● 54 Nach Sautens und Roppen, 1½ st. Von Oetz westl. aus dem Dorf und über die Achbrücke. Durch Wiesen zum Weiler Pircher und nach Sautens. Nordwestl. durch Wald zur Bahnstation Roppen. Hier beginnt der Forchheimer Weg zur Erlanger Hütte.

● 55 Nach Kühtai und zur Dortmunder Hütte, 4½ st. Hinter der Kirche von Oetz auf neuer Straße nördl. zum Dörfchen Au, auf einer Hochfläche. Auf der Straße ins waldige Nedertal und östl. neben dem Stuibenbach talein über Ochsengarten, Wald, 1542 m. und Marlstein, 1789 m, oder näher auf dem Talweg von Ochsengarten nach Mareil, 1734 m (Ghs.). Von hier auf gutem Weg durch Wiesen und Zirbenbestände aufwärts zur Dortmunder Hütte, 1964 m, und wenige Min. weiter östl. empor zum Ghs. Kühtai, 1966 m. Herrliches Skigelände (Pirchkogel, Sulzkogel, Kraspesspitze, Finstertaler Scharte und See). Von Kühtai nach Haggen und St. Sigmund im Sellrain.

● 56 Zur Neuen Bielefelder Hütte, 2112 m, von Oetz auf markiertem gutem Weg in 3½—4 st (bew. 15. 2. bis April, 1. 6. bis 30. 9.).

● 57   Habichen, 844 m

Kleines Sommerfrischendorf, zum Teil mit schönen alten Häusern Glockengießerhaus, Haus mit interessanten Fresken, und Prinzessinnenhäusl). ½ st talein von Oetz. Ghs. Habichen. Von Habichen führt die Straße über die Achbrücke und in Kehren durch die wilde Felsenge empor auf die zweite Talstufe mit dem Ort Tumpen.

● 58   Tumpen, 936 m

Hübscher Sommerfrischenort am Nordende des Umhausener Talbeckens. Ghs. Acherkogel.

5 km südl. von Tumpen, am hinteren Ende des zweiten Taltroges liegt

● 59 **Umhausen,** 1036 m

Hauptort der 2. Talstufe, hübsche Sommerfrische und Tourenzentrum für Ötztaler und Stubaier Alpen. Älteste Niederlassung im Ötztale. Der Ort liegt auf dem Schuttkegel, der im Laufe der Jahre vom Hairlacher Bach aus den Kühtaier Bergen hier aufgehäuft wurde. Durch die reichliche Wasserzerstäubung auch bei hohen Temperaturen keine lästige Hitze. BRD-Meldestelle: Gendarmerie, Ruf 05255 / 224 oder 205. Arzt. 2000 Einw. Postautohaltestelle. Freischwimmbad.
Umhausen ist der Talort für die Frischmannhütte, Erlanger Hütte (die man besser vom etwas talaus gelegenen Österreuthen erreicht, ebenso Postautohaltestelle) und Gubener Hütte. Als besondere Sehenswürdigkeit Umhausens gilt der 140 m hohe Stuibenfall (südöstl. über dem Dorf).

Umhausen soll von allen Orten innerhalb des „Gsteigs" am frühesten besiedelt worden sein. Schon im 13. Jahrhundert erhob sich hier eine kleine Kirche. 1762 durch Hochwasser und Muren vollständig zerstört. Die Pfarrkirche (1482 umgebaut und 1680 vergrößert) hat im Chorbogen ein schönes Kreuz aus dem Ende des 16. Jahrhunderts und einen Taufstein aus dem 15. Jahrhundert. In der Totenkapelle am Friedhof eine gotische Muttergottes. Im Gasthaus „Krone" (Marberger) schönes Erkerzimmer aus dem Jahre 1684 im Stil der Tiroler Renaissance. Handwebe-Industrie.

Spaziergänge und Ausflüge:

● 60 **Stuibenfall:** Größter Wasserfall Tirols, ³/₄ st. Von der Kirche östl. über den Bach und zu den Häusern von Sand. Südöstl. auf Waldweg zum Ghs. Stuibenfall und im Wald empor, bis man gegenüber dem auf zwei Stufen stürzenden Wasserfall steht.

● 61 Vom **Stuibenfall** nach **Niederthai,** 1537 m, 1 st. Der rechts des Wasserfalles die Hänge aufwärts führende Weg geht in einen felsigen Steig über und überschreitet den Bach oberhalb einer natürlichen Felsbrücke. Man gelangt auf die nach Niederthai führende Straße. Von Niederthai kann man auf der alten Straße zurück nach Umhausen gehen. Schöner Rundgang. In Niederthai „Berghof", Gh. Stuibenfall, „Niederthai", Alpenhof, Siegfried, Tauferberg, Alpina.

● 62 Zur **Gubener Hütte,** 2034 m, 4 st, bez. Von Umhausen südöstl. auf dem Fahrweg empor zum Hairlachbach (Stuibenfall) und nach Niederthai (Ghs. Alpenrose). Blick auf den Reiserkogel und Luibiskogel. Im Hairlachtal einwärts über Bergmahder und durch Zirbenwald. Über die Untere Zwieselbachalm zur Hütte.
Zur Frischmannhütte, 4 st, bez. (s. R 181).

● 62a Nach **Köfels** und zur **Frischmannhütte,** 4¹/₂—5 st. Von Köfels auf das Schartl empor. Nun entweder dem Wasserleitungsgraben nach im Bogen den Talkessel ausgehend und empor zur Frischmannhütte, oder hinab auf die grünen Böden der Fundusalm und empor zur Hütte.
Zur Erlanger Hütte am Wettersee, 2550 m, 4¹/₂ st (s. R 169).
Gasthäuser für alle Ansprüche. 150 Privatbetten.

Hinter Umhausen verengt sich das Tal, die Straße überschreitet zweimal die Ache und steigt auf die dritte Talstufe empor. In dem sich dann weitenden Tal liegen die Weiler Au, Winkl, Unterried, Lehn und Oberried, Ehspan und Dorf.

● 63   Köfels, 1403 m

Weiler mit schöner Fernsicht oberhalb von Umhausen. 2 Gasthöfe. Tel. Kleiner Schlepplift. Ausgangspunkt für die Hauerseehütte.

Von Umhausen: Auf der Straße 1 km talein, dann rechts ab (Ww.) und über die Ötztaler Ache. Auf dem Fahrweg in 40 Min. nach Köfels.

Von Lehn und von Oberried steigt man zum Hauersee auf. In der Mitte der dritten Talstufe, an der Einmündung des Sulztales, liegt

● 64   Längenfeld, 1180 m

Längenfeld ist der größte Ort des Ötztales. Der aus dem Sulztal kommende Fischbach teilt den Ort in Unter- und Oberlängenfeld. Südl. des Ortes unter den steil abfallenden Felswänden des Burgsteins liegt das altbekannte Schwefelbad, Hotel Kurbad Längenfeld. 3000 Einw., Postautohaltestelle. Arzt, Apotheke. Bergführerstandort, BRD-Meldestelle, Gendarmerie, Ruf 05253/214. Schleppflifte in Brand und Burgstein, Tennisplatz.

Zahlreiche G a s t s t ä t t e n : Überdies 2000 Privatbetten. Längenfeld ist Ausgangspunkt für die Winnebachseehütte, Amberger Hütte, Hauerseehütte.

Tourenstützpunkt für **Hauerkogel,** Felderkogel, Reiserkogel, Luibiskogel, Breitlehnerkopf, Breitlehnerkogel.

Östl. von Längenfeld im Sulztal liegt **Gries im Sulztal.** Schöner Winter- und Sommerkurort. Ski- und Bergfahrten in den westl. Stubaiern.

S e h e n s w ü r d i g k e i t e n : Auffallend das schön gebaute und mit Fresken geschmückte Ghs. Zum Hirschen; in Unterlängenfeld an einem Haus eine Gedenktafel für den 1831 in Längenfeld geborenen „Gletscherpfarrer" Franz Senn. Senn ist einer der Mitbegründer des Alpenvereins. Zum Teil spätgotische Pfarrkirche, die 1352 eingeweiht, 1518 und 1690 erweitert wurde. An einem Pfeiler das Wappen Ulrich Kneußls, Domprobstes zu Trient aus dem Jahr 1518. Spätgotisches Westportal, barockes Inneres der Kirche. Schon im Jahr 1166 wird Längenfeld urkundlich genannt. Heinrich der Löwe schenkt den Chorherrn zu Wilten eine Schwaige in Lenginvelt (Heimatmuseum).

Im Winter ist Längenfeld Ausgangspunkt zahlreicher Skitouren im Sulztal und dessen Umgebung.

S p a z i e r g ä n g e u n d A u s f l ü g e :

● 65 Zum **Kropfbichl,** 1/2 st. Vom Ort westl. dem Fischbach entlang hinab und auf schmaler Brücke über die Ache. Über den bewaldeten Hang empor zum Kropfbichl mit der Dreifaltigkeitskirche. Das Kirchlein ist von einem ehemaligen Pestfriedhof umgeben, es wurde 1661 erbaut, zum Teil spätgotische Bauart.

● 66 Über **Brand** nach **Burgstein**, 1 st. Vom Ort auf dem Weg ins Sulztal, bis nach 10 Min. rechts der Weg nach Brand abzweigt (links ins Sulztal). Die Höfe von Brand liegen auf einer schönen Wiesenhochfläche, 1380 m, über dem Talboden. Südl. (bez.) durch Wald unterhalb einer Felswand weiter, aus dem Wald und über die Wiese zu einem Bildstöckl. Rechts von diesem mehrere große, runde Felsblöcke. Auf der Oberfläche eines dieser Blöcke finden sich eine tiefe und mehrere kleine, verwitterte Schalen — wahrscheinlich Spuren der ersten Siedler (Schalenstein). Auf der Wiesenhochfläche weiter zum Ghs. Burgstein, 1400 m. (Oder direkt von Oberlängenfeld auf der Fahrstraße.) Schöne Aussicht auf die Berge des mittleren Geigenkammes. Von hier südl. hinab auf die Talstraße bei Huben, oder über die Wiesen zurück und beim Waldrand hinter dem Zaun auf neuem Güterweg gerade hinab zur Talstraße zum Gh. Hirschen in Oberlängenfeld. Von Burgstein Spaziergang (Forstweg) zum Wiesle, einem schönen Aussichtspunkt.

● 67 Zum **Hauersee**, 2331 m, 3½—4 st. Wie oben zum Kropfbichl und auf AV-Steig zum See (s. R 185).
Oder von der Pestkapelle zum Stabele (Jausenstation Stabele-Alm mit M. für 15 Personen, von Längenfeld 2½ st) und weiter über die Innerbergalm zum See.

● 68 Nach **Gries** im Sulztal (öffentlich zugelassene Bergstraße) und auf den **Gamskogel.** Von Längenfeld östl. auf der Straße nach Gries, 1 st. Von dort südl. über den Bach und empor zur Nißlalm. Über Grasböden und südl. in schrofigem Gelände zum Gamskogel (Steiglein), 4 st. **Gries im Sulztal** (200 Einw.) ist ein aufstrebender Fremdenverkehrsort, hat 6 Gh., Pensionen, 2 Schlepplifte, Hallenbad, zahlreiche Spazierwege. Außerdem: Zur Alpengastwirtschaft Wurzbergalm (Waldruhe) und weiter über die Leckalm zur Innerbergalm (Forstweg); auf halbem Weg Jausenstation Stabelealm; zum Wiesle und weiter nach Niederthai; zur Grubealm (Gastwirtschaft).

Von Längenfeld führt die Straße fast eben, zuerst unter den Wänden des Burgsteins, dann an der östl. Talseite einwärts nach

● 69 **Huben,** 1194 m

Huben liegt am Südende des Längenfelder Talbeckens, an der Mündung von Breitlehn- und Pollestal, und ist als Ausgangspunkt für wichtige Übergänge und lohnende Gipfelfahrten bekannt. Blick auf den Halkogel und die Hohe Geige. Postautohaltestelle, Bergführerstandort. Schlepplift. BRD-Meldestelle Ghs. Alpenblick, Ruf 0 52 53/235.

G a s t s t ä t t e n und Privatunterkünfte.

A u s f l ü g e :
Über das Breitlehnerjöchl nach Trenkwald im Pitztal (s. R 286).
Über das Weißmaurachjöchl zur Neuen Chemnitzer Hütte und nach Planggeroß (s. R 287).
Zur Ebner Alm, 2046 m, 2½ st (s. dort).

Huben ist Stützpunkt für Fahrten im Geigenkamm, wie Hoher und Niederer Breitlehnkogel, Breiter Kogel, Halkogel, Wartkogel.

Nun führt die Straße neuerlich durch eine wilde Talenge (Winkel, Totterschrofen, Aschbach) empor und erreicht die vierte schmale Stufe mit

● 70 **Sölden,** 1377 m

Berühmter Wintersportplatz. Beliebter Sommer- und Winterkurort. Zu der großen Gemeinde Sölden gehören auch Obergurgl, Vent und Hochsölden. (Hochsölden, siehe R 192.) Die Gegend von Sölden wurde wahrscheinlich schon sehr früh besiedelt, wahrscheinlich vom Schnalstal (S) her. Urkundlich zuerst 1250 genannt. Viele neue Gaststätten, Hotels und Privathäuser machen es zu einem freundlichen und gern besuchten Sommer- und Winterfrischort. Hallenbäder, Tennisplatz. Ein Sessellift führt in das 2030 m hoch gelegene Hochsölden empor.

Neue Seilbahn auf den Geislacher Kogel, 3059 m, „Ötztaler Gletscherbahn". 2 Sektionen. Panoramarestaurant auf dem Gipfel. Zahlreiche Skilifte (Schlepplifte).

1500 Einw. Postautohaltestelle. Bergführerstandort. Arzt, Apotheke, Geschäfte, Autostandort. BRD-Haupt- und Ortsstelle. Leiter des BRD: Serafin Fender, Sölden, Haus 277, Meldestellen: Ruf 0 52 24 / 251 oder 277.

Die Rettenbachfernerstraße zweigt bei km 4 von der Hochsöldner Straße ab und führt bis an den Rettenbachferner. Von da wurde bereits ein Schlepplift auf das Pitztaler Jöchl, 2995 m, fertiggestellt. Das Sommerskigebiet soll weiter ausgebaut werden.

Sölden ist Ausgangspunkt für viele Touren im südlichsten Geigenkamm (Polleskamm) una im nordöstl. Teil des Weißkammes.
Ausgangspunkt für folgende Hütten: Braunschweiger Hütte, Rettenbachalm, Geislacher Alm.
Ebenso für Fahrten in den Stubaiern. (Brunnenkogelhütte, Hochstubaihütte, Hildesheimer Hütte, Siegerlandhütte.)
Zahlreiche Hotels und Gasthöfe, 300 Privatbetten.
Der Name Sölden ist ein Sammelname für mehrere Weiler und Einzelhöfe zu beiden Seiten der Ache und auf der W-Seite des Mittelgebirges; die Kirche selbst liegt in Rettenbach; der nördlichste Ort ist Kaisers, dann folgen Schmiedhof, Rechnau, Rettenbach, Windau, Platte und Moos auf der östl. Talseite; Granstein, Lochlehn, Hainbach, Reinstadl, Grünwald, Magpuit, Berghof, Bichl, See, Plödern, Rettenbach, Plör, Außerwald, Innerwald, Unterwald, Infang, Pitze, Wohlfahrt und Hof auf der westlichen Talseite. Die Kirche stammt aus spätgotischer Zeit (1400 urkundlich erwähnt). Das Innere wurde 1750 barockisiert. Schöne Altäre und Bilder. Sehenswert ist der kleine Friedhof mit den schmiedeeisernen Kreuzen.

Ausflüge:

● **71** Über die **Geislacher Alm** in das **Venter Tal** (bez.), 4 st. Von der Kirche in Sölden über die Höfe von Plödern, den Weiler Innerwald, das Ghs. Gstrein am Geislacher Sattel, 1982 m, zur Geislacher Alm. Von hier steil hinab ins Venter Tal und nach Heiligenkreuz.

In das Venter Tal gibt es private Jeepverbindungen in beide Richtungen.

● **72** Nach Hochsölden. Westl. über Sölden auf der Hochfläche der Heinbachalm (siehe R 193). Höhenkurort und Wintersportplatz. 2090 m, 1³/₄ st (siehe R 193). Oder mit Lift. Durch das Rettenbachtal zur Rettenbachalm, 2 st (siehe R 195). Durch das Rettenbachtal zur Braunschweiger Hütte, 5—6 st (siehe R 225).

Der Weg Sölden — Hochsölden ist mit Pkw befahrbar. Geregelter Einbahnverkehr.

● **73 Hildesheimer Hütte**, 2896 m, 5 st. Von Sölden auf dem neu ausgebauten Fahrweg durch das Windachtal talein über die Windachalm zum Ghs. Fiegl, 1950 m. Lohnverkehr mit Jeep. (Von hier zur Hochstubaihütte.) Talein und bei der Wegteilung rechts (links zum Bildstöckljoch). Bei der nächsten Wegteilung links und in vielen Kehren den steilen, felsigen Hang empor zur Hütte, in der Nähe eines kleinen Sees.

● **74 Hochstubaihütte** (Wildkarhütte) an der Wildkarspitze, 3173 m. 5 st. Ins Windachtal zum Ghs. Fiegl. Nördl. empor. Blick auf Puitkogel und Hohe Geige. In weiten Kehren zum dunkelgrünen Seekarsee, 2655 m. Empor in das obere Seekar mit einem kleinen See. Von den zwei Wegen, die zum Fuß der Felswand am Karschluß emporführen, ist der obere nicht ganz steinschlagsicher (bei Regenwetter). Auf einem Steig in eine Senke und links (Drahtsicherung) empor an den Grat. In wenigen Minuten nordwestl. über Schnee zur Hütte. Der Weg wurde verbessert. Auskunft über Bewirtschaftung Verkehrsverein Sölden. Neuer Weg über die Kleblaralm.

● **75 Siegerlandhütte**, 2712 m, 5 st (bez.). Von Sölden zum Ghs. Fiegl und talein bis zur Wegteilung im innersten Talboden. Rechts talein und neben der Wind-Ache aufwärts. Links der Klamm empor in den Talgrund, zuletzt links zur stattlichen Hütte.

● **76**   **Zwieselstein**, 1450 m

Kleines Dorf an der Talgabelung Venter Tal — Gurgltal, am Fuß des Mittagskogels. 6 km südl. von Sölden.

Postautohaltestelle (Endstation) Postablage, Fernsprecher. BRD-Meldestelle: Ghs. Post, Ruf 0 52 54 / 214.

Urkundlich ist Zwieselstein schon im Jahre 1269 erwähnt. In der Mariahilfkapelle (1747) Schnitzereien aus dem 17. Jahrhundert.

Gaststätten: Talherberge des AV-Zweiges Hamburg (17 B., 30 M., 10 N.).

Ausgangspunkt für die Hütten, die vom Gurgler oder Venter Tal zu erreichen sind. Tourenstützpunkt für den Geislacher Kogel, die Äußere Schwarze Schneid, Mittagskogel, Nörderkogel, und die Berge, die die Umrahmung des Timmelstales bilden: Banker, Kirchenkogel, Plattenkogel und Schermer Spitze, Banker Joch und Timmelsjoch.

Spaziergänge und Wanderungen:

● 77 Zum **Timmelsjoch**, 2478 m. Alter Verbindungsweg zwischen N und S. Neue moderne Hochalpenstraße Untergurgl — Timmelsjoch.

Ins Windachtal, 3 st. Von Zwieselstein auf der rechten (östl.) Seite der Ache auf dem alten Talweg zu den Höfen von Innermoos. Von hier rechts auf einem Weg zum Falkner-Whs., 1973 m (Wegabzweigung zum Brunnenkogelhaus). Der linke Weg, der etwas oberhalb des Ghs. abzweigt, führt hinab ins Windachtal. Talein zum Ghs. Fiegl und weiter zur Hochstubaihütte, Siegerlandhütte oder Hildesheimer Hütte.

Über den Mittagskogel auf den Nörderkogel. Bez. 4—5 st (s. R 1100). Vom Gipfel schöne Aussicht auf den Gurgler Kamm, Weißkamm, südl. Geigenkamm und die Stubaier Gletscher.

● 78   **Untergurgl (Angern)**, 1800 m

Reizvoller Sommer- und Winterurlaubsort in der Nähe des Fußpunkts der Timmelsjochstraße.

Gasthäuser und Pensionen, auch für verwöhnte Ansprüche, am Platze.
Hütten: Siehe Obergurgl.
Gipfel: Nöderkogel, Zirmkogel, Königskogel, Wurmkogel und die Gipfel siehe Obergurgl.

Zugang: 6 km Autostraße von Zwieselstein. Von Zwieselstein über den Gurgler Bach und in großem Bogen $^{1}/_{2}$ st am linken Talhang ansteigend, sodann fast eben durch Wald und Wiesen zur Brücke am Pillberg und weiter zum Weiler Untergurgl 2—2$^{1}/_{4}$ st.

● 79   **Hochgurgl**, 2150 m

Hotelsiedlung für anspruchsvolle Gäste. Es liegt auf der Angerer Alm, mit herrlichem Blick auf die Gletscherumrahmung des Gurgler Tales und bis ins Oberinntal hinaus. Die Timmelsjoch-Hochalpenstraße zweigt 1 km vor Obergurgl, Österreichs höchstem Kirchdorf, links ab. Auf griffiger Hartdecke führt sie bei einer Durchschnittssteigung von 6 Prozent nach Hochgurgl, in einer Länge von 12 km auf das Timmelsjoch und bildet über Moos und St. Leonhard im Passeier eine landschaftlich großartige Hochalpenstraße, die in den Sommermonaten Nord- und Südtirol verbindet. Von der Abzweigung von der Bundesstraße Nr. 1 beim Bahnhof Ötztal bis zur Paßhöhe (62 km Straße) wird ein Höhenunterschied von 1794 m überwunden. (Mautstraße, Paß- und Zollstation).

Durch Hochgurgl wird ein Skiparadies erschlossen, das bisher fast unbekannt war. Durch seine unvergleichlich sonnige und dennoch schneesichere Lage wird es mit anderen internationalen Plätzen auf gleiche Stufe gestellt. Ein Sessellift führt von Hochgurgl zum Großen Kar, ein weiterer Sessellift über die schönen Skihänge des Großkars und des Plattenkars bis in die weite Mulde am Fuß des Gipfelhanges des Wurmkogels. Ein Schlepplift führt weiter auf die Gratschneide des Wurmkogels, Bergstation 3070 m, Bergrestaurant.

Zufahrt:
Von Ober- oder Unter-Gurgl auf der Timmelsjoch-Hochalpenstraße.
Höhenweg von Obergurgl, 2—2¹/₂ st. Nach Pirchett (Pirchhütt) durch Zirbenwald, bez. Fußweg, an der Versuchsstation für die Aufforstung vorbei und ¹/₄ st durch das Königstal, die Königsbachklamm auf kleiner Brücke querend, auf das Angerer Plateau bei den Kar Hotels. Dieser Weg berührt die Timmelsjoch-Hochalpenstraße nicht.

● 80   Ober-Gurgl, 1927 m

Berühmtes Wintersportzentrum. Höchstes Kirchdorf der Ostalpen im innersten Gurgltal zwischen der Einmündung des Gaißbergbaches und des Ferwallbaches, überragt von mächtigen Gletschergipfeln (u. a. Firmisanschneide, Schalfkogel, Kleinleitenspitze). Im Hintergrund der Große Gurgler Ferner, auf welchem Professor Piccard mit seinem Stratosphärenballon im Jahre 1931 landete. Auch dieser große Gletscher aperte in den letzten Jahrzehnten stark aus.
Ganzjähr. Busverkehr von Zwieselstein. Post, Telefon. Bergführerstandort. BRD-Meldestelle (und preisgünstige, moderne Unterkunft für Bergsteiger): Pension Jenewein (Bergführer Ingenieur Schöpf), Ruf 0 52 54 / 2 42 03. Arzt: Dr. Hans Schlegel, Obergurgl 56.

Talort für: Skihütte Schönwies, Langtaler-Egg-Hütte, Hochwildehaus, Ramolhaus.
Tourenstützpunkt für: Schwenzerspitzen, Königskogel, Granatenkogel, Festkogel, Kirchenkogel, Liebenerspitze, Heufler-, Trinker-, Scheiber- und Rotmooskogel, Hohe Mut, Hangerer, Stockkogel, Zirmkogel, Gampleskogel, Latschkögel, Manigenbachkogel.
Angeblich zuerst von Siedlern aus dem Süden bewohnt. Um 1250 zum Teil im Besitz der Herren des Vinschgaues. Gehörte aber zur Pfarrei Silz im Inntal.
Der Ort liegt auf altem Moränengebiet, umgeben von schönen Zirbenwäldchen, begrünten Moränen, Schafweiden und Gletscherschliffen.
Da früher der Gurgler Ferner die Mündung des Langtales versperrte, kam es zur Bildung und zum zeitweiligen Ausbruch des Gurgler Eissees, der aber im Gegensatz zum Rofensee (über Vent) meist nach und nach abfloß und nur im Jahre 1834 Schaden anrichtete. Durch die hohe Lage und seinen Son-

nenreichtum ist Obergurgl zu einem vielbesuchten Wintersportort geworden. Im Sommer ist der Ort Ausgangspunkt für die zahlreichen Gletscher- und Felstouren im Hauptkamm.
Gaststätten: Edelweiß, Gurgl, Fender, Hochfirst, Jenewein, Zum Kuraten. In Unter-Gurgl: Grüner (Tiroler Adler), Mohrenhäusl. Zahlreiche Privatbetten.
Im Winter herrliches Skigelände, leichte und längere Touren in die Umgebung. Gletscherfahrten. Skilehrer und Skibergführer. Skilift bis auf 2020 m (Gaisberg-Sesselbahn) anschließend Gletscherlift auf die Hohe Mut, 2659 m. Hochgebirgsschule Obergurgl, Leiter Bergführer K. Giacomelli.

Spaziergänge und Ausflüge:

● 81 Hohe Mut, 2659 m, 2½ st. Leichte und lohnende Wanderung. Vom Gipfel schöne Aussicht auf den Ramolkamm und den Hauptkamm (s. R 1318).

● 82 Zum Rotmooswasserfall, 1¼ st. Von Obergurgl am Bundessportheim rechts vorbei auf dem breiten Fahrweg nach SW, den Gaißbergbach überquerend an die Gurgler Ache. Hier links ab (oder auch geradeaus sanft ansteigend weiter) durch den Zirbenwald und über sumpfige Wiesen immer südlich empor zu einem Aussichtspunkt gegenüber dem Rotmooswasserfall. Zurück fast eben nach NO auf den Fahrweg von der Skihütte Schönwies und auf ihm wie bei R 249 nach Obergurgl.

● 83 Schönwiesgipfel, 2328 m, 1¼ st. Von Obergurgl zur Skihütte Schönwies und nordwestl. auf die grasige flache Kuppe des Schönwiesgipfels. Schöne Aussicht auf den Rotmoos-, Gaißberg- und Gurgler Ferner.

Festkogel, 3035 m, 3½ st. Lohnende Wanderung. Vom Gipfel Blick auf die Gletscher der Umgebung (s. R 1285). Sesselbahn.

Gurgler Haide, 2 st. Wie zum Festkogel noch vor der Gaißbergbrücke links vom Fahrweg ab. Bei einer Wegteilung abermals links. Sanft ansteigend über die Gurgler Haide empor, die Trasse des Lifts querend und um einen Felsvorsprung herum absteigend zur Mündung des Ferwalltales. Auf dem Weg vom Ferwalljoch (R 342) nach Obergurgl zurück.

Aperes Ferwalljoch, 2903 m, 3½ st. Lohnend, schöne Wanderung (s. R 342).

Über das Ramoljoch nach Vent oder zur Samoarhütte, 7 bzw. 8 st. Schöner, lohnender Übergang, teilweise vergletschert. Für Geübte (siehe R 354, 1400).

Beilstein, 2123 m, 1 st. Schöner, aussichtsreicher Spaziergang (bez.). Vom Weg zum Ramolhaus bei den ersten Kehren links ab, um einen Felsvorsprung herum und über Mäder ansteigend zu den Heuhütten am Beilstein. Schöner Blick auf den Gurgler Ferner.

Zur Langtaler-Egg-Hütte, 2438 m (bez.), 2—2½ st. Reizvolle Wanderung über dem innersten Gurgltal bis zum Beginn des Gurgler Ferners (s. R 248).

● 84 Itlsee, 2680 m, 2—3 st. Von Obergurgl nördl. auf einem Weg aus dem Dorf, über die Achbrücke und auf dem Steig die westl. Talhänge empor, zuletzt weniger steil nach NW in das Kar mit dem See.

● 85   Heiligkreuz, 1710 m

Kleine Bergbauernsiedlung im Venter Tal mit hübscher kleiner Kirche auf einem schroffen Felshügel (schöne Bildhauer-

arbeiten). Am Fuß der Inneren Schwarzen Schneide. Wirtshaus Heiligkreuz. BRD-Meldestelle: Pfarrgasthof, Tel.
Hinter Heiligkreuz durchbricht die Venter Ache eine tiefe Schlucht.

● 86   **Winterstall,** 1721 m

Kleiner Weiler innerhalb von Heiligkreuz.
Tourenstützpunkt für Stockkogel, Zirmkogel, Gampleskopf und Gampleskogel, Mutkogel und Innere Schwarze Schneide.

● 87   **Vent,** 1894 m

Dörfchen im innersten Venter Tal in einer sonnigen Talweitung; zweithöchste Siedlung in den Ostalpen. Hinter Vent gabelt sich das Tal in das südwärts ziehende Niedertal und das südwestl. streichende Rofental.
Bergführerstandort, Post, Tel. BRD-Meldestelle: Hotel Post, Ruf 0 52 54 / 2 61 19 Arzt Dr. Winkler, Sölden. Beliebter und bekannter Sommer- und Wintersportort. Im Sommer und Frühling (Spätwinter) Jeep-Verbindung im Anschluß an die Postautos von Zwieselstein, mehrmals täglich.
Im Winter schönes Skigelände, prächtige Gletscherskiabfahrten in der Umgebung. Zwei Skilifte. Doppelsesselbahn (Wildspitzlift) 1. Sektion in Betrieb, 2. Sektion geplant (bis in Höhe der Breslauer Hütte).
Autoverkehr in der schneefreien Zeit unter Einhaltung des Einbahnverkehres. Einbahnregelung für die Strecke Zwieselstein—Vent: in Richtung talein darf diese Straße jeweils von der vollen Stunde an zehn Minuten befahren werden. Also Abfahrt in Zwieselstein bzw. vom Ende der Ausbaustrecke 2 km talein immer um 8, 9, 10 Uhr usw. bis 20 Uhr, und zwar jeweils von 8 bis 8.10 Uhr, 9 bis 9.10 Uhr usw. Ausbau der Fahrstraße ab Heiligkreuz bis Vent zweibahnig. Im Winter für alle Privatfahrzeuge gesperrt!

An der östl. Tallehne lichte Zirbenbestände, Schafweiden und steile Hänge Die kleine Ansiedlung besteht neben neuen Bauten aus alten Holzhäusern, die nur eine gemauerte Küche und Wohn- und Wirtschaftsgebäude getrennt haben. In der Höhe von Vent kein Ackerbau mehr; ebenso wie in Gurgl bildete früher die Viehzucht den Haupterwerbszweig, heute der Fremdenverkehr. Die Weiderechte auf den Almen des inneren Venter Tales gehören der Gemeinde Schnals im Schnalstal südl. des Hauptkammes.
Franz Senn (Ehrentafel am Pfarrhaus) wirkte hier elf Jahre als Kurat, Erschließer der Venter Berge. Er war Mitbegründer des Alpenvereins.
Die eine halbe Stunde talein liegenden Rofenhöfe zählen zu den ältesten Siedlungen des Ötztales. Bereits 1280 urkundlich belegt. In alter Zeit hatten die Rofenhöfe eigenen Burgfrieden, Asylrecht und Steuerfreiheit, letztere wurde erst 1810 aufgehoben, als der Hof zum Landgericht Silz kam. Die

Rofenbauern Klotz waren die begehrtesten Führer zur Zeit der ersten Erschließung. Leander, der berühmteste der „Klötz von Rofen", war sowohl bei der Erstbesteigung der Wildspitze, als auch der Weißkugel, der entscheidende Mann.

Vent ist Ausgangspunkt für: Breslauer Hütte, Vernagthütte, Brandenburger Haus, Hochjochhospiz, Whs. Schöne Aussicht, Martin-Busch-Hütte auf Samoar, Similaunhütte, Ramolhaus über das Ramoljoch.

Tourenstützpunkt für die Berge des nördl. Weißkammes (Sonnenberg, Weißer Kogel, Taufkarkogel, Wildspitze, Brochkogel), Thalleitspitze, die Diemkögel, Firmisanschneide, Spiegelkögel, Ramolkögel, Manigenbachkogel, Gampleskogel.

Ausflüge:

● 88 Hochjochhospiz, 2412 m, 2½ st, bez. Lohnende Wanderung (siehe R 233 f.).

Hochjoch, 2840 m. Schöne Gletscherwanderung. Whs. Schöne Aussicht westl. wenig über dem Hochjoch. Herrliche Aussicht auf die Berge des Salurnkammes, des Hauptkammes und der Ortlergruppe (s. R 262).

Vernagthütte, 2755 m (bez.), 3½ st. Besuch der Hütte sehr lohnend (s. R 231 f.).

Breslauer Hütte, 2840 m, bez., 2½—3 st. Sehr lohnende Wanderung (s. R 229).

● 89 Über das Ramoljoch nach Obergurgl. Vergletscherter, schöner Übergang vom Venter Tal ins Gurgltal, 7 st. Soweit gletscherfrei bez. Aussicht vom Joch auf die prächtige Umrahmung des Venter und Gurgler Tales (R 354, 1400).

● 90   **III. Das Pitztal**

Entfernungen: Bhf. Imst — Arzl 3 km, Arzl — Wenns 5 km, Wenns — Jerzens (Schön) 6 km, Jerzens — St. Leonhard 12,5 km, St. Leonhard — Trenkwald — Planggeroß 10,8 km, Planggeroß — Mittelberg 3,8 km.

Vom Bahnhof Imst verkehren Postautos mehrmals täglich bis Mittelberg.

Das Pitztal ist enger und steiler als das Ötztal. Landschaftlich sehr schön, im O vom Geigenkamm, im W vom wilden Kaunergrat überragt.

Autostraße bis Mittelberg. Fahrweg bis zur Taschachalm. Von der Station Imst führt die Straße in Kehren die waldige Talstufe empor in das Pitztal. Der erste Ort Arzl liegt westl. auf der Talstufe über die Einmündung des Pitzbaches („Pitze") in den Inn.

Von Mittelberg im innersten Pitztal aus ist ein Lift zur Riffelseehütte geplant. Schönes Frühjahrsskigebiet über dem Riffelsee.

● 91   Arzl, 883 m

1600 Einw. (Großgemeinde). Postautohaltestelle. Post (Arzl bei Imst). Tel.

Zur Gemeinde Arzl gehören die umliegenden Weiler und Gehöftegruppen, so Arzlair (südwestl. über Arzl), Timmels (südl. von Arzl über der Straße), Steinhof, Neudegg und Hochasten, ebenfalls südl. über Arzl an den Hängen des Ausläufers des Venet.

Gaststätten: Stern; Post; in Timmels Rauthof. (Außerdem Privatbetten.)

BRD-Meldestelle, Ruf 0 54 12 / 54 60 09 (Rappl).

Arzl ist Tourenstützpunkt für den Venet. Ausgangspunkt für die Berge des nördlichsten Kaunergrates, wie die Aifenspitzen, Hochschaltergrat, das Köpfle und die Ölgrubköpfe für das Alpenghs. Plattenrain. Über den Weiler Wald (s. R 94) erreicht man die Berge des Wildgratstockes. Arzl ist eine alte Siedlung, 1260 urkundlich erwähnt. Auf dem Burgstall (Felskopf westl. über Arzl) soll eine Burg gestanden haben, Arx, nach der der Ort seinen Namen hat. Die Gemeinde Arzl-Wald hatte alte Rechte und Freiheiten. Der Ort besteht aus alten, reizvollen Häusern (Erker) und neuen Bauten. Die spätgotische Pfarrkirche wurde 1750 vergrößert.

Herrliches Skigelände in der Nähe Arzls, beim Alpengasthof Plattenrain; der Venet ist ein vielbesuchter Aussichts- und Skiberg.

Im Sommer herrliche Wanderungen über den Piller ins Kaunertal oder auf die Berge des äußeren Kaunergrates.

Spaziergänge:

● 92 Zum Osterstein, 950 m. Ein gern besuchter Hügel nördl. von Arzl, freistehend und bewaldet. Auf angelegtem Steig am SW-Abhang des Hügels. Schöne Wanderung auch durch die Wälder des N-Abhanges. Nach der Überlieferung alte Opfer- und Dingsrätte.

● 93 Imsterberg, 1½ st. Reizvolle Wanderung von Arzl nördl. um den Ausläufer des Venet herum an dessen N-Hang zum Dorf Imsterberg. Von dort hinab in die Imsterau und auf dem Unterwaldweg zurück nach Arzl, 1½ st.

Venet: Im Sommer herrliche Kammwanderung mit Ausblicken ins Inntal und auf die Berge des Kaunergrates (s. R 626).

● 94 Wald, 895 m

Auf der östl. Talseite am Ausgang des Pitztales, gegenüber von Arzl auf einer Terrasse gelegen.

Vom Bhf. Imst: Kürzester Zugang nach Wald von der Bahnstation Imst östl. der Bahn entlang bis zur Pitzebrücke, unter dieser hindurch, über eine Holzbrücke, dann auf sehr gutem Steig in Kehren durch Wald und Wiesen zum Ort empor, 1 st. Von Arzl führt eine Straße in vielen Kehren zur Pitze hinab und jenseits hinauf nach Wald, ½ st. Nach Wald auch von der Station Roppen im Inntal auf einem Fahrweg (1½ st).

Wald ist Ausgangspunkt für die Berge des Wildgratstockes.

Gaststätte: Traube.

Ausflüge:
Über die Weiler und Höfe Ried, Leins, Gischelwies nach Jerzens, 1 st. Zeigerberg, 2387 m, 4 st. Vom Gipfel schöne Aussicht. Abstieg auf das Hochzeigerhaus und nach Jerzens. Über die Dörfer zurück nach Wald. Wildgrat, 3074 m, 5 st (s. R 427).

● 96 **Wenns**, 961 m

Wenns liegt auf weiter Wiesenfläche am SO-Fuß des langgestreckten Venets. Von Wenns zieht südwestl. ein Wiesental zum Piller hinauf.

1550 Einw. Postautohaltestelle. Post. Tel. Arzt. Verkehrsbüro (Tel. 05414/263), geheiztes Schwimmbad mit Sauna. Tourenstützpunkt für den Venet. Ausgangspunkt für die Berge des nördlichsten Kaunergrates und den Hochzeiger (Wildgrat). Von Wenns bester Zugang zum Piller. BRD-Meldestelle: Ghs. Post (Tel.). Zahlreiche Gaststätten.

Urkundlich genannt im Jahre 1170, jedoch schon früher besiedelt; ein sehr alter Verkehrsweg zog über die Pillerhöhe ins Inntal. Die Gemeinden Wenns und Jerzens besaßen alte Rechte und Freiheiten. Zur Zeit der Napoleonischen Erhebung der Tiroler, Verteidigung der Langen Brücke über den Inn (bei Imst) durch die Pitztaler. Im Jahr 1917 brannte Wenns ab, nur die Kirche mit dem schlanken Turm und das alte Platzhaus mit seinen schönen Fresken (sehr gut erhalten) aus dem 16. Jahrhundert blieben verschont.
Pfarrkirche mit erhaltenem gotischen Chor, Fresken. Malerische St.-Margarethen-Kirche am südl. Ortsende.
Am S-Ende des Ortes einst die Burg der Grafen von Hirschberg. Jetzt Ruine. Im Winter das nahe, herrliche Skigelände des Venet und der Aifenspitze. Skitouren auf den Hochzeiger.
Spaziergänge: Ein Netz von bezeichneten Waldwegen, die mit Ruhebänken versehen sind, durchzieht das Venetgebiet bei Wenns.
Alpengasthof Plattenrain am Hang des Venetberges, 2 st. Über Auders über Wiesen und durch Wald in Kehren ansteigend.
Oberdorfer Alm, 2½ st. Über eine Säge durch Wald in Kehren ansteigend zur Oberdorfer Alm, 1600 m, kein Ghs., aber Almprodukte.
Larcheralm im Venetgebiet, 2½ st. Am Wege zum Venetberg (Almprodukte).
Gallfluh, 3 st (im Venetgebiet). Am Weg zum Venetberg. Kein Ghs., nur Almprodukte.

● 97 **Jerzens**, 1100 m

Auf der östl. Talseite, an dem vom Felderzeiger herabkommenden Mühlbach gelegen. Die Wiesenhänge von Jerzens ziehen bis zur Pitze hinab.

690 Einw. 15 Min. von der Postautohaltestelle Jerzener Wegscheid. Post Wenns, Fernsprecher. BRD-Meldestelle: Ghs. Lamm, Ruf 0 54 14 / 226. Mehrere Gaststätten. Skilifte. Sesselbahn Hochzeiger. Sessellift von Liß (1480 m) zum Hochzeigerhaus.

Im Sommer einmal täglich Kurswagen nach Jerzens selbst.

Jerzens ist bester Ausgangspunkt für das Hochzeigerhaus und den Hochzeiger und für die Berge des Wildgratstockes.
Früher Irtzes, Jrtz, dann Yertzens genannt. Pfarrkirche mit spätgotischem Relief, das die Grablegung darstellt. Es wurde aus einer Feldkapelle übertragen.
Von Jerzens Skitouren auf den Hochzeiger, den Felderzeiger und den Zeigerberg.

Spaziergänge:
Über Ried nach Wald, 1—2 st.
Hochzeigerhaus, 1876 m (s. dort).
Vom Hochzeigerhaus auf den Hochzeiger, 1—1½ st. Im Sommer herrliche, aussichtsreiche Wanderung, im Winter beliebte, schöne Skitour.

Von der Postautostation Jerzenser Wegscheid führt die Straße über das Ghs. Schön (BRD-Meldestelle), Wiesle und Ritzenried nach

● 98　　　　　　　**Wiese-Zaunhof**, 1150 m

Die Häusergruppen Wiese und Zaunhof liegen auf einer kleineren, grünen Talweitung.
Postautohaltestelle. BRD-Meldestelle: Ghs. Zaunhof, Tel., und Wiese, Tel.

Bester Ausgangspunkt für das Lehnerjochhaus. Talort für die Besteigung des Schalenbergs, Kitzmörders, Söllbergs. Von Wiese aus Übergang über den Kaunergrat über das Niederjoch in das Kaunertal (Kaltenbrunn). Zum Lehnerjochhaus, über das Lehnerjoch zur Fundusscharte und hinab zur Frischmannhütte (s. R 179).
Gaststätten: Wiese, Zaunhof.

● 99　　　　　　　**St. Leonhard**, 1371 m

St. Leonhard liegt in einer Talweite, an deren W-Seite Wälder emporziehen. An der sonnigen O-Seite steile Bergmähder, von Felsstufen unterbrochen. Die Pfarrkirche des hl. Leonhard erhebt sich auf einer kleinen Anhöhe am S-Ausgang des Dorfes auf der W-Seite der Ache. Hier reichen die Bergflanken nahe an den Bach heran. Im Talhintergrund der mächtige Puitkogel und die Hohe Geige.
1050 Einw. Hauptort des inneren Pitztales. Postautohaltestelle. Post. Tel. Bergführerstandort. BRD-Meldestellen: Gendarmerie, Ruf 0 54 13 / 204, und Ghs. Liesele 202.

Ausgangspunkt für die Berge des Geigenkammes: Blockkogel, Plattigkogel, Langkarlspitze, die Feuerkögel, Luibiskogel. Für die Berge des Kaunergrates: Peischlkopf, Tristkogel, Gsahlkopf, Rofelewand.
Von St. Leonhard Übergang in das Kaunertal über das Wallfahrtsjöchl. Im Jahr 1265 übergab Konrad von Starkenberg einen Hof zu Schurffen im Puzzental dem Heinrich Hirzperch (heute Weiler Schrofen in St. Leonhard).

Um 1300 legte das mächtige Adelsgeschlecht der Herren von Starkenberg im innersten Pitztal an Stelle der Almen Schwaighöfe an (Planggeroß, Neurur).
Gaststätten: Alte Post, „Liesele", Haid.

Spaziergänge:
● 100 Zum **Wilden See** im Geigenkamm unter dem Plattigkogel. Von St. Leonhard talaus bis nach Wiesle. Hier auf Almsteig empor und über die Innere Schwarzbergalm zum See.

● 101 Zur romantischen **Tiefentalalm**, 2—2½ st. Von der Kirche St. Leonhard auf steilem Almsteig empor und durch Wald, zuletzt neben dem Bach zur Alm (s. dort). Prächtiger Blick auf die schroffe Rofelewand und den Gsahlkopf. Oberhalb der Alm, am Auslauf des Seekogele-Nordgrates, Vorkommen schöner Andalusitkristalle.
Die Tiefentalalm ist auch auf folgendem, leicht begehbarem Weg zu erreichen. Von St. Leonhard in Höhe des Ghs. „Liesele" westl. über die Pitze, nach Überschreiten der Brücke gleich rechts durch die Holzgatter und den schon sichtbaren Weg talauswärts hinan, bis er in einer Spitzkehre in entgegengesetzter Richtung (talein!) abbiegt (an dieser Stelle geradeaus von Neubergalm, bzw. abwärts wieder ins Pitztal nach Wald). Nun auf dem taleinwärts führenden Weg, der in mehreren Kehren unfehlbar zur Tiefentalalm führt. St. Leonhard „Liesele" — Tiefentalalm 1½—2 st.

● 102 Arzler Alm. Siehe R 692. Neuer Weg zur Arzler Alm im Bau.

● 103 **Trenkwald,** 1525 m

Hübscher Weiler.
Zwischen St. Leonhard und Trenkwald die Gehöfte: Piößmes (hier führt der Weg empor zur Reiserscharte und weiter zum Hauersee und ins Ötztal, Ghs. Alte Post, Ghs. St. Leonhard), Stillebach (Ghs. Wildspitzblick), Weixmannstall, Neurur (Ghs. Pitztal).
In Trenkwald: Bergführerstandort, BRD-Meldestelle: Leiter Josef Fürutter, Weißwald 5, Fernruf 5. Arzt in St. Leonhard
Gasthaus: Edelweiß.
Von hier aus Übergang über das Breitlehner Jöchl ins Ötztal und das Verpeiljoch ins Kaunertal. Tourenstützpunkt für Hundstalkogel, Sturpen, Hoher Kogel, Breiter Kogel, Hohe Geige (besonders bei Besteigung im Frühjahr mit Ski), Silberschneide, Gametzkögel, Sonnenkögel, Rofelewand.

● 104 **Planggeroß,** 1617 m

Eigengeprägte Bergbauernsiedlung im innersten Pitztal auf weiter Wiesenfläche nahe dem Talschluß gelegen. Im Talhintergrund der Mittagskogel. Kleiner Weiler mit Kirche (erbaut 1765). 1370 urkundlich Plancherous. Postautohaltestelle.
Post. Fernsprecher. Bergführerstandort. BRD-Meldestelle: Bergführer Fürutter, Weißwald; Gendarmerie, Ruf 0 54 13 / 204 oder 221.
Talort für die Chemnitzer Hütte, Kaunergrathütte, Taschachhaus, Rifflseehütte und Braunschweiger Hütte.

Tourenstützpunkt für Verpeilspitze, **Watzespitze, Seekarlesschneid,** Parsileskogel, Steinkogel, Zuragkogel, Brandkogel, **Ampferkogel,** Puitkogel, Wassertalkogel, Sonnenkogel.
Gasthäuser: Hotel Sonnblick, Traube, Bergland, Enzian, Santeler.
Spaziergänge:
Talein zu den Weilern Tieflehn, Mantarfen und Mittelberg.
Kaunergrathütte, lohnende Wanderung, schöne Aussicht (s. R 203).
Chemnitzer Hütte (s. R 188). Über das Weißmaurachjoch ins Pollestal und Ötztal (s. R 287).
Über das Madatschjoch in das Kaunertal, schöner, teilweise vergletscherter Übergang (s. R 295).

● **105** Von Planggeroß ¹/₂ st talein zum Weiler Tieflehn, Alpengasthof Tieflehn, Ghs. Gundolf. Von Tieflehn Weg zur Riffelseehütte und zur Kaunergrathütte. Südl. von Tieflehn steht die Talstation des neuerbauten Lifts zur Riffelseehütte.

● **106**   **Mantarfen, 1682 m**
Letzter Weiler vor Mittelberg in prächtiger Lage. Mantarfen nahm vor dem 2. Weltkrieg einen großen Aufschwung als beliebte Sommerfrische sowie als Stützpunkt für hochalpine Skifahrten. 10 Min. von Tieflehn. Ghs. Andreas Hofer, Hotel Wildspitze.

● **107**   **Mittelberg, 1740 m**
Letzte ständig bewohnte Siedlung am Talschluß des Pitztales, am Fuße des Mittagskogels.
BRD-Meldestelle: Ghs. Falbesoner, Verständigung fernmündlich. Endpunkt der Buslinie. Großer Parkplatz (Parkgebühr).
Mittelberg ist der Talort für die Braunschweiger Hütte.
Tourenstützpunkt für Wassertalkogel, Gschrappkogel, Wurmsitzkogel, Polleskögel, Grabkogel, Mittagskogel, Löcherkogel, Wurmtalerkogel, Vorderer Eiskastenkopf.
Ghs. Mittelberg, Ghs. Gletscherblick.

● **108**   **IV. Das Kaunertal**

Das Kaunertal zieht von Prutz zuerst östl. dann gerade südl. auf den größten Ferner der Ötztaler Berge, den Gepatschgletscher, zu. Das äußere Tal ist, so wie das oberste Inntal, in die weichen Bündner Schiefer des „Engadiner Fensters" eingeschnitten. Im O begrenzen das Tal die Berge des Kaunergrates, im W die des Glockturmkammes. Gleich am Eingang des Kaunertales liegt nördl. über der Talschlucht, die der wilde Faggenbach durchbricht, die sonnige Hangstufe des Kaunerberges mit den Orten Kauns, Goldegg, Gaiswies, Schnadigen, Obwals, Brauneben, Prantach, Mühle, Falpetan, Grunnestein. Durch die sonnige Lage bedingt, gedeiht hier auf einer Höhe von 1000 bis 1200 m noch Weizen und Mais. Die Höfegruppen ziehen sich weit hinauf an die Hänge der Aifenspitze. Dann wendet sich das Tal im Bogen nach S und wird ernster und karger.

Seit dem Bau des Kaunertalkraftwerks führt die Fahrstraße bis unter die Staumauer hinein. Postautoverkehr bis zur Märchenwiese.

● 109   **Kauns,** 1059 m

300 Einw., dazu Gemeinde Kaunerberg, 380 Einw.

Ausgangspunkt für die Berge des nördlichsten Kaunergrates (Aifenspitzen, Hochschaltergrat, Köpfle und Ölgrubenspitzen).
Das alte Dorf wurde durch einen Brand 1926 größtenteils zerstört. Kirche zum Teil romanisch und gotisch. Eine Viertelstunde talein auf einem Hügel die Ruine Burg Berneck. 1200 erbaut. Hier bricht die Felswand jäh zum Faggenbach ab.

Gaststätten: Goldener Adler, Hirsch.

Wanderungen über den Gachen Blick auf den Piller. Über die Weiler nach Kaltenbrunn. Auf die Berge des Kaunergrates (s. unter Gipfel).

● 110   **Kaltenbrunn,** 1263 m

Die große weiße Kirche von Kaltenbrunn ist aus dem Kaunertal schon von weitem sichtbar. Der bekannte Wallfahrtsort, der älteste Nordtirols (aus dem 13. Jahrhundert), ist von dichtem Wald umgeben. Er wird von den Leuten der Umgebung viel besucht. Über das unwegsame Wallfahrtsjöchl aus dem Pitztal, oder über die Piller Höhe.

Die Quelle, die dem Ort den Namen gab, entspringt oberhalb des Gnadenortes. Seit alter Zeit als Wallfahrtsort bekannt, um 1285 Ablaßbrief der italienischen Bischöfe für Kaltenbrunn. In der Kapelle das Gnadenbild aus dem Jahr 1400 (Schnitzfigur). Beachtenswert auch die Arbeiten des blinden Bildhauers Josef Kleinhans aus Nauders.

Gasthaus: Zur Krone.

Spaziergänge:
Über Falpetan und Kauns auf den Kaunerberg.
Über Kauns zum Gachen Blick.
Über das Niederjöchl in das Pitztal (Ghs. Wiese).
Über das Wallfahrtsjöchl nach St. Leonhard im Pitztal, 6—7 st.
Stupfarri, Schalwand, leichte, lohnende Bergfahrt.

● 111 Auf dem Waldweg nach Feichten, 1 st. Auf breitem Waldweg von der Kirche talein zu den Poschenhöfen, wo der wilde Gallrutbach herabkommt. Weiter zum Weiler Nufels. Von der Kapelle zu Nufels herrlicher Ausblick auf den Firndom der Weißseespitze im Talhintergrund. Auf der Talstraße weiter über Platz und Vergötschen nach Feichten.

● 112 Feichten, 1273 m

„Bei den Feichten" (Fichten). Gemeinde Kaunertal: 500 Einw., Endstation der Postautolinie. (Postautos verkehren von Mitte Mai bis Mitte September 3mal täglich, sonst 2mal täglich.) Die Fahrstraße von Feichten führt bis unter die Staumauer des Kaunertalkraftwerks (R 211). Die Straße von der Staumauer bis zum Gepatschhaus ist für private Pkw. gesperrt. (Im Sommer Taxiverkehr.) Im Winter und Frühjahr schwer passierbar (Schneerutsche).

Ein Fahrweg führt auch von der westlichen Uferstraße des Stausees (Abzweigung hinter der Staumauer) empor zur Nassereiner Alm, 1895 m, am Eingang des Kaiserbergtales. Straße zur Langetzberger Alm sowie zur Verpeilalm (auf eigene Gefahr). Bergführerstandort. BRD-Meldestelle: Josef Praxmarer, Ruf 0 54 75 / 217, Ghs. Edelweiß.

Feichten kann zu Fuß über den aussichtsreichen schönen Weg Prutz — Kauns — Kaltenbrunn erreicht werden.

Feichten ist Talort für Verpeilhütte, Gepatschhaus, Rauhekopfhütte, Brandenburger Haus, Tourenstützpunkt für Schweikert, Hochrinneck, Bruchkopf, Sonnenkögel, Schwabenkopf, Mittagskopf, Roter Schrofen, Feichtener Karlspitze, Alter Mann.

Im Winter in Feichten Skilehrer und Skiführer. Ausgangspunkt für Skitouren in Gebiet des Gepatschferners (Gepatschhaus, Brandenburger Haus) und für Frühjahrsskitouren im Verpeil.

Feichten liegt in einer nach S sich öffnenden Talweitung; es breitet sich mit seinen Einzelhöfen zu beiden Seiten des reißenden Faggenbaches aus. Zu beiden Seiten des malerischen Dorfes ziehen steile Berglehnen (O und W) empor. Die kleine Dorfkirche birgt wertvolle Barockaltäre aus der Schule Kölle in Fendels. Im Talhintergrund sieht man vom westl. Teil des Ortes die weißleuchtende Weißseespitze. Die Umgebung ist reich an Wasserfällen, der Gsahlbach, Mühlbach, Madatsch- und Mairhofbach stürzen mit Wassermassen über die steilen Felsstufen ins Tal.

Die Gegend wurde im 14. Jh. besiedelt. Seit dem Jahr 1860 geht der Stand der Bauernhöfe stetig zurück. In den Höfen des inneren Kaunertales lebten früher 70 Menschen, während es heute nahezu unbesiedelt ist. Durch Muren und Lawinen wurde fruchtbares Land zerstört. Auch der Waldbestand ist zurückgegangen. Almen bedecken ein großes Gebiet des Tales, das in seinen vielen Seitentälchen und Karen einen beachtlichen Wildbestand (an einer Stelle auch Steinvieh) aufweist.

Mehrere G a s t s t ä t t e n : Privatzimmer.

W a n d e r u n g e n :
Zur schön gelegenen Verpeilhütte, 2025 m, 2 st (Weg s. Hütten). Durch das Tal südwärts zum Gepatschhaus, 1928 m (Weg s. Hütten).
Über den Weiler Ügg zur Schäferhütte, 2—3 st.
Im innersten Talgrund der große Stausee der TIWAG (Tiroler Wasserkraftwerke AG, Innsbruck). Speicherbecken mit 140 Mio m³, der Stausee-Wasserspiegel liegt bei Höchststand bei 1767 m, das Absenkziel auf 1665 m. Das Staubecken ist 6 km lang und durch einen 630 m langen Felsschüttdamm abgeschlossen. Die Dammkrone liegt 130 m über der Talsohle. Die ein-

mündenden Seitenbäche des Kaunertales sind ebenfalls erfaßt, weiter die Hauptzuflüsse des in den Inn mündenden Radurschlbaches sowie der Pitz- und Taschachbach. Der 13,5 km lange Druckstollen folgt linksufrig dem Glockturmkamm.

Das Kraftwerk liegt zwischen Prutz und Ried. Erzielt werden jährlich 570 Mio kWh, wovon 335 Mio kWh auf das Winterhalbjahr und 235 Mio kWh auf das Sommerhalbjahr entfallen.

V. Der Vinschgau

● 113 (mittelhochdeutsch Finsgowe)

Der Vinschgau begrenzt die Ötztaler Berge im S, im obersten Teil von W. Er beginnt westl. von Meran auf der Töll (510 m), und streicht 80 km bis zum nahezu 1000 m höher gelegenen Reschen (Paß, 1508 m). Einteilung: 1. Untervinschgau: Töll — Latschanderschlucht bei Kastelbell. 2. Mittelvinschgau: Latsch — Schlanders. 3. Obervinschgau: Laas — Glurns — Mals. 4. Malser Heide: Glurns (Mals) — St. Valentin. 5. Vinschgauer Oberland: Seenplatte St. Valentin — Reschen (Paß). — Das Tal läuft vom Reschen zuerst südwärts bis Mals — Glurns, macht dort einen Knick nach O und behält diese Richtung bis Meran. Auch der Vinschgau ist, wie das Burggrafenamt und das Passeiertal, alter rätischer und bajuwarischer Siedlungsboden.

Die Etsch entspringt am Reschen, berührt Bozen, Trient und Verona, und mündet südl. von Venedig in die Adria.

Der Vinschgau ist ab Naturns bis auf die Laaser Höhe (ähnlich dem Burggrafenamt Bozen-Meran) ein einziger Obstgarten. Die Vinschgauer Marillen (Aprikosen) sind berühmt. Eine einmalige Eigenart des Tales ist der Gegensatz im Bewuchs des Schatten- und des Sonnenberges des von O nach W ansteigenden Tales. Der Schattenberg (Nördersberg) ist mit Nadelholz dunkelgrün bewachsen, der Sonnenberg karstartig kahl, braun, von unzähligen Rissen durchzogen. Er wurde schon in vorgeschichtlicher Zeit (wahrscheinlich von den Kelten) durch Brandrodung entwaldet. In den letzten Jahren versucht man unter großen Kosten eine Neuaufforstung.

S e i t e n t ä i e r (aus den südl. Ötztaler Vorbergen) sind:
1. Das Z i e l t a l (unbesiedelt) aus der Texelgruppe; es mündet bei Partschins-Töll in den Untervinschgau.
2. Das S c h n a l s t a l (besiedelt bis über 1900 m Höhe, Fineil, 1910 m, der höchste Kornhof Europas); vom Ötztaler Hauptkamm, mit dem nordöstl. Ast, dem Pfossental, mündet zwischen Naturns und Staben.
3. Das S c h l a n d r a u n t a l (nur im untersten Teil besiedelt) läuft nach Schlanders aus.
4. Das M a t s c h e r T a l (bewohnt), (Salurnspitze, Freibrunner Spitze), mündet bei Schluderns ins Etschtal.
5. Das P l a n e i l t a l endet auf der Malser Heide gegenüber Burgeis.
6. Das L a n g t a u f e r s (bis in den Hintergrund besiedelt), mit Weißseespitze, Vernaglwand und Weißkugel als Talschluß, mündet bei Graun auf die Seenplatte (Vinschgauer Oberland).

Die südl. Ötztaler Vorberge (Texelgruppe u. a.) sind im O vom Passeiertal mit seinen Seitentälern Spronser-, Falser- und Pfelderstal begrenzt. Südl. des Vinschgaues schiebt die Ortlergruppe ihren östl. Ast bis zur Töll vor.

● 114   Meran, 325 m

Der durch sein mildes Klima weltberühmte Kurort war bis 1383 die Hauptstadt Tirols. Das Schloß Tirol über Meran hat dem „Land im Gebirge" (wie es bis dahin hieß) seinen Namen gegeben. Meran ist der Hauptort des Burggrafenamtes. Durch seine günstige Lage am Unterende des Vinschgaues und am Auslauf des Passeiertales ist es Ausgangsort für einen Großteil der Ötztaler Vor- und Hauptberge, vor allem der kühnen Texelgruppe. Der SO-Sporn dieser Gruppe, die 2295 m hohe Muthspitze, steht steil über Meran. Die Stadt liegt in einem weiten Talkessel am Zusammenfluß der Passer (Passeier Talbach) mit der Etsch, außerordentlich sonnig und windgeschützt.

Verkehrsverbindungen: Vinschgaubahn und -straße (Meran — Mals — Reschen), Autoverbindungen in Passeier Tal, Schnalstal, Ulten- und Martelltal und zum Stilfser Joch sowie übers Timmelsjoch ins Ötztal. Nahlinien: Dorf Tirol, Partschins, Schenna (Schönna) und Gampenpaß. Verlängerung der Passeier Linie über den Jaufen und Brenner bis Innsbruck. Autolinien durch den Vinschgau und über den Ofenpaß ins Engadin (St. Moritz) oder über den Reschenpaß ins Oberinntal — Landeck — Arlberg — Bodensee oder über den Fernpaß nach Garmisch usw.

Stadtautobusse: Meran—Lana (vom Theaterplatz) zur Talstation der Schwebebahn Hafling (Abfahrt CIT-Büro).

Direkte Zugverbindung mit München, Wien, Ostende, Venedig, Rom, Mailand.

Sessellifte: Galileistraße—Segenbüchel; Meran—Küchelberg, 510 m, Aussichtspunkt.

Schwebebahnen: Meran—Hafling, 1300 m. Ausgedehnte Spaziergänge, Wintersportgelände, Hotels. Lana—Vigiljoch, 1484 m. Schöne Spaziergänge aufs Joch. Wintersportgelände. Herrlicher Blick auf die Texelgruppe und die Dolomiten sowie die Zielspitze (3006 m) im W. Skigebiet Meran 2000, auf der Piffinger Alm, über Hafling.

BRD: Goldene Rose, Lauben, Ruf 2 64 00 (Leiter: Heinrich Pinamonti). Prätur und Quästur am Rennweg 9, 9—12 Uhr. Rathaus, Laubengasse. Paßamt: Rennweg 15. Hauptpost: Reichsbrücke, Nebenpostamt Meinhardstr. 2. Alpine Auskunftstelle: Lauben 253, AV Südtirol, Sektion Meran, Ruf 2 41 34. Kurverwaltung: Freiheitsstraße 45, Tel. 2 63 93.

Sehenswürdigkeiten:

Stadtpfarrkirche im gotischen Stil aus dem Anfang des 14. Jahrhunderts. Schöne Gemälde an den Seitenwänden und an der S-Front. Spitalkirche. Die Landesfürstliche Burg im Hof des Magistratsgebäudes aus dem 15. Jahrhundert. Die Einrichtung aus dem 15. und 16. Jahrhundert. Das städt. Museum in der Galileistraße: gotische Plastiken, kultur- und prähistorische Sammlungen. Städt. Kurmittelhaus: Radioaktive u. a. Bäder. Hallen-Schwimmbad, Sauna.

Empfehlenswert ist der Besuch der Schlösser Tirol, Schenna, Thurnstein, Forst.
Sport: Freischwimmbad, Pferderennbahn, Polo, Tennisplätze, Eislaufplatz auf den Tennisplätzen, Skilifts, Städt. Sportplatz.
Gaststätten für Bergsteiger: Goldene Rose, Lauben, 272 (Sitz der Sektion Meran), Rainer, Terlaner Weinstube, Haisreiner, Forstbräu (Freiheitsstraße).

Spaziergänge und Ausflüge:

● 115 Passerpromenade — Gilfpromenade — Zenoburg — Tappeinerweg und zurück zur Stadt, 1³/₄ st.
Passerpromenade — Obermais — Schloß Rametz — St. Valentin und zurück, 1¹/₂ st.
Pfarrplatz — Laubengasse — Vinschgauer Tor — Karl-Wolf-Straße — 1¹/₂ st.
Pfarrplatz — Tappeinerweg — Tiroler Steig — Küchelberg — Zenoburg und über die Passerpromenade in die Stadt, 1¹/₂ st.
Pfarrplatz — Laubengasse — Vinschgauer Tor — Karl-Wolf-Straße — Dorf Gratsch — Waalberg bis zum Ghs. Leiter am Waal — Forsterbrücke und in die Stadt, 3 st.
Theaterplatz, nach Lana — Gaulschlucht und zurück, 2 st.
Theaterplatz, mit Straßenbahn nach Forst, über Waalweg nach Marling oder weiter bis Lana; zurück mit Autobus, 2¹/₄ st.
Pfarrplatz — Steinerner Steg — Obermais — Schenna und zurück, 2¹/₂ st.
Kurhaus — Obermais — Schloß Labers — Naiftal — Obermais, 3 st.
Kurhaus — Obermais — Naif — Schloß Goyen — St. Georgen und zurück, 3¹/₂ st.
Pfarrplatz — Tappeinerweg — Tirol und zurück oder über Schloß Tirol — St. Peter — Schloß Thurnstein — Gratsch — Meran, 2¹/₂—3¹/₂ st.
Kurhaus — Obermais — Fragsburg — Wasserfälle und zurück, 4 st.
Kurhaus — Obermais — Schenna — Verdins — Masulschlucht (im Sommer herrliche Alpenrosen) und zurück, 5 st.
Theaterplatz — Straßenbahn Forster Brücke — Vellau (972 m), zurück über Algund — Meran, 5 st.
Pfarrplatz — Tappeinerweg — Tirol — Muthöfe (1730 m, die höchsten Berghöfe des Burggrafenamtes) und zurück, 5 st. Seilbahn Dorf Tirol — Hochmut (1423 m). Von der Bergstation führt der Untere Vellener Felsenweg nach Vellen (966 m).
Meran — Algund — Vellau — Hochganghaus — Hochgang (2533 m) — Spronser Seen; Abstieg über Longfall — Tirol — Meran, 10 st.

● 116 Theaterplatz — Autobus nach Lana — Völlan — Tisens — Prissian; Abstieg nach Nals — Vilpian, von dort mit Zug nach Meran, 6 st.
Theaterplatz — Autobus nach Lana — Schwebebahn aufs Vigiljoch — Eggerhof — Mahlbach — Josefsberg — Brauerei Forst — Meran, 5 st.
Bergstation Schwebebahn Vigiljoch — Jocher — Naturnser Alm — Hochwart (2607 m) und zurück, 9—10 st.
(Übernachtungsmöglichkeit in den verschiedenen Berggasthöfen des Vigiljochs.)
Das Haflinger Hochplateau bietet jede Art von Spaziergängen und Bergtouren.
Obermais — Naiftal — St. Georgen — Ifingerhütte (1760 m) — Taser — Meran, 8 st.
Obermais — Schwebebahn nach Hafling.
Obermais — Schwebebahn Hafling — Rotwandhütte — Naifjoch — Gsteier — Obermais, 6 st.

Obermais — mit Schwebebahn Haflinger Bergstation — Leadner Alm — Lavenn und zurück, 8 st.

● 117 Obermais — mit Schwebebahn Haflinger Bergstation — Pension Belvedere — Rotwandhütte — Kirchsteiger Alm (1900 m); zurück Maiser Alm — Haflinger Bergstation, 5 st.

● 118   **Töll**, 510 m, und **Partschins**, 626 m

Westl. von Meran, am Unterende des Vinschgaues. Die Töll ist eine kleine Siedlung, Partschins ein stattliches Dorf mit zwei Edelsitzen. — Von Meran zur Töll 15 Bahn- oder 8 Straßenkilometer. Autobusverkehr. Partschins ist Ausgangspunkt für Bergfahrten in der Texelgruppe und für die Lodnerhütte. Fahrweg Richtung Lodnerhütte bis Wasserfallwiesen. (Der Partschinser Wasserfall ist der höchste Südtirols.) Hier beginnt der 3 km lange Partschinser Höhenweg, der quer durch den Hang der Texelgruppe zum Berghof Niederhaus (1300 m) führt. Seilbahn Rabland — Achbach. Zugangstal das Zieltal, westl. Partschins und nach N. Von der Töll nach Partschins rechts hinauf entweder auf dem alten Weg oder auf der (neuen) Autostraße.

Gaststätten: In der Töll: Zoll, Edelweiß, Felber. — In Partschins: Krone, Sonne, Engel, Stiege. Pension Müller, Götsch. Die Töll liegt 200 m höher als Meran, Partschins 300 m. Das Landschaftsbild des Vinschgaues ist daher schon von hier an von dem Merans auffallend verschieden: um Meran Südland, ab der Töll Bergland.

● 119   **Naturns**, 566 m

14 km. In der Nähe die Schlösser Hochnaturns und Dornsberg. Berühmt wegen des Kirchleins St. Prokulus bei Naturns, mit Wandgemälden aus karolingischer Zeit (zählen zu den ältesten Fresken im deutschen Sprachraum; Schlüssel beim Mesner).

Gaststätten: Post, Adler, Kreuz. Tennisplatz, Schwimmbad etc.

● 120   **Schnalstal**, 534 m

20 km, Bahnhaltestelle und Hotel, keine Siedlung. Hier mündet das Schnalstal in den Vinschgau.

● 121   **Kastelbell**, 597 m

Ein Dorf an der Straße und Bahn (25 km). Oberhalb des Ortes die malerische Burgruine Kastelbell, von dem der Ort seinen Namen hat. Talaufwärts des Ortes die Latschanderschlucht, die Grenze zwischen dem Unter- und dem Mittelvinschgau.

Gaststätten: Adler, Mondschein, Löwe, Bahnhof.

● 122　　　　　　**Latsch,** 638 m

30 km. Mehrere sehenswerte gotische Malereien (alt) in Spital- und Pfarrkirche. Schloß Annaberg. Seilbahn nach St. Martin am Kofel, 1736 m. Ausgangspunkt für Graue Wand, 2776 m, und Vermoispitze, 2930 m; Mastaunspitze. Zahlreiche Wander- und Höhenwege.

Gaststätten: Lamm, Rößl, Paradies, Latscherhof, Treindler.
BRD-Meldestelle: Eugen Eder, Moosweg 245.

● 123　　　　　　**Goldrain,** 662 m

33 km. Einer der Haupteingangspunkte in das (östl.) Ortlergebiet (Cevedale), besonders im Winter-Frühjahr.

Gasthof: Goldrain, Bahnhof.
Nahebei die Burgen Goldrain, Annaberg und Montain.

● 124　　　　　　**Schlanders,** 706 m

38 km. Markt. 3000 Einw., Hauptort des Vinschgaues, mit dem einzigen Gerichtsamt darin. Liegt am Ausgang des von N kommenden Schlandrauntales, durch das ein Übergang übers Taschljöchl nach Kurzras im Hintergrunde des Schnalstales führt. Ausgangsort für Bergbesteigungen im südl. Teil der Salurngruppe. Schlanders besitzt Frei- und Hallenbad. Bergstraße Schlanders—Gamshöfe — Höhenweg nach Vetzau.

Gotische Pfarrkirche, Innenraum mit barocker Malerei geschmückt, außerdem gotische Spitalkirche mit Flügelaltar von Lederer. Hier beginnt die riesige Laaser Höhe, ein Murenkegel, die „Gadriamure" von rechts oben, die das ganze breite Tal absperrte. Südl. Schlanders, hoch am Göflaner Berg, große Weißmarmorbrüche, deren Steine nach Laas abbefördert werden.
BRD-Meldestelle: AV Südtirol, Sektion Vinschgau.

Gaststätten: Kreuz, Rose, Adler, Widder, Löwe, Hase, Linde.

● 125　　　　　　**Laas,** 859 m

47 km, 3500 Einw. 150 Fremdenb. (Sommer und Winter). Liegt am W-Rande der Laaser Höhe, der Gadriamure, und 150 m höher als Schlanders. Zahlreiche Wanderwege. Nördl. mündet bei Allitz das kleine, steile Strimmtal aus, von dem aus Weiße Riepl und Litzner Spitze erstiegen werden. Schwimmbad (1975 fertig).
Zugang zu den Ortlerbergen durch das Laaser Tal. Übergänge nach Sulden.

Im östl. Teil des unteren Laaser Tales die größte Lagermenge des weltberühmten weißen Marmors (an der Bahnstation große Lager und Werkstätten, auch für den vom Göflaner Berg bei Schlanders).

Gaststätten: Hirsch, Sonne, Adler, Kreuz.

● **126**   **Eyrs**, 903 m

Südl. unter dem Hohen Kreuzjoch und dem Schwarzen Knott gelegen.

Gaststätten: Ghs. Post, Hirschen, Lamm.

● **127**   **Spondinig**, 885 m

56 km. Hier beginnt die Stilfser Jochstraße, von der bei Gomagoi die Straße nach Sulden, zu den Haupt-Ortlerbergen Ortler, Königspitze und andere führt.

Gaststätte: Hotel „Neuspondinig".

● **128**   **Schluderns**, 919 m

59 km. Liegt am Ausgang des Matscher Tales (Saldurbaches). Hier beginnt der alte Fußweg nach Matsch und zu den Glieshöfen. Ausgangsort für die Berge des äußersten Salurnkamms.

Von Schluderns zweigt nach links die Straße nach Glurns — Münstertal — Ofenpaß — St. Moritz (Engadin) ab.

Gaststätten: Alpenrose, Rößl, Hirsch, Kreuz, Engel, Bahnhofs-Restaurant, Ortler, Alte Mühle. Schloß Churburg, mittelalterliche Waffensammlung. Führungen ab Ostern bis Mitte Oktober. Zahlreiche Wanderungen.

● **129**   **Glurns**, 919 m

Das einzige Städtchen, noch ganz von der Ringmauer umgeben, einst ein sehr wichtiger Handels-Umschlagplatz für Waren aus Italien über das Wormser Joch und den Ofenpaß, liegt am Knickpunkt des Vinschgaues. Bahnstation für Glurns ist im nahe oberhalb stehenden Mals. Glurns liegt am Unterende der Malser Haide.

● **130**   **Tartsch**, 1030 m

liegt an der Hauptstraße zwischen Schluderns und Mals. Auf der Höhe des Tartscher Bühels (alte Kirche, vorgeschichtliche Funde), östl. des Ortes, zweigt nordwärts die strategische Straße ab, die in Kehren den Sonnenhang emporführt. Nach etwa 4 km Abzweigung nach rechts (O) nach Matsch im Matscher Tal.

● **131**   **Mals**, 1047 m

Am Fuß und O-Rande der Malser Haide, km 66, Hauptort des Obervinschgaues, Endstation der Vinschgaubahn Meran—Mals. Von Mals zweigen ab: Die Straße über den Reschen, über den Ofenpaß (ins Engadin) und das Wormser Joch (nach Bormio), eine Straße quer über die Haide nach Schleis, ins Schlinigtal und zur Sesvenna-Lischanna-Gruppe (Schweizer Grenzgebiet) und (über die Malser Haide) ins Planeiltal. Marktort, mit sehenswerten alten Türmen (Fresken). Von Mals steigt die Autostraße auf großen Windungen rund 400 m hoch über die Haide zur Seenplatte empor.

Gaststätten: Einhorn, Post, Bär, Krone, Hirsch, Edelweiß, Rößl, Greif, Iris, Panorama, Bar Monika, Terminus.

● 132 **Burgeis,** 1215 m

Bemerkenswert durch seine Lage, sein malerisches inneres Straßenbild, die Fürstenburg unterhalb und das große, sehenswerte Benediktinerstift Marienberg oberhalb, von wo aus man eine prachtvolle Aussicht über den Obervinschgau und zu Ortlerbergen hat. Straße zum Bergdorf Schlinig, 1726 m. Skilifte. Wanderwege auf die Burgeiser Alm, zum Pfaffensee am Watles, zur Pforzheimer Hütte. Burgeis östl. gegenüber mündet das Planeiltal.

● 133 **Planeil,** 1599 m

Am Ausgang des gleichnamigen Tales am O-Rand der Malser Haide, in deren halber Höhe. Fahrweg von Mals. Planeil ist der Stützpunkt für die Berge in der Umrahmung des Tales, aber auch für die Übergänge ins Matscher Tal und nach Langtaufers.

● 134 **Plawenn,** 1720 m

Uralte Siedlung am Ausgang des kleinen Tales gleichen Namens. Im Hintergrund des Tals die Plawenn-Alm. Von hier aus sind Großhorn, Mittereck, Steinmanndlkopf und Kofelboden zu erreichen.

● 135 **St. Valentin** auf der Haide, 1470 m

liegt am Beginn der Seenplatte, am Oberende der Malser Haide, 10 km von Mals, am S-Ufer des großen Stausees (ursprünglich des Reschen- und des Grauner oder Mitter-Sees. Der Stausee ist 9 km lang und reicht von St. Valentin bis Reschen (Ort). Schöner Blick zu den Ortler-Hauptbergen. Seilbahn und Lifte. Schutzhütte Haideralm an der Bergstation. Straße ins Rojental.

Gaststätten: Post, Traube, Lamm, Ortlerspitze, St. Valentin, Plagötthof.

● 136 **Graun,** 1488 m

Graun ist für den Bergsteiger und Skifahrer wichtig; es liegt am Ausgang von Langtaufers. Vom alten Dorf ragt nur noch der Kirchturm aus dem Wasser, während das neue Dorf seit 1951 rechts am Berghang steht. Höhenwege zum Grauner Berg, Klopaierspitze (R 1049) und Endkopf (R 1714).

● **136a**   **Reschen,** 1510 m

Das neue Dorf Reschen, der Ersatz für das im Stausee versunkene, alte, liegt gleichhoch wie der nahe Reschen. Vom Paß, 1462 m, 20 Min. zur Grenze. Reschen ist Standort für die Nauderer Berge.

Gaststätten: Traube, Adler, Reschen-Scheideck, Melbling, Mohrenwirt.

VI. Die Seitentäler des Vinschgaues

● **137**   **Das Zieltal**

ist das östlichste, erste nördl. Seitental des Vinschgaues, ein kurzes Hochtal. Es steigt westl. von Partschins nördl. bis in die Mitte der Texelgruppe empor. Dort, im Herz der Texelgruppe, liegt auf 2259 m die Lodnerhütte. Westl. öffnet sich das Lafaistal (Ginggljoch). Stützpunkte sind die Gh. Birkenwald, Giggelberg und Nassereith.

● **138**   **Das Schnalstal**

mündet bei der Haltestelle Schnalstal der Vinschgaubahn (zwischen Naturns und Staben) in den Vinschgau ein. Es streicht nordwestl. bis unter das Hochjoch im Ötztaler Hauptkamm empor.

Verkehrsverbindungen: Postauto von Meran bis Unser Frau, im Winter einmal, im Sommer zweimal täglich. Abfahrt des Postautos in Meran beim Ghs. Försterbräu in der Freiheitstraße. Das Tal ist bis Kurzras mit Pkw befahrbar. Tel.-Verbindung bis Ghs. Adler (Gamper) in Unser Frau.

Das Schnalstal ist der wichtigste Zufahrtsweg für Touren im westl. Teil der Texelgruppe, für die Lodnerhütte, für die Berge des Hauptkammes vom Eisjöchl bis zum Hochjoch und für die Berge des Salurnkammes.

Die Autostraße führt zuerst in der wilden Felsschlucht am östl. Ufer des Schnalser Baches einwärts, durch einen kurzen Tunnel und steil empor nach L a d u r n; über den Bach und nach Alt-Ratteis. Bei der Schleuse des E-Werkes vorbei und nach 1½ Fußstunden zum Ghs.

● **139** **Neu-Ratteis,** 941 m

Auf den Felsen über dem linken Bachufer St. Katharinaberg. Hinter Neu-Ratteis über den Bach auf das östl. Bachufer, zur hohen Brücke und zur Einmündung des Pfossentales beim Timlhof.

Am westl. Ufer weiter steil bergan nach Pifrail, Ghs., von wo eine Straße am westl. Bachufer in südl. Richtung steil nach Karthaus hinaufführt.

● **140** **Karthaus,** 1321 m

1¼ st. Autobushaltestelle. Ehemaliges Karthäuser-Kloster.

Ausgangspunkt für das Pfossental und die Berge um die Lodnerhütte und die Stettiner Hütte.

G a s t s t ä t t e n : Rose, Weißes Kreuz, Gluderer (nahe der Verzweigung Karthaus - Unser Frau), Besitzer: Spechtenhauser.

Schöne Wanderungen ins Pfossental, nach Vorderkaser, Mitterkaser und zum Eishof.

Zum Saxalber See. Zum Teil weglos. Vom See herrliche Aussicht auf die Texelberge.

Hinter Karthaus überquert die Straße zum letzten Mal den Bach und führt nordwestl. aufwärts nach

● **141** **Unser Frau,** 1478 m

Hauptort des Tales, 21 km von Schnalstal. Endstation der Postautolinie.

Talort für die Similaunhütte am Niederjoch und das Whs. Schöne Aussicht am Hochjoch.

Stützpunkt für Bergfahrten im mittleren Teil des Salurnkammes für die Berge westl. des Similauns. BRD-Meldestelle.

G a s t s t ä t t e n : Alpenrose, Hirsch (Unterwirt), Kreuz (Tanzhaus), Adler (Mitterhof).

W a n d e r u n g e n talein nach Kurzras 2—2½ st. Durch das Mastauntal zur Mastaunalm. Zu den Höfen Obervernagt, Tisen, Fineil.

Die Straße führt nun am östl. Ufer weiter nach Obervernagt, rechts oben die Vernagthöfe mit dem Tisental — Zugang zur Similaunhütte (3 st). Am Stauseeufer entlang neue Fahrstraße.

Rechts oben am Hang die Fineilhöfe. Aufenthaltsort Herzog Friedrichs mit der leeren Tasche. Der höchste Kornhof Europas.

Hier zieht nördl. das Fineiltal zum Fineiljoch empor. Westl. weiter zu den Gerstgrashöfen. Gegen W streicht das Lagauntal gegen die Innere Salurnspitze empor.

Von der Einmündung des Lagauntales, nun auf der westl. Talseite, weiter zu den Koflhöfen. Hier schöner Blick auf die Weißkugel.
Nochmals über den Bach und nach 3 st

● 142   **Kurzras,** 2011 m, und der Kurzhof,

2½ Gehstunden von Unser Frau. Talstation der Schnalstaler Gletscherbahn (Bergstation Grawand (3250 m), Winter- und Sommerskilauf.
Ghs. Aufstieg zum Whs. Schöne Aussicht am Hochjoch. Der Kurzhof ist Stützpunkt für die Besteigung der Salurnspitze und der umliegenden Berge, sowie für die Fineilspitze und die Berge westl. davon bis zum Hochjoch.

● 143   **Das Pfossental**

Das Pfossental mündet beim Tumlhof in das Schnalstal. Es ist ein kurzes, steiles Hochtal, aus dem die Berge des Ötztaler Hauptkammes links und die Texelberge rechts hoch und steil aufragen.
Von Neu-Ratteis (Autohaltestelle) gelangt man in 15 Min. zur hohen Brücke; 200 m hinter der hohen Brücke zweigt links der Weg ins Pfossental ab (Bedarfshaltestelle Pfossentaler Weg). Etwas hinab zu einer kleinen Brücke, jenseits steil in 2 Kehren empor, dann taleinwärts. 1960 Neubau einer Fahrstraße. Bau eines Staudammes geplant, in dessen Fluten einige der ältesten Höfe des Tales versinken werden: Theilblatt, Infangl, Nassereith (wie schon früher drüben bei Obervernagt).

● 144   Die beiden Sommer-Gehöfte Mitterkaser und Eishof (Almwirtschaft, Lager), 2014 m, sind Tourenstützpunkte für die Berge des Hauptkammes, von der Hochwilde bis zum Similaun und für die Berge der Texelgruppe, von der Hohen Weiße bis zur Texelspitze. (Eishöfe abgebrannt, Unterkunft im Gamplhof.)
Vom Eishof Aufstieg zur Stettiner Hütte.
Vom Eishof schöner Blick auf die Hohe Weiße in der Texelgruppe.

● 145   **Das Schlandrauntal**

Es mündet bei Schlanders in das Etschtal ein. Von Schlanders zieht das kurze, einsame Tal gerade nördl. empor, bis es sich bei der Kortscher Alm in einen westl. und östl. Ast gabelt. Der westl. Ast streicht nordwestl. bis an den Fuß der Inneren Salurnspitze und der Ramudelspitze empor. Von hier auch Übergang über das Ramudeljoch in das Ramudeltal zum Whs. Glieshof im Matscher Tal.

Der östl. Talast führt empor auf das Joch zwischen Kortscher Schafberg und Berglerspitze; jenseits hinab durch das Lagauntal ins Schnalstal.

● 146   Das Matscher Tal

mündet bei Schluderns in den Obervinschgau. Es wird vom Saldurbach durchflossen. Anfangs ist es schluchtartig, erweitert sich später, hat jedoch in seiner ganzen Länge keinen Talboden. Auch das einzige Dorf des Tales, Matsch, steht an einem Steilhang. Seit 1958 führt eine Fahrstraße von Tartsch im Vinschgau westl. Schluderns, bis zum Whs. Glieshof. (Befahrbar Mai bis November.)

Am Ausgang des Tales stehen am Bach unten die Reste der beiden Matscher Burgen. Hoch über der Talschlucht thront das Dorf

● 147   Matsch, 1540 m

am linken Berghang. Schöner Blick zum Ortler. Im Hintergrund die Salurnberge.

Bergfahrten auf beiden Seiten des Tales (auf spärlichen Fußsteigen oder weglos), sowie Übergänge ins Planeil-, Schlandraun- oder Schnalstal. 1½ st hinter Matsch das Whs. **Innerer**

● 148 **Glieshof,** 1807 m, Sommerwirtschaft, 10 B. Eigene Fischerei. Großartige Sommerfrische.

Seit der Zerstörung der Höllerhütte, 2652 m, ist der Innere Glieshof der beste Stützpunkt für alle Fahrten im Salurnkamm (s. auch R 277).

● 150   Das Planeiltal

mündet nordöstl. von Burgeis auf die Malser Heide aus. — Von Mals auf eigenem Fahrweg neben dem aus dem Planeiltal kommenden Punibach nach

● 151   Planeil, 1600 m

Dörfchen am Ausgang des Tales. Hierher auch direkt von Burgeis oder St. Valentin, über Dörfl, Alsack und Ulten. — Stützpunkt für Fahrten auf die Planeilberge. Der Punibach brachte den Riesenschuttkegel der Malser Heide.

● 152 Langtaufers

Der Name Langtaufers stammt von „Lange Taufen" (Talweitung). Das Tal ist 2½ Gehstunden lang, kommt von O, von der Weißseespitze und Weißkugel, und wird vom starken Karlinbach durchflossen, dem Abfluß des Langtauferer Ferners. Das Tal mündet bei Graun in den Reschen-Stausee (früher Mittersee). Der Langtauferer Sonnenberg ähnelt dem im Vinschgau: er ist kahl. Der Schattenberg hingegen ist vom Bach bis zur Waldgrenze hinauf dicht bewaldet. Langtaufers hat zwei Teile: der untere nacheiszeitliche Taleinschnitt bis Pedroß ist eng und steil; von hier ab führt die Straße auf dem breiten eiszeitlichen Talboden durch saftige Almweiden, mäßig ansteigend bis Melag. Die kleinen Siedlungen stehen in den Zwickeln zwischen den Schuttkegeln, auf von Murbrüchen geschützten Plätzen. Die bedeutendsten sind

● 153—155 Pedroß, 1700 m, Hinterkirch, 1873 m, und Melag (Malag), 1915 m. Hier liegt das Ghs. „Weißkugel" der Familie Hohenegger; bei ihm endet die mit Autos befahrbare Straße.

Der Langtauferer Getreidebau (Gerste bis Melag) zählt zu den höchsten Anbauplätzen in den Ostalpen. Beachtenswert ist die eiszeitliche Hangleiste (Trogschulter) am Sonnenberg oberhalb des zerrissenen Steilhanges. Dieser Almen-Streifen zieht sich von den Felsbergen ober Melag hinaus und hinab bis zum Talausgang und steht dabei von rund 2500 auf etwa 2200 m ab. Es ist das Überbleibsel eines eiszeitlichen Gletscherbodens.

Das Langtauferer Gebiet wird von Nord- und Südtiroler Bergsteigern und Skifahrern gerne besucht. Der Höhenunterschied Melag—Weißkugel beträgt über 1800 m, der von der Weißkugelhütte (nur im Sommer bew.), 1240 m. Melag ist der Stützpunkt für Hennesiglspitze und -köpfe, Nasse Wand, Wiesjagglkopf, Karlspitzen, Nockspitze, Tiergarten usw. und der Talort für die Weißkugelhütte, 2500 m, am Langtauferer Ferner, die vom Wirt des Ghs. Weißkugel in Melag bewirtschaftet wird. Dieser ist auch der einzige Bergführer in Langtaufers. — Übergänge über die gesperrte Staatsgrenze nach Nordtirol: nach Nauders, ins Kauner-, ins Pitz- und ins Ötztal (Vent), sowie in die südtirolischen Täler: Planeil-, Matscher- und Schnalser Tal.

● 156 Das Passeier Tal,

von den Einheimischen „Pseir" genannt, zieht von Meran nordwärts bis St. Leonhard, und bildet die O-Grenze der Texel-Gruppe. Bei St. Leonhard gabelt sich das Tal. Rechts führt die Straße empor über Walten zum Jaufenpaß. Links (westl.) führt tief ins Gebirge hinein das hintere Passeier Tal, das sich bei Moos neuerlich gabelt; westwärts weiter das Pfelderstal, gegen N — dem Timmelsjoch zu — das hinterste Passeier Tal mit Rabenstein und Schönau.

Verkehrsverbindungen: Autobus von Meran nach St. Leonhard, von dort über den Jaufen nach Sterzing und zum Brenner. In den Sommermonaten: von St. Leonhard durch das Hinterpasseier bis Moos. Von dort links nach Platt-Pfelders, rechts Schönau (Jeepverkehr nach privater Vereinbarung).
Entfernungen: Meran — St. Leonhard 20 km, St. Leonhard — Moos 5 km, Moos — Platt 3 km, Platt — Pfelders 7 km. Das Timmelsjoch, 2509 m, ist seit 1969 in den Sommermonaten für den öffentlichen Verkehr geöffnet. (Paß- und Zollstation, Mautstraße.)

● 158   Saltaus, 493 m

Kleine Siedlung mit einem der Schildhöfe, die mit alten Rechten ausgestattet waren. Ghs.

● 159   St. Martin, 588 m

Durch das Falser Tal erreicht man die Matatz-, Kolben- und Sattelspitzen. — Gaststätten: Ober-, Mitter- und Unterwirt. In einem östl. Seitentälchen über St. Martin die Pfandl-Almhütte, das Versteck Andreas Hofers, in dem er 1810 gefangen wurde.
BRD-Meldestelle: Sepp Haller, St. Martin, Nr. 92.

● 160   Auf dem Weiterweg östl. der Passer das Whs. **Sandhof**, 638 m, das Geburtshaus Andreas Hofers. Daneben die alte und neue Kapelle. Nahe bei Pens. Klotz. In der neuen Kapelle neun Bilder aus den Tiroler Freiheitskämpfen 1809.

● 161   St. Leonhard, 680 m

3000 Einw., Hauptort des Passeier Tales, an der Ausmündung des von O kommenden Waltentales, durch das die Straße zum Jaufenpaß emporzieht. Über dem Ort die Ruine Jaufenburg.

Mehrere schöne Gasthäuser machen den Ort zu einem beliebten Sommerfrischort. — Schöne Spaziergänge in der Umgebung. Von der Ruine Aussicht ins Tal. Seilbahn Tallneralm; Schlepplifte.
BRD-Meldestelle: Fritz Haller, Schloßbauer.

● 162   Moos, 1020 m

Am Ausgang des Pfelderstales im unteren Hinterpasseier. Von Moos ziehen Tal und Straße nach N, Richtung Timmelsjoch, Ötztaler Hauptkamm, Nordtirol. — Ghs.
Ausgangspunkt für Draunsberge, Grintl-, Seewer- und Liebenerspitzen, Hoher First.

● **163** **Platt,** 1147 m

Eine halbe Gehstunde über Moos am südl. Talhang, am Fuße des vom Hahnenkamm (Kolbenspitze) herabziehenden waldigen Rückens. — Platt ist der Stützpunkt für Bergfahrten und Wanderungen im Pfelderstal: Matatzspitze, Kolbenspitze, Mulsspitze und Muthspitze.

● **164** **Rabenstein,** 1350 m, Ghs. Ennemoser
Schönau, 1682 m, Ghs.

An der Ausmündung des Seewertales, 12 km nördl. von Moos. Ausgangspunkt für: Schermerspitze, Bankerkogel, Schwenzerspitze, Königskogel. Talort für die ehemalige Essener Hütte und Granatenkogel, Hoher First, Seewerspitze.

● **165** **Das Pfelderstal**

Südwestl. Seitental des unteren Hinterpasseiers, zweigt bei Moos ab und ist bis Pfelders, dem Hauptort des Tales, mit Autos befahrbar. Von St. Leonhard 4^1/$_2$—5 st. HöU. 1000 m. Ghs. Planer Hof. Im N ragen die Berge des Ötztaler Hauptkammes auf, im W die Hochwilde. Fahrweg bis zur Lazinser Alm, von dieser noch schönere Sicht auf die Gletscherberge des Hauptkammes. Pfelders ist Ausgangspunkt für die Zwickauer (Planferner-)Hütte, sowie Seelenkogel, Trinkerkogel, Heuflerkogel, Liebenerspitze, Hochfirst, ferner für Ulsen-, Eren- und Señarspitzen (Texel-Gruppe).

Von Pfelders führt eine Straße am S-Hang weiter talein zum Weiler Lazins, 1782 m (Fortsetzung der von Moos heraufführenden Straße) und weiter taleinwärts bis zur Lazinser Kaser, 1858 m. (Bew. Mai bis Okt.)

Bei der Lazinser Kaser zweigt der Weg auf das Eisjöchl (Übergang ins Pfossen- und Schnalstal) hinauf ab (westl.). Ein anderer führt dem nun nach S umbiegenden Tal entlang aufwärts, dem Tschinglsbach folgend, zur Bockhütte. Von hier weglos zum Halseljoch, über dem Talschluß.

Zweiter Abschnitt:

Die Hütten und ihre Zugangswege

Anm.: Alle AV-Hütten und auch die meisten Privathäuser im Gebirge sind Meldestellen des BRD. Von dort werden Meldungen über Bergunfälle schnellstens an die BRD-Ortsstellen weitergeleitet. Überdies befindet sich in jeder Schutzhütte BRD-Ausrüstung.

a) Geigenkamm

● **167 Forchheimer Biwakschachtel**, ca. 2450 m. Am Forchheimer Weg knapp oberhalb des Mutzeigers. 1963 von der AVS Forchheim errichtet. Einrichtung 1 Tisch, 1 Bank, keine Matratzen oder Decken. Maximal 5 Biwakplätze.

● **168 Von Roppen** 5 st, jedoch Fahrmöglichkeit bis zur Maisalm, von dort 2½—3 st.
Übergang zur Erlanger Hütte 2 st.

● **169 Erlanger Hütte, 2550 m**

Am O-Rande einer Mulde, die den obersten Abschluß des nördl., engen Seitenastes des Leierstales bildet, gelegen. Wenige Minuten bergwärts der herrliche blaugrüne Wettersee. Nach O schöner Blick auf den Acherkogel.

Übergänge: Hochzeigerhaus, Lehnerjochhaus, Frischmannhütte.
Stützpunkt für Wildgrat, Brechkogel, Murmentenkarspitze, Riegelkopf und die kleineren Gipfel des Wildgratstockes.

Die Erlanger Hütte wurde 1930/1931 von der Sektion Erlangen des DAV erbaut. Von Anfang Juli bis Mitte September bew. 15 B., 15 M., 10 N. im Nebengebäude. Elektrisches Licht, WR., mit AV-Schloß. Zugänge vom Ötztal im Winter lawinengefährdet. Bew.: Elfriede Grieser, Umhausen-Östen, 52, Ötztal.

● **170 Von Umhausen durch das Leiersta**l (kürzester Zugang aus dem Ötztal, Fahrmöglichkeit — auch Taxi — bis zur Leiersbachbrücke, 2½ st ab der Hütte). Bez., 4½ st. Nach Überschreiten der Ötztaler Ache auf der Neudorfer Brücke auf dem neuen Almweg erst wenig, später in Kehren steiler ansteigend durch den Wald nordwestl. aufwärts zur Wegkreuzung (links ab der Weg zur Frischmannhütte). Bald nach der Wegteilung wird der Fundusbach überschritten. Man quert zum schluchtartigen, waldigen Leierstal hinüber; dort mündet der entlang des Leiersbaches heraufführende alte Almweg ein. (Kurz vor der Vereinigung der beiden Wege führt auch ein Jägersteig in Kehren durch den Wald bergauf, der höher oben wieder auf den Almweg trifft.) Der bez. Weg führt durch das Leierstal bergan, der Wald tritt zurück und man erreicht den Boden der Vorderen Leieralm. Hierher auch bequem auf Fahrweg von Umhausen (Fahrverbot). Hoch oben wird jetzt die Erlanger Hütte sichtbar. Durchs Leierstal weiter, fast eben ruhen; kurz vor der Mittleren Leieralm führt der AV-Weg rechts in die enge nördl. Verzweigung des Leierstales. Von hier in vielen Kehren zur Hütte.

● **171** Wer von Oetz oder Tumpen zu Fuß kommt, verläßt bei Österreuthen die Straße und geht über die Achbrücke zur Häusergruppe Leiersbach. Etwas rechts aufwärts kommt man zum Leiersbach, der überschritten wird. Nun den steilen Almweg südwestl. empor, wo man bald auf den Weg trifft, der von Umhausen einmündet.

● **172** b) **Von Tumpen über die Gehsteigalm.** Bez., 5 st. Nahe der Tumpener Kirche südlich am Talhang in Kehren aufwärts und durch dichten Wald zur kleinen Gehsteig-Almhütte. (Unterkunftsmöglichkeit.) Nun über die Almböden links am nordöstl. Kamm der Kreuzjochspitze vorbei und in Kehren durch die O-Flanke empor. Dann biegt man auf den N-Hang des Leierstales ein. Hier wird die Erlanger Hütte sichtbar, die man fast eben erreicht.

● **173** c) **Von Roppen (Forchheimer Weg).** Landschaftlich sehr schön; Übung erforderlich. Bez. 7 st. Siehe R 279.

● **174**   **Armelehütte,** 1750 m

Hoch über der Armelewand, am Eingang und N-Hang des Tumpener Tales gelegen. Privatbesitz. Im Sommer einfach bew. Übernachtungsgelegenheit. 4 B., 2 M. Bew.: Jos. Plattner, Ötz 152.

Übergänge: Erlanger Hütte.
Stützpunkt für Karköpfe, Blose und Bärenkopf.

● **175** a) **Von Oetz.** Bez., 2½ st. Auf gutem Weg über die Ache zur Kohlstatt. Von hier auf schmalem Steig steil auf den felsigen N-Hang des Ersten Karkopfes, dann südl. an den W-Hang des Ötztales. (Hier die Armelewand.) Hier Einmündung in den von Tumpen kommenden Weg, der zuletzt nach N umbiegend zu einem aussichtsreichen Platz mit den ersten Almböden und der Hütte führt.

● **176** b) **Von Tumpen.** Bez., 2 st. Von der Kirche talaus; auf steilem Almweg westl. durch den Wald empor, zuerst am südl. Ufer der Wasserfälle des Tumpener Baches. Nach einer Wegteilung rechts (links geht es in das Tumpener Tal) auf die N-Seite des Baches. Hier mündet der von Oetz kommende Weg ein. Weiter wie oben a).
Seit 1971 befahrbarer Güterweg auf die Armelehütte.

● **177** **Hochzeigerhaus,** 1876 m

Alpengasthof am W-Hang des Hochzeigers auf der Tanzalm an der Mittelstation der Bergbahn Hochzeiger gelegen. Schöne aussichtsreiche Lage. Skigelände. Privatbesitz. Ganzj. bew. 40 B.

Übergänge: zur Erlanger Hütte, über den Hochzeiger zur Erlanger Hütte. Stützpunkt für Hochzeiger, Wildgrat, Schwendkopf.

● **178** **Von Jerzens** Fahrstraße bis zur Talstation der Bergbahn Hochzeiger. (1. Sektion: Sessellift.)

● **178 a** Fußweg **von Jerzens,** 2 st. Auf breitem Weg durch Wiesen hinauf zum Ghs. Alpenrose am Kaitanger. Von hier rechts (südl.) eben durch Wald zu weit emporziehenden Wiesen. An der linken Seite der Wiesen auf einem Weg empor zum Hochzeigerhaus.

● **179** **Lehnerjochhütte,** 1959 m

Auf der Oberlehner Alm im Pitztal gelegen. Schöne Aussicht auf die Berge des Kaunergrates. Die Hütte wurde 1930 erbaut, 1932 von der AV-Sektion Zwickau erworben und ausgebaut. Seit 1955 verwaltet von der Sektion Ludwigsburg. Bew. Ostern, Pfingsten, Juni bis September sowie Weihnachten/Neujahr, in der übrigen Zeit nach vorheriger Vereinbarung. 16 B., 13 M. WR, 2 M. Bew.: Gusti Jenewein, 6460 Zaunhof, Hairlach Nr. 94.

Übergänge: Erlanger Hütte — Umhausen — Frischmannhütte — Unterkunft am Hauersee — Hochzeigerhaus — Jerzens.

Gipfel: Hoher Gemeindekopf, Kreuzjöchlspitze, Wildgrat, Schafhimmel, Edelrautenkopf, Lehner Grieskögel, Fundusfeiler, Hairlacher Seekopf.

● **180** **Von Zaunhof — Wiese.** Bez., 2 st. Von der Kirche in Zaunhof ansteigend zum Egghof und steil durch Wald empor zu der an der Baumgrenze liegenden Lehnerjochhütte. Von Egghof neu angelegter Hüttenweg (bequem; im Winter lawinengefährdet).

● **181**   **Frischmannhütte,** 2200 m

Im hintersten Fundustal, auf den grünen Böden des Funduskares gelegen. Blick auf die Stubaier Berge.
Die Frischmannhütte ist Besitz des Österr. Touristenklubs. Im Sommer bew. (1. Juli bis September). 2 B., 16 M., 6 N.

Übergänge: Erlanger Hütte, Lehnerjochhütte, Hauersee (Unterkunft). Stützpunkt für Fundusfeiler, Hairlacher Grieskögel, Hairlacher Seekopf, Rotbleißhorn, Blockkogel, Plattigkogel.

● **182**   a) **Von Umhausen** im Ötztal. Bez., 4 st. Westlich durch das Dorf und hinab nach Neudorf. Von Neudorf auf der Fahrstraße abwärts und über die Ötztaler Ache. Jenseits (Ww.) auf breitem, schon von Umhausen sichtbaren Almweg schräg den Hang empor. Nun in Kehren durch Wald hinauf zur Wegteilung (rechts ab in das Leierstal und zur Erlanger Hütte) beim Eintritt in das Fundustal. Weiter steil durch Wald empor, zuletzt flacher in das Fundustal hinein und neben dem Fundusbach talein zur Vorderen Fundusalm, zur Mittleren Fundusalm und über eine zirbenbestandene Talstufe zur Hinteren Fundusalm. Von hier rechts hinab, bei dem kleinen See vorbei und rechts (westl.) am Hang empor. Bei einem Ww. rechts ab (links flacher zu einer Alm und im Bogen zur Hütte), und empor auf den Rand des Karbodens, auf dem die Hütte liegt.

Die Wegstrecke über den neuen Almweg ist durch die niedrige Steigung etwas länger, aber bequemer.

● **183**   b) **Von Umhausen über Köfels.** 3½ bis 4 st. Auf der Straße in Richtung Längenfeld talein bis zu einer Wegtafel im Wald (etwa eine halbe Stunde). Hier über die Achbrücke und westl. auf breitem Weg in Kehren den Hang empor in eine Wiesenmulde, an deren NW-Rand Köfels, 1403 m, liegt. (Bekannt wegen der Bimssteinvorkommen aus junger geologischer Vergangenheit.) Von Köfels westl., bez. durch Wald empor und steil durch eine Waldschneise auf die obersten Grasböden. Nun durch das Blockwerk der Scharte, 2088 m, in das Fundustal. Am Hang bleibend (unter der Scharte die Hintere Fundusalm), einem Wasserleitungsgraben folgend, südl. eben hinein in das Fundustal und in großem Bogen nach rechts und empor zur Frischmannhütte.

● **184**   c) **Von Östen** (Postautohaltestelle vor Umhausen). 4 st. Von der Autobusstation in Östen (Österreuthen) wenige Schritte auf der Straße talein, dann rechts ab (Ww.), über die

Ache und südl. talein zum Weiler Leiersbach. Nach den letzten Häusern im Wald gleich links ab und empor auf den Almweg, der von Umhausen herauf zur Frischmannhütte führt. Weiter wie oben a).

● **185 Unterkunft am Hauersee** (Hauerseehütte), 2331 m
Von der AV-Sektion Jung-Leipzig 1928/29 erbaut; 1947 durch eine Lawine zerstört. 1970 von der DAV-Sektion Ludwigsburg als Selbstversorgerhütte wieder aufgebaut. 8 Lager. Für Kochstelle und Beleuchtung sollten von den Wanderern stets Gaskartuschen mitgeführt werden. Schlüssel sind gegen Kaution von 100,— S auf Frischmann- und Neuer Chemnitzer Hütte erhältlich, im Herbst, wenn diese Hütten geschlossen sind, bei Josefa Fiegl, 6441 Umhausen Nr. 227. Am Hauersee im Luibiskar nordöstl. des Luibiskogels gelegen.

● **186 a) Von Unterried oder Lehn** (bei Längenfeld). Vom nördl. Ortsende von Längenfeld westl. das Tal querend zur Brücke über die Ötztaler Ache und zum Weiler Oberried. 500 m talaus zum Weiler Lehn. Von hier dem bez. Almweg folgend in steilen Kehren durch den Wald empor. Von der „Roten Platte" nordwärts steil weiter durch den Wald zur „Schwindelbrücke". Hier den Lehnbach querend und hinein zur Innerbergalm. Südw. hinauf zur Woeckelwarte und über den breiten Rücken der „Eggen" zur Hütte am Hauersee (3—4 st).

● **187 b) Von Längenfeld.** 3½ st. Nördl. des Fischbaches zur Ötztaler Ache, über die Brücke, und zur Heiliggeist-(Pest-)kapelle. Auf nicht mehr gut erhaltenem Weg durch den Wald hinan, bei der Wegverzweigung rechts, und um den Giggelberg herum ins oberste Hauertal und zur Hütte.

● **187 a c) Von Köfels** 3½—4 st. Von der Ötztalstraße zweigt hinter Umhausen der Fahrweg nach Köfels ab. Von dort auf bez. Steig südwärts über Wurzberg-Alm und Leck-Alm zur Innerberg-Alm. Von dort wie in R 186 zur Hütte.

● **188**   **Chemnitzer Hütte**, 2323 m
Im Pitztal am Höhenweg Roppen — Braunschweiger Hütte gelegen. Hintergrund das weite, von mächtigen Felsbergen umschlossene Weißmaurachkar. Prächtiger Blick auf den Kaunergrat. Ausgangspunkt für den „Mainzer Höhenweg", zugleich Übergang zur Braunschweiger Hütte.

Übergänge: Braunschweiger Hütte (Mainzer Höhenweg), über das Weißmaurachjoch nach Huben im Ötztal, Übergang zum Hauersee.

Stützpunkt für die Berge um das Weißmaurachkar, Hohe Geige, Silberschneide, Ampferkogel und den Puitkogel.

Die Chemnitzer Hütte wurde 1925/26 von der AV-Sektion Chemnitz erbaut. (Verwaltet von der Sektion Rüsselsheim am Main). Bew. von Mitte Juli bis Mitte September. 5 B., 22 M., 5 L., Selbstversorger-Raum, WR. Bew.: Ferdinand Reindl, Längenfeld/Ötztal, Burgstein.

● **189 Von Planggeroß** im Pitztal. Bez., 2 st 5 Min. talaus. Bei den Wegtafeln (Blick auf die Chemnitzer Hütte) zuerst über einen begrünten Schuttkegel, dann auf dem linken Hang aufwärts und in vielen Kehren empor zur Hütte.

● **190 Schutzhütte Halkogelhaus, 2053 m**

Sommerwirtschaft mit Unterkunftsmöglichkeit, Privatbesitz. Schöne Aussicht auf Wildspitze und Zugspitze.

● **191 Von Huben,** 2½ st, auf markiertem Weg zu erreichen.

● **192**

● **193 Hochsölden, rund 2070 m**

Hotel- und Almsiedlung auf den weiten Böden westl. über Sölden. Berühmter Wintersportplatz. Skilift von Sölden. Geeignet als Ausgangspunkt für die Berge des Polleskammes· Söldner Grieskogel, Breitlehner, Roßkirpl, Rotkogl und Schwarzkogl. Übergänge: Heinbachjöchl — Pollestal (ohne Weg) Rettenbachalm — Pitztaler Jöchl — Braunschweiger Hütte (im Sommer).

Rettenbachalm — Rettenbachjoch — Braunschweiger Hütte (im Winter).

Von Sölden führen zahlreiche Spazierwege und ein mit Pkw befahrbares Sträßchen nach Hochsölden empor, außerdem der ganzj. betriebene Lift. Geregelter Einbahnverkehr. BRD-Meldestelle: Berghotel Gurschler, Ruf 0 52 54 / 229.

Hotels: Sonnenblick, Hochsölden, Schöne Aussicht, Enzian, Pension Almfriede. Von Hochsölden Lift empor an den Fuß des Breitlehners (Giggijoch).

● **194 Weg Sölden — Hochsölden.** Von der Kirche in Sölden auf breitem Fahrweg westwärts steil empor bis zur Weggabelung. Hier verläßt man den Fahrweg und geht den rechten Steig nordwärts weiter über eine Holzbrücke des Rettenbaches zum Weiler Berghof — Magpuit — Grünwald. Von dort auf gut markiertem Weg in westl. Richtung bis zu einer Weggabelung; der rechte Weg führt zur Edelweißhütte empor. Dem linken Steig westwärts folgend durch den Wald und in Kehren, stets gut bez., durch bis oberhalb des Waldes. Auf der Kammhöhe empor und zum Sporthotel Schöne Aussicht und weiter zu den übrigen Hotels.

● **195**   **Rettenbachalm,** 2100 m

Ghs. im vorderen Rettenbachtal. Am Weg zwischen Sölden und der Braunschweiger Hütte auf den SO-Hängen des Rotkogel und Roßzirpl gelegen. Privatbesitz. Bew. von 15. Juni bis 15. September. 18 B., 3 M.

Übergang zur Braunschweiger Hütte und nach Mittelberg im hintersten Pitztal.

Stützpunkt für die Besteigung der Äußeren und Inneren Schwarzen Schneide, des Geislacher Kogel, und von Schwarzkogl, Rotkogl und Roßkirpl.

● **196** a) **Von Sölden.** 1½ st. Von der Kirche westlich auf breitem Weg empor zum Weiler Plödern. Von der Mühle geradeaus weiter (rechts über den Bach Wegabzweigung nach Hochsölden) und über steile Hänge empor in das Rettenbachtal. Neben dem Bach taleinwärts zur Rettenbachalm.

● **197** b) **Von Hochsölden.** 1 st. In südl. dann in südwestl. Richtung auf gut bez. Weg über die Grashänge oberhalb der Gampealm in das Rettenbachtal zur Rettenbachalm (Alpengasthaus Falkner).

● **197 a**   **Rotkogeljoch-Hütte,** 2650 m

Am O-Hang des Rotkogels südwestl. über Hochsölden. Privat, bew. Von Hochsölden 2 st.

Von Hochsölden in Kehren zum Rotkogellift. Dann auf dem Gletscherweg weiter. In einer weiten Mulde (Ww.) zweigt der Weg rechts ab und steigt zur bereits sichtbaren Rotkogeljochhütte auf.

● **198**   **Talherberge Zwieselstein,** 1472 m

Talherberge der AV-Sektion Hamburg in Zwieselstein im hinteren Ötztal. Zugänglich durch Gasthof Post, Anschrift: Lina Falkner, Zwieselstein. Geöffnet von Mitte Juni bis Mitte September, jedoch keine Wirtschaft. 17 B., 30 M., 10 N.
Herbergswart: V. Gstrein, Zwieselstein.

b) Kaunergrat

● **199**   **Alpengasthof Plattenrain,** 1506 m

Am NO-Kamm des Venetberges hoch über Imst gelegen. Beliebtes Ausflugsziel. Ausgangspunkt für Kreuzjoch und Venetberg (von NO). Privatbesitz. 38 B. Hübsche Lage auf weitem Wiesenhang mit kleinen Baumgruppen.

● 200 **Von Arzl.** 1½ st, bez. Vom Brunnen nahe der Kirche auf gutem Weg westl. empor zu schütterem Föhrenwald. (Rechts ab der Weg zur aussichtsreichen Warte Burgstall.) Von der Aussichtswarte südwestl. empor auf bez. Weg, sodann links hinauf durch die Wiesen- und Weidehänge zu den Höfen von Arzlair, und noch ein Stück weiter links haltend, dann rechts hinauf zum Wald, wo ein bez. Weg von Timmels heranführt. Ein Stück durch Wald, dann hinaus auf die Wiesen von Plattenrain.

● 201 Verpeilhütte, 2025 m

Im hinteren Verpeiltal am Fuß des mächtigen Schwabenkopfes auf ebener Almfläche in großartiger Bergumrahmung gelegen.

Übergänge: Verpeiljoch, Madatschjoch, Kaunergrathütte.

Ausgangspunkt für eine Reihe schöner Bergfahrten im Kaunergrat: Schweikert, Hochrinneck, Gsahlkopf, Rofelewand, Sonnenkögel, Verpeilspitze, Schwabenkopf, Madatschtürme.

Die Verpeilhütte ist Besitz der AV-Sektion Frankfurt a. M. Ostern bis 15. September bew., 12 B., 40 M., WR. mit AV-Schloß. Bew.: Erich Hafele, autor. Berg- und Skiführer, Feichten 46.

● 202 **Von Feichten.** Bez., 1½—2 st. Von Feichten führt ein neuer Fahrweg bis zur Verpeilhütte. Zuerst in Serpentinen durch den Wald, an der Verpeilalm vorbei und stets am orogr. linken Bachufer zur Hütte. Bis zur Verpeilalm auf eigene Gefahr befahrbar.

● 203 Kaunergrathütte, 2811 m

Inmitten der schönsten Felsberge des Kaunergrates auf einem Felssporn östl. des Madatschjoches gelegen. Blick auf Seekarlesschneide, Verpeil- und Watzespitze.

Übergänge: Verpeilhütte, Rifflseehaus.

Ausgangspunkt für Touren im wildesten Teil des Kaunergrates: Waze, Schwabenkopf, Verpeilspitze, Madatschtürme, Seekarlesschneid.

Die Kaunergrathütte gehört der Akademischen Sektion Graz. Bew. von Ende Juni bis Mitte September. 8 B., 47 M., WR. 12 M. Bew.: Hermann Bratschko, A 8010 Graz, Jahngasse 2.

● 204 **Von Planggeroß im Pitztal.** Bez., 3 st. Über die Brücke des Pitzbaches und westl. auf gutem Steig über die bewaldete Steilstufe. Nun rechts hinauf zum schönen Wasserfall des Lußbaches und weiter in die Senke mit der Planggeroßalm. Schöner Blick auf die schroffe, eisgepanzerte Watzespitze. Von der Alm westl. talein, bei einer kleinen Almhütte vorbei und steiler empor über eine Talstufe in eine zweite Senke (Einmündung des Steiges vom Rifflseehaus) und neben einem Moränenrücken in das große, schuttbedeckte Kar unter dem Planggeroßferner. Rechts über Schutthänge hinauf zur Kaunergrathütte.

● 205 Riffelseehütte, 2293 m

Über dem SO-Ende des schönen Riffelsees auf dem begrünten Muttenkopf im hintersten Pitztal liegend. Prächtiger Rundblick auf die Berge des Kaunergrates, des Geigenkammes und des Weißkammes.

Übergänge: Kaunergrathütte, Taschachhaus, nach Mittelberg und zur Braunschweiger Hütte. Ausgangspunkt für den hintersten Kaunergrat: Seekogel, Rostizkogel, Löcherkogel, Hapmesköpfe, Wurmtalerkopf.

Von der AV-Sektion Cottbus und AV-Sektion Höchst a. M. begonnen, fertiggestellt durch den Verwalter des Vermögens der Zweige des ehemaligen DAV, übernommen von der AV-Sektion Frankfurt a. M. 14 B., 32 M.; ganzj. bew. WR. 6 M. Bew.: Josef Robler, Neurur 93, Poststation Leonhard, Pitztal. Materialseilbahn. Die Hütte ist mit dem Sessellift von Tieflehn erreichbar. Talstation 1680 m, Bergstation 2296 m. An der Bergstation besteht ein 600 m langer Schlepplift.

● 206 a) **Von Tieflehn** (zwischen Planggeroß und Mittelberg im hinteren Pitztal). 2½—3 st. Von der Taschachalm 1—1½ st. Bez. Etwa 300 m hinter Tieflehn zweigt der Fahrweg zur Taschachalm rechts ab und leitet über eine Brücke auf die westl. Talseite. Am Hang ansteigend zur Talstation der Materialseilbahn (Telefon zur Hütte, Gepäcktransport möglich) und zur Taschachalm. Ein Stück weiter, an der Weggabelung, Parkmöglichkeiten. Im Talgrund Staumauer für die Kaunertal-Kraftwerk-Überleitung.

Der Weg zum Riffelseehaus führt leicht ansteigend talein ins Taschachtal (nicht verwechseln mit dem im Talgrund zum Taschachhaus verlaufenden Weg). Nach etwa 5 Min. zweigt vor dem Riffelbach der Weg zum Riffelseehaus rechts ab und zickzackt in der Nähe des schäumenden Baches durch das steile Gehänge bergwärts. Wo sich der Hang gegen den Seeausfluß

zurücklegt, führt der Hüttenweg, scharf nach rechts wendend, in wenigen Minuten empor zum Riffelseehaus
Oder: Rechts auf einem Steig in das Hirschtal hinauf. Aus diesem links empor auf einen bewaldeten Rücken. Von diesem in eine Mulde, dann über Rasenflecken auf einen zweiten Rücken und zum See. Am Seeufer südl. entlang und empor zur Hütte.

● 207   b) **Von Mittelberg im Pitztal.** Bez., 2½ st. Auf bez. Weg westl. durch das Wäldchen zum Taschachbach und talein zum nahen Hochsteg. Über den Bach und auf der anderen Bachseite, vorbei an der Taschachalm und wie in a) zur Hütte.

● 208   **Taschachhaus,** 2433 m

Auf dem vom Pitztaler Urkund herabziehenden begrünten Rücken über den Zungen des Taschach- und des Sexegertenferners gelegen. Herrlicher Ausblick auf die Berge des südl. Kaunergrates (Eiskastenspitze, Bliggspitze, Ölgrubenspitzen), auf die Berge des Geigenkammes und des Weißkammes.

Übergänge: Gepatschhaus, Riffelseehaus, Braunschweiger Hütte, Vernagthütte, Breslauer Hütte, Rauhekopfhütte.
Stützpunkt für die Brunnenkögel, den Brunnenkarkopf, Wildspitze, Taschachwand, Hinterer Brochkogel, Hochvernagtwand, Pitztaler Urkund, Hochvernagtspitze, Ölgrubenspitzen. Bliggspitze, Eiskastenspitze.

Die alte Hütte wurde als dritte deutsche Hütte in Österreich 1873/74 und das Haus 1898/99 von der Sektion Frankfurt a. M. erbaut, 1969 erweitert. Bew. an Ostern (etwa 4 Wochen) und vom 1. Juli bis 15. September. Hüttenwirt: Sepp Füruter, Weißwald 5, Pitztal. 27 B., 46 M., WR. in der alten Hütte mit 18 M. (mit AV-Schlüssel). Materialseilbahn für Rucksackbeförderung oberhalb Taschachalm.

● 209   a) **Von Planggeroß** im Pitztal, bez., 3½ st. Auf dem Fahrweg talein bis zur Brücke zwischen Tieflehn und Mandarfen. Über die Brücke (hier Abzweigung zur Riffelseehütte durch das Hirschtal). Nun auf der linken Bachseite den Fahrweg entlang bis zur Taschachalm (1 st). Bis hierher ist die Straße für Pkw befahrbar. Begrenzte Parkmöglichkeit! Über den Steg auf die rechte Seite des Taschachbaches und den Bach entlang bis zum nächsten Steg (2½ st). Dem Fahrweg folgend über den Steg und talein bis zur Talstation des Gepäckaufzuges. Über den Steg und nun in Kehren, bald den Sexertenbach querend, den Moränenrücken hinauf auf den grünen Rücken am N-Fuß des Pitztaler Urkunds, auf dem die Hütte steht.

● 209 a b) **Von Mittelberg** im Pitztal. Bez., 2¹/₂ st. An den bewaldeten Hängen entlang ins Taschachtal. Nach einer Stunde kommt man an den Steg, der den Weg von der Taschachalm herüberleitet. Auf der rechten Seite des Taschachbaches geradeaus weiter wie unter a) zur Hütte.

● 210 Gepatschhaus, 1928 m

Im Talschluß des Kaunertales auf der Gepatschalm liegendes Schutzhaus der AV-Sektion Frankfurt a. M., das erste vom AV erbaute Unterkunftshaus (1872/73), erweitert 1913 und 1960. Endpunkt der Fahrstraße durch das Kaunertal. Skigebiet.

Stützpunkt für die Besteigung der Ölgruben-, Hochvernagt-, Weißseespitze, des Fluchtkogels und Glockturms.
Übergänge: Rauhekopf-, Taschach-, Vernagthütte; Brandenburger- und Hohenzollernhaus; Anton-Renk-Hütte.

36 B., 30 M., elektrische Anlage, Fernsprechverbindung. Bew.: J. und M. Reich, Feichten.

● 211 **Von Feichten:** Die Straße ist von Feichten bis unter die Staumauer des Kraftwerkes mit Pkw. befahrbar. Die Uferstraßen westl. und östl. des Stausees sind jedoch für Privatfahrzeuge gesperrt. Im Frühjahr durch Schneerutsche schwierig zu passieren! Im Sommer verkehrt 3mal täglich ein Linienbus Landeck — Prutz — Feichten, der bis zur Haltestelle „Märchenwiese" am Mandarfen-Boden geleitet wird. Von dort geht man zu Fuß in 1¹/₂ st zur Hütte. Von der Staumauer zur Hütte im Sommer tägl. von 8—12 Uhr Taxiverkehr.

c) Glockturmkamm, Nauderer Berge

● 212 Anton-Renk-Hütte, 2261 m

Im nördlichsten Teil des Glockturmkammes, im innersten Stalanzer Tal gelegen. Sie ist benannt nach dem Tiroler Dichter Anton Renk (1871—1906), der im Umkreis des Stalanzer Tales mehrere Erstbesteigungen ausgeführt hat. Blick auf Samnaungruppe und Lechtaler Alpen. Erbaut 1926 vom ÖGV, 1932 von der AV-Sektion Aachen erworben.

Die Hütte ist eine der im Ostalpen-Raum selten gewordenen Selbstversorger-Unterkünfte. Sie ist mit AV-Schlüssel zugänglich. Holz mitbringen.

Quelle etwa 50 m südl. 12 M. Hüttenbetreuer: Hermann Sailer, Ried, Schuhgeschäft.
Übergänge: Markierter Höhenweg zum Gepatschhaus, Hohenzollernhaus.
Stützpunkt für Karlspitze, Kuppkarspitze, Hohe Riffe, Pfrodlkopf.

● **213** a) **Von Ried über die Stalanzer Alm,** 4 st, bez. Auf bez. Weg südl. durch Wald den Berghang entlang. Im Bogen sich nach SO wendend steiler hinauf in das Stalanzer Tal. Im innersten Talgrund liegt die Stalanzer Alm, 1910 m. Über die Felsen im SO stürzen die Wasser des „fallenden Baches". Links davon in Kehren über den Bachlehner empor, dann rechts hinter dem Felsriegel empor zur Hütte.

● **214** b) **Von Ried über Fendels.** 4 st. Von Ried östlich über den Inn, dann auf der Straße einige Minuten talaus und rechts (östl.) abzweigend empor nach Fendels. (Hierher seit 1959 Fahrstraße.) Südöstl. durch das Dorf empor zu den Wasser-Wiesen und über den Fendler Bach. Bei der Weggabelung am Gegenhang hält man sich links und steigt auf die Einsattelung des Saureggs empor, 1515 m, und über den Bach. Nun südöstl. in der Nähe des Baches zu einer weiteren Weggabelung. Man geht links über den Bach und durch einen Graben steil empor, zuletzt rechts durch Wald, den „Verborgenen Bach" querend zur Fendler Alm, 1955 m. Von hier auf gutem Steig, in südwestl. Richtung, mehrere Gräben querend, auf das Zirmesköpfle, 2150 m (Ww.). Hier wendet sich der Steig nach SO und führt fast waagrecht durch die Hänge des Schlenter Kopfes hinein zur Anton-Renk-Hütte.

● **215** c) **Von Ried über den Saurückenwald.** 3 st. Wie in b) durch Wald auf den Berghang. Nun aber links abzweigend, in einem großen Bogen den waldigen Hang empor und über den Saurückenwald auf das Zirmesköpfl, 2150 m (Ww.). Von hier auf breitem Rücken empor, dann rechts am Hang des Stalanzer Tales zur Anton-Renk-Hütte.

● **216**   **Hohenzollernhaus,** 2123 m

Im innersten Pfundser Radurscheltal am Rande einer Steilstufe gelegen. Skitouren: Glockturm, Nauderer Hennesiglspitze und Radurschelschartl.

Übergänge: Gepatschhaus, Nauderer Skihütte, über das Radurschelschartl in das Langtauferer Tal.
Stützpunkt für Muttlerkopf, Wildnördererkopf, Brunnenwandkopf, Schöne Karlspitze, **Nauderer Hennesiglspitze, Glockhauser,** Hennesiglkopf, Hennesiglspitze, Arzkarkopf, **Glockturm,** Riffljochturm, Bruchkopf und Roter Schragen.

Das Hohenzollernhaus wurde von der AV-Sektion Hohenzollern 1924 erbaut, 1928 vergrößert. Mitte Juni bis Mitte September bew. 9 B., 20 M., 10 N. (WR.). Bew.: Franz Netzer, Pfunds 127.

● **217 Von Pfunds** im Oberinntal. Bez., 4 st. Am O-Ende des Dorfes Pfunds, vor der Talbachklamm, rechts auf einem Sträßchen hinauf zum Kirchlein St. Ulrich auf der Talstufe des Radurscheltales. Leicht ansteigend auf breitem Weg im Wald talein. (Vor den Forsthütten in Wildmoos zweigt rechts ein Weg ab, der ins Nauderer Tscheytal führt.) Schattiger ist der breite Talweg, der später links über den Bach zum Radurschelhaus, 1795 m, führt (stattliches Forsthaus, Jägerhütte und Almhütte, keine Unterkunft). Hier weitausgebreitete Zirbenwälder, die größten und höchstgelegenen von Tirol. Vom Radurschelhaus durch Wald am östl. Talhang empor und zum Hohenzollernhaus.

● **218**   **Nauderer Skihütte,** 1910 m
Kleines Holzhaus im Pienger Tal; der AV-Sektion Bremen gehörig. Nicht bew., kein AV-Schloß. (Anmeldung bei der Sekt. 28 Bremen, Eduard-Grunow-Str. 30, Schlüssel beim Gendarmerieposten-Kommandanten Alois Unterrainer, 6543 Nauders 198). 12 M. Großartiges Skigebiet.
Stützpunkt für Touren in den Nauderer Bergen; Schartelspitzen, Weißeck, Tscheyeck.
Übergänge: Hohenzollernhaus, nach Gschwell im Langtaufers.

● **219 a) Von Nauders.** 1¹/₂—2 st. 150 m südl. der Kirche von Nauders setzen zwei Fußwege an, die beide durch die Wiesenhänge (Schweinwaid) südw. ansteigend die Hl. Baumwiesen erreichen und sich dort vereinigen. Nun führt der Weg in den Wald empor (Hl. Baumboden, Wegkreuz), wendet sich um den Kamm ostwärts und führt hinein in den Graben des Arsangsbaches. 300 m außerhalb der Talgabelung geht man über die Brücke auf das S-Ufer und erreicht ostwärts, zwei Talgräben querend, den Hüttenhang. Kurz empor zur Hütte. Dieser Weg wird auch im Winter stets benützt. Wintermarkierung.

● **220 b) Von Nauders** über den Novelles- und Stables-Hof 2—2¹/₂ st. Aussichtsreicher Gang vorbei an den höchstgelegenen Höfen der Nauderer Gegend. Gleich oberhalb der Kirche südl. auf breitem, anfangs gepflastertem Weg empor bis zu einem Zaungatter. Hier links empor durch Wald zum

Novelleshof, 1694 m. Südl. weiter zum Hofe Stables und weiter Wiese, 1833 m, und in gleicher Richtung hinein durch den Brandwald in den Graben des Arsangbaches. Über den Bach und in südl. Richtung empor auf den gegen W gerichteten Rücken, auf dem die Hütte steht. (Sommerweg: im Winter nur R 219.)

d) Weißkamm

● 221   Geislacher Alm, 1982 m

Alpengasthaus „Sonnenplatte" am Geislachsattel, 1982 m. Privatwirtschaft. 25 B., 4 M.
Darüber Geislacher Alm, Sommerwirtschaft. Auskunft über Bewirtschaftungszeiten in Sölden.

● 222 a) **Von Sölden.** 2 st. Von der Kirche auf breitem Weg westl. über den steilen Talhang empor zu den Höfen von Plödern auf den ersten Hangstufen. (Wegverzweigung.) Links ab (südl.) zum Weiler Innerwald und auf leicht ansteigendem Waldweg weiter zu Bergmähdern. An Heuhütten vorbei südwestl. hinauf zum Ghs. Gstrein am Geislachsattel (Jeepverkehr).

● 223 b) **Von Heiligkreuz.** 2½ st. Von Heiligkreuz talaus bis zur Wegabzweigung nach Geislach. Steil empor gegen die Geislacher Alm und hinüber zum Geislachsattel.

● 224 c) **Der Übergang** über den Geislachsattel von Sölden nach Vent (5 st) ist ein beliebter, aussichtsreicher Ausflug.

● 225   Braunschweiger Hütte, 2759 m

Im hintersten Pitztal auf einer Kuppe über den Karlesferner in prachtvoller Umgebung gelegen. Südl. der Hütte der Felsbau der Inneren Schwarzen Schneid und der Linke Fernerkogel, im SW die Firnpyramide der Wildspitze. Im W die Brunnenkögel, im NW der Mittagskogel. Im NWN besonders prächtiger Blick auf den Kaunergrat und den Riffelsee.

Übergänge: Über das Rofenkarjoch oder über das Mittelbergjoch und Mitterkarjoch zur Breslauer Hütte, über das Mittelbergjoch und Brochkogeljoch zur Vernagthütte, über das Mittelbergjoch zum Taschachhaus, über das Pitztaler Jöchl nach Sölden und Hochsölden, über den Mainzer Höhenweg zur Chemnitzer Hütte. Stützpunkt für herrliche Eis-, Fels- und Skifahrten Grabkogel, Mittagskogel, Mitterkopf, Vorderer und Hinterer Brunnenkogel, Taschachwand, Hinterer Brochkogel, Wildspitze, Taufkarkogl, Rechter und Linker Fernerkogl, Weißer Kogl, Muttkogl, Innere und Äußere Schwarze Schneid, Karleskogl.

Die große, stattliche Hütte ist Besitz der AV-Sektion Braunschweig, sie wurde 1892 eröffnet. Bew. vom 1. Juli bis 25. September, 10. März bis 15. Mai, Ostern und Pfingsten. WR. nicht verschlossen. 30 B., 80 M., 20 N. Güterseilbahn. Bew.: Bergführer Hans Auer, Mandarfen 51 (Tel. 05413/21004) im Pitztal.

● 226 a) **Von Mittelberg** im Pitztal. Bez., 3 st. Vom Ghs. Mittelberg ostwärts über den Pitzbach zum gut ausgebauten Hüttenweg und zur Talstation der Materialseilbahn (Rucksackbeförderung, Hüttentelefon). In breiten Kehren hält sich der Weg neben dem Wildbach, bis zur stark zurückgegangenen Gletscherzunge des Mittelbergferners. Nach einigen Metern führt eine durch Steinstufen gangbar gemachte Felsrinne zum nördlichen Abbruch der Seitenmoräne hinauf. Dann in etwas steileren Serpentinen und über Stufen zur Hütte.

● 227 b) **Von Sölden über das Pitztaler Jöchl.** 5½ st. Bez. (Nr. 918). Von der Kirche westl. wie R 196 zur Rettenbachalm. Von der Alm steigt der Weg an der nördl. Tallehne kurz empor und zieht sich am Talhang entlang bis zum Rettenbachferner. Zuerst rechts des Gletschers, bis in die Firnmulde über den Gletscher senkrecht hinauf zum neuen Pitztaler Jöchl. E. zum neuen Weg, s. R 318 (zur Karlesschneide), von wo der Steig hinableitet zur Braunschweiger Hütte.

Von Sölden über das Pitztaler Jöchl **mit Lift**, 3 st. (Sessellift Sölden — Hochsölden; Lift Hochsölden — Rotkogelhang, 2400 m.) Von der Lift-Bergstation auf breitem, ebenem Fahrweg an der rechten Berglehne bis zu seinem Ende (mehrere Ww.). Weiter auf Steig bis auf die Moräne des Rettenbachferners (Ww.). Auf dem Moränenkamm bis auf ein Firnfeld, über dieses unschwierig zum Jöchl. Auf bez. Steig 20 Min. auf die schon vom Jöchl aus sichtbare Hütte.

● 228 c) **Von Sölden über das Rettenbachjöchl.** (Im Winter.) Teilweise bez., 5—6 st. Von Sölden wie oben b) zum Beginn des Rettenbachferners. Auf dem Ferner immer etwas rechts haltend, emor zu Einschartung südl. des Karleskogls, dem Rettenbachjöchl. Jenseits in den Schrofen der rechten Begrenzung oder über Schutt hinab in die Gletschermulden des Karlesferners und zur schon von oben sichtbaren Hütte.

● **228 a** d) **Von Huben durch das Pollestal und über das Pitztaler Jöchl**, Bez. (Nr. 917), 6 st.

● **229**   **Breslauer Hütte,** 2840 m

Am Fuß des Ötztaler Urkunds, am N-Hang des Rofentales gelegen. Prächtiger Blick auf die Gletscherberge des Ramolkammes zwischen Venter und Gurgltal.

Übergänge: Über das Rofenkarjoch oder über das Mitterkarjoch und Mittelbergjoch auf die Braunschweiger Hütte und über das Brochkogeljoch zur Vernagthütte.

Guter Stützpunkt für die Besteigung der Wildspitze, des Taufkarkogels, des Ötztaler Urkunds, des Hinteren und Vorderen Brochkogels.

Die Breslauer Hütte ist Besitz der AV-Sektion Breslau. Bew. vom 25. Juni bis 20. Sept. 36 B., 77 M. (12 M. im WR.). Bew.: Valentin Scheiber, Post Vent. Güterseilbahn (Rucksacktransport) von Rofen.

● **230 Von Vent.** Bez., 2½—3 st. Auf gutem Weg nordwestl. empor zu den Stableiner Mähdern und in das Tal des Rofenbaches. Der Weg führt unterhalb der Zunge des Rofenkarferners über den Rofenbach und leitet dann steiler in großen Kehren zur Breslauer Hütte empor. Der Aufstieg zur Breslauer Hütte läßt sich mit der „Doppelsesselbahn Wildspitze" um 1 st verkürzen. Sie führt von Vent auf „Stablein", 2360 m, Verkehr bei Bedarf ab 5 Uhr (Anfragen bei Franz Scheiber, Vent 4).

● **231 Würzburger Haus** (2766 m, frühere Vernagthütte)

Im hinteren Rofental am N-Rand des Guslarferners gelegen. Schönes Skigebiet.

Übergänge: Breslauer Hütte, Braunschweiger Hütte, Taschachhaus, Rauhekopfhütte, Brandenburger Haus, Hochjochhospiz.

Stützpunkt für Besteigung der Wildspitze, der Brochkögel, der Hochvernaglwand, Hochvernagtspitze, Schwarzwandspitze, Hintergraslspitze, Fluchtkogel, Kesselwand, Guslarspitze, Platteikogel, Weißseespitze, Mutspitze.

Die Vernagthütte wurde 1901 erbaut und gehört der AV-Sektion Würzburg. Bew. vom 1. März bis Pfingsten und 1. Juli bis Mitte September. 37 B., 32 M., 26 N, im Winterraum 16 M. 25 m neben der Hütte steht eine Unterkunftsmöglichkeit für die nichtbewirtschaftete Zeit, für 12 Personen, Kohle, Holz und Decken vorhanden. Bew.: Berg- und Skiführer Martin Scheiber, 6458 Vent 2.

● **232 Von Vent.** Bez. (Nr. 920), 3 st. Südwestl. durch das Rofental zu den Rofenhöfen, höchster Weiler im Ötztal. Auf der Wiese zur nahen Wegteilung. Hier rechts auf breitem Weg über die Hänge empor auf die Höhe des Plattei. Von hier fast eben zur Talstation der Materialseilbahn (Gepäcktransport, Hüttentelefon vorhanden), über dem Vernagtbach in das Tal des Vernagtferners hinein und zur linken Moräne. Über den Vernagtbach und empor zur Hütte, die auf einem Grasfleck unterhalb felsiger Buckel liegt.

● 233   **Hochjochhospiz,** 2423 m

Im hintersten Rofental am SO-Hang der Guslarspitze in aussichtsreicher Lage gelegen. Skigebiet.

_{Übergänge: Vernagthütte, Brandenburger Haus, über das Langtauferer Joch auf die Weißkugelhütte, und über das Weißkugeljoch zur Weißkugelhütte, Whs. Schöne Aussicht, Similaunhütte, Martin-Busch-Hütte auf Samoar. Stützpunk für Guslarspitze, Kesselwandspitze, Muthspitze und die Berge in der Umrahmung des Hintereisferners (Weißkugel).}

AV-Sektion Berlin-Brandenburg. Bew. Ostern, Pfingsten und von Mitte Juni bis Mitte September. 41 B., 38 M., 4 N., 8 M. im WR. Bew.: Bergführer Otto Gstrein, Vent.

● **234 Von Vent.** Bez. (Weitwanderweg Nr. 902), 2½ st. Südwestl. auf breitem Weg durch das Rofental zu den Rofenhöfen und durch Wiesen zur Wegteilung. (Rechts führt der Weg empor zur Vernagthütte.) Auf dem Titzentaler-Weg (links) talein, über den Platteibach. (Auf der anderen Talseite der alte, vom Kuraten Senn erbaute Weg zum ehemaligen Hochjochhospiz. Er ist bis auf einige Bachübergänge noch gangbar. Zum neuen Hospiz über den Steg bei der Rofenbergalm oder über das alte Hospiz zum AV-Steig Saykogel, dann auf dem Hochjochweg zum Hospiz. Von Vent 3 bzw. 4 st.) Dann dem felsigen Hang entlang, über den Vernagtbach und in langsamer Steigung zum neuen Hochjochhospiz.

● 235   **Brandenburger Haus,** 3277 m

Inmitten der großen Gletscher des Ötztales, Gepatschferner und Kesselwandferner, über dem Kesselwandjoch auf felsiger Anhöhe liegend. Großartiger Rundblick auf die weitausgedehnten Firnflächen und die umliegenden Gletscherberge, Weißseespitze, Weißkugel, Finailspitze, Hochvernagelwand, Hintereisspitze, im NO Fluchtkogel und Wildspitze.

Übergänge: Rauhekopfhütte, Weißkugelhütte, Hochjochhospiz, Vernagthütte. Wegen der außerordentlich hohen Lage ist das Brandenburger Haus günstiger Ausgangspunkt für Gletscherwanderungen, Skitouren und Besteigung der schönsten Berge der Ötztaler: Weißseespitze, Weißkugel, Hochvernaglwand, Hintereisspitzen, Fluchtkogel, Kesselwandspitze, Brochkögel und Wildspitze.

Eigentum der AV-Sektion Berlin Mark Brandenburg. Bew. vom 1. Juli bis 15. September. 35 B., 30 M., 20 N. 10 M. im WR. Bew.: Alois Tauferer, Vent 22.

● 236 a) **Von Vent über die Vernagthütte** (Gletscherwanderung). 5—6 st. R 232 und R 332.

● 237 b) **Von Vent über das Hochjochhospiz** (vergletscherter Zugang). 6 st R 234 und R 335 (bez. Weitwanderweg Nr. 902).

● 238 c) **Aus dem Kaunertal** (Gepatschh. — Rauhekopfh.; vergletscherter Zugang), 5—6 st von Gepatsch. R 239 und R 335 (bez. Weitwanderweg Nr. 902).

● 239   Rauhekopfhütte, 2731 m

Am Kleinen Rauhen Kopf über dem Bogen des Gepatschferners gelegen. Prächtiger Blick auf das weite Gletscherbecken des Gepatschferners und die umliegenden Berge des Weißkammes und Hauptkammes. Unterhalb kleiner Moränensee.

Übergänge: Gepatschhaus, Taschachhaus, Breslauer Hütte, Vernagthütte, Brandenburger Haus, Weißkugelhütte, Hochjochhospiz.

Stützpunkt für Hochvernagtspitze, Fluchtkogl, Hintereisspitzen, Hochvernaglwand, Zinne, Weißseekogl, Weißseespitze, Gepatscher Karlspitze und den Aussichtsberg Rauher Kopf.

Besitz der AV-Sektion Frankfurt a. M., 1887 erbaut, 1939 vergrößert. 24 M., derzeit unbewirtschaftet. Mit AV-Schlüssel zugänglich.

Von Feichten im Kaunertal über das Gepatschhaus. Teilweise bez., 6—8 st. Wie in R 210 zum Gepatschhaus. Von dort talein zur nahen Wegkreuzung am Bach (Ww.). Gerade weiter durch ein kleines Tal, das links von einem Moränenwall gegen den Gepatscherner emporzieht. Der Weg wendet sich links aus dem Tälchen den Rasenhängen zu, die vom Wannetkopf herabziehen. Diesen Hängen entlang hoch über dem Gepatscherner zu Rasenböden. Auf diesen weiter, bald aber steil hinab über den Eidhang der Moräne, durch eine Blockhalde (Steinmanndln) zum zerklüfteten Strom des Gepatschferners. Auf dem Gletscherrand einige Minuten empor, bis man ungefähr die Richtungsmitte zweier Bäche links drüben erreicht hat. Von halbrechts zwischen Spalten über den Gletscher in Richtung auf einen rostbraunen Abbruch der jenseitigen Felsen. Unter diesem Abbruch auf dem Eis empor gegen eine Blockmulde. Vor dieser vom Gletscher rechts ab, den Steinmanndln folgend auf Steig empor zur Hütte. Vom Gepatschhaus 3 st.

● 240 **Weißkugelhütte**, 2544 m

Im innersten Langtauferer Tal am Sonnenhang über dem Langtauferer Gletscher gelegen, mit herrlichem Ausblick auf die Gletscher und Spitzen der westlichsten Ötztaler (Langtauferer Spitze, Weißkugel, Hintere Hintereisspitze, Bärenbart- und Quellspitze, Vernaglwände).

Übergänge: Gepatschhaus, Rauhekopfhütte, Brandenburger Haus, Hochjochhospiz, Whs. Schöne Aussicht.

Stützpunkt für Weißseespitze, Weißseekogl, Zinne, Hintereisspitze, Hochvernaglwand, Langtauferer Spitze, Weißkugel, Bärenbartkögel, Freibrunnerspitze, Rotebenkogl.

Die Weißkugelhütte wurde 1891 von der AV-Sektion Frankfurt a. M. erbaut, 1911 der Sektion Mark Brandenburg übergeben. 1919 an Italien gefallen, bis 1924 unter militärischer Verwaltung gestanden, 1925 dem CAI, Sektion Desio, übergeben, die sie heute noch verwaltet. Bew. vom 15. Juli bis 15. September bzw. Schlüssel bei Franz Josef Hohenegger, Ghs. Weißkugel, Langtaufers. 4 B., 40 M.

● 241 a) **Von Melag** (2¹/₂—3 st) talein, anfangs durch Wiesen, dem Karlinbach folgend, aber ihn nicht überquerend, an der Melager Alm links vorbei bis zum Falginbach. Nach der Brücke gleich links aufwärts in Serpentinen bis zu einer alten Moräne hoch über dem Tal („Permult"). Von dort in mäßiger Steigung und herrlichem Blick auf die Gletscher zur Hütte. Sommerweg, gut markiert.

● 242 b) Ein zweiter Weg von Melag über die „Scheiben" ist nicht gebräuchlich, kann aber begangen werden. Man geht von Melag talein bis von links oben der Melager Bach herabkommt. Hier zweigt man links ab, zuerst in Kehren steil empor, dann mäßiger ansteigend auf die „Scheiben". Immer am Hang zur Inneren Schäferhütte. Über den Wiesenboden und über den Falginbach, dann unter Felsen querend und beinahe eben weiter, bis man kurz vor der Hütte auf den von der Melager Alm heraufführenden Hüttenweg trifft.

e) Hauptkamm

● 243 **Ehemalige Essener Hütte**, 2405 m
(Seewertalhütte)

Im Seewer Tal auf dem Miesbüchl hoch über dem Seewer See gelegen.

Übergänge: Zwickauer Hütte, Obergurgl, Zwieselstein.
Stützpunkt für Hoher First, Essener Spitze, Granatenkogel, Königskogl, Schwenzer Spitzen.

Erbaut von der AV-Sektion Essen, 1922 enteignet und der Sektion Milano des CAI übergeben. Derzeit unbenützbar.

● 244 **Von Schönau** im Passeier Tal. 2 st. Zum Eingang in das Seewer Tal zur Kleineggalm. Über die Almböden schräg steil empor. Immer am Hang des Seewer Tales über den Karbach. Fast eben weiter, über Schrofen auf die Galtgrube. Aus ihr steil empor zur Essener Hütte.

● 245 **Zwickauer Hütte,** 2980 m
(Planfernerhütte)

Am Weißen Knott über dem S-Rand des Planferners im Pfelderstal gelegen.

Übergänge: zur ehemaligen Essener Hütte, Karlsruher Hütte, Hochwildehaus, Stettiner Hütte.
Stützpunkt für Seewerspitze, Liebenerspitze, Heuflerkogel, Trinkerkogel, Scheiber- und Rotmooskogel, die Seelenkögel, Langtalerjochspitze.

Erbaut von der AV-Sektion Zwickau. 1922 enteignet und dem CAI übergeben. 1933 von Schmugglern angezündet; als Racheakt gegen Finanzer. Die Hütte ist im Jahr 1967 durch eine Explosion schwer beschädigt worden und ist nicht benützbar.

● 246 **Von Pfelders** im Pfelderstal (Passeier). 3½ st. Nordwestl. aus dem Dorf und über den Bach; bei der Wegkreuzung links ab und aufwärts, zuerst durch Wald, dann steil über Wiesenhänge. Der Weg wendet sich im Bogen nach links, überschreitet vier Bäche und erreicht in Kehren ansteigend die Almhütte der Unteren Schneid. Über die Almhänge empor, südwestl. in Kehren steil zu den Hütten der Oberen Schneid. Von hier nordwestl. über Schrofen, dann über Blockhänge gegen das nordöstl. Eck des kleinen, südl. der Zwickauer Hütte eingelagerten Ferners, und auf den felsigen Kopf des Weißen Knotts, auf dem die Hütte steht.

● 247 **Skihütte Schönwies,** 2262 m

Am S-Hang der kleinen grünen Kuppe gelegen, die sich an der Ausmündung des Rotmoostales ins Gurgler Tal erhebt. Privatbesitz, während der Wintersaison stark besuchte Gaststätte.

Im Sommer als Tourenstützpunkt für die Bergumrahmung des Rotmoostales geeignet. Bester Stützpunkt für die Besteigung des Hangerer (bez.).
Übergänge: Zwickauer Hütte, Pfelders (Grenzübergänge).

Zugang s. R 249.

● **248**   **Langtalereck-Hütte,** 2438 m

Am Langtaler Egg im hintersten Gurgltal hoch über der zerklüfteten Zunge des großen Gurgler Ferners gelegen.

Stützpunkt für die drei Seelenkögel, Langtalerjochspitze und für das Hochwildehaus.

Übergänge: Skihütte Schönwies, Hochwildehaus, Martin-Busch-Hütte auf Samoar, Ramolhaus.

Besitz der AV-Sektion Karlsruhe. Bew. vom 1. März bis 30. April und 1. Juli bis 15. September. 12 B., 30 M., Selbstversorgerraum mit 8 M., Tel., Materialseilbahn zum Hochwildehaus.

● **249** **Von Obergurgl.** Bez., 2½ st. Südl. die Hänge empor (neben dem Skilift), über die kleine Schlucht des Gaißbergbaches und weiter südl. über die Hänge und hinab in das Rotmoostal, über den Bach. Die Schönwieser Skihütte bleibt rechts oben liegen. Man wendet sich im Bogen nach links unter Felsen vorbei zur Gurgler Alm. Immer am Hang, hoch über dem Gurgler Tal, ansteigend zur Langtalereck-Hütte. Die Strecke von der Schönwieser Skihütte zur Langtalereck-Hütte ist als Fahrweg (nur Geländefahrzeuge) ausgebaut.

● **250**   **Hochwildehaus,** 2883 m

Am O-Rand des Gurgler Ferners am Steinernen Tisch am Schwärzenkamm gelegen.

Stützpunkt für Seelenkögel, Langtalerjochspitze, Hochwilde, Annakogl, Bankspitze, Falschungspitze, Karlesspitze, Querkogl, Schalfkogl, Firmisanschneide.

Übergänge: Karlsruher Hütte, Stettiner Hütte, Eishof im Pfossental, Martin-Busch-Hütte auf Samoar, Ramolhaus.

Besitz der AV-Sektion Karlsruhe. Das neue Haus steht unmittelbar neben der alten Fidelitashütte, ist ein schöner, zweckmäßig eingerichteter Bau. Moderne Heizanlage. 15 B., 48 M., 18 N., Tel. und Materialseilbahn zur Langtalereck-Hütte. Bew. vom 1. März bis 30. April und 1. Juli bis 15. September. Die Fidelitashütte wurde 1968 umgebaut und dient als Selbstversorgerraum (Winterraum) des Hochwildehauses. 6 M.

● **251** **Von Obergurgl.** Bez. (Nr. 922), 5 st. Wie zur Langtaler-Egg-Hütte. Dann südlich hinab in das Langtal, über den Bach und jenseits westlich hinauf, am Felsrücken des Schwärzenkammes empor und zur Moräne des Großen Gurgler Ferners. Auf dieser mäßig steigend bei einem kleinen See vorbei zum Hochwildehaus.

● 252 Winterweg: Von der Langtaler-Egg-Hütte westlich hinab und auf die Zunge des Gurgler Ferners. Rechts haltend sehr steil empor, dann flacher von der rechten Seite auf die linke wechselnd und empor zur schon lange sichtbaren Hütte.

● 253 Ramolhaus, 3006 m

Am SO-Hang des hintersten Gurgler Tales, auf einem Felsköpfl hoch über der Zunge des Gurgler Ferners gelegen. Prächtiger Ausblick auf das große Becken des Gurgler Ferners und die Bergumrahmung.

Stützpunkt für die Ramolkögl, die Spiegelkögl, Firmisanschneide und Schalfkogel.
Übergänge: Langtalereck-Hütte, Hochwildehaus, Martin-Busch-Hütte auf Samoar, Vent.
Besitz der AV-Sektion Hamburg. Bew. vom 1. Juli bis 15. September. 30 B., 35 M. (WR.) Materialseilbahn.

● 254 Von Obergurgl. Bez., 3½ st. Weitwanderweg Nr. 902. Südwestlich über die Ache. Auf den westlichen Talhang in zwei Kehren empor, über einen Bach immer am Hang in mäßiger Steigung über Mähder talein. Eine Menge Bäche querend, unter den Schrofen- und Felshängen, die vom Ramolkogel herabziehen, weiter; zuletzt über Schutthänge empor und in einer großen Rechtskehre auf das Köpfl, auf dem die Hütte steht.

● 255 Martin-Busch-Hütte auf Samoar, 2470 m

Auf der Hauptversammlung des DAV 1956 in Cuxhaven wurde die Samoarhütte nach dem ehemaligen Treuhänder Hofrat Martin Busch benannt.

Das neue Haus ist einer der repräsentativsten Bauten des Alpenvereins, in seinen schwersten Zeiten fertiggestellt, ein Symbol für die Lebenskraft des Alpenvereins und die ungeminderte Stärke der alpinen Bewegung. Es steht in der Nähe der kleinen Schlucht des Niederbaches.

Baubeginn 1938, fertiggestellt durch Verwaltung; Herbst 1952. Hochdruckwasserleitung. Moderne Heizanlage, eigenes E-Werk. 46 B., 56 M., 20 N., davon 18 M. im WR. Eine der größten und besteingerichteten AV-Hütten. Bew.: Bergführer Hans Scheiber, Vent.

Von Vent zur Samoarhütte Fahrweg. Gepäcktransport mit dem Haflinger des Hüttenwirtes möglich. Telefonische Voranmeldung zweckmäßig.

Stützpunkt für Diemkögl, Schalfkogl, Querkogl, Karlesspitze, Fanat- und Rötenspitze, Mutmalspitze, Hintere Schwärze, Marzellspitzen, Similaun, Finailspitze, Hauslabkögl, Kreuzspitze.

Übergänge: Ramolhaus, Karlsruher Hütte, Hochwildehaus, Eishof, Similaunhütte, Whs. Schöne Aussicht, Hochjochhospiz.

Besitz der AV-Sektion Berlin. Bew. von Mitte März bis Anfang Mai und 15. Juni bis Ende September. Die alte Hütte (2527 m) wurde im Februar 1961 von einer Lawine zerstört.

● **256 Von Vent.** Bez. (Nr. 923), 2½ st. Wenige Min. südwestl. auf der Straße talein, dann links ab und über die Venter Ache und weiter über die Niedertaler Ache und entweder auf breitem Weg in einer Kehre empor in den Eingang des Niedertales, oder auf einem Abkürzungssteig gerade empor. Über der Talschlucht mäßig ansteigend zum Ochsenleger, weiter talein vorbei an der Schäferhütte und immer am Hang zuletzt steiler empor zur Hütte.

● 257   **Similaunhütte,** 3019 m

Über dem W-Rand des Niederjochferners am Niederjoch auf südtirolischem Gebiet gelegen. Besuch der Hütte von österr. Seite her erlaubt (offizieller Grenzübergang zwischen 30. 6. und 30. 9.).

Günstiger Stützpunkt für Similaun, Hauslabkögl, Finailspitze, Marzellspitzen und Hintere Schwärze.

Übergänge: Hochwildehaus, Martin-Busch-Hütte auf Samoar, Hochjochhospiz, Whs. Schöne Aussicht.

Privates Unterkunftshaus. AV-Preise für Nächtigung und Verpflegung. Voll bewirtschaftet zu Ostern und von Juni bis September von Alois Platzgummer aus Obervernagt im Schnalstal. 25 B., 25 M. Materialseilbahn von Vernagt zur Hütte. Nächtigungsmöglichkeit vorhanden, normal bewirtschaftet (1970).

● **258 a) Von Vent über die Martin-Busch-Hütte.** Teilweise bez., 4—5 st. Von Vent zur Martin-Busch-Hütte auf Samoar wie oben. Von dieser südwestl. auf dem Steig gegen die Zunge des Niederjochferners und rechts des Gletschers empor auf die nördl. Seitenmoräne. In südl. Richtung wird nun der Fernerast, der zum Hauslabjoch hinaufzieht, gegen das Niederjoch hin gequert, und man erblickt die Hütte, die am W-Rand des Niederjochferners, wenige Minuten jenseits der österreichischen Grenze, liegt.

● **259 b) Von Unser Frau im Schnalstal.** 3 st. Von Unser Frau über den Bach und talein an der nordöstl. Talseite. Nach Überschreiten des Vernagtbaches hinauf zu den Häusern von Gamp, Obervernagt und Tisen (Unterkunft im

Tisenhof), und hinein in das steile Tisental. Über den Leiterbach hinauf zum Bauernhaus Raffein. Von hier ansteigend zur Tisenberghütte und weiter steiler empor zum Niederjoch und zur Similaunhütte.

● 260 Wirtshaus Kurzhof, 2011 m

Alpengasthof im innersten Schnalstal. Privatbesitz. 90 B., Restaurant, Sommer- und Winterbetrieb. Elektrische Anlage. Kraftfahrzeug bis zum Hause. Straße im Winter geräumt.

Übergänge: Whs. Schöne Aussicht, ehem. Höllerhütte, Innerer Glieshof im Matscher Tal, Schlanders.
Stützpunkt für Touren im Salurnkamm, Grawand, Finailspitze.

● 261 Von Unser Frau. 2½ st. (Vom Bahnhof Schnalstal 7 st). Von Unser Frau am östl. Ufer des Schnalser Baches hinauf nach Obervernagt. Omnibusverkehr bis Vernagt am Stausee, hier zwei Gasthöfe und zwei Pensionen. (Rechts die Vernagthöfe mit dem Tisental, Zugang zur Similaunhütte.) Dem Stauseeufer entlang weiter bis zu den Gerstgrashöfen. (Über dem Stausee der Fineilhof, ehem. Aufenthalt Herzog Friedrichs mit der leeren Tasche.) Hier über den Bach und am westl. Ufer weiter zu den Koflhöfen. Nochmals über den Bach und zum Kurzhof.

● 262 Wirtshaus Schöne Aussicht, 2842 m
(Bella Vista)

Privates Unterkunftshaus in herrlicher Lage über dem vergletscherten Hochjoch.

Übergänge: Similaunhütte, Martin-Busch-Hütte auf Samoar, Hochjochhospiz, Brandenburger Haus, Weißkugelhütte, ehem. Höllerhütte.
Stützpunkt für Hauslabkogl, Fineilspitze Fineilköpfe, Schwarzwand und Grawand, Quellspitzen, Weißkugel, Langauferer Spitze, Vernagelwand, Saikogl und den beliebten Aussichtspunkten „Im Hintern Eis".

Das große Ghs. ist Privatbesitz, bew. von H. Gurschler, Schnalstal. Besuch von österreichischer Seite erlaubt (offizieller Grenzübergang vom 30. 6. — 30. 9.). Im Winter das ganze Haus geheizt. Voll bewirtschaftet von März bis Mai und von Juli bis Oktober. 40 B., 22 M.

● 263 a) Von Vent. 4½ st (teilw. bez.). Wie R 234 bis etwa eine viertel Stunde vor Erreichen des Hochjochhospizes der Steig links zur Rofenbergalm abzweigt. Von hier eben hinein bis zur Hintereisbachbrücke. Nun in einigen Serpentinen hinauf zum Arzbödele. Gegenüber auf der linken Seite die Ruine des alten Hospiz. Weiter, immer westwärts, führt ein gut markierter Steig durch das Hochjochfernertal zur Hütte. Zuerst in der Talmulde, dann ansteigend am rechten Hang entlang, läßt man den Hochjochgletscher links hinter sich. Knapp vorbei am kleinen Zollwachhäuschen passiert man bald die österr.-ital. Grenze. Von dort auf bequemem Wege in 10 Min. zur Hütte.

● 264 b) **Vom Kurzhof**, 2 st. Nördl. talein in das Oberbergtal. Der Steig wendet sich gegen rechts (östl.) um einen Rücken im Bogen herum, dann schräg links aufwärts gegen die Steinschlagspitze steil empor auf den Weideplatz Stueteben. Der Weg zieht nun sanft ansteigend bis zu den Jochköfeln, von hier über einen Steilaufschwung zur Hütte. Der gesamte Weg wurde vom Militär in einer Breite von $1^{1}/_{2}$ m ausgebaut. Materialseilbahn vom Kurzhof.

f) Texelgruppe, Salurnkamm

● 265 **Hochganghaus**, 1893 m

Auf der Goyener Alm in aussichtsreicher Lage am Fuß der Röthelspitze gelegen.

Übergänge: Lodnerhütte.
Stützpunkt für Röthelspitze, Tschigat, Plattenspitze, Tablanderspitze.

Das Hochganghaus ist Privatbesitz und an die AV-Sektion Meran verpachtet. Bew. von Mai bis Ende Oktober. 14 B., 15 M. Bew.: Hermann Scheibenstock, Schlüssel bei Wintertouren von: AVS-Sektion Meran (Meran, Lauben 239). Materialaufzug (Rucksacktransport).

● 266 a) **Von Partschins**. Bez. (Nr. 7), $3^{1}/_{2}$ st. Von Partschins nordöstl. nach Niederjoch und steiler nördl. empor nach Bad Oberhaus. Durch den Wald in Kehren steil bergan und auf die Hütte.

● 267 b) **Von Plars** (Algund). Mit Auto oder Sessellift nach Vellau. Von hier mit der Gondelbahn zur Leiteralm. Nun auf dem Weg Nr. 24 in $1^{1}/_{4}$ st fast eben zum Hochganghaus.

● 268 c) **Von Tirol**. Bez. (Nr. 26), $3^{1}/_{2}$ st (bei Benützung des Sessselliftes, sonst 6 st). Vom Dorf nach St. Peter und hinauf nach Vellau. Von dort weiter wie oben b).

● 269 **Lodnerhütte**, 2259 m

Im Herzen der Texelgruppe mit prächtigem Blick auf die umliegenden Fels- und Eisberge. 1891 erbaut von der Sektion

Meran des ehem. D. u. Oe. AV. 1922 enteignet und dem CAI, Sektion Meran, überantwortet. 28 B. und 20 M. (Anfrage über Bewirtschaftungszeiten bei Sektion Meran empfehlenswert, gewöhnlich 1. Juni bis 1. Oktober.) Führungen durch den Hüttenwirt. Alois Hofer, Partschins.

Übergänge: Hochganghaus, Stettiner Hütte, Eishof.
Stützpunkt für alle bedeutenden Berge der Texelgruppe.

● 270 a) **Von Partschins.** Bez. (Nr. 8), 4 st. Mit Seilbahnen. 2½—3 st. Von Partschins leicht ansteigend nordwestl. in das Zieltal. Über Weideflächen zum Partschinser Wasserfall. (Bis zu den Wasserfallwiesen Jeep-Fahrweg. Von hier Materialseilbahn, unter Umständen auch Personenbeförderung, hinauf bis Nassereith, über 500 Höhenmeter.) Kurz zuvor links westl. über den Zielbach und auf der anderen Talseite durch Wald in Kehren steil empor, zu den Häusern von Rammwald. Von hier nördl. gegen den Bach zum Ghs. Nassereith, 1500 m. Ein Stück dem Bach entlang, dann westl. in Kehren aufwärts, über den Schraubach und in den Kessel „Im Ginggl" und zur Gingglalm. In Kehren empor und zur Zielalm wenige Minuten unter der Lodnerhütte.

● 271 b) **Abstieg nach Meran.** 6—7 st. (Da meist im Abstieg begangen, in dieser Richtung beschrieben.) Von der Lodnerhütte östl. auf das Halseljoch. Jenseits längs des NO-Grates des Tschigats auf das Milchseescharti, 2689 m. Jenseits hinab, bei den zwei Milchseen vorbei, zum N-Ufer des Langsees und zum Grünsee. Östl. steil hinab auf den Oberleger der Spronser Alm. Im Spronser Tal talaus, vorüber an der Longvallalm und Ghs. Longvallhof nach Dorf Tirol und nach Meran.

● 271a c) **Von Pfelders.** 4—5 st. Über die Wiesen auf den Fahrweg und auf diesem talein, vorbei an Lazins, dem letzten Gehöft des Tales, und zu den Böden der Laziner Alm im Talschluß. (Bis hierher Fahrweg.)
Auf dem Militärweg oberhalb der Alm vorbei. Man kann nun dem Militärweg (Weg zur Stettiner Hütte) etwa 20 Kehren folgen (auch Abschneider möglich), bis man links eine begrünte Schulter erreicht (Steinmann), von der aus nun ein Almsteig fast eben südwärts, hoch über dem Talgrund, hineinzieht zur Andelsalm. Von der Andelsalm weglos zuerst über Weideböden, später über Moränenschutt und Fernerreste in südwestl. Richtung hinauf auf das Halsljoch. Hier trifft man auf

den gut erhaltenen und bezeichneten Weg, der jenseits hinabführt, vorbei an den Tablander Lacken ins Zieltal und zur Lodnerhütte.
(Vor allem in Verbindung mit einer Ersteigung des aussichtsreichen Tschigat lohnend.)

● **272   Mitterkaser** und **Eishof,** 1949 m und 2069 m

Almwirtschaften im innersten Pfossental. Schöner Blick auf die Eisberge des Hauptkammes und die Berge der nördl. Texelgruppe.

Übergänge: Stettiner Hütte, Hochwildehaus, Martin-Busch-Hütte auf Samoar, Lodnerhütte.
Stützpunkt für die Berge des Hauptkammes zwischen Similaun und Hochwilde und für die Berge der nördl. Texelgruppe.

Während der Alpzeit einfache Unterkunft und Verpflegung. Erkundigung in Karthaus empfehlenswert. (Im Winter 1972/1973 sind die Eishöfe vollständig abgebrannt. Unterkunft im Gamplhof, ca. 15 Min. talaus).

● **273   Von Karthaus** im Schnalstal. 3¹/₂ st. Vom Dorf hinab zur Straße und etwa 10 Min. talaus, bis (links oben der Tumlhof sichtbar) ein Weg zur Brücke hinabführt. Über die Brücke und wie in R 143 in das Pfossental. Zuerst an der westl. Talseite am Hang ansteigend talein, dann in der Nähe des Baches zu den Höfen von Vorderkaser. Weiter im engen Tal zu den Gehöften Mitterkaser. 2³/₄ st. Hier wendet sich das Tal nach O und man erreicht über die Rableitalm den Eishof.

● **274**   **Stettiner Hütte,** 2893 m

Unterm Eisjöchl (Am Bild) am Fuß der Hochwilde gelegen, auch Eisjöchlhütte genannt.

Übergänge: Zwickauer Hütte, Hochwildehaus, Lodnerhütte.
Stützpunkt für Langtalerjochspitze, Hochwilde, Annakogl, Bank- und Falschungspitze und für die Berge der nördl. Texelgruppe.

Von der AV-Sektion Stettin erbaut. 1922 enteignet. 1931 von einer Lawine zerstört und von der Sektion Bozen des CAI teilweise wieder instandgesetzt.
Seit 1972 (erstmals seit 40 Jahren) wieder bew. Übernachtung möglich.

● **275   a) Von Karthaus.** 6—6¹/₂ st. Wie oben zum Eishof. Von hier im Talboden östl. talein, immer in der Nähe des Baches. Dann links, nördl. an dem Hang empor, zwei Bäche querend, zwischen Schrofen am Hang weiter und zuletzt in

Kehren empor zum Eisjöchl (Am Bild). Jenseits hinab zur Hütte.

● **276** b) **Von Pfelders.** 4 st. Über den Bach (Wegabzweigung zur Zwickauer Hütte) und in südwestl. Richtung auf breitem Weg an den Häusern von Zepbichl vorbei zur letzten Talsiedlung Lazins. In gleicher Höhe talein, dann im Bogen gegen S zum Lazinser Kaser. Südwestl. die Hänge empor und steil in Kehren über den Grünanger. Westl. mäßig ansteigend über Geröll und in mehreren Kehren hinauf in das weite Geröllkar im Putz (Wegabzweigung, rechts Höhenweg zur Zwickauer Hütte). Südl. empor zur Hütte.

● **277**   **Gasthof Glieshof,** 1807 m
                  (Innerer Glieshof)

Fahrweg von Tatsch über Matsch, 7 km, zu Fuß von Matsch 1¾ st. Ganzj. bew. Nach dem Ausfall der Höllerhütte (AV-Sektion Prag, 1945 abgebrannt) einziger Stützpunkt des Matscher Tales. 10 B., Besitzer: Josef Heinrich, Glieshof, Post Mals.

Übergänge: Weißkugelhütte, Kurzras, Dortles, Plamiak.
Stützpunkt für Freibrunnerspitze, Planeiler Loch, Opi, Hochalt, Ramudel, Rams- und Salurnspitze.

Ideale Sommerfrische, schönes Wintersportgebiet für erfahrene Skiläufer

---

Dieter Seibert

BERGSTEIGER-ABC
für Dich und Deine Familie

156 Seiten mit 12 Farb- und 80 Schwarzweißbildern. Format 20 x 20 cm, zweifarbiger Druck, laminierter Einband.
Was bisher in keinem alpinen Lehrbuch besonders berücksichtigt wurde, steht in Dieter Seiberts neuem Buch im Vordergrund: Mit Kindern in den Bergen — Familientouren — Ältere Bergwanderer — Deine Frau — Angst und Ehrgeiz — und noch viele andere gute Ratschläge und Tips!

BERGVERLAG RUDOLF ROTHER · MÜNCHEN

Dritter Abschnitt:

Verbindungswege — Höhenwege — Übergänge

a) Geigenkamm

● **279 Forchheimer Weg Roppen — Erlanger Hütte**
Landschaftlich sehr schön. Übung erforderlich. Bez., 7 st. Forchheimer Biwakschachtel. Von der Station Roppen rechts neben der Kirche auf dem nach Sautens führenden Karrenweg bis knapp vor die letzten Häuser. Dann rechts zur Häusergruppe Oberangern und nun steiler in den Wald hinauf. Über Almböden und die Mutalm wird der aussichtsreiche **Mutzeiger, 2414 m**, erreicht. Nun östl. bzw. westl. um die Spitzen des Hahnenkammes und des Weiten Karkopfes. Dann durchquert man die schwache Einsenkung zwischen dem Weiten Karkopf und dem Murmenten-Karkopf in ungefähr 2600 m Höhe. Der Weg führt von hier in den Hintergrund des Weiten Kares hinab und über die Salzplatten steil auf den O-Kamm des Brechkogels hinauf. In etwa gleicher Höhe wird dieser Kamm östl. des Äußeren Hohen Kogels überquert. Leicht abwärts; auf dem von Tumpen und der Gehsteigalm kommenden Weg geht es zuletzt über einen kleinen felsigen Absatz zu der schon von weitem sichtbaren Erlanger Hütte hinauf.

● **280 Hochzeigerhaus — Erlanger Hütte**
Schöner Übergang; Trittsicherheit erforderlich. Teilweise bez., Man geht vom Hochzeigerhaus zunächst an der Jerzner Alm vorbei auf einem Steiglein aufwärts zum Fuß des Hochzeiger-W-Grates, überquert diesen und verfolgt das Steiglein in den Hintergrund des Riegelkars hinein, gewinnt, bevor man sich dem zerrissenen Verbindungskamm Wildgrat — Riegelkopf nähert, links hinauf über steile Schutthänge und leichten Fels die W-Schulter und über vereinzelte Schrofen den **Wildgratgipfel**. Über den Gipfelblock jenseits hinunter und nahe unter dem schwach ausgeprägten O-Grat auf Steigspuren über Schutt und Firnfelder, manchmal auch plattigen Fels hinab zum Verbindungsweg Erlanger — Frischmannhütte. In wenigen Minuten auf diesem zur Hütte.

● **281 Lehnerjochhütte — Hochzeigerhaus**
Von der Lehnerjoch-Hütte führt ein Pfad (1961 neu beschildert und bez.) in nordwestl. Richtung durch die Hänge un-

term Hohen Gemeindekopf. Nordwestl. dieses Kopfes überschreitet der Pfad den Kamm und führt jenseits ins Riegelkar hinab. Dort trifft er auf R 280 (links, westl. zum Hochzeigerhaus; rechts, ostwärts zum Wildgrat und zur Erlanger Hütte). Trittsicherheit erforderlich.

● 281 a Lehnerjochhütte — Erlanger Hütte
(oder Frischmannhütte)

Unschwieriger, lohnender Übergang. Bez., 3½ st.
Von der Lehnerjochhütte östl. empor zur breiten Einsattelung des „Lehner", 2512 m. Aussichtsreicher Sattel. Vom Joch jenseits hinab zum Verbindungsweg Erlanger Hütte — Frischmannhütte. (Von hier nach rechts zur Frischmannhütte (vgl. unten den Übergang Erlanger Hütte — Frischmannhütte). Auf diesem links nördl. hoch über dem Grund des Leierstales durch Mulden, über kleine Zweiggrate und Rücken in leichtem Auf und Ab einem Seitenkamm zu. Mit längerem Anstieg in Kehren empor in eine Scharte dieses Seitenkammes. Blick auf den Wettersee. Dem guten Steige folgend, hinab zum See und rechts zur Erlanger Hütte.

● 282 Erlanger Hütte — Frischmannhütte

Abwechslungsreicher Höhenweg. Bez., 4½ st.
Von der Hütte auf dem bez. AV-Steig über den vom Wildgrat nach O ziehenden Grat hinweg. In Kehren hinab in eine kleine talartige Senkung. Der Höhenweg quert nun den ganzen Hintergrund des Leierstales gegen S, bis er zuletzt zum Lehnerjoch ansteigt. Von dort führt der Steig südöstl. empor gegen das sogenannte „Schwarze Loch". Durch dieses steil empor auf die Feilerscharte, 2928 m, der tiefsten Einschartung zwischen dem Fundusfeiler und den Grießkögeln. Steiganlage über Felspartien und Steilhänge hinab ins Funduskar und zur Frischmannhütte.

● 283 Frischmannhütte — Hauersee

Trittsicherheit erforderlich. Teilweise gesichert. Für geübte Geher sehr abwechslungsreich. 3½ st.
Die Weganlage und -sicherung z. T. verfallen. Bez. mangelhaft.
Von der Frischmannhütte führt der Weg zunächst in geringer Steigung an den O-Hängen des Blockkogels, dann auf der Moräne des Ploderferners steiler zum Felderjoch, 2800 m, knapp unter dem Felderkogel. Von hier senkt er sich in steilen kurzen Kehren durch eine gesicherte Wandzone hinab

zum schönen Weißensee, den man auf der O-Seite umgeht. Sein Abfluß wird überschritten; der Weg führt nun durch Rasenhänge in Kehren hinab ins hinterste Innerbergtal. Unter den Abstürzen der Berge zur Rechten (Langkarlspitze, Norderwand, Schmalzkopf, Feuerkögel) führt der ebene Höhenweg und erreicht mit geringer Steigung den Hauersee.

● 284   Hauersee — Chemnitzer Hütte
Für geübte und ausdauernde Geher schöne Höhenwanderung. Weganlage teilweise verfallen. Bez. mangelhaft. 6 st.
Vom Hauersee über die an der W-Seite des Kares sichtbare Serpentine zum Hauerferner aufsteigen. Entlang dem W-Rand unterhalb der O-Flanke des Luibiskogels hocharbeiten. Im nahezu ebenen oberen Teil kann der Ferner direkt begangen werden. Über die (Luibis- und Reiserkogel verbindende) breite Blockrippe westl. zur Luibisscharte weiter. Durch die Steilrinne über lose Blöcke und Platten vorsichtig in den oberen Teil des nördl. Luibiskars hinab. Dann südl. über lockeres Gestein ansteigend zum Sandjoch. Von da ostwärts hinab in ein weites Kar. Von diesem um den Fuß des O-Grates des Hundstallkogels und leicht ansteigend um den O-Sporn des Jochkogels südl. querend zum Breitlehnerjöchl, 2640 m. Neben den Felsblöcken einer alten Moräne hinab, dann südl. über begrünte Moränenhügel in die Schutthalden des obersten Hundsbachtales. Im Zickzack empor und über gutgestuften, griffigen Fels, teilweise Seilsicherung, auf die Scharte zwischen Hohem Kopf, 2784 m, und Zunge des Rötkarferners. Durch die oberste Mulde des Rötkarls hinab zu einer Blockhalde, jenseits an ziemlich steilem Erd- und Schutthang auf Steig zur Gahwinden (Gabinten; Bank, Aussichtspunkt). Von diesem Seitengrat auf Steig abwärts ins Weißmaurachkar, Wegverzweigung. Westl. hinab zur Chemnitzer Hütte.

● 284 a   Chemnitzer Hütte — Braunschweiger Hütte
   (Mainzer Höhenweg, früher Hindenburgweg)
Hochalpine Gratwanderung. 10 st. Biwakschachtel für 6 Pers. auf P. 3247 m. Neu fertiggestellte Überschreitung von mehreren Dreitausendern. Weiteres s. Anhang R 284 a.

● 285   Reiserscharte
Unschwieriger Übergang vom Luibiskar ins Reiserkar, von Piößmes nach Huben. Von Piößmes auf die Reiserscharte 3—4 st, für den Abstieg etwa 2 st, teilweise bez., Steigspuren.

In das Luibiskar gelangt man von Piößmes im Pitztal (20 Min. taleinwärts von St. Leonhard) über die Luibisalm, 2077 m (östl. der Alm Fundmöglichkeit von Andalusitkristallen), zu der ein Steiglein über die steilen Talhänge emporführt (1½ st). Von dort in südöstl. Richtung empor über teilweise ziemlich steile Weidehänge. Das Luibiskar ist ein geräumiges Wiesenkar mit fast ebenem, wasserdurchronnenem Grunde, von dem aus gegen den Hintergrund zu breite Blockkare emporziehen. In südöstl. Richtung leiten Steigspuren hinauf in das die Fortsetzung bildende Mitterkar, von dem man über Geröllhänge, sich rechts haltend, zuletzt durch eine Rinne auf die schmale Scharte gelangt. Jenseits reichen die Geröllhänge des Reiserkares bis auf die Höhe herauf und gestatten einen leichten Abstieg in dasselbe und weiter in das mittlere Breitlehnertal und zur Breitlehneralm.

● **285 a Luibisscharte**, 2914 m. Vom Mitterkar gerade, östl., empor — Steigspuren — gegen die ausgeprägte Einsattelung zwischen Reiserkogel und Luibiskogel.

● **286**   **Breitlehnjöchl**, 2639 m

Altbekannter Übergang von Huben im Ötztal nach Trenkwald im Pitztal. Unschwierig und lohnend. Teilweise bez., 5—6 st. Von Trenkwald auf das Jöchl 3 st.
Von Huben aus westl. durch das Dorf, dem alten Bette der Ache zu, das man auf einer Brücke überschreitet. Hinter derselben zweigt nach links der Weg zur Ebneralm ab, während der Weg in das Breitlehnertal über den hier vereinigten Pollestaler- und Breitlehnerbach hinüber nach dem Weiler Mühl führt (in der Talnische gerade unterhalb des Ausganges des Breitlehnertales). Nach den ersten Häusern vom Talwege ab und westl. durch eine Waldlichte schräg rechts aufwärts auf einen kleinen Kammrücken, wo man auf einen Steig trifft, der vom weiter nördl. gelegenen Weiler Gottsgut heraufführt. (Hierher auch gerade von Längenfeld. Man wendet sich von Längenfeld von der Talstraße weg nach rechts gegen den Weiler Astlehn, überschreitet die Brücke über die Ache und gelangt der Ache entlang zum Weiler Gottsgut, von wo auch der breite Almweg in südwestl. Richtung in die Waldhänge am Ausgang des Breitlehnertales hinaufführt.) Etwa 100 m über der Talsohle trifft er den Steig. Nun in Kehren durch steilen Wald aufwärts, schließlich gegen rechts hinaus in einen kleinen waldigen Graben. Nach kurzer Steigung südl. zu den Hütten der

Breitlehnalm, 1874 m. Unterkunft im Heulager. Hinter der Alm auf leicht auffindbarem Steig westl. durch die Almweiden aufwärts in das Breitlehnertal, das man bei einer weiten Mulde am linken Talufer betritt. Von hier auf schlechterem Steiglein etwas über dem Tal an den nördl. Hängen wenig ansteigend taleinwärts. Im Hintergrund erreicht das Steiglein nach und nach die mit Blockfeldern und Geröll erfüllte Talsohle, in der es schließlich in südwestl. Richtung über sanftgeneigte Schutthalden zur breiten Einsattelung des Breitlehnjöchls aufsteigt. Jenseits über grasige Geröllhänge durch mehrere Mulden, später über eine steilere Talstufe zur Hundsbachalm, 2300 m (kleine Almhütte rechts des Baches). Nun auf schmalem Wiesensteiglein gerade hinab in das steil heraufziehende Tal, über den Bach und an der linken Bachseite weiter talaus. Am Talausgange, wo der Bach bereits in einer tiefen Schlucht zu verschwinden beginnt, quert man fast eben die steilen mit Gesträuch bewachsenen Hänge gegen S. In vielen Kehren über eine steile Wiesenhalde hinab in das Pitztal und taleinwärts zum Weiler Trenkwald.

● 287 Weißmaurachjoch, 2923 m

Für erfahrene Bergsteiger lohnender Übergang von Huben im Ötztal nach Planggeroß im Pitztal; teilweise Steig und bez. (mit Ausnahme des Wegstückes Pollesbach — Jöchl). Teilweise Steinschlaggefahr! 6—7 st.
Von Huben vom südl. Dorfausgang über die Wiesen und über die Brücke der alten Ache an den Taleinschnitt des westl. vom „Eck", 1607 m, emporziehenden, waldumrandeten Wiesentales, durch dieses auf gutem Almsteig empor zu der im S dieses Tälchens abschließenden schulterförmigen Einsattelung, „Sattel", 1501 m. Nun in die Flanke des Pollestales. Nach kurzer Zeit erreicht man den Talgrund, um dann am orographisch linken Ufer des Baches auf steilem Wege anzusteigen. Weiter taleinwärts in die Talmulde und fast eben einwärts zur Vorderen Pollesalm, 1773 m. Von hier auf gutem Almweg am rechten Bachufer gleichmäßig zur Hütte der Hinteren Pollesalm, 2083 m, die am murendurchzogenen östl. Talhang liegt. Von der Alm noch ein Stück taleinwärts, dann über den Bach und im Bogen gegen rechts empor auf die das Tal sperrende Stufe. Dort gegen W, auf einem Viehsteiglein empor in das Weite Kar. Nun wendet man sich südwestl. und ersteigt die steilen, rutschigen Schutthänge auf das Weißmaurachjoch.

Jenseits rechts von einer steilen Eisschlucht über einen schmalen Geröllhang in das geröllreiche Weißmaurachkar hinab. An der nördl. Lehne des Kares führt ein bez. Steig westl. talauswärts Vom Ausgang des Kares auf einem schönen Steig, der zur Chemnitzer Hütte leitet. Von der Hütte auf dem üblichen Weg (R 189) hinunter nach Planggeroß im Pitztal.

● 288　　　　　　　Haimbachjöchl, 2727 m

Von Sölden in das Pollestal. (Als Übergang zur Chemnitzer Hütte geeignet.) Nur für erfahrene Bergsteiger. Zurechtfinden nicht immer leicht, 4—5 st.

Von Sölden zu Fuß oder mit Lift empor nach Hochsölden. Über den begrünten, breiten Rücken, einem Steige folgend, westl. hinauf zu einem Steinhüttchen. Nun über Weideböden zuletzt über Schutt, immer ziemlich genau westl. empor zur tiefsten Senke im Kamm, dem Haimbachjöchl. Jenseits über Schutt zuerst westl. hinab auf einen größeren Rasenboden, dann über steile Rasenhänge links, südl. hinab ins Tal. Man überquert den Bach dort, wo sich der Weg durchs Pollestal diesem nähert, nun wenige Minuten talaus, bis links der Weg aufs Weißmaurachjoch und zur Chemnitzer Hütte abzweigt (R 287).

● 289　　　　　　　Pollesjöcher
(Nördliches P. 2937 m, Südliches 2961 m)

Seit Erbauung der Braunschweiger Hütte nur mehr wenig benützter Übergang vom Ötztal ins Pitztal. Touristisch ist das Pitztaler Jöchl im Sommer, das Rettenbachjöchl im Winter viel bedeutsamer. Insgesamt 5—6 st, wird vom Mainzer Höhenweg berührt.

Wie in R 287 zur Hinteren Pollesalm (auch Innere Pollesalm genannt), 2083 m. Von ihr südwestl. in Kehren die Talstufe aufwärts, dann in eine weite Mulde, „Urfeld", und durch diese ansteigend zu den Moränen des kleinen Pollesferners.

Vom Ferner gelangt man über den nördl. Teil des Eisfeldes, zuletzt von N her ansteigend auf das Nördl. Pollesjoch. Man trifft dort auf die Weganlage zum Südl. Pollesjoch. Der Abstieg durch die Rinne ist nicht mehr empfehlenswert. Deshalb besser vom Nördl. Pollesjoch bis zum Sattel am Polleskogl, wo sich ein Steinmann befindet, über eine hohe Schneewächte hinweg, am N-Hang des Polleskogls entlang zum ostwärtigen Pollesjoch bzw. Sattel. Von dort Abstieg über Felstrümmer und Schutthalde zum oberen Rand des Ferners, diesen ostwärts des

Polleskogls entlang; dann trifft man auf die alte Markierung, die vom Südl. Pollesjoch herunterkommt, sodann weiter am oberen Rand des Ferners zum Pitztaler Jöchl. (Angabe H. Schmidt, 1956.)

Man trifft auf den vom Pitztaler Jöchl über die Karlesschneid zur Braunschweiger Hütte führenden Weg. Auf diesem im Zickzack hinab auf die bereits sichtbare Hütte.

b) Kaunergrat

● 290 Wenns — Piller — Gacher Blick — Fließ

Bequem und lohnend. 3 st.

Nicht auf der Pitztaler Straße, sondern auf dem breiten Fahrweg darüber südwestl. durch die Wiesen, zuerst an Einzelhöfen vorbei, schließlich durch Wald zur einsamen Ansiedlung Piller, 1349 m. Ganzj. bewohnte Siedlung, Ghs. Sonne, Hirsch. Ausgezeichnetes Skigelände. Geeignet als Tourenstützpunkt für Venet, Aifenspitz und die Berge des nördlichsten Kaunergrates.

Von Piller auf den Fahrweg südwestl. durch Wiesen, zuletzt den Pillerbach überschreitend zum Weiler Fuchsmoos, 1344 m, dessen Höfe rechts bleiben. Von da auf neuem Weg durch schönen Wald weiter zur Pillerhöhe und zu dem am Rande des Steilhangs ins Inntal liegenden „Gachen Blick", 1558 m. Bekannter Aussichtspunkt. (Von hier kann man auch [links, südwärts] nach Kaltenbrunn ins Kaunertal hineinwandern.) Westl. auf bez. Weg hinunter gegen den Mühlbachgraben, und das Schloß Bidenegg links liegen lassend nach Fließ.

● 291 Niederjoch, 2750 m

Unschwieriger, aber teilweise mühsamer, unbez. Übergang von Kaltenbrunn im Kaunertal nach Wiese im Pitztal, 5—6 st. In der Gegenrichtung nicht zu empfehlen.

Von Kaltenbrunn nordöstl. über die Wiesenhänge, später auf einem der Waldsteige empor zur Falkaunalm, 1963 m. Nun zuerst schräg östl. über Weiden aufwärts, dann auf Steigspuren bis unter das Joch, das von S her erstiegen wird. Jenseits über Blockhalden nordöstl. steil hinab zum Krummensee. Er bleibt links liegen; durch das Kar hinab zum 400 m tiefer liegenden Brechsee, 2162 m. Man quert nun die Weidehänge der „Langen Bank" gegen N und erreicht steil absteigend die Söllbergalm. Von hier rechts durch den Wald in die Rinne des Söllbaches und gegen den Weiler Wiese im Pitztal (Postautohaltestelle).

● **292** **Wallfahrtsjöchl,** 2788 m

Eisfreier Übergang vom Kaunertal ins mittlere Pitztal. Früher von Pitztaler Pilgern, die zum bekannten Wallfahrtsort Kaltenbrunn im Kaunertal kamen, häufig benützter Übergang. Teilweise weglos, aber für Geübte unschwierig, 7 st. Vom Ghs. zur Krone oder der Kirche in Kaltenbrunn auf dem ebenen, breiten Weg, der talein führt, in 2 Min. zu einem baufälligen Haus. Knapp hinter diesem zweigt ein steiniger, gut kenntlicher Almsteig ab, der in zwei Kehren durch Wald emporsteigt, den gegen das Gehöft Bichlwies führenden Weg links läßt und bald darauf wieder nach S umbiegt. Nun durch Wald steil empor in das Tal hinein, in welchem der Weg hoch über dem Bache einwärts führt. Schließlich erreicht man das Bachufer und steigt auf schmalen, steilen Wiesenstreifen aufwärts, bis bei der Vereinigung der beiden Bacharme der Weg auf zwei Brücken über die Weiden der Gallruttalm in östl. Richtung die Alm selbst erreicht. Auf ausgetretenem Steig östl. weiter, wobei der oben befindliche, inselförmige Waldhang rechts bleibt, auf die grünen Rücken, die gegen den mitten in der Talweitung aufragenden Rösselkopf, 2611 m, emporleiten. Von hier aus kann man entweder das Kar gegen den Dristkogel und vor den Moränen über steilere Schutthänge und kurze Felsen hinter dem Rösselkopf die nördl. Karbucht erreichen oder gleich unter den westl. Felsen derselben nordöstl. in diesen Karteil gelangen, aus dem man über Schutthalden zuletzt durch eine lange, rutschige Geröllrinne die felsige Jochhöhe erreicht. Bildstöckl. Schöner Ausblick auf den Geigenkamm; gegen W auf den nördl. Glockturmkamm und ins Samnaun.

Vom Joch nordöstl. hinab in den Kargrund, und an der nordseitigen Lehne hinaus, schließlich rechts hinüber zum Neubergsattel, 2354 m. Von hier auf einem Steiglein hinunter. Oberhalb der Waldgrenze hinüber in das Tiefental mit der uralten aus Blöcken geschichteten Tiefentalalm (1853 m). Südlich der Alm, am Nordgrat des Seekogele, Vorkommen von Andalusit. Ein Weg führt von hier über die bewaldete Steilstufe, zuerst in der Nähe des Baches, dann rechts ziemlich weit taleinwärts zur Kirche von St. Leonhard. Brücke.

Für den Aufstieg kommt neben diesem Weg auch jener in Frage, der vom Weiler Wald im Pitztal in westl. Richtung durch steilen Wald zur Neubergalm emporführt und weiter oben im südl. Talast auf den über den Neubergsattel führenden Weg trifft.

● 293   Rofelejoch, 2990 m

Unmittelbarer, allerdings nur touristisch bedeutsamer Übergang von Feichten nach St. Leonhard. Als Abstieg nach der Ersteigung der Rofelewand oder des Gsallkopfes günstig. Bei Blankeis nicht zu empfehlen. Teilweise mäßig schwierig (II) von der Verpeilhütte ins Pitztal 5 st. Nur für erfahrene Bergsteiger. 1. touristische Begehung: Dr. Heinrich Klier, Dr. Henriette Prochaska, Luis Swarovski, Dr. Walter Plankensteiner, 1952.

Von Feichten auf die Verpeilhütte, R 201. Von der Verpeilhütte sofort nördl. (Richtung Hochrinneck) über den Boden und die Bachbrücke auf das N-Ufer des Verpeilbaches. Nun auf Steigspuren über Grasböden sehr angenehm östl. in den Talhintergrund. Dort auf besser ausgeprägtem Steig in Kehren empor gegen den Moränenkamm südl. der Wanne des Schweikertferners. Steinmann. Auf den Gletscher hinab, und in nordöstl. Richtung über das wenig geneigte Eisfeld hinüber an den Steilaufschwung. Über Firnzungen (besser als über die Moränenflecken) in eine kleine Firnmulde. Den steilen Firnhang umgeht man links, und erreicht so eine geneigte Firnrampe, wenige Minuten unterhalb der tiefsten Einsattelung zwischen Rofelewand und Gsahlkopf. Über loses Geröll schräg links empor auf das Rofelejoch.

Wenige Schritte nach rechts; über die häufig überwächtete, kurze Steilstufe (II) gerade hinunter auf eine zwischen den Firnrinnen hinunterziehende Felsrippe. Auf ihr zwei Seillängen abwärts, bis sie steiler wird und man gegen die östl. Firnrinne gedrängt wird. In diese möglichst tief unten (Steinschlaggefahr) hinein und im Bogen gegen W nach etwa 70 m westl. heraus auf weniger steiles, schuttbedecktes Gelände. Nun stets westl. haltend in den breiten Firnhang, über den man bis zum Beginn der großen Moränen abfahren kann. Man folgt dem Abfluß, bis er sich steil durch die Moränen hinunterfrißt. Hier links auf den begrünten Moränenkamm. Über diesen ein Stück abwärts, bis man links über den Steilhang in die Talfurche absteigen kann. Man trifft hier auf deutlich ausgeprägte Steigspuren, die zur oberen, grünen Mulde der Tiefentalalm, sodann zur Alm selbst führen. Von dieser auf bez. Wege wie in R 272 nach St. Leonhard.

● 294   Verpeiljoch, 2829 m

Tiefste Senke im mittleren Teil des Kaunergrates, Übergang von Neurur über das Verpeiljoch und die Verpeilhütte nach Feichten. Teilweise verfirnt. Unschwierig, aber sehr mühsam. Bez. 5 st. zur Verpeilhütte. Selten begangen.

Von Trenkwald westl. über die Pitze und auf einem Steige schräg nordwestl. ansteigend an der Waldgrenze talauswärts, bis der vom Weiler Neurur hereinführende Almweg, noch vor dem aus dem Seebachtale kommenden Bach, einmündet. In steilen Kehren durch Wald aufwärts, dann gegen S auf eine Wiesenmulde mit Heuhüttchen und über die Wiesen zu einem

Schäferhüttchen vor Erreichen des Baches im Grunde des Seebachtales. Nach Überschreiten des Baches über grasdurchsetzte Blockhalden knapp am linken Taluferzu einer Talschlucht, in welcher der Bach noch für schmales Blockgelände Platz läßt. Auf diesem an der nördl. Bachseite empor, dann über grüne Hänge nordwestl. zu den Moränen des kleinen Gletscherfeldes, das der Jocheinsenkung vorgelagert ist. Fast eben über das Firnfeld am nördl. Rande an den Fuß der tiefsten Scharte und über einen kurzen Schutthang auf die Einsattelung. Auf der Kaunertalseite anfangs sehr steil über Geröll in das Hinterverpeil zu den dem Verpeilferner nördl. vorgelagerten Moränen hinab. Dann an den nördl. Hängen dieses Hochtales, im unteren Teile die begrünten Flecken benützend, schließlich wieder über etwas steilere, bewachsene Hänge auf den Talgrund. Nun eben hinaus zu der schon sichtbaren Verpeilhütte.

● 295   Madatschjoch, 3010 m

Landschaftlich sehr schön. Vergletscherter Übergang von der Verpeil- zur Kaunergrathütte. Nur für Geübte oder mit Führer ratsam. 3—4 st. 1. touristischer Übergang: Pfarrer Franz Senn mit Einheimischen, um 1865.

Von der Hütte südl. über den Wiesenboden hinüber zum Beginn des AV-Steiges. Auf diesem, das schuttbedeckte Kühkarle rechts umgehend empor und weiter allmählich mehr östl. haltend zum Madatschferner. Südl. ragen die dunklen, zersplitterten Madatschtürme, nördl. die Wände des Schwabenkopfes empor. Am N-Rand des Gletschers weiter bis zur tiefsten Einsenkung unter dem N-Pfeiler der Watzespitze und über Schutt hinauf zum jetzt aperen „Schneeigen Madatschjoch".

Der bisher bevorzugte Übergang über das „Apere Madatschjoch", mit Kreuz (im S-Grat des Schwabenkopfes) ist bei den derzeit auf der O-Seite bestehenden Eisverhältnissen weniger empfehlenswert.

Vom Joch hinab auf den Planggeroßferner, der hier einige Spalten aufweist, über diesen links haltend zu einem Moränenwall, auf dem ein Steig zur Kaunergrathütte führt.

Der Übergang über das „Apere Madatschjoch" nördl. des „Schneeigen Madatschjoches" ist wesentlich mühsamer, da man vom Madatschferner aus durch eine steile und sehr brüchige Schuttrinne zur Jochsenke am Fuße des S-Grates des Schwabenkopfes aufsteigen muß.

● 296 Kaunergrathütte — Riffelseehütte
„Cottbuser Höhenweg"

Lohnender und anregender Höhenweg mit Sicherungen. Da diese häufig durch Steinschlag beschädigt sind, nur trittsicheren und geübten Bergsteigern zu empfehlen. Bez. (Nr. 926), 3 st.

Von der Kaunergrathütte auf dem Weg nach Planggeroß hinab bis oberhalb der zweiten Talstufe. Wegabzweigung bei einer Tafel. Östl. in großem Bogen durch das oberste geröllerfüllte Kar auf das nordöstl. Eck des Steinkogels. Nun südl. gegen das Alzeleskar (Almleskar), auf gesichertem Steig quer durch die von tiefen, felsigen Steilrinnen durchfurchten Hänge. Vom tiefsten Punkt mitten in der Steilschlucht steiler Anstieg auf die zuvor innegehabte Höhe. Nun in leichtem Auf und Ab durch den O-Hang des Brandkogels, schließlich in Kehren hinab zu einer Einsattelung über dem östl. Seeufer. Durch den südwestl. Hang des Muttekopfes leitet der Weg südostwärts fast eben zur Riffelseehütte.

Verfehlt man bei schlechter Sicht den Weg durch den SW-Hang des Muttekopfes, so ist es ratsam, auf dem Rücken des Muttekopfes zu gehen, der ebenfalls zur Riffelseehütte hinleitet.

● 297 Rostizjoch, 3081 m

Unschwieriger, aber vergletscherter Übergang von Mittelberg im Pitztal ins Kaunertal. Von der Riffelseehütte nach Feichten 5 st. 1. touristische Begehung: Dr. Th. Petersen mit den Führern Lentsch und Praxmarer, 1893.

Vom Riffelseehaus zum S-Rand des Sees und knapp am Ufer weglos nach W in die westl. des Sees liegende Sumpfmulde. Nun an der einen oder anderen Bachseite taleinwärts, indem man an der rechten Bachseite den Sumpfflächen etwas oberhalb in den Blockhängen ausweicht und am östl. Rande die Talstufe ersteigt, oder auf der anderen Seite nahe dem Bache, später an geeigneter Stelle den Bach übersetzend über die Talstufe in die höhere Mulde. Am Anfang derselben westl. weglos über Grashänge, dann durch eine Schuttgasse zu den dem Löcherferner vorgelagerten Moränen. Mühsam über diese südwestl. zum Rande des Gletschers. Er wird am besten an seinem N-Rand unterhalb des nördl. vom Rostizjoch gegen einen Felskopf herabziehenden Schuttrückens betreten. In westl. Richtung geradeaus auf die Jochhöhe.

Jenseits zuerst über Steilrinne, dann zu aperen Schutthalden rechts oder unmittelbar über Firnhalden abwärts. Um den S-Fuß eines Felsspornes herum und über Blockfelder in den Talgrund. Auf Almböden zu einer Hütte aum Ausgang des Tales. Von dort auf Almweg an der linken Bachseite und südl. der steil abfallenden Bachrunse durch eine steile Gasse in das Kaunertal hinab. Von hier in 1½ st nach Feichten. (Im Aufstieg 4—4½ st, von Feichten 6 st.)

In der Gegenrichtung: Wenn man von Feichten kommt, zweigt man innerhalb der Talmulde „Am See" nach dem aus dem Rostiztal kommenden Bach hinter einer kleinen Kapelle ab. Ein breiter, grasbewachsener Weg führt südl. durch den Wald schräg aufwärts, übersetzt den Rostizbach und gewinnt am südl. Bachufer in Kehren an Höhe. Man verläßt den Wald und steigt auf schmalem Steiglein in und neben einer Sandreise zum Taleingang hinauf.

● 298 Wurmtaler Joch, 3119 m

Unschwieriger Übergang vom hintersten Pitztal ins hintere Kaunertal. Das Wurmtaler Joch ist eine breite Grateinsenkung mit zwei durch einen schmalen Kamm verbundenen Scharten. Die nördl. Scharte ist etwas höher, aber leichter zu begehen. Vom Riffelseehaus ins Kaunertal 4—5 st. Von dort zum Gepatschhaus 1 st. Nur für Geübte, nicht bez.

Von der Riffelseehütte hinab zum See, dann steigt man in die obere Talmulde des Riffltales empor. Von hier südwestl. taleinwärts, zuerst an der rechten Talseite zu den Moränen. Hier am besten gegen den Talwinkel am Fuße des Löcherkogels, wo der Gletscherbach herabkommt. Durch eine talförmige Moränengasse in eine kleine, tiefe Blockmulde, aus der gegen S steile Schutthänge auf das ausgedehnte Moränenfeld am Ausgang des Rifflferners führen. Über Blockwerk in der Richtung Wurmtaler Kopf auf das Eis des ebenen Gletschers (Randkluft, Spalten!) und in westl. Richtung in die weite Hauptmulde, dort, wo rechts der nördl. Teil des Gletschers einmündet. Hier über steilen Firn schräg gegen SW der sichtbaren Jocheinsenkung zu und über steilen Schnee über den vom Südl. Habmeskopf herabziehenden Schuttkamm zur nördl. Scharte. Jenseits hinab und durch den Grund des Kares in der tiefsten Senke über Blöcke zu einem grünen Kopf in der Mitte des Tales (P. 2774), von dem Wegspuren über steile Schutt- und Grashänge, dann über Weiden abwärts führen. Am besten an einem Rücken, der neben der nördl. Lehne des Wurmtales herabzieht und schließlich in eine alte überwachsene Seitenmoräne übergeht, die bis zum Talausgang reicht. Auf deutlichen Wegspuren nördlich vom Talbach über steile Grashänge gegen N zur Habmesalm und weiter, schon an der Waldgrenze, zu einer umwaldeten Weidemulde. An deren N-Rand auf Steig in den Wald hinab. In vielen Kehren, an einer zerfallenen Hütte vorbei, abwärts und gegen N hinaus (den Seitenweg gegen N über eine Brücke nicht benützen), auf den Grund des Kaunertales zum Jägerhaus, 1691 m, im Habmeswald. Nach Feichten 2 st.

● 299   Riffelseehütte — Taschachhaus
              „Fuldaer Höhenweg"
1960 von der DAV-Sektion Fulda erbaut. Unschwieriger, landschaftlich sehr schöner Weg. 2½—3 st. Bez. (Nr. 925).

Vom SO-Rand des Sees knapp unterhalb des Seeausflusses über die Brücke. Auf gutem Steig hoch über dem Taschachtal durch die steinigen Weidehänge, bis der alte Weg ins Tal absteigt. Von hier gerade weiter, immer etwa in gleicher Höhe bleibend, den Hang entlang. Der auffallende, vom Vorderen Köpfl (P. 2740) herabziehende Felsgrat wird auf Grasbändern gequert. Von hier schöner Ausblick auf Wildspitze, Taschachwand und Taschachhaus. Eine abschüssige Felsplatte ist durch eine Steiganlage gut gangbar gemacht. Nun zunächst noch eben am Hang entlang und dann gegen die auffallenden roten Felsplatten am linken Ufer des Sexegertenbachs absteigend. Über den Steg und rechtwinkelig vom Bach weg bis zum Weg Taschachhaus — Sexegertenferner. Über diesen Weg ein kurzes Stück talaus (ostwärts) zum Taschachhaus. (Viel bequemer als der alte Weg, der zur Gufelhütte ins Taschachtal hinabführte.)

● 300   Ölgrubenjoch, 3013 m
Vergletscherter Jochübergang. Vom Taschachhaus zum Gepatschhaus. Seit langem bekannt und begangen. Auch touristisch sehr bedeutsam. Gesamtzeit 4 st, in der Gegenrichtung 4½—5 st. Bez. (Nr. 924).

Vom Taschachhaus auf bez. Steig talein und über die östl. Mittelmoräne des Sexegertenferners ansteigend (Weg in der AV-Karte nicht richtig eingetragen!), bis der Ferner eben wird und man zu einem großen Felsblock kommt. Am Felsblock roter

Pfeil nach W. Rechtwinkelig von der Moräne weg über den Ferner, die westl. Mittelmoräne und weiter, bis man in der westl. Seitenmoräne wieder zu einem großen Felsblock kommt.

Am Felsblock roter Pfeil für die entgegengesetzte Wegrichtung. Hier setzt der Steig wieder ein und leitet über die, schon vom Taschachhaus aus sichtbare, rote Moräne zu einem kleinen See. Kurz hinter dem See zieht eine Geröllrinne, manchmal auch verfirnt, nach W. Am südl. Rand der Rinne erhebt sich bald ein kleiner Steilabbruch, den man auf schmalem Steig überwindet. Oben Steinmann! Nun durch das Firnbecken hinauf zum Jochkreuz (nicht die tiefste Einsattelung), 3050 m. Jenseits zunächst noch ein Stück fast eben über Geröll oder Firn und dann in leichtem Bogen nach rechts (N) in eine Schutt-, bzw. Schneerinne. Der Rinne nach S folgend, bis man das talwärts nach W führende Kar erreicht. Auf dem Steig durch das Kar abwärts bis auf den Almboden hoch über dem Gepatsch. Nun in Serpentinen hinab zum Gepatschhaus.

c) Glockturmkamm, Nauderer Berge

● 301   Anton-Renk-Hütte — Gepatschhaus

Höhenwanderung, für Geübte, 8 st. Der ehem. AV-Steig ist teilweise verfallen. Bez. mangelhaft. Steinmanndln bis Schuttreisen im Zaigerkar.

Von der Hütte auf bez. Steig im Kar, das der Rifenferner abschließt, südl. hinauf. Blick auf den Pfroslkopf und die Rifenkarspitze. Vor einem alten Seebett (Ww.) südöstl. zu den Trümmerhalden unterhalb der S-Wand der Kuppkarlesspitze. Auf dem Steig durch die Halde in ein Seitenkar hinauf; hier erhebt sich die Rifenkarspitze aus einem kleinen, umgebenden Gletscher. Im Karboden ein kleiner Eissee. Weiter auf dem Steig quer durch die Blockfelder und in gut gangbaren Felsen zu einem Sattel, 2820 m, nördl. der Äußeren Rifenkarspitze. Vom Sattel südl. (bez.) auf einen Kopf; weiter südl. über Erd- und Rasenhänge in eine Schuttreise hinab. Von hier quert man die Blockfelder zu einem grünen Rücken mitten im Zaigerkar. Auf dem Boden des Rückens der Zaigerkarlessee. Nun südöstl. über Grasböden abwärts zum Seebach und weiter hinab zu einem leicht steigenden Pfad. Auf diesem unter dem Rifenkar durch und allmählich abwärts auf den Boden des Fißladtales. Bez. Weg vom oberen Fißladtal östl. hinaus zum Kreuzjöchl;

steinigen Weidehängen entlang abwärts, zuletzt hoch über der Talsohle eben zur Nassereiner Alm, 1995 m. Auf der Höhe bleibend weiter zum Kaiserbach, wo ein Weg vom Hinterkarjoch herabkommt. Oberhalb der Baumgrenze auf schmalem Steig weiter, der sich in der Nähe der Gepatschalm senkt und über die Klamm des Faggenbaches zum Gepatschhaus hinaufführt.

● 302   Pfroslkopfjoch, 2852 m

Übergang von Tösens im Inntal ins mittlere Kaunertal. Gut gangbarer Sattel im mittleren Glockturmkamm. Zurechtfinden nicht immer leicht, Übung erforderlich, nicht bez., 5—6 st.
Von Tösens aus gelangt man über die Wiesen nach dem Weiler Klettach und steigt dort, ohne den Bach zu überschreiten, am Talrande steil aufwärts. Erst hoch oben in die Weiterung des Tales. Über den Weiler Langhaus, 1509 m, an der Tallehne einwärts; ein Weg leitet ab zur höher liegenden Tösener Alm sowie zu der noch höheren Oberen Bergleralm, während der andere zu der im Talgrunde liegenden Unteren Bergleralm, 1891 m, weiterführt. Von dort auf gutem Pfade im Talgrunde gegen SO einwärts, bis sich im O das Kar der Übgrube öffnet. Zuerst östl. über begrünte Hänge empor; bald erreicht man den muldigen Karboden; dann über Schuttwerk zur tiefsten, nahe am Tauferkopf eingesenkten Scharte. An der O-Seite des Joches treten knapp an der Schartenhöhe Schrofen zutage. Durch eine Schuttrinne gelangt man leicht in das geröllerfüllte Kar hinab; dann leiten steile Rasen- und Gestrüpphänge zum Grunde des Fißladtales nieder und ein Steiglein am linken Ufer hinaus zur Fißladalm. Von der Alm auf einem der ins Kaunertal herunterführenden Steige, am besten auf dem im Graben des Fißladbaches „Zum See" hinabführenden.

● 303 Ins Bergtertal zur Einmündung der Übgrube auch auf folgendem Wege: Man zweigt auf der Straße, die südl. der Kirche über Wiesen und Felder nach dem Weiler Klettach führt, ab. Bei den ersten Häusern dieses Weilers links ab und bald in den Wald hinein. (Dieser Weg ist bis Übersachsen auch für Jeeps befahrbar.) Nach einer Stunde biegen wir wiederum knapp vor den Häusern ab und gehen unter dem Waldrand hin, bis wir etwa 100 m weiter wieder einen Steig treffen. Nach einer halben Stunde kommt man zu einer Abzweigung. Wir gehen den unteren Weg weiter. Neuerdings tritt eine Abzweigung auf. Hier schlagen wir den oberen Weg ein. Nur geht es immer gleichmäßig; kurz vor der Almhütte (Obere Tösener Alpe) noch eine ziemlich starke Steigung. Die Hütte steht gerade über der Waldgrenze. Nun wendet sich der Weg nach O und bald ist man am Gampen, der Weg aberführt weiter durch einige Talrinnen und kommt schließlich an den Tösener Bach. Nun weitet sich das Blickfeld; man geht links durch die Übgrube empor zum Pfroslkopfjoch.

● 304 **Plattigjöchl,** 2999 m

Touristisch bedeutsamer Übergang von Tösens durch das Platzertal ins Kaiserbergtal (Kaunertal). Nur für Geübte, teilweise vergletschert, bis zum Gepatschhaus 6 st.

Von Tösens südl. zur Gehöftegruppe Giggl. Nun auf gutem Fahrweg in Kehren durch den Wald empor. Nach etwa einer Stunde links östl. über die Brücke des Platzbaches und am orographisch rechten Ufer des Baches um den Fuß des teilweise bewaldeten Walzkopfes hinein um den inneren Platzer Tal. Den Bach zweimal überschreitend, immer auf dem alten Erzbergwerkweg, der jedoch nach dem zweiten Überschreiten des Baches bald links an den Hang emporführt, während wir uns auf Steigspuren in der Nähe des Bachbettes halten. Vom hinteren Talboden ziemlich genau südl. empor in die wilde Felsumrahmung, in der der südl. Platzer Ferner liegt. Im oberen Teil hält man sich ziemlich links, östl., wobei man das ziemlich zusammengeschrumpfte Eisfeld kaum berührt. Empor in die linke Karbucht des Platzer Ferners, zuletzt jedoch genau östl. empor in die tiefste Einschartung zwischen Hinterer Gebhardspitze und Plattigkopf, auf das Plattigjöchl.

Jenseits durch das selten begangene Steinigkarle abwärts, und zwar zuerst durch die Mulde, später besser über den in der Mitte des Kares sich ausprägenden Rücken zu einem Jägerhüttl, auf den zum Gepatschhaus führenden Weg trifft; oder links über die rinnendurchfurchten Hänge zur Nasseraine Alm. Von der Alm auf dem Fahrweg zur westl. Uferstraße des Stausees. Talaus nach Feichten.

● 305 **Kaiserjoch,** 2937 m

Guter, eisfreier Übergang von Pfunds im Inntal ins hintere Kaunertal, Gepatschhaus. Zum Hohenzollernhaus s. R 216. Vom Hohenzollernhaus zum Kaiserjoch 2 st. Aufstieg vom Gepatschhaus zum Kaiserjoch 4 st.

Dieser Übergang ist aus Jagdrücksichten gesperrt.

● 306 **Vom Hohenzollernhaus:** Nordwärts über die West-Hänge des Bruchkopfes über verschiedene Gräben ohne Höhenverlust ins Kaisertal. Kurz nach Überschreitung des Grabens trifft man auf den aus dem Radurscheltal heraufführenden Weg. Nun stets genau östl., nicht dem eigentlichen Tallauf südl. gegen den Roten Schragen folgend, auf Steigspuren empor. Diese verliert sich zuletzt in den riesigen Schutthalden; mühsam durch diese empor in die nördl. Scharte. Beim Abstieg ins Kaiserbergtal über die sanftgeneigten Geröllhalden trifft man rechts haltend bald auf Steigspuren und auf den über den Roten Schragen führenden Steig. Auf diesem durchs Kaiserbergtal hinaus bis zur Wegverzweigung vor der Talstufe; rechts, südl. zum Gepatschhaus. Links zur Nassereiner Alm und ins Kaunertal.

● 307 Von Pfunds direkt, 5 st, ohne das Hohenzollernhaus zu berühren. Auf dem Weg zum Hohenzollernhaus (R 216) bis zum Radurschelalmhaus. Auf dem Weg in den Talhintergrund hinein. Bald nach Überschreiten des aus dem Kaisertal kommenden Baches zweigt östl. ein Weg ab, der anfangs durch Wald steil in das Kaisertal emporführt. Von der Waldgrenze über spärliche Weideplätze und durch Gestrüpp auf Steigspuren in das Innere des Tales. Bald mündet von rechts her der Steig vom Hohenzollernhaus ein. Weiter wie in 1.

● 308 Vom Gepatschhaus über das Halsle, 2827 m; 5 st, weglos, nur für Geübte. Vom Haus auf dem Weg hinein zur Gepatschalm. Von hier westl. empor über die steilen Hänge in die „Kühgrube". Wenn man sich links hält, trifft man auf den von der oberen Birgalm emporführenden Hirtensteig. Im flacheren Teil der Grube wieder weglos nordwestl. hinein, zuletzt über Schutt rechts ausbiegend empor aufs Halsle, der Einschartung zwischen den Gratfernerköpfen und der Kaisergratspitze. Jenseits über Schutt links haltend unter dem N-Sporn der Kaisergratspitze durch, und in der Höhe eines kleinen Sees die Hänge westl. mühsam querend, zu dem aus dem Kaisertal emporführenden Weg. Man trifft ihn nahe der Wegverzweigung, rechts empor auf das Kaiserjoch. Links der bessere Steig empor zum Roten Schragen.

● 309   Rot-Schragen-Joch, etwa 2970 m

Übergang vom Hohenzollernhaus ins Kaiserbergtal. Touristisch bedeutsamer als das Kaiserjoch, wenn auch etwas höher. Bez. Gute Steiganlage. Vom Hohenzollernhaus auf die Jochhöhe 2 st. Bez. (Nr. 932).

Vom Hohenzollernhaus talein zur Alplalm. Auf der Höhe des Zollwachhäuschens, jedoch am anderen Talhang, führt links östl. empor der Weg ins Hüttekar. In Kehren über den Hang empor, über einen felsigen Ausläufer des Bruchkopfes, sodann im Bogen gegen O in das hintere Kar. 100 Höhenmeter unter der Grathöhe zweigt rechts südl. der Weg zum Riffljoch und zum Glockturm ab. Östl. empor über die Steilstufe auf das Rot-Schragen-Joch.

Jenseits über die Schuttreise mit etwas Vorsicht hinunter. In den obersten Geröllhalden des Kaiserbergtales prägt sich der Weg gleich wieder besser aus. Auf dem Weg durchs Kaiserbergtal wie in R 306 zum Gepatschhaus oder ins Kaunertal.

● **310**   **Riffljoch**, 3147 m

Als Übergang vom Hohenzollernhaus zum Gepatschhaus, vor allem, wenn damit die Ersteigung des Glockturms verbunden wird, durchzuführen. Vergletscherter Übergang, nur für Geübte, sonst mit Führer. Bez. (Weitwanderweg Nr. 902). Vom Hohenzollernhaus 3 st.

Vom Hohenzollernhaus (wie in R 309) auf dem Steig empor zur Wegabzweigung zum Riffljoch. Nun südl. über den mitunter zerspaltenen Hüttenkarferner. Wenig steil empor, zuletzt gegen links auf den Firnsattel des Riffljoches (zwischen Riffljochturm und Rifflkarspitze; nicht jener höhere, südwestl. gelegene Sattel, von dem eine steile Eisschlucht zum Glockturmferner abstürzt)

Jenseits links haltend unter den Abbrüchen der Rifflkarspitze hinab ins Riffltal. Der Weg ist anfangs nicht leicht zu finden. Der See unterhalb des Rifflferners muß rechts liegen bleiben. Durch die verschiedenen Mulden und Absätze des Riffltales, stets auf der linken Talseite bleibend, hinaus zur Oberen Birgalm, Gepatschalm und zum Gepatschhaus.

● **311**   **Glockturmjoch**, 3005 m

Unschwieriger Übergang vom Hohenzollernhaus zum Gepatschhaus. Südl. Begrenzung des Glockturmkammes, der hier an den Hauptkamm anstößt. Vom Gepatschhaus 4 st. Vom Gepatschhaus in das Krummgampental über die Gepatschalm. Stets am nördl. Bachufer in den Grund dieses einsamen Hochtales ansteigend, bis in den Hintergrund, wo der flache, an die westl. Talumrandung sich anschmiegende Krummgampenferner Moränen aufgeworfen hat. Den Ferner überschreitet man gegen das Glockturmjoch zu am besten in seinem südl. Drittel gegen W und steigt sanft zu der wenig den Gletscher überragenden Senke empor. (Ferner stark zurückgegangen.) Jenseits betritt man nach einem kurzen Schutthang bald den Hinteren Hennesiglferner, dessen breites, flaches Schneefeld man entweder schräg gegen NW abwärts verfolgt, um über die steiler abfallende nördl. Zunge desselben und dann westl. über hohe, sehr steile, schutt- und felsendurchsetzte Rasenhänge in das innerste Radurscheltal hinabzugelangen.

Besser und leichter, wenn auch etwas weiter: den Gletscherboden ziemlich weit gegen SW durch das blockerfüllte Hennesiglkar hinaus verfolgend bis man ins Radurschltal hinabsieht; dann ins Tal hinab und zum Hohenzollernhaus.

● 312   Weißseejoch, 2960 m

Altbekannter Übergang über den Hauptkamm. Früher stark begangen, jetzt Grenzübergang. Beste Verbindung zwischen Langtaufers und Kaunertal; nur wenig vergletschert. Vom Gepatschhaus zum Joch 3 st. (Auch als Übergang zur Weißkugelhütte geeignet.) Im Aufstieg von Melag zum Joch 4 st. Vom Gepatschhaus gleich westl. auf einem Steg über die Klamm des Baches und südl. zur Gepatschalm. Auf einem Almsteig steil bergan zur Oberen Birgalm, am Ausgang des Riffltales. Der Weg führt zunächst am Rifflbach entlang. Bei der Bachteilung folgt man auf schwachen Steigspuren südwestl. dem Krummgampenbach. Wo dieser sich ganz nach W wendet, steigt man südwärts weglos hinauf zum herrlich gelegenen Weißsee (Steinmänner). Hierher besser (mark.): man überquert unterhalb der Ob. Birgalm den Rifflbach und folgt dem Steig stets südwestw. über den Weißseenörder zum See. Der See bleibt links liegen (vgl. auch R 1254). Durch Blockwerk empor, immer in der Nähe des felsigen Abhanges zur Rechten. Die zwei oberen Karseen, sowie das stark zusammengeschrumpfte Firnfeld bleiben links liegen. Südwestl. zur schmalen Jochscharte empor. Von dieser gegen S in einen düsteren Trümmerkessel hinab, der sich gegen W hinaus in das Melagtal öffnet. Mühsam über die steilen Trümmerhalden abwärts in das grüne Tal, das dann steil gegen SW zum Weiler Melag (½ st von Hinterkirch entfernt) abfällt (2 st).

● 313 Weißkugelhütte: Bei der Brücke am Ausgang des Melagtales zweigt ein schwer aufzufindender Viehsteig ab, der über die Hänge der inneren Schafbergalm hinein zur Weißkugelhütte führt (2 st).

● 312   Radurschelschartl, 2872 m

Übergang vom Radurscheltal (Pfunds) in das Langtaufers. Vor 1919 von Einheimischen viel benützt; jetzt Grenzpaß. Unvergletschert. Steige und Bez. im oberen Teil verfallen. Unschwierig, aber mühsam. Vom Hohenzollernhaus zum Schartl 2 st. Vom Hohenzollernhaus auf dem Steig taleinwärts; auf der

Höhe des Zollwachthäuschens wechselt man auf das westl. Bachufer hinüber. An diesem lange Zeit fast eben taleinwärts, dann über die Absätze, stets rechts der Talfurche empor. Rechts öffnet sich die Hochmulde des Hinteren Bergles; links zweigt ein Steig ins Hennesiglkar ab. Man hält sich rechts südwestl. später fast genau südl. empor zum flachen, im Felskamm eingesenkten Sattel, dem Radurschelschartl.

Von der auf der südwestl. Ecke eingesenkten Übergangsplatte auf der südl. Seite steil hinab in genau südl. Richtung, zuerst über steile Blockfelder zu den Schafbergseen, dann über Almweiden, den Bach rechts lassend, an einer Schäferhütte vorbei, schließlich durch steile Waldhänge hinunter nach Hinterkirch.

● 315   Tscheyer Schartl, 2807 m

Übergang vom Nauderer Tscheytal (Talort Pfunds), ins Langtauferer Tal. Grenzpaß, touristisch nur wenig bedeutsam. Unvergletschert. Von Pfunds 5 st.

Wie in R 217 auf dem Weg zum Hohenzollernhaus ins Pfunsder Tal. Nach der Überschreitung des von rechts herabfließenden Saderer Baches und bald darauf des Hauptgrabens teilen sich die Wege. Der Weg zum Hohenzollernhaus führt links empor an den Hang; unser Weg bleibt in der Talsohle, überschreitet neuerdings den Graben und erreicht die Böden der Sattelalm. Über diese empor zur Alm. Nun genau südl. hinein zur Tscheyalm und auf einem der Steige links oder rechts des Wassers stets genau südl., an der alten Alm vorbei, ins hinterste Tscheytal und (über eine Talstufe) empor zum Tscheyer Schartl. Jenseits hinab nach Gschwell im Langtaufers; zuerst auf Steigspuren, dann den Militärsteig benützend.

● 315 a   Saletzjoch, 2801 m

Übergang von der Nauderer Skihütte ins mittlere Langtaufers. Hütte-Joch, 2½—3 st, teilweise verfallene Wege. In der Nähe früher Kupferbergwerk, das im 18. Jahrhundert aufgelassen wurde. Wie in R 219 von Nauders zur Skihütte. Von der Hütte kurz südwärts hinab ins Tal und auf dem Steig immer in der Nähe des Baches am orographisch rechten Ufer taleinwärts ins Saletztal. Nach Überschreitung eines von O herabkommenden Grabens (Schafbachle) über den Talbach und steiler ansteigend hinauf zu den Mataunböden. (Auf 2580 m verfallenes Finanzerwachhaus.) Nun im Bogen nach rechts durch das Kar empor zum Jocheinschnitt.

Jenseits hinab zu den Karseen, zwischen diesen durch (hier überquert man den Militärsteig) und weiter gerade hinab zum Beginn des Pleifgrabens. Hier teilt sich der Steig: man kann links über die Pateinalm nach Patscheid, rechts (westwärts nach Padöll — Kapron im Langtaufers absteigen. 1000 m Höhenunterschied vom Joch ins Tal.)

● 316   Hohenzollernhaus — Nauderer Skihütte
(Tscheyjoch, 2605 m)

Kürzester Übergang vom Radurscheltal über die Alpelalm im Tscheytal und das Tscheyjoch nach Nauders. Teilweise nicht bez., vor allem für die Skitouristen von Bedeutung. 4 st. Vom Hohenzollernhaus wenige Min. talein, bei der ersten Wegverzweigung rechts über den Bach und westl. auf einem Steig zuerst ansteigend dann eben hinaus über die N-Abhänge des Wildnörderers. Um den ganzen Berg herum, zuletzt leicht fallend hinein ins Tscheytal, das man bei der Alplalm erreicht. Über den Bach und jenseits auf einem Steig nordwestl. hinauf in den ersten Graben, der gegen links emporführt zu dem zwischen Gurserkopf und Tscheyegg liegenden Tscheyjoch. Jenseits rechts haltend über den freien Rücken hinunter zur Nauderer Skihütte und auf einem der Wege abwärts nach Nauders.

d) Weißkamm

● 317   **Pitztaler Jöchl** und **Rettenbachjöchl**, 2995 m u. 2988 m
Beide als Übergänge vom Ötztal ins Pitztal bedeutend. Das erstgenannte als Zugang zur Braunschweiger Hütte von Sölden im Sommer häufig benützt; das Rettenbachjöchl bester Winterübergang von der Braunschweiger Hütte nach Sölden und ins Rettenbachtal (Ötztal). Pitztaler Jöchl R 227. Das Rettenbachjöchl ist die flache, meist überfirnte Einsattelung südl. des Karleskogels. Von der Braunschweiger Hütte hinab auf den Karlesferner und in ziemlich genau östl. Richtung durch die zwei weiten Gletschermulden an den letzten Steilaufschwung. (Manchmal vereist.) Hier meist im Schutt oder in den Schrofen der linken Begrenzung empor aufs Rettenbachjöchl. Jenseits über den im oberen Teil ziemlich steilen, teilweise auch spaltigen Rettenbachferner, stets ein wenig links haltend, nordöstl. hinab, bis man die Höhe der untersten Firnmulde auf dem bez. Weg trifft, der vom Pitztaler Jöchl nach Sölden, bzw. nach Hochsölden führt.

● 318   **Neuer Weg Pitztaler Jöchl — Braunschweiger Hütte:**
Von Sölden in das Rettenbachtal und zum Rettenbachferner.

Diesen zunächst links liegenlassend, steigt man zuletzt über den nördlichsten Fernerteil auf das Joch empor. Nun rechts (westl.) vom Jöchl in 20 Min. auf die Niedere Karlesschneid und in Kehren zur Braunschweiger Hütte hinab.
(Die Sicherungen des alten Weges bestehen nicht mehr; man müßte dort eine 30 m hohe Felsstufe überwinden.)

● **319** **Seiterjöchl,** 3058 m

Wenig bedeutsamer Übergang vom hinteren Rettenbachtal ins mittlere Venter Tal. Im Hochsommer nur mehr wenig vergletschert. Als Übergang von S nach N ungemein mühsam und keineswegs empfehlenswert. Im Aufstieg von der Braunschweiger Hütte 2 st.

Vom hinteren Rettenbachtal im Bogen rechts nördl. dem Bruch des Rettenbachferners ausweichend zum Rettenbachjöchl. Hierher auch von der Braunschweiger Hütte wie in R 317. Vom Rettenbachjöchl südöstl. fast eben hinaus über den Rettenbachferner, zuletzt ein wenig abwärts, östl. um einen Felssporn herum, dann rechts eben empor durch die Firnmulde zum Seiterjöchl. Dem O-Rand des Seiterferners entlang abwärts, dann auf den Trennungsrücken zwischen ihm und dem fast verschwundenen Petznerferner hinab zum Petznersee, 2610 m. Nun rechts haltend südl. hinaus auf ein Eck und über die steilen Hänge, mehrere Gräben überschreitend, in die Nähe des Tiefenbaches; vor seinem Erreichen trifft man auf die Almsteige, die nach Stablen und von hier auswärts nach Heiligenkreuz im Venter Tal führen.

● **320** **Tiefenbachjoch,** 3234 m

Großzügige Gletscherwanderung von der Braunschweiger Hütte nach Vent. Das Tiefenbachjoch ist nicht mit dem zwischen Linken Fernerkogel und Tiefenbachkogel eingelagerten Firnsattel zu verwechseln, der den N—S-Übergang vom Hangentferner zum Mittelbergferner bildet. Von der Braunschweiger Hütte 2 st.

Von der Braunschweiger Hütte südl. über den Karles- (Hangenden) Ferner ziemlich steil in die Einsattelung zwischen Linkem Fernerkogel und Innerer Schwarzer Schneide (Ersteigung mit dem Jochübergang leicht zu verbinden), dann fast eben südöstl. querend zum Tiefenbachjoch. Jenseits südöstl. über den Tiefenbachferner hinab und gegen rechts zum Mutboden, von wo man entweder den Hängen entlang nach Vent, oder gerade hinab über Stablen nach Heiligkreuz gelangen kann.

● **321** **Taufkarjoch,** 3218 m

Kürzester Übergang von der Braunschweiger Hütte nach Vent. Als Taufkarjoch bezeichnet man alle Einsattelungen zwischen

Taufkarkogel und Weißem Kogel. Die tiefste Einsattelung befindet sich westl. der Felsköpfe; als Übergang wird jedoch meist die etwas höher gelegene östlichste, oder die mittlere Einschartung benützt. Von der Braunschweiger Hütte 2—3 st. Von Vent im Aufstieg ziemlich steil und mühsam, 4—5 st.
Von der Braunschweiger Hütte hinab auf den Karlesferner, südwestl. hinüber auf den Mittelbergferner, nun südl., links ab, über den zwischen den beiden Fernerkögeln herabfließenden Teil des Mittelbergferners aufwärts, den mittleren Bruch im Bogen links umgehend, sodann ziemlich genau südl. zu den Taufkarjöchern. Jenseits hinab in den Taufkarferner; von seinem Ende etwas mühsam über Moränen, man hält sich mehr dem Graben den rechten, westl. Abflusses zu (Weißbach). Tiefer drunten in den obersten Mädhern trifft man auf Steigspuren, die durch die Stableiner Mähder in Zickzack steil hinunterführen nach Vent. Im letzten Teil kann man den AV-Weg, der zur Breslauer Hütte führt, benützen.

● 322　　　　　　Rofenkarjoch, 3320 m
Eindrucksvoller Gletschergang von der Braunschweiger zur Breslauer Hütte. Nur für erfahrene Bergsteiger. Das Rofenkarjoch ist die wenig ausgeprägte Einsattelung gleich westl. der Taufkarkögel. Von der Braunschweiger Hütte 3 st; von der Breslauer Hütte im Aufstieg 1 1/2 st.
Von der Braunschweiger Hütte wie oben in das südl. Gletscherbecken des Mittelbergferners. Noch weiter als dort empor ins hinterste Gletscherbecken und auf das Rofenkarjoch. Meist überfirnt.
Jenseits zuerst unschwierig hinunter auf den Rofenkarferner, der jedoch in seinem untersten Teil immer steiler und zerklüfteter wird. Von der Gletscherzunge steigt man entweder durch das Rofkar, sich möglichst rechts haltend hinab zum AV-Weg. Schwerer auffindbar ist ein Steig, der aus dem westlichen Graben des Rofenkares durch eine Rasengasse zwischen den Felsen emporführt auf die Graszone, über die man südwestl. eben zur Breslauer Hütte hinausgehen kann.

● 323　Braunschweiger Hütte — Mittelbergjoch —
　　　　Mitterkarjoch — Breslauer Hütte
Im Sommer und Winter häufig durchgeführte Übergänge, meist mit der Besteigung der Wildspitze verbunden. Für Ungeübte ist die Mitnahme eines Führers ratsam. Bei Vereisung können

die Abstiege vom Mittelbergjoch, 3166 m, und vom Mitterkarjoch, 3468 m, beachtliche Schwierigkeiten in den Weg stellen. Gesamtzeit etwa 4—5 st.
Von der Braunschweiger Hütte hinab auf den Karlesferner, und hinauf auf das rechte, große Becken des Mittelbergferners. Nun immer etwas links haltend über den langen Gletscher (spaltenarm) empor gegen das felsige Mittelbergjoch, der tiefsten Einsenkung in dem den Mittelbergferner westl. begrenzenden Felsgrat.
Jenseits, links haltend, südl. hinab auf den Taschachferner. Gerade hier weist dieser eine ziemlich gut begehbare, fast spaltenfreie Zone auf, die in südwestl. Richtung (auf den Hinteren Brochkogel zu) emporführt auf die höhere Gletscherstufe. Eine spaltenreiche Zone zwingt meist zu einem weiten Ausholen nach rechts (W); nur selten kann man gerade auf das zwischen Wildspitze und Hinteren Brochkogel, zwei der schönsten Firngestalten der ganzen Ötztaler, eingelagerte Mitterkarjoch zugehen.
Jenseits zuerst sehr steil hinab auf den Mitterkarferner, dessen Begehung meist ungefährlich ist, dennoch mehr Vorsicht empfehlen läßt, als meistens geübt wird. Dort, wo die Moränen vom Ötztaler Urkund (von links) herunterkommen, hält man sich links und trifft so am Rand des Eisfeldes auf einen guten Steig, der gegen links hinausführt auf den begrünten Rücken, auf dem die Breslauer Hütte steht.

● **324 Braunschweiger Hütte — Mittelbergjoch — Brochkogeljoch — Vernagthütte**

Beliebter, im Winter und Sommer ausgeführter Gletschergang. Geeigneter Übergang von einer Hütte zur andern; leicht mit der Besteigung der Petersenspitze zu verbinden. Für Ungeübte Führer ratsam. Gesamtzeit 5—6 st.
Von der Braunschweiger Hütte wie oben über das Mittelbergjoch auf den Taschachferner. Seiner obersten Spaltenzone weicht man genügend weit rechts aus, hält dann auf die Petersenspitze, schließlich gerade auf das zwischen Petersenspitze und Hinteren Brochkogel eingeschnittene Brochkogeljoch zu, 3423 m. Jenseits steil hinunter ins oberste Becken des Kleinen Vernagtferners. Man hält sich nun rechts gegen den von der Petersenspitze nach S stechenden Felssporn. Knapp an ihm vorbei, dann im weiten Bogen gegen W ausholend durch die flachere, spaltenarme Zone des Großen Vernagtferners, zuletzt auf die

felsigen Abhänge der Hintergraslspitze zu. Am Fernerrand trifft man sogleich auf den Steig, der auf dem Moränenkamm hinabführt zur Vernagthütte.

● 325 Braunschweiger Hütte — Mittelbergjoch — Taschachhaus

Kürzester und bester Hüttenübergang. Übung erforderlich. 3 st.

Von der Braunschweiger Hütte wie bei R 324 über das Mittelbergjoch auf den Taschachferner. Nun nicht links aufwärts, sondern am rechten nördl. Gletscherrand in der Flußrichtung des Gletschers mit wenig Gefälle abwärts. Weiter unten kann man rechts auf einen Steig in der Moräne übertreten, der weit hinunterführt, zuletzt durch einen Graben. Dort, wo der Taschachferner nach N umzubiegen beginnt, links, westl. über eine flachere, spaltenärmere Rampe des Gletschers. Unter dem westl. Bruch in wildem Schuttgelände durch. Der Rückgang des Gletschers hat hier teilweise verheerende Verhältnisse geschaffen. Man trifft jedoch bald auf Steigspuren, die sich zum Steige sammeln, der durch plattiges Gelände, später durch die steilen Grashänge fast eben hinausführt zu dem schon lange sichtbaren Taschachhaus. (Im letzten Teil Orientierungsgabe erforderlich.)

● 326 Taschachjoch, 3241 m

Hochalpiner, jedoch sehr günstiger Übergang vom Taschachhaus zur Vernagthütte. Teilweise steile Eisflanken, 4 st; 1. Überschreitung: A. v. Ruthner mit L. und N. Klotz, 1858.

Vom Taschachhaus südl. auf dem durch die O-Hänge des Pitztaler Urkunds angelegten Steig. Bei der Weggabelung etwa 30 Min. hinter der Hütte wählt man den rechten Steig, der nach oben durch die Hänge weiterführt, sich immer rechts des Randes des Taschachferners hält und sich höher oben verliert. Man wird nun links in die schmale begehbare Zone zwischen den Felsen des Urkunds und den Eisbrüchen zur Linken gedrängt. Gerade empor zum Urkundsattel, 3060 m.

(Hierher umständlicher und gefährlicher vom Taschachhaus über den Sexegertenferner, unter Umgehung des Pitztaler Urkunds auf der W-Seite.)

Vom Urkundsattel unschwierig über die flachere, gegen O emporziehende Gletscherzone. Zuletzt etwas steiler empor zum übergletscherten Taschachjoch.

Jenseits zuerst etwas steiler, dann über den weiten Großen Vernagtferner fast genau südl. hinunter (Richtung Hintergraslspitz). Man trifft auf die vom Brochkogeljoch kommende Spur und erreicht dort (R 324) bald den Gletscherrand, den Moränensteig und die Vernagthütte.

● 327   Sexenjoch, 3303 m

Weniger günstig, steiler und gefährlicher als der Übergang über das Taschachjoch, ebenfalls Übergang vom Taschachhaus zur Vernagthütte. Das Sexenjoch ist der nordöstl. der Hochvernagtspitze, zwischen dieser und der Hochvernagtwand eingelagerte, übergletscherte Sattel. 1. Überschreitung: Dr. Th. Petersen, J. Häberlin mit J. Dobler und D. Schöpf, 1874.

Vom Taschachhaus empor und hinein auf den Sexegertenferner, bald jedoch links empor gegen den wilden Eisbruch, den man ziemlich nahe am Felsstock des Pitztaler Urkunds überwindet. Nun nicht links hinüber zum Urkundsattel, sondern gerade südl. empor durch den steilen, spaltenreichen Gletscher, an den Felsspornen der Hochvernagtwand westl. vorbei, zuletzt über den kurzen, steilen Eishang links empor zum Sexenjoch. Der Abstieg jenseits ist leichter; man hält sich durchwegs in der spaltenfreien Mulde des Großen Vernagtferners, bis man gegen rechts wie in R 324 hinüberquert auf die Moräne. Wie dort hinab zur Vernagthütte.

● 328   Breslauer Hütte — Vernagthütte

„Seuffertweg"; vortrefflicher, aussichtsreicher Höhenweg, bez., 2¹/₂ st. Die Höhenwanderung wird oft bis zum Hochjochhospiz fortgesetzt.

Von der Breslauer Hütte westl. durch die Moränen des Mitterkarferners und über einzelne Einschnitte. Nun südwestl. einer begrünten Stufe folgend. Der Weg wendet sich um einen Ausläufer des Vorderen Brochkogels herum, überschreitet die Quellen des Platteibaches und führt eben weiter zum oberen „Plattei". Nun westl. um den Rücken herum, und ein wenig fallend in das wilde Tal von Vernagt. Hier trifft der Höhenweg auf den alten Hüttenweg. Diesem folgend taleinwärts, zuletzt absteigend zum Steg über den Vernagtbach und auf dem gewöhnlichen Hüttenweg empor zur Hütte.

● 329   Breslauer Hütte — Taschachhaus

Übergang über das Mitterkarjoch, 3468 m, und den Taschachferner zum Taschachhaus. Übung erforderlich, teilweise spaltenreicher Gletscher. 4 st.

Von der Breslauer Hütte nordwestl. auf dem Steig empor in den Mitterkarferner. Man hält sich zuerst rechts auf den Blockhalden, sodann links hinein auf den Ferner, empor in die hinterste Fernermulde, zuletzt genau nördl. steil empor aufs Mitterkarjöchl. (Im Hochsommer offene Randkluft; der letzte Steilhang oft Blankeis.) Vom Joch jenseits links, nordwestl. haltend gegen den Firnkopf der Taschachwand zu (gerade hinunter spaltenreiche, gefährliche Zone, sodann über die spaltenärmere flache Gletscherrampe im Bogen nach rechts (nordöstl.) in die Firnmulde unterhalb des Mittelbergjoches hinab. Von dort wie in R 325 zum Taschachhaus.

● 330 Wannetjoch, 3110 m

Kürzester Übergang vom Taschachhaus zur Rauhekopfhütte und zum westl. Weißkamm. Das Wannetjoch (Wonnetjoch) ist der vergletscherte Sattel zwischen Hinterer Ölgrubenspitze und Nördlicher Sexegertenspitze.

Taschachhaus — Wannetjoch — Rauhekopfhütte 4 st.

Vom Taschachhaus auf dem Steig hinunter auf den Sexegertenferner, und über den langen Ferner südwestl. hinein in den hintersten Grund, stets gerade auf die Hintere Ölgrubenspitze zu. Zuletzt links haltend, südl., steil auf das Wannetjoch empor.

Der Abstieg nach S über den harmlosen Östlichen Wannetferner stellt keine besonderen Ansprüche. Man gelangt in die Moräne hinab. Auf dem nördl. Moränenwall Steigspuren. Ein Stück hinab, dann gegen links auf den zerrissenen Gepatschferner, den man gerade dort erreicht, wo der Weg vom Gepatschhaus zur Rauhekopfhütte auf das Eis übertritt. Wie dort (R 239) schräg über den Gletscher empor in Richtung auf einen rostbraunen Abbruch des jenseitigen Felsen. Unter diesem Felsabbruch, jedoch noch auf dem Eisfeld bleibend, empor gegen eine Blockmulde. Vor dieser rechts auf den Felsen und dem Steig (Steinmanndln) folgend zur Hütte.

● 331 Gepatschjoch, 3241 m

Von der Vernagt- zur Rauhekopfhütte. Kürzeste Verbindung zwischen Ötztal (Vent) und Kaunertal (Gepatsch). Von Bergsteigern wird jedoch der Weg über das Brandenburger Haus diesem vorgezogen. Von Hütte zu Hütte 4 st. Übung und Erfahrung nötig. 1. touristische Überschreitung: A. Wachtler mit N. Klotz, 1858.

Von der Vernagthütte zum Vernagtferner erst nordwestl., dann westl. über diesen, zuletzt über zum Teil stark geneigte

Firnhalden zum Gepatschjoch zwischen Schwarzwandspitze und Fluchtkogel. Prächtiger Rundblick. Jenseits über steile Firnhalden gerade hinab, dann in südwestl. Bogen um den zerklüfteten Teil des Gepatschferners zur Rauhekopfhütte.

● **332   Vernagthütte — Brandenburger Haus**

Häufig benützter Übergang, sehr lohnend, meist über Gletscher. Übung erforderlich.

Der Übergang erfolgt meist über das Brandenburger Jöchl, 3248 m, im S-Grat der Kesselwandspitze; die Weganlage ist derzeit jedoch in keinem guten Zustand. Mitunter im Sommer, stets im Winter wird als Übergang jedoch das Guslarjoch, 3311 m, — die tiefste Einsenkung im NW-Grat der Kesselwandspitze — gewählt. Außerdem wird noch der breite Firnsattel am S-Fuß des Fluchtkogels (Oberes Guslarjoch, 3361 m, auch „Winterjöchl" genannt) zum Übergang benutzt. Über das Brandenburger Jöchl insgesamt 2 st.

Von der Vernagthütte führt ein Steig auf der nördl. Ufermoräne des Guslarferners westl. empor. Von dieser tritt man höher oben auf den Ferner über, überschreitet diesen im Bogen nach S auf den Fuß des O-Grates der Kesselwandspitze zu. Das Bergmassiv bleibt rechts liegen. Sodann über den Firnhang und die blockigen Schrofen empor auf das Brandenburger Jöchl. Jenseits im Zickzack hinab auf den Kesselwandferner (Randkluft) und über diesen westl. gerade hinüber zu dem schon sichtbaren Brandenburger Haus.

Der Weg über die Guslarjöchln holt weiter aus, läßt die Kesselwandspitze südl. liegen und führt über das hintere Becken des Kesselwandferners in südwestl. Richtung auf das Brandenburger Haus zu.

● **333   Brandenburger Haus — Rauhekopfhütte**

Übliche Verbindung zwischen den beiden Hütten. Gletscherwanderung.

Vom Brandenburger Haus nicht erst hinab zum Firnsattel des Kesselwandjoches, 3222 m, sondern gleich rechts haltend in westl. Richtung durch die sanft geneigte Gletschermulde abwärts. Die Spalten zur Rechten werden im Bogen gegen W umgangen. Schließlich genau nördl. auf den Kleinen Rauhen Kopf zu und in wenigen Minuten zur Hütte.

● 334   Hochjochhospiz — Vernagthütte

Schöner, aussichtsreicher, bez. Weg, 2 st. Im Winter sehr lawinengefährdet; deshalb zu dieser Jahreszeit vom Hospiz gerade nördl. empor über die Hänge zur Einsattelung zwischen Mittlerer und Vorderer Guslarspitze.
Vom Hochjochhospiz in zwei Kehren aufwärts (links ab der Deloretteweg zum Brandenburger Haus), dann in halber Hanghöhe fast eben nordöstl. um die Guslarspitzen im Bogen herum, zuletzt durch Blockhalden in nordwestl. Richtung. Der Abfluß des Guslarferners wird auf einem Steg überschritten. Sodann trifft man auf den Hüttenweg zur Vernagthütte. Auf diesem in wenigen Minuten zur Hütte.

● 335   Hochjochhospiz — Brandenburger Haus

„Deloretteweg". Lohnende Wanderung, in aperem Gelände AV-Steig. Wegzustand sehr schlecht. Für Ungeübte Führer ratsam. 2—3 st.
Vom Hospiz zunächst nördl. in zwei Kehren hinan. (Rechts Abzweigung R 334.) Nun links aufwärts über die begrünten Hänge auf gutem Steig, zuletzt durch den S-Abfall der Hinteren Guslarspitze querend auf den Kesselwandferner, den man erst oberhalb der wilden Eisbrüche betritt. Von hier ziemlich genau westl. auf das Kesselwandjoch, 3222 m (Achtung auf wechselnde Spalten), und das Brandenburger Haus zu.

● 336   Brandenburger Haus — Weißkugelhütte

Hochalpiner Übergang, nur für erfahrene Bergsteiger. Abstieg durch den Langtauferer Eisbruch, je nach den Verhältnissen schwierig. „Richterweg". Jetzt Grenzübergang. 3 st.
Vom Brandenburger Haus in südwestl. Richtung fast eben weit hinüber über den Gepatschferner. Man hält sich dabei dreihundert Meter westl. des Felsabbruchs der sogenannten „Zinne", 3381 m, Grenzpunkt. Bald senkt sich nun der Ferner und man sieht vor sich die wilden Eisbrüche, mit denen der Gepatschferner auf den Langtauferer Ferner hinabstürzt. Links hinunter über den Felsabbruch der versicherte Vernaglwandsteig, rechts der Eisbrüche führt der Richterweg durch den Felsabbruch. Man hält sich auf einer Firnzunge östl. des Felsaufbaues möglichst tief abwärts, schließlich südwestl. hinab auf die Steiganlage, die im Bogen gegen W durch die Vernaglwände hinabführt auf die Blockhalden und durch diese westl. hinaus,

stets etwa 100 Höhenmeter über dem Gletscherrand zur Weißkugelhütte.
(Der „Richterweg" ist derzeit in schlechtem Zustand.)

● 337 **Langtauferer Joch,** 3172 m

Übergang vom Hochjochhospiz zur Weißkugelhütte über das Langtauferer Joch, das zwischen Langtauferer Spitze und Vernagl eingelagert ist. Früher von Einheimischen als Übergang vom Venter ins Langtauferer Tal benützt. Sehr selten begangen! Vom Hochjochhospiz im Aufstieg 4 st. Von der Weißkugelhütte 2½—3 st.

Vom Hochjochhospiz westl. talein auf dem Weg zur Weißkugel. Etwa eine Stunde über den langen, flachen Hintereisferner einwärts, sodann über die sich zur Rechten deutlich ausprägende Mittelmoräne hinüber auf den Langtauferer-Joch-Ferner. An seiner rechten, nördl. Begrenzung durch eine möglichst spaltenarme Zone genau westl. empor in die tiefste vergletscherte Einsattelung im Hintergrund der Fernermulde, Langtauferer Joch.

Jenseits zuerst steil hinab durch eine steile Firnrinne auf den zerrissenen Langtauferer Ferner. Man hält sich stets möglichst rechts, nahe seinem nördl. Ufer, unter dem Gepatsch-Eisbruch vorbei. Etwa 30 Min. später, nach Passieren eines Felsabbruches, trifft man auf der rechten Seitenmoräne Steigspuren, die bald hinausleiten zur Weißkugelhütte.

● 338 **Weißkugeljoch,** 3362 m

Der Übergang vom Hochjochhospiz zur Weißkugelhütte über das Weißkugeljoch kommt nur für Hochtouristen in Frage. Im Hochsommer oft Vereisung der steilen Firnhänge zu beiden Seiten des Joches, die man aber nicht zu betreten braucht. Mit der Ersteigung der Langtauferer Spitze über den SW-Grat zu verbinden. Grenzübergang; vom Hochjochhospiz 4 st. Von der Weißkugelhütte 3 st. Übergang bei guten Verhältnissen auch im Winter durchführbar.

Vom Hochjochhospiz auf dem Weißkugelweg (R 1234) westl. hinein bis in die letzte breite Mulde, wo der Weißkugelweg links hinaufführt zum Hintereisjoch. Hier hält man sich nordwestl. zu einem weiten Firnsattel zwischen Weißkugel und Langtauferer Spitze empor. Zuletzt steiler Firnhang. Links Blick auf die NO-Wand der Weißkugel; rechts setzt der herrliche Eisgrat auf die Langtauferer Spitze an. Jenseits über den steilen Firnhang hinunter in das Gletscherbecken des Langtauferer Ferners. Man hält sich dann rechts, nördl. gegen die Vernaglwand zu, deren Fuß man auf R 1237 trifft. Wie dort zur Weißkugelhütte.

● 338 a   Hintereisjoch — Höllerschartl
Übergang vom Venter Tal in das Matschtal. Grenzübergang. Hochalpiner Übergang über das Hintereisjoch, 3471 m, und Höllerschartl, 3280 m. Vom Hochjochhospiz zum Hintereisjoch 4$^1/_2$ st. Weiter zum Höllerschartl 2 st. Im Aufstieg von Matsch zum Höllerschartl 7 st. Vom Hochjochhospiz wie in R 1233 auf das Hintereisjoch. Von hier links ziemlich steil hinunter über den Matscher Ferner, sich stets nahe an den Felsabstürzen der Inneren und Äußeren Quellspitze haltend, zuletzt aus der südl. Mulde des Ferners leicht ansteigend zum Höllerschartl, das im W-Kamm der Äußeren Quellspitze eingelagert ist. Vom Schartl durch die steile Geröllrinne auf Steigspuren hinunter in die Mulde des Oberettesferners; man betritt den stark zurückgegangenen Ferner jedoch nicht, sondern hält sich — bei schlechten Firnverhältnissen — an die Steigspuren im Geröll seiner rechten Begrenzung. Auf dem Moränenkamm zur Rechten trifft man bald auf den ehemaligen AV-Steig, der hinunterführt auf den ehemaligen Standplatz der Höllerhütte (2652 m, guter Biwakplatz). Auf dem Steig südl. über die Hänge hinab auf die Matscher Alm und zu den Glieshöfen.

● 339   Hochjochhospiz — Wirtshaus Schöne Aussicht
Im Winter und Sommer häufig ausgeführter Gletschergang über den Hochjochferner. Grenzüberschreitung; die italienischen Zollbehörden legen derzeit einem Übergang ohne Grenzschein bis zur Schönen Aussicht nichts in den Weg. Man muß jedoch mit Aufforderung zur Ausweisleistung rechnen. Übergang in das Schnalstal jedoch untersagt. 3 st.
Vom Hochjochhospiz auf gutem Steig hinunter ins Tal. Jenseits am westl. Talrücken des Hochjoch-Gletscherbaches in Kehren empor. Schließlich um den Rücken herum und südl. hinein zum Hochjochferner. Der Steig tritt erst innerhalb der Zunge auf das Eis über. Man hält sich stets in der Nähe des W-Ufers des immer flacher werdenden Gletschers. Auf seiner höhe rechts am Hang das österr. Zollwachhäuschen. Nun in wenigen Minuten rechts haltend auf den plattendurchsetzten Grashang und auf den Steig zur Schönen Aussicht. (Ein besserer Übergang ist R 263.)

e) Hauptkamm

● 340   **Timmelsjoch,** 2478 m

Der älteste Übergang zwischen Ötztal und Passeier. 1825 urkundlich „viel begangener Pfad nach Passeyer" genannt. Grenzpaß. Von Zwieselstein zu Fuß 3½ st. 1958 wurde die N-Rampe der neuen Straße (Untergurgl—Timmelsjoch) fertiggestellt. Nach der Freigabe der S-Rampe ist dies ein beliebter neuer „Alpenübergang für Benzintouristen" geworden. Für den Bergwanderer sei hier aber auch der alte Fußweg angegeben. Von Zwieselstein auf dem Fahrweg nach Obergurgl zuerst in Kehren empor, dann hinein ins Gurgler Tal bis zur ersten Gehöftegruppe, Zwieselstein-Tajen genannt. Hier links von der Fahrstraße ab, über den Bach und auf dem Weg an den Gehöften vorbei taleinwärts. Bald zu einer Wegteilung. Man geht am linken Weg gegen den Wald empor, dort bei einer kleinen Doppelkehre nördl. hoch über den Rücken hinaus gegen den Ausgang des Timmelstales. Um den Rücken herum, und jenseits, nun in östl. Richtung hinein ins Tal. Man hält sich noch eine ganze Weile südl. über dem Bach, bis der Weg bei der Einmündung der Großstein-Rinne auf das nördl. Ufer übersetzt. An diesem taleinwärts, über mehrere Gräben und Runsen hinweg, bis sich links droben die weite Senke des Timmelsjoches öffnet, zu dem das Steiglein in Kehren hinaufführt. Jenseits auf steilem Rasenhang in Kehren, den Höhenweg Essener Hütte — Becherhaus querend, hinab in das Bankertal und hinaus zur Schönauer Alm; südl. über Almwiesen und die Höfe „Wand" nach Schönau (Grenzkontrolle).

● 341   **Königsjoch,** 2825 m

Zwischen Hinterer Schwenzerspitze und Königskogel. Meist mit der zwischen Mittlerer und Hinterer Schwenzerspitze gelegenen Scharte, 2810 m, verwechselt. Touristisch nur in Verbindung mit den umliegenden Gipfeln lohnend. Als Übergang vom Königstal (Obergurgl) ins Seewertal (Schönau) kaum von Bedeutung, da Grenzpaß. Von Obergurgl 4 st.

Von Obergurgl auf der Fahrstraße talaus etwa 1 km zum Weiler Pirchhütt (Hotel Hochfirst). Bei der Einmündung des Ferwallbaches zweigt rechts der Weg ins Königstal ab, der in nordöstl. Richtung über den bewaldeten Hang, bzw. die Alpegger Leiten hinausführt zur Ausmündung des Königstales. In diesem rechts hinein oberhalb der Schlucht, südöstl. taleinwärts, auf halbem Wege den Bach auf seinem N-Ufer übersetzend und in gerader Richtung auf die Schwenzerspitzen zu. Die Steigspuren durch die Blockhalde empor führen auf das nördl. Schartl, 2810 m (Schwenzerschartl); zum Königsjoch hält man sich etwas weiter rechts. Von beiden Scharten gegen links hinab, nordöstl., in die Mulde des Innerkars, Steigspuren. An seinem Ausgang trifft man auf den von der Essener Hütte nach Schönau führenden Weg. Rechts haltend erreicht man von beiden Scharten den Weg zur Brandstätte der Essener Hütte.

● **342** **Aperes Ferwalljoch,** 2903 m

Übergang von Obergurgl zur ehemaligen Essener Hütte, abgebrannt. Das südl., am N-Fuß des Granatenkogels liegende Schneeige Ferwalljoch, 2908 m, kommt als Übergang nicht in Betracht. Von Obergurgl 2½ st, Abstieg nicht ganz 1 st. Südlich und östlich des Jochs Vorkommen von Granat. Bez. (Nr. 921).

Von Obergurgl am östl. Talhang ansteigend hinaus zum sog. Kreßbrunn, wo man auf den AV-Steig trifft. Diesem folgend in zwei Kehren (unter dem Festkogellift durch) in den Eingang des Ferwalltales und hinein zum Bach. Man überschreitet diesen auf einem Steg. Nun am orographisch rechten Talhang an den geröllbedeckten Hängen des Königskogelgrates stetig ansteigend, immer höher über dem Bach, zuletzt durch eine Schuttgasse zwischen den Felsen unschwierig auf das Apere Ferwalljoch. Schöner Rundblick. Staatsgrenze.

Abstieg vom Joch in Kehren über schrofige Hänge zur Brandstelle der Essener Hütte. Von hier hinaus zur Seewer-Alm und zur Timmelsjochstraße.

● **343** **Gaißbergjoch,** 3237 m

Touristisch wenig bedeutsamer Übergang über das zwischen Hohen First und Seewerspitze eingelagerte Gaißbergjoch. 4 st von Obergurgl.

Kommt vor allem als Anstiegsweg zum Hohen First in Betracht. Siehe dort R 1296.

● **344** **Essener Schartl,** 2906 m, **Imstjoch,** 2861 m

Touristisch als Übergang kaum von Bedeutung. Das Essener Schartl im Hintergrund des Mittleren Seewerferners, westl. des Ebenen Firsts gelegen.

Imstjoch: Im Hintergrund des östl. Seewerferners, östl. der Imstspitze eingeschnitten. Seit dem Ausfall der Essener Hütte geht auch der Höhenweg zur Zwickauer Hütte über das Rauhe Joch, 2560 m, östl. des Großen Hornes seinem Verfall entgegen. Von der Brandstätte der Essener Hütte zur Zwickauer Hütte über eines dieser Jöcher 5—6 st.

Von der Brandstätte auf dem ehemaligen AV-Steig fast eben hinüber auf die Blockhalde unterhalb des Seewerferners. Nun genau südl. empor über den mittleren Fernerkessel (Eisbruch) zum Essener Schartl, oder nach Überschreitung einiger Rinnen südöstl. empor in den östl. Fernerkessel auf das Imstjoch. Oder das ganze Bergmassiv des Großen Hornes östl. umgehend auf immer schräger werdenden Steigspuren durch einen Graben empor, an einem kleinen See vorbei zum Rauhen Joch. Von hier auf besser werdendem Steig südwestl. durch die Hänge (von rechts herab münden nun die Kare vom Imstjoch und vom Essener Schartl ein) der Liebenerspitze und des Heuflerkogels. Zuletzt durch eine begrünte Gasse steil empor, gegen rechts auf den Weg zur Zwickauer Hütte, die man bald erreicht.

● 345　　　　　　　　Rotmoosjoch, 3055 m

Zwischen Scheiberkogel und Rotmooskogel. Bester Übergang von Obergurgl zur Zwickauer Hütte. Gletschererfahrung erforderlich. Früher häufig benützt, jetzt Grenzpaß. Von Obergurgl 4 st.

Von Obergurgl oder von der Bergstation des Skilifts auf dem Weg zum Hochwildehaus, bis sich links das weite Rotmoostal öffnet. Kurz hinter einer kleinen Grenzerhütte zweigen links zwei Steige ab. (Gegenüber ist die Schönwieshütte sichtbar.) Man wählt den eben ins breite Rotmoostal hineinführenden Steig, der gerade auf die Zunge des Rotmoosferners zuführt. Über den Ferner in südl. Richtung empor, später etwas mehr links gegen das große östl. Gletscherbecken haltend, dann wieder genau südl. über eine spaltenreichere Zone empor auf das Rotmoosjoch. Der Abstieg jenseits zur Zwickauer Hütte über den kleinen Planferner bietet keine Schwierigkeiten. Das Rotmoosjoch wird meist mit der Einsattelung 3009 m verwechselt, die nordöstl. (links) des Rotmoosjoches zwischen Trinkerkogel und Scheiberkogel eingelagert ist.

● 346　　　　　　　　Langtaler Joch, 3035 m

Tiefste Gratsenke im Gurgler Kamm. Früher trotz der Schwierigkeit des Überganges von Einheimischen von Pfelders ins Gurgler Tal benützt, jetzt Grenzsattel. Von der Langtalereck-Hütte 3 st. Der Abstieg nach S über kleine Firnfelder und Geröllhalden ist teilweise mäßig schwierig (II); das Zurechtfinden ist nicht immer leicht. Man trifft dabei auf den Höhenweg von der Zwickauer Hütte zur Stettiner Hütte, folgt diesem südwärts zur Stettiner Hütte oder bis zur Einmündung des Hüttenweges aus dem Pfelder Tal, über den man zum Lazinser Kaser absteigen kann.

● 347   Schwärzenjoch, 3331 m

Im Sommer und Winter mitunter als Übergang von der Langtalereck-Hütte zum Hochwildehaus oder umgekehrt durchgeführt; meist in Verbindung mit Ersteigung des Annakogels, in dessen N-Kamm es eingelassen ist. Beschreibung s. dort, R 1356.

Das nördl. davon eingeschnittene Joch, 3117 m, ist als Übergang weniger geeignet, der Abstieg zum Langtaler Ferner (östl.) ist nicht empfehlenswert.

● 348   Zwickauer Hütte — Stettiner Hütte

Von der Zwickauer Hütte kurz südöstl. hinab auf den Weg nach Pfelders. In Höhe 2900 m trifft man in der Schutthalde auf den von der ehemaligen Essener Hütte kommenden Höhenweg. Diesem folgt man nun südl. hinaus auf den Rücken des Bockberges. Auf diesem in Kehren hinab und gegen W über die Furche des Weittales auf die begrünten Hänge des Rotecks. Nun stets leicht ansteigend südl. die Hänge querend, bis man in Höhe der Hohen Wilde auf den vom Lazinser Kaser zur Stettiner Hütte führenden Weg trifft. Auf diesem südl. hinauf zur Hütte und zum Eisjöchl.

● 349   Hochwildejoch, 3225 m

Ehemals Übergang von der Langtalereck-Hütte, bzw. vom Hochwildehaus zur Stettiner Hütte. Jetzt Weganlage von der Stettiner Hütte zum Joch verfallen, überdies Grenzpaß, kaum mehr ausgeführt.

● 350   Gurgler Eisjoch, 3151 m

Früher als Übergang vom Gurgler Tal ins Pfossental von Einheimischen viel benützt, da unschwierige Gletscherwanderung. Heute Grenzpaß. Vom Hochwildehaus zum Eishof im Pfossental 4 st.

Vom Hochwildehaus über Blockwerk zum Gurgler Ferner und in dessen Mitte aufwärts sanft ansteigend westl. des Mitterkammes, wo man sich mehr südöstl. mühelos und fast eben in das breite Joch wendet. Auf der anderen Seite über steile Schneeflecken und schrofendurchsetzte Geröllhänge auf Steigspuren südl. hinab zum Kesselboden und über steile Grashänge ins Pfossental und talaus zum Eishof.

● **351**   **Gurgler Schartl**, 2930 m

Zwischen Stockkogel und Zirmkogel. Touristisch wenig bedeutender Übergang von Obergurgl ins hintere Venter Tal. Von Obergurgl 3½ st. Von Heiligkreuz 4½ st.

<small>Von Obergurgl um den dem Dorf nördl. vorgelagerten Felsmugel links herum zu einem Steig über die Gurgler Ache. Man überschreitet den Bach, jenseits auf gutem Steig (bez.) nordöstl. in Kehren empor über die steilen Hänge zur Karmulde Hallwart mit dem Itlsee. Der Steig wird immer schlechter und führt nun westl. durch das Blockkar zum Gurgler Schartl. Der Anstieg von dem Venter Tal ist mühsamer. Von Heiligkreuz 20 Min. talein zur Gehöftegruppe Easpan unterhalb der Straße. Man überschreitet die Venter Ache jenseits über die freien, rinnendurchfurchten Hänge auf Steigspuren südöstl. hinauf. Höher oben weglos über die felsigen Hänge, dann auf die Blockhalde „Nitlboden". Zuletzt etwas links haltend durch steile Rinnen auf das Schartl.</small>

● **352**   **Langtalereck-Hütte — Ramolhaus**

Der unmittelbare Übergang: Abstieg auf die Zunge des Gurgler Ferners, jenseits Aufstieg über den Steilhang, ist nicht sehr empfehlenswert und wird kaum ausgeführt. Man verbindet mit dem Übergang vielmehr meist den Besuch des Hochwildehauses am Steinernen Tisch. Zusammen 4 st.

● **353** Von der Langtalereck-Hütte am Langtaler Eck auf dem gewöhnlichen Sommerweg zum Hochwildehaus, R 251. Von dort, oder schon vorher absteigend, auf die unterste Flachzone des Gurgler Ferners. Über diesen nordwestl. hinweg an das linke Ufer, wo man im Moränengewirr bald auf einen Steig trifft, der in steilen Kehren emporführt zu dem von Gurgl kommenden Hüttenweg. Auf diesem weiter in Kehren empor auf das steil am „Köpfle" stehende Ramolhaus.

● **354**   **Ramoljoch**, 3186 m

Zwischen Kleinem Ramolkogel und Hinterem Spiegelkogel. Als Übergang vom Ramolhaus nach Vent häufig benützt. (Weitwanderweg Nr. 902, bez.). Im Aufstieg von Vent s. R 1400. Im Abstieg insgesamt 3 st.

Vom Ramolhaus guter Steig über Felsblöcke, dann leicht absteigend nordwestl. zum kleinen Ramolferner, den man sanft ansteigend nordw. zum Joch hin quert. Jenseits über steile Schutthalden hinab, später auf und neben der rechten Seitenmoräne zum AV-Weg, der über Schutt und Grashänge am Fuß der NW-Abstürze des Ramolkogels zur Ramolalm hinabführt. Von hier durch schütteren Zirbenwald nach Vent.

● 354 a   **Martin-Busch-Hütte auf Samoar —**
Ramolhaus
(Umgekehrte Richtung von R 354)

Von der Martin-Busch-Hütte auf dem Hüttenweg talwärts, vorbei an der Schäferhütte und bis zu einer Abzweigung (Tafel — 2150 m). Steil in einem Graben (Steigspuren, bez.) und zum Bach, der auf einem Lawinenkegel überschritten wird. Erst sanft, dann steil ansteigend in die Firmisan, über Brücken über den Diembach. Nun kommt ein teilweise schlecht sichtbarer Steig, der um den Vord. Spiegelkogel herum, erst im Gras, dann im Geröll, zum Ramolbach führt (Brücke). Nun wird bald R 354 erreicht. Auf diesem zum Joch und jenseits hinab zur Hütte. Die genannten Brücken existieren derzeit nicht, was bei starker Wasserführung der Bäche zu erheblichen Verzögerungen führen kann!

● 355   **Spiegeljoch**, 3251 m

Zwischen Hinterem Spiegeljoch und Firmisanschneide. Vom Ramolhaus 1 st. Vom Ramolhaus auf das Firnfeld unter dem Hinteren Spiegelkogel und schräg südlich empor bis knapp hinter das Joch. Von hier auf einer Abdachung direkt ins Joch (I).

Vom Ramolhaus zuerst südl. empor und über den Rest des kleinen Gletschers westl. gerade empor auf das Joch. Der Abstieg westl. über den Firmisanferner und über die westl. Moränenkämme erfordert Zurechtfindungsgabe. Es gilt vor allem unterhalb der Zunge des von S herabfließenden Diemferners den kleinen Steig zu erwischen, der links über die wilden Moränengräben hinabführt gegen den Ochsenleger im Niedertal.

● 356   **Firmisanjoch**, 3287 m

Zwischen Schalfkogel und Firmisanschneid. Wie das Spiegeljoch weniger als Übergang denn als Zugang zu den Gipfeln von Bedeutung. Vom Ramolhaus 1½ st.

Man quert vom Ramolhaus südl. die Hänge, tritt dann auf das unter der Firmisanschneid eingelagerte Eisfeld über (spaltenreich), quert dieses gegen S, bis man schließlich steil rechts ansteigend, zuletzt über eine Randkluft und Felsen auf das Firmisanjoch gelangt.

Jenseits über den wenig steilen Diemferner nahe seinem rechten Ufer hinab, bis man zuletzt auf den Kamm der rechten Ufermoräne übertritt. Auf dieser weit abwärts, bis man wie in R 355 auf das Steiglein trifft.

● 357 Schalfkogeljoch, 3375 m

Zwischen Schalfkogel und Kleinleitenspitze. Im Sommer und Winter häufig benützter Übergang vom Hochwildehaus zur Martin-Busch-Hütte auf Samoar. Steile Gletscher, Bergerfahrung erforderlich. Im Winter großartige Skiabfahrt zur Martin-Busch-Hütte auf Samoar. Vom Hochwildehaus 2—3 st. Von der Martin-Busch-Hütte auf Samoar 5 st.

Vom Hochwildehaus westl. quer über den ebenen Gurgler Ferner an den steilen Aufschwung. Nun je nach den Verhältnissen über den steilen Hängegletscher, oder über einen felsigen Absatz und Geröll, höher oben gemeinsam etwas links haltend über Firn zum Schalfkogeljoch.

Jenseits steigt man zuerst links haltend über den blockigen Steilhang hinunter, auf den kleinen Nördl. Schalfferner. Nun rechts haltend an seinem N-Rand hinunter bis zur Zunge, über die Moränenhalde hinunter auf den Großen Schalfferner; in der Mitte der langen Gletscherzunge geht man geradeaus bis zur Zunge des Hauptgletschers. Nun links über die Moränen und Schutthänge hinüber auf den untersten Marzellferner, den man an geeigneter Stelle überschreitet. Um den folgenden Marzellkamm herum; man kann wegen der Bachschlucht nicht direkt auf die Martin-Busch-Hütte auf Samoar zugehen, sondern muß sich etwas taleinwärts halten, bis man den Niederjochbach unschwer überschreiten kann. Am linken Bachufer über Grashänge heraus zur Martin-Busch-Hütte auf Samoar.

● 358 Kleinleitenjoch, 3270 m

Zwischen Kleinleitenspitze und Querkogel. Vom Hochwildehaus 2 st. Von der Martin-Busch-Hütte auf Samoar im Aufstieg. Vom Hochwildehaus hinab auf den Gurgler Ferner und über das flache Eis südl. auf den Querkogel zuhaltend. Über den steilen Blockhang teilweise mäßig schwierig (II), bei günstigen Verhältnissen eine der Eisrinnen benützend auf das vergletscherte Joch.

Jenseits genau westl. hinunter über den spaltenreichen Schalfferner und wie in R 357 zur Martin-Busch-Hütte auf Samoar.

● 359 **Querkogeljoch,** 3346 m

Zwischen Querkogel und Karlesspitze. Beim Querkogeljoch löst sich der Ramolkamm vom Hauptkamm. Als Übergang nicht so bedeutend wie das Schalfkogeljoch. Vom Hochwildehaus 3¹/₂ st.

Vom Hochwildehaus hinunter auf den Gurgler Ferner und südl. auf der Mitterkamm zuhaltend, der links liegen bleibt. Nun südwestl., dann allmählich steiler ansteigend auf das schon sichtbare Querkogeljoch, das man zuletzt über steile, mäßig schwierige (II) Felsen und Blockwerk erreicht.

Der Abstieg über den Schallferner ist zunächst unschwierig, wird aber allmählich schwieriger und steiler, bis man die untere flache Zone erreicht. Von hier wie in R 357 zur Martin-Busch-Hütte auf Samoar.

● 360 **Fanatjoch,** 3199 m

Zwischen Fanatspitze und Rötenspitze. Weniger als Übergang, denn als Zugangsweg zu Röten- und Fanatspitze von Bedeutung. Grenzpaß. Von der Martin-Busch-Hütte auf Samoar 4 st. Von der Martin-Busch-Hütte auf Samoar wie in R 1372 auf den Schallferner. Aus seiner mittleren Mulde jedoch nicht südl. empor, sondern auf die Karlesspitze zu haltend in die hintere Mulde. Von dieser unschwer gegen S auf das Fanatjoch. (Von hier kann man auf das als Übergang nicht in Betracht kommende Karlesjoch, 3269 m, zwischen Karles und Fanatspitze aufsteigen.)

Von S erreicht man das Fanatjoch, indem man von der Rableitalm in nördl. Richtung weglos und beschwerlich hinaufsteigt in das einsame Kar „Im Fanat", das von den S-Kämmen der Röten- und Fanatspitze eingeschlossen ist. Über Weideboden ins innerste Kar, dann über Moränenschutt und Geröll, zuletzt über steilere Schrofenhänge gerade empor auf das Joch.

● 361 **Roßbergjoch,** 3380 m

Zwischen Rötenspitze und Hinterer Schwärze. Vergletscherter Übergang vom Schallferner (Martin-Busch-Hütte auf Samoar) auf den Roßbergferner und in das Pfossental. Grenzpaß. Von der Martin-Busch-Hütte auf Samoar 4 st.

Von der Martin-Busch-Hütte auf Samoar über Rasen und Moränen hinab auf den Marzellferner, dann über Moränen auf die Zunge des Schallferners. Auf diesem östl. empor bis zu der von der Kleinleitenspitze herabkommenden Mittelmoräne, die bis nahe ihrem Ursprung verfolgt wird. Man wendet sich dann im Bogen südöstl. und südl. in die untere Firnbucht des Schalfferners, zuletzt etwas südwestl. steiler ansteigend auf das Roßbergjoch.

● 362 Der Anstieg von S aus dem Pfossental ist ziemlich mühsam. 5 st. Vom Weg zur Mitterkaser-Almhütte bei der Einmündung des Gfallbaches links ab und weglos hinauf auf die rinnendurchfurchte Roßbergalpe. Hierher auch von der Mitterkaser-Almhütte etwas länger, aber weniger beschwerlich. Von der inneren Roßbergalm nördl. empor über viel Geröll und Moränenschutt gegen den schon sichtbaren Firnsattel östl. der Hinteren Schwärze. Über lockeren Schutt empor auf den arg zurückgegangenen Roßbergferner; über das Eisfeld, zuletzt sehr steil empor auf das Roßbergjoch.
(Die Pfaßer Scharte am W-Fuß der Rötenspitze kommt als Übergang in den „Pfaßer", das Hochkar über dem Pfossentaler Mitterkaser, kaum in Betracht. Beschreibungen fehlen.)

● 363   Hinteres Schwärzenjoch, 3390 m

Zwischen Hinterer Schwärze und Mutmalspitze. Vergletscherter Übergang vom östl. Becken des Marzellferners auf den Schalfferner. Vor allem für den Wintertouristen als Übergang von Bedeutung. Von der Martin-Busch-Hütte auf Samoar über den Schalfferner wie bei R 1372, im obersten Teil aber westl. empor auf das Schwärzenjoch. 3—4 st. Über den Marzellferner etwas kürzer.
Von der Martin-Busch-Hütte auf Samoar an geeigneter Stelle über den Niederjoch-Paß, dann um den Rücken des Marzellkammes herum auf den unteren Teil des Marzellferners. Man hält sich in Richtung auf den Similaun immer in der Nähe des W-Ufers des Gletschers. (Teilweise sehr spaltenreich.) Man wendet sich an geeigneter Stelle aus der südl. Richtung in die östl. und hält sich über den Eisbrüchen gegen die östl. Fernermulde des Marzellferners. Aus dieser unschwierig auf das Schwärzenjoch.

● 364   Marzelljöchl, 3450 m

Zwischen Mittlerer und Östlicher Marzellspitze. Grenzsattel. Als Übergang ohne Bedeutung; Similaunjoch viel günstiger. Zugang von der Martin-Busch-Hütte auf Samoar s. bei Marzellspitzen, R 1438.

● 365   Similaunjoch, 3349 m

Zwischen Westl. Marzellspitze und Similaun. Früher als Übergang vom Niedertal ins untere Pfossental benützt; das nahe Niederjoch, R 367, ist jedoch viel bedeutsamer. Grenzpaß. Heute vor allem als Zugang zum Similaun im Sommer und Winter von Bedeutung. Von der Martin-Busch-Hütte auf Samoar 3½ st.

Von der Hütte über den Niederjochbach und östl. auf den Marzellferner. Am W-Ufer des spaltenreichen Gletschers empor, stets südl. gegen den Similaun zuhaltend, der mit steiler, prächtiger N-Wand auf den Ferner abstürzt. Gegen links unter der N-Wand durch auf das Joch.

Zugang von S: Von Unser Frau talein und über Obervernagt zum Gehöft Tisen, dann auf Almweg gegen O ins Vernagttal. Steiler, wegloser Anstieg in die Talsohle, dann nordöstl. zum Kaserwartl (Felskopf am W-Rand des Grafferners, 3287 m). Den Grafferner überschreitet man; unter einer gegen SO herabziehenden Felsrippe durch auf das Similaunjoch.

● 367   Niederjoch, 3010 m

Breite Gletschersenke zwischen Similaun und Fineilköpfen. Altbekannter, früher viel benützter Übergang vom Niedertal (Vent, Martin-Busch-Hütte auf Samoar) ins Schnalstal nach Obervernagt und Unser Frau. Jetzt Grenzpaß. Die Similaunhütte am Niederjoch steht auf südtirolischem Gebiet, darf aber von österreichischer Seite ohne besonderen Grenzschein besucht werden. Offizieller Grenzübergang zw. 30. 6. und 30. 9.
Zugänge s. bei Similaunhütte. Von N (Martin-Busch-Hütte auf Samoar): R 258. Von Unser Frau im Schnalstal: R 259.

● 368 Übergang über den Saykogel. Von der Martin-Busch-Hütte zum Hochjochhospiz 6 st. Nur für Geübte. (Siehe bei Saykogel.)

● 369   Martin-Busch-Hütte auf Samoar —
                Hochjochhospiz

Hochalpiner Übergang über das Kreuzjoch, 3254 m, zwischen Kreuzspitze und Kreuzkogel. Für den Winterübergang kommt eine höher gelegene, aber weniger steile Einsattelung im N-Grat des Kreuzkogels in Betracht. Von der Martin-Busch-Hütte auf Samoar 3 st, vom Hochjochhospiz 4 st. Von der Martin-Busch-Hütte auf Samoar über die Hänge westl. weglos empor zum Brizzisee (Hüttchen verfallen) und weiter über Schutt und Schrofen gerade zur tiefsten Einsattelung zwischen beiden Gipfeln.

● 370 Vom Hochjochhospiz steigt man östl. zur Rofenbergalm ab. (Die gerade Überschreitung des Tales zur Ruine des Alten Hochjochhospizes ist nicht leicht.) Jenseits auf Steigspuren empor zu den Mauerresten des Alten Hospizes, 2450 m. Von hier auf Steigspuren, links haltend, östl., empor, unter dem mittleren Kreuzferner durch auf den vom Kreuzkogel nach NW streichenden Schuttkamm. Über diesen hoch hinauf bis an den Beginn der Felsen, dann links hinein in die oberste Mulde des Nördl. Kreuzferners und über diesen geradewegs zum Kreuzjoch.

● 371   **Hauslabjoch,** 3279 m

Zwischen Hauslabkogel und Fineilspitze. Als Übergang von der Martin-Busch-Hütte auf Samoar oder Similaunhütte zum Ghs. „Zur schönen Aussicht" oder zum Hochjochhospiz im Sommer und Winter häufig benützt. Oft mit der Besteigung der Hauslabkögel oder der Fineilspitze verbunden. Vom Joch schöne Skiabfahrten zur Martin-Busch-Hütte auf Samoar und zum Hochjochhospiz.

● 372 a) **Von der Similaunhütte.** 1 st. Von der Hütte in nördl. Richtung auf den fast ebenen Niederjochferner und dann links in eine Gletschermulde, die sanft ansteigend auf das Hauslabjoch emporführt.

● 373 b) **Von der Martin-Busch-Hütte.** 2½ st. Von der Martin-Busch-Hütte auf Samoar südwestl. talein auf gutem Steig gegen den Niederjochferner und auf dessen westl. Seitenmoräne zum oberen Firnboden; bei Betreten des Gletschers wendet man sich westl., geht empor in die oberste Firnmulde zuletzt gegen rechts empor zum Hauslabjoch. (Bei Nebel nicht mit dem flachen Gratstück links vorne zu verwechseln. Über diese überfirnte Einsattelung führt im Winter meist der Anstieg auf das Hauslabjoch.)

● 374 c) **Vom Wirtshaus Schöne Aussicht.** 3 st. Vom Whs Schöne Aussicht hinab auf den Hochjochferner, den man in Richtung auf die Kl. Schwarze Wand überquert. Unter den Wänden der Schwarzen Wand setzt ein bez. Steig an, der östl. über die Schrofen hinaufführt. (Der Gipfel der Wand ist durch einen Steinmann gekennzeichnet.) Nun auf eine flachere Gletscherzone zwischen den Brüchen. Ein schmaler Felsgrat (von der Fineilspitze ausgehend) durchzieht den Gletscher in nordwestl. Richtung. Im Durchstieg auffallende Stange! Links und rechts Randspalten! Über den unterhalb der Fineilspitze eingelagerten Gletscher etwas abwärts an den N-Grat der Fineilspitze; um diesen an geeigneter Stelle herum, und jenseits sanft ansteigend südöstl. zum Hauslabjoch. Nur für Geübte (II).

● 375　d) **Vom Hochjochhospiz.** 4 st. Auf dem Weg R 339 empor bis auf den mittleren Hochjochferner, dann an geeigneter Stelle durch die Brüche hinauf in südöstl. Richtung auf das Hauslabjoch. Spaltenreicher Gletscher, Übung erforderlich.

f) Texelgruppe, Salurnkamm, Planeiler Berge

● 376　　　　　　Falser Joch, 2578 m

Verbindet das Spronser mit dem Falser Tal. Kommt zusammen mit dem Hohen Gang auch als Übergang von Partschins, Hochganghaus ins Passeier Tal in Frage.

Vom Oberleger im Spronser Tal nordöstl. durch eine steile Grasmulde auf das Falser Joch zwischen Grünjoch nordwestl. und Schwarzkogel südöstl. Jenseits nördl. hinab zur Falser Schafalm, und an den N-Hängen des Falser Tales schief abwärts zu der im Talboden gelegenen Falser Alm. Nun zuerst am rechten Ufer des Baches entlang, dann hoch darüber an den Höfen Waldwies vorbei talaus und steil hinab ins Passeier Tal. 20 Min. talauf erreicht man St. Martin.

● 377　　　　Hoher Gang — Spronser Joch

Übergang von Partschins im Vinschgau nach Pfelders im Passeier. Vom Hochganghaus auf das Spronser Joch 3 st.

(Vom Hochganghaus über den Hochgang Markierung Nr. 7 folgend bis zur Abzweigung Milchseescharte. Von Nr. 22 am Langsee vorbei zum Grünsee folgt der Steig mit der Markierung Nr. 6 und stets dieser Markierung folgend über das Spronser Joch bis Pfelders und nach Moos im Passeier.) Vom Hochganghaus nördl. erst mäßig ansteigend, dann in steilen Kehren an den Hohen Gang, die tiefste Einsenkung zwischen Tschigat und Spronser Rötelspitzen. Nach kurzem Abstieg erreicht man den Langsee (linke Abzweigung zum Milchseeschartl) und seinem N-Ufer folgend den Grünsee. Von seinem O-Ufer an bez. Wege zum Schiefersee und über einen Steilhang auf die Höhe des Spronser Joches, 2576 m. Nun nördl. über Blockhalden abwärts auf die begrünte Einsattelung des Faltschnaljöchls, 2491 m (auch Zieljöchl). Vom Jöchl nördl. in Kehren abwärts ins Faltschnaltal und durch dieses talaus. Vor seiner Mündung ins Haupttal bei den Hütten rechts ab und steil durch den Wald nach Pfelders.

● 378　　　　　Eisjöchl am Bild, 2893 m

Bester Übergang von Pfelders in das Pfossental. Am Eisjöchl steht die Texelgruppe mit dem Hauptkamm in Verbindung. Wenig nordöstl., 5 Min. unterhalb der Jochhöhe auf dem, den kleinen Kessel östl. begrenzenden Rücken des Jöchls, steht die Stettiner Hütte, dem Verfall preisgegeben. 10 Min. unterhalb der Stettiner Hütte (gegen Pfelders) steht ein Haus der ital. Finanzwache. Notunterkunft von Juni bis Anfang September möglich.
Zugänge s. R 275 und 276.

● **379**   **Hochganghaus — Lodnerhütte**

Über den Hohen Gang, 2455 m, das Milchseeschartl, 2689 m, und das Halseljoch, 2807 m. 4 st, Wegmarkierung Nr. 7. Schwindelfreiheit und Trittsicherheit erforderlich!

Vom Hochganghaus guter, teilweise drahtseilgesicherter Weg auf den Hohen Gang. Jenseits hinab zur Wegverzweigung zwischen den beiden Seen. Nun links aufwärts, der Markierung Nr. 7 folgend, an den Milchseen bis unter das Milchseeschartl. Durch die Rinne in unschwieriger (I) Kletterei zur Scharte. Jenseits etwas absteigend, dann ohne Weg über leichte Felsen und Blöcke südwestl. hinein in das hinterste Kar des Lazinser Tales. Über das schwach geneigte Firnfeld empor auf das Halsljoch (bei Blankeis besser unten herum gehen). Nun auf einem guten Steig hinab zu den Tablander Lacken und rechts haltend hinaus auf den Rücken des Gamsecks. Über den Rücken hinab und nordwestl. hinüber zur Lodnerhütte.

● **379 a**   Über den F.-Huber-Weg, 3 st. Wegmarkierung Nr. 7b, teilweise Sicherungen, Höhenweg.

Vom Hochganghaus westl. auf dem Weg nach Nassereith. Nach 1 km rechts ab und durch Wald zu Almböden ansteigend. Nun ungefähr in gleicher Höhe bleibend durch mehrere Kare zunächst westl., dann nordwestl. zur Lodnerhütte.

● **380**   **Halsljoch,** 2807 m

Übergang von der Lodnerhütte nach Pfelders. 5 st.

Von der Hütte zuerst über den Graben, und nordwärts auf dem Steig südöstl. (markiert Nr. 7) zum Steinmann am Gamseck und über einen wenig ausgeprägten Rücken östl. hinan zu den am O-Fuße des Tschigats gelegenen Tablander Lacken. Nach NO umbiegend, erreicht man in kurzer Zeit das Halsljoch. 1½ st. Nordöstl. abwärts und auf die ausgedehnten Weideflächen der Andelsböden. An den W-Hängen des Lazinser Tales hoch über der tief eingeschnittenen Talsohle nördl. dahin, mehrere Gräben querend, bergab zur Lazinser Alm im obersten Pfelderstal. Durch dieses auf bez. Weg (links aufwärts zum Eisjöchl) talaus nach Pfelders. 3 st.

● **381**   **Lodnerhütte — Johannesschartl — Eisjöchl**

Teilweise gesichert. Nur für Geübte. 2½—3 st. Bez. Rot-weiß, Nr. 8.

Von der Lodnerhütte auf dem Johannesweg talein in den obersten Talkessel, und in Kehren auf gut ausgebautem Weg nordwärts auf das Johannesschartl, 2876 m. (Drahtseilsicherungen.)
Jenseits hinab auf die innere Mulde des Grubferners durch eine Felsrinne (Drahtseil). Steinschlaggefahr auf Grund der starken Ausaperung. (Die frischen Bezeichnungen oft hoch an den Felswänden.) Nördl. über diesen hinweg zu dem zwischen Schnalsberg und Grafspitze eingeschnittenen Grafschartl, 2930 m, zu dem man in Kehren auf angelegtem Weg emporsteigt. Durch ein kleines Kar nördl. teils über Firn ohne weitere Schwierigkeiten hinab zur Stettiner Hütte.

● 382   Eishof — Johannesschartl — Lodnerhütte
Übergang aus dem Pfossental zur Lodnerhütte. Teilweise gesichert. Nur für Geübte. Vom Eishof 4—5 st (in umgekehrter Richtung 3 st).

Vom Eishof auf die Talstufe der Grubalm wie bei R 275. Hier südwärts über den Bach und über Moränenschutt weglos in Richtung Johannesschartl, das unmittelbar am Fuß des Westgrates der Kl. Weiße eingeschnitten ist. (Nicht zu verwechseln mit den westl. eingeschnittenen Scharten.) Von hier auf dem Johannesweg zur Lodnerhütte hinab (R 381).

● 383   Ginggljoch, 2928 m
Zwischen Gfallwand und Auf dem Kreuz. Übergang vom Schnalstal zur Lodnerhütte. Von Neuratteis 7 st (in umgekehrter Richtung 5 st).

Von Neuratteis in Kehren nach St. Katharinaberg, in nach S ausholendem Bogen über die Höfe Unterperfl ins Innerbachtal und jenseits auf Almweg zur Oberen Mairalm. Über Weideboden nordöstl. aufwärts ins Kar „Im Ginggl", über die Hänge zum Ginggljoch. Jenseits über rote Schutthalden auf eine ebene Trümmerterrasse und nordöstl. in Kehren durch ein Trümmerfeld zum Lafaisbach, über ihn auf die linke Talseite und durch das Grubplattental zur Lodnerhütte.

● 384   Niederjöchl, 2653 m
Im südwestl. Teile der Schlandrauner Berge gelegen zwischen Zerminiger und Grauwand. Übergang von Karthaus nach Kastelbell oder Latsch im Vinschgau. Unschwierig. 7 st.

Von Karthaus guter Almweg ins Penaudbachtal zur Penaudalm und durch das weite Kar südwestl. auf einem Steiglein zum Joch.
Jenseits über St. Martin am Vorberg nach Latsch oder Kastelbell hinunter.

● 385   Erdscharte, 3012 m
Zwischen Zerminiger Spitze und Wiegenspitze. Unschwieriger Übergang von Karthaus ins Schlandrauntal. 6 st.

Von Karthaus auf dem Almweg zur Penaudalm. Nun nicht links haltend südwestl. zum Niederjöchl, sondern rechts über die Hänge empor zur Erdscharte. Jenseits über Blockhalden in das Melchbrunnkar hinab auf dem Steig in einer Kehre gegen N folgend zum aufgelassenen Schupferhof im Schlandrauntal hinab.

● **386**   **Mastaunjoch,** 2927 m

Übergang von Unser Frau im Schnalstal in das Schlandrauntal. 5 st. Bez.

Von Unser Frau hinter dem Ghs. „Kreuz" rechts ins Mastauntal und auf der untersten Talsohle durch das kurze Tal. Vor dem Talschluß Steig nach rechts mühsam über Geröll zum Joch. Jenseits steil abwärts (Moräne) in das Schlandrauntal und dann auf waldigem, gutem Weg dem Bach (Wasserfall) entlang nach Schlanders im Vinschgau (Markierung Nr. 4).

● **387**   **Taschljöchl,** 2767 m

Übergang von Schlanders durch das Schlandrauntal nach Kurzras im hintersten Schnalstal. Am Taschljöchl stand die 1932 abgebrannte Heilbronner Hütte. Der gesamte Weg ist von der Sektion Vinschgau des AV mit Nr. 4 bez. Schlanders — Kurzras 7 st.

Von Schlanders in das nördl. ziehende Schlandrauntal, zuerst zum Fuß des Sonnenberges, dann in Kehren, die Klamm umgehend auf der westl. Seite des Tales hinauf und am Talhange weiter. Nach 2 st beim „Mühlkofel" in die Talsohle und weiter im Tal zu den drei Kortscher Almen. Bei einer Talgabelung nördl. in Windungen an den Hang des Kortscher Schafberges, steil hinan, dann in den nach N ziehenden Talast, zweimal über den Bach und nach einer Weile hinauf in die Mulde des Kortscher Sees, der westl. umgangen wird. Weiter steil aufwärts an einem kleinen See vorbei zum Taschljöchl.

Jenseits auf gutem Weg hinauf in das Lagauntal. Man überschreitet den Bach und quert nun langsam fallend durch Wald über den Talhang hinaus zum Wieshof und zum Whs. Kurzras.

● **388**   **Ramudeljoch,** 3012 m

Zwischen Ramudel- und Rappenspitze. Übergang vom hinteren Schlandrauntal zum Whs. Glieshof im Matscher Tal. Großteils weglos. 6 st.

Von der Inneren Kortscher Alm im Schlandrauntal bei der Talgabelung in das linke nordwestl. emporziehende Tal. Der Weg führt an den Hängen des Gamsturmes steil hinauf. Bei einer Wegteilung bleibt man am rechten unteren Weg. (Der linke steiler emporführende Weg führt über einen Sattel auf Opikopf und Hochalt, und südwestl. hinunter in das hinterste Opital. Durch dieses auch zu den Glieshöfen.) Der rechte Weg führt nordwestl. zuletzt über Schrofenhänge empor auf das Ramudeljoch. Jenseits westl. hinunter durch das Ramudeltal. Erst ganz unten trifft man auf den zur Sludernser Alm im Opital führenden Weg. Auf diesem gegen rechts (nördl.) hinab zum Whs. Glieshof.

● **389 Übergang über den Weißen Riepl,** 3050 m
Unbez. Steige. Übergang von den Glieshöfen durch das Opital in das Schlandrauntal. 6 st.

Von Glieshof ins Opital zur Schludernser Alm. Dem Bach entlang zur Talstufe, die auf der nördl. Talseite erstiegen wird. Im Weiten Hochkar an einigen Seen vorbei, in westl. Richtung zwischen zwei runden Buckeln dem Bach entlang in eine kleine, am Fuße des Hochalts gelegene Mulde, und dann gegen S über Schutt und Firn auf die Kammhöhe, wo diese gegen den Litzner umbiegt. Von hier südöstl. auf Steigspuren und Geröllhalden des Weißen Riepl hinab zu den Grashängen, die südl. ins Meineidtal führen. Talaus in das Schlandrauntal und nach Schlanders.

● **390 Litzerweg,** 3040 m
Übergang über die Litzerhöhe in das Strimmtal und nach Laas. Nicht bez., 7 st.

Durch das Opital wie in R 389 etwas weiter rechts auf den Kamm der südl. Talbegrenzung. Von der Kammhöhe rechts hinab in eine breite Kammsenke zwischen den Litzer und über den Litzerberg, zuerst auf Geröll, später über Weidehänge zu einer breiten, hohen Talstufe, über die ein Steiglein rechts des Baches ins steile Strimmtal hinabführt. Dort zum Strimmhof, südl. weiter zu den Höfen Platzfair und über Unterträg, Stifthof und Kirchhof nach Allitz am Ausgang des Gadriatales. Von hier nach Laas (½ st).

● **391 Langgrubjoch,** 3019 m
Nördl. der Salurnspitze. Tiefste Einschartung im nördl. Salurnkamm. Übergang von Schnals in das Matscher Tal. Meist jedoch wird hiezu das Bildstöckljoch benützt. 4—5 st.

Vom Glieshof Talweg zur Inneren Matscher Alm, dann rechts Fußsteig neben dem Salurnbach steil aufwärts auf den Salurnboden, eine schmale Mulde. Hier scharf nach NO dem Bach entlang zur Zunge des Salurnferners. Nun über den Gletscher ansteigend gerade empor zum Joch. Jenseits auf den kleinen, steilen Langgrubenferner, sich links haltend zu steilen Moränen und hinab ins Langgrubtal. Auf Almweg nach Kurzras.

● **392 Schnalser Bildstöckljoch,** 3092 m
Leicht zugängliche Einschartung in dem langen Kamm zwischen Salurnspitze und Schwemser Spitze. Meist benützter Übergang von Kurzras im Schnalstal zu den Glieshöfen im Matscher Tal. Wenn man den besser erhaltenen Weg über die Brandstätte der Höllerhütte einschlägt, von den Glieshöfen nach Kurzras 6 st.

Vom Inneren Glieshof langsam steigend und den Bach übersetzend zu den Almhütten der Matscher Alm. Nun am östl. Hang in vielen Kehren empor zur ausgebrannten Höllerhütte. Von hier den vernachlässigten Steig im Bogen nach links, dann südl. an den Fuß eines Felskammes, dessen Scheitel in zahlreichen kurzen Kehren durch eine Rinne erreicht wird. Über geröllbedeckten Fels südöstl. zum Langgrubenferner, den man ostwärts überquert, und zum Jöchl.

Jenseits über Geröll ins Langgrubtal hinab. Zahlreiche Kehren talauswärts nach Kurzras.

● **393**   **Oberettesjoch,** 3244 m

Zwischen Schwemser Spitze und Äußerer Quellspitze. Übergang von Oberettesferner zum Steinschlagferner, selten benützt. Früher als Verbindung vom Whs. Schöne Aussicht zur ehemaligen Höllerhütte benützt. 4—5 st.

Vom Whs. „Schöne Aussicht" westl. auf Steigspuren, um das Teufeleck herum, auf den Steinschlagferner und über diesen steil ansteigend südwestl. zum Joch.
Jenseits südwestl. über den Oberettesferner hinab zur ausgebrannten Höllerhütte.

● **394**   **Quelljoch,** 3273 m

Zwischen Innerer und Äußerer Quellspitze. Vergletscherter Übergang zwischen Steinschlagferner und Matscher Ferner. Beim Quelljoch löst sich der Salurnkamm vom Weißkamm.

Zugänge wie R 393. Nur hält man sich zuletzt westl. steil empor gegen den Firnsattel. Jenseits kann man südwestl. über den Matscher Ferner zum Höllerschartl und in das Matscher Tal absteigen. Nordwestl. unter der Inneren Quellspitze und der Weißkugel durch zum Bärenbarthochjoch, 3531 m, zwischen Innerem Bärenbartkogel und Weißkugel. Von dort zur Weißkugelhütte, und in das Langtauferer Tal.

● **395**   **Bärenbartjoch,** 3292 m

Zwischen Innerem und Äußerem Bärenbartkogel. Hier setzen die Planeilberge an den Weißkamm an. Übergang vom Matscher Tal in das Langtauferer Tal.

● **396**   a) **Von der Weißkugelhütte:** 3 st.

Von der Hütte auf dem Steig zur Weißkugel. Nach dem Erreichen des Gletschers diesen überqueren und den Schutthang empor zu einem ebenen Rasenplatz („Bergl"). Von diesem fast eben auf den Bärenbartferner und schräg rechts aufwärts gegen die Ganglschneid und den großen Spalten ausweichend zum Joch. Man braucht nicht so weit abzusteigen, und erspart sich den steilen, mühevollen Anstieg an der steilen Moräne.

● **397**   b) Oder von der Hütte auf den Langtauferer Ferner, oberhalb der Brüche gegen den Bärenbartferner und von dort auf das Joch.

● **398**   c) **Vom Hintereisjoch** in nordwestl. Richtung absteigend über die obersten Firnhänge des Matscher Ferners zum Bärenbartjoch. ³/₄ st.

● **399**   d) **Über das Bärenbartjoch** in das Matscher Tal, wenn man sich rechts gegen den Äußeren Bärenbartkogel zum rechten Gletscherrand wendet und den Matscher Ferner und die Schutthalden gerade in das Tal absteigt.

● 400 **Planeilscharte**, 3070 m

Vergletscherte Einschartung zwischen Rotebenkogel und Rotem Kopf. Übergang vom Langtauferer Tal in das Planeiltal oder in das Matscher Tal. Von der Melager Alm im Langtauferer Tal 3 st. (Schöner Maultierweg, von den Alpini vor dem zweiten Weltkrieg bis aufs Joch und von dort ins Planeiltal hinunter angelegt. Nur im obersten Teil, wo er durch die Geröllhalde rechts vom Langgrubferner zum Joch führt, durch Bergsturz verschüttet.

Von der Melager Alm rechts aufwärts über Weideböden, zwei Bäche überschreitend auf einem Steig durch den Wald empor. Nun südl. hinauf durch die Langgrube, zuerst in der Nähe des Baches, diesen überschreitend, in Kehren zu den Moränen des Langgrubferners. Über den Ferner steil in die Planeilscharte.
Jenseits entweder südöstl. über Blockhalden querend auf Steigspuren an den nördl. Rand des Planeilferners und ansteigend zum Matscher Jöchl, an einem kleinen See vorbei und talabwärts über die Hänge in das Matscher Tal. 3—4 st.

● 401 Oder südwestl. über Geröll hinab zu Wegteilung. Der rechte Steig führt über die Hinterberghütten und die Knottberghütte talaus nach Planeil, 2—3 st.

● 402 **Matscher Jöchl**, 3185 m

Flache Senke zwischen Freibrunnerspitze und Rabenkogel mit kleinem Jochsee. Als Übergang vom Langtaufers in das Matscher Tal s. R 400. Als Übergang vom Matscher Tal in das Planeiltal. 3—4 st.

Vom hintersten Matscher Tal über die Blockhalden der Fernerböden links haltend steil empor auf das Matscher Jöchl. Rechts am kleinen Jochsee vorbei auf Steigspuren den Planeilferner entlang, sodann nahe an seinem rechten Ufer abwärts auf die alte rechte Seitenmoräne längs dem ausgeschmolzenen Gletscherbett in das hinterste Planeiltal.

● 403 **Schnalser Schartl**, 3124 m

Zwischen Rabenkopf und Nördl. Falwellspitze. Auch Gawelzscharte genannt. Als Übergang nur in Verbindung mit den Gipfeln von Bedeutung. 3—4 st.

Von der Inneren Matscher Alpe über den Bach und auf den Talhang zur Semler-Almhütte. Von hier auf Steigspuren nördl. über eine flachere Zone hinein in das Innergawelzkar. Von hier nordwestl. empor über Schutt, im letzten Teil jedoch scharf nach links ab durch eine schmale Schuttgasse westl. empor auf die Scharte. Der Abstieg jenseits durch das obere Kar ist mühsam. Man muß durch eine schmale Schuttgasse (gerade östl. der Fallinie des Schartls hinab) durchfinden auf die unteren Hänge, über die man unschwierig in das Planeiltal absteigt.

● **404**   **Falwellscharte,** 3016 m

Südl. der Pleresspitze. Übergang vom Matscher Tal (Matscher Alm) in das Planeiltal. Vom Inneren Glieshof auf das Schartl 5 st.

Von der Inneren Matscher Alm über den steilen Hang auf Steigspuren östl. hinauf. Zuletzt steil empor auf das Falwellschartl. Jenseits zuerst gerade hinab zu dem aus dem Falwellkar kommenden Bach. Immer in seiner Nähe talauswärts. Über dem Talhang jedoch nach links abbiegend und hinaus zur Knottberghütte.

● **405**   **Flachscharte,** 2837 m

Flache Einschartung zwischen Zerzerköpfl und Mittereck. Übergang vom mittleren Planeiltal nach Kapron im Langtaufers.

Von Planeil links empor auf den Hang zuerst in Kehren steil aufwärts, dann die Hänge des Kofelbodens und Steinmandelköpfels querend, an einer Berghütte vorbei, hinein zur Außerberghütte. Um den Rücken, auf dem sie steht, herum und durch den folgenden Graben nordwestl. empor auf die Flachscharte.

Jenseits hinunter auf einem Steig in das Riegelbachtal. Nach der Vereinigung der Quellbäche trifft man bald auf einen besseren Almweg, der zur Ochsenbergalm und weiter nach Perwang und Kapron im Langtaufers hinausführt.

Paulcke/Dumler: **Gefahren der Alpen**

Vollständige Neubearbeitung des Standardwerkes von Zsigmondy-Paulcke. 162 Seiten mit 165 instruktiven Fotos und Zeichnungen. Format 20 x 20 cm, zweifarbiger Druck, laminierter Einband.

Dieses Buch hat eine fast hundertjährige Geschichte: Emil und Otto Zsigmondy, Ludwig Purtscheller und Wilhelm Paulcke zählen zu den Begründern und späteren Autoren dieses Werkes. Helmut Dumler brachte das Werk auf den neuesten Stand.

BERGVERLAG RUDOLF ROTHER, 8 MÜNCHEN 19

C. GIPFEL UND GIPFELWEGE

I. Geigenkamm

● 407 **Karköpfe und Blose,** 2538 m
Karkopf, 2511 m — Mitter Karkopf, 2588 m —
Hoher Karkopf, 2686 m — Weiter Karkopf, 2777 m

Touristisch wenig bedeutende Erhebungen nordöstl. der Murmentenkarspitze. Die begrünten S-Hänge gegen das Tumpental sind ein bekanntes Skigebiet. Gegen N fallen die Steilhänge zum Piburger See ab. Der vom Hohen Karkopf nach N streichende Kamm trägt die Blose, den Bärenkopf und den Holzberg. Der vom Weiten Karkopf nach N streichende Kamm, über welchen von Roppen her der Forchheimer Weg führt, trägt den Hahnenkamm, 2607 m, und den Mutzeiger.

● 408 a) **Karköpfe aus dem Tumpental** 4—5 st.
Von Tumpen westwärts durch den Wald empor auf gutem Waldweg zur Vorderen und Hinteren Tumpenalm. Die Ersteigung über die S-Hänge, bzw. SO-Hänge bietet keinerlei Schwierigkeiten.

● 409 b) **Überschreitung der Karköpfe.** Bis zum Weiten Karkopf 4 st. Unschwierig (I).
Von der Armelehütte (s. dort) westl. am Waldrand über den begrünten Rücken stets auf der aussichtsreichen Kammhöhe sich haltend bis zum Hohen Karkopf. Von hier über den sich steiler ausprägenden Kamm zum Weiten Karkopf. Hier trifft man auf den Forchheimer Weg.

● 410 c) **Über die Nordhänge.** I, Zurechtfinden nicht immer leicht. Von Sautens 5 st.
Von Sautens südl. empor nach Haderlehn und durch den Wald empor zur Karalm. (Hierher auch von Piburg am W-Ufer des Piburger Sees.) Durch das Innere Kar südwestl. ohne Schwierigkeit auf den Hohen Karkopf. (Steigspuren mit einzelnen Farbzeichen.)
Abstiege über die N-Hänge nach Piburg sind nicht empfehlenswert.

● 411 d) **Von Roppen auf dem Forchheimer Weg.** Bez. 6 st zum Weiten Karkopf. R 279. Von Sautens bez. 3½ st auf die Blose, R 52.

● 412 **Murmentenkarspitze,** 2784 m
Auch Murmentenkarkopf genannt

Bekannter Skiberg im Hintergrund des Tumpentales. Mit dem Weiten Karkopf durch einen kurzen Kamm mit einer Einsattelung verbunden, vom südl. gelegenen Brechkogel durch eine Scharte getrennt. Die Murmentenkarspitze entsendet nach NW einen langen, im Oberteil begrünten, unterhalb bewaldeten Kamm, der bis in das Inntal hinausreicht.

● **413** a) Von der **Hinteren Tumpenalm** (Tumpental) 2 st. Wie in R 408 empor auf die Hintere Tumpenalm. Nun durch den linken Talast in das innerste Kar und gerade empor zum Gipfel.

● **414** b) **Von Roppen** (Forchheimer Weg) I. 6—7 st.

● **415** c) **Von Westen.** Von der Hinteren Waldalm 2½ st. Von Roppen auf dem Fußsteig innaufwärts bis zur Brücke bei der Einmündung des Walderbaches. Rechts empor zum Weiler Wald und Bichl. Von hier taleinwärts durch das lange Tal zur Hinteren Waldalm, 2032 m. Nun auf einem schwach ausgeprägten Steig am linken Talhang bergauf. Zuletzt links empor auf den Rücken, der von der Murmentenkarspitze nach W zieht. Über diesen unschwer zum Gipfel.

● **416**   **Kreuzjochspitze,** 2687 m
Der östl., teils begrünte Ausläufer des Brechkogelkammes. Durch ihre vorgeschobene Lage guter Aussichtspunkt. Von der Erlanger Hütte aus häufig besucht.

● **417** a) **Von der Erlanger Hütte.** I, 1 st.
Von der Hütte auf dem bez. Forchheimer Weg in Richtung Roppen bis auf die erste Kammhöhe „Bei den Kögeln". Nun weglos nordöstl. auf dem Kamm leicht bis zur Spitze.

● **418** b) **Aus dem Leierstal.** I, vom AV-Weg ½ st.
Vom bez. AV-Weg zwischen Gehsteigalm und Erlanger Hütte nördl. ab, wo der Weg nach den Kehren auf den Hang des Leierstales eingebogen ist.

● **419**   **Brechkogel,** 2918 m
Breite Blockpyramide am N-Ende des wildzerrissenen, vom Wildgrat waagrecht nach N verlaufenden Kammes. 1. touristische Ersteigung: Dr. F. Lantschner, 1891.

● **420** a) **Ostgrat.** I, mäßig schwierige Kletterstellen kann man umgehen. 2 st.
Von der Erlanger Hütte auf dem Forchheimer Weg bis auf die Kammhöhe westl. der Kreuzjochspitze. Nun pfadlos über den Grat westl., wobei die Graterhebungen des Äußeren Hohen

Kogels, 2716 m, und des Inneren Hohen Kogels, 2832 m, überschritten oder links umgangen werden. Über den Grat gerade zum Gipfel.

● **421** b) **Südostflanke.** 1½ st.
Von der Erlanger Hütte rechts am Wettersee vorbei über Geröll in die Steilhänge, die vom Brechkogel herabziehen. Sich stets ein wenig rechts haltend über die grasdurchsetzten Schrofenhänge empor, zuletzt durch Rinnen gerade zum Gipfel.

● **422** c) **Südgrat.** I, teilweise II, 1½ st.
Wie bei b) von der Hütte in die Brechkogelhänge, dann jedoch links empor zur kleinen Scharte, die den Brechkogel von den Wildgratköpfen trennt. Von hier über den schmalen Grat gerade empor zum Gipfel.

● **423** d) **Westflanke** (Dr. O. Ampferer, F. Stolz, 1898, im Abstieg). I, teilweise II, vom Kleinsee 2 st.
Wie oben c zur Hinteren Waldalm und empor in das zwischen Brechkogel und Wildgrat liegende Kar. Den schwach ausgeprägten W-Grat des Brechkogels umgeht man; sodann durch die steile Flanke gerade auf den Gipfel.

● **424** e) **Nordkante** (Dr. M., H. und R. Pfaundler, 1900). III—, 1½ st.
Einstieg rechts des von der Murmentenkarspitze herabziehenden Grates. Durch einen Riß steil aufwärts, dann rechts am linken Rand einer schluchtartigen Wandpartie empor, schließlich links hinauf zu einer schmalen Ecke. Man steht über dem Plattenschuß, den man beim Einstieg rechts umgangen hat. Links haltend stets in der Nähe der schwach ausgeprägten N-Kante über Wandstellen und kleine Rinnen auf der Tumpener Seite. Ausstieg fast unmittelbar am Gipfel.

● **425** f) **Nordwand** (E. Schmidt, O. Mader, 1914). III+, 2½ st.
Von der N-Scharte am Fuß der Wand waagrecht 50 m nach rechts. Nun durch steile Rinnen und die Begrenzungsrippen in teilweise brüchigem Gestein gerade empor. Man hält sich auf den schwach ausgeprägten W-Grat zu. Über diesen gerade zum Gipfel.

● **426** g) **Übergang zum Wildgrat** (Überschreitung der Wildgratköpfe). Teilweise II, 3 st.
Beschrieben in der häufiger durchgeführten, umgekehrten Richtung. Siehe bei Wildgrat f).

● 427 **Wildgrat,** 2974 m

Mächtiger, schroffer Gipfelbau. Hauptgipfel des Wildgratstockes, dessen Verzweigungen durchwegs von ihm ausgehen. Wegen seiner weit nach N vorgeschobenen Lage und seiner überragenden Höhe ist der Wildgrat ein berühmter und viel besuchter Aussichtspunkt. (Im S Wildspitze, Brochkogel, Kaunergrat, Weißkugel, Glockturm, Bernina und Silvretta, gegen W Riffler und die Lechtaler, gegen N Zugspitze, Mieminger, Karwendel, gegen O der Acherkogel, Schrankogel und Zuckerhütl.) Gipfelbuch. 1. touristische Ersteigung: Dr. F. und L. Lantschner mit Forstrat F. Gstrein, 1891 vom Leierstal.

● 428 a) **Von der Erlanger Hütte.** I, bez., Steigspuren, 1½ st.
Man verfolgt zunächst den Höhenweg in Richtung Frischmannhütte, zweigt aber bald rechts ab. Über Geröll, plattigen Fels und kleine Firnfelder geht es nahe unter dem schwach ausgeprägten O-Grat an den Fuß des Gipfelaufbaues heran, den man ohne Schwierigkeiten ersteigt.

● 429 b) **Ostgrat.** I—II, je nach der Wahl des Anstieges, 2 st.
Man kann den Höhenweg zur Frischmannhütte bis zum O-Grat verfolgen. Hier rechts ab und über den Grat empor, wobei der erste Grataufschwung leicht links umgangen werden kann.

● 430 c) **Aus der Südscharte.** Teilweise II, 1 st vom Einstieg.
Die S-Scharte (tiefste Einschartung zwischen Wildgrat und Riegelkopf) erreicht man vom Höhenweg zur Frischmannhütte. Man überquert den O-Kamm des Wildgrates, steigt ziemlich tief ab, und verläßt den Weg knapp unter den S-Hängen des O-Grates. Von hier steil zur Scharte empor. (Hierher kürzer, aber beschwerlicher auch vom O-Grat des Wildgrates durch den steilen Hang querend.) Die über der Scharte aufragenden Türme werden knapp rechts umgangen, sodann nordwärts fast gerade empor zum Gipfel.

● 431 d) **Von Südwesten.** I, teilweise Steig, 3½ st.
Vom Hochzeigerhaus an der Jerzner Alm vorbei, auf einem Steig empor zum Fuß des Hochzeiger-W-Grates. Man überquert diesen, folgt dem Steig in das hintere Riegelkar hinein; von hier, ehe man sich dem zerrissenen Verbindungsgrat Wildgrat-Riegelkopf nähert, links empor über steile Schutt- und Schrofenhänge auf die W-Schulter des Wildgrates und über einige Steilstellen empor auf den Gipfel.

● **432** e) **Von Norden. I, vom Hochzeigerhaus** 4½ st.
Vom Hochzeigerhaus ostwärts empor auf den vom Hochzeiger herabgehenden Kamm und jenseits hinein in das Kar mit dem Kleinsee. Von hier links haltend in den vom N-Grat und von einem von der W-Schulter nach NW ziehenden Felskamm eingerahmten Kessel (meist Firnfelder). Aus dem Kessel steiler Anstieg auf die W-Schulter und von W her auf den Gipfel.

● **433** f) **Übergang zum Brechkogel (Überschreitung der Wildgratköpfe).** Teilweise II, 3 st.
Vom Gipfel über den Gipfelaufbau östl. hinab, gleich wieder zum Grat ansteigend und knapp westl. der Grathöhe zum ersten Wildgratkopf. Von hier östl. ganz kurz über einen Absturz hinunter und wieder zum Grat, der zur Scharte vor dem zweiten Kopf leitet. Der senkrechte Abbruch dieses Kopfes kann westl. des Grates auf ausgesetztem Gamswechsel umgangen werden (III—). Die Umgehung östl. ist leicht; man erreicht hier über Geröll den höchsten Punkt.
Den unbedeutenden dritten Kopf erreicht man östl. absteigend, zuletzt kurzer Anstieg. Das folgende, arg zerschartete Gratstück umgeht man östl., indem man bis zum Fuß der Wände absteigt und unmittelbar unter diesen nordwärts quert, bis zu einem nach O vorspringenden Eck. Über steile, grasdurchsetzte Schrofen westwärts empor zum vierten Kopf. Unmittelbar über den Grat zur Scharte hinab südl. des Brechkogels und über den schmalen S-Grat zum Gipfel des Brechkogels.

● **434** g) **Westgrat** (Übergang zum Schwendkopf und Hochzeiger).

● **435**   **Dreirinnenkogel**, 2679 m
Zweigipfeliges Felsgerüst am Ende des Wildgrat-O-Kammes. Aussichtspunkt, der von der Erlanger Hütte gern besucht wird.

● **436** a) **Von der Erlanger Hütte.** Unbez. Steig. ½ st.
Vom Höhenweg, Richtung Frischmannhütte, am Ufer des Wettersees links ab und auf schwach ausgeprägtem Steig in Kehren links empor auf den Geröllhang. Er führt in die Scharte zwischen den beiden höchsten Punkten des Dreirinnenkogels. Auf besser werdendem Steig, von der Scharte links haltend, auf die S-Seite und zum höheren O-Gipfel.

● **437** b) **Überschreitung zum Westgipfel.** II, kurze Kletterei.
Zurück zur Scharte, den folgenden Steilaufschwung des Grates

(Überkletterung schwierig) umgeht man links. Zehn Meter absteigend, dann schräg rechts empor zur Spitze. Der Abstieg über den W-Grat zum Jöchl, wo man auf den Höhenweg trifft, führt über ein kurzes, scharfes, ausgesetztes Gratstück (III).

● **438** **Schwendkopf,** 2786 m
Felskopf in dem vom Wildgrat nach W zum Hochzeiger verlaufenden Kamm. Nur in Verbindung mit dem Wildgrat lohnend. 1. touristische Ersteigung: H. v. Ficker, O. Melzer, F. Miller, 1899.

● **439** a) **Nordwestgrat.** Teilweise II, 2 st.
Vom Hochzeiger stets auf der Kammhöhe bleibend zum Gipfel.

● **440** b) **Übergang zum Wildgrat** (die Erstersteiger, 1899). Teilweise III—, 2—3 st.
Über den Grat hinüber zum östl. Vorgipfel. Die folgenden Grataufschwünge des Verbindungsgrates werden immer wieder, teils schwierig, rechts (auf der Riegelkarseite) umgangen; zuletzt auf die Schulter empor unschwierig zum Gipfel.

● **441** **Hochzeiger,** 2582 m
Breite Kuppe in dem vom Wildgrat über den Schwendkopf nach W ziehenden Kamm. Er entsendet nach N einen langen, begrünten Zweigkamm, der über Felderzeiger, 2442 m, hinausführt in die waldigen Hänge, die die östl. Begrenzung des äußersten Pitztales darstellen. Zwischen Felderzeiger und Zeigerberg die grasige Senke des Niederjöchls, 2309 m, über das man vom Hochzeigerhaus zur Hinteren Waldalm (Wenner Alm) und zum Kleinsee übergehen kann. Gipfelkreuz. Gipfelbuch.

● **442** **Vom Hochzeigerhaus.** I, 1½ st.
Vom Hochzeigerhaus zur Jerzner Alm und östl. empor zum Niederjöchl. Von hier südw. über den Kamm (und den Felderzeiger) zum Hochzeiger.

● **442 a** Von Hochzeigerhaus mit Kombilift (2. Sektion der Hochzeigerbahn) bis knapp unter die Jochhöhe und südwärts über den Kamm (zuletzt kurzer Steilaufschwung) zum Gipfel.

● **443** **Riegelkopf,** 2936 m
Südl. des Wildgrates aufragender, schroffer Felsberg, auch Rifflspitz genannt. Nur für geübte Felsgeher zu ersteigen.

Gipfelbuch. Angeblich zuerst vom Kuraten vom Zaunhof im Pitztal bestiegen. 1. sichere Ersteigung: Dr. M. Pfaundler, Dr. G. Küntzel, 1895.

● **444** a) **Nordgrat.** (Weg der Erstersteiger.) III—, 3 st.

Wie bei Wildgrat c) empor auf die S-Scharte des Wildgrates (tiefste Einschartung zwischen Wildgrat und Riegelkopf), von hier in schöner Kletterei die schmale Gratkante empor, die Zacken gerade überkletternd, in eine schmale Scharte. Aus dieser ausgesetzt auf den steilen Gipfelaufbau.

● **445** b) **Ostflanke.** II, 3 st von der Erlanger Hütte.

Zurechtfinden nicht immer ganz leicht. Von der Erlanger Hütte wie bei Wildgrat c) gegen die S-Scharte hinauf. Nun links empor durch die steilen Rinnen der O-Flanke, wobei man manchmal zum Überwechseln in eine Nachbarrinne gezwungen wird. Man hält gegen das obere Drittel des N-Grates und über ihn zum Gipfel.

● **446** c) **Südgrat.** III—, 1 st E.

Von dem unter d) erwähnten kleinen See unter der W-Flanke des Gipfels empor zum Fuß des S-Grates. Der kurze, steil gestufte Grat wird stets gerade erklettert.

● **447** d) **Von Westen.** I, eine Stelle III—, 2 st E.

Unmittelbar unter dem W-Grat des Gipfels ist ein kleiner See eingelagert. Hierher von der Erlanger Hütte über die S-Scharte (s. oben b), oder vom Hochzeigerhaus (s. bei Wildgrat d) in das Riegelkar und zuletzt rechts empor oder auch von der Lehnerjochhütte über die Hänge des Kreuzjöchls.

Knapp nördl. des kleinen Sees setzt der teils begrünte, schwach ausgeprägte W-Grat des Riegelkopfes an. Über seine Hänge empor, dann in der W-Flanke schwach südöstl. aufwärts querend zur letzten, schmalen Scharte vor dem Gipfelaufbau. Über den steilen Fels kurz, ausgesetzt empor (III—).

● **448 Kreuzjöchlspitze,** 2813 m; **Schafhimmel,** 2821 m

Die Kreuzjöchlspitze ist eine Kammerhebung südl. des Riegelkopfes. Sie entsendet nach W einen Kamm, der den Hohen Gemeindekopf, 2547 m, trägt, und die südl. Umrahmung des Riegelkares darstellt. Nach NO streicht der Kamm gegen das Lehnerjoch hin und trägt als südl. Endpunkt des Wildgratstockes den Schafhimmel.

● **449 a) Schafhimmel vom Lehnerjoch.** I, bez. Teilweise mit Drahtseilen gesichert. 1 st.
Gerade über den Kamm.

● **450 b) Übergang zur Kreuzjöchlspitze.** II, 1¹/₂ st.
Stets gerade über den fast waagrechten, aber stark gezackten Verbindungsgrat.

● **451 c) Vom Hochzeigerhaus.** I+, 3¹/₂ st.
Entweder gerade aus dem Riegelkar am kleinen Hochsee vorbei. Oder aus dem Riegelkar südl. empor auf den Kamm des Hohen Gemeindekopfes und von W her auf den Gipfel.

● **452 d)** Vom **Höhenweg zur Frischmannhütte** westlich empor in die schwache Einsenkung zwischen Riegelkopf und Kreuzjöchlspitze. Von hier ohne besondere Schwierigkeiten gerade empor zum Gipfel.

● **453**   **Leierskopf,** 2814 m
Kleiner Felskopf nördl. des Fundusfeilers. Die Besteigung lohnt sich nur in Verbindung mit dem Fundusfeiler, mit dem er durch einen eingescharteten Blockkamm verbunden ist.

● **454 a) Von der Erlanger Hütte.** I, 3¹/₂ st.
Auf dem Höhenweg zur Frischmannhütte R 282 bis über die kleinen Seen unterhalb des „Schwarzen Loches". Wo sich der Steig westl. wendet, verläßt man ihn und steigt über die Geröllhänge mühsam nördl. des Kopfes an. Von hier in leichter Gratkletterei zum Gipfel.

● **455 b) Aus dem Fundustal.** I, von der Mittleren Fundusalm 2 st.
Von Umhausen wie in R 182 empor zur Mittleren Fundusalm. Von hier genau westl. auf schwachem Steiglein empor zu einer kleinen Almhütte. Durch das Kar aufwärts zum O-Hang des Leierskopfes und über den Grat auf den Gipfel.

● **456 c) Übergang zum Fundusfeiler.** I, einige Stellen II, 1¹/₂ st.
Über den S-Grat unschwierig hinunter in die Scharte. In leichter Kletterei über den N-Grat auf den Fundusfeiler, wobei man Steilstellen leicht seitlich umgehen kann.

● **457**   **Fundusfeiler,** 3080 m
Gewaltige, breite Felspyramide. Ob seiner vorgeschobenen Lage beherrschender Aussichtsberg (ähnlich wie Wildgrat), der schon seit über hundert Jahren von Einheimischen und Fremden er-

stiegen wurde. Erstersteiger unbekannt. Seit der Erbauung der Frischmannhütte im Funduskar und der Steiganlage zum Gipfel zu allen Jahreszeiten vielbesuchter Berg. Gipfelbuch.

● 458   a) **Von der Frischmannhütte über den Südkamm.**
Bez. Trittsicherheit erforderlich. 2 st.
Von der Frischmannhütte aus wendet sich das Steiglein in westl. Richtung über die Weideböden einwärts in den Grund des Funduskares bis unterhalb der O-Abstürze des Grieskogels, steigt in mehreren Kehren gegen rechts empor zum Ausgang der zwischen den Stöcken des Feilers und Grieskogels herabziehenden Geröllschlucht empor, durch die es weiterführt. Bald quert man etwas gegen rechts hinaus, um dann in einem seichten Plattenkar gerade in nördl. Richtung aufzusteigen und schließlich über einige kleine Felsabsätze in die unter der Gratsenke eingebettete größere Blockmulde zu gelangen. Hier wendet sich das Steiglein in einem Bogen gegen rechts herum und erreicht die Feilerscharte zwischen Fundusfeiler und Grieskögeln, 2928 m. Von dieser aus führt es nunmehr schlechter, teils am Grat selbst, teils auf der geröligen S-Flanke gegen O zum Gipfel empor.

● 459   b) **Von der Erlanger Hütte.** I, 4 st.
Auf dem Höhenweg zur Frischmannhütte durch das „Schwarze Loch" wie in R 282 in die Feilerscharte. Weiter wie oben a).

● 460   c) **Vom Lehnerjochhaus.** I, 3—4 st.
Auf dem Steig empor auf das Lehnerjoch und zum Höhenweg Erlanger Hütte — Frischmannweg; wie in b) zum Gipfel.

● 461   d) **Nordgrat** (Dr. H. Pfaundler, F. und H. von Werdt, 1904). Siehe R 456.

● 462   e) **Ostwand** (A. Soppelsa, 1908). Teilweise II, 4 st.
Von der Hinteren Fundusalm unmittelbar in die Steilhänge der O-Wand; durch eine Steilrinne zum kleinen Gletscher und von diesem über mäßig steile, nicht sehr schwierige Felsen zum Gipfel.

● 463   **Lehner-Grieskögl**

Nördlicher, 3022 m (1. touristische Ersteigung: Dr. F. Hörtnagl, Dr. A. Posselt, Professor Dr. Zindler, 1901).
Mittlerer, 3030 m, unmittelbar westl. der Feilerscharte aufragend.

Südlicher, 3010 m, der südl. Nachbar des Mittleren Grieskogels. (1. touristische Ersteigung: Dr. F. Lantschner mit F. Gstrein, 1891.)
Steile Felsgipfel zwischen dem Fundusfeiler und dem Hairlacher Seekopf. Vom Mittleren zweigt der Kamm zum Fundusfeiler ab, der Südliche steht in der Umrahmung des Funduskares, der Nördliche steht im Hauptgrat gegen das Lehnerjoch hin; er ist von den beiden anderen durch einen schroffen Felskamm geschieden.

● **464** a) **Nordgipfel von der Erlanger Hütte.** I, 3½ st.
Auf dem Höhenweg zur Frischmannhütte bis zum Lehnerjoch (hierher auch vom Lehnerjochhaus). Nun über den schwach ausgeprägten NW-Grat (einige Wegzeichen) zum Gipfel. Gipfelbuch.

● **465** b) **Mittelgipfel von der Feilerscharte.** I, kurze Kletterei.
Von der Erlanger Hütte oder der Frischmannhütte zur Feilerscharte, oben R 458/459. Von hier unmittelbar links der Gratkante zum Gipfel.

● **466** c) **Übergang vom Mittelgipfel zum Nordgipfel.** Teilweise II, 30 Min.
Die steile Gipfelplatte wird links umgangen; sodann stets links wenige Meter unterhalb der Grathöhe auf Gamswechseln nördl. Einige Gratzacken und Plattenstellen werden überklettert oder umgangen, zuletzt gerade empor zum Gipfel, durch die von S heraufziehende Blockrinne.

● **467** d) **Von der Frischmannhütte auf den Südgipfel.** I, 2 st.
Westl. empor zum Hairlacher See. Über die Schutthalden nördl. empor gegen das südl. des Gipfels eingelagerte Geröllband, über das man schräg rechts empor, einmal über eine schmale Plattenstelle, etwas unterhalb der Kammhöhe, zum Gipfel gelangt.

● **468** e) **Der Südgipfel** kann auch (I) von der Feilerscharte über die Scharte zwischen S- und Mittelgipfel erreicht werden.

● **469**   **Hairlacher Seekopf,** 3055 m
Breite, quer zum Hauptgrat gestellte, plattige Mauer, mit steilen Flanken. Der Gipfel wird von einer langen, quergestellten Schneide gebildet. Schöner Tiefblick in das Pitztal.
1. touristische Ersteigung: Dr. F. Lantschner mit F. Gstrein, 1891.

● 470 a) **Westgrat.** I, aber sehr anstrengend, von der Lehnerjochhütte 6—7 st.
Von der Lehnerjochhütte südl. über die Almhänge talein, um den von den Grieskögeln herunterziehenden Kamm herum, in die Hairlacher Mulde. Nun südl. empor gegen den breitgebauten, westl. Kamm des Seekopfs, und über den sich allmählich schärfer ausprägenden Grat zum Gipfel.

● 471 b) **Vom Hairlacher See über den O-Grat.** Teilweise III—, 2 st E.
Man erreicht den See entweder vom Südl. Grieskogel her, oder vom Weg zum Fundusfeiler. Von hier strebt eine breite, von Platten und Eisrinnen durchzogene Steilflanke zum Grat empor. Über die schroffen Zacken des Grates in schöner Kletterei zum Gipfel.

● 472 c) **Über die Südflanke.** Teilweise II. Aus dem Funduskar 2½ st. Kürzester Zugang.
Dem Gipfelaufbau ist südl. ein breiter, aus dem Funduskar leicht erreichbarer Sattel vorgelagert, den man von der Frischmannhütte unschwierig erreicht. Zuerst gerade empor über schöne Platten. Man hält sich zuletzt gegen den O-Grat hinaus. Über diesen zum Gipfel.

● 473 **Rotbleißkogel**, 2894 m
Südl. des Hairlacher Seekopfes über dem Funduskar aufragend. Von O gesehen kegelförmiger Gipfelaufbau.

● 474 a) **Von O aus dem Funduskar.**

● 475 b) **Aus der Einsattelung südöstl. des Gipfels.** Von der Frischmannhütte 2—3 st.
Von der Frischmannhütte ins Funduskar und über steile Schutthänge südwestl. empor in ein Schartl südöstl. des Gipfels. Über den flachen Grat auf den höchsten Punkt.

● 476 **Blockkogel** (Blochkogel)
Südgipfel, 3098 m, Nordgipfel, 3083 m

Mächtiger, doppelgipfliger Felsberg mit breiter Schuttflanke gegen SW, langem, teilweise schroffem Blockgrat gegen N, dessen nordöstl. Verlängerung den Fundustaler Grieskogel, 2666 m, trägt. Gegen das Schuttkar des kleinen Ploderferners mit steiler Felsflanke abfallend. Steile Flanke auch gegen NO, unter der ein kleiner Fernerrest angelagert ist. Die beiden Gipfel sind durch einen blockigen, kurzen Grat verbunden.

Neuer Trigonometer und Gipfelsteinmann auf dem S-Gipfel.
1. Ersteigung: S-Gipfel schon lange von Jägern von der Pitztaler Seite erstiegen. 1. Ersteigung des N-Gipfels: Dr. G. Küntzel, Dr. F. Lantschner mit Forstwart Gstrein, 1892, aus dem südl. Funduskar.

● **477** a) **Südgrat** (Dr. F. Hörtnagl, Dr. A. Posselt, 1900). Üblicher Weg. I. Aus dem Schuttkar des Ploderferners. Von der Frischmannhütte 3—3$^{1}/_{2}$ st.
Von der Frischmannhütte südl. empor auf dem Steig, der zum Felderjoch führt. Die Hänge schräg empor in das weite Schuttkar des Ploderferners. Vom Steig ab und an den westl. Rand des flachen Karbodens. In der Höhe des kleinen am östl. Rand der Mulde gelegenen Sees empor und durch eine links des Doppelgipfels herabziehende steile Schuttrinne mühsam in ein kleines Schartl im S-Grat.

In das Schartl auch von der Inneren Schwarzbergalm. (Vom Weiler Wiesle im Pitztal auf Almweg in 1$^{1}/_{2}$—2 st.) Über die Almhänge und Schutthänge empor zum schönen, in einer Mulde westl. unter dem Plattigkogel gelegenen Wilden See. Nordöstl. über die Schutthänge steil in das Schartl im S-Grat.

Aus dem Schartl gerade über den blockigen S-Grat auf den S-Gipfel.

● **478** b) **Südwestflanke.** Unschwierigster Anstieg. Von der Frischmannhütte 3$^{1}/_{2}$ st.
Wie in a) in das Schartl im S-Grat und über die Geröllflanke zum Gipfel.

● **479** c) **Überschreitung Südgipfel — Nordgipfel** (von N—S: R. L. Kusdas, zugleich mit einer Überschreitung der Berge des Funduskares vom Fundusfeiler her, 1893). II, 20 Min.
Vom S-Gipfel nördl. gerade über gutgestuften Felsen hinab. Einen schroffen Gratzacken rechts östl. über Platten umgehend in eine Rinne. Durch sie steil empor in ein Schartl südl. des N-Gipfels und über Fels zum N-Gipfel.

● **480** d) **Nordgrat** (R. L. Kusdas, 1893). I, teilweise II, eine Stelle III—, von der Frischmannhütte 3 st.
Von der Frischmannhütte in das Funduskar und südwestl. über Geröllhalden steil empor auf einen kleinen Gratsattel am Beginn des N-Grates.

Hierher auch von der Äußeren Schwarzenbergalm. (Vom Weiler Bichl im Pitztal auf Almweg in 1$^{1}/_{2}$—2 st.) Von der Alm östl. über Hänge empor in die Mulde mit den Drei Seen. Über steile Schutthänge und Schrofen empor auf den N-Grat.

Über den Grat empor auf den ersten schroffen Gratzacken, Abstieg in eine Scharte (III—) und über den Grat in schöner Kletterei zum N-Gipfel.

● 481 e) **Ostflanke.** Teilweise II, von der Frischmannhütte 3 bis 3½ st. Von der Frischmannhütte wie oben (I) auf den Gratsattel unter dem N-Grat. Nun in der O-Flanke unangenehme Querung über lockeren Schutt und Erde, über Platten und Rinnen südl. aufwärts. Zuletzt auf den N-Grat und zum Gipfel.
Die O-Flanke kann auch aus dem Schuttkar mit schmutzigen Fernerresten nordöstl. des N-Gipfels begangen werden. Man quert von der Einsattelung in das Kar hinab. Steil über Geröll und Eisflecken empor auf eine westl. ziehende Geröllschulter und über sie auf den S-Gipfel.

● 482 f) **Begehung des ganzen Nordkammes** mit Überschreitung der kleinen Graterhebung des Fundustaler Grieskogels. Teilweise II.
Von der Frischmannhütte südl., über die Hänge empor und über Schrofen und Rasen den N-Kamm empor. Über den zum Teil brüchigen, langen Grat auf das flache, begrünte Gratstück unter dem Beginn des eigentlichen N-Grates des Blockkogels.

● 483 **Plattigkogel,** 3092 m
Südl. des Blockkogels und westl. des Felderjöchls als schroffer, doppelgipfliger Felsberg im Kamm aufragend. Mit dem Blockkogel durch einen langen, scharfen Grat verbunden, in dem mehrere größere Gratürme aufragen. 1. Ersteigung: Dr. G. Küntzel, Dr. F. Lantschner, Dr. M. Pfaundler mit dem Forstwart F. Gstrein, 1893.

● 484 a) **Südgrat** (Ersteiger: von W und über den letzten Teil des S-Grates: R. L. Kusdas, 1893). Üblicher Weg. Von der Frischmannhütte 4 st.
Von der Frischmannhütte auf das Felderjöchl. Jenseits quert man über Geröll und den Rest des Langkarlferners unter den S-Grat. Durch eine Rinne auf den Grat und über ihn zum Gipfel.

● 485 b) **Ostgrat** (K. Hagspül, J. Krimbacher, 1926). II, von der Frischmannhütte 4 st.
Von der Frischmannhütte auf das Felderjoch oder bereits aus dem Schuttkar unter dem Joch an geeigneter Stelle über Geröll weiter westl. an den O-Grat. Über den scharfen, zuerst sanft ansteigenden Grat empor. Über Platten und den aus großen Blöcken aufgebauten Grat steil auf den östl. Vorkopf und aus einem Schartl kurz auf den Gipfel.

● 486 c) **Nordgrat** (Dr. F. Hörtnagl, L. Prochaska, F. Stolz, 1898). II, teilweise III—, von der Frischmannhütte 3½—4 st.

Von der Frischmannhütte auf dem Wege zum Felderjoch in das weite Schuttkar nördl. des Felderjöchls. Über Geröll (vom bez. Steig rechts, westl. ab) in den südwestl. Teil des Beckens. Zuletzt über das Eis- oder Firnfeld und über Geröll westl. empor in ein auffallendes Schartl unmittelbar am Beginn des N-Grates.
Hierher auch von der Pitztaler Seite, von der Inneren Schwarzenbergalm über den Wilden See.
Einstieg etwas rechts aus dem Schartl empor über steile Platten. Weiter über den wenig ausgeprägten Grat über die Plattenschüsse und Schrofen auf den Gipfel.

● **487** d) **Überschreitung zur Langkarlesschneid** (Dr. E. Hofmann, R. v. Hardt-Stremayr, 1934). III, 1½—2 st.
Vom Gipfel über den S-Grat hinab. Nach Überschreitung oder Umgehung des ersten Gratzackens über den scharfen, mit schroffen Zacken versehenen Grat. Zuletzt ist eine (östl.) Umgehung der Zacken möglich. Man gelangt in eine Scharte, aus der man den Gipfel über eine Plattenflucht erreicht.

● **488 Innerberger Felderkogel,** 2837 m, **Hohe Seite,** 2857 m
Flache Felskegel, östl. und nordöstl. des Felderjoches, in dem vom Plattigkogel vom Hauptkamm nordöstl. abstreichenden Kammes. 1. touristische Ersteigung des Felderkogels: O. Melzer, 1900 von N.

● **489** Der Felderkogel ist vom Felderjöchl über den flachen W-Kamm in 10 Min. und aus dem Schuttkar nördl. des Jöchels unschwierig zu erreichen.

● **490** Die Hohe Seite ersteigt man auf dem Weg Frischmannhütte — Felderjöchl, indem man gleich bei Betreten des flachen Schuttbeckens unter dem Ploderferner östl. über die Hänge zum Gipfel ansteigt.

● **491** **Langkarlesschneid,** 3048 m
Steiler, kühn aufragender Doppelgipfel südl. des Plattigkogels. Gegen O zieht vom Gipfel ein Grat ins Felderkar hinab. Der S-Grat fällt zur Langkarlesscharte, 2875 m, ab. 1. Ersteigung: R. L. Kusdas, über den N-Grat, Abstieg S-Grat, 1893.

● **492** a) **Südgrat.** Von der Inneren Schwarzenbergalm 4 st. Aus dem Felderkar 3 st.
Von der Inneren Schwarzenbergalm südöstl. die Hänge empor, an dem in einem kleinen Becken gelegenen kleinen See vorbei und über Geröll an den Beginn des S-Grates. Von O aus dem Felderkar (vom Höhenweg Frischmannhütte — Hauerseehütte) in der Höhe zwischen Langkarlesschneid und Langkarles-

Grießkogel ab und westl. empor an den S-Grat. Über den breiten Schuttrücken nördl. empor zum Gipfel.

● **493** b) **Ostgrat** (K. Hagspül, J. Krimbacher, 1926). II, 1 st E.
Vom Höhenweg Frischmannhütte — Hauerseehütte im Felderkar westl. empor an den Beginn des O-Grates. Über den schmalen Grat in schöner Kletterei empor. Über Blockwerk auf den Vorgipfel und weiter zum Hauptgipfel.

● **494** **Langkarles-Grießkogel (Kans)**, 2986 m
Südl. der Langkarlesschneid mit scharfer Gratschneide im Kamm aufragend. Gegen W und O ziehen lange Kämme gegen das Pitztal und Ötztal hinab. Der mächtige O-Kamm trägt die Norder Wand und bricht schroff ins Felderkar ab. 1. Ersteigung: R. L. Kusdas, NO-Grat, Abstieg nach N, 1895. 1. Überschreitung N—S: Dr. F. Hörtnagl, L. Prochaska, F. Stolz, 1898.

● **495** a) **Von Westen.** Über den breiten Schuttrücken ist der Gipfel unschwierig zu erreichen.

b) **Von Norden.**
Aus dem Felderkar über Geröll empor an den N-Grat und über den Rücken auf den Gipfel.

● **497** c) **Südgrat.**
Vom Höhenweg Frischmannhütte — Hauerseehütte südl. des langen O-Rückens über Schutt empor auf den Kamm und über den felsigen S-Grat zum höchsten Punkt.

● **498** **Dristenkogel**
Südlicher, 2996 m, Nördlicher, 2976 m
Graterhebungen im Kamm nördl. der Äußeren Feuerkögel, mit schönem Gipfelaufbau. Zwischen Dristenkögeln und den Äußeren Feuerkögeln streicht ein Grat vom Kamm östl. ab. Er trägt den Schmalzkopf, 2546 m. 1. Ersteigung: R. L. Kusdas, 1895.

● **499** a) **Nordgrat.**
Südl. des O-Kammes des Langkarles-Grießkogels durch das Dristenkar auf die Kammhöhe und südl. über den Rücken empor auf den N-Gipfel.

● **500** b) **Südgrat.**
Vom Höhenweg Hauerseehütte — Frischmannhütte östl. ansteigend zum Grat und nördl. über ihn zum N-Gipfel. Auch über die O-Flanke sind die Gipfel unschwierig zu erreichen.

● 501 **Äußere Feuerkögel**
Südlicher, 2950 m, Nördlicher, 2940 m
Felsige Graterhebungen nordwestl. des Luibiskogels.
1. touristische Ersteigung: R. L. Kusdas, von W aus der Scharte zwischen beiden Gipfeln. 1. Gratüberschreitung vom Plattigkogel zu den Äußeren Feuerkögeln: Dr. F. Hörtnagl, L. Prochaska, F. Stolz, 1898.

● 502 a) **Von Nordosten** (K. Hagspül, M. Braun, L. Müller, 1926). Teilweise II—III, 3$^1/_2$ st E.
Auf dem Höhenweg von der ehemaligen Hauerseehütte nordwestl. und westl. empor an den NO-Fuß des Schmalzkopfes. Über die Schneide und über schroffe Felszacken bis vor eine Scharte, deren steiler Abbruch über Wandstufen in ein Kar umgangen werden muß. Vom Kar Aufstieg zur Scharte und auf dem Grat über Blockwerk zum Gipfel. Von den Äußeren Feuerkögeln zieht der Geigenkamm nach SO zu den **Inneren Feuerkögeln,** dann südl. zum Luibiskogel. Die Inneren Feuerkögel (höchste nördl. Erhebung 2873 m) ragen nur wenig über den Kamm nördl. des Luibiskogels auf. An der Westflanke des südl. Feuerkogels Vorkommen von Andalusit.

● 503 **Luibiskogel** (Loibiskogel)
Südlicher Gipfel, 3112 m, Nördlicher Gipfel, etwa 3090 m
Südwestl. über der ehemaligen Hauerseehütte mit mächtiger doppelgipfliger Felsgestalt aufragend. Südöstl. liegt der kleine Hauerferner in einem Becken, dessen Umrahmung Luibiskogel im N, Reiserkogl im SW, Breitlehner Felderkogl im SO und die Fernerköpfe, 2730 m, im NO bilden. Prächtige Fernsicht. Der S-Gipfel wahrscheinlich anläßlich der militärischen Vermessung, 1850—53. 1. touristische Ersteigung des S-Gipfels: M. Peer, L. Prochaska, 1894. 1. touristische Ersteigung des N-Gipfels: Dr. F. Hörtnagl, Dr. A. Posselt, 1900.

● 504 a) **Von Südosten auf den Südgipfel.** Gewöhnlicher Anstieg. Von der ehemaligen Hauerseehütte 2 st.
Von der Brandstätte südwestl. zum Hauerferner. Von seinem nordwestl. Rand rechts (nordwestl.) empor gegen die Geröllhänge unter dem Gipfelaufbau. Über diese empor zu den Felsen und auf grasigen Bändern schräg links empor und auf den S-Grat. Über Blöcke zum S-Gipfel.

● 505 b) **Von Westen auf den Nordgipfel.** Nicht schwierig, aber mühsam.

Vom Weg Piößmes — Luibisjoch von den Luibisböden in das zur Linken sich öffnende Weite Kar. Weglos darin empor, zuletzt südl. unter der W-Flanke. Über die teilweise von Geröll bedeckte Plattenflanke auf den N-Gipfel.

Vom Weg Piößmes — Luibisscharte in Fallinie Luibiskogel und Reiserkogel nordöstl. empor ins Weibkar. Über die teilweise von Geröll bedeckte Plattenflanke auf den N-Gipfel.

● **506** c) **Gratübergang vom Nordgipfel zum Südgipfel.** IV—, 1—1½ st.

Vom N-Gipfel über den überaus zerrissenen Grat in die Scharte zwischen den zwei Gipfeln hinab und mit ausgesetzter Plattenkletterei auf den S-Gipfel.

Der schroffe Gratabbruch vom N-Gipfel kann auf der W-Seite über Plattenschüsse umgangen werden.)

● 507 d) **Nordwestgrat** auf den N-Gipfel. III—, teilweise IV, von der ehem. Hauerseehütte 3 st.

Vom Standplatz der ehem. Hauerseehütte im Bogen nordwestl. um die Inneren Feuerkögel herum und an die nördl. Lehne des Wurmskares. Aus dem obersten Teil des Kares über Platten, südl. einer Einsenkung auf den Kamm. Über den scharfen Grat südl., ein schroffer Gratturm wird in seinem oberen Teil westl. umklettert (Überhang). Über den Grat in südöstl. Richtung empor, und auf den Gipfel. (Der letzte Teil des Grates kann auf der W-Seite über Platten umgangen werden — kürzer.)

● 508 e) **Nordostgrat** (Innere Feuerkögel), (K. Hagspül, M. Braun, L. Müller, 1926). Teilweise IV. Von der ehem. Hauerseehütte 4—5 st.

Vom Standplatz der Hauerseehütte südwestl. zur Wand am Fuß des Grates. Über Bänder und Platten in der NO-Flanke links, dann rechts empor und über Schutt und Schrofen auf eine Kanzel. Eine Seillänge von ihr empor, auf Bändern rechts zu einem Schuttfleck am Beginn einer Gratrippe, die rechts umgangen wird. Über Felsen und links zur Kante. Über den Grat empor, über einen Gratzacken, und über eine Schneide. Der letzte Gratzacken wird auf der N-Seite umgangen: etwa 5 m abwärts, dann empor zu einem Klemmblock, und über einen Plattenschuß, eine Kante und Fels abwärts in eine Scharte. Aus der Scharte über brüchige Felsen auf ein Schneefeld nördl. des Gipfels. Steil empor zurück auf den Grat und zum N-Gipfel.

● 509 f) **Von Osten.** Aus dem Hauerkar in die Scharte zwischen beiden Gipfeln. Von der Innerbergalm 3—4 st.

Von der Alm auf dem Weg empor zum Hauersee und südwestl. ins Hauerkar. Über steilen Firn in die Scharte zwischen beiden Gipfeln, weiter wie oben c).

● **510**   **Reiserkogel**, 3090 m

Auffallend schroffer Gipfel, der südl. des Luibiskogels im Kamm aufragt. Der schmale, plattige Gipfelaufbau ist im Kamm quergestellt und entsendet zerrissene Grate gegen O, NW und SW. Der Gipfel selber trägt mehrere Felszacken. Der Reiserkogel wird auch Fünffingerspitze genannt wegen der

Türme im NW-Grat. 1. Ersteigung: Dr. F. Hörtnagl, L. Prochaska, F. Stolz, von S, 1898.

● 511   a) **Von Süden.** Aus der Reiserscharte (Weg der Erstersteiger). Vom Hauersee 3 st, über das Luibisjoch in das Luibiskar und aus diesem auf die Reiserscharte südwestl. des Reiserkogels.

Auf die Scharte auch von Piößmes im Pitztal. Von der Scharte nordostw. über Geröllbänder querend in die S-Flanke zu einer von rechts oben herabstreichenden Rinne. Durch sie (Eis oder Firn) empor zu einer kleinen Kanzel unter den Gipfelzacken. Westl. hinauf durch einige kleine Risse in einer Plattenflucht und an der W-Seite auf Plattenband um den steil aufragenden Gipfelaufbau herum und über steilen Fels zum Grat und zum höchsten Punkt.

● 512   b) **Nordwand** (H. Weithas, F. Haas, R. Saroti, 1922). III, vom Hauersee 2½ st.

Vom Hauersee über Rasenhänge und Geröll auf den Hauerferner und an den Fuß der N-Wand.

Einstieg: Rechts von einer hellen, hohen Wandstelle erreicht man über von einer Schneezunge empor in die Wand ziehende, ausgewaschene Rinne (es ist die mittlere der drei ähnlichen Rinnen). Rechts von ihr über den Fels und in Richtung eines weißen Felsspornes im oberen Drittel der Wand 60 m aufwärts. Querung nach links in die Rinne und in ihr über einen Klemmblock weiter, bis sie sich kaminartig verengt. Auf ausgeprägtem Band nach rechts empor und an seinem Ende über Fels gerade hinauf zum Grat und über ihn zum Gipfel.

● 513   c) **Nordwestgrat.** Aus dem Luibisjoch (S. Hohenleitner, A. Soppelsa und A. Wachter, 1909). III, teilweise IV—. Schöne Kletterei.

Vom Hauersee südwestl. empor und über den Hauerferner auf das Luibisjoch.

Die ersten im Grat aufragenden schroffen Türme werden auf der O-Seite umgangen und durch eine Rinne eine Scharte auf dem Grat wiedergewonnen. Mehrere Türme werden in schöner Kletterei überstiegen. Aus der Scharte vor dem letzten großen Gratturm über die Kante hinauf, weiter oben kurzer Quergang in die O-Flanke und in ein Schartl hinter dem Turm. Einige kleinere Zacken und Türme können auf der O-Seite auf Bändern umgangen werden, zuletzt empor auf den schlanken Gipfelturm.

● 514 d) **Von Westen** (Dr. H. Pfaundler, 1929). Aus dem Luibisjoch. III.
Vom Luibisjoch südwestl. auf der Pitztaler Seite etwa 40 Höhenmeter hinab und über Geröll an der W-Flanke und durch eine steile Rinne in ein Schartl im SW-Grat, oberhalb der Reiserscharte. Jenseits wenig hinab ins Reiserkar und quer nordöstl. gegen den O-Grat, bis zu einem Riß in Gipfelfallinie. Durch ihn steil und zuletzt westl. empor auf den Grat und zum höchsten Punkt.

● 515 **Ostgrat.** Aus der Hauerscharte (M. Braun, K. Hagspül, L. Müller, 1926). Abseilstelle. Vom Hauersee 3½—4 st.
Von der Hauerscharte gerade über den Grat empor (einige Gratzacken werden nördl. oder südl. umgangen) und auf den Gipfel des ersten großen Gratturmes. Der Abbruch des Turmes in die Scharte wird durch Abseilen überwunden. Über den nächsten Turm von SO (IV) und über Absätze und Blockwerk zum Gipfel.

● 516 f) **Abstieg durch die Südflanke** zur Hauerscharte ohne besondere Schwierigkeit.

● 517　　　　**Breitlehner Felderkogel,** 3075 m

Felserhebung nordöstl. der Hauerscharte, in dem vom Reiserkogel gegen O und später NO abstreichenden Kamm. 1. Ersteigung: F. Plaseller und A. Gstrein, 1897.

● 518 a) **Von Osten.** Von Längenfeld 4—5 st.
Von Längenfeld über Astlehn empor in das Grießkar. Aus ihm westl. empor zur O-Flanke des Felderkogels. Durch Rinnen und über Wandstufen zum Gipfel.

● 519 b) **Südwestgrat** (im Abstieg; 1. Begehung im Abstieg: K. Hagspül, M. Braun, L. Müller, 1926).
Über den langen Grat über oder um die vielen Gratzacken herum hinab in die Hauerscharte. Nördl. oder südl. hinab ins Hauer- oder Reiserkar.

● 520 c) **Abstieg nach Nordwesten** durch die steile Rinne (Steinschlag) hinab ins Hauerkar.
Der Aufstieg durch diese Rinne ist mühsam.

● 521　　　　**Hauerseekogel,** 3059 m

Graterhebung nordöstl. des Felderkogels. (Auf der Freytag- und-Berndt-Karte Nr. 25 ist der Felderkogel an der Stelle des Hauerseekogels eingezeichnet.) 1. Ersteigung: K. Hagspül, M. Braun, L. Müller, 1926 über den NW-Grat.

● 522 a) **Nordwestgrat.** Aus dem Hauerkar. II, vom Hauersee 2½ st.
Der NW-Grat bricht mit schroffem Absatz ab. Vom Hauersee durch das Hauerkar zum Gratabbruch. Über die brüchige Wand (man kann sie auch westl. umgehen) und in schöner Blockkletterei auf den Gipfel.

● 523 b) **Überschreitung zum Breitlehner Felderkopf.** II, teilweise III—, 1 st.

Vom Gipfel des Hauerseekogels hinab in eine tiefe Scharte, jenseits hinauf auf einen Gratkopf und hinab in eine zweite Scharte. Aus ihr steil empor zum Felderkogel.
Über den SW-Grat des Felderkogels hinab in die Hauerscharte.

● 524 **Hundstalkogel**
Nördlicher Gipfel, 2948 m, Südlicher Gipfel, 3073 m

Mächtiger Felsberg nordwestl. des Breitlehnerjöchls, mit langgezogener, scharfer Gipfelschneide aufragend. Die Schneide verbindet die zwei Gipfelpunkte, 2948 m und 3073 m. Gegen W zieht ein langer Grat gegen die Mulde des Moalandlsees hinab (2530 m). Eine Erhebung im NW-Grat ist der S c h w a r z - k o g e l, 2824 m, der mit schwarzen Flanken steil abstürzt. Ein Kamm zieht vom N-Gipfel nach NO, der nordöstl. Ast fällt zur Reiserscharte ab. Schöner Aussichtspunkt für die Berge des mittleren Kaunergrates und die Stubaier Gletscher. 1. Ersteigung: Dr. F. Hörtnagl, L. Prochaska, F. Stolz, 1889 — über die N-Flanke auf den N-Gipfel und über den Grat zum S-Gipfel.

● 525 a) **Nordgrat.** II, einige Stellen III+, 1½ st. (III+), 1½ st.

Vom Sandjoch, 2820 m, über den der Höhenweg Chemnitzer Hütte — Breitlehnjöchl — Hauerseehütte führt, in leichter Kletterei bis unter den Gipfelblock, von dem nordwestl. der Kamm zum Schwarzkogel abzweigt. Der Block selbst ist schwierig (III). Rechts in die nächste Scharte und in leichter Kletterei, zum Schluß plattig, auf den Vorgipfel mit Signalresten. Hübsche Kletterei (II) zum Hauptgipfel.

● 526 b) **Von Norden.** Vom Verbindungsweg Hauersee — Neue Chemnitzer Hütte 1 st.

Auf dem Verbindungsweg, der unterhalb der Reiserscharte und des NO-Grates des Hundstalkogels emporführt, auf das Sandjoch, eine Einschartung im NO-Grat des N-Gipfels, 2820 m, und über den breiten Hang zum nördl. Gipfel.

● 527 c) **Südflanke.** Aus dem Breitlehnerjöchl. Vom Joch 1—2 st.
Vom Breitlehnjöchl auf Steig nordwestl. empor. Zuletzt weglos in das Schuttkar unter der S-Flanke und durch sie zum S-Gipfel.

● 528 d) **Südwestgrat** (Dr. H. Heinsheimer, Dr. L. Obersteiner, Dr. H. Schäftlein, 1922). III, aus dem Schartl nordöstl. des Sturpens 1—2 st.

Der lange SW-Grat trägt an seinem Ende die Erhebung des Sturpens, 2718 m.

Vom Breitlehnerjöchl südwestl. im Bogen herum und westl. über die Hänge auf die Einschartung nordöstl. des Sturpens.

In die Scharte auch von der Hundsbachalm (von Trenkwald im Pitztal auf dem Weg zum Breitlehnerjöchl) indem man den Weg noch ein Stück aufwärts geht, dann westl. über die Geröllhänge zum Schartl emporsteigt.

Über den zuerst wenig ansteigenden SW-Grat empor, einige schroffe Grattürme können auf der S-Seite umgangen werden, der letzte Turm wird auf der S-Seite erklettert. Den folgenden, steilen Gratabbruch überwindet man auf der S-Seite, in die man durch einen Quergang gelangt. Durch eine Rinne in der Wand empor, über einen Überhang zu Standplatz. Bald rechts aus der Rinne und über weniger steilen Fels zurück zum Grat. Über ihn gerade hinauf zum S-Gipfel, oder Querung in der S-Flanke bis in die letzte Scharte vor dem Gipfel und über den Grat zum höchsten Punkt.

● 529 e) **Von Westen** (Dr. H. Pfaundler, 1929). Vom Moalandlsee 4 st.
Auf dem Weg von Piößmes unter dem Lubiskar nördl. des Wildgartenkogels südl. ab und in die Einsenkung zwischen dem Moalandlsee und dem NW-Kamm des Hundstalkogels. Hinab zum See, 2530 m, und südöstl. über Geröll empor zu einer Rinne (Eis, Schnee, Blöcke), die in das letzte Schartl im SW-Grat unter dem S-Gipfel des Hundstalkogels emporführt.

● 530 f) **Überschreitung** Nordgipfel — Südgipfel. II, 15 Min.
Über den Verbindungsgrat in schöner Kletterei zum S-Gipfel.

● 531 g) **Überschreitung Hinterer Sturpen (Jochkogel) — Hundstalkogel** (Dr. L. Obersteiner, 1924). Vom Breitlehnerjöchl 2¹/₂ st.
Vom Breitlehnerjöchl westl. über Geröll aufwärts an den N-Grat des Hinteren Sturpens. An seiner N-Flanke mühsam empor zu einer Scharte und über Blockwerk und einige Zacken in ein zweites Schartl; auf den breiten Rücken des Hinteren Sturpens. Vom Gipfel westl. hinab in das nächste Schartl. Ein Gratabsatz wird rechts auf der N-Seite umgangen und durch Risse der Grat wieder erreicht, der in nordwestl. Richtung auf den Gipfel des Hundstalkogels führt.

● 532 **Wildgartenkogel**, 2556 m; **Grabkogel**, 2641 m
Westl. gegen das Pitztal vorgelagerte Erhebungen. Vom Hauptkamm durch eine Einsenkung getrennt. Östl. in der Fallinie zwischen beiden Gipfeln liegt der Moalandlsee, 2530 m.

● 533 **Vom Weg Piößmes — Hauersee** aus dem Luibiskar südl. leicht auf den Wildgartenkogel und über den Kamm südl. auf den Grabkogel.

● **534** **Sturpen,** 2718 m

Felsige Erhebung am Ende des vom Hundstalkogel südwestl. streichenden Gratzuges. Gegen SW mit steiler Felsflanke abfallend.

● **535 Vom Breitlehnerjöchl** westl. über Geröllhänge und Schrofen in die Einsattelung nordostw. des Gipfels und aus ihr in kurzer Kletterei zum Gipfel.

● **536 Niederer Breitlehnkogel,** etwa 2820 m

Bei Obersteiner: Breitlehnkogel; bei Kuntscher: Breitlehnkopf. Felskopf am NO-Ende des Seitenkammes, der vom Hohen Kogel nordöstl. abstreicht. 1. Ersteigung: O. Hahn mit Führer F. Karlinger, von NO, 1898.

● **537** a) **Von Huben oder Längenfeld** auf dem Weg zum Breitlehnerjöchl über die Breitlehnalm im Breitlehntal einwärts. Über eine große Schutthalde unter den O-Grat. Auf den Grat und über Felsen westwärts auf den Gipfel.

● **538** b) Von **Huben nach Mühle,** dann auf Almsteig südwestl. steil empor auf die Polltalalm und in der Talfurche weiter und westl. empor bis unterhalb der S-Flanke. Über sie und über Felsen auf den Gipfel.

● **539 Kleine Geige** oder **Hoher Breitlehnkogel,** 3163 m

Mächtiger, dunkler Felsberg, südwestl. des Niederen Breitlehnkogels, in der Nähe des Ansatzpunktes an den Hauptkamm. (Bei Obersteiner: Breitlehnkopf.) 1. Ersteigung: A. R. v. Aigner, Dr. F. Hörtnagl, Fritz Koch, 1899.

● **540** a) **Von Westen.** Einige Stellen III. Vom Breitlehnjöchl 2 st.

Vom Joch südöstl. empor in ein nördl. des Gipfels eingelagertes Schuttfeld. Über das Geröll und einen Rücken auf einen Vorkopf. Ostw. über den Grat und über Platten auf den Gipfel.

● **541** b) **Abstieg.** Über den Gratkopf nordwestl. über den Schuttrücken hinab und durch eine Rinne hinab in den westl. Teil des Breitlehntales.

● **541a** c) **Von Süden.** 6 st. Wie in R 538 in das Polltal und zum obersten Polltalferner. Von S auf den obersten Teil des SW-Grates und zum Gipfel.

● **542** **Breiter Kogel,** 3256 m

Südl. der Kleinen Geige mit breiter Gipfelhochfläche im Kamm aufragend. Gegen W erstreckt sich die Hochfläche gegen den

Hohen Kogel, 3296 m, hin. Vom Gipfel des Breiten Kogels zieht ein langer Kamm gegen SO und O, teilt sich später, um das Hochtal der Ebneralm einzuschließen. Dem nordöstl. Ast entragen der Äußere Halkogel, 2658 m, und der Innere Halkogel, 3739 m, und zwischen beiden die Mitterschneid, 2639 m, dem südöstl. Ast der Wartkogel. 1. Ersteigung: Dr. F. Hörtnagl, K. Mayer, L. Prochaska, 1887.

● 543 a) **Von Nordwesten.** Wenn Firn, I, sonst wegen fortschreitender Ausaperung sehr steinschlaggefährlich. Vom Breitlehnerjöchl 1½—2 st.
Vom Breitlehnerjöchl südöstl. über Schutt und den steilen Fernerteil empor und in das Schuttkar unter dem kleinen Firn- oder Eisfeld. Über dieses steil empor auf die Hochfläche und auf den Gipfel.

● 544 b) **Von Südwesten.** Vom Äußeren Pirchlkarferner, I. Von der Vorderen Pollesalm 3½—4 st.
Von Huben im Ötztal zur Vorderen Pollesalm (auf dem Weg zum Weißmaurachjoch). Hier westl. vom Weg ab und auf Steig an der nördl. Lehne des Pirchlkares talein und südl. über den Bach. Westl. talein und durch eine kleine Schlucht und über Moränenblöcke in das Schuttkar, in das die Zunge des Äußeren Pirchlkarferners herabreicht. Von S auf den Gletscher und zunächst steil auf ihm empor. Später mäßig steil über ihn in nördl. Richtung hinan und gegen den Verbindungskamm Hoher Kogel — Breiter Kogel über Firn empor und an die Felsen des Kammes. Über sie auf die Grathöhe und über Blöcke und Firn ostw. auf den Breiten Kogel.

● 545 c) **Von Südosten.** Von der Vorderen Pollesalm 4 st.
Wie oben auf den nördl. Teil des Äußeren Pirchlkarferners und nordöstl. über den S-Rücken des Breiten Kogels und von SO über den kleinen Ferner und über Schrofen auf die Gipfelhochfläche.

● 546 d) **Ostgrat** (ganze Überschreitung des langen Kammes, aus der Ebnerscharte über den Wartkogel: K. Hagspül, H. Plangger, G. Jungwirth, 1935). III, 5 st (von der Ebnerscharte). Auf der neuen AV-Karte „Hochgelaite".
Von der Polltalalm (oder der Ebneralm) mühsam auf die Ebnerscharte. Zuerst mäßig ansteigend über mehrere kleine Graterhebungen bis in ein kleines Schartl. Steiler empor und über den Grat in schöner Kletterei auf den ersten Kopf. Nach dem folgenden flacheren Gratstück über einen steilen Auf-

schwung auf den zweiten Kopf. Jenseits hinab in eine breite Scharte und aus ihr steil auf den dritten Kopf, P. 3063 m. Über den schroffen Grat hinab, einige wilde Zacken südl. umgehend, zum letzten steilen, brüchigen Aufschwung. Über ihn zum großen Gipfelsteinmann.

● 547 e) **Nordostflanke** (im Abstieg, K. Hagspül, H. Plangger, G. Jungwirth, 1935).
Vom Gipfel östl. hinab und aus der zweiten Scharte des O-Grates über die von steilen Eisrinnen durchzogene NO-Flanke hinab auf den Polltalferner und das Polltalkar. Südl. unter dem Hohen und Niederen Breitlehnkogel talaus und zur Polltalalm.

● 548 **Wartkogel**
Innerer, 2590 m; Äußerer, 2550 m

Gratköpfe in dem vom Breiten Kogel ostwärts streichenden Kamm, der Pichlkar und das Hochtal der Ebneralm trennt.

● 549 a) **Von der Ebneralm** auf Steigspuren südwestlich empor und auf die Ebnerscharte. Über den Rücken über Schrofen und Blöcke auf den Gipfel.

● 550 b) **Von der Vord. Pollesalm** im Pirchlkar etwas talein und nordöstl. auf Steigspuren die Hänge empor und zur Ebnerscharte und auf den Gipfel.

● 551 **Halkogel**
Innerer, 2739 m; Äußerer, 2658 m

Kühner Felsstock im nordöstl. Seitenkamm des Breiten Kogels. Von N gesehen schroffe Pyramide. Erhebt sich im Rücken, der die Talfurche der Polltalalm und der Ebneralm scheidet.

● 552 a) **Von der Ebneralm.** 1½ st.

● 553 b) **Von der Polltalalm.** 2—2½ st.

● 554 c) **Äußerer Halkogel, Nordostkante** (M. Bachmann, F. Seelig, H. Thalhammer, 1949). III+, 1½ st E. Schöne Kletterfahrt in festem Gestein.
Einstieg wo der Rücken zwischen Polltalalm und Ebneralm die Felsplatten des Halkogels erreicht. Vom Einstieg auf grasigen Bändern in die N-Wand hinaus, die weit oben an die Kante zurückführen, wo sie sich zu einem ebenen Gratstück zurücklegt. Von hier zu einem Steilaufschwung, der gerade an der Kante bis zum Gipfel erklettert wird. Es ist auch möglich, die Kante direkt vom Einstieg aus zu verfolgen, wo sie noch schwach ausgeprägt ist.

● 555　　　　　　**Hoher Kogel,** 3296 m

Westl. des Breiten Kogels mit felsigem Gipfelaufbau nur wenig über die überfirnte Hochfläche zwischen beiden Gipfeln emporragend. Der S-Grat stellt die Verbindung zur Hohen Geige her. Westl. streicht ein langer Rücken, mit der Erhebung 2681 m bis südl. unter das Breitlehnerjöchl hinab. 1. Ersteigung: Dr. F. Hörtnagl, K. Mayer, L. Prochaska, 1897 (anläßlich der Überschreitung des Geigenkammes).

● 556　a) **Von Nordwesten.** Wenn Firn, I, sonst wegen fortschreitender Ausaperung sehr steinschlaggefährlich; vom Breitlehnjöchl 1¹/₂—2 st.

Vom Jöchl wie auf dem Weg zum Breiten Kogel (oben 32a) über das steile Eisfeld auf die Hochfläche zwischen beiden Gipfeln. Westl. über Blockwerk und Felsen auf den wenig aufragenden Gipfel.

● 557　b) **Abstieg nach Nordwesten.** Zum Breitlehnerjöchl ³/₄ st.
Vom Gipfel hinab und über die Hochfläche nordwestl. steil über den Ferner (Eis) in eine kleine Mulde. Durch eine Rinne auf die Geröllhänge südl. des Breitlehnerjöchls.

● 558　　　　**Hoher Kopf (Mitterköpfe),** 2784 m

Graskopf nordwestl. der Hohen Geige, im Felskamm, der nördl. des Röten-Karle und südl. der Talfurche der Hundsbachalm aufragt. 1. Ersteigung: Dr. L. Obersteiner, 1924. Die eigentlichen Mitterköpfe sind unbedeutende Felsabbrüche südl. davon.

● 559　**Von Süden.** Von Köfels im Pitztal 3¹/₂ st.
Von Trenkwald auf der Straße talein nach Köfels. Auf Steig nordöstl. empor durch lichten Wald und über die Hänge östl. aufwärts in das Hochtal des Roten Karle und im Bogen nach N in den inneren Talkessel und an den Fuß des Hohen Kopfes. (Südöstl. die Felsabstürze der Hohen Geige.) Über Fels und Schrofen auf den ersten Turm und über den Grat auf den höchsten Kopf.

● 560　　　　　　**Hohe Geige,** 3395 m

Mächtigste und höchste Erhebung im Geigenkamm; mit schön geformten, spitzen Fels- und Firngipfel südl. des Hohen Kogels im Kamm aufragend. Gegen NW und SW Gletscherflanken, gegen SO steiler Felsabsturz. Nordöstl. des Gipfels zweigt der Grat ab, dem die Äußere Wilde Schneide entragt, gegen SO streicht ein Grat zur Silberschneide ab. 1. Ersteigung: Anläßlich der Vermessung 1853, unter Leitung des Hauptm. Ganahl.

● **561** a) **Von Südwesten.** (Bez.) Von der Chemnitzer Hütte 3—3½ st. Üblicher, leichtester Anstieg.

Von der Hütte östl. im Weißmaurachkar talein (Wegteilung, Ww.) und über die Moränen empor (Weg rechts ab zum Weißmaurachjoch). Links nördl. durch das Kar empor an die S-Abstürze des von der Silberschneide westl. streichenden Kammes. Auf dem Steig in Kehren empor, zuletzt auf einer langen Felsrippe steiler auf die überfirnte Hochfläche südl. der Hohen Geige. Über die Firnmulde an den S-Hang des Gipfels und über ihn aufwärts; zuletzt von W auf den Gipfel.

● **562** b) **Von Osten** in die Scharte zwischen den beiden Wildschneiden und von SW auf den Gipfel (Weg der Ersteisteiger). Schöner Anstieg. Von der Vorderen Pollesalm 4 st. Von der Äußeren (Vorderen) Pollesalm westl. talein bis in den inneren Talkessel des Pirchlkares. Hier südl. in Richtung des Vorderen Ampferkogels empor und zwischen seinen nördl. felsigen Ausläufern und dem nördl. davon gegen die Hohe Geige ziehenden Felskamm auf den Inneren Pirchlkarferner. Auf den Ferner auch von der Inneren Pollesalm (auf dem Weg von Huben im Ötztal auf das Weißmaurachjoch), indem man etwas talaus über Rasenhänge in das Fotzenkar emporsteigt und über ein Schartl westl. des Vorderen Ampferkogels, 2797 m, auf den Ferner gelangt.

Auf dem Gletscher südl. unter den Felsen der Inneren Wilden Schneide mäßig steil empor und über die steile Firn-(Eis-)flanke in den Sattel zwischen Silberschneide und Hoher Geige (3278 m) empor, und auf die Firnmulde südl. des Geigengipfels. (Den steilen Eishang kann man auch südl. über Fels ziemlich mühsam umgehen.) Über Firn empor und von W auf den Gipfel.

● **563** c) **Über die Äußere Wilde Schneide** (K. Hagspül, Plangger und Jungwirth, 1935). III—. Schöner Anstieg auf die Hohe Geige. 6—7 st.

Von der Äußeren (Vorderen) Pollesalm (2 st von Huben im Ötztal, auf dem Weg zum Weißmaurachjoch) an der Lehne des Pirchlkares talein und südwestl an den nach W streichenden Kamm der Äußeren Wilden Schneide. Über den zuerst begrünten und mit Schrofen durchsetzten Kamm aufwärts, über einen Gratkopf zu einem plattigen Aufschwung, der rechts über

Blöcke erstiegen wird. Gerade empor auf ein schmales Band, das man ungefähr 8 m nach links verfolgt. Über Platten und Schrofen auf einen weiteren Kopf, jenseits hinab in ein Schartl und aus ihm über einen Geröllhang an den Fuß eines großen Pfeilers. In Gipfelfallinie durch Risse und Kamine auf ihn. Jenseits kurz hinab in ein Schartl. In der linken, östl. Flanke eines vorgelagerten Turmes über Felsstufen 25 m hinab und Blöcke zu einem Turm und rechts, nördl. des Abbruches auf ihn empor. Weiter über Zacken und Köpfe, über einen Felsspalt nordwestl. an seinen Fuß querend zurück an den Grat. Über zu einem Plattenaufschwung. Gerade über ihn hinan; ein Reitgratl leitet zum letzten Felskopf, von dem man über Platten und eine Firnschneide zum Vorgipfel, und über ihn auf den Hauptgipfel gelangt.

● **564** d) **Nordgrat** (Dr. F. Hörtnagl, K. Mayer, L. Prochaska, 1887; im Abstieg: Dr. F. Hörtnagl und Zotti, 1901).
Der N-Grat wird am besten von der südl. des Hohen Kogels eingesenkten Scharte aus begangen.
Von der Vorderen Pollesalm auf den Äußeren Pirchlkarferner und über steile Firn- und Eishänge nordwestl. in die Scharte, 3207 m.
Vom Breitlehnerjöchl auf dem Weg zum Breiten Kogel auf die Hochfläche westl. des Gipfels und südl. hinab gegen den Pirchlkarferner. Südwestl. die steilen Flanken querend in das Schartl im N-Grat.
Hierher auch von der Hundsbachalm (auf dem Weg von Trenkwald zum Breitlehnerjöchl) südwestl. über Geröll in das weite Schuttkar zwischen dem W-Kamm des Hohen Kogels und dem Hohen Kopf. Aus dem nördl. Teil des Kares durch eine steile Rinne (Steinschlag) in das Schartl. Über Fels und Firn südl. über den Grat bis vor einen Gratkopf, der entweder überklettert oder südl. über steile Eisflanken umgangen werden kann. Weiter über den (je nach Verhältnissen vereisten) Grat zu einem Firnsattel (das steile, vereiste Stück kann man schwieriger in Felsen umgehen, dann südl. fast eben zum Firnsattel). Über mehrere zum Teil vergletscherte Absätze und einen Vorkopf (Klüfte) südl. weiter über den Grat und eben zum blockigen Gipfelaufbau und südöstl. über ihn zum Gipfel.

● **565** e) **Westgrat.** II, von der Chemnitzer Hütte 3 st.
Von der Hütte auf dem Höhenweg zum Breitlehnjöchl bis zur Gahwinden, 2649 m, Aussichtspunkt mit großem Steinmann

und Bank, Vorsprung im W-Grat; hier Beginn des Grates. Über den blockigen Kamm mit Umgehen oder Überklettern einiger Zacken, zuletzt gegen NO auf die Firnhochfläche südl. des Geigengipfels.

● **566**   **Silberschneide** 3343 m

Südöstl. der Hohen Geige mit schlankem, dreikantigem Felsbau im Kamm aufragend. Gegen NO hohe, schroffe Felsabstürze, ebenso gegen S. Der lange gegen SO streichende Kamm, trägt die Erhebungen P. 3189 m und die Fotzenkarstange, 3021 m, und wird Innere Wilde Schneide genannt. 1. Ersteigung: Dr. F. Hörtnagl, K. Mayer, L. Prochaska, 1897, über den W-Grat und die S-Flanke des W-Grates.

● **567** a) **Westgrat** (Weg der Erstersteiger). III—, von der Chemnitzer Hütte 3½—4 st.

Von der Chemnitzer Hütte auf dem Steig ins Weißmaurachkar und über die Schrofenhänge des W-Kammes der Silberschneide empor auf die Gletscherhochfläche südl. der Hohen Geige. Hier gleich östl. fast eben gegen den Geröllmugel und über den Rücken östl. mäßig ansteigend empor. Über den schmäler werdenden Grat und in ein Schartl. Die jenseits der Einsenkung aufragenden schroffen Gratzacken können an der S-Seite möglichst nahe dem Grat umgangen werden. Über den steilen, zackigen Grat weiter empor, Graterhebungen kann man südl. über Platten umgehen, auf den schmalen Gipfel.

● **568** b) **Westflanke** des Südgrates. II, eine Stelle III, von der Chemnitzer Hütte 3—4 st.

Von der Hütte in das Weißmaurachkar. Wo der Steig nördl. gegen die Hohe Geige emporzieht, östl. ab und über Geröll steil empor gegen den S-Grat der Silberschneide. Über Firn und Schrofen in die südl. des Grates eingeschnittene Scharte. Aus ihr kurz gerade empor, dann weicht man in die linke, südwestl. Flanke aus und gelangt über Platten und Schutt zu einem Überhang. Über ihn (III) und durch einen seichten Riß in die Plattenflucht der SW-Flanke der Silberschneide. Gerade empor auf den S-Grat unter dem Gipfel und kurz über ihn auf den höchsten Punkt.

● **569** c) **Von Osten** (Dr. F. Hörtnagl, O. Zotti, 1901). III—, von der Inneren Pollesalm 5—6 st.

Von der Inneren Pollesalm auf dem Weg zum Weißmaurachjoch im Weitenkar empor. Im inneren Talkessel nordwestl. ab und über Geröll an den Fuß der O-Flanke des Berges. Durch eine an den O-Grat emporziehende Rinne steil auf den Grat. Der schwierige Gratteil oberhalb des Schartls wird ausgesetzt in der steilen N-Flanke umklettert. Über den steilen Grat gerade empor zum Gipfel.

● 570 d) **Gerade Überschreitung des Kammes der Inneren Wilden Schneide zur Silberschneide** (M. Bachmann, F. Seelig, Herbert und Heide Thalhammer, 1949). Teilweise IV, $3^{1}/_{2}$ bis 4 st E. Großzügige Kletterfahrt in festem Gestein.
Aus dem Pirchlkar über einen steilen Moränenrücken in eine Scharte westl. der Fotzenkarstange, 3021 m, Einstieg. Immer an der Gratkante, die zwei Gipfel (3021 m und 3189 m) überschreitend, steigt man vom westl. Gipfel, 3189 m, etwas in der S-Flanke ausweichend in die Scharte vor dem O-Grat der Silberschneide ab. Aus ihr gerade über die steile O-Kante empor zum Gipfel.

● 571 **Ampferkogel,** 3186 m
Schön geformter, kleiner Felskopf im Grat südl. der Silberschneide. Der Ampferkogel entsendet nach W einen kurzen steilen Grat. Der S-Grat zieht gegen das Weißmaurachjoch, 2959 m, hinab. 1. Ersteigung: Dr. F. Hörtnagl, K. Mayer, L. Prochaska, O-Grat, Abstieg nach NO, 1897.

● 572 a) **Nordgrat.** Aus der Einschartung zwischen Silberschneide und Ampferkogel. I, von der Chemnitzer Hütte $3—3^{1}/_{2}$ st.
Von der Hütte zuerst auf dem Steig, dann östl. ab in das nördl. Weißmaurachkar. Über Geröll steil in nordöstl. Richtung empor, zuletzt über den kleinen Weißferner und Schrofen in die Einsattelung zwischen Silberschneide und Ampferkogel. Über Gratzacken und Schrofen gerade empor auf den Gipfel.

● 573 b) **Südgrat.** Aus dem Weißmaurachjoch über die Erhebung des Weißmaurachkopfes, 3071 m. III, von der Chemnitzer Hütte 3—4 st.

● 574 c) **Westgrat** (R. Czegka, Dr. L. Obersteiner, 1921). III, aus dem Weißmaurachkar $2^{1}/_{2}$ st.
Von der Chemnitzer Hütte nordöstl. empor ins Weißmaurachkar und in gleicher Richtung über Geröll empor an den Beginn des W-Grates. Durch eine Rinne von rechts auf die Grathöhe empor. In schöner, abwechslungsreicher Kletterei östl. über den Grat, zuletzt Überklettern zweier Gratürme und gerade empor auf den höchsten Punkt.

● **575**　　　　**Vorderer Ampferkogel**, 2911 m

Felsige Erhebung am O-Ende des Kammes der Inneren Wilden Schneide, zwischen Pirchl- und Fotzenkar. 1. touristische Ersteigung über die NW-Flanke und den N-Grat: K. Hagspül, J. Krimbacher, 1929.

● **576** a) **Von Süden.** I, von der Inneren Pollesalm durch das Fotzenkar 3 st.

● **577** b) **Von Westen.** Aus dem Kar des Inneren Pirchlkarferners über die W-Flanke, von der Vorderen Pollesalm 2—3 st.

● **578** c) **Von Nordosten.** II, von der Vorderen Pollesalm 3½ st.
Von der Alm im Pirchlkar westl. talein **und** südl. **gegen** den Vorderen Ampferkogel. Über Geröll und durch eine steile Rinne auf den NO-Kamm. Über Blockwerk, Platten und kleine Absätze zum Gipfel.

● **579** d) **Südwestgrat** (K. Hagspül, J. Krimbacher, 1929). Abstieg III, in das Pirchlkar 2 st.
Vom Gipfel über steile Platten in die tiefste Einschartung und über Geröll und Blockwerk in das Kar des Inneren Pirchlkarferners und nördl. hinaus in das Pirchlkar und zur Äußeren Pollesalm.

● **580**　　　　　　**Puitkogel**, 3345 m

Südwestl. des Weißmaurachjoches mit gewaltigen Felsflanken und klobigem Felsgipfel, der eine scharfe Schneide darstellt, im Kamm aufragend. Gegen W zieht der mächtige NW-Grat mit seinen Zweiggraten in das Pitztal hinab. Gegen SW steile Felsabstürze. An die O-Abstürze des NO-Grates lagern sich die Reste des nördl. Puitkogelferners und an die O-Flanke des Gipfels die des Südl. Puitkogelferners an. Lohnender, schöner Aussichtsberg.

1. Ersteigung: Dr. F. Lantschner mit Forstwart F. Gstrein, 1894, von O aus dem Pollestal, über die O-Schulter und von SO auf den Gipfel.

● **581** a) **Südgrat** (R. L. Kusdas, 1895). II. Von der Inneren Pollesalm 3½—4 st; vom Weißmaurachjoch 2—2½ st; von Planggeröß über Mittelberg und die S-Hänge des Wassertalkogels 5—6 st; von Mandarfen durch das Wassertal 5—6 st. Von der Inneren Pollesalm im Pollestal (zum Urfeld) ungefähr ¾ st talein, dann westl. vom Steig ab und über grasige Hänge empor zu den Moränen östl. des Südl. Puitkogelferners. Über sie und über Schutt und Blöcke westl. ansteigend bis in den Hintergrund des Silberkarls. Zuletzt steil über Schutt und Eis auf die östl. des S-Grates vorgelagerte Blockschulter.

Hierher auch vom Weißmaurachjoch. Etwas unterhalb des Joches auf der Pitztaler Seite südl. und in der ersten Rinne empor in ein Schartl im Kamm. Jenseits hinab und Querung (südl.) unterhalb der O- und SO-Flanke. Südwestl. hinauf auf die Geröllschulter.

An den S-Grat aus dem Pitztal von Mittelberg über den Mandarfen-Sonnenkogel. Über Geröll unter dem Wassertalkogel empor und in ein Schartl nördl. des Wassertalkogels. Jenseits hinab gegen den Ferner und nördl. auf die Schulter. Aus dem Pitztal auch von Mandarfen. Vom Ort etwas talaus und durch die steile Schlucht des Wassertales empor auf die obersten Hänge des Wassertales. Durch eine sehr steile Felsrinne in ein Schartl im S-Grat und über ihn zum höchsten Punkt.

Von der Blockschulter guter Anstieg auf den S-Grat und über Blöcke in schöner Kletterei zum Gipfel.

● 582 b) **Ostgrat** (über die Ostflanke: Dr. F. Hörtnagl, K. Mayer, L. Prochaska, 1897). II, sehr brüchig. Von der Inneren Pollesalm, 5 st; vom Weißmaurachjoch 2—2½ st. Am Fuß des Ostgrates führt der „Mainzer Höhenweg" vorbei.

Von der Inneren Pollesalm im Pollestal einwärts bis nach der Wegabzweigung zum Weißmaurachjoch. Hier westl. über Weidehänge und Geröll empor in das Kar des Puitkogelferners. Etwas südl. über Felsen und Schrofen aufwärts in ein östl. des Gipfels eingesenktes Schartl.

In das Schartl auch vom Weißmaurachjoch, indem man wie bei der Begehung des S-Grates vom Joch unter die O-Flanke hinabquert. Von hier südl. und über die breiten Plattenflanken auf die O-Schulter. Schräg (westl.) aufwärts in das Schartl östl. des Gipfels.

Vom Schartl in der steilen, doch gut begehbaren O-Flanke auf den östl. Gipfelzacken des Puitkogels. Über Blöcke in ein Schartl hinab und über die kurze, ausgesetzte Schneide empor auf den W-Gipfel.

● 583 c) **Nordwestgrat** (R. Czegka, Dr. L. Obersteiner, 1921). III—, stellenweise IV+, von der Chemnitzer Hütte 6—8 st, sehr brüchig.

Von der Hütte südl. über Geröll an den Beginn des NW-Grates und durch eine der grasigen Rinnen auf ihn. Südöstl. über den Kamm hinauf, einige Grattürme kann man südl. umgehen. Durch eine Schlucht in das Schartl vor dem großen, steilen Grataufschwung. Über ihn in langwieriger Kletterei gerade empor und über mehrere Absätze auf den Punkt, von dem ein kleiner Grat gegen SW gegen das Wassertal hinabstreicht. Nun fast eben südöstl. zum Gipfel.

● **584** d) **Nordwand** (K. Berger, E. Franzelin, I. Hechenblaikner, 1903). (Zum Teil Eiswand, Steinschlag!) Von der Chemnitzer Hütte 4—5 st.
Von der Hütte auf dem Weg zum Weißmaurachjoch unter dem Joch südl. vom Steig ab und gegen den Fuß der N-Wand. Über Geröll an den Beginn des Felsgürtels, der den unteren Teil der Wand bildet. Nun entweder durch eine Rinne empor, oder rechts davon über brüchige Felsen und über Schrofen an den Beginn des Eises. Gegen links empor an ein steiles Gratl (Vereisung) und über eine Firnschneide und steile Felsen auf den flacheren Teil des NW-Grates und in wenigen Minuten auf den höchsten Punkt.

● **585** e) **Südwestgrat** (SW-Grat bis zum Zweigpunkt, 3262 m, H. Derfflinger, H. Dobler, 1914). IV, von Tieflehn im Pitztal 6—7 st.
Von Planggeroß im Pitztal talein zur Häusergruppe Tieflehn. Östl. steil über die Hänge empor (kleiner Steig) in eine kleine Rasenrinne. Durch sie steil auf einen begrünten Rücken, der über mehrere kleine Erhebungen, über zwei felsige Grataufschwünge in schöner Kletterei in eine Scharte vor dem höchsten Gratabbruch führt.
Eine Seillänge empor, auf ein Band ein wenig nach rechts auf einen kleinen Felsvorsprung am Beginn des glatten Aufschwunges. Links durch einen seichten Kamin, über den zweiten Überhang von rechts nach links herum, und links um die Kante auf ein Band und zu einer Nische. Aus ihr durch eine kurze, glatte Verschneidung zu einem waagrechten Riß, der gegen rechts an die Kante des Turmes führt. Hier ausgesetzt, unter einem Überhang zu einer Kanzel. Durch einen langen Riß, über einen Überhang nach links, dann gerade empor über den Grat. Über ein scharfes Reitgratl und in eine Scharte steil hinab. Weiter über den Grat zum P. 3262 m (der alten AV-Karte) und zum Gipfel.

● **586**   **Sonnenkogel**, 3170 m
Pyramidenförmiger Felsberg im Kamm südl. des Puitkogels aufragend. Gegen W Schrofenflanke, gegen O Abstürze gegen das Silberkar. 1. Ersteigung: H. Golle mit Führer Dobler, aus dem Pitztal und auf den S-Grat, 1872. Von S: R. L. Kusdas. Über ihn führt der „Mainzer Höhenweg".

● **587 Südgrat.** I, aus dem Pitztal 5 st.
Wie in R 581 auf dem Weg von Mandarfen im Wassertal empor und gerade östl. steil empor auf einen Rücken und in eine Scharte südl. des Gipfels. Über den Grat in Kürze zum Gipfel.

● **588** **Wassertalkogel,** 3247 m
Im Kamm südl. des Sonnenkogels und nördl. des Gschrappkogels mit schönem Gipfelbau aufragend. Ein breiter Rücken zieht östl. in das Pollestal hinab. Gegen W Schrofenflanke, gegen NO zum Teil überfirnte, breite Flanke gegen das Silberkar hinab. 1. Ersteigung: R. L. Kusdas, 1895. Über den Gipfel führt der „Mainzer Höhenweg". In einer Mulde westlich des Gipfels steht die Polymak-Schachtel „Westfalenbiwak".

● **589 a) Von Norden.** Aus dem Silberkar 1 st.
Vom Weißmaurachjoch wie auf dem Weg zum O-Rücken des Puitkogels, unter der O-Flanke des Puitkogels südl. in das Silberkar und unter dem Sonnenkogel weiter südl. bis unter die N-Flanke des Wassertalkogels. Über die teilweise überfirnte (Eis-)Flanke auf den Gipfel.

● **590 b) Über den Ostrücken.** I, von der Inneren Pollesalm 3½ st.
Von der Alm im Pollestal über das Urfeld einwärts und auf den ausgeprägten und weithin sichtbaren O-Rücken. Über ihn über Geröll, Blockwerk und Schrofen auf den höchsten Punkt.

● **591 c) Von Westen.** I, von Mittelberg im Pitztal 4—5 st.
Von Mittelberg auf einem Steig östl. über die Hänge in kleinen Kehren empor, über die Grasflanken des Mandarfer Sonnenberges östl. ansteigend. Über Geröll zum Gipfel.

● **592** **Gschrappkogel,** 3194 m
Südl. des Wassertalkogels mit wenig ausgeprägtem Gipfelbau im Kamm aufragend. 1. touristische Ersteigung: Dr. A. M. Berns mit Frau und Dr. J. v. Rees mit Führer Th. Ploner, 1878. Wird vom „Mainzer Höhenweg" berührt.

● **593 Übergang vom Wassertalkogel,** ½ st.
Vom Wassertalkogel über den Blockgrat südl. auf den Gschrappkogel.

● **594** **Wurmsitzkogel,** 3080 m
Kammerhebung nördl. des Pollesjoches mit Schrofen und Geröllflanken gegen W und kleinem Felsabsturz gegen SO ins Pollestal. 1. touristische Ersteigung: R. L. Kusdas, 1895. Über den Gipfel führt der „Mainzer Höhenweg".

● 595 a) **Vom Pollesjoch.** 1 st.
Vom Joch nördl. über den flachen Grat über Geröll und Blöcke auf den Gipfel.

● 596 b) **Von Westen.** Von Mittelberg über die steilen Hänge und Geröllflanken. 4 st, nicht lohnend.

● 597 c) **Vom Gschrappkogel.** 1—1½ st. I.

● 598 Perlerkogel, 2763 m

Schroffer Felsberg am Beginn des Polleskammes, über dem Ötztal und dem Eingang des Pollestales aufragend. (Auf der Freytag-und-Berndt-Karte fälschlich bei P. 2707 m eingezeichnet. Dieser Punkt ist ein Vorkopf.) 1. Ersteigung: Dr. F. R. v. Juraschek und Frau mit Führer Rimml, 1897.

● 599 a) **Von Südosten.** Von der Gransteinalm 3 st.
Von Sölden im Ötztal über die Straße talaus bis zum kleinen Weiler Mitterhof. Hier auf gutem Weg nördl. dem Hang entlang und in einer großen Kehre empor zur Äußeren Gransteinalm. Über die Hänge nordwestl. empor zum Perlersee und über Geröll und Schrofen, zuletzt kurz über Fels zum Gipfel.

● 600 b) **Von Süden.** Von der Gransteinalm 3½ st.
Von Sölden zur Gransteinalm. In Richtung des höchsten Punktes gerade empor. In einer Schlucht aufwärtssteigend, gelangt man zu einer Felsplatte südl. des Gipfels. Rechts von ihr über Geröll, Platten und Rasenflecke in ein Schartl und aus ihm über den kurzen Grat zum Gipfel.

● 601 Graskogel, 2786 m

Schöner, steil aufragender Gipfel südl. des Perlerkogels, westl. über dem Perlersee aufragend. 1. Ersteigung und Überschreitung: Dr. H. Pfaundler, 1933.

● 602 a) **Von Süden.** Teilweise IV—, von der Gransteinalm 3½ st.
Von der Alm westl. über die Hänge empor in das Kar des Perlersees. Südl. des Sees über Geröll und empor in die Scharte zwischen Graskogel und Gransteinkopf. Aus der Scharte über den Gratabbruch empor; man umgeht ein steiles Stück auf der Pollestalseite, ebenso einen schroffen Gratturm. Auf den schmalen Grat zurück, über ein Reitgratl auf ein flaches, rasenbedecktes Gratstück und kurz zum Gipfel.

● 603 b) **Überschreitung zum Perlerkogel.** ³/₄ st.
Vom Gipfel nördl. hinab gegen die tief eingeschnittene
Scharte. Über mehrere Gratzacken hinab. Der letzte steile Gratabbruch vor dem Schartl wird rechts durch eine Rinne umgangen. Hinab gegen die Gras- und Geröllhänge der S-Flanke
des Perlerkogels. Durch sie empor auf seinen Gipfel.

● 604   **Gransteinkopf,** 2803 m
Zwischen dem Söldner Grieskogel im S und dem Graskogel im
N mit rundem Felsgipfel im Kamm aufragend.

● 605 **Aus dem Perlersee-Kar,** von der Gransteinalm 3 st.
Von der Alm westl. empor in das Kar des Perlersees und südwestl. über Geröll und Schrofen auf den Gipfel.

● 606   **Söldner Grieskogel,** 2911 m
Südl. des Gransteinkopfes mit wenig ausgeprägtem Gipfel.
Im Winter nicht ratsam.

● 607 Von **Hochsölden** (2¹/₂ st) auf einem Steig nach N über
die weiten Hänge empor und über die SO-Flanke des Berges
auf seinen höchsten Punkt.

● 608 **Lange Wand** und **Breitlehner,** 2865 m und 2793 m
Graterhebungen südwestl. des Söldener Grieskogels.
Beide Erhebungen sind von Hochsölden über die Hänge und
die SO-Flanken leicht ersteiglich. (Lift bis zum Fuß des Steilaufschwunges.)

● 609 Die Überschreitung vom Söldner Grieskogel über den
Kamm, unter Umgehung steilerer Gratstellen, ist unschwierig.

● 610   **Breitlehnerturm,** 2765 m
Nordöstl. des Heinbachjöchls. Der Gratturm ist von einem
Spalt durchzogen.

● 611 **Von Nordosten.** III.
Von Hochsölden auf dem Weg zum Heinbachjöchl in westl.
Richtung empor und von NO auf den Turm.

● 612   **Roßkirpl,** 2942 m
Breiter Gipfel südwestl. des Heinbachjöchls. 1. Ersteigung und
Überschreitung: Dr. F. Hörtnagl, O. Zotti, 1901.

● 613 Vom Heinbachjöchl über Geröllhänge, leicht. Lift
von Hochsölden empor an den Fuß des Breitlehners.

● **614** **Rotkogel,** 2940 m

Graterhebung nordöstl. über dem Schwarzsee aufragend. 1. touristische Ersteigung und Überschreitung: Dr. F. Hörtnagl und O. Zotti, S-Grat, 1901.
Von der Rettenbachalm über die Hänge unschwierig ersteiglich.

● **615** Gratüberschreitung vom Heinbachjöchl über das Roßkirpl und den NO-Kamm des Rotkogels ist unschwierig. Schöne Skiabfahrt nach Hochsölden.

● **616** **Schwarzseekogel,** 2885 m

Blockgipfel südwestl. über dem Schwarzsee aufragend. Schrofenflanken gegen N und O.

● **617** Von der Rettenbachalm westl. über die Hänge unschwierig ersteiglich.

● **618** **Schwarzkogel,** 3018 m

Doppelgipfliger Felsberg südwestl. über dem Schwarzsee aufragend. Mit steilen Hängen gegen das Rettenbachtal abfallend. Skiabfahrt nach Hochsölden. 1. touristische Ersteigung des Nordgipfels: O. Melzer von N, 1893. Von S und Überschreitung: Dr. F. Hörtnagl und O. Zotti, 1901.

● **619** a) **Von Norden.** Reines Gehgelände, von der Rettenbachalm 4 st.
Von der Alm über die steilen Hänge westl. aufwärts zum Schwarzsee. Vom S-Ufer des Sees über die mäßig steile N-Flanke über Geröll und Schrofen zum Gipfel.
Zum Schwarzsee auch aus dem Pollestal. Bis zur Wegabzweigung zum Heinbachjöchl im Pollestal einwärts. Hier ein Stück auf dem Steig zum Heinbachjöchl hinauf, dann östl. ab und in die Karmulde empor, die mit einem kleinen See unter dem Rotkogel eingebettet ist. Südl. zum Schwarzsee und wie oben zum Gipfel.

● **620** b) **Der kurze Verbindungsgrat** zwischen Nord- und Südgipfel wird über Blöcke und Fels überklettert. II.

● **620 a** Von der Rotkogelhütte

Von der Rotkogelhütte westwärts über die Birgseeblenmulde bleibend, dann bergan zur Scharte 2796 m. Dahinter der Schwarzsee. An seinem Südufer vorbei über Schutthalden südwestwärts zum Gipfel.

● 621   Vorderer Einzeigerkogel, 2982 m

Gratschulter südwestl. des Schwarzkogels.
Vom Schwarzkogel über den Blockgrat südl. hinab und durch eine lange Gratsenke auf den höchsten Punkt des Einzeigerkogels.

● 622   Roter Turm, 2966 m

Der Rote Turm ragt als Gratkopf nördl. der Pollestürme im hintersten Polleskamm auf. 1. Ersteigung und Überschreitung: Dr. F. Hörtnagl, O. Zotti, 1901.
Die Überschreitung N—S über Fels und Blöcke ist unschwierig. An der N-Flanke ausgesetzt über eine glatte Platte und über Fels auf den Gipfel.

● 623   Vier Pollestürme, ungefähr 2960 m

Gratürme im hintersten Polleskamm aufragend. 1. Ersteigung des östlichsten Turmes: F. Friedrichs, G. Schomberger mit Führer Grüner, 1894. 1. Ersteigung und Überschreitung der drei anderen Türme: Dr. F. Hörtnagl und Zotti, 1901.
Auf die Scharte vor dem ersten Turm aus dem Pollesferner (man erreicht ihn auf dem Weg von Huben im Ötztal auf das nördl. Pollesjoch) über Schrofen und Geröll. Die Überschreitung der vier Gratürme erfolgt in schöner Kletterei aus den jeweiligen Scharten vor den Türmen.

● 624   Nördlicher und Südlicher Polleskogel
3035 m und etwa 3000 m

Zwischen ihnen das Südliche Pollesjoch. 1. Ersteigung: Dr. F. Hörtnagl und O. Zotti anläßlich einer Überschreitung des ganzen Polleskammes am 10. 8. 1901.
Auf die Pollesjöcher (siehe dort) und unschwierig auf beide Erhebungen.

II. Kaunergrat

● 625   Venet, 2513 m

Freistehender Aussichtsberg im nördlichsten Teil des Kaunergrates, der durch die Talmulde des Piller vom übrigen Kamm getrennt ist. In dem kleinen Kammstück ragen nordöstl. des Venet noch das Wonnejöchl, 2497 m, das Kreuzjoch, 2383 m, und der Gampelkopf, 2226 m, und westl. der Krahberg auf. Zusammen mit dem Venet stellen sie ein prächtiges Skigebiet dar.

● **626 Venet-Seilbahn:** Talstation an der Bundesstraße zwischen Landeck und Zams. Bergstation am Krahberg, 2208 m. Sessellift zum Gipfel des Venet geplant. 2 Schlepplifte unterhalb der Bergstation. Neue Wandermöglichkeiten nach Prutz, Wenns und Piller erschlossen.

● **627 a) Von Landeck über den Krahberg.** 4½ st, bez.
Von Landeck zur Kirche und östl. in den Wald. In einer Kehre durch den Wald empor und auf die Höhe von St. Georgen. Östl. durch Wald und Wiesen, zuletzt über die freien Hänge zum Grabberg, 2208 m. Über den begrünten Kamm östl. weiter zum Venet.
Oder ohne den Krahberg zu überschreiten an seiner südl. Flanke auf einem (bez.) Weg aufwärtssteigen und den Kamm erst in der Mitte zwischen Krahberg und Venet betreten.

● **628 b) Vom Weiler Piller über die Südhänge.** 2½ st.
(Den Piller erreicht man von der Postautohaltestelle Wenns im Pitztal auf der Straße, die südwestl. in die waldige Hochfläche emporführt.)

● **629 c) Von Fließ im Oberinntal.** 4 st.
Von Fließ (bei der Kirche) nordöstl. aus dem Dorf und auf dem Almweg empor zur Goglesalm. Über einen Rücken und über die S-Hänge auf den Venet.

● **630 d) Von der Venethütte.** 2 st.
Von Zams im Oberinntal auf die Venethütte auf der Langesbergalm, 1752 m; durch Wald und über die Grashänge auf den Rücken westl. des Gipfels und über den Kamm auf ihn.

● **631 e) Vom Alpengasthaus Plattenrain.** 2—2½ st.
Von Arzl bei Imst über Hochasten empor zum Ghs. Plattenrain (s. dort). In schöner Wanderung über die Hochastner Alm und südwestl. empor über die Venetalm zum Gamsstein, 1954 m. Über den flachen Rücken (herrliche Aussicht auf die Kaunerberge) weiter zum Kreuzjoch, 2383 m, und über das Wonnetjöchl zum Venet.

● **632 Hohe Aifenspitze,** 2786 m
Südl. des Kreuzjöchls im nördl. Eckpunkt des Kaunergrates mit Block- und Grasflanken aufragend. Östl. im Kar liegt der dunkelgrüne Straßberger See. Vom Gipfel der Nieder Aifenspitze schöne Skiabfahrt nach Kauns am Eingang des Kaunertales. Vom Gipfel der Hohen Aifenspitze herrlicher Blick auf die Kaunerberge, Lechtaler Berge, die Ferwallgruppe und die nördl. Glockturmgipfel.

● **633** a) **Vom Piller** über die Aifner Alm 3 st.
Vom Piller (hierher von Wenns im Pitztal oder von Fließ im Oberinntal) oder von dem südwestl. gelegenen Weiler Fuchsmoos südl. durch den schönen Wald auf Almweg empor zur Aifner Alm. Über die freien Almhänge auf einem Steiglein östl. empor auf die Niedere Aifenspitze. Vom Gipfel südöstl. über Blockwerk und Geröll über den Kamm zum Gipfelkreuz der Hohen Aifenspitze.

● **634** b) **Vom Ghs. „Schön".** 3¹/₂ st.
Vom Ghs. „Schön" im Pitztal auf gutem Weg den westl. Talhang empor zur Häusergruppe Graslehen. Über die waldigen Hänge schräg südl. empor zur Unteren und Oberen Straßberger Alm (1759 m und 2033 m).
Hierher auch von den Häusern „Wiesle" im Pitztal (zwischen dem Whs. „Schön" und Wiese) auf gutem Almweg über die Äußere Ritzenrieder Alm.
Von der oberen Straßberger Alm entweder südl. der Bachfurche entlang aufwärts zum Straßberger See und gerade auf den Gipfel der Hohen Aifenspitze, oder von der Alm auf den Sattel (Kreuzjöchl) nördl. der Hohen Aifenspitze und über den Rücken auf den höchsten Punkt.

● **635** **Falkauner Köpfle,** 2836 m
Doppelgipflige Graterhebung im Kamm zwischen Hochschalterngrat im N und den Falkauner Ölgrubenköpfen im S. Felsiger Absturz gegen S. 1. touristische Ersteigung: R. L. Kusdas über den Kamm von der Aifenspitze her, 1900.

● **636** a) **Von der Aifenspitze über den Kamm.** 1¹/₂ st. Von der Hohen Aifenspitze südl. über den Blockrücken hinab und immer auf der Kammhöhe über die Erhebung des Hochschalterngrates auf die beiden Blockköpfe.

● **637** b) **Von Westen.** Von der Aifner Alm 2¹/₂ st.
Vom Piller durch den Wald empor zur Aifner Alm. Nun auf einem Steiglein an der W-Flanke der Aifenspitzen über tiefeingeschnittene Tobel südl. fast eben einwärts. Um den vom Hochschalterngrat herabziehenden Rücken herum und steil über die SW-Flanke zum Gipfel.

An die SW-Flanke auch gerade aus dem Kaunertal, entweder vom Weg Fließ — Gacher Blick — Kauns, oder von der Kaunertal-Straße unter den Höfen von Falpetan von der Straße ab und nordöstl. auf dem Weg zu den hochgelegenen Höfen von

Falpetan empor. Durch Wald und über die Hänge an die SW-Flanke und über sie zum Gipfel.

● **638**   **Falkauner Ölgrubenköpfe**
Südlicher 2825 m, Hinterer 2855 m, und Äußerer 2890 m
Felsige Kammerhebungen südöstl. des Falkauner Köpfles. Der Äußere Falkauner Ölgrubenkopf ist vom Kamm etwas nördl. vorgeschoben. Zwischen Äußerem und Hinterem Falkauner Ölgrubenkopf ist eine tiefe Scharte eingesenkt. Der Südliche ist selbständig und weniger schroff als die beiden anderen Köpfe. Ein langer Grat zieht nördl. gegen das Pitztal hinab.
1. Gratüberschreitung vom Hinteren zum Äußeren Falkauner Ölgrubenkopf: H. v. Mackowitz, H. Margreiter, E. Übel, 1902.

● **639** **a) Von Süden,** auf den Äußeren Ölgrubenkopf. Von der Falkaunalm 2½–3 st.

● **640** **b) Von Norden,** auf den Äußeren Ölgrubenkopf. Von der Oberen Straßberger Alm 1½–2 st.
Von der Oberen Straßberger Alm (hierher auf Almweg vom Ghs. „Schön" im Pitztal) südl. empor in die Mulde des Straßberger Sees. Links des Sees über die Hänge und über Geröll auf den vom Falkauner Köpfle nördl. ziehenden Gratrücken, den man ein Stück (südl.) verfolgt. Dann südwestl. hinab in das Kar und in eine Rinne, die zum N-Grat des Äußeren Ölgrubenkopfes emporzieht. Zuerst mühsam über loses Geröll in ihr aufwärts, dann links von ihr über Schrofen und Wandstellen an den N-Grat und über Platten zum Gipfel des Äußeren Kopfes.

● **641** **c) Überschreitung** vom Äußeren zum Hinteren Ölgrubenkopf. ½ st.

● **642**   **Stupfarriköpfle,** 2808 m
                Schalwand. 2941 m
Bei Obersteiner: Stupfari und Schalenberg.
Stupfarri, ursprünglich: stoutpfaerrich = „Stutenpferch".
Das Stupfarriköpfle steht nordwestl. des Niederjöchls, mit wenig ausgeprägtem Geröll- und Blockgipfel im Hauptkamm. In dem von ihm nördl. streichenden Grat ragt die Schalwand mit schöner Block- und Felspyramide auf. Der nördlichste Ausläufer dieses Grates ist der Söllberg, 2628 m. Im Kar am O-Fuß des Stupfarriköpfles liegt der Krumme See. 1. touristische Ersteigung: R. L. Kusdas, 1900.

● 643 a) **Vom Niederjöchl über den Südostrücken auf das Stupfarriköpfle.** Vom Joch ³/₄ st.
Aus dem äußeren Kaunertal über Kaltenbrunn auf das Niederjöchl (s. dort); vom Joch nordwestl. über Blockwerk und Geröll auf das Köpfle.

● 644 b) **Vom Krummen See über die Südflanke der Schalwand.** 1¹/₂ st.
Von Wiese im Pitztal über die Söllbergalm, den Brechsee zum Krummen See. (Weg Niederjoch — Wiese, umgekehrte Richtung.) Durch das Kar nördl. empor und über Geröllhalden zum Gipfel der Schalwand.

● 645 c) **Die Schalwand** kann auch vom Niederjöchl über das Stupfarriköpfle und den Verbindungsgrat erreicht werden. Vom Jöchl 1¹/₂ st.

● 646   **Aherkogel,** 2803 m, **Stallkogel,** 2603 m,
Kitzmörder, 2359 m
Vom Hauptkamm des Kaunergrates zweigt östl. des Niederjoches ein Grat ab, der östl. zum Aherkogel und von dort in zwei Seitenkämmen nordöstl. und östl. gegen das Pitztal hinabstreicht. Der nordöstl. Zweig trägt den Kitzmörder, der östl. den Stallkogel.
Der Aherkogel kann aus dem Kar des Krummen Sees (auf dem Weg Niederjöchl — Wiese, umgekehrte Richtung) leicht erstiegen werden.
Der Kitzmörder vom Brechsee aus, der Stallkogel ebenfalls vom Brechsee aus, indem man den Rücken des Kitzmörders südl. umgeht oder überschreitet und südl. über die Hänge auf den Gratkopf gelangt.

● 647 **Vorderer und Mittlerer Stupfarri** (Neuberg),
2912 m; **Hinterer Stupfarri,** 2896 m; „**Beim Steinmanndl**",
2898 m
Graterhebungen südl. des Stupfarriköpfles und nördl. des Peischlkopfes (östl. des Niederjöchls Abzweigungspunkt des Aherkogelkammes) im Hauptkamm.

● 648 a) **Vom Niederjöchl über die Erhebungen.** 1 st.
Vom Niederjöchl südöstl. auf eine flache Schulter; und über den Grat südl. über die vier Erhebungen in die Scharte vor dem Peischlkopf.

● 649 b) **Aus der Scharte nördlich des Peischlkopfes.** 1¹/₂ st.
Aus dem Kaunertal über Kaltenbrunn und südöstl. durch

Wald empor auf die Gallrutalm, 1847 m. Durch ein grasiges
Tal nordöstl. empor und in die Senke nördl. des Peischlkopfes.
In die Senke auch von O aus dem Pitztal. Von den Häusern
Wiesle, Schweighof (talaus von Leonhard im Pitztal) westl.
empor zur Neubergalm. Südwestl. weiter bis die Steigspuren
den Bach überschreiten. Hier dem rechten Bachlauf folgend
vom Steig ab und südwestl. im Plötzigkarle empor. Über Schutt
und unschwierige Felsen steil in die Senke im N-Grat.
Aus ihr über den schrofigen Grat nördl. und nordwestl. empor

● **650 Peischlkopf,** 2914 m; **Wallfahrtsköpfl,** 2850 m
Der Peischlkopf besteht aus einer schmalen, doppelgipfligen
Gratschneide, die durch eine Kammbiegung etwas westl. gestellt
ist. Der lange, gegen das Wallfahrtsjöchl (2770 m) herabziehende SO-Grat trägt den Gratkopf des Wallfahrtsköpfls. 1. bekannte Ersteigung: Dr. O. Hähnle mit Führer R. Mark von
W, 1900.

● **651 a) Westgrat.** II, von der Gallrutalm 3 st.
Aus dem Kaunertal wie auf dem Weg zum Wallfahrtsjöchl
über Kaltenbrunn zur Gallrutalm. Von der Alm gerade östl.
über Grashänge empor an den W-Grat und über Rasenstreifen
auf ihn. Über mehrere Gratzacken und Blöcke auf den westl.
Gipfel.

● **652 b) Südflanke.** II, aus dem Kar am Fuß der S-Flanke
2 st.
Von der Gallrutalm auf dem Weg zum Wallfahrtsjöchl empor,
und unterhalb des Jöchls von O her an den Fuß der S-Flanke.
Über steile Rasenhänge, Plattenrinnen und Schrofen schräg
nordwestl. aufwärts und empor in das kleine Kar südl. des
Gipfels. Über Platten auf den höchsten Punkt.

● **653 c) Südostgrat und Überschreitung des Wallfahrtsköpfls**
(Dr. F. Hörtnagl, A. Schönbichler, 1902). II, vom Kreuznieder
1 st.
Aus dem Kaunertal über die Gallrutalm in das Kar am S-Fuß
des Peischlkopfes empor. In die kleine Mulde schräg unterhalb
der Kreuznieder und durch eine steile Grasrinne von links
unten schräg nach rechts oben auf diese (mühsam). Nun immer
an der Gratkante (schroffe plattige Zacken können an der S-
Seite umgangen werden) bis zum obersten turmartigen Gratabbruch. In schöner Blockkletterei auf ihn und zum höchsten
Punkt.

● **654** d) **Nordflanke** aus dem nordwestl. eingelagerten Kar. Von der Gallrutalm 2 st. Von der Falkauner Alm 2½ st.
Von der Gallrutalm durch ein gegen NO emporziehendes grasiges Tal in das nordwestl. eingelagerte Kar.
Hierher auch von der Falkauner Alm, südöstl. über Weidehänge und Geröll in Richtung auf den Peischlkopf ansteigend in das Kar.
Durch Risse und über Platten auf den höchsten Punkt.

● **655** e) **Übergang vom östlichen zum westlichen Gipfel.** II, ¼ st.

● **656** **Kleiner Dristkogel,** 2934 m
(Früher in der AV-Karte irrig „Pauschlerkogel" genannt.) Südl. des Wallfahrtsjöchls mit kegelförmigem Gipfelbau aufragend. Von dem südl. aufragenden Großen Dristkogel durch die Dristkogelscharte, 2810 m, getrennt. 1. touristische Ersteigung: Dr. F. Hörtnagl und A. und O. Zott, von NO, 1900.

● **657** a) **Von Nordosten** (Weg der Erstersteiger). Von St. Leonhard 5 st.
Von St. Leonhard im Pitztal auf dem Weg zum Wallfahrtsjöchl auf den Neubergsattel und in das Hochkar auf der O-Seite des Wallfahrtsjöchls. In Richtung gegen die tiefste Einsattelung die Jöchls empor, bald jedoch südl. ab und über ein Schutt- und Eisfeld in das SW-Eck des Kares am Fuß des Berges. Durch eine hier ansetzende steile Eisrinne, oder rechts davon über steile Felsen auf die Grathöhe und über den letzten Teil des N-Grates zum Gipfel.

● **658** b) **Nordgrat** (Hechenbleikner, 1902). II, vom Wallfahrtsjöchl 1 st.
Aus dem Pitztal oder aus dem Kaunertal auf das Wallfahrtsjöchl. Südl. über den plattigen Grat und über Fels zum Gipfel.

● **659** c) **Südgrat** (Hechenbleikner, 1902, im Abstieg). II, von der Dristkogelscharte (2810 m) ¾ st.
Von St. Leonhard (Whs. Liesele) über die Pitze. Gleich rechts durch ein Gatter und auf dem neuen Weg talauswärts hinauf, bis er in einer Spitzkehre in entgegengesetzter Richtung (talein) abbiegt. (Geradeaus gelangt man zur Neubergalm.) Unser Weg führt jetzt taleinwärts, und in mehreren Kehren, an Bankln vorbei, zur Tiefentalalm. (Herrlicher Blick durch das Gschwandttal auf die Rofelewand.)

Von hier empor zur oberen Hütte der Tiefentalalm auf dem Neubergsattel. Südwestl. aufwärts (etwas unterhalb des vom Hauptkamm herabziehenden Rückens) und über Schuttfelder in das Kar zwischen Kleinem und Großem Dristkogel. Über Schrofen in die Scharte.

In die Dristkogelscharte aus dem Kaunertal. Über die Gallrutalm (auf dem Weg zum Wallfahrtsjöchl) unter dem Wallfahrtsjöchl südl. ab und zum Rand des Gallrutferners empor (den W-Rücken des Kleinen Dristkogels umgehend). Über Geröll und Firn steil östl. in die Scharte.

Aus der Scharte über den breiten, plattigen S-Kamm in festem Gestein und auf den höchsten Punkt.

● **660** **Großer Dristkogel** (Tristkogel), 3059 m

Mächtiger Felskegel mit steilen Felsabstürzen gegen O und S. Die N-Flanke fällt zur Dristkogelscharte (2810 m) ab. Am W-Fuß der Gallrutferner. 1. Ersteigung: Dr. F. Hörtnagl, H. Margreiter, von N, 1899.

● **661** a) **Von Norden.** Aus der Pauschlerscharte (Weg der Ersteiger). III, von der Scharte 2 st.

Von St. Leonhard in die Pauschlerscharte (wie bei der Besteigung des Kleinen Dristkogels über den S-Grat).

Vom Kaunertal über die Gallrutalm empor zum Beginn des Gallrutferners und über Firn und Geröll steil in die Scharte.

In die Scharte auch von St. Leonhard über die Tiefenbachalm auf dem Weg zum Wallfahrtsjöchl. Vor dem Jöchl im hintersten Winkel des Neubergtales („Im Salig") südl. auf den O-Grat des Kleinen Dristkogels. Jenseits in den Abstürzen auf Bändern immer in gleicher Höhe querend, zuletzt über plattige Felsen auf Geröll und empor in die Dristkogelscharte.

Aus der Scharte zuerst über Firn gerade hinauf und westl. haltend zu einer Firn- und Felsrinne im Hang. In ihrer Nähe gerade über steile Platten empor, bis man über ein steiles breites Felsband (unterhalb der Gipfelwand) in die Rinne gelangen kann. In ihr soweit als möglich aufwärts, dann Quergang nach rechts hinaus zu einer Nische. Aus ihr durch einen überhängenden, flachen Kamin empor zu einem Schartl und kurz aufwärts zum Gipfel.

● **662** b) **Südwand** (L. Hechenbleikner, 1902; einen weiteren Anstieg führten Dr. H. Pfaundler, K. Polaczek und F. Fr. von Werdt, 1906 aus). III—, $1^{1}/_{2}$ st E.

Von St. Leonhard empor zur Tiefentalalm und westl. über die Hänge und Geröllhalden in das Geröllkar am Fuß der S-Wand. Einstieg am Beginn einer auffallenden Rinne, die vom östl. plattigen Wandteil gegen die Wandmitte hinauf führt. Vom Einstieg in die Fallinie des höchsten Punktes. Von hier über ein begrüntes Band in eine schluchtartige Rinne. In ihr bis zu einem Überhang empor. Unter ihm nach links über Platten und durch einen überhängenden Kamin mit Klemmblock in der sich allmählich zurücklegenden Wand, über den letzten Gipfelaufbau unmittelbar zum höchsten Punkt.

● **663** c) **Ostwand** (aus dem Kar „Im Boden", E. Strubich, 1921). III—, von St. Leonhard 6½ st.

Von St. Leonhard über die Tiefentalalm südwestl. empor in das Kar „Im Boden", südwestl. der Tiefentalalm und an den Fuß der O-Wand.

Einstieg in Gipfelfallinie. Zu auffallenden Felszacken in 50 m Höhe hinauf. Man umgeht die schroffen Zacken gegen links, geht durch eine Kaminreihe (ein Klemmblock wird links überklettert) in weniger steile Felsen und westl. gegen den schon sichtbaren Gipfel zu aufwärts. Einige Platten umgeht man rechts und durch eine Mulde in Richtung auf einen Gratzacken empor. Vor ihrem Ende auf schmalen Bändern südl. und zuletzt sehr steil über die Wand zum Gipfel.

● **664** d) **Von Südwesten** (Dr. L. Obersteiner, A. Puchner, 1921). III, von der Gallrutalm 3½ st.

Von der Alm auf dem Weg zum Wallfahrtsjöchl aufwärts. Wo der Weg sich gegen NO um die Ausläufer des Kleinen Dristkogels wendet, gegen rechts (östl.) zum Gallrutferner empor. Über den ersten kleinen Eisbruch in Richtung auf die steile Eisrinne aufwärts, die in die Scharte zwischen Großem Dristkogel und dem 1., südl. davon aufragenden Felsturm emporzieht; in ihr bergauf zum Turm und weiter über den Gletscher empor, schließlich von S her durch Schuttrinnen auf den Turm. Jenseits über glatte Platten absteigend (vier Seillängen) in die erwähnte Scharte südl. des Großen Dristkogels. Durch die SW-Flanke ziehen zwei Felsrippen aufwärts, die durch eine mehrfach abbrechende Rinne getrennt werden. Aus der Scharte über die südwestl. Rippe empor, die eine scharfe Felsschneide ist. An ihrem Ende in schöner Kletterei 6 Seillängen an einer Kante hinauf bis unter einen Felszacken, der schon von unten gut sichtbar ist. An seiner Kante 15 m empor und unter seinem Gipfel nach links um die Ecke und an seiner N-Seite auf einem Band eben in die Scharte, die zwischen der südwestl. und der südl. Rippe eingeschnitten ist. Durch die W-Wandseite aufwärts und auf die südl. Rippe und über sie nördl. über Blockwerk zum Gipfel.

● 665   Brehnkopf (Hoher Radlstein), 3016 m

Schmaler Felsgipfel südwestl. des Dristkogels, vom Hauptkamm westl. vorgeschoben und durch einen Firnsattel getrennt. Südl. der Gsallferner, an die N-Flanke legt sich der kleine Gallrutferner an. Im Volk wird als Radlstein nicht der Brehnkopf, sondern eine eigenartig runde Felsbastion im W-Grat, 2609 m, bezeichnet; P. 2996 wird dagegen nur Brehnkopf genannt. 1. Ersteigung: Dr. F. Hörtnagl, A. Schönbichler, von O, 1902.

● 666   a) **Über die Ostkante**, aus dem östl. Firnsattel (Weg der Ersteiger). I, von der Gallrutalm 2½—3 st.
Von der Gallrutalm auf dem Weg zum Wallfahrtsjöchl südöstl. hinauf. Dort wo der Steig vom Bach östl. emporführt, südl. ab und dem Bachlauf folgend weglos aufwärts zum Gallrutferner. An seinem östl. Rand in die Einsattelung östl. des Brehnkopfes. Aus ihr über die Gratsenke über Blockwerk zum Gipfel.

● 667   b) **Südflanke** (Dr. L. Obersteiner, K. Schreiner, 1926). II, aus dem Gsallferner 1½ st.
Von der Gallrutalm wie in a) auf den Sattel östl. des Brehnkopfes und jenseits auf den Gsallferner hinab. Aus ihm über die S-Flanke über Blockwerk zum Gipfel.
Der Gsallferner kann auch von Vergötschen im Kaunertal über die Gsallalm und der Talfurche folgend über Geröll erreicht werden.

● 668   Muttler, 2703 m

(Alte AV-Karte: Bruchkopf, 2749 m.)
Felskopf in dem vom Brehnkopf nordwestl. streichenden Grat. 1. bekannte Ersteigung: Dr. L. Obersteiner, J. Roß über den W-Grat im Abstieg, 1923.

● 669   a) **Von Osten.** Vom Gallrutferner 1 st.
Von der Gallrutalm südöstl. empor auf dem Weg zum Wallfahrtsjöchl und in Richtung auf den Brehnkopf südl. auf den Gallrutferner. Östl. eines vom Muttler gegen N herabziehen-

den Grates über den Ferner hinauf und an die O-Flanke des Berges. Durch eine steile Blockrinne in ein Schartl und südl. kurz zum höchsten Punkt.

● **670 b) Von Südwesten.** Von der Gsallalm 3 st.
Von Vergötschen im Kaunertal gerade östl. über den steilen waldigen Hang empor und über die freie Fläche zur Gsallalm. Von der Alm nordöstl. über die Grashänge und kleine Felsabsätze. In gleicher Richtung weiter und durch eine lange Schutt- und Blockrinne in leichter Kletterei zum Gipfel.

● **671 c) Westgrat** (Dr. L. Obersteiner, J. Roß, im Abstieg, 1923). II, von der Gsallalm 2^1/$_2$ st.
Von Vergötschen wie in b) zur Gsallalm. Von der Alm nordwärts gerade empor, dem von der SW-Flanke des Muttlerkopfes herabkommenden Bodenbach entlang aufwärts zu einer kleinen Schulter südwestl. unter dem Grat. Von hier östl. über den schrofigen Rücken und über Felsen auf den langen NW-Grat. Südöstl. über ihn bergauf, durch ein großes Felsfenster kurzer Abstieg in die S-Flanke. Der folgende Grat kann an der Gratschneide, oder etwas unterhalb in der S-Seite begangen werden. Zuletzt steiler und dann zum Gipfel.

● **672 d) Übergang zum Brehnkopf**, ^{3}/$_4$ st.
Über den Grat nach SO und O über unschwierige Felsen und Blöcke zum Radlstein.

● **673   Gsallkopf**, 3278 m
Nach allen Seiten schroff abstürzende, dunkle Felspyramide im Kamm südl. des Großen Dristkogels. Vom Gipfel zieht ein langer Grat gegen W, der das Hochrinneck und den Schweikert trägt. An den S-Fuß legt sich das Gletscherbecken des Schweikertferners an, an die O-Flanke der kleine, steile Gschwandferner und an die W-Seite der Gsallferner. 1. Ersteigung: M. Peer, L. Prochaska, vom Tiefentalferner über den N-Grat, 1894. In der älteren Literatur auch „Grießkogel" genannt.

● **674 a) Nordgrat** (Weg der Erstersteiger). Eisarbeit, Fels II. Von der Tiefentalalm 4 st. Von der Gallrutalm 3^1/$_2$–4 st.
Von der Tiefentalalm südwestl. durch das Tal des Gschwandbaches einwärts. Im Hintergrund des Tales dem nördlichsten Bachlauf folgend westl. in das Kar südl. des Großen Dristkogels. Von hier in die Scharte, nördl. des ersten steileren Abbruches des eben herabstreichenden N-Grates des Gsallkopfes

(die tiefste Einsenkung zwischen Dristkogel und Gsallkopf ist nördl. davon, südl. von zwei scharfen Türmen im S-Grat des Dristkogels. Ihre Überkletterung ist zeitraubend).

In diese Einschartung vor dem ersten Gratabbruch auch von der Gallrutalm auf dem Weg zum Wallfahrtsjöchl empor und südöstl. ab zum Gallrutferner. Über ihn südl. aufwärts und in die Einschartung östl. des Brehnkopfes, die den Gallrutferner vom Gsallferner trennt. In die Einschartung auch von der Verpeilhütte, indem man wie in b) auf den Gsallferner und über den Gletscher auf die Einsattelung östl. des Brehnkopfes emporsteigt. Von ihr über Firn und Geröll südöstl., entweder in die Einschartung vor dem Abbruch, oder gerade hinauf über Schrofen auf den ersten Gratkopf. Aus der Einschartung durch gutgestufte Felsen empor auf den Gratkopf, und über den breiten, zuerst flachen N-Rücken bergauf. Felszacken können bei guten Schneeverhältnissen an der W-Seite umgangen werden. Über ein steiles Firnfeld erreicht man die Felsen des Gipfelaufbaues. Über die Gratkante gerade empor, einen größeren Block durch einen Kamin umgehend, und über die steile Kante (z. T. Firn) und schroffe Felsen zum höchsten Punkt.

Günstigster Abstiegsweg, vor allem mit der Fortsetzung des Abstieges bis Feichten. Der Steilabbruch ins Kaunertal wird auf einem kleinen Felsensteig an der orogr. linken Talseite überwunden.

● 675   b) **Westwand** (E. Strubich, 1921). III+, von der Verpeilhütte 5 st, 3 st E.

Von der Verpeilhütte auf dem Weg zum Rofelejoch bis ungefähr in die Fallinie der tiefsten Einsenkung des Verbindungsgrates Hochrinneck — Gsallkopf aufwärts. Hier nördl. über Geröll und durch eine der felsigen Rinnen in das Schartl empor (2959 m). Jenseits über Geröll und Schrofen wenig steil hinab auf den Gsallferner und nordöstl. über ihn an den Beginn der W-Wand.

Über die Randkluft und gegen einen turmartigen Vorbau hinauf. Von N hinter diesen empor. Nun in einer schmalen Eisrinne (Eisarbeit) bis in halbe Höhe aufwärts, dann nach links über Schrofen gegen eine steile Wandstelle, die man rechts durch flache Rinnen und über Blockwerk umgeht. Durch eine Eisrinne und ein Wandl auf einen kleinen Sattel. Über steilen Firn Quergang nach links und über Platten und einen engen Riß (brüchig) steil empor. Nun weniger schroff gerade bergauf

1 Gsallkopf von S   Foto: Fred Oswald
1 = Übergang vom Hochrinneck, R 685, 2 = SW-Grat, R 677, 3 = Südflanke, R 678

zu dem Sattel, wo die große, von NW heraufziehende Eisrinne endet. Nun ungefähr 50 m durch flache Rinnen gerade empor, rechts auf einem Band bis zum Beginn einer Verschneidung, in ihr 20 m hinauf. Die überhängende Gipfelwand umgeht man auf sehr schmalem Band rechts aufwärts. Zuletzt über eine Wandstelle und Platten zum Gipfel.

● 676 c) **Nordwestkante** (im Abstieg: J. Ittlinger, K. Markert, B. Neigert, 1922). II, oberer Teil III—; aus der Einsattelung östl. des Brehnkopfes $2^{1}/_{2}$ st.
Von der Verpeilhütte wie in b) auf den Gsallferner und nördl. in die Einsattelung östl. des Brehnkopfes.
Aus der Einsattelung östl. gegen den Schuttrücken empor, der vom N-Grat des Gsallkopfes gegen W absinkt. Auf ihm und durch eine steile Mulde (zum Teil Eishänge) empor und Quergang nach S (oberhalb der Felsabstürze) und an die Kante. An ihr über steilen Fels zum Gipfel.

● 677 **Südwestgrat** (Dr. L. Obersteiner, A. Pucher, 1921). Teilweise III+, von der Verpeilhütte $3^{1}/_{2}$—4 st.
Von der Hütte wie auf dem Weg zum Rofelejoch auf den Schweikertferner und empor in seine nordwestl. Bucht. Über Geröll und gutgestuften Fels auf den SW-Grat (westl. des Gipfelaufbaues).
Durch einen Kamin auf steilen Grataufschwung, den man auch in der S-Flanke gegen eine Schlucht hin umgehen kann, die auf den SW-Grat emporführt. Über die Gratkante zum Gipfel.

● 678 e) **Südflanke** (im Abstieg: K. Berger, E. Franzelin, I. Hechenbleikner, 1903). II, von der Verpeilhütte 4 st.
Von der Hütte auf dem Weg zum Rofelejoch auf den Schweikertferner und zum Fuß der S-Wand in Fallinie der im unteren Teil der Wand eingelagerten Schneeflecken. Über eine Felsstufe auf geröllbedeckte Terrassen und zu einem der Firnflecken. Nordwestl. empor gegen eine schluchtartige Rinne, in dieser in nordwestl. Richtung aufwärts und an den Beginn des steilen, plattigen Gipfelaufbaues (mehrere Wege möglich). Nun zu einem steilen Riß, der bis kurz unter dem Gipfel emporführt. Zuletzt in gutgestuftem Fels zum höchsten Punkt.

● 679 f) **Ostwand** (und SW-Grat: I. Hechenbleikner, 1904). Eistour, zum Teil II, von der Tiefentalalm 5 st.
Von der Tiefentalalm (1 st von St. Leonhard im Pitztal) südwestl. durch das Hochtal des Gschwandtbaches einwärts und zum kleinen Gschwandtferner empor.

Den Durchstieg vermittelt eine Rinne, die die ganze Wand durchzieht. Durch diese im unteren Teil meist vereiste Rinne empor; dann in überaus brüchigem Gestein durch die im oberen Teil weniger ausgeprägte Rinne zum Gipfel.

● 680 **Hochrinneck**, 3027 m, 3061 m

In dem vom Gsallkopf südwestl. streichenden Kamm mit schroffen Felsflanken gegen N und S aufragend. Schöner Kletterberg. 1. bekannte touristische Ersteigung von SW, 1907.

● 681 a) **Von Südwesten** (Weg der Erstersteiger). II, von der Verpeilhütte 3½ st.

Von der Hütte nördl. über den Bach und steil über die grasigen Hänge nordöstl. empor. Über Schutt zum Beginn mehrerer Felsrippen. Nördl. in einer der Rinnen zwischen den Rippen hinauf (im unteren Teil Steinmänner), dann nordöstl., mehrere Felsrippen überkletternd und in einer Rinne solange bergauf, bis ein Abbruch eine Umgehung nach rechts auf die nächste Rippe erzwingt. Über Felsen empor an den W-Rand und mittelbar über die Kante zum schöngeformten Gipfel.

● 682 b) **Westgrat**. III, von der Verpeilhütte 5 st.

Von der Hütte nördl. über den Bach und nordwestl. empor (teilweise Steigspuren und Steinmänner), unter dem schon von unten sichtbaren großen, geröllbedeckten Plattenschuß nach links und hinauf zur Senke im Grat östlich des Schweikert. In prächtiger Kletterei über den langen, mit vielen Zacken und Türmen versehenen Grat zum Gipfel.

● 683 c) **Von Südosten** (im Abstieg: Dr. J. Heilbronner mit Führer R. Mark, 1910). Teilweise II, bester Abstieg, vom Gipfel zur Verpeilhütte 2½ st.

Vom Gipfel über den O-Grat in die erste Scharte. Von hier südöstl. in der Rinne, stellenweise plattig, so weit als möglich hinab. Dann auf die linke Begrenzungsrippe und dieser entlang abwärts und in die linke Rinne. Wo sie abbricht, auf die nächste Gratrippe. An ihr hinab und über die steilen, grasbewachsenen Schutthänge südöstl. abwärts zum Verpeilbach und talaus zur Hütte.

● 684 d) **Südgrat** (L. Sperlich, A. Socher, 1924). II, von der Verpeilhütte 4 st.

Von der Hütte nördl. über die steilen Hänge empor zum Beginn des S-Grates. Der unterste steile Abbruch wird nach rechts auf einem schon von unten gut sichtbaren Grasband umgangen. In der südl. Flanke empor, bis sich der Grat steil aufschwingt, über den Grat gerade aufwärts zum Gipfel.

● **685** e) **Gratübergang Hochrinneck — Gsallkopf** über den SW-Grat (in umgekehrter Richtung: I. Hechenbleikner, 1905). IV—, eine Seillänge V, 6 st.
Vom Gipfel des Hochrinnecks durch die S-Flanke absteigend und nordöstl. auf die Erhebung vor dem tiefsten Einschnitt im Grat. Über Fels und Firn, über Schrofen und klobige Türme bis vor dem Gsallkopf. Über die Kante bis vor eine 40 m hohe Platte, die quer im Grat den Weiterweg sperrt. Durch eine unten sehr engen Riß (15 m) oder über senkrechte Wandstellen an der rechten Begrenzungskante (V) auf eine kleine Stufe (Sicherungsplatz), und 15 m steil empor auf den oberen Rand der Platte. Von hier immer etwas östl. unterhalb der Gratkante auf den Gipfel. (Im Abstieg kann die Platte in der S-Flanke umgangen oder durch Abseilen überwunden werden.)

● **686** f) **Nordwand** (Dr. L. Obersteiner, J. Roß, 1923). III, zum Teil Eisarbeit. Von der Gsallalm 6 st.
Von Feichten talaus bis Vergötschen und östl. steil empor zur Gsallalm. Südöstl. des Baches entlang talein, dann über Moränen aufwärts und südl. unter den Abbruch des Gsallferners. Hier zieht ein steiler Firnstreifen (rechts der glatten, schwarzen Wände des Hochrinnecks) gegen den O-Grat des Hochrinnecks empor. Über eine Felsrippe links der Firnrinne südl. hinauf bis sie ungangbar wird. Hier über Felsen rechts haltend empor bis an den unteren Rand des in der Wandmitte eingelagerten Schnee-(Eis-)feldes, und gerade über den Firn und nach rechts heraus auf die Felsen. Über Platten nach rechts aufwärts bis vor eine Kante. Hier nach links in einen Kessel und in seiner Mitte durch einen Wasserfall und durch eine Rinne (überhängend) sehr glatt aufwärts. Über weniger geneigte Platten an den W-Grat und über den Gipfelblock auf den höchsten Punkt.

● **686 a** g) **NNO-Wand** (K. Gstrein, Chr. Ulf, 1972), Wandhöhe 700 m, IV mit Stellen V, Zeit der Erstbegeher 6 st E.
Von Vergötschen im Kaunertal auf bezeichnetem Steig ins Gsalltal. Die NNO-Wand des Hochrinneck wird zur Hälfte von einer auffallenden, riesigen Verschneidung durchzogen. Der Einstieg befindet sich am Fußpunkt dieser Verschneidung. Direkt durch die Verschneidung empor, mit kurzen Abweichungen nach rechts (IV, einige Stellen V) bis zu

deren Ende. Vom Ende der Verschneidung über Platten und Risse gerade aufwärts (III) bis zum Gipfelgrat und über diesen in wenigen Minuten zum Gipfel.

● **687** **Schweikert,** 2881 m

Gratkopf im Grat westl. des Hochrinnecks. Schrofenflanken nach N in das Tal der Gsallalm und nach S gegen das Verpeiltal. 1. touristische Ersteigung: S. Simon, 1893.

● **688** a) **Von Südosten.** I, von der Verpeilhütte 2½ st.
Von der Hütte wie in R 682 auf die Senke im Grat östlich des Schweikert. Dann über den O-Grat auf den höchsten Punkt.

● **689** b) **Westgrat** (Dr. L. Obersteiner, 1932). I, von der Verpeilhütte 2½ st.
Von der Hütte über die Almfläche talaus und hinab bis zur Brücke über den Verpeilbach. Über die Brücke und nördl. vom Hüttenweg ab über Geröll und durch eine lange Steilrinne auf den äußersten (westl.) Eckpunkt des Grates. Über Blockwerk ostwärts zum Gipfel. (NB.: Der unmittelbare Anstieg vom Tal über den W-Grat wird von Einheimischen als schwierig bezeichnet.)

● **690** **Rofelewand,** 3354 m

Mächtiger Doppelgipfel im Hintergrund des Gschwandtbachtales, der zu den schönsten Bergen des Kaunergrates zählt. Vom W-Gipfel stürzt eine ungemein eindrucksvolle Plattenflucht nach NW ab. Zahlreiche schöne Fels- und Eisanstiege. Auch wegen seiner großartigen Aussicht gern besucht. Gipfelbuch. W-Gipfel — 1. Ersteigung: Dr. Th. Petersen, Dr. I. Müller, K. Neuner, A. Neururer mit den Führern A. Ennemoser, J. Kirschner und G. Rauch, 1873. O-Gipfel — 1. Ersteigung: Otto Melzer, 1894.

● **691** a) **Von der Verpeilhütte durch die Eisrinne.**
(Normalweg auf den höheren Hauptgipfel). Bei guten Verhältnissen in der Eisrinne leicht, jedoch Bergerfahrung, Trittsicherheit und Schwindelfreiheit unbedingt erforderlich (II—). Unter Umständen schwierige Eistour. 3½—4 st.
Von der Verpeilhütte nördl. über den Bach und auf dem Weg zum Rofelejoch bis in die flache Senke des Schweikertferners. Nun östl. hinauf, zuerst flach, dann immer steiler ansteigend in das Firnbecken unmittelbar unter den SW-Abstürzen der Ro-

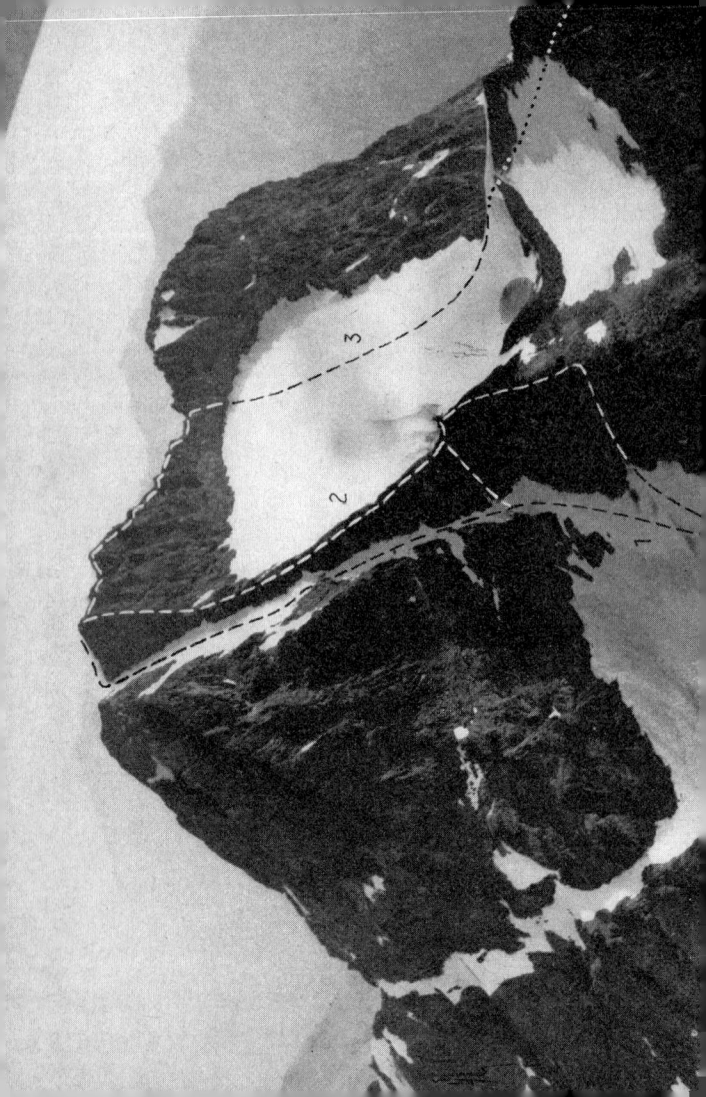

felewand. Hier sieht man bereits die Eisrinne von der W-Schulter des W-Gipfels herabziehen. Man steigt jedoch nicht gerade über die in letzter Zeit ausgeaperten, steinschlaggefährdeten Plattenhänge an, sondern gelangt im Bogen nach rechts über einige Schneestufen und Steilstücke an den Beginn der Eisrinne. Durch die immer schmäler und steiler werdende Eisrinne auf die verfirnte W-Schulter und über den Blockgrat zum Gipfel.

● **692** b) **Über die Südschulter** (Weg der Erstbegeher, 1873). Empfehlenswerter Anstieg von St. Leonhard, teilweise II, 6—7 st. Nur für bergerfahrene Geher bei guten Verhältnissen empfehlenswert.

Vom Wirtshaus Scheibele (Weiler Froschputzen) über die Brücke auf die orogr. linke Talseite. Nun leiten Viehsteige in vielen Kehren westlich steil empor. Schließlich wird südwestlich die Arzleralm erreicht. Weiter auf gutem Steig südlich zum Ausgange des südwestlich hinaufziehenden Almkares empor und in dessen Grunde südwestlich über Weiden zu einer Geröllrinne. Durch diese südlich und über Blockhalden unterhalb des dem Rofelewand-O-Grat südöstlich vorgelagerten Geröllkares durch, der N-Wand des Gamezkogels zu, an deren Fuß man den gegen W emporziehenden Totenkarferner erreicht. Nahe den Felsen der Rofelewand auf ihm westl. empor und im unteren Teil desselben gegen N durch eine Plattenmulde und über Geröll zu einem schräg nach W aufwärtsziehenden Bande und über dieses auf das oben der S-Wand des O-Gipfels angelagerte Lawinenkar. Vom südl. Rande des Lawinenkares gegen W über Eis- und Firnhänge zum Firnkamm (möglichst nahe der links emporragenden Schulter). Auf den von der S-Schulter herabziehenden breiten Firnkamm nördl., schließlich durch eine breite Firnmulde, zuletzt über steilen Firn und kurze Felsen aufwärts in die Gipfelscharte. Auf der plattigen Gratkante zu dem westl. aufragenden höchsten Punkt.

● **693** c) **Von der Verpeilhütte über die Südschulter.** Teilweise III, 4 st. (Empfehlenswert nur, wenn die Eisrinne ungangbar.)
Wie in a) empor unter die SW-Abstürze der Rofelewand. Ganz in den östl. Winkel des Ferners und in die Scharte, 3060 m, südl. des Totenkarköpfls. Von hier aus Querung der Eis- und Schneehänge knapp unter den Felsen

II Rofelewand von S   Foto: H. Klier
1 = Eisrinne, R 691, 2 = Südrippe, R 694, 3 = Südschulter, R 692 und 693

des Totenkarköpfls (Randkluft) nördl. zum S-Rand des Lawinenkares, wo man auf Anstieg b) trifft. Wie dort über die S-Schulter zum Gipfel.

● **694** d) **Südrippe** (Dr. O. Hähnle mit R. Mark, 1900). Günstige Ausweichmöglichkeit bei ungangbarer Eisrinne. Teilweise III, 4½ st von der Verpeilhütte.
Wie in a) empor an den Beginn der Eisrinne. Nun gleich rechts heraus und durch die plattigen, brüchigen Felsen unmittelbar auf den W-Gipfel empor. Auf Grund der starken Ausaperung der Eisrinne in den letzten Jahren (besonders im Spätsommer) häufig ausgeführt.

● **695** e) **Von der Kaunergrathütte zum Südfuß der Rofelewand.** Nur bei guten Eisverhältnissen ratsam, 5—6 st.
Von der Hütte nordöstl. die steilen Geröllhänge mühsam aufwärts zum P. 3085 der alten AV-Karte, einer Scharte in dem zur Parstleswand ziehenden Grat. Jenseits über einen sehr steilen Eishang (Steigeisen) und eine oft sehr schwer zu überwindende Randkluft hinab auf den südl. Teil des Neururer Ferners. (Besser und leichter 2—3 Seillängen weiter östl.) In nördl. Richtung Anstieg über einen durch einen östl. vorgelagerten Felskopf gebildeten Sattel. Nun hinunter in das Kar des stark zurückgegangenen Seebachferners; unter diesem durch, nordwärts auf die lange, weithin sichtbare Schuttgasse (Schneegasse) zu, die zur Scharte, 3017 m, zwischen Östl. und Mittlerem Sonnenkogel emporzieht. Von der Scharte weiter wie bei a) oder c).

● **696** f) **Westwand.** II, 2—3 st E.
Wie in a) empor auf den Schweikertferner. Nun nordöstl. empor in die Scharte links des Gipfelbaues der Rofelewand. Nun auf Bändern bis zur Mitte der Wand. Aufwärts zu einer rißartigen Verschneidung und über diese, etwas rechtshaltend, an einer Rippe empor, bis man in eine gutgestufte Granitrinne hineinqueren kann. In derselben empor zum Ende der nach S hinabziehenden Schneerinne und in wenigen Minuten über den Blockgrat auf den Gipfel.

● **697** g) **Nordwestgrat** (L. Hechenbleikner, 1906; gerader Anstieg vom Rofelejoch: H. Klier, Dr. Henriette Prochaska, Dr. W. Plankensteiner, L. Swarovski, 1952). III+, 3 st vom Rofelejoch.
Wie in R 293 empor auf das Rofelejoch. Nun über den gestuften Blockgrat oder die Eisfelder seiner rechten Begrenzung empor in die Scharte unter dem Steilaufschwung des Gipfelbaues. Linkerhand großartige Einblicke in die pralle NW-Wand.
Nun stets an der Gratkante ausgesetzt über den Abstürzen zur Linken in immer steiler werdendem und nicht ganz zuverlässigem Gestein drei bis vier Seillängen empor. Dort legt sich

die Kante zurück, über einige Zacken erreicht man die W-Schulter. Blockgrat zum Gipfel.

● **698** h) **Nordwand** (E. Schmid, S. Mirzinger, 1950). Teilweise IV, 9 st. Steinschlaggefährdet.
Einstieg in Gipfelfallinie bei einem auffallenden weißen Plattenriß unterhalb der obersten, vergletscherten Eisrinne des Gschwandtferners. Der Anstieg führt am rechteckigen Firnfeld vorbei zum Grat, der sich an die N-Wand anlehnt. Über diesen Grat und Blockwerk zu einem 300 m langen, schiefen Riß. Von seinem Ende über ein kurzes Gratstück zum Gipfel.

● **699** i) **Nordostwand** (K. Berger, E. Franzelin, I. Hechenbleikner, 1903). Eine der schwersten kombinierten Fahrten in den Ötztalern, die Felspartien IV, ungefähr 8 st.

Übersicht: Der Eisbuckel des Pießmesferners bildet einen Grat, der oben in einen rechts aus der Wand vorspringenden Eispfeiler übergeht, an dem sich der Einstieg vollzieht. Das mittlere Drittel der Wand ist von einem schwarzen Plattengürtel umzogen, in dem, nach rechts ansteigend, ein Eisband sichtbar ist, das mit kurzer Unterbrechung durch die senkrechte Schlußwand bis zum Hauptgipfel reicht.

Beschreibung: Von der Tiefentalalm zu dem an die Wand anstoßenden Eisbuckel des Pießmesferners und über die steilen Eishänge zu den ersten Felsen empor. Ein schmales Felsband führt nach einigen Metern zu einem schrägen Riß; etwas 15 m durch diesen und auf ein Band, welches sehr abschüssig und steil sich bis hoch hinauf fortsetzt. Höher oben geht das Band rechts in eine steile Eisflanke über, an deren anderem Ende sich ungangbare Felsen befinden. Deshalb gerade empor durch den Plattenpanzer. Oberhalb folgt ein steiles Eisfeld, über das man zur Einschartung zwischen beiden Gipfeln gelangen kann. Auf dem steilen Eishang nach rechts auf ein schmales Schuttplätzchen vor einem kleinen Zacken. Von hier 2 m Abstieg auf das vorerwähnte Band und ausgesetzter Quergang um den Zacken herum. Das Band wird rechts von einer niederen Felsrippe begrenzt und geht in eine steile, flache Rinne über. Mehrere Seillängen durch die vereiste Rinne, dann auf die rechte Begrenzung derselben. Über brüchige Felsen auf einen kleinen Absatz am Ende der Rinne. Von hier über Blockwerk und Firnreste zu dem in letzter Zeit meist aperen Gipfel.

● **700** j) **Ostgipfel von Osten.** Teilweise II, 2½ st E.
Vom Karboden unterhalb des Totenkarferners durch das nördl. hinaufziehende Plattenkar empor, dann auf breitem, meist schneebedecktem Geröllbande auf die vom O-Gipfel nach SO

herabziehende Felsrippe und auf derselben schwierig auf den Gipfel.

● 701 k) **Ostgipfel, Ostgrat** (E. Gerhards, K. Holzhammer, 1911). Lohnender, steiler Felsgrat, III, 3½ st E. (Um genauere Beschreibung wird gebeten.)

● 702 l) **Ostgipfel, von der Gipfelscharte.** I, 10 Min. Schöne Felskletterei.

● 703 Sonnenkögel

Östlicher 3163 m, Mittlerer 3130 m und Westlicher 3009 m OW streichender Gipfelkamm zwischen Rofelewand und Verpeiljoch. Der Mittelgipfel wurde früher auch Signalgipfel genannt; mit dem mancherorts „S-Gipfel" bezeichneten Berg war teils der Östliche, teils der Mittlere Sonnenkogel gemeint. Nur in Verbindung mit dem Übergang Rofelewand — Verpeiljoch lohnend. 1. Ersteigung des Östl. Sonnenkogels: Dr. F. Hörtnagl, A. Schönbichler, P. Waitz, 1902. 1. Ersteigung des W-Gipfels: K. v. Lederer, 1886. 1. Ersteigung des Mittelgipfels: M. Z. Diemer, L. Maier, 1895.

● 704 a) **Vom Hinter-Verpeil über die Südwestflanke auf den Mittelgipfel** (Dr. L. Obersteiner, A. Pucher, 1921). I, 3—4 st von der Verpeilhütte. Bester, meist eisfreier Anstieg zu den Sonnenkögeln.
Den Teil des Verpeiltales, welcher zum Schweikertferner führt, begrenzt östl. eine sehr steile, hohe Wand. Die rechte, südl. Begrenzung derselben ist ein leichter Grat, der als Kamm von der Teilung der beiden Gletscherbäche des Schweikert- und Verpeilferners seinen Ausgang nimmt und in etwa 2500 m Höhe in einen schwach ausgeprägten Grat übergeht. Man erreicht, über den leichten Grat emporsteigend, gegen N einen kleinen überhöhten Punkt, von dem man scharf gegen O abbiegt. Der hier gegen den Schweikertferner ziemlich niedrige, jedoch stellenweise schöne Kletterei bietende Grat führt leicht auf den Mittelgipfel der Sonnenkögel.

● 705 b) **Südgrat** (vom Verpeiljoch) (Fiechtl, 1922). Teilweise III, 3½ st.
Vom Verpeiljoch über mehrere Gratabsätze des sanft ansteigenden Grates bis zu mehreren schönen und glatten Türmen vor dem höchsten Grataufschwung. Die Türme lassen sich in der O-Seite (schwieriger im W) umgehen; ihre Überkletterung ist sehr genußreich. Von der Scharte hinter den Türmen

wird der erwähnte Absatz unmittelbar in schönem, festem Fels erklettert, worauf man den Grat bis zum Gipfel verfolgt.

● 706 c) **Vom Schweikertferner zum Sattel zwischen Mittelgipfel und Östl. Sonnenkögel.** I, 4 st von der Verpeilhütte.
Von der Hütte auf dem Weg zum Rofelejoch bis auf den Schweikertferner. Von dort empor in den südöstl. Gletscherwinkel und auf die Scharte. Westl. empor über firnbedeckte, unschwierige Felsen auf den Mittelgipfel.

● 707 d) **Totenkarköpfl**, 3193 m, zwischen Schweikert- und Gamezkogelferner. 1. touristische Ersteigung: Dr. F. Hörtnagl, Dr. A. Posselt, A. Schönbichler, P. Waitz, 1902. I, 1 st vom Totenkarferner.
Vom Totenkarferner auf die im Hintergrunde liegende Scharte; man betritt hier den Schweikertferner und gelangt über diesen durch eine Schneerinne zur westl. des Gipfels eingesenkten Scharte. (Unschwieriger Übergang vom Schweikert- zum Gamezkogelferner.) Von der Scharte leicht auf den Gipfel.

● 708 e) **Übergang zum Gamezkogel** (Dr. F. Hörtnagl, A. Schönbichler, P. Waitz, 1902). I, 1½ st.
Der vom Sonnenkögelkamm gegen O streichende Grat zum Gamezkogel wird gerade über die Erhebungen begangen; zweimal kann man unschwierig in die Flanke ausweichen.

● 709 Gamezkogel, 3125 m

Hoch über Trenkwald im Pitztal aufragender Blockkegel, der dem vom Östl. Sonnenkögel gegen O streichenden Kamm entragt. Nördl. dieses Kammes das Totenkar mit dem Totenkarferner. 1. Ersteigung: J. Albert, R. Peer, E. und F. Sarlay, 1900.

● 710 a) **Von Trenkwald durch das Seebachtal** (Weg der Ersteiger, 1900). I, 5½ st von Trenkwald.
Bei Trenkwald oder Neurur über die Brücke und auf einem der Almsteige empor ins Seebachtal. Über steile Gras- und Schutthänge zum letzten Rest des Gamezkogelferners, der links liegen bleibt. Am O-Rand des Firns empor auf den gegen W streichenden Kamm und über diesen (Blockwerk, Firn) unschwierig zum Gipfel.

● 711 b) Schwieriger ist der Anstieg durch die steile **Südflanke** und über den scharf ausgeprägten O-Grat des Berges.

● 712 c) Übergang zu den Sonnenkögeln, s. dort, f).

● **713** Verpeilspitze, 3425 m

Schöne, schroffe Felsschneide südl. des Verpeiljoches, mit langem Grat gegen W und N, schroffer, dunkler Wandflucht gegen NW. Steile Felsflanken auch gegen O und SW. Die Verpeilspitze ist der zweithöchste Gipfel des Kaunergrates. Außer der S-Seite alle Seiten durch starke Vereisung und zerrissene Gletscher schwierig zu begehen. 1. Ersteigung: Dr. Th. Petersen, A. Voigt mit den Führern St. Kirschner, J. Penz, J. Praxmarer über die SW-Seite und den SO-Grat, 1886.

● **714** a) **Von der Kaunergrathütte**, von SW und über den SO-Grat (Weg der Ersteiger). 3¹/₂ st.
Von der Hütte auf dem Weg zum Madatschjoch auf den alten Moränenrücken. Noch vor seinem Ende nordwestl. hinab in eine Mulde. Im Bogen in ihr nach N und über den Moränenschutt mühsam empor gegen den Eckpfeiler des SO-Grates, wo er scharf nach O zur Parstleswand umbiegt. Über steile Geröllhänge südw. unter der breiten SW-Flanke der Verpeilspitze zu einer Geröll-(im Frühjahr Schnee-)rinne. In ihr empor bis zu einer Scharte in der linken Begrenzungsrippe. Von hier nördl. auf einem breiten Geröllband unter einem Überhang vorbei und nordöstl. über ein kleines Schutt-(Schnee-)kar und durch eine breite Geröllrinne auf den SO-Grat. Über den überfirnten, breiten SO-Grat aufwärts bis unter die Gipfelwand. Links von ihr durch einen kurzen Kamin in eine Scharte, die durch die Wand und einen Felszacken gebildet wird. Jenseits, in der W-Seite, auf Bändern mehrere Rinnen querend, zu einer breiten Rinne, die südöstl. zum Gipfelgrat führt. Über ihn kurz zum Gipfel.

● **715** b) **Westgrat** mit Umgehung der schwierigen Stellen in der S-Flanke (V. Berger, V. und R. Glitterhofer, 1908). II—III, vom Schwabenjoch 2¹/₂ st.
Von der Kaunergrathütte wie in a) in die Mulde und nördl. empor. Vor dem Anstieg über die westl. Geröllhalden am O-Rand des Nördlichen Planggeroßferner nördl. hinauf auf das Schwabenjoch, 3196 m.
Über den Grat bis zu einem steilen Aufschwung. Südl. hinab über eine Platte zu einem Band. Von seinem Ende schräg auf-

III Verpeilspitze von S Foto: Fred Oswald
1 = Westgrat, R 715, 716, 2 = SW-Wand, R 719, 3 = SO-Grat, R 719,
4 = SW-Wand (Variante), R 720

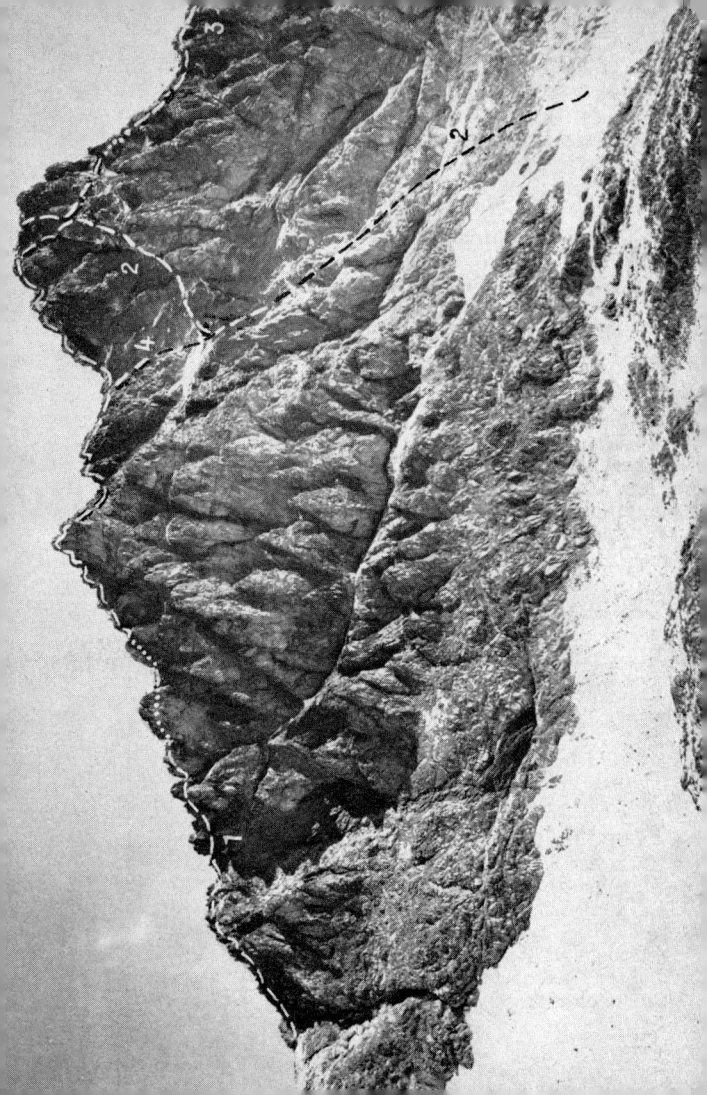

wärts über zwei Rippen und auf einem Band zur Schlucht, die zur bedeutendsten Erhebung emporleitet. Rechts der Erhebung ansteigend, in ihrer S-Flanke auf schmalen Bändern aufwärts und zuletzt auf sie empor. Wieder in der S-Flanke (Fenster) in die nächste Scharte und über den Grat (einmal rechts ausweichend) in schönem Fels zum Gipfel. Achtung auf Steinschlag (teilweise brüchiges Gestein).

● **716** c) **Unmittelbarer Westgrat** (Dr. H. Kees, H. Netsch, 1920). Teilweise III—, 2—3 st E.
Vom Schwabenjoch (Einstieg) über mehrere Köpfe zu einem Schartl. Über den 12 m hohen Abbruch an seiner linken Kante empor und über eine Platte auf die Graterhebung. Hinab in die enge Scharte (Klemmblock) und aus ihr an der linken Kante des ersten der folgenden Gratzacken etwas überhängend 11 m hinauf. Nun über den sehr scharfen und ausgesetzten Grat über mehrere Zacken und durch eine kleine, viereckige Scharte (brüchig) zu einem breiten, rotgelben Grataufschwung. Er wird über Steilstufen und durch Rinnen erstiegen. Nun über das letzte Stück des Grates (wie in b) zum Gipfel. (Steinschlaggefahr!)

● **717** d) **Südostgrat** (teilw. Weg der Erstersteiger). Von der Kaunergrathütte $3^{1}/_{2}$ st. Vom Weiler Köfels im Pitztal $6^{1}/_{2}$ st. Von der Kaunergrathütte nordöstl. aufwärts und über die felsigen Ausläufer des SO-Grates der Verpeilspitze auf den Neururer Ferner.

Hierher auch aus dem Pitztal vom Weiler Köfels (innerhalb Trenkwalds). Von Köfels auf Almsteig westl. steil die bewaldeten Hänge empor und südwestl. über die Hänge zur Alm Mitterbergle. Im Loobachtal westl. einwärts, bei einem kleinen See südwestl. ab und bei einem zweiten größeren See vorbei in das Kar des südl. Neururer Ferners.

Auf dem Neururer Ferner empor bis in seinen hintersten Winkel. Nun über Firn und Schrofenhänge auf den SO-Grat und über ihn wie in a) zum Gipfel.

● **718** e) **Ostwand** (J. Albert, I. Hechenbleikner, 1902). II. Von der Kaunergrathütte 4—5 st. Von Köfels 7—8 st.
Wie in d) auf den Neururer Ferner und nördl. über einen flachen Sattel zwischen einem östl. Felskopf und der Verpeilspitze auf den nördl. Teil des Gletschers. Auf ihm westl. ansteigend (Spalten) auf den steilen Hängen der O-Flanke über Platten empor zum steilen Aufbau. Nun Felskletterei zum obersten Grataufschwung des NO-Grates an eine Firn-

IV Verpeilspitze von O
1 = SO-Grat, R 717, 2 = Nordgrat, R 722

Foto: Fred Oswald

schneide. Über die Gratkante, über den letzten Aufschwung und Felsen zum Gipfel.

● 719 f) **Südwestwand** (F. Henning, K. Sommer, 1897). III—, von der Kaunergrathütte 3 st.

Von der Kaunergrathütte auf dem Weg zum Madatschjoch aufwärts, dann nördl. ab und auf den Planggeroßferner. Empor in die gerade südwestl. unter dem Gipfel gelegene Gletscherbucht (zwischen SO- und W-Grat). Hier empor in die Felsen auf eine Seitenrippe, die südwestl. aus dem Gipfelstock vorspringt. Über sie auf einen Geröllsattel und über Wandstufen und durch Rinnen auf den Gipfel. (Steinschlaggefahr!)

● 720 g) **Südwestwand und oberster Teil des Westgrates** (Th. Schimmelbusch mit Führer F. Klotz, 1900). Bei Vereisung III—, von der Kaunergrathütte 3½ st.

Von der Hütte auf den Planggeroßferner und wie in f) in die südwestl. Gletscherbucht. Hier zwischen SO-Grat und W-Grat durch Rinnen links haltend empor und auf den W-Grat. Über die zwei Gratköpfe zum Gipfel.

● 721 h) **Nordwestwand** (I. Hechenbleikner, 1906). Von der Verpeilhütte 6—7 st.

Von der Verpeilhütte im Verpeiltal aufwärts und südl. empor auf den unteren Verpeilgletscher. Über ihn und über den Felsriegel auf das obere Gletscherbecken. Über den Ferner gegen den Fuß der NW-Wand. Wegen des großen Bergschrundes in Gipfelfallinie wendet man sich gegen links und erklettert dort über die Randkluft die untersten, steilen Felsen. Auf einem von rechts nach links aufwärtsziehenden Band in die Rinne zwischen den Wänden des N-Grates und dem Gipfelstock. In den eisigen Rinnen gerade aufwärts zum Firnsattel am Gipfelaufschwung südl. der letzten Türme des N-Grates. Über die Eisschneide des Sattels an den steilen Abbruch des Gipfelaufbaues. Zuerst gerade empor, dann über die Kante nach rechts (Verpeilseite) in die Flanke und nach kurzem Quergang wieder zur Grathöhe. Über sie gerade empor zum Gipfel.

● 722 i) **Nordgrat** (ab P. 3216 m: H. Derfflinger, Dr. H. Menger, H. Dobler, 1908). Vom Verpeiljoch 4 st. IV—.

Von der Verpeilhütte auf das Verpeiljoch (s. dort). Vom Joch gerade südl. über den Grat unter Umgehung einiger Türme und Abbrüche auf den ersten großen Grataufschwung. Von diesem in den ersten Schneesattel (Abstieg auf den Neururer Ferner über ein steiles Firn- oder Eisfeld möglich). Der steile Grataufschwung wird entweder unmittelbar (IV—) oder in der

Flanke erklettert. So erreicht man den zweiten, scharf ausgeprägten Schneesattel vor dem letzten Gipfelaufschwung. Nun teilweise in der O-Flanke, zuletzt ausgesetzt auf einem Band in die gegen den Verpeilwinkel abstürzende W-Flanke und durch eine Verschneidung auf den Grat zurück. Kurz über ihn zum Gipfel.

● **723 Portleswand,** 3091 m, 3085 m.
Graterhebung in dem von der Verpeilspitze ostwärts streichenden Kamm, der zwischen Loobachtal (Laibachtal) und Planggeroßtal aufragt. Aussichtsberg der Kaunergrathütte.

● **724 a) Kürzester Anstieg.** Von der Kaunergrathütte 1 st. Von der Hütte die Geröllhänge des Kammes schräg aufwärts querend und über Blockwerk auf den Gipfel.

● **725 b) Ostgrat** (E. Heske, 1923). Zum Teil IV—.
Von der Hütte auf dem Hüttenweg talaus bis zur Moränenlache. Nördl. aufwärts zu einem kleinen See (eigenartige Färbung des Wassers) und zum Beginn des Grates. In schöner Kletterei (schwierige Stellen können an der S-Seite umgangen werden) über gutgestuften Fels und eine Plattenflucht auf den höchsten Punkt.

● 726 c) Westgrat (Dr. L. und G. Obersteiner, 1925).
Von der Hütte kurz talaus und nördl. empor in die Scharte am Beginn des W-Grates. Über den brüchigen Felsgrat zum Gipfel.

● **727 d) Von Südosten** (E. und A. Trott mit Führer G. Kirschner, 1930). Teilweise II, von der Kaunergrathütte 2 st. Von der Hütte talaus zur Lache. Hier links ab und nordwestl. über Moränen und Grashänge aufwärts zu der am tiefsten herabziehenden Gratrippe (SO-Grat). Hier über große Blöcke und Platten empor zu grasigen Schrofen, die zu einem Kamin führen. Durch ihn zu einem kantigen, vorspringenden Block. Einstieg. Ein großer loser Block ist rechts zu umgehen. In schöner Kletterei auf den W-Grat zum Gipfelaufbau, dessen unterster Teil auf schmalem Band rechts umgangen werden kann. Über Blockwerk zum Gipfel.

● **728 e) Nordwand** (W. Maresch, J. Egner, 1930). Teilweise schwierig (III), 2 Seillängen IV, 3 st E.
Vom Südl. Loobachferner westl. empor an den Fuß der Wand. Etwa 130 m westl. der Gipfelfallinie beginnt eine nasse Plattenverschneidung, die schräg von rechts unten nach links oben zieht und in Überhängen endet. Durch sie (IV) zwei Seillängen empor bis unter die Überhänge. Links (hangelnd) hinausquerend und über gutgestuften Fels empor zu einem

Band. Auf ihm 30 m nach links. Nun über glatte Platten gerade aufwärts, zuletzt durch eine Blockrinne auf den Grat und kurz östl. empor zum Gipfel.

● **729 Weißer Kogel,** 2678 m; **Portleskogel,** 2741 m
Der Parstleskogel ist eine mehrgipflige, breite Schulter östl. der Portleswand.
Der Weiße Kogel ragt nördl. davon, auf der N-Seite des Loobachtales, als Endpunkt eines flachen Rückens auf, der östl. des Verpeilspitz-N-Grates gegen das Pitztal streicht.

● **730** Der Portleskogel, I, ist über die S- oder N-Flanke, aus dem Planggeroßtal, bzw. aus dem Loobachtal zu erreichen. Der Weiße Kogel, ebenfalls I, über die S-Flanke aus dem Loobachtal.

● **731** **Schwabenkopf,** 3379 m
Ausgeprägte, schöne Bergform beherrschend über dem Inner-Verpeil. Mächtige 1000 m hohe NW-Abstürze. Der Bergstock ist vom O-Grat der Verpeilspitze nordwestl. gegen das Verpeiltal vorgeschoben. Wahrscheinlich nach den aus dem Schwabenland heimgekehrten Kaunertalern benannt. 1. Ersteigung: Dr. Th. Petersen mit den Führern J. Praxmarer und J. Penz vom Rotkarlferner über die S-Seite, 1892.

● **732** a) **Vom Schwabenjoch über den Vorkopf im Südgrat und den Südgrat** (Weg der Erstersteiger). II, vom Schwabenjoch 1 st.
Von der Kaunergrathütte oder der Verpeilhütte auf das Schwabenjoch, 3196 m.
Vom Joch unmittelbar über die gratartige Felsrippe in schöner Kletterei empor auf einen Vorkopf im S-Grat. Oder vom Joch über die Schutthänge nach SW und durch kurze Rinnen auf die Scharte im S-Grat. Nun über den Grataufschwung unmittelbar empor und auf den Vorkopf im S-Grat. Der Aufschwung kann auch in mühsamer Querung über Blöcke und Bänder in der W-Flanke umgangen werden. Über den Grat nördl. empor zum Gipfel.

An den S-Grat auch von W. Von der Verpeilhütte auf dem Weg zum Madatschjoch unter den Madatschferner. Zuerst über Geröll, dann über die steilen, plattigen Felsen aufwärts, die den kleinen Rotkarlferner umschließen. Aus der südwestl. Ecke des Ferners gegen NO über ihn aufwärts in Richtung einer Schneerinne, die gegen den S-Grat emporführt. Durch sie empor auf das kleine Firnfeld am Fuß des S-Grates.

● **733** b) **Westflanke des Südgrates** (F. Dittl, E. Kienzl, W. Mariner, 1929). III.

Der S-Grat kann aus dem Rotkarlferner auch über die W-Seite begangen werden. Man steigt vom Ferner aus südl. in der dritten Rinne aufwärts (ungefähr ein Drittel), dann ausgesetzt gegen rechts in die Wand und durch sie empor auf den S-Grat.

● **734** c) **Westgrat** (Begehung des ganzen W-Grates; K. Dörffler, J. Ittlinger, 1920). II, eine Stelle III—, 4—5 st E. Schöne Bergfahrt.
Einstieg am Beginn einer Schneerinne (schon von der Verpeilhütte sichtbar), die zum breiten Sattel im unteren Teil des Grates emporführt. (Rechts des Einstieges auffallender Felsturm — Verpeilturm.) In der Rinne bis in ihre halbe Höhe empor, hier links ab und über gutgestufte Felsen auf die Grathöhe. Über den zunächst breiten Grat, der sich als rinnendurchzogene Plattenflucht darstellt, empor. Später über seine scharfe Schneide und über Stufen gerade aufwärts. Über den obersten Aufschwung bei einem rötlichen Gratturm (III—) empor und zum Gipfel.

● **735** d) **Über die Südflanke des Westgrates.** Teilweise III, aus dem Rotkarlferner 2 st.
Aus dem Madatschferner durch die plattigen Felsen nördl. empor auf den Rotkarlferner. Nördl. über den Gletscher und zu den Felsen des W-Grates, wo der Gletscher mit einer Firnzunge am weitesten hinaufreicht. Zuerst über Platten gerade empor, dann über plattige Felsen schräg östl. aufwärts, tief unter dem W-Grat haltend. In derselben Richtung weiter aufwärts auf einen auffallenden Grataufbau des W-Grates zu. Man quert ihn an seinem S-Fuß und erreicht über wenig geneigte Felsen eine Mulde südl. des Gipfels. Durch sie auf den höchsten Punkt.

● **736** e) **Verpeilturm,** auffallender, klobiger Felsturm im untersten Teil des W-Grates (R. Herbst, F. Mauerhofer, M. Scholz, 1926). III.
Von der Verpeilhütte in die Scharte östl. des Turmes empor. Aus ihr knapp links der O-Kante eine halbe Seillänge empor zu kleinem Stand. Schief links auf ein abwärts führendes Band. Nach wenigen Metern in die gelbe Verschneidung, die überhängend ansetzt. Durch sie empor und abdrängender Quergang nach rechts und empor zum Gipfel.

● **737** f) **Über die Nordwestflanke und den oberen Teil des Westgrates.** II, von der Verpeilhütte 3—4 st.
Von der Verpeilhütte südl. gegen die NW-Flanke aufwärts und durch eine breite, weit hinaufziehende Firnrinne empor in gutgestufte Felsen. Über sie empor zu einem auffallenden, breiten Band, das südl. schräg aufwärts bis auf den W-Grat emporführt. Über ihn zum Gipfel.

● **738** g) **Unmittelbare Nordwand** (S. Dobiasch, F. Peringer, 1932). IV—, 5 st.

In Gipfelfallinie befindet sich ein Vorbau, von dem Firnrinnen zum Wandfuß herabziehen. Der Anstieg vollzieht sich über diesen Vorbau, die dort ansetzende linke Rippe und den auffallenden dreieckigen, schwarzen Pfeiler am Ende der Rippe. Durch die große Firnrinne, die rechts vom Vorbau herabzieht, empor und durch kleinere Rinnen auf ihn. Hier Querung (Eis) zur linken Rippe. In der linken Flanke dieser Rippe empor und zuletzt über eisdurchsetzten Fels an den Fuß des Pfeilers. Schräg rechts aufwärts in die Eisrinne, die zwischen Pfeiler und Wand emporzieht. Nach einer halben Seillänge links aus der Rinne heraus und in einer Verschneidung auf die Außenseite des Pfeilers. Querung nach links um eine Ecke (große Blöcke) und durch eine weitere Verschneidung auf den Pfeilerkopf. Von hier über den steilen Blockgrat und über Firn gerade empor zum Gipfel.

● **739** h) **Nordwand** (W. Engelhardt, H. Rummel, 1907). III. Von der Verpeilhütte 4—5 st.

Wie in g) durch die Firnrinne auf den Vorbau. Immer rechts der Gipfelfallinie über Rippen und durch Steilrinnen, zuletzt über glatte Wandstellen aufwärts. Man erreicht den W-Grat kurz unter dem Gipfel.

● **740** i) **Nordostgrat** (R. Czegka, Dr. L. Obersteiner, 1921). III, von der Verpeilhütte 5 st.

Von der Verpeilhütte auf dem Weg zum Verpeiljoch talein und südl. über Geröll gegen den NO-Grat.

Einstieg westl. des ersten Grataufschwunges. Man erklettert die Felsen der ersten Abbrüche in brüchigem Gestein durch eine Rinne. Man erreicht eine auffallende, fensterartige Scharte (2600 m). Hierher auch von O aus dem Verpeilferner. Nun zuerst an der O-Seite des Grates, dann auf der Grathöhe über ein paar Graterhebungen bis unter die senkrechte Kante am Gipfelaufbau. Vor dem Ansatz der Kante über eine Schuttstufe östl. hinausquerend und über große, gelbe und senkrechte Platten steil empor in eine **Scharte**. Über die schroff aufragende Gratkante in schöner Kletterei ansteigend und über den nun weniger geneigten Grat zum Gipfel.

● 741 Madatschspitzen

Östliche, 2829 m, Mittlere, 2837 m, und Westliche, 2777 m Kühne Felstürme in dem nördl. des Madatschkares und südl. des Kühkarls aufragenden Felskamm.

● 742   A. Östliche Madatschspitze, 2829 m

Klobiger Felsturm am östl. Ende des Kammes. Der Gipfel setzt sich aus zwei schroffen Zacken zusammen, die quer zum Kammverlauf gestellt sind.

● 743   a) **Überschreitung Ost—West** bis in die Scharte vor dem Mittleren Turm (W. Engelhardt, H. Rummel, 1907). III, von der Verpeilhütte 3½—4 st.

Von der Verpeilhütte auf dem Weg zum Madatschjoch in das Kühkar und über Geröll empor an den Fuß der Felsen unter der Scharte im O-Grat. Durch eine Eisrinne bis etwas unterhalb der Scharte empor und über steile Wandstellen schräg aufwärts gegen den Grat und auf ihm empor, wo der Doppelblock des Gipfels ansetzt. Über steilen, rauhen Fels in das Schartl zwischen beiden Gipfelblöcken empor und über je eine 4 m hohe Wandstufe auf die beiden Gipfelzacken.

Von der Scharte zwischen den Gipfelzacken durch einen schiefen Riß auf den W-Grat hinab. Auf ihm abwärts, bis vor einen 8 m hohen Abbruch, der durch Abseilen überwunden wird. (Kann im Aufstieg umgangen werden.) Über den Grat und eine kleinere Erhebung, die zwei Felszacken von der Gestalt zweier Finger trägt, (hangelnd) umgehend, in die Scharte vor der Mittleren Spitze.

● 744   b) **Nordkante** (H. Bratschko, O. Kühlken, K. Steiner, 1931). III, 2 Stellen IV, 1½ st E.

Der Einstieg befindet sich etwas links des tiefsten Punktes der Kante. Man erklettert sie durch einen steilen Riß. Von seinem Ende über Platten gerade empor, bis eine schrofige Rinne rechts der Kante unter die beiden Gipfelblöcke emporführt. Durch einen überhängenden Riß in die Scharte zwischen den beiden Gipfelblöcken und wie in a) auf den höheren Gipfelzacken. (Beschreibung nach einer Begehung von Hermann Buhl und Heinrich Klier, 1946.)

● 745   c) **Nordkante des Madatschfingers**, 2815 m, Graterhebung zwischen Östlicher und Mittlerer Madatschspitze (Ing. F. Fink, F. Gogiatti, F. Rumpler, 1930). Schwierig (III), aus dem Kühkarl 1½ st.

● 746   B. **Mittlere Madatschspitze,** 2837 m

Schön geformter, schroffer Felsturm im Kamm zwischen Östl. und Westl. Madatschspitze. Höchster der drei Türme. 1. Ersteigung: K. Berger, F. Franzelin, I. Hechenbleikner, 1903.

● 747 a) **Von Osten.** II. Aus dem Kühkarl 2—2¹/₂ st. Aus der Scharte östl. des Gipfels 1 st.
Von der Verpeilhütte gerade südl. empor (auf dem Weg zum Madatschjoch) und in das Kühkarl. Über Geröll an die N-Seite des Turmes. Nun durch eine Rinne in die Scharte östl. des Turmes.
Hierher auch bei der Überschreitung von der Östlichen Madatschspitze gegen die Mittlere hin.
Vom Schartl etwas rechts in die plattige Wand empor zu einem kurzen, überhängenden Kamin und durch ihn auf einen scharfen Absatz. Über die glatte Kante eines Blockes nach links empor und in festem Fels in schöner Kletterei zum Gipfel.

● 748 b) **Von Südwesten** (W. Engelhardt, 1910). I, eine Stelle II. Aus dem Kühkarl 2—2¹/₂ st.
Von der Verpeilhütte südl. empor ins Kühkarl und an den Fuß der breiten Rinne, die in das Schartl westl. der Mittleren Madatschspitze hinaufführt. Durch die Rinne (zum Teil Eis) in die tief eingeschnittene Scharte.
In sie auch von S aus dem Madatschkar, das man aus dem Kaunertal beim Kupphof östl. auf Almwegen emporsteigend erreicht. Über grasige Schrofen nördl. empor in die Scharte.
Vom Schartl in die S-Seite kurz absteigend bis an den Beginn eines Bandes, das von links nach rechts emporzieht. Es setzt rißartig an und wird durch eine große, angelehnte Platte gebildet. Über das schmale Band empor (II) und gegen rechts in eine Rinne. Aus ihr über Blockwerk auf den schmalen Gipfelzacken.

c) **Von Norden** (Dr. L. Obersteiner, O. Steinböck, 1920). III, vom Schartl 1 st. Schöne Kletterfahrt.

● 749 Wie in b) in das Schartl westl. des Turmes. Hier Querung östl. über glatte Platten in die N-Flanke des Turmes und durch einen Kamin in ein Schartl. Nun rechts durch eine

V Madatschtürme   Foto: Fred Oswald
I = Mittlerer Madatschturm, II = Östlicher Madatschturm, Überschreitungsführe R 743 und 747

sehr glatte, steile Verschneidung und durch den oberhalb von ihr ansetzenden Riß unmittelbar von N her auf den Gipfel.

● **750** d) **Weitere Anstiege von Norden:**
aa) (H. Bratschko, F. Oswald, K. Steiner, 1931.) III, eine Stelle V—, 2½ st E. Wie in a) an die N-Seite des Turmes. Einstieg am Beginn der Rinne, die zwischen Madatschfinger und dem Mittleren Turm emporzieht (zum Teil Eisrinne). Durch die Rinne empor, bis ein breites Schuttband nach rechts auf den Absatz einer Kante führt. Rechts der Kante 30 m über loses Blockwerk bis in die Höhe des gelben Abbruches. Hier 15 m über eine Platte (V—), und 2 m rechts eines ausgeprägten Risses an der Kante empor zu gutem Stand. Über Blockwerk nach rechts zu einem Kamin, der in die Scharte zwischen Vorturm und Hauptgipfel führt. Aus dem Schartl 20 m durch einen überhängenden Riß auf einen Absatz und durch einen 15 m hohen Riß zum Gipfel.

bb) (A. Göttner, Kl. Pipner, 1932.) Zwei Stellen V—, 3 st E.
Durch die von der Scharte östl. des Madatschturmes herabziehende Rinne solange empor, bis eine Querung nach rechts in eine Scharte möglich ist. Durch einen Riß auf einen Kopf und in eine zweite Scharte hinab. Auf einer schmalen Leiste eine halbe Seillänge nach rechts (H.) (V—) dann 15 m empor an eine Kante. Um diese herum, über einen Überhang auf eine Platte und 30 m über sie zu Stand (links auffallende Rißverschneidung). Schräg rechts empor in die Rißreihe zu einer Kante, rechts herum und über einen Überhang in eine kaminartige Verschneidung. In ihr empor bis vor einen Überhang, der rechts umgangen wird und in ein Schartl. Eine Verschneidung und ein Riß leiten direkt zum Gipfel.

● **751** e) **Von Süden und durch die Nordflanke des Westgrates.** II, von der Scharte westl. des Turmes ½ st.
Unter den S-Wänden der Madatschspitzen auf dem Kamm einer alten Moräne zu einer begrünten Felsrippe in Fallinie des Mittleren (höchsten) Turmes. Über die Rippe empor zur S-Wand, dann links auf einem Band absteigend unter den Wänden in die Scharte westl. des Mittleren Turmes. Der W-Grat bricht mit einem 30 m hohen Abbruch in die Scharte ab. Querung 20 m nach links aus der Scharte über der nördl. Flanke auf plattigen Bändern in die N-Flanke hinaus. Dann nach rechts zurück und steil über plattige, zum Teil überdachte brüchige und moosige Felsen, zuletzt durch **eine rißartige Verschneidung** zur Grathöhe oberhalb des Abbruches. Nun über den W-Grat, manchmal in die S-Flanke ausweichend, zuletzt über eine Platte und durch einen Riß zum Gipfel.

● **752** C. **Westliche Madatschspitze,** 2777 m

Plattiger Felsturm von kegelförmiger Gestalt. Am weitesten westl. aufragend. Glatte steile N-Flanke. An der W-Seite ist ein kleiner Gratturm angelegt. 1. Ersteigung von NO: Rud. und Rob. Kögler mit Vater, 1927.

● **753** a) **Von Osten.** III, aus der Scharte östl. des Gipfels 1½ st. Schöne Kletterei.
Wie in B. b) in die Scharte zwischen Mittlerer und Westlicher Madatschspitze. Aus ihr immer an der Gratkante in festem Fels empor zum Gipfel.

● **754 b) Von Westen.** Teilweise III, 1¹/₂ st E.
In der breiten Rinne, die in die östl. Scharte emporführt, bis in halbe Höhe. Hier in einer Seitenrinne empor und in eine kleine Scharte oberhalb des ersten Gratturmes. (Gratfenster zur Rechten.) In schöner Kletterei unmittelbar über den festen Fels des Grates empor zum Gratturm vor dem letzten Aufschwung. Durch einen Kamin auf den Turm. Jenseits hinab in eine Scharte und 3 m in die nördl. Rinne hinab, unter einem Block durch an die S-Flanke des letzten Aufschwunges. Hier zwei Seillängen empor, dann links kurzer Quergang um eine Ecke und wieder zwei Seillängen gerade aufwärts unmittelbar nördl. des Gratblockes in ein Schartl. Direkt zum Gipfel.

● **755 c) Von Nordosten** (Weg der Erstersteiger). II, eine Stelle III, ausgesetzt. Vom E. 2¹/₂ st.
In der breiten Rinne, die zur östl. Scharte emporzieht, bis 50 m unter ihrem Ende empor. Hier rechts ab und durch eine ausgewaschene Verschneidung empor zu einem ausgeprägten Band. Man verfolgt es waagrecht nach rechts (30 m) bis knapp vor die Kante. 12 m in einer Verschneidung empor (III), dann nach links in die hier muldenartige Wandstelle. Gerade empor, dann wenig nach rechts gerade unter den überhängenden Gipfelblock. Rechts in ein Schartl und in gleicher Richtung über eine Platte aufwärts. Zuletzt durch eine Rinne zum Gipfel.

● **756 d) Abstieg nach Süden.** I.

● **757 e) Überschreitung der drei Madatschspitzen.** III, eine Stelle IV—, 2¹/₂ st E. Schöne Kletterfahrt in festem Fels. Lohnend.
Von der Verpeilhütte in die Rinne, die von der Scharte zwischen der Östl. Madatschspitze und einem östl. Vorzacken herabzieht, 2 st. (Hierher auch von der Kaunergrathütte über das Madatschjoch, 1¹/₂ st.) Rechts über eine schöne Platte in die Scharte. Nun rechts vom Grat wieder in eine Scharte und in griffigem Fels auf den höheren der beiden Gipfelblöcke der östl. Spitze. Rechts um den nächsten Block zum Grat und leicht hinab zu einer Abseilstelle (Zacken). 10 m hinab (kann im Aufstieg umgangen werden), dann scharfer waagrechter Grat, schließlich rechts hinauf, links vom „Madatschfinger" und links leicht in die Scharte. Rechts über Platten und Risse wieder auf den Grat. Nun folgt eine plattige, griffarme Stelle (IV—), die rechts leichter umgangen werden kann (III), und zuerst rechts, dann links auf die zweite, höchste, die Mittlere Ma-

datschspitze. Nun links, dann auf dem Grat in schöner Kletterei steil hinab, bis er abbricht. Hier in die S-Hänge nach links etwa 5 m hinab zu einem versteckten Haken. 12 m hohe Abseilstelle auf ein Band und rechts zur Scharte. (Im Aufstieg: Etwa 20 m auf dem Band von der Scharte rechts in die S-Flanke, fast eben, dann von links nach rechts über ein durch abgesprengte Platten gebildetes Band aufwärts und rechts durch eine Rinne zu einem Schartl an einen südl. Vorbau. Dann links zum SW-Grat.) Nun immer auf der Kante sehr schön zur dritten, Westl. Madatschspitze. Über den Grat hinab und bald rechts durch eine Rinne und zu einer engen Scharte. (Oder schöner, aber etwas schwieriger, immer auf der Kante bis zum Abbruch der Scharte. Rechts in der N-Seite [Haken] zur engen Scharte.) Rechts heraus, dann auf dem Grat zur Scharte südwestl. der dritten Spitze. Durch die Rinne über Schutt nordwärts hinab.

● 758　　　　　　　Madatschkopf, 2783 m
　　　　　　　　　Mooskopf, 2532 m
Von den Madatschspitzen nordwestl. im Kamm vorgeschobene Erhebungen. Der Madatschkopf ragt nordwestl. der Westl. Madatschspitze auf und ist ein breiter, klobiger Felskopf.
Der Mooskopf ragt nordwestl. des Madatschkopfes als grasiger Kopf auf.

● 759 a) Auf den **Madatschkopf** über den Verbindungsgrat von der westl. Madatschspitze, anregende Kletterei.

● 760 b) **Auf den Madatschkopf** auch von N aus dem Kühkarl über Grashänge und Blockwerk.

● 761 c) Der **Mooskopf**, ebenfalls I, ist aus dem Kühkarl von N her zu erreichen.

● 762　　　　　　　　　Waze
　　　　　Hauptgipfel, 3533 m, Südgipfel, 3503 m
Höchster Gipfel des Kaunergrates. Südl. des Madatschjoches mit zerrissenen Hängegletschern und steilen Graten und Wänden, vor allem der mit Eisrinnen durchzogenen N-Flanke aufragend. Vom Gipfel streicht ein langer Grat gegen W, dessen westl. Endpunkt der Wazekopf bildet. Ein nach NW ziehender kleiner Seitenrücken trägt das Rötkopf, 2675 m. — (Früher Watze und Watzespitzen geschrieben.)
1. Ersteigung: A. Ennemoser, auf dem Eisweg zur Einsattelung zwischen beiden Gipfeln und über den Grat zum Haupt-

gipfel. Wahrscheinlich auch Erstersteiger des S-Gipfels. Abstieg über den Wazeferner ins Kauntertal, 1869.

● **763** a) **Gletscherweg.** Von der Kaunergrathütte 3—4 st.
Von der Kaunergrathütte auf einem Steig eben westl. auf dem Blockhang hinein und zur südl. der Hütte gelegenen Seitenmoräne. Von ihrem Rücken hinab auf den Planggeroßferner. Südl. fast eben zu den Abstürzen des O-Grates. Bei der kleinen Moräne scharf ostwärts hinab in die tiefste Gletschermulde des Planggeroßferners unter dem mächtigen Eisbruch des östl. Fernerteiles, der neben dem O-Grat des Südgipfels herabstürzt. Südöstl. zuerst fast eben, dann schräg links ansteigend (nicht zu nahe den Felsen) auf die große Fläche des Planggeroßferners. Nun westl. auf dem breiten, meist aperen Eisrücken steil empor in eine kleine Gletschermulde, oberhalb der eine schmäler und steiler werdende Eis- und Schneerinne ansetzt. In ihr aufwärts (Querspalten) und zuletzt rechts aus ihr heraus und auf die oberste Gletscherfläche,

Nun vier Wege:

● **764** aa) Üblicher und bester Anstieg. Vom Rand der obersten Gletschermulde 1 st.
Vom Rand der obersten Gletschermulde nördl. zu den Felsen und zu einer kurzen Rinne östl. der Rippe, die vom obersten **Teil des O-Grates nach SO** herabzieht. Über steile Platten in die Rinne (starke Ausaperung), dann über plattige Felsen rechts von ihr empor. Über diesen im Bogen von rechts nach links auf den obersten Teil der Rippe und über den O-Grat zum Gipfel. Beim Abstieg kann man sich nach einer östl. des Felsanstieges gelegenen Felskanzel richten.

● **765** bb) Bei aperen Felsen kürzer.
Man quert die obere Gletschermulde waagrecht zum gegenüberliegenden Rand. Durch eine kurze, steile Schneerinne an den Beginn der Felsrippe, die etwas östl. vom Hauptgipfel herabzieht.
Über die Randkluft und über steile Platten (durch die starke Ausaperung im untersten Teil sehr unangenehm) im Grunde der Rinne, etwas östl. davon aufwärts, bis sie gegen W abbiegt. Hier über festen Fels gerade nördl. empor oder östl. über Blockwerk auf den obersten Teil des O-Grates und zum Gipfel.

● **766** cc) **Ältester Weg, II.**
In die tiefste Senke nahe der Felsen des Hauptgipfels. Aus der Scharte über gutgestufte Felsen in schöner Kletterei zum Hauptgipfel. (Turmartige Aufschwünge ersteigt man von O.)

● **767** dd) **Von NO auf den S-Gipfel.** Aus der obersten Gletschermulde 1 st.
In der obersten Gletschermulde südwestl. gegen den S-Gipfel zu. Über die meist verschüttete Randkluft und einen Eishang zu brüchigen Felsen (Steinschlag) und über sie auf den Kamm in halber Höhe zwischen S-Gipfel und Scharte.
Übergang vom Hauptgipfel zum S-Gipfel. I, $1/2$ st.

● **768** b) **Ostgrat** (B. Pezzei, L. Schärmer, J. Walch, 1912). III, von der Kaunergrathütte 4 st.

Von der Kaunergrathütte südl. ansteigend auf den vom Madatschjoch herabziehenden Gletscherarm und zum O-Grat, der auf einem breiten Felspfeiler fußt.
Auf dem zweiten Band (von unten) ansteigend auf die Gratkante. Hier eine Seillänge Querung, durch eine Schuttrinne rechts empor und auf eine kleine Kanzel am Ende der Rinne. Ein 8 m hoher steiler Abbruch wird gerade erklettert, dann über gutgestufte Felsen und nach links auf die Gratkante. Über die erste Gratschulter empor an den Fuß des zweiten großen, gelben Steilaufschwunges. Auf breitem Geröllband rechts des Gratabbruches gegen die große Mulde empor, bis ein steil ansteigendes Band nach links gegen den Grat führt. Auf ihm bis zu einer Steilrinne, die gerade aufwärts zur Grathöhe zurückführt. Empor zur zweiten Schulter (Steinmann) und an der Gratkante gerade aufwärts zum Vorgipfel und zum Hauptgipfel.
Der zweite Gratabbruch kann auch gerade erklettert werden. Man hält sich von der Platte immer gerade an der Gratkante bis vor den Abbruch. Vor ihm nach links (südl.) zu einem langen, herausdrängenden Riß, der unmittelbar auf die Höhe des Abbruches emporführt.

VI Waze von O Foto: Fred Oswald
I = Südgipfel, II = Hauptgipfel
1 = Südgipfel-Ostgrat, R 774, 2 = Normalweg, R 763, 764, 3 = Mittelpfeiler (Variante des Normalweges), 4 = Südgipfel-Normalweg, R 767, 5 = Variante Gipfelaufbau, R 765

Die Umgehung in der N-Flanke durch die Mulde ist kürzer und leichter.

● **769 c) Nordostwand** (P. Kelm, H. Kötterl, 1926; Wegänderung im oberen Teil. Ing. F. Ruef, Ing. O. Cordier, 1935). III+, 4 st E.
Von der Kaunergrathütte südl. an den Wandfuß.
Einstieg am rechten Rand der Wandflucht, die sich zwischen der Rinne in der Gipfelfallinie und der nächsten Rinne westl. davon emporzieht.
Durch steilen, gutgestuften Fels schräg links aufwärts auf eine weniger geneigte Geröllstufe. Über sie und gerade empor durch steilen, brüchigen Fels, der nach drei Seillängen fester wird. Immer gerade empor in dem sich nun zurücklegenden Fels zu einer plattigen, gelben Steilwandstufe, die man gegen links aufwärts bis zu einer scharfen Kante erklettert. Wenige Meter an der Kante aufwärts, dann waagrechte Querung nach links über Platten und über Geröll in eine Mulde und in die Mitte der gelben Steilstufe. Die Stufe zieht sich von hier als ausgeprägte Rippe, links von steilen Platten begrenzt, in gutgestuftem Fels mäßig steil bis an die aus der Hauptrinne nach rechts oben streichenden Schneerinne empor. Ein auffallender gelber Turm im oberen Teil dieser Zone kann rechts umgangen werden.
Wo die erste, breite Schneerinne schmal wird, quert man sie nach links (Steinschlag). In Gipfelfallinie in festem Fels (zum Teil überhängend) gerade aufwärts zu einer Plattenkante (rechts zieht ein ungangbares Plattenband empor). Hier Querung nach links über plattige Felsen (halbe Seillänge) zu einer nach rechts oben leitenden Verschneidung. In ihr 1½ Seillängen aufwärts, dann links in die Steilwand; ausgesetzte Querung in eine plattige Nische (½ Seillänge). Gerade empor durch eine überhängende, kaminartige Verschneidung und nach wenigen Metern zu einer auffallenden Kanzel. Querung nach links auf gut gangbarem Band (8 m) zu der vom westl. Vorgipfel gegen NO ziehenden Kante. Von ihr Querung auf den Grat, der 40 m westl. des Hauptgipfels erreicht wird.
Im oberen Wandteil kann man sich auch mehr links halten, man erreicht den O-Grat etwa 30 m östl. des Gipfels.

● **770 d) Nordpfeiler und über den Westgrat** (zugleich 1. Abstieg über die S-Flanke: I. Hechenbleikner, 1904). IV—. Vom Madatschjoch 2—3 st. Vom Joch unmittelbar an der Gratkante

VII Waze von NO   Foto: Fred Oswald
Im Kreis = Kaunergrathütte
1 = O-Grat, R 768, 2 = NO-Wand, R 769, 3 = Nordpfeiler, R 770

über den ersten, auffallenden Absatz empor. Das beste Gestein und die schönsten Kletterstellen findet man unmittelbar an der Pfeilerkante. Aus dem Schartl hinter dem Absatz gerade weiter. Empor auf den W-Grat, links eines auffallenden Turmes. Über die Grattürme in luftiger Kletterei zum Gipfel.

● 771 e) **Westgrat** (R. Platzmann, F. J. Praxmarer, 1902, aus dem Kaunertal; über die S-Flanke des W-Grates, zuletzt über den W-Grat: Henning und Sommer 1897; Begehung des ganzen W-Grates: K. Berger, E. Franzelin, I. Hechenbleikner, 1903). IV—. Vom P. 3401 m (Abzweigungspunkt des SW-Pfeilers des W-Grates) 3 st, von der Verpeilhütte 7—8 st. Sehr schöne Bergfahrt.

Von der Verpeilhütte auf dem Weg zum Madatschjoch zum O-Fuß der Madatschspitzen. Südl. eben hinein über Geröll und den Madatschferner in Richtung auf den auffallenden Felsturm am Beginn des W-Grates. Östl. des Turmes durch eine Eisrinne empor in eine Scharte östl. des Wazekopfes.

In die Scharte auch, indem man zu einer Einsattelung nördl. des Turmes ansteigt und durch ein kleines Schuttkar mit einem See zur Scharte östl. des Wazekopfes (Wazekopfscharte), 2784 m, quert. (In die Wazekopfscharte auch von der Kaunergrathütte. Vom Madatschjoch westl. über den Madatschferner hinab und an den Fuß des W-Grates.) Von der Wazekopfscharte jenseits südöstl. kurz hinab, dann empor gegen die N-Seite des SW-Pfeilers. Durch Rinnen und über Felsrippen nordöstl. über den 700 m hohen Aufschwung empor zu P. 3401 m des W-Grates.

Hierher auch aus dem Wazekar und über den mittleren, flacheren Teil des Wazeferners über Firn und Schrofen steil ansteigend.

Nun über den W-Grat empor, die Grattürme werden von S her erstiegen oder unmittelbar erklettert, zum letzten großen Turm im Beginn des letzten Grataufschwungs. Über seine südl. Plattenwand steil empor. Die folgenden Grattürme können fast alle auf der S-Seite umgangen werden. Gerade über den letzten Teil der Grathöhe oder etwas unterhalb in der S-Flanke zum Gipfel.

● 772 f) **Anstiege aus dem Wazekar** (im Abstieg aus der Scharte zwischen beiden Gipfeln über den Wazeferner: W. M. und R. Pendlebury und C. Taylor mit den Führern J. Santeler und G. Spechtenhauser, 1871).

Aus dem Wazekar auf den zerrissenen Wazeferner und wie in c) über den W-Grat zum Gipfel.

Aus dem Wazekar über den ganzen Wazeferner zuerst nordöstl., dann östl. in die Scharte zwischen beiden Gipfeln.

Anderer Weg (A. Peusch, E. Renk, 1926): Aus dem Wazekar zur Zunge des Wazeferners und zu den südl. Begrenzungsfelsen. Über sie (im unteren Teil durch Gletscherschliff sehr glatt, weshalb man sie besser von S und SW her ersteigt) schwierig u. Gr. (III—) auf den gutgestuften SW-Grat des S-Gipfels und über ihn auf den höchsten Punkt.

● 773 g) **Nordflanke des Westgrates** (Abstieg zum Madatschferner: Ing. H. Jungl, Dr. L. Obersteiner, Dr. H. Schäftlein, 1920). Mäßig schwierig (II), steinschlaggefährdet. Von P. 3401 (Abzweigung des SW-Pfeilers) 2 st. Vom Gipfel wie in e) (umgekehrter Weg) über den W-Grat hinab bis zum P. 3401 m. Hier gerade nördl. über eine lange, steile Felsrippe hinab bis etwa in halbe Wandhöhe. Dann Querung über eine sehr steile Eisrinne (Steinschlag) auf die westl. Rippe, die zu dem Eishang südl. des Madatschferners hinabführt. In Eisarbeit über den Steilhang und die Randkluft auf das Becken des Madatschferners.

h) **Südgrat** (im Abstieg). Teilweise II, vom S-Gipfel auf den Planggeroßferner 2 st.

Vom S-Gipfel über den S-Grat hinab bis kurz vor den Punkt, wo der S-Grat sich in einen östl. und westl. Rücken teilt. Hier in der schuttbedeckten W-Flanke abwärts querend und über mehrere Rinnen und Seitenrippen in die Scharte vor einem auffallenden kühnen Turm südl. des P. 3401 m im O-Rücken. Östl. hinab und über den südl. des O-Rückens des S-Grates angelegten Fernerteil. Über ihn bis zum Eisbruch, der auf Bändern des südl. Gratrückens umgangen wird. Hinab in das südlichste Becken des Planggeroßferners.

● 774 i) **Südgipfel über den Ostgrat** (Ing. H. Jungl, Dr. L. Obersteiner, Dr. H. Schäftlein, 1920). 4 st E.

Von der Kaunergrathütte auf die erste Stufe des Planggeroßferners. Von rechts über Bänder und durch Risse durch die N-Flanke des ersten Abbruches empor, den man über die zweite Gletscherstufe des Eisweges (siehe bei a) erreicht. Nach Überwindung des Abbruches empor auf den O-Grat und über steilere Absätze vor die schon von der Hütte aus sichtbaren Gratzacken. Der erste wird in der S-Seite über moosige Platten an der Kante erklettert. Nun südl. eine Seillänge hinab, bis man in die von der Scharte südl. herabstreichende Rinne queren kann. Ungefähr 15 m unterhalb der Scharte aus der Rinne und über brüchige Felsen empor auf die Grathöhe des zweiten Zackens. In die nächste Scharte und nördl. um den kleinen Zacken herum. Über den Grat oder in seinen Flanken mit Umgehung einiger Grattürme auf den S-Grat und über ihn zum Gipfel.

● 775 j) **Südgipfel aus dem Wazeferner** (schwierige Eisarbeit). 5 st.

Links neben der Zunge des Wazeferners über Firn kurz empor. Über mehrere Spalten, rechts haltend, im Zickzack empor, und über die großen folgenden Querspalten über Brücken hinweg. In schneearmen Jahren über die östl. Felsrampe (steinschlaggefährdet) von links her über den Eisbruch. Über die Randkluft und steilen Firn zu einer vorspringenden Felsrippe südl. des Gipfelsattels und kurz empor auf die Grathöhe.

k) **Südgipfel-Ostgrat-Einstiegswand.**

● 776   **Wazekopf,** 2918 m

Felskopf in dem langen, vom Wazegipfel westl. streichenden Rücken. Schöner Blick auf den Glockturmkamm und in das Kaunertal. 1. touristische Ersteigung wahrscheinlich: J. J.

Weilenmann, 1870 (Ersteigung des westl. Punktes des Kammes. 1. Ersteigung des höchsten Punktes und Übergang: K. Dörfler und J. Ittlinger, 1920).

● **777** a) **Nordostflanke.**
Aus dem Kaunertal innerhalb des Kupphofes auf Almsteig steil empor ins Madatschtal. Östl. des vom Wazekopf nordwestl. abstreichenden Kammes aufwärts und über die geröllbedeckte NO-Flanke auf den Gipfel.

● **778** b) **Südflanke.**
Aus dem Kaunertal innerhalb des Rifenhofes neben dem aus dem Wazekar herabkommenden Wazebach östl. auf Almsteig empor zur ehemaligen Wazehütte. Talein und in Gipfelfallinie gerade nördl. empor über die Geröllflanke zum Gipfel.

● **779** c) **Überschreitung von der Wazekopfscharte zum Wazekopf.** Teilweise II.
Wie auf dem Weg zum W-Grat der Waze empor in die Wazekopfscharte, östl. des Wazekopfes.
Über mehrere Graterhebungen und den Wazekopf bis zur letzten Erhebung (talaus). Der höchste Gipfel, der zweite von der Scharte her, ist vom dritten durch eine Scharte mit senkrechter Wand getrennt, die schwierig erklettert wird.

● **780**   **Seekarlesschneid, 3208 m**
Südl. der Wazespitze zweigt vom Kamm ein langer Grat nach O ab, dem die Seekarlesschneid mit mächtigem Gipfelblock entragt. Weiter östl. aufragende Erhebungen sind: Zuragkogel, Steinkogel und Brandkogel. Der Grat der Seekarlesschneid trennt die Gletscherbecken des Südl. Planggeroßferners und des Seekarlesferners. 1. touristische Ersteigung: K. Berger, Dr. W. Hammer, O. Melzer über die N-Rippe.

● **781** a) **Nordflanke.** II, von der Kaunergrathütte 3 st.
Von der Kaunergrathütte auf dem Hüttenweg talaus, bis der Weg auf die südl. (rechte) Bachseite übersetzt. Südl. über Geröll an die östlichste Zunge des Planggeroßferners. Über einen kleinen Felsabsatz und Geröll und Firn an die Felsen des Vorbaues der langen Gratrippe, die südl. zum Gipfel der Seekarlesschneid emporzieht. Links aufwärtskletternd durch Rinnen auf den Vorbau.
Oder von der Hütte schräg abwärtsquerend über den Planggeroßferner und über Felsen auf den Vorbau und etwas höher an die Gratrippe. (Brüchig, nicht lohnend.) Von Planggeroß

VIII Seekarleschneid von NW Foto: Fred Oswald
1 = Nordflanke, R 781, 2 = NW-Verschneidung, R 786, 3 = NW-Pfeiler, R 786 a, 4 = Grazer Riß, R 785

kommend, steigt man auf dem Weg zur Kaunergrathütte empor, bis zur Gletscherlacke. Über Geröll und Blockwerk auf den Vorbau.

In der Mitte der N-Flanke ist ein Firnfeld eingebettet, über das man entweder gerade emporsteigt, oder auf der erwähnten Gratrippe in schöner Kletterei empor an das obere Ende des Firnfeldes. Über steile, gutgestufte Platten (östl. haltend) zum Gipfel.

● **782** b) **Ostgrat** im Abstieg (vom Zuragkogel: I. Hechenbleikner, 1902; an den P. 3043 m — auch Hoher Kogel — im O-Grat: Th. Schimmelbusch mit Führer F. Klotz, 1900). III, bis zum Zuragkogel 2 st.

Vom Gipfel zuerst über den O-Grat über Blockwerk hinab, dann über scharfe Plattenschneiden und Reitgrateln bis vor die drei Grattürme. Vor dem ersten Turm von der Kante hinab und in die Scharte vor dem zweiten. Den zweiten kann man an der S-Seite umgehen, der dritte wird überklettert. Über den breiter werdenden Grat und einige Köpfe (P. 3043 m) zum Blockgrat, der auf den Zuragkogel emporführt.

An den O-Grat auch von S aus dem Riffeltal. Von der Riffelseehütte an das W-Ende des Riffelsees und durch das Seekarle nordwestl. empor und über grasdurchsetzte Felsen auf P. 3043 m des O-Grates.

● **783** c) **Südflanke** (im Abstieg: I. Hechenbleikner, 1903). II, im unteren Teil teilweise III—, aus dem Seekarle nordwestl. des Riffelsees 2 st. Im Abstieg aus dem Seekarlesferner ³/₄ st.

Vom Riffelseehaus am See vorbei und durch das Seekarle westl. empor auf den Seekarlesferner. Aus dem Ferner über glattgeschliffene, steile Felsen nördl. empor in Richtung auf den Gipfel, zuletzt über Schrofen auf den höchsten Punkt.

● **784** d) **Westgrat** (I. Hechenbleikner, 1903). II. Von der Kaunergrathütte 3 st.

Von der Hütte auf dem Steig westl. auf die Moräne unterhalb des Hüttenfelskopfes und den zum Madatschjoch ziehenden Fernerteil (oberhalb des steilen Eishanges). Eben über den Gletscher gegen den O-Grat der Wazespitze, dann über Geröll hinab in die tiefste Gletschermulde nordöstl. des O-Grates. Südl. durch sie und in das große Gletscherbecken des Planggeroßferners. In Richtung auf den Eishang empor, der vom W-

Grat der Seekarlesschneid herabzieht. Entweder in Eisarbeit über ihn auf die **Grat** (große Randkluft), oder über die brüchigen, schlecht geschichteten Felsen links davon auf den W-Grat, wo er sich stärker auszuprägen beginnt.

Nun über den Block- und Firnrücken empor, dann über kleine Türme (die auch südl. umgangen werden können), und zuletzt in schöner Kletterei auf den etwas nördl. vorgeschobenen Gipfelblock.

● **785** e) **Grazer Weg durch die Nordwand.** Stellenweise V—, 3 st E.
Der Grazer Weg führt durch die N-Wand und erreicht den W-Grat ungefähr in der Mitte zwischen dem Gipfel und der kleinen Eisflanke, die vom niedersten Punkt des W-Grates zum südl. Planggeroßferner herabzieht.

● **786** f) **Nordwestverschneidung** (R. Czegka, Dr. L. Obersteiner, 1921). V, 3—4 st E. Vom südöstlichen Winkel des Planggeroßferners zieht eine steile rinnenartige Verschneidung zum Gipfel der Seekarlesschneid empor. Einstieg bei dem mächtigen Schuttkegel in der Randkluft. Durch die Randkluft Einstieg von links nach rechts über nasse Platten gegen eine kleine Nische. Links von ihr in einen moosigen, nassen Riß, dann nach links an die Begrenzungskante. Über sie zu kleinem Standplatz vor einem kaminartigen Riß. Durch die von Steinschlag weißgescheuerte Verschneidung 6 Seillängen empor. In etwa Dreiviertelhöhe geht die Verschneidung in weniger geneigte Rinnen über, durch die man unmittelbar den Gipfel erreicht.

f) **Nordwestpfeiler** (Hermann Buhl, Heinrich Klier, Waldemar Gruber, Walter Purtscheller, 1946). Stellenweise überaus schwierig o. Gr. (V+), sehr steinschlaggefährdet. 3 st E.

Ausgeprägter, brauner Pfeiler in Gipfelfallinie, gegen NW gerichtet.

Einstieg beim großen Steinschlagkegel (etwa 200 m links, östl. vom Steinschlagkegel in Fallinie des Grazer Risses). Rechts haltend durch ein Steilrinne eine Seillänge zu Standplatz. Nun etwa 40 m über glatte, steile Platten (Quergänge und Risse, H.) und einen abschließenden Überhang (V+) an den Beginn des auffallenden Riß- und Steilrinnen-Systems, das schon von der Kaunergrathütte aus sichtbar ist. Durch die Risse etwa 2 Seillängen empor, schließlich rechts hinaus in die brüchige Steilzone. Nach ungefähr 2 Seillängen wird der Fels leichter. Gerade empor über blockige Felsrippen zum Gipfel

● **787**   **Zuragkogel,** 2891 m, **Steinkogel,** 2635 m
             Brandkogel, 2677 m

Graterhebung in dem von der Seekarlesschneid östl. streichenden Kamm, der zwischen Planggeroßtal im N und Riffltal im S aufragt. 1. Ersteigung des Zuragkogels über den Steinkogel: F. Sarlay und J. Albert, 1901. 1. Ersteigung des Brandkogels: O. Mannskopf mit Führer F. Kirschner von Planggeroß aus, 1898. 1. Gratüberschreitung vom Brand- zum Zuragkogel: I. Hechenbleikner, 1902.

● **788** a) **Von Nordosten auf den Steinkogel.** Von der Kaunergrathütte oder von der Riffelseehütte auf dem Verbindungs-Höhenweg zum NO-Rücken des Steinkogels südl. über dem äußersten Planggeroßtal. Nun über grasige Felsstufen gerade über den Rücken empor zum Gipfel des Steinkogels. Vom Steinkogel über den Verbindungsrücken südwestl. und über eine Graterhebung dem westl. streichenden Kamm folgend auf den Gipfel des Zuragkogels.

Auf den Steinkogel auch aus dem Alzeleskar (Almeleskar), das der Höhenweg quert. (Es liegt zwischen Steinkogel und Brandkogel eingebettet.)

Vom Kar westl. empor auf den Kamm, P. 2887 m der alten AV-Karte. Nun entweder nordöstl. auf den Steinkogel, östl. im Bogen auf den Brandkogel (den man auch direkt aus dem Kar besteigen kann), oder westl. auf den Zuragkogel.

● **789** b) **Von Süden.**
Von der Riffelseehütte sind alle drei Erhebungen unschwierig über die grasigen Schrofen zu ersteigen.

● **790** c) **Nordwand des Zuragkogels** (I. Hechenbleikner, 1902). II, von der Kaunergrathütte 3—4 st.
Von der Hütte talaus zur Gletscherlacke und auf dem Höhenweg zum Rifflseehaus bis in die Fallinie des Zuragkogelgipfels. Hier südl. über Geröll an die N-Wand empor. Durch Rinnen, dann über die glatten, schwarzen Platten zum Gipfel.

● **791**   **Seekogel,** 3358 m

Schroffster Gipfel des Kaunergrates, der eine ungemein zerrissene Felsschneide bildet und nach N und S mit steilen Wänden abstürzt. Der Seekogel ragt in dem südl. des Wazejoches vom Hauptkamm östl. abstreichenden langen Grat auf. Von

IX Seekogel von O   Foto: H. Klier
1 = Südwand, R 792, 2 = Ostgrat, R 793

O und W erscheint er als wilder Zacken, von N und S als düstere Mauer. 1. Ersteigung Dr. F. Hörtnagl, H. Margreiter vom „Schneidigen Wandl" über die S-Wand und den oberen Teil des O-Grates. Der W-Grat bietet außergewöhnlich schöne Kletterei in festem Gestein.

● **792** a) **Über das „Schneidige Wandl", über die Südwand und den Ostgrat** (Weg der Ersteiger). Teilweise III. Von der Riffelseehütte 4—5 st. Von der Kaunergrathütte 5—6 st. Von der Riffelseehütte dem See entlang und im Riffeltal einwärts. Wo das Tal nach S umbiegt westwärts über den Bach und über steile Grashänge und Blockwerk in die Scharte zwischen dem Felskopf des „Schneidigen Wandls" und der Südwand des Seekogels. Aus der Scharte nördl. auf einem brüchigen Kamm empor, der in einen steilen Plattenabbruch übergeht. Man erklettert diesen zuerst gerade in seiner Mitte, quert dann auf einem schmalen Plattendach westl. hinaus, bis man nach ungefähr 4 Seillängen die oberen, weniger steilen Plattenflanken erreicht. Am O-Rand der Plattenflanke über Blockwerk und Fels empor, dann östl. in eine Plattenrinne und in ihr aufwärts. Ungefähr eine Seillänge unter dem O-Grat westlich auf ein kurzes, breites Band; auf ihm in eine Nische und über die glatte Wand gerade empor auf den O-Grat. (Man kann auch durch eine Plattenrinne und durch einen breiten Kamin die Gratscharte erreichen.) Nun auf dem schmalen Grat wenig ansteigend bis zu einer schroffen Schneide, deren plattiger, überhängender Abbruch südl. umgangen wird.

Weiter über den Grat bis vor einen Turm. Man quert ihn auf der N-Seite (ausgesetzt) durch einen Riß, der von zwei abgesprengten Platten gebildet wird. Auf einen mächtigen Gratkopf, von dem aus man den Gipfel im W erblickt. Weiter zu einem kleinen Felskopf vor einer tiefen Scharte. In der N-Seite kurz hinab; dann südl. durch eine steile Plattenrinne, einen überhängenden kurzen Riß, über Platten und den folgenden kurzen, kaminartigen Riß (in der N-Seite) hinab in den Grund der Scharte. Über den Grat empor zu einem gelben, glatten Wandabbruch; zuerst durch einen Riß in der Wandmitte empor, dann über ein schmales Band nach links und durch ein Felsloch auf den Grat. Den folgenden zweiten Abbruch erklettert man über einen kleinen Überhang, erreicht den Grat wieder durch ein schmales Band von N her. Über den breiter werdenden Grat zum Gipfel.

● **793** b) **Ostgrat** (I. Hechenbleikner, F. Harpf, 1903). II, teilweise III. Von der Riffelseehütte 4—5 st. Von der Kaunergrathütte 5—6 st.
Von der Riffelseehütte dem See entlang und westl. über Geröll und Blockwerk zur Einstiegsschlucht im O-Gratabbruch.
Sie fällt vormittags durch einen deutlichen Schatten auf und ist beim Anstieg von der Moräne des Seekarlesferners aus an horizontal gerichteten quarzartigen Bändern zu erkennen. Etwa 15 m über den Bändern beginnt die eigentliche Schlucht. Hierher auch von der Kaunergrathütte. **Von der Hütte auf den W-Grat der Seekarlesschneid empor (s. dort).** Oder von der Kaunergrathütte in den südwestl. Winkel des Planggeroßferners und über steilen Firn auf die Höhe des W-Grates der Seekarlesschneid. Nun auf den Seekarlesferner absteigend und östl. hinab bis an sein Ende. Über Geröll rechts, südöstl. haltend zum Schluchtanfang.
Nun durch einen 20 m hohen Kamin und über einen überhängenden Block im unteren Teil der Schlucht empor. Über brüchiges Gestein in der Schlucht weiter und empor, bis der O-Grat mit steiler Wand zum Ferner abbricht. Über den Grat empor, über Platten zu einem Grataufschwung, der gerade erklettert wird. Gerade aufwärts zum Gratkopf und weiter wie in a), wo die Führe vom „Schneidigen Wandl" herkommend einmündet.

● **794** c) **Gerade Südwand** (H. Derfflinger, H. Dobler, 1914). III. Von der Riffelseehütte 4 st.
Von der Riffelseehütte wie in a) zum „Schneidigen Wandl". Durch Plattenschüsse in Gipfelfallinie empor. Zuletzt durch einen langen Riß aufwärts, der unmittelbar westl. des Gipfelblockes den Grat erreicht. Im obersten Teil dieses Risses unter einem Klemmblock östl. aus dem Riß heraus und ungefähr eine Seillänge östl. des Steinmannes auf den Grat und über ihn zum höchsten Punkt.

● **795** d) **Westgrat** (I. Hechenbleikner, F. Harpf, 1903, im Abstieg). Unmittelbare Begehung IV—. Zählt zu den schönsten Urgesteinsgraten Tirols.
Von der Riffelseehütte oder von der Kaunergrathütte (wie in b) auf den Seekarlesferner. Aus dem Gletscher über Firn oder brüchige glatte Felsen in die tiefste Einschartung des W-Grates. (Der ebene Grat kann hier von mehreren Stellen von S oder N her betreten werden. Je näher dem großen Grataufschwung

zum Vorgipfel man den Grat betritt, um so kürzer ist die Kletterzeit.)
Aus der tiefsten Einschartung ostwärts über Türme und Zacken, am besten stets auf der Gratschneide, in die Scharte vor dem Abbruch. Aus ihr auf einem Schuttband nach rechts aufwärts in eine Steilrinne, und um einen Block herum in eine Verschneidung, die durch glatte Platten gebildet wird. Durch diese nach links (nördl.) auf den Gratkopf und über den Grat zum westl. Vorgipfel. Den Steilaufschwung erklettert man durch einen senkrechten Riß knapp rechts der Kante, der durch einen Überhang (H) abgeschlossen wird (IV—). Nun entweder kurz links über den Blockwulst und gleich wieder rechts über großblockige Steilaufschwünge auf leichteres Gelände, oder gleich oberhalb des Überhanges auf dem Band nach rechts hinaus auf leichteres Gelände und über Blockwerk auf den Vorgipfel. Im Abstieg kann man den Abbruch in der S-Seite knapp vor der Kante links (südl.) umgehen, dann über ein Band 15 m nach rechts zur Kante. Ehe es ungangbar wird, trifft man auf eine 15 m hohe Abseilstelle.
Über den Grat weiter, dann in der südl. Gratseite durch einen Riß zum Gipfel.

● **796** e) **Nordwand** (I. Hechenbleikner, 1903). III. Von der Riffelseehütte 4 st. Von der Kaunergrathütte 4½—5 st. Von der Riffelseehütte an das NW-Ende des Riffelsees und westl. über Rasen und Geröll aufwärts auf den Seekarles-Ferner. Über den Gletscher empor bis unter die N-Wand; hierher auch von der Kaunergrathütte über den Sattel westl. des W-Grates der Seekarlesschneid und südöstl. über den Seekarlesferner zur N-Wand des Seekogels. Einstieg in Fallinie des westl. Vorgipfels. Über die Randkluft und einen steilen Eishang an die glatten, abdrängenden Felsen, die die auffallende Rinne begrenzen, die von links nach rechts in die Scharte zwischen Vorgipfel und Gipfel zieht. Von links nach rechts über die Felsen empor, dann über einen kurzen, steilen Absatz in die Rinne. In ihr über Platten und Geröll, zuletzt durch einen glatten Kamin empor und in die Scharte westl. des Gipfels. Mit Überschreitung oder Umgehung einiger Zacken in der S-Seite auf den höchsten Punkt.
Aus der Rinne kann man auch unmittelbar über mächtige senkrechte Plattenschüsse den Gipfel erklettern (III+).

● **797** f) **Südwestwand im Abstieg** (Ing. O. Vesely, Dr. E. Weinberger, 1920). III, bis zum Löcher Ferner 2—3 st.

Vom Gipfel des Seekogels hinab zum westl. Vorgipfel und (westl.) über eine Leiste (3 m) zu einem Block und von südl. ungefähr 100 m durch eine gutgestufte Rinne hinab. Dort, wo die Rinne von einem Köpfl abbricht, rechts von ihm 3 m empor zu einer Kante. Um diese herum und 5—6 m hinab in eine Schrofenmulde. In ihr schräg rechts (südwestl.) 50 m hinab und unter den Wänden herum. Dann gleich 20 m empor und über eine Rinne, die in den Löcherferner abbricht. Jenseits der Rinne durch eine Seitenrinne und einen Kamin hinab auf einen Absatz. Von ihm östl. über Platten in die Hauptrinne unterhalb des Abbruches und in ihr hinab auf eine Schneezunge des Löcherferners.

● **797 a Abstieg durch die Südwand**, II+, bis an den Wandfuß etwa 1½ st. (Beschreibung H. Klier, 1966.)

Vom Gipfel über den O-Grat 30 m abwärts in die erste Einschartung. Hier hinab in die S-Flanke durch einen Riß, der nach wenigen Metern an das obere Ende der schräg ostwärts die ganze S-Wand durchreißenden Plattenrampe führt. Über diese Plattenrampe durch Risse, über kleine Wandstellen und Bänder mehrere Seillängen abwärts. Wo diese Plattenrampe sich in die breite Plattenzone des Wandfußes öffnet, stößt man zur Linken an eine auffallend glattgeschliffene Platte. An ihrem Ober- oder Unterrand quert man ansteigend etwa 8 m empor, und kann nun wieder gut über grasdurchsetzte Bänder (großer Steinmann) ostwärts hinausqueren gegen den obersten Teil des felsigen Kammes, der von der Einschartung am „Schneidigen Wandl" (einem dunklen von der S-Wand abgesetzten Felskopf) in die S-Flanke des Seekogels emporzieht. In der Fluchtlinie dieses Kammes zunächst leicht über Gras und Schrofen abwärts. Der letzte steile Abbruch kann ganz im O — um ein Eck in eine Rinne und aus dieser nach wenigen Metern wieder westwärts heraus — umgangen werden (II+), oder man seilt sich in seinem Mittelteil eine Seillänge ab (H) auf leichtes Gelände.

● **798**   **Rostizkogel**, 3392 m

Mächtiger Firndom südl. des Wazejoches und nördl. des Rostizjoches, mit steilen Felsflanken gegen S und zerrissenen Eisflanken gegen W im Kamm aufragend. 1. Ersteigung: Dr. Th. Petersen mit den Führern Praxmarer und S. Lentsch vom Rostizjoch.

● **799 a) Über die nordöstliche Firnschneide** (Dr. F. Hörtnagl, A. und O. Zotti, 1900). Von der Kaunergrathütte 3½ bis 4 st. Von der Riffelseehütte 3 st.

Von der Kaunergrathütte wie bei dem Weg zum O-Grat des Seekogels (s. dort b) auf den Seekarlesferner. Jedoch gleich südl. zum W-Grat-Ausläufer des Seekogels. Über die Randkluft und einem steilen Eishang auf die Gratschneide (etwa bei P. 3214 m der neuen AV-Karte). Jenseits durch Felsrinnen etwa 30 m westl. der kleinen Firneinsattelung (P. 3214 m) hinab auf den nördl. Löcherferner.

● **799 a** Von der Riffelseehütte wie auf dem Weg zum Seekogel (a) in die Scharte zwischen dem „Schneidigen Wandl" und der S-Wand des Seekogels empor und jenseits über Blockwerk und Geröll westl. empor auf den nördlichsten Teil des Löcherferners. Über ihn auf den Firnsattel nördl. des Rostizkogels. (Das „Schneidige Wandl" kann auch auf der S-Seite umgangen werden.)

● **800 b) Vom Rostizjoch** (Weg der Erstersteiger). Vom Joch 1—1½ st.
Von der Riffelseehütte auf das Rostizjoch (s. dort). Über Firn gegen den nördl. des Joches aufragenden Felszacken und auf der O-Seite um ihn herum. Über Firn und Geröll an den Fuß der S-Abstürze. Über gutgestuften Fels unmittelbar zum Gipfel. Unter dem Gipfel kann man auch durch eine östl. der S-Wand bis zum Gipfel emporziehende Firnrinne ansteigen; man quert am Fuß der Gipfelwand gegen O hinaus und steigt durch die Rinne zum höchsten Punkt.

● **801 c) Nordwestwand** (W. Engelhardt, S. Neumann, 1910). Schwierige Eiswand. 3—4 st E.
Aus dem innersten Wazekar südöstl. an den Fuß der ungefähr 800 m hohen Eisabstürze. Durch zwei Felsflächen sind zwei weniger geneigte Eisstufen entstanden. Über den Ferner in Richtung auf die zweite höher gelegene Felsfläche ansteigend, unter ihr jedoch schräg rechts über die erste empor. Rechts der zweiten Felsstelle gerade, bei schlechten Schneeverhältnissen besser links ausweichend, zur zweiten Stufe empor und etwas rechts ausweichend zum höchsten Punkt.

● **802 d) Westgrat im Abstieg** (W. Engelhardt, S. Neumann, 1910).
Vom Gipfel über den Grat, felsige Abstürze überschreitend oder umgehend, in die Scharte östl. des P. 3045 m der neuen AV-Karte. Nordwestl. hinab in das Wazekar und dem Wazebach folgend talaus in das Kaunertal.

● **803 e) Abstieg nach Westen** (K. Berger, E. Franzelin, I. Hechenbleikner, K. Mayr, 1903). In den Talgrund des Wazetales 2—3 st.

● **804** **Löcherkogel, 3326 m**
Mächtiger, überfirnter Felskegel südl. des Rostizjoches. An die S-Flanke legt sich der breite Riffelferner mit seinem nördl.

Gletscherbecken an. Die NO-Flanke bildet der Löcherferner. Skiberg. 1. Ersteigung: Dr. A. Hintner, Dr. F. Hörtnagl, Dr. J. Pircher, Dr. A. Possett, 1900.

● 805 a) **Nordgrat.** I, vom Rostizjoch 1/2 st.
Von der Riffelseehütte auf das Rostizjoch und südl. über den Grat, mehrere Felsköpfe und Gratstellen überschreitend, auf den Gipfel.

● 806 b) **Von Süden.** Von der Riffelseehütte 4—5 st.
Von der Riffelseehütte im Riffeltal einwärts und im Bogen nach W und N über den Riffelferner gegen die S-Flanke. Über Firn und Geröll zum Gipfel.

● 807 c) **Südostrücken**
Wie in b) auf den mittleren Riffelferner und über den breiten Rücken ansteigend auf den Gipfel.
An den Rücken auch von N aus dem Löcherferner über steile Firn- und Eishänge (kürzer).

● 808 d) **Nordostflanke.**
Von der Riffelseehütte auf den Löcherferner (Weg zum Rostizjoch) und bei guten Firnverhältnissen über die Firnhänge in südwestl. Richtung auf den Gipfel.

● 809 e) **Überschreitung zu den Hapmesköpfen.** I.
Vom Gipfel über die S-Flanke hinab und über den Ferner an den Grat. Südl. über diesen auf die zwei Erhebungen; Gratzacken und scharfe Schartln können auf der Riffelfernerseite über Firn umgangen werden.

● 810 Hapmesköpfe
Nördlicher, 3292 m, Südlicher, 3237 m

Teilweise überfirnte Felsköpfe im Kamm südl. des Löcherkogels. An die O-Seite legt sich der weite Riffelferner an. Westl. unter dem Kamm liegt das Hapmeskar. 1. touristische Ersteigung: Dr. F. Hörtnagl, Dr. A. Possett, 1902.

● 811 a) **Über den Nordgrat auf den Nördlichen und auf den Südlichen Hapmeskopf.** 2 st.

● 812 b) **Ostflanken.** I.
Aus dem mittleren Gletscherbecken des Riffelferners westl. über Firn und Schrofen auf den Nördl. Gipfel. Ebenso aus dem Riffelferner über die O-Flanke des Südl. Kopfes auf seinen höchsten Punkt.

● 813   c) **Vom Wurmtaler Joch über den Südostrücken.**
Von der Riffelseehütte auf das Wurmtaler Joch (s. dort) und über den breiten, geröllbedeckten Rücken auf den südl. Gipfel.

● 814   d) **Aus dem Kaunertal** auf dem Weg zum Wurmtaler Joch über den SW-Rücken.

● 815   **Wurmtaler Kopf,** 3228 m
Graterhebung im Kamm südöstl. des Wurmtaler Joches. Südl. des Gletscherbeckens des Riffelferners. 1. touristische Ersteigung: Dr. F. Hörtnagl, Dr. A. Posselt, 1902.

● 816   a) **Vom Wurmtaler Joch** (R 298). ½ st.
Vom Joch südöstl. über den Blockgrat, dann über ein kleines Eisfeld an die kurzen Gipfelfelsen und über sie auf den höchsten Punkt.

● 817   b) **Aus dem Riffelferner.**
Von der Riffelseehütte auf dem Weg bis fast zum Wurmtaler Joch auf den südl. Teil des Riffelferners und südl. gegen den Wurmtaler Kopf. Über das Eisfeld unmittelbar zum Gipfel.

● 818   c) Abstieg ins Wurmtal.
Vom Gipfel westl. hinab über das Eisfeld und nördl. von P. 3199 durch Schuttrinnen steil südwestl hinab.

d) **Ostgrat.** Vom Riffelferner südl. auf den Grat, doch nicht zur tiefsten Scharte, sondern zur Scharte unmitelbar vor dem Aufschwung des O-Grates. Über den Grat zum Gipfel.

d) **Südgrat.** Aus der Scharte, 3067 m, zwischen der Eiskastenspitze und dem Wurmtaler Kopf nach N direkt über die zerborstene Schneide zum W-Gipfel, 3199 m, und über den Grat zum höchsten Punkt.
Der Wurmtaler Kopf läßt sich leicht nach O überschreiten. Vom O-Eck kann man über Schutthänge nach S absteigen.

● 819   **Grubenkarspitze,** 3002 m
Kammerhebung in dem vom Wurmtaler Kopf nordöstl. streichenden Rücken. Von der Grubenkarspitze zieht ein kleiner Grat nach O, er trennt das nördl. liegende Grubenkar und das südl. eingelagerte Rotschliffkar. 1. Ersteigung: Dr. H. Menger, H. Derfflinger, H. Dobler, 1911. 1. Überschreitung des ganzen Grates vom Beginn des Scharfen Grates im NO bis zur Scharte: Dr. L. Obersteiner, A. Hirzenberger, 1921.

● 820 **Überschreitung von Nordosten bis zur Scharte,** P. 2887 m der neuen AV-Karte.
Von der Riffelseehütte südwestl. gegen den von der Grubenkarspitze nordöstl. ziehenden Rücken empor. Durch eine Schotterrinne auf den Grat. Über Gratzacken in eine Scharte. Die folgenden zwei glatten Türme werden auf der S-Seite auf gleicher Höhe auf schmalen Bändern umgangen. Nach einem fast ebenen Gratstück über schöne Felsen und durch Risse auf einen Grataufschwung, bis zu einem Turm mit senkrechter Wand; er wird auf der N-Seite auf absteigenden Bändern umgangen. In die Scharte vor einem glatten Zacken; aus der Scharte kurz in einem Spalt absteigend, dann durch einen Riß in festem Fels zum Grat empor. Über Platten auf den Gipfel der Grubenkarspitze. In anregender Kletterei in das Schartl jenseits des Gipfels hinab; die folgenden Grattürme können auf der S-Seite umgangen werden. Man erreicht durch die S-Seite den höchsten Punkt vor der Scharte, 2887 m.

● 821 **Grubengrat,** höchster Punkt, 2839 m
Der von der Grubenkarspitze nordöstl. gegen das SO-Ende des Riffelsees streichende Grat. Von allen Seiten leicht ersteiglich. 1. touristische Ersteigung: Dr. F. Lantschner, K. Mayr, 1902.

● 822 a) **Von der Riffelseehütte** südwestl. auf den Rücken und auf den höchsten Punkt.

● 823 b) **Übergang zur Grubenkarspitze.** (Siehe dort.)

● 824 **Vorderer Eiskastenkopf,** 3087 m
Auch „Hochkopf" genannt. Vom Hauptkammverlauf östl. abgesetzte Erhebung. Nur in Verbindung mit den Nachbargipfeln empfehlenswert. 1. touristische Ersteigung: J. Kraemer, 1906.

● 825 a) **Vom Taschachhaus oder von der Riffelseehütte.** II, brüchig, 2½ st.
Vom Fuldaer Höhenweg (R 299) bis zum Rotschliffbach (von der Riffelseehütte kommend ist dies die zweite ausgeprägte Bachrunst, die man quert). Hier vom Weg ab und westwärts empor über steile Grashänge und Felsabsätze in das kleine Rotschliffkar; südl. ein kleines, spaltenloses Eisfeld. Über dieses auf die Gratschneide, die leicht bis zur kleinen, schwach ausgeprägten Einschartung westl. des kurzen, gratartigen

Aufschwunges verfolgt wird. In sehr brüchigem Gestein, teilweise aufeinandergelegte Platten und Blöcke, auf den höchsten Punkt.

● **826** b) **Westflanke** (A. Hirzenberger, Dr. L. Obersteiner, 1921). Teilweise II, 3—3¹/₂ st.
Von der Brücke über den Gletscherabfluß des Taschachferners noch empor auf den Moränenwall. Nun aber vom Hüttenweg rechts, nordwestl. ab. Über die steilen Gras- und Blockhänge empor ins Vordere Eiskastenkar. (Hierher auch von der Riffelseehütte, dem Fuldaer Höhenweg, R 299, folgend, und nördl. der Felsrippe empor.) Von links her auf den gegen S ziehenden Felsgrat. Vom äußersten Sporn über Schutt und Blöcke bis zum Gipfel.

● **827** Eiskastenspitze, 3373 m
Mächtiger, schön geformter Gipfel mit charakteristischer Firnhaube auf der SO-Schulter. Fällt mit schroffen Wänden gegen das Pitztal ab. Vom Taschachhaus vor allem in Verbindung mit der Bliggspitze sehr lohnend. 1. Ersteigung: wahrscheinlich anläßlich der militärischen Vermessung, 1853.

● **828** a) **Vom Taschachhaus über das Köpfle.** Der Eisbruch des Eiskastenferners erfordert Erfahrung, sonst I, 3—3¹/₂ st.
Vom Haus taleinwärts auf dem Steiglein bis zum Abfluß des Sexegertenferners (Sexegertenbach). Über diesen hinweg, und auf der anderen Talseite leicht ansteigend über die Böden hinaus (nordöstl), bis man sich schließlich auf das „Köpfle", einer Kuppe im SO-Ausläufer der Eiskastenspitze, zu hält. Man ersteigt dieses jedoch nicht, sondern wendet sich vorher gegen links dem Mittleren Eiskastenferner zu. (Hierher auch von der Riffelseehütte über den Fuldaer Höhenweg (R 299) bis auf das Bödele vor der Felsrippe. Nun nach links (W) gegen den mittleren Eiskastenferner empor.) Diesen hat eine Mittelmoräne infolge des starken Rückganges in zwei Teile geteilt; man betritt die rechte, nördl. Zunge, hält sich am N-Ufer des Gletschers und läßt den wilden Eisbruch im Mittelteil links liegen. Das Durchkommen zwischen Fels und Eisbruch ist nicht immer leicht. Darauf betritt man das obere Firnbecken. Höher oben steigt man an geeigneter Stelle rechts in die Felsen, über diese empor zur Firnhaube und unschwer zum Gipfel.

● **829** b) **Aus dem Kaunertal** (über das Bliggjoch, P. 3170 m der AV-Karte). Mühsam, von Feichten etwa 5 st.

Von Feichten talein zum Stausee. Auf der Straße am Ostufer des Sees etwa 3 km talein bis zu den zwei Wurmetalbächen. Hier ostwärts empor zu den Branntweinböden, von dort ein schlechter Steig weiter zu dem schönen kleinen Bergsee im Wurmetal. Von einem kleinen Köpfl östl. des Sees (P. 2635 der AV-Karte) hält man sich ostw. empor auf die Zunge des Bliggferners. Über den fast spaltenlosen Firn südöstl. aufwärts bis in Fallinie der tiefsten Einsattelung, und über die Schrofen empor auf das Bliggjoch. Nun hinab auf den obersten Firnboden und weiter wie in a), oder über den SW-Grat, s. c) zum Gipfel.

● 830 c) **Südwestgrat** (Dr. G. Keller, E. Munck, 1905). III, 2 st E.
Wie in a) vom Taschachhaus auf den oberen Gletscherboden des Mittleren Eiskastenferners. Von hier hinauf gegen das Bliggjoch, der tiefsten Einsattelung am S-Fuß des Berges. (Vom Kaunertal hierher s. b).) Nun nordöstl. empor auf den Vorkopf, 3264 m, und über den sich immer schöner ausprägenden Grat, zuletzt über Firn, zum Gipfel.

● 831 d) **Westflanke** (K. Dammel, F. März, 1951). III, 2 bis 3 st E.
Von dem kleinen Ausläufer des Bliggferners über steiles Geröll bis zu den Felsen einer Rippe in der Mitte der W-Flanke. Von links — oder auch gerade — auf diese Rippe und über sie zum Gipfelaufbau. Nun zuerst etwas links, dann wieder rechts haltend, erreicht man den NW-Grat knapp unterhalb des Gipfels.

● 832 e) **Nordwestgrat** (J. Bär, A. Wachter, 1905). III, 1½ st.
Von der Scharte nördl. der Eiskastenspitze, die man am besten vom Taschachhaus her über das Köpfle und den Vorderen Eiskastenferner erreicht, ohne Schwierigkeiten auf den Vorgipfel, P. 3274 m, empor. Nunmehr wird der Grat schärfer, vor dem Hauptgipfel sind einige Zacken zu überklettern. Ihre Umgehung in der W-Flanke ist nicht leichter.

● 833 f) **Nordostwand** (L. Obersteiner, O. Steinböck, 1920, im Abstieg). II, 2 st E.
Vom Vorderen Eiskastenferner rechts der Gipfelfallinie über die Randkluft in die zunächst weniger steilen Felsen der unteren Wandhälfte. Aus dem steilen oberen Wandteil hält man sich durch eine der Rinnen rechts empor gegen den NW-Grat. Über dessen letzte Zacken zum Gipfel.

● **833 a** g) **Südostgrat** (A. Görlich, Chr. Reich, D. Seibert, 1966), II—III, 2—3 st E.

Diesem 500 m hohen Grat entragen einige wilde Köpfe. Er bildet einen schönen Aufstieg zur Eiskastenspitze. Meist guter Fels.

Vom Taschachhaus auf dem Weg zur Riffelseehütte bis zum Bach, der aus dem Mittleren Eiskastenferner kommt. Längs des Baches zu den weiten Böden hinauf und hinüber an den Fuß des Grates. Über steiles Gras auf den ersten Gratabsatz. Nun immer über oder knapp neben der meist sehr scharfen Schneide zu der auffallenden Gruppe von drei Türmen in der Gratmitte. Den ersten umgeht man leicht absteigend an seiner S-Kante und klettert dahinter auf einer Plattenabdachung in die Scharte vor dem mittleren, hammerförmigen Turm hinauf. Schräg links empor zum Fuß des senkrechten Gipfelkopfes und hinüber in die Scharte vor dem dritten Turm. Ihn umgeht man in der N-Flanke. Ein letzter Aufschwung wird mit einer Linksschleife genommen. Über die Schneekalotte wie R 828 a zum Gipfel.

● **834**   **Bliggspitze**, 3454 m

Breiter Felsbau inmitten hoch hinaufreichender Firnfelder, der mächtige Zweiggrate nach O, S und N entsendet. Dem imposanten O-Grat entragt der Mittlere Eiskastenkopf, 3260 m. Vom N-Eck des N-Grates zweigt ein mächtiger Grat nach W ab, der das Wurmetal und die „Bligg" trennt, und aus dem sich über dem Kaunertal der Äußere Bliggkopf, 2896 m, erhebt.
1. Ersteigung: Dr. Th. Petersen mit A. Ennemoser, 1874.

● **835** a) **Vom Taschachhaus** (Normalweg). I, 3½ st. Lohnend.

Vom Taschachhaus westl. auf dem Steiglein hinein zum Sexegertenferner. Die Gletscherzunge bleibt links liegen; man überquert an geeigneter Stelle den Bach und steigt am jenseitigen Hang zuerst steil über Blockwerk empor, dann weniger ansteigend auf die Böden unter dem Vorderen Ölgrubenferner. Über ihn zuerst mäßig ansteigend, dann steiler empor in die Einschartung unter dem Südgrat (Steinmann), das Bliggschartl (3210 m). Über den Sattel nördl. hinweg und über die Firnhänge weiter bis fast in Gipfelfallinie. Über Firn, schließlich über eine Felsrippe und durch steiles, abschüssiges Geröll zum Gipfelgrat (zeitweise steile Firnrinne!).

Der höchste Punkt liegt am S-Ende des N-S verlaufenden Block-Kammes.

● **836** b) **Vom Gepatschhaus.** I, aber mühsam, 4—5 st.
Etwa 500 m unterhalb des Hauses zweigt vom Fahrweg, ehe dieser stärker zu fallen beginnt, rechts ein Jägersteig ab. Ostwärts zuerst steil über die Talstufe empor, sodann nordwärts unter den Hängen des Inneren Bliggkopfes durch zur Bliggalm, 2146 m, Almhüttl. Nun ostwärts empor durch das einsame Kar „Auf Bligg", und über Moränenhänge zur S-Zunge des stark geschwundenen Bliggferners, wobei die Felsstufen links liegen bleiben. Über den Ferner etwas rechts haltend hinauf; man gelangt dabei in die Nähe des Bliggschartls, das man jedoch nicht zu betreten braucht. Wie in a) zum Gipfel.

● **837** c) **Südgrat** (1. bekannte Begehung: L. Obersteiner, O. Steinböck, 1920). Schroffer Zackengrat, teilweise II, 2 bis 3 st E. Für geübte Kletterer empfehlenswerter Anstieg auf die Bliggspitze.
Vom Taschachhaus wie in a) empor zum Fuß des S-Grates. Über die plattigen, teilweise brüchigen Felsen des ersten Steilaufschwunges gerade empor; die Schulter kann auch leicht von O her erreicht werden. Nun über ein flacheres, schuttbedecktes Gratstück zum zweiten Steilaufschwung. Über den sich immer schärfer ausprägenden Grat empor; die Zacken und Felsköpfe im letzten Gratteil werden am besten gerade überklettert.

● **838** d) **Westgrat des Nordecks** (K. Dammel, F. März, 1951, im Abstieg). Eine Stelle III, Firn- und Felsgrat, vom Wurmetal etwa 4 st.
Aus dem Wurmetal durch Schuttrinnen empor zur Scharte östl. des Äußeren Bliggkopfes. Von der Scharte schwierig über den Abbruch empor, sodann fast waagrechter Fels- und später Firngrat. Zuletzt über Schutt und Firn empor zum Nordeck, 33—91 m. Von hier über die fast ebene Schneide zum höchsten Punkt.

● **839** e) **Nordgrat** (Dr. G. Keller, E. Munk, 1905). Teilweise II, sehr steil, 2 st E.
Vom Bliggjoch, 3170 m, sehr steil empor, sich meist an der Gratschneide haltend zum N-Eck. Von dort ohne Schwierigkeiten zum höchsten Punkt am S-Ende des Gipfelgrates.

● **840** f) **Nordostwand** (K. Dammel, F. März, 1951). Schöne Eisfahrt, 5 st.
Vom Taschachhaus um den Gratausläufer des Mittleren Eiskastenkopfes östl. herum auf den Mittleren Eiskastenferner. Über diesen in geradem Anstieg empor auf das N-Eck der Bliggspitze.
K. Dammel, O. Steiner, führten 1952 auch einen geraden Durchstieg durch die Eiswand zum Gipfel aus.)

● **841** g) **Ostgrat** (Dr. F. Trnka mit J. Karlinger, 1900). II, 4 st vom Taschachhaus.
Wie in a) zur Zunge des Sexegertenferners. Jedoch diesmal bald rechts über den Moränenwall und die dahinter emporziehenden Böden gegen den Hinteren Eiskastenferner, dessen kleiner, aber wilder Eisbruch schon sichtbar ist. Man hält sich an den W-Rand des Gletschers, den man über Schutt und Schrofen erreicht. Nun nordwärts zur Einschartung zwischen Bliggspitze und Mittleren Eiskastenkopf. Von hier anfangs über die weniger steile Firnschneide. Wo sich diese aufbäumt und rechts eine steile Kante ausprägt, hält man sich links über plattige Felsen, die zu Blockwerk leiten. Zuletzt ein Schneefeld zum höchsten Punkt.

● **842** h) **Äußerer Bliggkopf**, 2896 m.
Touristisch unbedeutende Erhebung am Endpunkt des W-Grates des N-Ecks, von allen Seiten unschwierig zugänglich.

● **843** **Mittlerer Eiskastenkopf**, 3260 m
Schroffe Erhebung im O-Grat der Bliggspitze. Vor allem im Zuge der Überschreitung des ganzen O-Grates zur Bliggspitze lohnenswert. 1. Ersteigung: Dr. A. Hinter, Dr. F. Hörtnagl, 1900.

● **844** a) **Nordostgrat vom Hinteren Eiskastenferner** (Weg der Erstbegeher). Teilweise II, vom Ferner 40 Min.
Der Gletscher wird am unteren Rande seiner Firnmulde schräg gegen die östl. Randfelsen gequert und der Grat durch eine steil emporziehende Geröllrinne in einer tief eingesenkten Scharte erreicht. Der südl. zum Gipfel führende scharfe Grat bietet luftige Plattenkletterei, wobei unbegehbare Gratstücke in der O- oder W-Seite umgangen werden.

● **845** b) **Südostgrat** (A. Hirzenberger, Dr. L. Obersteiner, 1921). Teilweise III+, 3 st E., eine der schönsten Gratkletternereien im Bereich des Taschachhauses.
Vom Taschachhause über den Abfluß des Sexegertenferners und in östl. Richtung steil über Schutt bergan zum ersten Aufschwung des SO-Grates. Einstieg in die unschwierigen Felsen von W her. In nordwestl. Richtung den Grat empor auf einen den weiteren Teil etwas überhöhenden Punkt. Jenseits abwärts die scharfe Firnschneide des vom Vorderen Eiskastenferner heraufziehenden Eishanges entlang zu prächtigen, abenteuerlich aussehenden Felszacken, die hier den weiteren Grat bilden.

Der erste ist nicht überschreitbar, weshalb man in seiner W-Seite quert, bis nach abwärts zu eine Schlucht ansetzt, die einige Meter verfolgt wird. Durch eine schwach ausgeprägte Verschneidung gleich hinter dem Turm (prächtiges Felstor), schwierig auf den Grat empor (etwa 15 m), weiter sehr schön in die Scharte vor dem letzten Aufschwung. Von ihr nach rechts in eine Rinne und mehrere Seillängen über unschwierige Felsen empor bis an die kurze, etwas überhängende Schlußwand, die schwierig erklettert wird, worauf man neben dem Steinmann aussteigt.

(Der Grat kann auch höher oben durch die steilen Rinnen und die grasdurchsetzten Schrofen der SW-Flanke erreicht werden. Richtpunkt die Gratscharte vor dem letzten Gipfelaufbau.)

● **846** c) **Ostwand** (A. Hirzenberger, Dr. Obersteiner, 1921, Abstieg).
Vom Gipfel etwa 10 Min. über den zur Bliggspitze ziehenden Grat und teils über sehr steile Platten, teils über Eisrinnen in eine breite, rinnenartige Schuttrinne. Durch diese schnell bis an den untersten Abbruch oberhalb der Randkluft und nach Überqueren einiger Felsrippen in nordwestl. Richtung über die Kluft zum untersten, ebenen Teil des Hinteren Eiskastenferners.

● **847**   **Vordere Ölgrubenspitze**
            Südgipfel 3456 m, Nordgipfel 3451 m

Eine der schönsten Felsgestalten des ganzen Gebirges, mit kühnem Doppelgipfel im Hintergrund des Sexegertentales aufragend. Außerordentlich lohnend, mit schöner Fernsicht und eindrucksvollen Tiefblicken ins Kaunertal (Ölgruben). Am Fuß des NO-Grates erhebt sich der Hintere Eiskastenkopf, 3299 m; im S-Grat der Ölgrubenkopf, 3392 m. Vom Fuß der W-Flanke löst sich ein Grat ab, der die „Bligg" und die Äußere Ölgrube trennt und den Inneren Bliggkopf, 2868 m, trägt. 1. Ersteigung des S-Gipfels: Die Führer J. Praxmarer und I. Schöpf mit der Hüttenwirtin des Gepatschhauses, 1876. 1. Ersteigung des N-Gipfels: J. P. Farrar mit J. Praxmarer, 1881.

● **848** a) **Vom Taschachhaus zur Südscharte.** 3 St.
Auf dem Weg zum Ölgrubenjoch aufwärts bis zum kleinen Gletschersee am Fuß der Zunge des vom Ölgrubenjoch herabziehenden Gletscherteiles. Hier rechts durch eine Schuttgasse, zuletzt über Firn empor zur vergletscherten SO-Flanke des Ölgrubenkopfes. Über diese gerade empor zum Kopf. Über den luftigen Grat in wenigen Minuten zum S-Fuß des Gipfelaufbaues.

● **849** b) **Vom Gepatschhaus zur Südscharte.** 3½ St.
Auf dem Weg zum Ölgrubenjoch etwa 1½ St aufwärts. Nun

wechselt man (etwa auf Höhe 2500 m) nach links, nördl., hinüber in die Äußere Ölgrube. Durch den Schutt der Mulde aufwärts, bis man über lockeres Geröll in die steilen, oft firnerfüllten Rinnen gelangt, die steil und gerade emporführen zur S-Scharte am S-Fuß des Gipfelaufbaues.

● **850** c) **Gemeinsamer Weiterweg zum Gipfel.** II, 20 Min.
Von der S-Scharte kurz über den Grat zum Gipfelaufbau, nach links zu zwei auffallenden Rinnen und über sie in kurzer Zeit zum Gipfel.

● **851** d) **Übergang zum Nordgipfel.** II, 30 Min.
Man hält sich stets am Grat. Brüchiges Gestein.

● **852** e) **Südwestgrat** (R. Czegka, L. Obersteiner, 1921). III+, 2—3 st E.
Vom Gepatschhaus wie in b) empor in die Äußere Ölgrube. Nun im nördl. Teil desselben zuletzt über Geröll ansteigend zu den zackigen Ausläufern des Grates, der sich im oberen Teil als steile Kante zum S-Gipfel aufschwingt. Einstieg in einer Scharte vor mehreren Gratzacken im unteren Teile. Dieselben werden entweder umgangen oder überschritten, worauf man zum kantenartigen, in einem Zuge aufstrebenden Teil des Grates gelangt. Nun entweder unmittelbar auf der Kante oder an ihren Seiten in stellenweise ausgesetzter Kletterei auf den S-Gipfel.

● **853** f) **Westgrat des Nordgipfels** (K. Dammel, Hilde Kellen, 1951). Teilweise IV—. Etwa 3 st vom Inneren Bliggkopf. Wie in b) vom Gepatschhaus hinauf in die Äußere Ölgrube (auch Schafkar genannt). Nun über Geröll und Schrofen auf den Inneren Bliggkopf. Von hier über den zuerst schwach ansteigenden Grat ostwärts empor. Man gelangt an einige Steilaufschwünge, die sehr schön gerade zu erklettern sind. Umgehung rechts in der Flanke möglich. Kurz unterhalb des Gipfels prägt sich der Grat scharf aus. Hier finden sich die schwierigsten Stellen. (Haken von einem früheren Rückzug.)

● **854** g) **Nordostgrat** (Dr. A. Hintner, Dr. F. Hörtnagl, 1900, im Abstieg; dabei 1. Ersteigung des Hinteren Eiskastenkopfes). III, 2—3 st E., brüchiger Fels.
Vom Bliggschartl über den Blockgrat, der kurz vor dem Gipfel schärfer wird, zum Hinteren Eiskastenkopf. Einige kleine Türme überkletternd, zur scharf eingeschnittenen Scharte vor dem N-Gipfel der Vorderen Ölgrubenspitze. Vom Scharten-

grund links neben der Kante unter einem an der linken Gratkante von abgesprengter Platte gebildeten schiefen Riß 10 m nach links um eine scharfe Kante zu kleinem Stand am unteren Ende einer plattigen Steilrinne. 6 m im Riß zu kleinem Standplatz (III—) und weiter an der linken Seite der Rinne über hinaushängende große Blöcke hinauf und nach rechts in die etwas breiter werdende Rinne zurück. In ihr bis zum Erreichen brüchiger Felsen. Weiter immer links neben den grauen Platten der Gratkante zum Gipfel.

● **855** h) **Südostwand** (im Abstieg): Ing. E. Traxel mit J. Eiter, 1912). III, 2 st. Nur bei sehr trockenem Wetter empfehlenswert, sonst vereiste Kamine. Vom Gipfel zuerst über den S-Grat, jedoch nicht bis zur tiefsten Einschartung vor dem Ölgrubenkopf, sondern vorher nach links in einen oft eiserfüllten Kamin. Nach Überwindung einer kleinen Wächte durch diesen Kamin, dann über eine deutlich ausgeprägte, jedoch oft unterbrochene Bänderreihe im linken Teile, schließlich links um eine Felskante aus dem Kamin h raus und in den unteren, bereits gegliederten Teil der SO-Wand. Anfangs schräg links in anregender Kletterei zu einem unter **den** senkrechten Gipfelwänden gelegenen Schneefleck. Von diesem wieder nach rechts und teilweise ziemlich schwierig in die breite Schneerinne, welche die untere Fortsetzung des Kamines ist. Durch diese Rinne auf den nördl. Teil des Ölgrubenferners.

● **856** i) **Gesamter Südgrat vom Ölgrubenjoch** über den Ölgrubenkopf (Freiherr von Nagel, G. Richen mit J. A. Praxmarer, 1905). III, 3 st.
Über den anfangs leichten Grat in eine scharfe Lücke, die folgende Stufe erklettert man links der Kante (II—III). Weiter auf dem Grat zu P. 3236. Nun entweder auf dem Firn zur Rechten, viel schöner direkt über viele kleine Köpfe in festem Fels zum Ölgrubenkopf.

● **857** j) **Ostgrat auf den Nordgipfel** (K. Dammel, G. Steiner, 1952). Teilweise IV, 2—3 st E.
Vom Vorderen Ölgrubenferner über den Bergschrund. Rechts der Rinne, die von der Scharte zwischen beiden Gipfeln herabkommt, über die Gratrippe in brüchigem Gestein empor zum N-Gipfel.

● **858** **Hintere Ölgrubenspitze**, 3296 m
Lohnender Aussichtsberg am S-Ende des Kaunergrates, der am Wannetjoch an das Massiv des Weißkammes anschließt. Das Ölgrubenjoch trennt den Gipfel von der Vorderen Ölgrubenspitze. 1. Ersteigung: Th. Petersen, Dr. Häberlin mit A. Ennemoser und G. Klotz, 1871.

● **859** a) **Vom Ölgrubenjoch.** I, 50 Min.
Über Firnfelder und Blockwerk auf einen Vorkopf, und über einen meist überfirnten Kamm zum Gipfel.

● 860 b) **Vom Wannetjoch.** I, 30 Min.
Zuerst gerade auf der scharfen Gratschneide, später über Blockwerk zum Gipfel. (Der gerade Anstieg zum Joch vom Sexegertenferner ist manchmal durch Eisbrüche gesperrt.)

● 861 c) **Westgrat über den Wannetkopf** (Leonhard mit Lentsch, 1907). Teilweise II, vom Gepatschhaus 5 st.

● 862 d) **Südgrat** (Th. Petersen mit Führer Lentsch, 1893). I, 2½ st E.
Einstieg vom untersten Rand des Wannetferners und über die O-Flanke des Grates, der sodann immer gerade verfolgt wird.

III. Glockturmkamm

● 863 Roter Schrofen, 2704 m
Höchste Erhebung im nördlichsten Glockturmkamm. Von dem aus Blockwerk zusammengesetzten Gipfel zieht der Kamm nach N noch ein Stück gegen den nördlichsten Teil des Kaunertales und trägt die beiden Gratköpfe des Mittagskopfes, 2621 m, und des nördl. davon gelegenen Ochsenkopfes, 2146 m.

● 864 a) **Von Westen.** I, von Ried im Oberinntal 3½ st.
Von Ried auf der Straße etwas talaus und östl. auf der kleinen Straße empor nach Fendels. Auf dem Weg zur Anton-Renk-Hütte südöstl. empor zur Fendler Alm und nordöstl. über die begrünten Hänge bis unter den Gipfelaufbau. Über Blockwerk zum höchsten Punkt.

● 865 Oder kürzer: Von Fendels östl. dem Bach entlang aufwärts, über die Hänge steil empor gegen die SW-Flanke und über sie zum Gipfel.

● 866 b) **Von Osten.** I, mühsam. Von Feichten im Kaunertal 3½ st. Markiert.

Von Feichten westl. aus dem Dorf und über den Faggenbach an die Berglehne. Durch Wald südwestl. empor auf einem Weg gegen den Weiler Ögg. Bei der Wegteilung rechts ab und steil empor auf Weidehänge oberhalb der Waldgrenze. Über sie und Geröllhänge in Richtung des Roten Turmes empor. Etwas nördl. ausweichend über Blockwerk zum höchsten Punkt.

Auf den Gipfel auch von Feichten talaus, über Vergötschen und die Langetzberger Alm.

● **867** c) **Gratüberschreitung vom Ochsenkopf über den Mittagskopf auf den Roten Schrofen.** Zum Teil II, 4 st von Fendels. Schöne Gratwanderung.
Von Ried im Oberinntal nach Fendels. Von hier gerade östl. die Hänge querend empor bis an die W-Flanke des Ochsenkopfes, 2146 m. Hier auf den begrünten Sattel nordwestl. des Mittagskopfes. Gerade über den Rücken empor in abwechslungsreicher Gratwanderung auf den Mittagskopf. Über ihn und über den schroffen Grat zum Roten Schrofen.

● **868** **Gamsköpfe**, höchster Punkt 2807 m
Felsköpfe südl. des Roten Schrofens, mit steilen plattigen Flanken über dem Talboden von Feichten aufragend. Die zwei Gipfelerhebungen sind durch einen schmalen, langen Grat miteinander verbunden. 1. Ersteigung: A. Renk, über die NW-Flanke, 1891.

● **869** a) **Südwestflanke.** I, leichtester Anstieg. Von der Fendler Alm 2 st.
Von der Alm südöstl. schräg über die Hänge empor, zuletzt in nordöstl. Richtung über die steile Blockflanke auf den Gipfel.

● **870** b) **Nordwestflanke** (Weg des Erstersteigers). Von der Fendler Alm 1½—2 st.
Von der Alm nordöstl. im Bogen über die Hänge an die NW-Flanke und über Schutthänge und Platten auf den Gipfel.

● **871** c) **Von Osten** (von NO, durch die O-Seite unterhalb des Kammes: Dr. O. Hähnle mit Führer J. Penz, 1900). I, von Feichten 3½—4 st.
Von Feichten auf gutem Weg südwestl. empor gegen den Weiler Ögg und in gleicher Richtung weiter zur Schäferhütte. Von hier gerade westl. bergauf und durch steile, grasige Rinnen unmittelbar zum höchsten Punkt.

● **872** d) **Nordgrat** (Dr. F. Hörtnagl, H. Margreiter, Dr. A. Posselt u. Gef.). Von Feichten 4 st.
Von Feichten wie in c) zur Schäferhütte. Von hier in nordwestl. Richtung über die Hänge schräg empor unter den N-Grat. In seiner O-Flanke durch eine breite Blockrinne zum höchsten Punkt.

● **873** e) **Südgrat** (die vorigen im Abstieg). II.
Den geraden S-Grat (II) kann man auch an der SW-Flanke leicht umgehen.

● **874**   **Feichtener Karlspitze,** 2918 m

Schlankes Felshorn mit steilen Plattenflanken, südl. des Gamskopfes im Kamm emporragend. Gegen NW zieht ein langer Rücken das Oberinntal hinab, der den Schlanterkopf, 2519 m, trägt. 1. touristische Ersteigung: A. Renk, 1880.
Hüttenberg der A.-Renk-Hütte.

● **875** a) **Nordwestkamm** (A. Renk). I, von der Fendler Alm 2½ st, ebenso von der Anton-Renk-Hütte.
Von der Fendler Alm oder von der Anton-Renk-Hütte auf das Zirmesköpfl, am Beginn des NW-Rückens (s. R 214). Über den Kamm südöstl. weiter auf den Schlanterkopf, 2519 m, und über den Rücken weiter empor bis zum steileren Gipfelaufbau, den man über Platten und Geröll auf der W-Flanke umgehen kann.
(An den Gipfelaufbau auch unmittelbar von der Fendler Alm südöstl. durch das Kar nördl. des NW-Kammes.)

● **876** b) **Von Südosten** (über die O-Flanke: S. Simon, 1893; Dr. O. Hähnle mit Führer R. Mark durch das Hantenekar und über die O-Seite, 1900). Von Feichten 4 st.
Von Feichten an der westl. Tallehne empor, über den Weiler Ögg zur Schäferhütte und südwestl. über die Hänge gegen den O-Fuß der Karlspitze. Im Bogen nach S und über die Blockhänge und Felsen der SO-Seite auf den Gipfel.
Hierher auch von der Anton-Renk-Hütte. Von der Hütte steil über die Hänge empor (westl.) und durch eine Schlucht auf den Grat zwischen Altem Mann und Karlspitze. Von hier über die SO-Seite auf den höchsten Punkt.

● **877** c) **Nordgrat** (Dr. F. Hörtnagl, H. Margreiter, Dr. A. Posselt u. Gef., 1903). III, ¾ st E.
Von der Fendler Alm über die Hänge steil südöstl. empor auf den zuerst flachen Gratrücken nördl. der Karlspitze. Über ihn leicht empor und zuletzt über die schroffe Gratschneide ausgesetzt zum Gipfel.

● **878** d) **Südgrat** (R. Braun, H. Peterka, 1929). III+, 2 st E.
Von der Anton-Renk-Hütte westl. empor an den tiefsten Punkt im S-Grat, Einstieg.
Über Fels und über Schichttafeln gerade empor zum Steilaufschwung des ersten Gratturmes. Durch einen Spalt links empor und links haltend zu einer steilen Platte. Um eine Ecke und durch einen Kamin und über den Grat auf den höchsten

Punkt des ersten Turmes. Über ein Reitgratl zum zweiten Turm, der an der rechten Kante gerade erstiegen wird. Über mehrere Zacken und Blöcke gerade empor zum Gipfel.

● **879** **Alter Mann,** 2883 m

Nördl. der Kuppscharte als steile Felspyramide im Kamm aufragend. 1. Ersteigung: A. Renk, 1890, über den NW-Kamm, Abstieg S-Flanke. Nur zusammen mit der Karlspitze empfehlenswert.

● **880** a) **Südflanke.** I. Von Feichten 4½ st. Von der Anton-Renk-Hütte 1½ st. Bester Anstieg.

Von Feichten talein bis zur Brücke vor dem Kupphof. Hier über den Faggenbach und an der westl. Tallehne steil durch Wald empor und immer in westl. Richtung auf Steigspuren über die Gras- später Geröllhänge auf die Kuppscharte, 2657 m. Oder über die Hänge mehr nordwestl. auf den S-Rücken durch ein schroffes Gratstück getrennt.

Von der Anton-Renk-Hütte gerade östl. empor und durch eine Blockrinne empor an den Rücken.

Über den S-Kamm über Rasen und Platten zum Gipfel.

● **881** b) **Nordwestgrat** (A. Renk; auf etwas anderem Weg: A. Wachter, 1903). III—.

Von der Anton-Renk-Hütte 1½ st. Von Feichten 4 st.

Von der Anton-Renk-Hütte östl. empor und zuletzt durch eine gegen NO ziehende Schlucht auf die Scharte am Fuß des NW-Grates.

Hierher auch von Feichten über Ögg, die Schäferhütte und die O-Hänge der Karlspitze.

● **881 a** c) **Überschreitung:** Über die SO-Flanke der Karlspitze hinab und über Blockhänge in die Scharte. Aus der Scharte über den plattigen Grat ausgesetzt auf den Gipfel des Alten Mannes. Unmittelbare Gratüberschreitung, s. K. Buntrock, BK, 20. Jhrg., 5. 6. 1959, Heft 17 (Brüchiger Schiefergneis).

● **882** d) **Nordostgrat** (H. Peterka, R. Braun, 1929). III+, 3 st E.

Von Feichten über Ögg, die Schäferhütte und unter den von der Karlspitze gegen O herabstreichenden felsigen Ausläufern an den Beginn des NO-Grates. Der erste steilere Abbruch kann durch das rechts, nördl. des Grates eingelagerte Kar (Ochsenkar) umgangen werden. Aus dem Kar wieder zurück an den

Grat und auf einen breiten Sattel. Über Zacken, dann mäßig ansteigend zu einem Felskopf. Über ihn, und über die Gratschneide weiter, hinab in ein Schartl und an einen Gratabbruch. Durch einen (links) Kamin auf ihn empor und über den hier begrünten Kamm zu einem gelben Abbruch. Er kann rechts auf einem Band, über eine Platte und zurück (gegen links empor) auf den Grat, umgangen werden. Über eine weitere steile Gratstelle und über einige Zacken und Blöcke zum Gipfel.

● **883** **Kuppkarlesspitze (Rauher Kopf),** 2992 m

● **884** a) **Südwestflanke.** II+, von der Anton-Renk-Hütte 2½ st.

Von der Anton-Renk-Hütte auf dem Weg zum Gepatschhaus unter der W-Flanke der Kuppkarlesspitze in den nordöstlichsten Teil des Fallenden-Bach-Kares und an die SW-Flanke des Berges. Hier in einer flachen Rinne über Platten und Fels zum Gipfel.

● **885** b) **Südostflanke** (wahrscheinlich: Freih. v. Lichtenberg mit den Führern J. und K. Penz von Feichten aus, 1895). II, 1½ st E.

Von Feichten auf dem Weg zur Kuppscharte bis in die Höhe des von der Kuppkarlesspitze nach O streichenden Kammes. Hier südl. ab und pfadlos um diesen Kamm herum in das südöstl. des Gipfels eingelagerte Schuttfeld. Aus diesem gerade über Platten und Felsen zum Gipfel, oder auf dem O-Kamm zum Gipfel.

● **886** c) **Von Nordosten.** III—, 2 st aus dem Kuppkar.
Von Feichten wie in b) auf die Höhe des nach O streichenden Grates. Man verfolgt den Weg zur Kuppscharte noch ein Stück, hält sich dann südl. und steigt durch eine steile Rinne (Eis) auf den O-Grat empor und errreicht über ihn den Gipfel.

● **887** d) **Nordgrat** (A. Wachter, 1903, Überschreitung vom Alten Mann her). III, und Überschreitung von den beiden nördl. Gipfelzacken zum Hauptgipfel (III+), 3 st E.

Auf die Kuppscharte von Feichten (s. 4 a) oder von der Anton-Renk-Hütte, südl. auf dem Steig talein, östl. ab und durch eine steile Rinne auf die Scharte. Von der Scharte über den gutgestuften Grat empor, zuletzt über Zacken und steile Gratstellen auf die zwei Zacken des nördl. Vorgipfels.

In ein Schartl hinab und östl. Querung zu einer steilen Rinne. Durch sie empor, über zwei glatte, steile Stellen zurück auf den Grat und zum Hauptgipfel.

● **888 e) Südgrat** (K. Hagspül, J. Krimbacher, 1927). III+, von der Anton-Renk-Hütte 4½ st.

Von der Hütte auf dem Steig zum Gepatschhaus südl. in den hintersten Grund des Stalanzer Tales. Südöstl. vom Steig ab, über Geröll empor und in die Scharte im S-Grat (Stange). Mäßig steil über Platten und grasige Stellen empor auf den ersten Gratkopf und hinab in ein Schartl mit einem wilden Felszacken. (Diese Scharte kann im Auf- oder Abstieg aus dem Kar des Rifenferners erstiegen werden.) Über Gratköpfe und kleine Türme dem Grate folgend zu einem Reitgratl. Weiter über Graterhebungen und einen Plattenschuß auf einen schroffen Gratzacken. Über Platten zu einem Abbruch, der auf der O-Seite umgangen werden kann. Zurück auf die Kammhöhe und über Blockwerk zum höchsten Punkt. (2 st E.)

● **889 f) Südwestwand** (Abstieg). 1 st in das Kar und zum Weg Anton-Renk-Hütte — Gepatschhaus.
Vom Gipfel südl. hinab in die erste Scharte. In der hier beginnenden Rinne über Schutt und eine Platte hinab, bis etwas oberhalb ihres Abbruches. Hier links (südl.) durch einen Kamin (10 m) auf eine Kanzel und südl. über Rasenbänder und Schrofen in das Kar und südwestl. hinab zum Weg Anton-Renk-Hütte — Gepatschhaus.

● **890 g) Gerade Westwand** (H. Peterka, R. Braun). V, 3 st E.

Von der Anton-Renk-Hütte im Stalanzer Tal einwärts und östl. empor an den Fuß der Wand. Einstieg in Gipfelfallinie, dort wo der Schutt am weitesten hinaufreicht.
Über eine nasse, plattige Wandstelle in einen kleinen Kessel, an dessen linker Begrenzung man zu einer Kanzel emporsteigt. 3 m nach links, über einen plattigen Überhang (brüchig) empor zu großen Blöcken. Quergang nach links zu einem weißen Überhang und über ihn in eine glatte Verschneidung. Gerade aufwärts, dann schräg rechts, um eine Ecke und schräg links durch einen Kamin empor auf eine Wandstufe. Gerade empor und unter dem großen gelben Aufschwung nach rechts auf ein schmales Band und zu einer Verschneidung. Durch sie hinauf zu einer Kante und gerade empor auf einen Absatz. Links haltend zu einer Rampe und aus ihrem hintersten Winkel durch einen Riß auf einige Türme und über sie zum Gipfel.

● **891**   **Äußere Rifenkarspitze,** 3003 m
(Auf der alten AV-Karte irrig Hohes Riff, 3003 m, genannt.)

● **892** a) **Von Süden** (Dr. O. Hähnle mit Führer R. Mark, 1901). I. Von Feichten 4—5 st. Von der Fißladalm 2 st.
Von Feichten talein bis zur verlassenen Häusergruppe Am See. Hier westl. über den Bach und an der westl. Talseite in der Nähe des Fißladbaches empor zur Fißladalm. Nun pfadlos und steil über die Hänge nordwestl. empor; man überquert den von der Anton-Renk-Hütte zum Gepatschhaus führenden Weg und steigt in gleicher Richtung auf in das Kar südl. der Rifenkarspitze. Über Blockwerk aufwärts zum Gipfel.

● **893** b) **Von Osten.** I, von der Anton-Renk-Hütte 2½ st. Von der Hütte auf dem Weg zum Gepatschhaus südl. durch das Stalanzer Tal empor in das Kar des Rifenferners und in die Senke östl. der Äußeren Rifenkarspitze. Aus ihr über Blockwerk in südwestl. Richtung auf den höchsten Punkt.

● **894** c) **Nordgrat** (K. Hagspül, J. Krimbacher, 1927). III+, von der Anton-Renk-Hütte 3½ st.
Der N-Grat zieht vom Gipfel zuerst mit steiler Plattenflucht, dann mit Zacken und kleinen Türmen und einem Blockgrat in das östl. Kar des Rifenferners nieder.
Von der Hütte wie in b) in den östl. Teil des Fallenden-Bach-Kares, und an den Beginn des N-Grates. Über den Blockgrat, später über Gratzacken und Platten gerade empor. Dann mäßig steil über die Schneide an den steilen Gipfelaufbau. Über die plattige Kante und über Schrofen zum Gipfel.

● **895**   **Mitterschragen,** 2966 m
Der Mitterschragen ist der N-Grat der Inneren Rifenkarspitze. Der höchste Punkt, 2966 m, ist ein kühner Felsturm. Gegen N entsendet der Mitterschragen einen mächtigen Plattengrat, nach S einen schroffen Felsgrat zur Inneren Rifenkarspitze. 1. Ersteigung: A. Fröhlich, K. Krall, 1926, über den N-Grat.

● **896** a) **Nordgrat** (Weg der Ersteiger). Teilweise IV, eine Stelle V—, 3 st vom Einstieg.
Von der Anton-Renk-Hütte auf dem Weg zum Gepatschhaus in das Kar des Rifenferners empor und durch eine Rinne und Geröll auf den N-Grat.
Hierher auch aus dem Kaunertal über die Fißladalm und die O-Hänge. Über den scharfen N-Grat empor zu einem plattigen

Aufschwung. 15 m schräg links hinab. Über Platten zuerst schräg rechts, dann links empor zu einem moosigen Riß. Durch ihn zurück auf die Gratschneide, und in schöner Kletterei über sie empor. Ein Schartl erreicht man auf der plattigen W-Seite, nahe der Gratkante. Aus ihm empor auf den Grat und über ihn gerade empor zum Gipfel.

● **897** b) **Nordostwand** (R. Braun, H. Peterka, 1929). IV+, 2 st E.
Von der Anton-Renk-Hütte südl. empor in das Kar des Rifenferners. Über die Moränen, südl. haltend durch eine steile Blockrinne zum Fuß der NO-Wand und an den Beginn der großen Verschneidung, die die ganze Wand durchzieht. In ihr empor bis unter einen Überhang, der durch einen Quergang nach links (8 m) über Platten und über eine Rippe umgangen wird. Über die Rippe schräg rechts empor zurück in die Verschneidung und in ihr empor zu einer Höhle. Quergang nach links zur linken Begrenzungskante und schräg rechts zurück in die Verschneidung. Unter dem nächsten großen Überhang Quergang nach links und empor auf eine Kante und zu einem Absatz. Gerade über die Schneide aufwärts zum Gipfel.

● **898** c) **Übergang zur Inneren Rifenkarspitze** (R. Braun, H. Peterka, 1929). V, 4 st.
Vom Gipfel des Mitterschragens über den Grat hinab und rechts haltend in eine Scharte. Ein Turm wird links (Hangelquergang) umgangen. Aus der dahinterliegenden Scharte schräg rechts in die Flanke des Turmes hinaus und rechts querend zu einem schiefen, breiten Riß. Durch ihn zurück auf den Grat. Über Türme und Zacken zu einem schroffen Turm. Gerade empor, dann Querung nach links aufwärts zu einer steilen Kante und um sie herum. In gleicher Richtung waagrechte Querung zum Beginn eines Risses und durch ihn auf den Turm. Hinab in ein Schartl und über Zacken gerade südl. weiter und hinab in die Scharte vor dem Gipfel der Rifenkarspitze. Aus ihr empor über den Grat, einen schiefen Turm überschreitend und über den letzten flacheren Teil des Grates zum Gipfel.

● **899**   **Innere Rifenkarspitze**, 3008 m
Die Innere Rifenkarspitze wurde früher irrig als Rifflfernerspitze bezeichnet.

Nordöstl. des Pfroslkopfes im Hauptkamm aufragend. Mit dem nördl. liegenden Mitterschragen durch einen schroffen, mit Türmen versehenen Grat verbunden. 1. touristische Ersteigung: A. Wachter, 1903.

● **900 Aus der Scharte zwischen Innerer Rifenkarspitze und Mitterschragen,** 2927 m. I, ³/₄ st.
Von der Anton-Renk-Hütte südl. talein und in das Kar des Rifenferners. Südl. über den Ferner empor und auf die Scharte zwischen Innerer Rifenkarspitze und Mitterschragen. Aus der Scharte über den Blockgrat empor auf den Gipfel.

● **901**   **Pfroslkopf,** 3148 m
Höchster Gipfel im nördl. Glockturmkamm. Mächtige Felsgestalt nordöstl. des Pfroslkopfjoches. Gegen NW streicht ein langer Kamm im Bogen gegen N. Zwischen dem NW-Kamm und dem vom Gipfel nach NO ziehenden Hauptkamm liegt der breite, flache Rifenferner eingebettet. Lohnender Aussichtsberg. 1. Ersteigung: Dr. K. v. Lederer, über den Rifenferner, Abstieg S-Grat, 1886.
Seit 1957 Gipfelbuch der Sektion Aachen.

● **902 a) Südgrat** (Dr. v. Lederer im Abstieg; A. Burckhardt aus dem Berglertal und über den S-Grat, 1893). I, vom Pfroslkopfjoch 1 st.
Auf das Pfroslkopfjoch (s. dort) durch das Berglertal von Tösens, oder aus dem Kaunertal, von den Häusern Am See über die Fißladalm. Von der Alm dem Fißladbach folgend und nordwestl. empor auf den S-Grat oberhalb (nördl.) des Pfroslkopfjoches. Über Blockwerk auf den Gipfel.

● **903 b) Von Norden.** Aus dem Rifenferner. Von der Anton-Renk-Hütte 3—4 st.
Von der Anton-Renk-Hütte auf dem Steig südl. talein und südl. vom Steig ab (wo er sich gegen die W-Flanke der Kuppkarlspitze hinwendet) und in das Kar des Rifenferners. Südl. weiter und auf den Gletscher. In der Gipfelfallinie etwas westl. ausbiegend und über Firn und Blockwerk zum Gipfel.

● **904 c) Nordwestkamm** (Dr. F. Hörtnagl, H. Margreiter, Dr. A. Posselt, 1903). Aus der breiten Gratsenke am Beginn des Grates 1 st.
Von der Anton-Renk-Hütte südl. auf dem Steig talein und durch das Kar des Rifenferners über Geröllhügel in die breite NW-Senke.

Hierher auch von Tösens durch das Berglertal und über die Obere Bergler Alm. Von der Alm nordöstl. empor über die Erhebung des Pleiskopfes, 2473 m, in ein Schuttkar am W-Fuß der östl. aufragenden Zirmesspitze. Unter der W-Flanke der Zirmesspitze südl. empor in die Gratsenke.

Nun über den breiten NW-Kamm über Blockwerk zuerst wenig ansteigend empor. Ein paar im obersten Teil aufragende Grathöcker können nördl. umgangen werden. In kurzer Zeit zum höchsten Punkt.

● **905** d) **Nordostgrat** (Dr. O. Hähnle mit Führer R. Mark, 1901). II, aus der nordöstl. Scharte ½ st.
Von der Anton-Renk-Hütte durch das Kar des Rifenferners südl. empor und über Firn und Blockwerk südöstl. auf die Scharte am Beginn des NO-Grates.
Aus dem Kaunertal über die Fißladalm. Von der Alm kurz weiter talein, dann jedoch pfadlos über die Hänge westl. empor und steil in die nordöstl. Scharte. Über die Gratschneide steil empor zum Gipfel.

● **906** e) **Nordnordostgrat** (K. Hagspül, J. Krimbacher, 1927). II, von der Anton-Renk-Hütte 2½—3 st.
Von der Hütte in das Kar des Rifenferners und unter der W-Flanke des Rifenferner-Grates empor zum Beginn des Grates. Über den schroffen Grat in schöner Kletterei empor, zuletzt über die N-Flanke des Pfroslkopfes steil empor auf den Gipfel.

● **907** **Zirmesspitze**, 2945 m

Nordwestl. des Pfroslkopfes, westl. über dem Kar des Rifenferners mit pyramidenförmigem Gipfel aufragend. Der S-Grat zieht gegen die breite Gratsenke am Beginn des NW-Kammes des Pfroslkopfes hinab. Ein langer Kamm streicht vom Gipfel gegen NO gegen die Anton-Renk-Hütte, ein dritter Kamm gegen NW gegen das Oberinntal hinab. 1. Ersteigung: A. Renk, von N, 1892.

● **908** a) **Über die Ostflanke** (Dr. F. Hörtnagl, H. Margreiter, Dr. A. Posselt u. Gef., 1903). Von der Anton-Renk-Hütte 2¾ st. Unschwierigster und kürzester Anstieg.
Von der Hütte südl. über die Karmulde empor und unter dem NO-Kamm der Zirmesspitze an ihre O-Flanke. Durch Rinnen über einen Absatz empor auf einen Geröll- und Blockhang. Schräg links (westl.) empor auf den Gipfel mit dem großen Steinmann.

● **909** b) **Nordwestkamm.** Von der Oberen Bergler Alm 3 st. Von der Stalanzer Alm 3½ st.
Von der Oberen Bergler Alm (hierher von Tösens durch das Berglertal) nordöstl. empor auf den begrünten Rücken. Von der Stalanzer Alm gerade südl. über die Hänge und durch ein kleines Kar (in der neuen AV-Karte „Kastle") auf den Rücken.

<small>Von der Stafeller Alm (die man von Ried im Oberinntal über Hohlenegg und Freitzberg auf Almsteig erreicht) kann man über die Hänge, leicht südöstl. ansteigend, den Beginn des Rückens erreichen.</small>

Der NW-Kamm ist in seinem unteren Teil grasig, im oberen Teil zieht er als Blockgrat zum Gipfel empor.

● **910** c) **Von Norden** (Weg des Erstersteigers). II, von der Stalanzer Alm 3 st.
Von der Alm gerade südl. über die Hänge empor und über einen Rücken in das nördl. des Gipfels eingelagerte Schuttkar. Gerade über die glatte Plattenflanke empor auf den höchsten Punkt.

● **911** d) **Nordostkamm** (K. Hagspül, J. Krimbacher, 1927). Teilweise III—, von der Anton-Renk-Hütte 3½ st.
Von der Hütte südwärts über den „Fallenden Bach" zum Fuß des NO-Kammes. Über Blöcke und Platten empor zum ersten Kopf und gerade über die folgenden Graterhebungen (teilweises Abseilen vom 3. Kopf). Über weitere drei Gratköpfe und empor zum Gipfel.

● **912**   **Tauferer Kopf,** 3067 m
Schlanker Felsgipfel mit schroffen Graten gegen O und W. Südl. des Pfroslkopfjoches, 2875 m, aufragend. 1. touristische Ersteigung: M. Peer, L. Prochaska, über die Rinnen der SO-Flanke.

● **913** a) **Von Süden.**
Aus dem innersten Berglertal in die Kare unter der Tauferer Spitze empor. Nördl. um die felsigen Ausläufer der Tauferer Spitze herum und in das kleine nördl. von ihr eingelagerte Kar. Auf den Kamm nördl. der tiefsten Scharte und über ihn zum Gipfel.

● **914** b) **Südostflanke.** I, von der Fißladalm 2½ st.
Von der Fißladalm im Kaunertal immer dem Bach folgend südwestl. empor. Zuletzt im Bogen nordwestl. empor gegen die SO-Flanke des Tauferer Kopfes. Über sie steil empor zum Gipfel.

● 915 c) **Südkamm.** I, von der Fißladalm 2½ st.
Wie in b) empor gegen den Tauferer Kopf. Zuletzt westl. steil auf den S-Grat, den man möglichst weit oben zu erreichen trachtet. Über ihn zum höchsten Punkt.

● 916 d) **Von Westen** (K. Hagspül, J. Krimbacher, 1927). II, 1½ st E.
Von Tösens wie auf dem Weg zum Pfroslkopfjoch im Berglertal einwärts. Dort wo die Steigspuren gegen O vom Bach auf das Joch hinaufführen, südöstl. über die Geröllhänge empor an den Beginn des W-Grates. Auf dem Blockgrat östl. hinauf und durch eine Rinne zu einem auffallenden Felszacken. Über ihn und auf dem Grat weiter zum Gipfel.

● 917 e) **Von Osten** (die vorigen im Abstieg). II.
Wie in b) von der Fißladalm empor unter die O-Flanke des Tauferer Kopfes. Über eine Gratrippe und Fels empor zum Gipfel.

● 918 f) **Von Norden und Überschreitung nach Süden** (O. Slavik, L. Sperlich, 1947). II, vom Pfroslkopf 2½ st.

● 919   **Tauferer Spitze,** 3047 m
(Aus dem Bergeler Tal gesehen höhere Spitze.)
Felsige Erhebung südl. des Tauferer Kopfes. Felsabstürze gegen SW und NW. An die O-Flanke legt sich der Tauferer Ferner an. 1. Ersteigung: M. Peer, L. Prochaska, vom Tauferer Ferner aus der südl. Scharte und über den Verbindungskamm, 1894.

● 920 a) **Von Süden** (Weg der Ersteisteiger). II, von der Fißladalm 3 st.
Von der Alm immer südwestl. dem Bach entlang aufwärts, bis dorthin, wo die Bachschlucht ihre Richtung ändert. In südwestl. Richtung weiter und empor in das Schuttkar östl. der Tauferer Spitze. Über Geröll und Firn empor in die südl. Scharte. Aus ihr in ausgesetzter Kletterei zum Gipfel.

● 921 b) **Ostflanke** (Dr. F. Hörtnagl, Dr. A. Posselt, A. Schönbichler, F. Teltscher, aus dem Glockhausferner, 1903). ¾ st E.
Wie in a) empor in das Schuttkar östl. der Tauferer Spitze und über Geröll und Firn an den Fuß der O-Flanke. Über Platten und Schrofen steil empor auf den höchsten Punkt.

● 922 c) **Nordgrat und Überschreitung Nord—Süd** (L. Sperlich, O. Slavik, 1947).

● 923　d) **Überschreitung zum Glockhaus** (Dr. F. Lantschner, Dr. A. Posselt, A. Schönbichler, F. Teltscher, 1903). 2 st.

● 924　　　　　　**Glockhaus**, 3101 m

Von S mächtiger Felsgipfel, von N zieht der Glockhausferner bis unter den Gipfel empor und bildet eine breite Firnkuppe. 1. Ersteigung: anläßlich der Landesvermessung 1853. 1. Überschreitung: M. Peer, L. Prochaska, aus dem Tauferer Ferner zum Berglerfernerkopf, 1894.

● 925　a) **Vom Kaunertal.** Von der Fißladalm 3½ st. Von der Fißladalm im Kaunertal auf Steigspuren dem Bach entlang aufwärts und immer in südwestl. Richtung in das Kar des Tauferer Ferners. Über die Hänge steil westl. empor und südwestl. über Moränen in die Senke nördl. des Gipfels. Aus ihr über den Kamm und auf den Gipfel.

● 926　b) **Gratüberschreitung zum Berglerfernerkopf** (M. Peer, L. Prochaska, 1894).

Vom Glockhaus in die breite, tiefe Einsenkung zwischen den beiden Gipfeln und aus ihr über Felsen und Blockwerk zum Berglerfernerkopf.

Der NW-Kamm ist in seinem unteren Teil grasig, im oberen Teil zieht er als Blockgrat zum Gipfel empor.

● 927　c) Abstieg nach Süden.
Vom Gipfel in die breite südwestl. eingeschnittene Scharte hinab. Von ihr entweder östl. hinab in das Fißladtal und zur Fißladalm, oder westl. in das Berglertal und talaus nach Tösens.

● 928　　　　　**Berglerfernerkopf**, 3104 m

Breiter Geröllkopf, südl. des Glockhauses im Kamm aufragend. Vom Gipfel zieht ein Blockkamm gegen W, der dann gegen N umbiegt und das Platzertal vom Berglertal scheidet. Am nördlichsten Ende des Kammes ragen der Malzkopf, 2214 m, und der Serneskopf, 2612 m, auf. Am W-Hang des Schönjöchlkammes ein aufgelassenes Bergwerk (Knappenhäuser). 1. touristische Ersteigung: M. Peer, L. Prochaska, vom Kamm über den Glockhaus her, 1894. 1. Überschreitung: Dr. F. Hörtnagl, Dr. A. Posselt, A. Schönbichler, F. Teltscher, 1903.

Aus dem Berglertal. Unschwierig (I). Von der Oberen Bergleralm (2323 m) zum Fuß der etwa 50 m nördl. des Gipfels nach WNW herabziehenden Felsrinne und unschwierig durch sie zum Gipfel, 2½ st.

● **929** a) **Von Westen.** I, von Tösens durch das Platzertal 6 st.
Von Tösens über die Weiler Klettach, Giggl in das Platzertal.
Jenseits der Platzeralm vorbei und an der östl. Talseite weiter
talein, auf dem zum Bergwerk führenden Weg. Empor auf
die Kammhöhe südl. vom Schönjöchl (hierher auch durch das
Berglertal, R 38) und über den Rücken zuerst südl. auf den
Schönjöchlkopf, 2864 m, dann gegen O über Geröll und
Blockwerk zum Gipfel.

● **930** b) **Von Osten.** Aus dem Fißladtal.
Von der Fißladalm im Kaunertal südwestl. talein und in
gleicher Richtung empor gegen die Senke zwischen Fißladkopf und Berglerfernerkopf. Über Blockwerk und Felsen
(kleines Eisfeld) von SO auf den Gipfel.

● **931**   **Fißladkopf,** 3113 m

Mächtiger, breiter Blockgipfel über dem Kar des Schwarzsees
im S, dem Kar des Fissladferners und dem nördl. Platzerkar
aufragend. Schöne Fernsicht auf die Berge des Weißkammes
und des Kaunergrates. Der östl. abstreichende Rücken trägt
den Atenkogel, 3011 m (bisher Adamskogel). 1. touristische
Ersteigung: M. Peer, L. Prochaska, über den Atenkogel und
den O-Grat, 1894.

● **932** a) **Von Osten.** II, vom Atenkogel über den O-Rücken
1 st.
Von der Fißladalm südwestl. talein, bis sich das Tal fächerförmig erweitert. Dem mittleren Bachlauf folgend südl. empor
auf eine kleine Erhebung und gerade südl. empor auf den
Atenkogel, 3011 m.
Von hier über den breiten Rücken westl. empor auf den
höchsten Punkt.
Von der Fißladalm kann man auch durch das Kar des Fißladferners erst später auf den O-Kamm emporsteigen und über
ihn den Gipfel gewinnen.

● **933** b) **Übergang vom Berglerfernerkopf**, II, 1 st.
Vom Gipfel südöstl. hinab und die Graterhebung, 3016 m,
in der W-Seite umgehend über die Blockhänge und den Grat
zum Gipfel des Fißladkopfes.

● **934** c) **Aus dem Platzertal.**
Wie beim Weg auf den Berglerfernerkopf in das Platzertal
und zum Bergwerk empor. Im Bogen südöstl. in das Kar
westl. des Fißladkopfes und auf den Gipfel.

● 935   Schwarzseekopf, 3132 m

Südwestl. des Fißladkopfes als schöne dreikantige Felspyramide schroff im Hauptkamm aufragend. Der lange SO-Grat zieht hinab gegen das Kaiserbergtal und ragt zwischen dem Schwarzseekar mit dem schönen Schwarzsee im NO und dem geröllerfüllten Steinigkarle im S empor. 1. touristische Ersteigung und Überschreitung: E. Jankowitsch, R. Zeuner, 1912.

● 936   a) **Von Süden.** Von der Nassereiner Alm 2½ st. Von Feichten 4½ st.

Von Feichten im Kaunertal auf der Straße südl. talein bis im hintersten Tal ein Steig gegen rechts (südwestl.) empor zur Nassereiner Alm und ins Kaiserbergtal abzweigt. Über den waldigen Hang schräg südwestl. empor zur Alm. Pfadlos im Bogen nach W an die nördl. Lehne des Kaiserbergtales und auf einem Steig an ihr schräg aufwärts talein zur Jagdhütte am Eingang ins Steinigkarle. Unter den Schrofen des SO-Grates des Schwarzseekopfes nordwestl. über Geröll empor und im Bogen gegen N an den Beginn der S-Flanke. Über Schrofen und Platten von S her auf den Gipfel.

● 937   b) **Westgrat.** Von der Nassereiner Alm 2½—3 st. Wie in a) von der Alm in das hinterste Steinigkarle südl. des Schwarzseekopfes. Über Geröll und Schrofen in die Scharte westl. des Gipfels und über den W-Grat über Platten und festen Fels in schöner Kletterei zum Gipfel.

● 938   Gebhardspitzen
               Vordere, 3118 m, und Hintere, 3110 m

Graterhebungen nördl. des Plattigjöchels. Schrofenflanken gegen O in das Steinigkar und gegen W in das weite Schuttkar des Südl. Platzerferners. 1. Ersteigung und Überschreitung: E. Jankowitsch, R. Zeuner, 1912.

● 939   a) **Aus der Scharte westlich des Schwarzseekopfes.** II, ½ st.

Von der Nassereiner Alm durch das Kaisertal und das Steinigkarle in die Scharte westl. des Schwarzseekopfes (s. dort). Über den Grat in südwestl. Richtung empor und über einen Grataufschwung auf die Vordere Gebhardspitze. Über Platten und kleine Türme (brüchig) auf den Gipfel der Hinteren Gebhardspitze.

● **940** b) **Aus dem Kar des Nördl. Platzerferners** 1¹/2 st.
Von Tösens durch das Platzertal am Bergwerk vorbei und über Geröll in den Karboden des innersten Platzertales. Nun südöstl. über Geröll und Firnflecken des Nördl. Platzerferners auf die Scharte westl. des Schwarzseekopfes und wie in a) zum Gipfel.

● **941** **Plattigkopf,** 3174 m

Südl. des Plattigjöchls, von einem östl. Knick des Kammes in dem hier abstreichenden Grat aufragend. Die Gipfelzacken tragen an ihrem südöstl. Ende die beiden höchsten Punkte, von denen NO und SW ungemein glatte Plattenflanken in das Steinigkarle und den nördlichsten Teil des Kaiserbergtales abfallen. Der höchste der Gipfelzacken trägt eine schief aufgelagerte Steinnadel. Als höchster Berg im mittleren Kaunergrat bietet er eine schöne Aussicht. Alle Wege schwierig. 1. Ersteigung: Dr. F. Hörtnagl, Dr. Posselt, F. Teltscher, 1903, von S.

● **942** a) **Von Süden** (Weg der Ersteiger). Teilweise III, von der Nassereiner Alm 4 st.
Von der Alm südwestl. schräg über die Hänge talein und ins Kaiserbergtal. Dem Bachlauf folgend in gleicher Richtung weiter bis in den innersten Talboden. Aus ihm nördl. über die Hänge und Geröllhalden gegen den SW-Fuß des Plattigkopfes empor. Hier durch eine breite Plattenmulde in eine Scharte zwischen Hauptgipfel und dem südöstl. davon aufragenden schroffen Vorgipfel empor.
Über die schmale Gratkante nordwestl. aufwärts, zwei plattige, ausgesetzte Überhänge überwindend, über einen Spalt im Grat und zuletzt über Felsen und Blockwerk auf den Gipfel.

● **943** b) **Von Norden** (K. Baumgartner, R. Zeuner, 1921). III—, von der Nassereiner Alm 4¹/2 st.
Von der Alm im Bogen nach W über die nördl. Tallehne des Kaiserbergtales einwärts bis zur Jagdhütte am Eingang des Steinigkarls. Nordwestl. über Geröll im Kar aufwärts und über Blockwerk steil auf das Plattigjöchl (oder wie in R 304 von Tösens auf das Joch). Vom Joch südl. über Schrofen (brüchig) auf den Gratansatz und über den wenig ausgeprägten Grat weiter. Hinter dem letzten Gratzacken (bevor sich der Grat in der Wand verliert) westl. kurz hinab, über eine kleine Rinne, eine Platte nach rechts querend in die schroffe N-Seite des Berges. Über Felsen empor an den NW-Grat und über die scharfe Schneide zum Gipfelzacken.

● **944** c) **Westgrat** (im Abstieg); die vorigen im Abstieg, 1921). In den Sattel vor der Platzerspitze ³/₄ st.
Vom Gipfel des Plattigkopfes wenige Meter nordwestl. über die Gratschneide. Über Blöcke nördl. in die erste Scharte. Unmittelbar über die Kante zu einem plattigen Aufschwung, über einen Spalt, und auf Bändern westl. unter der Kammhöhe auf den breiter werdenden Grat. Über ein Schuttfeld hinab in die Scharte vor der Platzerspitze.

● **945** d) **Gesamter Südostgrat und Überschreitung des Vorgipfels**, 3137 m (H. Adametz und Gefährten, 1925). Der Anstieg vollzieht sich von der Nassereiner Alm durch das Kaiserbergtal. Im innersten Talboden wendet man sich nördlich über die Hänge empor an den Beginn des SO-Grates. Steil über Schrofen und Fels empor auf den Vorgipfel, Hohenzollerngipfel, und hinab in die Scharte vor dem Hauptgipfel. Weiter wie in a).

● **946** Platzerspitze, 3106 m

Südöstl. des Platzerjöchls und südl. des Südl. Platzerferners mit dreikantigem Felsbau aufragend. Hier wendet sich der Hauptkamm aus seiner SW-Richtung gerade nach S. Von der Platzerspitze streicht ein langer Kamm gegen NW, der die Blaue Wand, 2468 m (nordöstl. über dem Pfundser Tscheytal), den Lahnkopf, 2416 m, den Rauhen Kopf, 2705 m, das Hochjoch, 2897 m und die Gamsköpfe, 3116 m und 3110 m (nordwestl. der Platzerspitze) trägt. 1. touristische Ersteigung: A. Burckhardt, 1894, vom Platzerjöchl über den NW-Grat.

● **947** a) **Aus der südlichen Scharte** (Dr. F. Hörtnagl, Dr. A. Posselt, F. Teltscher, 1903). ¹/₂ st von der Scharte.
Von der Nassereiner Alm in das Kaiserbergtal und südwestl. dem Bach entlang taleinwärts bis in die innerste Talmulde. Aus ihr über die Hänge nordwestl. empor, östl. des Kaisertalsees über die flacheren Karböden zum Geröllhang, der in die südl. Scharte emporzieht. Über ihn und über Schrofen in die Scharte. Über den S-Rücken (Blockwerk) zum Gipfel.

● **948** b) **Aus der nodöstlichen Scharte und über den Nordostgrat.** Von der Nassereiner Alm 3 st.
Von der Alm wie in a) über die Hänge und Mulden östl. des Kaisertalsees empor und gerade nördl. über Geröll in die teilweise überfirnte Scharte zwischen Plattigkopf und Platzerspitze. Über die schmale Gratschneide in südwestl. Richtung zum Gipfel.

● **949** c) **Nordwestliche Scharte (Platzerjöchl) und über den Nordwestgrat** (Weg des Erstersteigers). Aus dem innersten Platzertal 2 st.

Aus dem Talboden des innersten Platzertales (hierher von Tösens im Oberinntal) südl. weiter in das geröllerfüllte Kar des Südl. Platzerferners. Über den Moränenschutt südl. empor auf den kleinen Ferner und an seinem W-Rand auf das Platzerjöchl.

Über den NW-Grat in Blockkletterei auf den Gipfel. (Unschwierig, I, 1/2 st.)

● **950** **Gamsköpfe,** 3110 m und 3116 m

Spitze Graterhebung nordwestl. des Platzerjöchls, über dem südwestl. Rand des Südl. Platzerferners aufragend. Die beiden Felszacken sind durch eine tiefe Scharte voneinander getrennt; sie fallen mit schroffen Abstürzen gegen den Ferner hin ab. 1. Ersteigung des nördl. Gamskopfes: K. Baumgartner, R. Zeuner, 1921, über den S-Grat. 1. Ersteigung des südl. Kopfes: A. Burkhardt, von W und Überschreitung nach O, 1894.

● **951** a) **Von Süden, Überschreitung.** Vom Platzerjöchl (über den S-Gipfel auf den N-Gipfel). I, 1/2 st.

Durch das Platzertal (wie beim Weg auf die Platzerspitze c) auf das Platzerjöchl, oder vom Hohenzollernhaus auf einem Steig nördl. (oberhalb des talaus führenden Hüttenweges) die schrofigen Hänge querend in das Kaisertal. Wo das Steiglein den Bach überquert, ein Stück dem Bach entlang aufwärts, dann vom Steig rechts ab und nordöstl. über Geröll empor in das Schuttkar „In der Wanne" und im Bogen nach O in die Scharte. Vom Joch nordwestl. über Geröll, Firnflecken und Schrofen auf den südl. Gipfel (3110 m).

Vom Gipfel nördl. über den brüchigen Grat hinab in die Scharte zwischen beiden Erhebungen und aus ihr über den plattigen S-Grat und über Blockwerk auf den nördl. Gipfel.

● **952** b) **Von der Radurschelalm** 3 1/2 st.

Von der Radurschelalm (auf dem Weg von Pfunds zum Hohenzollernhaus) talein, bis nach links (NO) aufwärts ein Steig durch den Wald empor in das Kaisertal führt. Dort wo er schräg östl. in den Bachgrund des Tälchens hineinführt, nordöstl. ab und über Geröll in das Schuttkar „In der Wanne". In nördl. Richtung aus ihm empor und über steiles Blockwerk und Geröll unter der SW-Flanke der Gamsköpfe an den NW-Grat. Über ihn auf den nördl. Gipfel.

Im Abstieg zum Schutt 20 Min.

● 953   **Hochjoch,** 2897 m, **Rauher Kopf,** 2705 m
         Lahnkopf, 2476 m, und **Blauwand,** 2468 m
Diese Graterhebungen des von den Gamsköpfen nordwestl. hinausziehenden Kammes sind aus dem Platzertal leicht über die O-Hänge unter Umgehung der teilweise felsigen Flanken zu ersteigen.

● 954   **Kaiserspitze,** 3090 m
Mächtiger Felsberg nördl. des Kaiserjoches. Schroffe, plattige Flanken gegen O und W. 1. Ersteigung: Dr. F. Hörtnagl, Dr. A. Posselt, F. Teltscher, 1903, über den S-Grat, Abstieg in die nördl. Scharte.

● 955   a) **Ostflanke.** II, von der Nassereiner Alm 3 st.
Von der Alm im Kaiserbergtal einwärts und aus der innersten Talmulde nordwestl. empor. Östl. des Kaisertalsees in Richtung Platzerspitze sanft ansteigend empor. Über das Geröll östl. der Flanke der Kaiserspitze zuerst nordwestl. aufwärts, dann gerade östl. steil über die Schutt- und Schrofenhänge empor. Zuletzt über Blockwerk zum höchsten Punkt.

● 956   b) **Südgrat** (Weg der Erstersteiger). III—, vom Kaiserjoch 1 st.
Wie in R 305 ff. vom Hohenzollernhaus, von Pfunds, vom Gepatschhaus oder von der Nassereiner Alm durch das Kaiserbergtal auf das Kaiserjoch.
Vom Joch über den Blockgrat gerade empor. Glatte Platten an der gegen W zeitweise überhängenden Gratschneide können in der O-Flanke umgangen werden. Über den plattigen Grat auf den Gipfel.
Leichter über den W-Kamm und das letzte Stück des S-Grates, unschwierig (I).

● 957   c) **Nordgrat** (F. Malcher, 1923). Von der Nassereiner Alm 3 st. Vom Hohenzollernhaus 3½ st, II.
Von der Nassereiner Alm wie auf dem Weg zur Platzerspitze (S-Grat) in die Scharte zwischen Kaiserspitze und Platzerspitze.
Vom Hohenzollernhaus auf kleinem Steig nördl. (oberhalb des talaus führenden Hüttenweges) die schrofigen Hänge querend in das Kaisertal. Dort, wo das Steiglein den Bach überquert, ein Stück dem Bach entlang aufwärts, dann jedoch vom Steig ab und in nordöstl. Richtung über Geröll empor in das Schuttkar „In der Wanne" und im Bogen nach O in die Scharte.

Von der Scharte in schöner Blockkletterei über den scharf gezackten Grat auf den Gipfel.

● 958 **Rotschragenspitze,** 3113 m

In dem vom Kaiserjoch gerade nach S streichenden Hauptkamm mit mächtiger Felsgestalt aufragend. Der sog. Vorgipfel (von der Rotschragenspitze nördl. gegen das Kaiserjoch gelegen) ist gleich hoch wie der südl. davon aufragende Hauptgipfel. Beim eigentlichen (südl.) Rotschragengipfel teilt sich der Hauptkamm in zwei Äste. Der südwestl. trägt den Bruchkopf, 3013 m, und entsendet mächtige Schrofen und Felsausläufer gegen das innere Pfundser Radurscheltal. Der südöstl. Ast setzt den Hauptkamm gegen S fort. 1. Ersteigung: R. L. Kusdas, 1898, auf die nördl. Erhebung. 1. Begehung des ganzen Grates 1922.

● 959 a) **Vom Kaiserjoch über den Nordgrat und beide Erhebungen.** Vom Joch 1 st.

Vom Hohenzollernhaus, oder der Nassereiner Alm auf das Kaiserjoch (R 305 ff.).

In schöner Kletterei über die ausgesetzte Gratschneide zum ersten und fast eben südl. weiter, eine Scharte querend, auf den südl. Gipfel des Rotschragens.

● 960 b) **Von Osten** (E. Cermak, Dr. G. Künne, 1922). II. Vom Gepatschhaus über das Halsle 5 st. Von der Nassereiner Alm 3½ st.

Von der Nassereiner Alm oder vom Gepatschhaus über das Halsle in das innerste Kaiserbergtal und über Geröll zur O-Flanke des Rotschragens empor. Über Blockwerk, Geröll und Platten bis zum Gipfelturm. An seiner OSO-Seite über die Gratkante auf den Gipfel.

● 961 c) **Südostgrat und auf den südlichen Gipfel** (E. Klar, 1930). Vom Hohenzollernhaus 3½ st.

Von der Einsattelung am Beginn des Grates (die aus dem innersten Kaiserbergtal südwestl. auf Steigspuren über Geröll und Schrofen, und vom Hohenzollernhaus auf dem Weg zum Glockturm auf Steigspuren links des Hüttenkarferners über Geröll aufwärtssteigend zu erreichen ist) über den Grat, zuerst auf die Graterhebung, 3007 m, steil empor, dann über den langen ausgeprägten Grat zum Gipfelaufbau und über ihn zum Gipfel.

- **962** **Bruchkopf,** 3013 m
- **963** a) **Von Norden.** Vom Hohenzollernhaus 2½ st.
Vom Hohenzollernhaus auf einem Steig die Schrofenflanke des Bruchkopfes gegen N in das Kaisertal querend und östl. empor gegen das Kaiserjoch. Wo sich die Steigspuren im Geröll verlieren, scharf südl. ab und durch die vom Gipfel des Bruchkopfes gegen N herabziehende Schuttrinne (im Frühsommer Schneerinne) gerade empor auf den Gipfel.
- **964** b) **Von Westen.** Vom Hohenzollernhaus 2 st.
Man kann auch gerade über die mächtige W-Flanke über Schrofen und durch Rinnen auf den Gipfel emporsteigen. Steiler als a).
- **965** **Rifflkarspitze,** 3219 m
Von der Rifflkarspitze zweigt nach O und NO ein langer Seitenkamm ab, der bis zur Einmündung des Kaiserbergtales in das innerste Kaunertal hinauszieht. 1. Ersteigung und Abstieg nach N: Dr. O. Hähnle mit Führer R. Mark, 1900.
- **966** a) **Vom Riffljoch,** ¼ st.
Vom Hohenzollernhaus (R 310) oder vom Gepatschhaus (umgekehrter Weg) auf das Riffljoch und über den flachen Gratrücken nördl. über Geröll auf den Gipfel.
- **967** b) **Nordgrat und Nordostrücken** (E. Jankowitsch, K. Zeuner, 1912). III—, aus dem innersten Kaiserbergtal 2—3 st. Von der Nassereiner Alm südwestl. im Kaiserbergtal einwärts und in den innersten Talkessel. Hier südl. vom Steig ab und gegen den Felsrücken, der nördl. des Kaiserbergferners vom N-Grat der Rifflkarspitze niederzieht. Über seine Schneide sehr brüchig empor bis zum P. 3140, wo man auf den N-Grat trifft. Südl. über die Kante, über Türme und Zacken, von denen einige an der W-Seite umgangen werden können, auf den Gipfel.
- **968** c) **Ostgrat** (E. Klar, 1930).
Der O-Grat wird vom Weg Gepatschhaus — Riffljoch über den N-Rand des Rifflferners nördl. über Geröll und Schrofen erreicht.
- **969** d) **Überschreitung des Ostgrates zur Höhlenspitze** (E. Jankowitsch, K. Zeuner, 1912, bis zum westl. Gipfel der Höhlenspitze). Schwierig o. Gr. (III+), von der Rifflkarspitze 4 st.
Vom Gipfel der Rifflkarspitze östl. über den Kamm hinab in einen vom Kaiserbergferner überdeckten Sattel. Aus ihm über

zuerst mäßig steilen Fels, dann über Grattürme (die man teilweise auf der S-Seite umgehen kann) und den schroffen Grat in die Einsattelung vor der westl. Erhebung der Höhlenspitze. Über die steile luftige Gratschneide in schöner Kletterei auf die westl. Erhebung. Jenseits in die Scharte hinab und auf den Hauptgipfel.

● 970 **Höhlenspitze,** 3202 m

In dem von der Rifflkarspitze östl. streichenden Kamm als dreigipfelige langgestreckte Gratmauer südl. des Kaiserbergferners und nördl. des Rifflkares aufragend. 1. Ersteigung: Dr. F. Hörtnagl, A. Schönbichler, 1900, von S, anläßlich einer Überschreitung des ganzen Kammes von der Planggeroßspitze zur Rifflkarspitze.

● 971 a) **Über die Südwestflanke.** II, aus dem Rifflkar 1 st. Vom Gepatschhaus wie auf dem Weg zum Riffljoch in das Riffltal und über Geröll empor in das Schuttkar südwestl. des höchsten Punktes der Höhlenspitze (westl. der mittleren, langen Felsrippe, die vom Hauptgipfel südl. in das Rifflkar herabzieht). Über den Schutt empor an den Beginn der Wand und über Platten gerade empor zum Gipfel.

● 972 b) **Über den Ostgrat.** Aus der tiefsten Scharte zwischen Höhlenspitze und Kaisergratspitze. III, vom Gepatschhaus 3½—4 st.

Vom Gepatschhaus auf dem Weg zum Riffljoch im Riffltal empor bis in Fallinie der Kaisergratspitze. Hier vom Steig nördl. ab und über Geröll in das Kar zwischen dem SO-Grat der Kaisergratspitze und der S-Rippe der östl. Höhlenspitze empor. Rechts, östl. des kleinen Sees steil im Bogen gegen NW in die tief eingeschnittene Scharte, 3034 m, zu der der Kaiserbergferner von N weit heraufreicht. Zuerst über einen 10 m hohen Wandabbruch in gutgestuftem Fels empor und auf die östlichste Erhebung der Höhlenspitze. Über sie und durch eine kleine Einscharung zum Hauptgipfel.

● 973 c) **Überschreitung vom Hauptgipfel zur Rifflkarspitze.** (Siehe dort, umgekehrter Weg, III+.)

● 974 **Kaisergratspitze,** 3158 m

1. Ersteigung: Dr. F. Hörtnagl, A. Schönbichler, über die NW-Flanke und den N-Grat, 1900.

● 975 **Nordostrücken** (Erstersteiger im Abstieg). II, vom Gepatschhaus 3½ st.

Vom Gepatschhaus im Bogen nach W hinab zum Bach und über ihn. Gerade westl. über die weiten Hänge der Kuhgrube empor in Richtung auf das Halsle. Gerade westl. über Geröll und Blockwerk auf den NO-Rücken und über ihn, zuletzt südl. über den schmäleren Kamm auf den Gipfel.

● **975 a Westgrat aus der Scharte 3034 m.** I, eine Stelle III. 20 Min. E.
Aus dem Riffltal über Schutt in die Scharte 3034 m zwischen Höhlen- und Eiskastenspitze. Über den Grat an den Aufschwung. Knapp links der Kante durch einen Riß (III) empor und zum Gipfel.

● **976   Ochsenkopf, 2944 m**
In dem von der Kaisergratspitze gegen SO streichenden Kamm über dem Rifflkar als Felspfeiler aufragend. Durch seine vorgeschobene und freistehende Lage von seinem Gipfel schöne Fernsicht. 1. touristische Ersteigung: Kartograph S. Simon mit Führere Zangerl, 1891. 1. Überschreitung zur Kaisergratspitze: G. Richen mit Führer K. Ragg.

● **977 Über die Südflanke.** Vom Gepatschhaus 3 st.
Vom Gepatschhaus auf dem Weg zum Riffljoch in das Riffltal und auf dem Weg bis unter die S-Flanke des Ochsenkopfes empor. Über Geröll und leichte Schrofen gerade zum Gipfel.

● **978   Gratfernerköpfe**
westlicher, 3007 m, östlicher, 3003 m
Kammerhebungen nordöstl. des Halsles. Der westl. Kopf ist ein wuchtiger Plattenkopf, der östliche ein mächtigere Blockturm. Gegen N ragen sie nur wenig aus dem angelagerten kleinen Ferner auf. 1. Ersteigung: Dr. F. Hörtnagl, A. Schönbichler, 1900.

● **979 a) Westgrat.** II, vom Gepatschhaus 3 st.
Vom Gepatschhaus zum Halsle (Weg vom Gepatschhaus zum Kaiserjoch) und über den gutgestuften W-Grat zum westl. Gipfel.

● **980 b) Über den Südostrücken auf den östlichen Gipfel.** I, vom Gepatschhaus 3 st.
Vom Gepatschhaus auf dem Weg zum Halsle in der Kuhgrube westl. empor und aus dem innersten Kessel nördl. auf den teils begrünten SO-Rücken. Über ihn, zuletzt über Schrofen zum östl. Gipfel.

● **981 Planggeroßspitze,** 2942 m
Wenig ausgeprägte Erhebung im nördlichsten Teil des Kaiserbergkammes.

● **982 a) Südwestgrat.** II, 1 st.
Von den Gratfernerköpfen über den Blockgrat im Bogen nach NO und O auf die Planggeroßspitze.

● **983 b) Von Südwesten.** Von der Nassereiner Alm 3 st. Vom Gepatschhaus 2½ st.
Von der Nassereiner Alm auf Steigspuren in das Kaiserbergtal hinab und jenseits um den breiten NO-Rücken des Kammes herum und südl. im Bogen in das Schuttkar zwischen den Gratfernerköpfen und der Planggeroßspitze (Planggeroßkar).
Hierher auch vom Gepatschhaus, indem man westl. zum Bach hinab geht, diesen überquert und jenseits nordwestl. pfadlos über die Hänge in das Geröllkar emporsteigt.
Aus dem Kar nördl. steiler über die Schrofenflanke auf den Gipfel.

● **984 Riffljochturm,** 3237 m
Westl. des Riffljoches aus der breiten Senke kühn aufragender Felsturm. 1. Ersteigung: Dr. F. Hörtnagl, A. Schönbichler, vom Riffljoch über den Grat, 1903.

● **985 a) Vom Riffljoch.** III, 20 Min.
Vom Hohenzollernhaus oder dem Gepatschhaus auf das Riffljoch. Vom Joch westl. an den Grat und ausgesetzt über Wandstellen und den Grat in festem Fels auf den Gipfel empor.

● **986 Glockturm,** 3355 m
Südl. des Riffljoches mit schlankem, turmförmigem Felsbau aufragend. An die flachere O-Flanke legt sich der Rifflferner an, der bis weit unter den Gipfel zurückgegangen ist. Gegen NW, W, SW und S fallen die Flanken schroff ab. Besonders die dunklen Wände der W- und NW-Seite stürzen ungemein steil gegen das Hüttenkar und das Kar des kleinen Glockturmferners ab. Von NO, vom Kaunergrat aus gesehen, ragt der Glockturm mit seiner schönen Felsgestalt aus den umliegenden Bergen kühn hervor. Im SW-Grat des Glockturms ragt die Erhebung des Matternturmes, 3149 m, auf. Vorkommen von Disthen und Andalusit.
1. Ersteigung anläßlich der militärischen Vermessung: Obltn. Pöltinger, 1853. 1. touristische Ersteigung: „Gletscherpfarrer" F. Senn mit dem Führer G. Spechtenhauser, von S aus dem

Krummgampental, 1870. Von S vom Melagtal Überschreitung der Planggeroßspitze.

● 987 a) **Ostflanke und Südostgrat.** (Dr. Petersen, G. Spechtenhauser, 1870, im Abstieg.) Vom Gepatschhaus 3—4 st. Vom Hohenzollernhaus 3½ st.
Vom Gepatschhaus wie auf dem Weg zum Rifljoch bis unter den Rifflferner. Hier gerade westl. über Geröll und Moränen empor (links am kleinen See vorbei) und auf dem Rifflferner. Über ihn gerade westl. aufwärts (in seinem mittleren Teil Spalten) und empor bis unter die Geröll- und Schrofenhang des Gipfels. Nun entweder gegen die SO-Kante ausweichend und über Geröll und Blockwerk zum Gipfel, oder gerade steil empor zum höchsten Punkt.
An den SO-Grat vom Gepatschhaus auch auf dem Weg zum Glockturmjoch, R 311, in das Krummgampental. Unterhalb des Krummgampenferners nordwestl. ab und über Geröll aufwärts in die Scharte am Beginn des SO-Grates.
In die Scharte auch vom Hohenzollernhaus über das Glockturmjoch und den Krummgampenferner.
Von der Scharte über den SO-Grat über Blockwerk zum Gipfel.

● 988 b) **Südwestgrat aus dem Glockturmferner** (Dr. Stimmler, Frau H. Hager, E. Schuch, 1924). Kürzester Anstieg vom Hohenzollernhaus. 3½ st.
Vom Hohenzollernhaus auf dem Weg zum Riffljoch im Hüttekar empor. Im mittleren Karboden südl. vom Steig ab und hinauf zum Beginn des kleinen Glockturmferners. Gerade (südl.) über ihn empor und an seinem östl. Rand steil unter der W-Wand des Glockturmes über die schmale Fernerzunge aufwärts und über Felsen auf den Matterturm, 3220 m, am Beginn des SW-Grates des Glockturmes. Über den Blockgrat zum höchsten Punkt.

● 989 c) **Westgrat**, auch **Matterngrat** genannt (E. Klenna, R. Simmler, 1925). II, vom Hohenzollernhaus 5—6 st.
Vom Hohenzollernhaus auf dem Weg südöstl. taleinwärts. Bei der Wegabzweigung (links aufs Riffljoch, rechts zum Radurschlschartl) in der Mitte pfadlos über die Hänge an die mächtigen Felsausläufer des W-Grates. In langer Fels- und Blockkletterei, mehrere Graterhebungen überschreitend, auf das flachere Gratstück vor dem Matterturm. Über ihn und über den hier ansetzenden SW-Grat auf den Gipfel.

● **990 d) Nordgrat von der Nassereiner Alm**, von der Alm 4½ st, vom Stausee 5½ st.

Da die Uferstraße längs des Stausees derzeit durch Schneerutsche schwer passierbar ist, kann man den Glockturm anstatt vom Gepatschhaus von der Nassereiner Alm aus begehen. Hinter der Staumauer führt eine Fahrstraße zur Alm empor. Von ihr durch das Kaisertal hinein und links empor auf das Joch (zwischen Rotschragenspitze und Rifflkarspitze). Jenseits kurz hinab zum Hüttekarferner und über ihn zum Riffljoch. Über den Nordgrat zum Gipfel.

Kann bei guter Schneelage im Frühsommer mit Ski ausgeführt werden.

● **990 a e) Westwand** (K. Baumgartner, P. Pfeifer, 1912; Beschreibung „Direkte Westwand" nach G. Posch, L. Schaberger, 1974), 18 Seill., IV+ (V), 5 st E., vom Hohenzollernhaus 8 st.

Dem Steig vom Hohenzollernhaus zum Glockturm folgend bis hinauf zur mächtigen Moräne am Fuße der Westwand. Über diese auf das steile Eisfeld zwischen Westwand und Westgrat. Der Einstieg befindet sich etwa 100 m rechts vom Ausgang der tiefen Schlucht, die die Westwand nach links begrenzt, bei einem markanten Block (Randspalte). Zuerst in der sich anbietenden Verschneidung 2 Seillängen empor, dann rechts haltend über Platten auf eine kleine Kanzel (H) und von dort schwierig durch eine Verschneidung, die sich bald kaminartig ausweitet, in eine Nische (Stand). Sodann leicht 3 Seillängen über eine Rampe nach links empor auf ein Köpfl (Stand). Nun einige Meter gerade empor und unter den gelben Plattenüberhängen 3 Seillängen ausgesetzt nach rechts bis fast auf die sich allmählich abzeichnende Kante (guter Stand). Von dort senkrecht empor unter ein Dach (H), das rechts umgangen wird, um auf die Kante zu gelangen (Stand). Von nun an immer an der Kante, zuerst 3 Seillängen leichter, bis diese wieder steiler wird, empor. Dann zuerst über kleingriffige Platten. Später durch brüchigen Fels mehrere Seillängen zum Gipfel.

● **991** **Habicht**, 3094 m

Schrofen- und Geröllkopf in dem vom Glockturm nach SO abstreichenden Kamm.

● **992** a) Kann bei Überschreitung vom Glockturm zu den Krummgampenspitzen aus der Scharte südöstl. des Glockturmes unschwierig erstiegen werden.

● **993** b) Auch die N- und S-Flanken, aus dem Rifflferner und dem Südl. Krummgampenkar, können unschwierig begangen werden.

● **994** **Krummgampenspitzen**
höchste Punkte: 3111 m und 3090 m
(im Kaunertal „Krumpgampenspitzen" genannt)

Vom Glockturm zieht der zuerst wenig ausgeprägte Grat südöstl., teilt sich dann in zwei Äste, die die Krummgampenspitzen tragen und das kleine Furmentenkar mit dem schönen See einschließen. An der Zweigstelle ragt der Punkt 3111 m auf. Der nördl. Ast trägt die Erhebungen 3090 m und weiter östl. davon die Erhebung 2895 m. Im südl. Ast ragen die Punkte 3040 m und 3049 m über dem Krummgampental auf. Der ganze Kammbogen ist aus dunklem, schroffem Gestein gebildet.

1. Ersteigung: (Gipfel 3090 m): Dr. O. Hähnle, G. Richen mit Führer K. Marek, 1906. 1. Ersteigung über den O-Grat: E. Leonhard mit Führer A. Leutsch, 1907. 1. Ersteigung über den N-Grat der östl. Spitze: S. Sparer, J. Albrecht, 1923.

● **995 Vollständige Überschreitung von Ost nach West und im Bogen nach Süd und Südost** (Überschreitung der vier Spitzen, K. Mark u. Gef., 1906). Sehr schöne Bergfahrt.

Vom Gepatschhaus auf dem Weg zum Riffljoch in das äußerste Riffltal. Nach der Einmündung des Krummgampenbaches dem Rifflbach entlang noch ein Stück aufwärts, dann südl. über den Bach und über Schrofen südwestl. empor auf den ersten Kopf, 2599 m. Über den Grat zum nächsten Kopf, 2885 m. Hinab in die nördl. Scharte und über steile Blockhänge und Platten zur Erhebung 2845 m, wo der Grat etwas nach SW abbiegt. Der folgende Grataufschwung wird etwas nördl. auf einem Band und über gutgestuften Fels erstiegen. Über den scharfen Grat und eine weitere Gratstufe auf die Erhebung 3090 m empor. Hier fällt der Grat mit steiler NW-Flanke gegen das Rifflltal ab. Westl. über den Grat weiter und auf einen schroffen Gratturm. An seiner W-Seite (Überhang) hinab und über Blöcke und Geröll in die Scharte vor der höchsten Erhebung. Aus ihr über den nun schroffen Grat, über Zacken und Türme und über einen Grataufschwung zum westlichsten höchsten Gipfel, 3111 m. Hier mündet der südöstl. Ast ein.

Vom höchsten Punkt südl. über einige plattige Graterhebungen und Blöcke in ein Schartl hinab. Südöstl. empor auf die Erhebung 3040 m. Jenseits über Schrofen (brüchiger Überhang) hinab in ein Schartl mit einem viereckigen Turm. Aus ihm in festem Fels steil empor auf die Erhebung 3049 m. Hinab in das dahinterliegende Schartl und über den letzten Teil des Grates oder gerade südwestl. hinab ins Krummgampental.

● 996 **Krummgampenturm**, 3126 m

Schöner Felsturm im Kamm südl. des Glockturmes. 1. Ersteigung: Dr. F. Hörtnagl, Dr. A. Posselt, F. Teltscher, 1903.

● 997 a) **Von Osten.** Vom Krummgampenferner 1/2 st.
Vom Gepatschhaus auf dem Weg zum Glockturmjoch auf den Krummgampenferner und in Richtung Krummgampenturm gerade westl. über den mäßig steilen Gletscher empor. Von seinem oberen (westl.) Rand über Geröll mühsam an den Fuß des Turmes und durch eine steile Rinne über Blöcke und zuletzt durch einen senkrechten Spalt auf den kleinen Gipfel.

Vom Hohenzollernhaus entweder zum Glockturmjoch und nördl. über den Krummgampenferner eben hinein und westl. empor an den Fuß des Turmes; oder vom Hohenzollernhaus (kürzer) auf dem Weg zum Glockturmjoch im Radurschltal südl. einwärts, bis in die Fallinie der beiden Türme. Hier östl. ab und durch das steile Arzkar pfadlos über Geröll und steile Schrofen in die Scharte zwischen beiden Türmen. Über den S-Grat, oder vom O-Fuß durch die Blockrinne zum Gipfel.

● 998 b) **Nordgrat** (H. W. Schenk u. Gef., 1932). III—, aus dem Krummgampenferner 3/4 st.
Vom Gepatschhaus oder vom Hohenzollernhaus wie in a) auf den Krummgampenferner.
Von seinem oberen Rand über Geröll auf ein Schuttband, das auf den Gratfelsen des N-Grates emporführt. Am Grat über mehrere spitze Türmchen und Zacken in schöner Kletterei auf den Gipfel.

● 999 **Arzkarkopf**, 3121 m

Felsturm südl. des Krummgampenturmes. Vom Gipfel zieht der Hauptkamm in südöstl. Richtung zum Glockturmjoch nieder. Gegen O streicht ein langer Grat in das innere Radurschltal hinab, der die kleine Erhebung der Schwarzen Wand,

2928 m, trägt. 1. bekannte Ersteigung: Dr. F. Hörtnagl, Dr. A. Posselt, F. Teltscher, 1903.
Name aus der Zeit des Nauderer Kupfersegens.

● **1000** a) **Aus dem Krummgampenferner über den Südgrat.**
II—III, ¹/₂ st vom Ferner.
Vom Gepatschhaus wie auf dem Weg zum Glockturmjoch auf den Krummgampenferner und westl. empor in die Scharte südl. des Gipfelaufbaues.
Hierher auch vom Hohenzollernhaus über das Glockturmjoch und nördl. aufwärts über den Krummgampenferner in die Scharte.
Vom Hohenzollernhaus wie beim Weg zum Krummgampenturm in die Scharte zwischen den beiden Grattürmen und südl. querend in die Scharte am Fuß des S-Grates, oder gerade über den N-Grat zum Gipfel.
Aus dem Schartl in ausgesetzter Plattenkletterei über den S-Grat, zum Teil an der W-Seite auf den kleinen Gipfel.

● **1001**   **Hennesiglspitze,** 3144 m
Schlanker Blockturm südl. des Glockturmjoches, im Grenzkamm. Gegen S Schrofen und Schutthänge ins Langtaufers, gegen SW und S ziehen Grate des Grenzkammes zu den Hennesiglköpfen und zum Naßwandegg. 1. bekannte Ersteigung: Dr. F. Hörtnagl, Dr. A. Posselt, F. Teltscher, vom Glockturm über die N-Kante, 1903. (Anm.: In der AV-Karte ist der Name zu weit südl. versetzt. Das „H. K." steht für „Hennesiglköpfe".)

● **1002** a) **Westgrat.** Vom Hohenzollernhaus 4 st, vom Gepatschhaus 4¹/₂ st. Von Melag in Langtaufers 4¹/₂ st. Vom Hohenzollernhaus wie auf dem Weg zum Glockturmjoch auf den Hennesiglferner bis unter das Joch. Südl. ab und in die Einschartung westl. der Hennesiglspitze. Hierher auch vom Gepatschhaus durch das Krummgampental und über das Glockturmjoch. Von der Scharte entweder gerade über die Scharfe Kante zum Gipfel, oder in der W-Flanke durch eine Schuttrinne und in kurzer Kletterei auf den Grat und zum Gipfel.

● 1002 a b) Von Melag im Langtaufers gerade nördl. empor und auf kleinem Steig dem Bach entlang aufwärts (Weg zum Weißseejoch). Wo der Weg von der Bachverzweigung gegen rechts (nordöstl.) zum Weißseejoch emporführt, bleibt man links und steigt durch das „Schiechkar" — eine lange Mulde — bis zum SW-Grat der Hennesiglspitze. Von dort über den Blockgrat in leichter Kletterei (II) auf die Spitze.

● **1003** c) **Nordgrat** (Weg der Ersteiger). III—, vom Glockturmjoch ¹/₂ st.

Vom Hohenzollernhaus oder vom Gepatschhaus auf das Glockturmjoch. Über die scharfe Schneide (brüchig) gerade und ausgesetzt empor. Die Flanken zu beiden Seiten fallen sehr schroff und überhängend in den Krummgampenferner und zum Hennesiglferner ab. Über den Gipfelaufbau steil, aber in festem Fels empor auf den höchsten Punkt.

Nasse Wand (Höchster Punkt: 3092 m

Langgestreckter Felskamm, der vom Weißseejoch nordwestl. gegen die Hennesiglspitze zieht. Die südl. Flanken fallen steil gegen das Melager Tal, die nördl. gegen das Krummgampental ab. 1. Ersteigung: Dr. G. Künne, J. März über die N-Wand, 1921.

● **1004** a) **Nordwand** (Weg der Ersteriger). III, vom Gepatschhaus 5—6 st.

Vom Gepatschhaus auf dem Weg zum Glockturmjoch in das Krummgampental und talein bis in die Fallinie des höchsten Punktes der Nassen Wand. Südl. über die Hänge und Schrofen empor zum Schneefeld am Wandfuß. Über das Schneefeld steil empor an eine Felsrippe, die vom Grat östl. des Hauptgipfels herabzieht (rechts der Rippe zieht vom Grat eine Eisrinne von einer Einschartung herab). Über die Rippe empor, bis man die links davon herabziehende Eisrinne überschreiten kann. Jenseits über guten Fels empor, bis eine Firnschneide ansetzt. Rechts über eine 8 m breite Eisrinne (sie zieht zur großen Eisrinne hinab). Jenseits durch die Wand in Gipfelfallinie empor bis unter die Einschartung östl. des Gipfels. Durch die Gipfelwand (rechts eines auffallenden grünen Kopfes), zuletzt über eine Platte zum höchsten Punkt.

● **1005** b) **Von Melag in Langtaufers** 3—3½ st.

Von Melag wie auf dem Weg zum Weißseejoch im Melagtal nördl. empor. Wo der Steig gegen NO zum Joch vom „Scheibbühel" emporführt nordwestl. ab und zum See südl. der Nassen Wand. Von dort nordöstl. über Geröll und Schrofenhänge zum Gipfel.

Naßwandegg, 3066 m

Westl. Eckpfeiler der Nassen Wand. 1. Ersteigung: K. Kleemann, Dr. G. Künne mit Führer A. Leutsch über den SW-Grat, 1921.

● **1006** a) **Südwestgrat** (Weg der Ersteriger). II, vom Gepatschhaus 4 st.

Vom Gepatschhaus wie auf dem Weg zum Glockturmjoch in das Krummgampental. Unter die N-Flanke des Kammes der Nassen Wand und auf den südl. Teil des Krummgampenferners. Über ihn wenig steil empor in die Scharte südwestl. von P. 3066 m. Aus ihr in festem Stein über Platten stets am Grat haltend aufwärts und zum Gipfel.

● **1007** b) **Von Süden.** Von Melag in Langtaufers 3 st.
Von Melag auf dem Weg zum Weißseejoch im Melagtal empor. Wo der Weg nordöstl. zum Joch hinaufleitet, nördl. ab und über die Hänge steil empor zum See südl. der Nassen Wand. Nordöstl. über Schrofen in die Scharte südwestl. des Gipfels. Weiter wie in a).

● **1008**   **Östlicher Hennesiglkopf,** 3119 m
Mächtiger Felskopf im Grenzkamm westl. der Hennesiglspitze. Vom Gipfel zieht ein Gratrücken in das innerste Kar des Melagtales hinab (Schiechkar). 1. Ersteigung: C. Kleemann, Dr. G. Künne mit Führer A. Lentsch, 1921.

● **1009** a) **Ostflanke.** II, vom Hohenzollernhaus 3½ st.
Vom Hohenzollernhaus wie auf dem Weg zum Glockturmjoch auf den Hennesiglferner und in die Scharte westl. der Hennesiglspitze. Jenseits hinab und Querung über Geröll und Platten an den Fuß des Hennesiglkopfes.
Hierher auch von Melag im Langtaufers durch das Melagtal gerade nördl. über Geröll und Blockhänge.
Über die O-Flanke über Wandstellen, eine Felsrippe (Reitgratl) und Platten auf den Gipfel.

● **1009 a** b) **Südwestgrat.** II, 4½ st.
Von Melag (1882 m) durch das Melagtal bis oberhalb der Roccia (2637 m) hinauf. Man verläßt den Weg zum Weißseejoch, ersteigt links den Felsvorsprung und gelangt durch ein unter der Nassen Wand und der Langwand liegendes, mit Weiden bedecktes Tälchen in eine Senke mit kleinem See (2758 m). Von der ebenen Fläche westl. des Sees zu einer Wasserpfütze im Talschluß hinab. Dann nach einem geröllignen Graben aufwärts bei etwa 3000 m zum Fuß des SW-Abhanges der östl. Hennesiglspitze. Von hier erklettert man zuerst steile Felsen dann über eine kleine Wand auf den Grat und zum Gipfel.

● **1010**   c) **Gratübergang zur Hennesiglspitze** (H. Adametz, H. Klenna, E. Klar, 1925). Teilweise II, 2 st.
Vom Gipfel des östl. Kopfes ein wenig rechts des Grates über steile Wandstufen (brüchig) und durch eine Verschneidung ab-

wärts. Kurzer, ausgesetzter Quergang zurück auf den Grat. Über den gut begehbaren Grat bis in die Scharte vor dem ersten Gratzacken. In schöner Kletterei über mehrere Zacken (Umgehung auf der Langtauferer Seite möglich) und in die Scharte westl. der Hennesiglspitze. Über den W-Grat zum Gipfel.

● **1011**   **Westlicher Hennesiglkopf,** 3100 m

Westl. des Östlichen Kopfes, mit ähnlicher mächtiger Felsgestalt im Grenzkamm aufragend. Vom Gipfel streicht ein Gratrücken südöstl. in das innerste Melagtal hinab. Der vom Westl. Hennesiglkopf nach W zum Radurschelschartl ziehende Grenzkamm trägt mehrere wenig ausgeprägte Graterhebungen. Die bedeutendste ist der Glockhauser, 3025 m, ein breiter Schutt- und Schrofenkegel östl. des Radurschelschartels. 1. touristische Ersteigung: C. Kleemann, Dr. G. Künne mit Führer A. Lentsch, 1921.

● **1012**   a) **Vom Östlichen Hennesiglkopf über den Grat.** III—, ³/₄ st.

Vom Gipfel des östl. Kopfes über den Blockgrat und Platten hinab in ein Schartl. Jenseits aus ihm an den Gipfelaufbau des westl. Kopfes. Über ein kurzes Wandl und durch einen Kamin auf den schmalen Gipfel.

● **1013**   b) **Westgrat und Südwestgrat** (E. Schuch u. Gef., 1924). Teilweise III.

Vom Hohenzollernhaus wie auf dem Weg zum Glockturmjoch im Radurscheltal einwärts bis zur Wegverzweigung (östl. zum Glockturmjoch, westl. zum Radurschelschartl). In der Mitte zwischen beiden südöstl. über den breiten Schuttrücken empor und an den Fuß der N-Wand des P. 3025 m (Glockhauser), des wenig ausgeprägten Felskessels westl. des Westl. Kopfes. Über die Felsen der N-Flanke empor auf den Gipfel des Glockhausers und über den Kamm östl. über Fels und steile Gratstellen auf den Gipfel des Westl. Hennesiglkopfes.

● **1014**   **IV. Die Nauderer Berge**

Die Nauderer Berge, der kleinste der vier vom Ötztaler Alpenhauptkamm nach N (bzw. NW) streichenden Kämme, wird im Gegensatz zu seinen drei großen Brüdern von Bergsteigern im Sommer nur selten besucht. Die Nauderer Berge sind ein ideales Skigebiet, fast alle Gipfel mit den Bretteln unschwierig ersteigbar. Die Beschreibung der Anstiege kann deshalb im Rahmen eines Sommerführers auf kürzesten Raum zusammengedrängt werden. (Für den Winterbergsteiger siehe: Dr. H. Prochaska, Skiführer durch die Ötztaler Alpen, 2. Auflage, München 1966).

Die Nauderer Berge werden im S vom Langtaufers begrenzt, zu dem sie in steilen Hängen abfallen. Das Radurschelschartl, 2871 m, und das nach Pfunds im obersten Inntal hinausführende Radurscheltal grenzen unser Teilgebiet nach O gegen den Glockturm ab. Die westl. Begrenzung bildet der Inn von Pfunds bis Finstermünz, sodann südl. das Nauderer Tal und der Reschen-Scheideck-Paß. Hauptgipfel des kleinen, zwischen Radurschel und Nauderer Tscheytal eingelagerten Stockes sind die Seekarköpfe, 3059 m, und die Nauderer Hennesiglspitze, 3042 m; Hauptgipfel des westl. des Tscheytales aufragenden Stockes sind der Große Schafkopf, 3000 m, und der Schartleskopf, 2810 m. Der kleinste, westl. des Pienger Baches liegende Stock, — der westl. Eckpfeiler des ganzen Gebirges über dem Reschen-Scheideck-Paß, erhebt sich in der Klopaierspitze und in der Bergkastlspitze nochmals zu einer Höhe von über 2900 m. Die Gipfel sind schon sehr früh von Einheimischen und Jägern erstiegen worden. In der alpinen Literatur sind sie erstmals erwähnt bei A. Burkhardt, ÖAZ 1895, sodann bei Dr. W. Hammer, ÖAZ 1910, und bei Dr. A. Kasseroler, JB 1922.

Als Standort für den östl. Bergstock ist das Hohenzollernhaus bestens geeignet, für den N-Teil vom Schartleskopf nördl. kommen Nauders und Pfunds als Stützpunkte in Frage; für die Skiberge um die Pienger Alm ist die Nauderer Skihütte der ideale Stützpunkt.

Übergänge: Radurschelschartl und Tscheyer Schartl (Grenzübergänge), siehe R 314 und R 315. Tscheyjoch (Übergang vom Hohenzollernhaus zur Nauderer Skihütte s. R 316).

● **1015**   **Nauderer Hennesiglspitze**, 3045 m

Südl. Eckpunkt und Grenzgipfel des kleinen, zwischen Radurschel- und Tscheytal nordwärts streichenden Kammes. Ragt zwischen Radurschel- und Tscheyer Scharte empor. (Im Langtaufers Matscher Winkelspitze genannt.)

● **1016**   a) **Vom Hohenzollernhaus.** I, 3 st.

Vom Hohenzollernhaus wie in R 314 hinein in das Innere Radurscheltal gegen das Radurschelschartl. Man geht aber rechts haltend im weiten flachen Talgrund westwärts weiter und steigt in die Einsattelung nördl. des Gipfels empor (verfallenes Jagdhaus). Nun südl. gegen den Gipfel weiter über den leichten N-Grat. Noch leichter ist der Aufstieg durch die NO-Flanke links des N-Grates.

● **1017** b) **Aus dem Radurschelschartl.** II, 30 Min.
Wie in R 314 vom Hohenzollernhaus oder von Kappl im Langtaufers (Militärsteig) zum Radurschelschartl. Von hier westl. über den Kamm empor, wobei man teils in die Nord- oder Südflanke ausweicht, bis zur letzten Einschartung vor dem Gipfel. Nun einige Meter nördl. der Gratschneide über Blockwerk zum Gipfel.

● **1018** c) **Aus dem Tscheyer Schartl.** I, 45 Min. Hierher auch von Gschwell oder Pratzen im Langtaufers über den Militärsteig, 4 st.

● **1018 a** d) **Über die Südflanke.** I, 4 st.
Von Pratzen (1844 m), einer Häusergruppe im Langtaufers, nimmt man dem zum Pratzebach führenden Pfad und folgt ihm ziemlich lange auf dem linken Ufer. Nach etwa 200 Höhenmeter führt der Weg rechts ab auf einen bewaldeten Rükken. Hier zweigt ein in ein anderes Tälchen führender Pfad ab. Man steigt in steilen Kehren den Hang empor und erreicht auf dessen Höhe eine Quelle. Hier verliert sich der Weg. Geradeaus auf den Rücken, dessen Steilheit immer mehr abnimmt, weiter und auf den mit Felstrümmern bedeckten Rücken der Nauderer Hennesiglspitze. Nach Überwindung eines felsigen Steilhanges in der Gratmitte zum Gipfel.

● **1019** Seekarköpfe
Südlicher 3059 m, Mittlerer 3063 m, Nördlicher 3003 m

Drei schöne Felszacken zwischen der Nauderer Hennesiglspitze und dem Wildnörderers, die bedeutendsten Erhebungen dieses Kammes. Die Überschreitung der mächtigen Zacken stellt die schönste Bergfahrt dieses Kammes dar.

● **1020** a) **Südgipfel.** I+, 1 st von der Scharte.
Wie in R 1016 vom Hohenzollernhaus auf die Einsattelung zwischen Nauderer Hennesiglspitze und S-Gipfel. Nun über den nach SO gerichteten Kamm auf den S-Gipfel.

● **1021** b) **Überschreitung.** Teilweise III—, 1½ st.

● 1022   Schönkarlespitze, 2928 m (Schöne Karlspitze)
Felsturm in dem vom Nördl. Seekarkopf nach NW zur Brunnenwandspitze streichenden Grat.
Vom Hohenzollernhaus. I+, 3 st. Durch die im Hintergrund des Bergltales eingelagerte Firnmulde. (Aus jagdlichen Gründen z. Z. gesperrt.) Die Überschreitung der Schönen Karlspitze bietet schöne, mäßig schwierige Kletterei.

● 1023   **Brunnewandspitze,** 2922 m
Im Kamm zwischen Seekarköpfen und Wildnörderer westl. der Firnmulde des Bergltales aufragender Kopf, der nach allen Seiten schroff abfällt.

● 1024   **Vom Hohenzollernhaus,** 3 st, südwärts gegen die Radurschelscharte, nach 30 Min. jedoch auf Steigspuren rechts westl. empor in das Bergltal („Vord. Bergle") und über das in letzter Zeit stark zurückgegangene Eisfeld, zuletzt über Schrofen zum Gipfel. (Aus jagdlichen Gründen derzeit gesperrt.)

● 1025   **Wildnörderer,** 3015 m
Nordöstl. Eckpunkt des kleinen, zur Nauderer Hennesiglspitze ziehenden Kammes. Nordwestl. zieht ein Kamm gegen den Verbindungspunkt Radurscheltal — Tscheytal hinunter, der den Muttlerkopf, 2747 m, trägt. Dieser Kopf ist von R 316 aus unschwierig zu ersteigen. Der Wildnörderer ragt steil über das Radurscheltal empor und wird wegen seiner Aussicht vom Hohenzollernhaus mitunter erstiegen. 1. touristische Ersteigung: A. Burkhardt, 1894. (Auf der neuen AV-Karte ist die Erhebung 2747 m unbenannt. Mit „Muttler" wird ein etwa 2300 m hoher grasiger Kopf weiter nordöstl. im Kamm bezeichnet.)

● 1026   a) **Vom Hohenzollernhaus.** I, 2½ st.
Man überschreitet das Tal und steigt jenseits über steile Gras-, später Geröllhänge in das östl. eingelagerte Wildnörderkar empor. Von dort über Schrofen zum Gipfel. (Von den Jagdbehörden z. Z. gesperrt.)

● 1027   b) **Aus dem Tscheytal.** Von der Tscheyalm 3 st.
Über die Schuttfelder der SW-Flanke.

● 1028   c) **Nordgrat** (E. Schuch u. Gef., 1924). II, 3 st.
Zunächst in brüchigem Gestein über den N-Grat empor. Etwa 40 m unter dem Gipfel steigt man in eine Rinne rechts. Durch diese gerade empor auf den Hauptgipfel.

- **1029** d) **Ostgrat** (E. Klenna, R. Simmler, 1925). In schöner, leichter Kletterei zum Vorgipfel, 2913 m. Der Weiterweg zum Hauptgipfel über den hinter einer Scharte jäh aufsteigenden Grat oder die Gras- und Felsflanke links von ihm ist schwierig.
- **1030** e) **Übergang zur Brunnewandspitze** (A. Burkhardt, 1894). Teilweise II, 2 st.
Man hält sich fast stets über dem Blockgrat südl., und steigt zuletzt über ein Firnfeld zur Brunnenwandspitze empor.

Großer Schafkopf, 3000 m

Südl. Eckpunkt des zwischen Tscheytal und Pienger Tal (Saletztal) nördl. streichenden Kammes. Schöne Fernsicht.
- **1031** a) **Von der Nauderer Skihütte.** I+, 3 st
Von der Alm auf gutem Steig hinein südöstl. dem Bach entlang und empor auf die flachen Oberen Mataunböden. Hier vom Steig ab und über die Geröllhänge steil empor in eine Einsattelung zwischen Schafkopf und Wölfeleskopf. Über den SW-Grat in Blockkletterei zum Gipfel.
- **1032** b) **Vom Tscheyer Schartl.** I+, 1 st E.
Wie in R 315 von Pfunds oder von Gschwell im Langtaufers auf das Tscheyer Schartl. Nun von O auf den Gipfel.
- **1033** c) Vom Großen Schafkopf zieht ein Kamm über mehrere Erhebungen im Bogen gegen N, schließlich nach NW hinaus zum Kleinen Schafkopf, 2742 m. Dieser Kamm ist unschwierig zu überschreiten; er zieht nördl. weiter zum Gueserkopf, 2745 m, von dem der begrünte Kamm abfällt zum Tscheyjoch, R 1037.
- **1034** d) **Von Süden über die Patzineralm.** I. Entweder aus Langtaufers oder aus dem Langtauferer Tal. Aus Langtaufers 5 st.
Von Pleif zur Patzineralm und rechts des Rückens nördl. hinauf zu den zwei Seen unter dem Schafkopf. Vom oberen See durch das Schuttkar und von O auf den Gipfel.
- **1035** **Kleiner Schafkopf,** 2742 m
aus dem Piengertal und aus dem Tscheytal unschwierig zu ersteigen. Von der Nauderer Skihütte 2½ st.
- **1036** **Gueserkopf,** 2745 m
Kleine Erhebung in dem vom Kleinen Schafkopf zum Tscheyjoch streichenden Kamm.
Vom Tscheyjoch über den NW-Kamm unschwierig ersteiglich.

● 1037 **Die Berge zwischen Tscheyjoch und Sadersjoch**
Nördl. über dem Tscheyjoch erhebt sich das begrünte Tscheyegg, 2663 m. Zu ihm führt ein Steig empor, der nordwärts über den Kamm weiterläuft zum Schafkarkopf, 2678 m, und zum Schartleskopf, 2810 m. Dem Schartleskopf südwestl. vorgelagert ist der Waldafúrnerkopf, 2748 m, eine begrünte Kuppe.

● 1038 Nördl. der Gamórscharte der Gamórkopf, 2769 m. Diesem nordöstl. vorgelagert ist der felsige Affenkopf, 2626 m, nordwestl. der Gaißpleiskopf, 2771 m.
Nördl. des Gamórkopfes fällt der Kamm zum Kreuzjoch, 2350 m, ab.

● 1039 Der Übergang Gamórkopf — Gaißpleiskopf ist unschwierige Kletterei. Der Gaispleiskopf ist von Nauders durch das Gamórtal, dann über den nördl. über dem Tal aufragenden breiten Kamm (Unt. Steinmannl, Ob. Steinmannl) und den W-Grat unschwierig zu ersteigen.

● 1039 a Nördlich des Gaißpleiskopfes ist ein Sattel, von dem aus man unschwierig die nächste Kammerhebung, den Sunntigwaidschrofen, 2522 m, ersteigen kann. Den Sattel erreicht man von Nauders über die Labaunalm und das Kaltwassertal. Aus diesem auch direkt zum höchsten Punkt.
Vom Sunntigwaidschrofen fällt der Kamm nordwestwärts ab zum Saders Joch, das einen Übergang von Finstermünz in das mittlere Pfundser Tal bildet.

● 1040 **Schmalzkopf,** 2726 m
Bekannter Aussichtsberg hoch über Nauders und Pfunds. Er entsendet nach N einen Kamm, der den St.-Ulrichs-Kopf, 2461 m, und einen Grat nach SW, der den Bazallerkopf, 2161 m, trägt.

● 1041 a) **Von Pfunds.** I, 4 st.
Von Pfunds wie in R 217 hinein ins Radurscheltal, bis von rechts her das Saderertal einmündet. Durch dieses auf gutem Almweg empor zur Saderer Alm und südl. hinaus zum Saders Joch, 2410 m, Bildstöckl. Nördl. über begrünte Hänge auf den Gipfel.

● 1042 b) **Von Nauders.** I, 4¹/₂ st.
Von Nauders auf einem Karrenweg zum Partischhof ins Labauner Tal und über die Labauner Alm zum Saders Joch. Von dort wie in a) zum Gipfel.

● 1043 **Wölfeleskopf**, 2897 m, und
Mataunkopf, 2895 m

● 1044 a) **Von Süden**. I, wenig abwechslungsreich, 3 st.
Über die begrünten Hänge von Patscheid im Langtaufers über die Pazzinalm zu ersteigen.

● 1045 b) **Von der Nauderer Skihütte** (Pienger Alm). 3½ st.
Auf dem Weg ins Pienger Tal (Saletztal), stets nahe des Baches, bis in den Talhintergrund. Von dort kann man unschwierig auf das Jöchl zwischen den Gipfeln (Saletzjöchl) und zu den Spitzen ansteigen.

● 1046 **Bergkastlspitze**, 2915 m
Große, schrofige Erhebung westl. über den Goldseen, 2555 und 2587 m. Die Bergkastlspitze entsendet nach S einen Grat, der bei P. 2960 (namenloser Gipfel) an den Hauptkern stößt.

● 1047 a) **Von der Bergkastlalm.** I+, 3 st.
Die Bergkastlalm erreicht man entweder auf dem Waldweg, der hinter dem Schloß Naudersberg links von der alten Reschenstraße abzweigt. Er führt gerade hinauf zur Einmündung des Pienger Tales, überschreitet den Arsangbach und führt, zuerst steil durch Wald ansteigend, dann schräg durch lichten Wald und Wiesen hinauf. Dort, wo der Steig bei einigen Heustadeln wieder zu fallen beginnt, wendet man sich nach links empor zu den Mädern der Bergkastlalm. Über sie steil hinauf zu den Almhütten, 2060 m. Die Bergstation der Bergkastelbahn steht am Bergkastelboden in 2200 m Höhe.
Oder auch vom Haus Fuhrmannsloch (von Nauders etwa ½ st auf der Straße talein) führt ein Weg links ab, der zur Alm hinaufleitet. Man folgt ihm in den Wald; dort, wo er den Bach überschreitet, zweigt man links ab und gelangt an den unteren Rand der Bergkastlalmwiesen. Steil ostwärts hinauf zur Alm. Von der Alm gerade weiter empor über die freien Hänge unter dem Bergkastljoch. Vom Rücken hält man sich dann rechts hinein in das einsame Hochkar „Nauderer Gaißloch". Vom inneren Kar durch die W-Flanke zum Gipfel.

● 1047 a b) **Aus dem Ganderbildtal.**
Von der Bergkastlalm führt ein kleiner Steig zuerst kurz empor dann nach links hinüber in das Ganderbildtal. Den Bach entlang talein. Steigspuren leiten empor zu den zwei Goldseen, am O-Fuß der Bergkastlspitze. Vom oberen See westwärts über die Block- und Schrofenhänge zum Gipfel. Das Ganderbildtal

ist auch von der Nauderer Skihütte über die Pienger Alm auf Steigspuren unschwierig zu erreichen.

● **1048**   **Plamorderspitze, 2985 m**
Schroffer Gipfel im Hauptkamm, genau südl. der Bergkastlspitze. W-O-gerichtete Gratschneide, die mit gefurchten Flanken nach S und nach N (ins Nauderer Gaisloch) abstürzt. Ersteigungsberichte fehlen (1960). Als Zugang von S käme R 1052a in Frage, und in seiner Fortsetzung der Militärweg, der in Höhe 2600 m die S-Hänge des ganzen Bergzuges führt.

● **1049**   **Klopaierspitze, 2922 m**
Schönster Aussichtsberg über dem Reschen-Scheideck-Paß. Westl. Eckpfeiler der Gruppe.

● **1050** a) **Von Nauders** wie R 1047.
Aus dem Gaißloch südl. über die Schrofenhänge zum Gipfel.

● **1051** b) **Von Reschen** über den W-Grat und die Kleine Klopaierspitze. $2^{1}/_{2}$ st E.
Von Reschen auf schönem Steig empor auf die Plamört-Böden, 1 st. Ostwärts oder direkt vom Reschenpaß hinauf, steil und mühsam auf den ersten Vorgipfel des W-Grates. Nun in schöner Kletterei über zwei ausgesetzte Stellen zum Gipfel der Kleinen Klopaierspitze.

● **1052** c) **Von Graun.** I+, 4 st.
Von Graun auf dem Almsteig auf die Roßböden, zum Grauner Berg und hinein in das Kar zwischen Kleiner und Großer Klopaierspitze. Von dort in leichter Blockkletterei zum Hauptgipfel.

● **1052 a** d) **Südostflanke.** III, 4 st.
Von Graun (1489 m) auf dem durch die Mulde von St. Anna emporsteigenden Saumpfad und über einen flachen Rücken zum steinigen Talboden der „Valmenara", dann dem westl. Bachufer entlang. Den zur Roßbodenalm führenden Pfad läßt man auf dem O-Ufer und kehrt auf die orographisch rechte Bachseite zurück, um in Richtung des den Talschluß bildenden Gerölls weiterzusteigen auf die hochliegenden Weiden des Grauner Berges, eines Gipfels im S-Abhang der Klopaierspitze (alter österreichischer Triangulierungspunkt 2525 m, 3 st). Auf diese Weise werden die Geröllhalden des O-Abhanges umgangen. Über den breiten Rücken auf eine Terrasse (2609 m) und dann auf eine höher gelegene Ebene (2722 m) hinauf. Den

Weg zum steinernen See läßt man rechts liegen und tritt in das obere Becken der „Vallaccia" ein, das man im großen Bogen über Weiden und Geröll auf die Klopaierspitze zu durchquert. Über zusammengestürzte Tonalitgneis-Blöcke in schwieriger Kletterei zum Gipfel mit trigonometrischen Zeichen.

● **1053** e) **Von Pedroß** in Langtaufers auf kleinem Steig auf die Roßbödenalm. Von dort wie in c) zum Gipfel.

V. Weißkamm

● **1054** Geislacher Kogel, 3050 m

Östl. Eckpunkt des Weißkammes über dem inneren Ötztal. Er entsendet einen felsigen Rücken gegen NO in das Rettenbachtal; im südl. vorgelagerten Kar liegt der schöne Geislacher See, 2702 m. 1. Ersteigung: Dr. Th. Helm und Frau mit Führer F. Platter, 1870.
Der Geislacher Kogel ist duch eine moderne Seilbahn („Gletscherbahn") erschlossen. Bergstation in 3000 m Höhe. Talstation am Südrand von Sölden. Großer Parkplatz. Mittelstation. Großes Restaurant am Gipfel.

● **1055** a) **Von der Geislacher Alm.** I, 3 st.
Von der Geislacher Alm (R 221) über den zuerst begrünten, später steileren und felsigen O-Abhang des Berges gerade empor zum Gipfel. Landschaftlich schöner, wenn auch etwas weiter ist der Anstieg über den südl. des Gipfels (im Geislacher Kar) eingelagerten Geislacher See, den man von der Geislacher Alm zuerst auf dem oberen Steig westl., dann über die Steilhänge erreicht. Auch hier zuletzt über Blockhänge zum Gipfel. Dieser Weg wird seit dem Bau der Seilbahn gern als Abstieg benützt. Ausbau der Wanderwege nach Sölden.

● **1056** b) **Von der Rettenbachalm.** I, 3 st.
Von der Rettenbachalm R 195 einige Minuten talein, dann auf die andere Talseite, sodann über die steilen Geröllhänge gegen den NO-Kamm empor. Über einen Vorgipfel südl. über den blockigen Grat zum Gipfel.

● **1057** c) **Übergang zur Äußeren Schwarzen Schneide,** II+, 2½ st.
Vom Geislacher Kogel einige kurze Steilabbrüche in die tiefste Einschartung des Grates. Immer auf der Grathöhe, ein Kopf wird links umgangen, auf den Vorgipfel. Über ein waagrechtes

Gratstück an den letzten steilen Gipfelaufschwung. Die Platten werden mit Hilfe gutgriffiger Risse gerade zum Gipfel erklettert.

- **1058** **Äußere Schwarze Schneide,** 3257 m
- **1059** a) **Von der Geislacher Alm.** Teilweise II, 1/2 st E.

Wie in R 1055 in das Geislacher Kar. Nun nordwestl. empor auf die Kammhöhe und über Platten und Blockgrate zum Gipfel.

- **1060** b) **Südostgrat** (1. Begehung im Abstieg: F. Berlé, mit C. Grüner, 1895). II, 2 st E.

Von der Geislacher Alm (oder vom Whs. Gstrein) auf dem oberen Weg der Berglehne entlang bis zum Ausgang des Geislacher Kares. (Oder dem Steig weiter folgend über den vom Petzner See herabziehenden Graben hinweg, und vom Ende der Steigspuren, die Schrofen westl. umgehend, zum Petzner See.) Nun von einer der beiden Seiten empor zum deutlich ausgeprägten Fußpunkt des Grates. Über diesen in anregender Blockkletterei zum Gipfel.

- **1061** c) **Vom Seiterjöchl.** I, 2½ st.

Wie in R 319 von der Braunschweiger Hütte oder aus dem Rettenbachtal auf das Seiterjöchl. Jenseits über den stark ausgeaperten Ferner 20 m hinab, dann sofort waagrecht links (nordöstl.) querend über den Gratrücken von P. 3162 m auf den Boden des Südl. Petzner Ferners. Weiter zur nächsten Felsrippe, die von P. 3228 m südl. herabzieht, und wiederum möglichst waagrecht auf den Nördl. Petzner Ferner. Aus dem arg eingeschrumpften Gletscherbecken über Schrofen gerade empor zum Gipfel.

- **1062** d) **Nord-Süd-Überschreitung** (H. Thalhammer, F. Bauer, 1949). II, 2 st E. Schöne Felskletterei.

- **1063** **Innere Schwarze Schneide,** 3369 m

Beherrschende Erhebung über Rettenbach, Tiefenbach und Karlesferner. Von N gesehen mit stolzer Firnhaube gekrönt, von S gesehen eine „Schwarze Schneide". Von der Braunschweiger Hütte aus schöner, lohnender Eisanstieg. Nach O zieht eine lange Firnschneide zum östl. Vorgipfel, 3336 m, der zwischen Seiterferner und Tiefenbachferner aufragt. 1. Ersteigung: Dr. Petersen, M. von Déchy, Dr. V. Hecht, mit Ennemoser, J. Pinggera und J. Spechtenhauser, 1874.

● **1064** a) **Von der Braunschweiger Hütte über das Tiefenbachjoch** (Weg der Erstersteiger). 3 st.
Über den Karlesferner östl. hinauf, dann im Bogen südl. gegen den steilen Hangenden Ferner. Unter den Steilwänden der Inneren Schwarzen Schneide (Steinschlaggefahr) in der Nähe des Gletscherufers empor auf den Sattel zwischen Linkem Fernerkogel und Innerer Schwarzer Schneide (P. 3155 m der AV-Karte). Wenige Meter jenseits des Sattels über gut gestufte Felsen ca. 80 m steil ostw. empor zu einer auffallenden Markierungsstange (dem Tiefenbachjoch der AV-Karte). Das Tiefenbachjoch, 3234 m, liegt etwa 100 m weiter nördl. Vom Joch nordostw. über steile, aber gut gangbare Blockfelsen unmittelbar zum Gipfel.

● **1065** b) **Von Vent über das Tiefenbachjoch.** 5 st. Ziemlich mühsam, wenig empfehlenswert.
Wie in R 320 (umgekehrte Richtung) von Vent über den Mutboden, oder von Heiligkreuz gerade empor auf den Tiefenbachferner. Über diesen nordwestl. zum Tiefenbachjoch und wie in a) zum Gipfel.

● **1066** c) **Ostgrat.** Schlußstück II, 3 st.
Von der Braunschweiger Hütte wie in R 228 zum Rettenbachjoch. Man überquert den Rettenbachferner eben gegen das Seiterjöchl zu (östl.), steigt aber schon vor dem Sattel über einen sanften Eishang zum Grat empor. Dieser bietet bis zum O-Gipfel keine besondere Schwierigkeit. Von dort über eine scharfe Schneide zum Hauptgipfel.

● **1067** d) **Nordflanke** (M. Z. Diemer, F. Gaibl, 1892). 2½ st.
Von der Braunschweiger Hütte östl. empor an den Schrofenhang, der zum Rettenbachjöchl führt. Nun südl. über den zuerst flachen Rettenbachferner empor, stets in Richtung auf den Gipfel. Über den zuletzt sehr steilen Eishang empor zum Gipfel. Achtung auf verdeckte Spalten!
Bester Abstieg: Zurück zum Rettenbachjoch. Um den sehr steinschlaggefährdeten Schrofenhang im Abstieg zu vermeiden, quert man östl. um den Karleskogel herum und erreicht über den Rettenbachferner ohne wesentlichen Höhenverlust eine in Nordrichtung sichtbare Felsscharte an der Ostseite des Karleskogels. Von hier steigt man über ein mäßig steiles Firnfeld, sich nördl. haltend, zum Pitztaler Jöchl auf. Von hier auf gutem Weg Abstieg zur Braunschweiger Hütte.

● **1068**   **Karleskogel, 3107 m**

Schroffer Felsstock zwischen Pitztaler Jöchl und Rettenbachjöchl, mit steilen Wänden östl. der Braunschweiger Hütte aufragend. Als Hüttenberg der Braunschweiger Hütte häufig besucht. 1. Ersteigung: L. Purtscheller, 1890.

● **1069 a) Von der Braunschweiger Hütte über das Pitztaler Jöchl**, II, 2 st.

Vom Pitztaler Jöchl südl. über steilen Firnhang mit breitklaffender Hangspalte, der von einer breiten Randkluft gesperrt wird, dann über lose Felsblöcke zu P. 3071 und weiter, zuletzt über steilen Firn, zum Gipfel (3107 m) oder über den teilweise aus losen Blöcken gefügten N-Grat zu P. 3071 m und weiter wie vorgenannt.

● **1070 b) Südgrat.** Stellenweise III, 1 st E.

Von der Braunschweiger Hütte auf das Rettenbachjöchl. Am vielgezackten S-Grat hält man sich möglichst nahe der Grathöhe. Alle Gratzacken wurden schon gerade überklettert.

● **1071 c) Hüttenwandl** (W-Wand). Durch die der Braunschweiger Hütte zugewandte W-Wand wurden zahlreiche Führen eröffnet. Sehr brüchig, mehrere Haken.

● **1071 a**   **Pitztaler Jochkopf** (3023 m)

Südl. des Pitztaler Jöchls wenig über dieses aufragend. Ersteigung über den Südgrat leicht. Bietet schöne Sicht auf den südl. Geigenkamm.

● **1072**   **Linker Fernerkogel, 3278 m**

Westl. der Inneren Schwarzen Schneide und des Hauptkamm-Verlaufes aus den Gletscherströmen aufragender wuchtiger Felsklotz. Die nach W und NW abstürzenden Felswände wurden mehrfach durchstiegen. Guter Aussichtspunkt auf die Umrahmung des Mittelbergferners. Auch im Winter von Skitouristen bestiegen. 1. Ersteigung: M. Z. Diemer, F. Gaibl, 1892.

● **1073 a) Von der Braunschweiger Hütte über den Hangenden Ferner.** Steiler Gletscher, 2 st.

Von der Braunschweiger Hütte östl. über den Karlesferner und im Bogen in südl. Richtung auf den Hangenden Ferner. Hier zuerst über steilen Firnhang, den Eisbruch rechts liegen lassend im Bogen links über wenig geneigte Firnhänge zu steilem Firnhang. Über diesen auf einen Firnsattel und weiter auf den kegelförmigen Gipfel. (Viele **Spalten**!)

● 1074   b) **Die Anstiege der Nordwest- und Nordflanke** des Berges halten sich meist an die ausgeprägten Felspfeiler. Bei guten Firnverhältnissen wurden auch die Eisrinnen zum Anstieg benützt. (NW-Wand: H. Mittermeier, S. Plattner, 1910; E. Gerhards, K. Holzhammer 1911; N-Wand: H. Püchler, L. Aichberger, 1922.)

● 1075   c) **Von Süden.**
Der Linke Fernerkogel wird gern auch im Zusammenhang mit anderen Gipfeln der Mittelbergfernerumrahmung erstiegen. Der Sattel östl. des Gipfels kann auch leicht aus der sanften, südl. eingelagerten Gletschermulde (am O-Rand des Mittelbergferners) erreicht werden. Von hier wie in a) zum Gipfel.

● 1076   Rechter Fernerkogel, 3298 m
Mitten im Gletscherbecken des Mittelbergferners aufragender Felskogel, der den Ferner, zusammen mit dem südwestl. zum Schuchtkogel ziehenden Grat in zwei große Mulden teilt.

● 1077   a) **Südwestgrat.** Von der Braunschweiger Hütte 3 st. Wie in R 322 am Weg zum Rofenkarjoch in das südl. Becken des Mittelbergferners. Aus dem hintersten Gletscherbecken, zuletzt steil nordwestl. über Schutt empor in den Sattel zwischen Rechtem Fernerkogel und dem zu dem N-Grat des Schuchtkogels ziehenden Firnkamm, P. 3209 der AV-Karte. Über den Grat ohne Schwierigkeiten zum Gipfel.

● 1078   b) **Vom Weg zum Mittelbergjoch.** 3 st.
Von der Braunschweiger Hütte wie in R 320 empor in das nördl. Becken des Mittelbergferners. Aus diesem wendet man sich südl., und ersteigt über einen sehr steilen Firn- oder Eishang die tiefste Einsattelung zwischen Fernerkogel und Schuchtkogel. Wie in a) zum Gipfel. (Achtung, nach N hängende Wächte!)

● 1079   c) **Nordgrat** (F. Malcher, Dr. M. Pfannl, 1908). II, 1½ st E.
Vom Fußpunkt des N-Grates im Mittelbergferner zuerst über Schutt empor an den steilen Grataufschwung. Über brüchigen Fels empor zum Vorgipfel, 3289 m. Von hier über den flachen Kamm hinüber zum Hauptgipfel.

● 1080   d) **Übergang zum Schuchtkogel.** 2 st.
Von der Einsattelung 3209 m südwestl. über den Firnkamm empor auf den N-Grat des Schuchtkogels, den man bei P. 3432

(Hohe Wände) erreicht. Über den breiten, teils verfirnten Grat südl. zum Gipfel.

● **1081**   **Tiefenbachkogel, 3309 m**

Erste Erhebung in der langen Zackenreihe südl. des Tiefenbachjoches, die sich gegen S über den Mutkogel bis zum Weißen Kogel hinzieht und die östl. Begrenzung des großen Gletscherbeckens des Mittelbergferners darstellt. 1. Ersteigung: Dr. Petersen, M. v. Déchy, Dr. V. Hecht, mit A. Ennemoser, J. Pinggera und J. Spechtenhauser, 1874. Lohnend nur in Verbindung mit Linkem Fernerkogel und Mutkogel.

● **1082**   a) **Vom Tiefenbachjoch.** I, $1/2$ st.
Wie in R 320 von der Braunschweiger Hütte auf das Tiefenbachjoch. Über den vom Gipfel nach N streichenden, teilweise sehr brüchigen Grat empor.

● **1083**   b) **Vom Mutjoch** (Einsattelung zwischen Tiefenbachkogel und Mutkogel) über den S-Grat.
Wie in a) zum Tiefenbachjoch. Von dort südl. absteigend, dann links empor auf die Einsattelung und zum Gipfel.

● **1084**   **Mutkogel, 3312 m**

Überfirnte Kammerhebung südl. des Tiefenbachkogels. Der Mutkogel entsendet einen langen Grat nach SO, der die südl. Umrahmung des Tiefenbachferners darstellt. 1. Ersteigung: dieselben wie Tiefenbachkogel, 1874.
Lohnend nur in Verbindung mit den Nachbargipfeln.

● **1085**   a) **Von der Braunschweiger Hütte,** 2—3 st.
Von der Hütte hinab auf den östl. Mittelbergferner. Im Bogen um den Linken Fernerkogel herum, hinter welchem allmählich der Mutkogel sichtbar wird. Östl. gerade empor auf das Mutjoch (zwischen Tiefenbachkogel und Mutkogel). Von dort über den blockigen N-Grat zum Gipfel.

● **1086**   b) Auch von den südl. eingelagerten Scharte kann man den Gipfel unschwierig erreichen.

● **1087**   c) **Von Osten** (Vent oder Heiligkreuz). Nur als Abstieg zu empfehlen. Nach Heiligkreuz 3 st.
Vom Gipfel nördl. hinab in das Mutjoch. Der Firn des Tiefenbachferners reicht bis auf die Jochhöhe herauf. Nun links, nördl. haltend auf R 320 und wie dort nach Vent oder Heiligkreuz.

● **1088**   d) Die gesamte Überschreitung vom Mutkogel zum Weißen Kogel (über P. 3176 m, P. 3214 m, P. 3154 m und P. 3284 m) zählt bei guten Verhältnissen zu den interessantesten Gratklettereien des Gebietes, ist jedoch nur sehr ausdauernden und geübten Bergsteigern zu empfehlen.

● **1089** **Weißer Kogel,** 3409 m

Schönes, freistehendes Felshorn, dessen Besteigung guten Bergsteigern sehr zu empfehlen ist. Am Weißen Kogel wendet sich die bisher südwärts laufende Gletscherbegrenzung westwärts zum Taufkarjoch. Der Weiße Kogel entsendet nach O einen mächtigen Zweiggrat, dessen östl. Eckpfeiler der Weißkarkogel, 2995 m, bildet. Zwischen O-Grat und N-Grat des Berges ist der einsame Südl. Weißkarferner eingelagert. 1. Ersteigung: J. J. Weilenmann, 1862.

● **1090** a) **Von der Breslauer Hütte.** Teilweise II, 3 st.
Wie in R 321 von der Breslauer Hütte auf den Taufkarferner. Vom oberen Fernerbecken rechts haltend, östl. empor auf den zerrissenen S-Grat. Man weicht dem zerscharteten Grat rechts gegen den fast abgeschmolzenen Bichlkarferner zu aus, und steigt durch die O-Flanke auf den südl. vorgelagerten Kopf, P. 3372. Von hier über den schmalen, abwechslungsreichen S-Grat zum Gipfel.

● **1091** b) **Vom Taufkarjoch** (Erstersteiger). 1½ st E.
Von der Breslauer oder Braunschweiger Hütte wie in R 321 auf das Taufkarjoch. (Gemeint ist die östl. der drei Einsattelungen, P. 3269 m, der AV-Karte.) Von hier gerade über den teils verfirnten Kamm zum Vorgipfel. Wie in a) weiter zum höchsten Punkt.

● **1092** c) **Nordgrat** (H. Mittermaier, S. Plattner, 1910). Teilweise III—, 2 st E.
Aus dem südöstl. Gletscherbecken des Mittelbergferners östl. steil empor auf die auffällige Einschartung nördl. des Gipfels (P. 3190 m), die man über steilen Firn, zuletzt Schrofen erreicht. Nun in anregender Blockkletterei fast stets auf der Grathöhe selbst zum Gipfel.

● **1094** **Taufkarkogel,** 3367 m

Stumpfe Pyramide zwischen Weißem Kogel und Wildspitze, bzw. Taufkarjoch und Rofenkarjoch. Der Taufkarkogel entsendet einen Zweiggrat nach S, dessen südl. Eckpfeiler (P. 3019 m) „Wildes Mannle" genannt wird. Dieser Grat trennt den Taufkarferner vom wilden Rofenkarferner. 1. Ersteigung anläßlich der militärischen Vermessung 1851.

● **1095** a) **Von der Breslauer Hütte.** 2¹/₂ st.
Wie in R 322 über den zerklüfteten Rofenkarferner auf das
Rofenkarjoch. Von hier östl. in wenigen Minuten über Blöcke
und Schutt empor auf den Gipfel.

● **1096** b) **Von der Braunschweiger Hütte.** 4 st.
Wie in R 322 auf das Rofenkarjoch und wie in a) zum Gipfel.
Oder wie in R 321 auf das Taufkarjoch (wobei man die am
weitesten westl. gelegene, tiefste Einsattelung ersteigt). Über
den NO-Grat unschwierig zum Gipfel.

● **1096 a** **Von Vent,** I, 5 st.
Auf Almsteigen und über Schutt ins Taufkar bis an den
Fuß der vom Taufkarkogel herabziehenden Firnflanke. An
deren orogr. rechtem Rand, evtl. in die Schrofen (I) ausweichend, hinauf auf den breiten Südgrat. Westl. am Gipfel vorbei und über den flachen NW-Grat zum Gipfel. Direkter
Abstieg nach Vent am schnellsten durch die linken Randmoränen des Rofenkarferners (Steinschlag vom Wilden
Mannle. Bei etwa 2600 m auf den Breslauer Hüttenweg. Im
Abstieg 2—2¹/₂ st.

● **1097** **Grabkogel,** 3052 m
Östl. Eckpfeiler der N-Umrahmung des Mittelbergferners.
Von der Braunschweiger Hütte aus häufig besucht, und auch
bereits sehr früh erstiegen (1. Ersteigung unbekannt).

● **1098** a) **Von der Braunschweiger Hütte.** 2 st.
Von der Braunschweiger Hütte hinab auf den Mittelbergferner und auf den Weg in Richtung Mittelbergjoch. Dann
rechts haltend an den Fuß der Felsen. Über Schrofen, die
überall gangbar sind, zum Gipfelsteinmann. Die plattigen,
schuttbedeckten Felsen der O-Seite (II) sind schwieriger zu
ersteigen.

● **1099 a** b) **Direkte Nordostkante** (R. Goedeke, K. v. Gramatzki und K.-D. Lukasik 1968), großzügige, ernste Kletterei
in anfangs brüchigem, später gutem Fels. IV—V, 8 st. E.
Von der Braunschweiger Hütte über Schutt westl. hinab,
dann oberhalb der Gletscherzunge des Mittelbergferners hinüber zum Fuß des Grabkogels. Unter der Ostseite über Schutt
nach N queren und zuletzt auf abschüssigen Bändern ansteigend auf die hier gratartige Kante zum Einstieg (von der
Hütte etwa 1 st). Vom Einstieg an der Kante zwei Seillängen
hinauf zu kleiner Scharte. Geradeaus weiter über Blockwerk

Grabkogel, Direkte Nordostkante, R 1099 a.

zu Bändern unter einem Steilaufschwung. Links an kurzem überhängenden Riß empor und rechts über Klemmblöcke zu Stand in einer Nische. Rechts bei einem Zacken um die Ecke und geradeaus über steile Mergelbänder zu weiterem Riß. An diesem gerade über die steile Wand hinauf zu Stand unter einem Dach (Haken). Von hier ab wird der Fels besser. Links des Daches am Riß weiter zu seinem Ende. Erst gerade, dann links haltend über Platten auf den ersten Kantenaufschwung. Über ebenes Gratstück und scharfe Kante zum zweiten Aufschwung. In seichtem Kamin hinauf, dann links auf Platte und zu Stand unter senkrechter Wand. Hinauf zu Handleiste, mit luftigem Quergang nach links an die Kante. Rasch empor zum Kopf des zweiten Kantenpfeilers. Nun leichter in Blockkletterei an dem mehrfach nach links versetzten Gratabbruch entlang zum Gipfel.

● **1099 b** c) **Übergang zum Mittagskogel.** III—, 2½ st. Der Übergang vollzieht sich stets auf der aussichtsreichen Grathöhe. Dabei wird P. 3092 m gerade überschritten.

● **1100**   **Mittagskogel,** 3162 m

Hoch über Mittelberg emporragende Felsgestalt, von der sich durch ihre vorgeschobene Lage ein umfassender Rundblick bietet. Von der Braunschweiger Hütte aus wird dieser Berg vor allem wegen seiner Aussicht erstiegen. Für Ungeübte, Führer ratsam.

● **1101** a) **Von der Braunschweiger Hütte,** 2—3 st. Von der Hütte hinab auf den Mittelbergferner, und — sich stets rechts haltend — nicht sehr steil hinauf in das nordwestl. Firnbecken. In der Nähe des Gletscherufers finden sich kaum Spalten. In der Fallinie des Gipfels tritt man auf Fels über und erreicht den Gipfel gerade über Schrofen.

● **1102** b) **Von Mittelberg über die Nordflanke.** 5 st, mühsam. (Ehem. **Steiganlage der Sektion Braunschweig verfallen.**) Sehr brüchig, loses Geröll, steinschlaggefährdet, nicht empfehlenswert.
Von Mittelberg unmittelbar über die begrünten Hänge, sich bald etwas südwestl. haltend (immer wieder Steigspuren). Durch eine weit emporziehende Schuttgasse in eine Felsrinne, die den Kamm südl. des Gipfels erreicht. Links zum Gipfel.

● **1102 a**   **Karleskopf.** 2901 m

Aussichtsreiche Erhebung nördl. der **Braunschweiger Hütte.** Von der Braunschweiger Hütte auf gutem Steig in Richtung Pitztaler Jöchl. Nach etwa 10 Minuten zweigt westl. ein Steig ab. Dieser führt in mehreren Serpentinen über Schrofen, an einer Bank vorbei, zum Gipfel mit Stange. Sehr gute Aussicht. 20 Min.

● **1103 Mitterkamm,** 3222 m, und **Mitterkopf,** 3347 m
Erhebungen im Verbindungskamm zwischen Mittagskogel und Vorderem Brunnenkogel, mit diesen zusammen die westl.

Begrenzung des Mittelbergferners bildend. 1. Ersteigung: J. J. Weilenmann, 1862.

● **1104** a) **Von der Braunschweiger Hütte.** 3 st.
Wie in R 1101 hinein in das nordwestl. Becken des Mittelbergferners. Von dort links über Schutt und Schrofen, zuletzt kleines Firnfeld auf den Mitterkamm, P. 3222 m. Stark ausgeapert.

● **1105** b) **Gratübergang zum Mitterkopf.** II, 2 st.
Über den blockigen Grat hinab zur Einschartung 3183 m, und jenseits empor zum Mitterkopf.

● **1106** c) **Mitterkopf von Südosten,** steiler Eishang, von der Hütte 3 st.
Westl. über den Mittelbergferner in Richtung auf den Mitterkamm aufwärts. Im Bogen nach S gegen die N-Flanke des Vorderen Brunnenkogels aufwärts. Rechts steil über den Eishang empor auf den Grat und zum Mitterkopf.

● **1107**   **Vorderer Brunnenkogel,** 3393 m
Südl. des Mitterkopfes, auch im Winter zugänglich. Vom Verbindungskamm zum Hinteren Brunnenkogel zweigt der P. 3387 m südwestl. ein langer Zweiggrat ab, der als südl. Eckpfeiler den Brunnenkarkopf, 3250 m, trägt.

● **1108** a) **Von der Braunschweiger Hütte.** 3 st.
Wie in R 1106 in die Gletschermulde und über den immer steiler werdenden Eishang südl. empor auf den Grat. Über diesen zum Gipfel. Oft Blankeis.

● **1109** b) **Südanstieg** (kürzer, aber schwieriger als a). Wie in R 1101 empor in das Firnbecken unter dem Vord. Brunnenkogel. Hier hält man sich links und umgeht den Eisbruch im SO. Oberhalb des Bruches über die Firnrampe empor auf die Einschartung 3341 m im Südgrat. Über diesen zum Gipfel.

● **1110** c) **Der Übergang vom Vorderen Brunnenkogel zum Hinteren Brunnenkogel** vollzieht sich teils auf der Grathöhe, teils im Firn der O-Flanke.

● **1111** d) **Von der Überschreitung** Brunnenkarkopf, 3250 m, bis Brunnenkogelkamm fehlen Berichte. Der weit geschwungene Grat dürfte schöne Kletterei bieten.

● **1112**   **Hinterer Brunnenkogel,** 3440 m

Schöne Felsgestalt, die nördl. des Mittelbergjoches aufragt. Im Sommer und Winter sehr lohnend. Die schön ausgeprägten Grate wurden durchwegs erstiegen. 1. Ersteigung: Dr. Th. Petersen, Dr. Häberlin mit I. Dobler und J. Kirschner, 1873.

● **1113**   a) **Von der Braunschweiger Hütte,** 3 st.

Von der Hütte westw. über den Mittelbergferner in Richtung Mitterkamm aufwärts. Unter dessen Südwand querend an den Ostgrat des H. Brunnenkogels. Hier über einen steilen Firnhang und über dem Eisbruch querend zum Nordgrat des Berges. Über den mäßig geneigten Grat im Firn zum flachen Gipfel. Der Anstieg ist sehr spaltengefährdet.

● **1114**   b) **Südgrat** (Erstbegeher unbekannt). Teilweise III—, 2—4 st.

Wie in R 323 auf das Mittelbergjoch (hierher auch vom Taschachhaus R 1131). Nun über den langen S-Grat in abwechslungsreicher Blockkletterei, einige Wandstellen überwindend, zum Gipfel.

● **1115**   c) **Von Südosten** (Dr. H. Fröhlich, G. Unger mit I. Schmied, 1931).

Vor Erreichen des Mittelbergjoches (von der Braunschweiger Hütte her) um den SO-Grat herum und nordwestl. empor in den Firnkessel. Man ersteigt die Grathöhe durch eine steile Schneerinne, zuletzt über Geröll in ihrem Mittelteil. Abwechselnd in Fels und Firn, ein Steilstück links querend, zum Vorgipfel und zum Gipfel.

● **1116**   d) **Nordostgrat** (von der Braunschweiger Hütte, kürzer als a).

Wie in a) um den NW-Sporn und den vorgelagerten Bruch nördl. herum und nach links an den Grat. (Auch über den S-Hang kann man die kleine Gratscharte gewinnen.) Über den steilen Grat bis zum Gipfelaufschwung. Die etwa 50 Grad geneigte Eiswand wird am besten gerade genommen.

● **1117**   **Schuchtkogel,** 3472 m

Höchste Erhebung in dem von der Wildspitze zum Mittelbergjoch ziehenden Kamm („Hohe Wände"). Benannt nach

X Brunnenkögel und Mitterkamm   Foto: H. Klier
I = Hinterer Brunnenkogel, III = P. 3383 m, IV = Vorderer Brunnenkogel.
1 = Hinterer Brunnenkogel, 2 = Von SO, R 1115, 3 = Südgrat, R 1114, 4 = Vord. Brunnenkogel, Südanstieg, R 1109.

dem hochverdienten ehemaligen Vorstand der AV-Sektion Braunschweig. 1. Ersteigung: K. Zoeppritz mit F. G. Praxmarer und A. Grüner, 1874.

● **1118** a) **Von der Braunschweiger Hütte,** 3 st.
Wie in R 1078 auf dem Verbindungskamm zwischen Rechtem Fernerkogel und „Hohen Wänden". Nun über den Firngrat südwestl. empor auf den querlaufenden Kamm und über diesen südl. zum Gipfel. (Wächten!)

● **1119** b) **Nordgrat.** Teilweise II, 2—3 st.
Vom Mittelbergjoch (R 323) über den zuerst steil anstrebenden Felskamm, dann über Firn zum Gipfel.

● **1120** c) **Übergang zur Wildspitze,** s. R 1127.

● **1121**   **Wildspitze**
Nordgipfel 3772 m, Südgipfel (mit Gipfelkreuz) 3770 m

Höchster Gipfel des Weißkammes, der Ötztaler Berge und Nordtirols, auch Ötztaler Wildspitze genannt. Von mächtigen Graten getragene, schön geformte Berggestalt über den Eisbrüchen des Taschach-, Rofenkar- und Mitterkarferners. Von N gesehen ebenmäßige Firnpyramide.

Der Nordgipfel ist durch Abschmelzung wahrscheinlich niedriger geworden.

Die Wildspitze entsendet nach SO einen mächtigen Zweigkamm, der sich im Ötztaler Urkund, 3556 m, zu einem eigenständigen Gipfel ausprägt. Auf dem begrünten Ausläufer dieses Kammes steht die Breslauer Hütte.

Die Wildspitze zählt im Sommer und Winter zu den meistbesuchten Bergen des Landes. Als Ausgangspunkte kommen Braunschweiger-, Breslauer-, Vernagthütte und Taschachhaus in gleicher Weise in Frage.

Die Aussicht umfaßt einen prachtvollen Kranz — die Berge der Brenta, Ortler, Bernina, des Berner Oberlandes, die nördl. Kalkalpen bis zum Wetterstein; Stubaier, Zillertaler, Glocknerberge.

Auf den gewöhnlichen Wegen über die W-Flanke bei guten Verhältnissen nicht schwierig, bei Blankeis schwierig. Ungeübten ist auf alle Fälle ein Führer anzuempfehlen.

Ersteigungsgeschichte: Der S-Gipfel wurde zuerst von L. Klotz und einem Bauern, dessen Name nicht bekannt ist, im Jahre 1848 erstiegen; die Gebrüder Schlagintweit kamen dabei nur bis zum Vorgipfel. Somit fällt die eigentliche erste touristische Ersteigung J. A. Specht zu, der den S-Gipfel am 26. 8. 1857 mit N., L. und H. Klotz erstieg. Auch den N-Gipfel betrat L. Klotz, 1861, als Erster, wobei er den Verbindungsgrat zwischen S- und N-Gipfel beging. Die 1. touristische Ersteigung führten neun Jahre später M. v. Statzer und Kurat F. Senn (24. 9. 1870) mit den Führern A. Ennemoser und G. Spechtenhauser, aus.

● **1122** a) **Von der Breslauer Hütte über das Mitterkarjoch.** Bei guten Eisverhältnissen unschwierig. 3½ st.
Von der Hütte nordwestl. hinein auf den Mitterkarferner (Tafel, guter bez. Steig). Im Bogen um den S- und SW-Sporn der Wildspitze herum in die hinterste Gletscherbucht. Man hält sich schließlich auf die tiefste Einsattelung zwischen Wildspitze und Hinterem Brochkogel (Mitterkarjoch) zu, übersteigt (manchmal) eine kleine Randkluft (Achtung im Abstieg) und erreicht über die steile Flanke das Mitterkarjoch. Von hier quert man unter dem steilen Firnrücken fast eben gegen NO in die Firnmulde. Mitten durch den aufsteilenden Hang (Spalten) empor. Man erreicht so eine flachere Firnzone, aus der man im Bogen gegen rechts (S) an die Gratkante steigt (manchmal Randkluft). Über die oft vereiste Firnschneide gerade empor zum S-Gipfel (Gipfelkreuz).

● **1123** b) **Südostgrat** (von der Breslauer Hütte). Nach dem Verfall der Sicherungen des ehem. „Partschweges", teilweise II, bei Vereisung gefährlich. 3—4 st.
Von der Hütte auf dem Steig nordwärts in Kehren empor über die Geröllhänge und Schrofen des Urkundkolms, P. 3140 m, über Schrofen und den Felsgrat auf den Ötztaler Urkund. Über den Zackengrat hinab auf den weiten Firnsattel und zum eigentlichen Bergmassiv hinüber. Über den steilen Firnhang hinan zu den Felsen (Übertritt manchmal heikel) und über die gutgestuften Blockhänge und Rippen zum S-Gipfel.

● 1124 c) Der Firnsattel (s. b) kann auch vom Rofenkarferner her über einen spaltenreichen Steilhang erreicht werden.

● **1125** d) **Gesamter Südostgrat** (SW-Begrenzung des Rofenkarferners; O. E. Mayer mit Frau, 1936). Teilweise II, 3 st, schöner als der Partschweg.
Stets unmittelbar auf der Grathöhe, im oberen Teil wie b). Schönster Felsweg auf die Wildspitze.

● **1126** e) **Über den Rofenkarferner und die Ostflanke** (G. E. Lammer, 1893). 4—6 st.

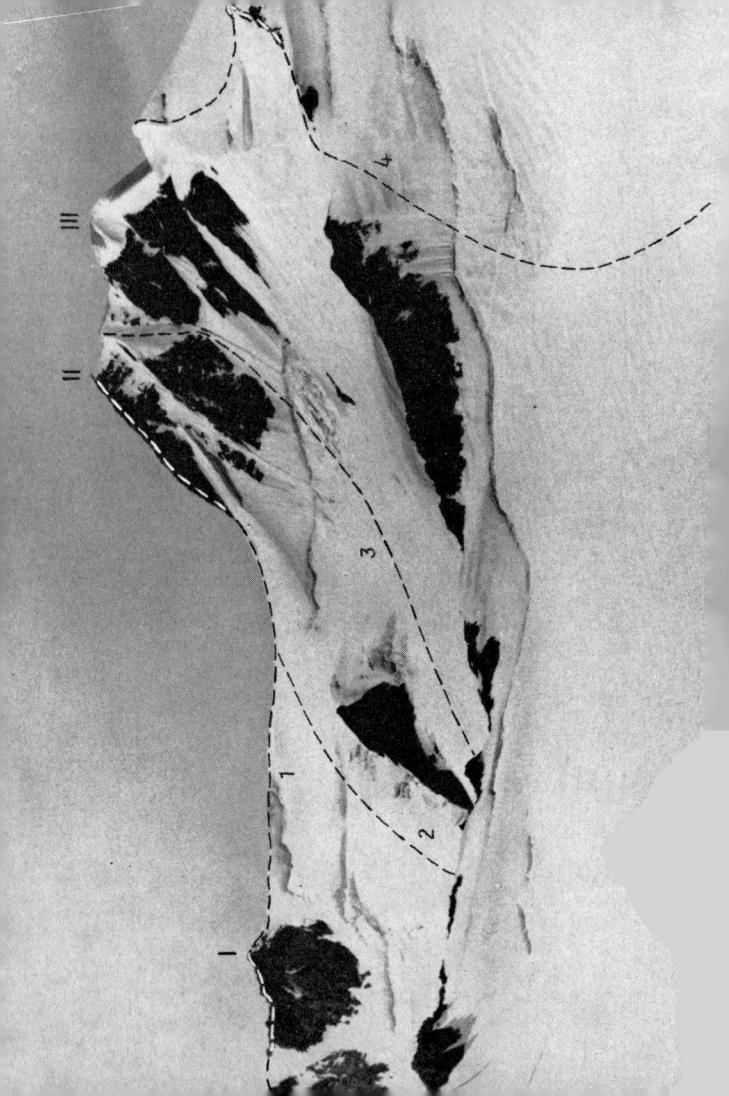

Wie in R 322 empor auf den Rofenkarferner. Über den wilden Ferner im Bogen gegen links, am Felssporn besser rechts vorbei, an den Steilaufschwung des Berges. Durch die Firnwand an der Begrenzung der großen Lawinenrinne empor. Wo die Felsen links in einen Schneegrat übergehen (dieser zieht zwischen N- und S-Gipfel empor), über die Firnwand empor (oft stark ausgeapert, dann heikel) und zum steilen Schneegrat. Dieser führt gerade zur Wächte, die je nach Bildung schwierig zu überwinden ist.

● **1127** f) **Nordostgrat** (M. Umlauf mit J. Falkner und C. Grüner, 1895; Überschreitung: Dr. Haellingk und Frau mit J. Scheiber und J. Gurschler, 1895). In der Gesamtüberschreitung vom Sattel südwestl. des Rechten Fernerkogels großzügige Eisfahrt, im Schlußteil je nach den Eisverhältnissen sehr steil und schwierig. Von der Braunschweiger Hütte etwa 5 st, Gesamtüberschreitung 6—8 st.

Auf dem Wildspitzwege bis zum Linken Fernerkogel, hinter dem man in die nach S ziehende Gletscherbucht einbiegt. Nahe am östl. Begrenzungskamme über den sanft ansteigenden Gletscher bis unter das Taufkarjoch. In der Firnmulde gegen W zu dem vom Kammpunkt herabziehenden Gletscher, auf dem man, ohne das Rofenkarjoch zu berühren, über eine Randkluft und eine steile Firnflanke den Kamm westl. des Joches erreicht. Ein kurzer Felsgrat führt zur steilen Eiswand. Über dieselbe und auf den breiten, oft überwächteten Rücken zum P. 3677 der AV-Karte. Nun kurze Firnschneide zur scharfen Scharte am Fuße des Gipfelaufbaues. Hier setzt ein steiler, oft wächtengekrönter, ausgesetzter Eisgrat an. Auf der Eiskante (bei stark überhängenden Wächten in der überaus steilen N-Flanke) zu einer Gratecke, bei der der Kamm gegen W biegt, empor. Nun weniger steil, aber gefährlich (Wächten) zum Gipfel.

● **1128** g) **Übergang vom Südgipfel zum Nordgipfel** (L. Klotz, 1861). Je nach Verhältnissen 10 Min. bis 1 st.
Eine scharfe, 300 m lange, manchmal stark überwächtete

XI Wildspitze von O   Foto: H. Klier
I = Ötztaler Urkund, II = Wildspitze-Südgipfel, III = Wildspitze-Nordgipfel
1 = Südostgrat, R 1123 und 1125, 2 = R 1124, 3 = Ostflanke, „Lammerweg", R 1126, 4 = NO-Grat, R 1127

Firnschneide verbindet den S-Gipfel mit dem um 2 m höheren N-Gipfel. Die Schneide ist nur wenig eingesenkt und wird zuerst an der Kante, bald aber an der W-Flanke knapp unter dem Grat eine kurze Strecke nach abwärts, dann auf etwas breiterem Rücken zum N-Gipfel überwunden

● **1129** h) **Nordwand**, Eisflanke, etwa 50°, oft große Randkluft. Zugänge auf den normalen Anstiegswegen von der Braunschweiger Hütte (i) oder vom Taschachhaus (j). Wandhöhe 250 m.

Von der Breslauer Hütte erreicht man den E. am besten über P. 3650 m im NW-Grat.

Überwindung der Randkluft meist am besten in Fallinie der Felsnase in Wandmitte möglich. Sodann gerade zum Gipfel.

● **1130** i) **Von der Braunschweiger Hütte über das Mittelbergjoch** (gewöhnlicher Weg). 5 st.

Von der Hütte über den Karlesferner hinab auf den Mittelbergferner, und westl. — meist am besten etwas rechts haltend — durch die zwei Mulden hinauf zum Mittelbergjoch, 3166 m.

Jenseits über den kurzen Blockhang südl. hinab auf den Ost-Rand des Taschachferners, und südwestl. auf einer ziemlich spaltenarmen Eisrampe empor auf das obere Feld des Taschachferners. Manchmal kann die Spaltenzone gerade auf den Hinteren Brochkogel zu überquert werden, oft wird man sie im Bogen gegen W ausholend umgehen müssen. Über die Firnfläche unter dem Mitterkarjoch östl. hinweg, Richtung Wildspitze. Hier trifft man auf die Spur Breslauer Hütte — Mitterkarjoch — Wildspitze. Wie in a) zum Gipfel.

● **1131** j) **Vom Taschachhaus über den östlichen Taschachferner.** Weg teilweise verfallen. 4—5 st.

Vom Taschachhaus südw. auf gutem Steig kurz empor, dann den Hang querend hoch über der Zunge des Taschachferners, bis man zuletzt über einen steileren Firnhang den Gletscher betritt. (Unter einem auffallenden Kopf mit Gletscherschliffen). Hier nach links und an geeigneter Stelle über die flache Gletscherzone unter dem großen Bruch an den

XII Wildspitze Foto: Lohmann, Vent
I = Südgipfel, II = Nordgipfel, ▼ = Mitterkarjoch
1 = Nordostgrat, R 1127, 2 = Nordwand, R 1129, 3 = NW-Grat, R 1135,
4 = Normalweg von N (Taschachferner), R 1130

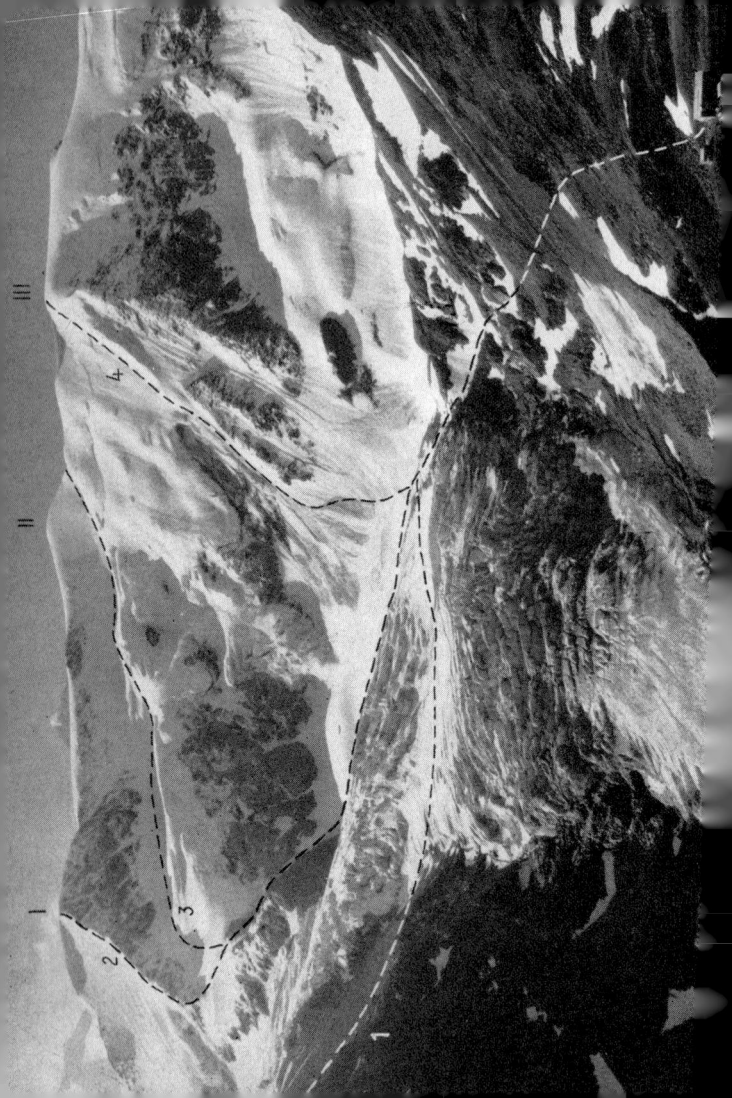

jenseitigen Gletscherrand. Hier auf einem Steig steil auf die Seitenmoräne des Taschachferners empor, die man auf ihrem Kamm ostw. verfolgt, bis man den nun flacheren Ferner betreten kann. Man hält sich am linken (südl.) Rand des Gletschers aufwärts (Achtung auf Spalten!) bis unter das Mittelbergjoch. Von hier wie in i) zum Gipfel.

● **1132** k) **Vom Taschachhaus über den Rimlsteig** (neuer Weg). 3½—4 st. Nur für erfahrene Eis- und Felsgeher. (Eröffnet von J. Riml, 1923).
Vom Taschachhaus auf dem guten Rimlsteig südl. hinein auf den Taschachferner, wobei man sich ü b e r den ersten Eisbruch hält. Unangenehme, teils stein- und eisschlaggefährdete Blockzone. Über die flachere Firnzone ziemlich genau östl. (unter der Taschach-Eisflanke) hinüber, zu dem blockigen Felssporn (Gamsköpfle), der sich am S-Ufer des Hauptstromes emporbaut. In den südl. eingelagerten Felswinkel und an geeigneter Stelle empor auf den Blockgrat (Steigspuren), wobei man sich wegen der Steinschlaggefahr möglichst bald links zu halten hat. Über die Blockköpfe noch eine Weile östl. dann südwärts umbiegend über den Grat (mehrere Eisunterbrechungen) empor auf die Taschachwand, 3365 m, einer Firnkuppe am N-Rand des oberen Taschachferners. Von hier eben hinüber über den flachen Gletscher zum Mitterkarjoch und wie in a) zum Gipfel.

● **1133** l) **Vom Taschachhaus über die Petersenspitze.** 3½ bis 5 st, interessante Eisfahrt in spaltenreichem Gletscher.
Vom Taschachhaus wie in k) empor zum Gamsköpfle. Nun nicht links auf den Blockgrat, sondern sich gerade auf den steilen, zerrissenen Fernerarm haltend. Über diesen südwärts empor, Richtung Petersenspitze, wobei die Klüfte manchmal interessante Eisarbeit erfordern. Unter der N-Wand der Petersenspitze durch gegen rechts auf den Grat. Die Petersenspitze wird sodann überschritten, der Hintere Brochkogel nördl. umgangen. Zuletzt wie in a) zum Gipfel.
Vor allem als Abstieg für erfahrene Eisgeher interessant.

XIII Taschach-Eiswände und Taschachferner Foto: Seibert
I TW = Taschachwand, II P = Petersenspitze, III HJ = Taschach-Hochjoch, rechts unten das Taschachhaus
1 = R 1131 (zur Wildspitze), 2 = R 1132 „Rimlsteig", 3 = R 1133 Taschach-Hochjoch, 4 = R 1160 Taschach-Eisflanke

● **1134** m) **Vom Taschachhaus über die Petersenspitze.** 4 bis 5 st, lange Eisfahrt mit Gratüberschreitung.

Vom Taschachhaus wie in R 326 empor auf das Taschachjoch, 3241 m. Über die großteils überfirnten Köpfe des W-Grates der Petersenspitze östl. empor und wie in l) zum Gipfel der Wildspitze.

● **1135** n) **Nordwestgrat** (J. Plank mit J. Scheiber, 1878). 1 st E.

Der NW-Grat, größtenteils Eisgrat, zieht vom N-Gipfel, zuerst als Rand der westl. Gipfelflanke nieder, bildet dann einige Felshöcker, die sich weiter unten in den Brüchen des Taschachferners verlieren. Der Grat wird erst oberhalb der Felshöcker betreten. Diese erreicht man entweder von W her, von der Gipfelmulde unter dem S-Gipfel, über kurze Firnhänge, oder von O aus der östl. Bucht des Taschachferners durch das südöstl. emporziehende Firntal oder auch durch Querung von der Schulter, die nordöstl. der Wildspitze als Abzweigungspunkt des gegen N streichenden Kammes der „Hohen Wände" emporragt. Der letzte Gipfelanstieg über den Eisgrat erfordert je nach Verhältnissen Stufenarbeit.

● **1136** o) **Von der Vernagthütte über das Brochkogeljoch.** 4 st.

Von der Hütte am westl. Moränenrande des Vernagtferners 10 Min. empor. Seitlich der Moräne einem roten Felskopf zu, der Bruch bleibt rechts liegen. Nun gerade dem S-Sporn der Petersenspitze zu; rechts an ihm vorbei und über spaltenlosen Firn, zuletzt steil, auf das Brochkogeljoch, 3423 m. Jenseits sanft abwärts, unter dem Hinteren Brochkogel durch gegen das Mitterkarjoch und wie in a) zum Gipfel.

● **1137** Ötztaler Urkund, 3556 m

Mächtiger Felskopf im S-Grat der Wildspitze, Näheres s. dort.

● **1138** a) **Partschweg,** teilweise ausgebauter Felsensteig, siehe Wildspitze b). (Weganlagen verfallen.)

● **1139** b) **Südostgrat,** s. R 1123.

● **1140** c) **Über den Rofenkarferner:** Wie in R 1124 zum Firnsattel, und über die Gratzacken des kurzen N-Grats unschwierig (I) zum Gipfel.

XIV Petersenspitze   Foto: H. Klier
1 = Nordwand, R 1159, 2 = R 1133

● **1141**   **Hinterer Brochkogel,** 3635 m

Schöne Pyramide westl. der Wildspitze mit geschwungenen Firngraten und steiler NO-Wand; von S gesehen breiter Firnbau mit Felsgraten. Wird oft zusammen mit der Wildspitze erstiegen. Ersteigung auf keinem Wege leicht. 1. Ersteigung: A. Wachtler mit L. Klotz, 1858.

● **1142** a) **Südostgrat** (gewöhnlicher Weg; Franz Senn und H. Waitzenbauer mit C. Granbichler und P. P. Gstrein, 1868). Teilweise Eisgrat, 1 st E.

Zum Mitterkarjoch von der Breslauer Hütte (R 1122), Braunschweiger Hütte (R 325), Vernagthütte (R 1136), oder vom Taschachhaus (R 1132). Der untere Teil des Grates wird nördl. des Kammes am Firn des Taschachferners umgangen und dann zu den Felsen emporgestiegen, die am eigentlichen Ansatz des SO-Grates aus dem Firn treten. Nun an der Schneide, zuletzt von SO auf den Gipfel (Wächten können in der S-Flanke umgangen werden).

● **1143** b) **Südgrat vom Vernagtjoch.** Kurze Kletterei über den Felsrücken, von der Vernagthütte 3—4 st.

Von der Hütte wie in R 1136 empor gegen das Brochkogeljoch. Von diesem Weg zweigt man jedoch bei Erreichen des S-Spornes östl. ab und gelangt über die flachen Gletscherböden zur tiefsten Einsattelung zwischen Vorderem und Hinterem Brochkogel (Vernagtjoch, 3400 m). Über den blockigen Felsrücken gerade empor zum SO-Grat und zum Gipfel.

● **1144** c) **Südwestflanke.** Bei guten Firnverhältnissen schöner Anstieg von der Vernagthütte. (1 st E.)

Vom Wege zum Brochkogeljoch (R 1136) auf Höhe des S-Spornes östl. ab gegen das Vernagtjoch. Vor dessen Erreichen über die Firnrampe nördl. empor gegen den steilen Gipfelaufschwung (Firnwand). Über diesen gerade zum Gipfel.

● **1145** d) Auch die weiter westl. emporstrebende **Firnwand** wurde von der tieferen Firnrampe aus schon gerade durchstiegen.

● **1146** e) **Westgrat vom Brochkogeljoch** (1. Begehung im Abstieg: H. Heß, L. Purtscheller, 1887). Felsgrat teilweise II, Wächtengrat. Bester Anstieg von der Vernagthütte.

Wie in R 1136 empor zum Brochkogeljoch. Zuerst über steile Felsen unmittelbar an der Gratschneide empor. Über den folgenden Wächten- und Firngrat zum Gipfel.

● **1147** f) **Nordwestwand** (H. Dillmaier mit J. Scheiber, 1930). Steile Eiswand, 50—55°, prächtige Eisfahrt, Wandhöhe 250 m.
Einstieg rechts der Fallinie des überhängenden Eissporns, der vom N-Grat herabzieht. Dort meist auch die beste Möglichkeit, die Oberlippe der Randkluft zu erreichen. Sodann gerade empor zum Gipfel, Mittelstück meist Blankeis.

● **1148** g) **Nordgrat** (G. E. Lammer, 1898). Steiler Eisgrat, gern ausgeführte Eisfahrt mittlerer Schwierigkeit. 2 st E.
Der Grat wird am schönsten gerade von seinem Fußpunkt im Taschachferner erstiegen. (Der unterste Abbruch wurde früher oft in der W-Flanke umgangen.) Stets auf der Gratschneide sehr ausgesetzt empor, im letzten Teil manchmal ein wenig in die O-Flanke ausweichend, zum Gipfel.

● **1149** h) **Nordostwand** (K. Baumgartner, W. Mayr, 1924). 200 m hohe Eisflanke, im obersten Teil — zumal in den letzten Jahren — von Fels durchsetzt. Etwas weniger steil und schwierig als die NW-Wand. Stark steinschlaggefährdet.

● **1150**   **Vorderer Brochkogel,** 3565 m
Als Gipfel in der Nachbarschaft von Hinterem Brochkogel und Wildspitze wenig ins Auge fallend. Mächtiger Felsbau am O-Rand des Vernagtferners, höchste Erhebung in dem vom Hinteren Brochkogel nach S verlaufenden Kamm, der sich noch weiter südl. gabelt und dort den Platteiferner umschließt. Höchster Kopf des westl. Gabelkammes: Platteikogel, 3427 m (dieser schon 1851 bei der militärischen Vermessung erstiegen).
1. Ersteigung: Franz Senn, Ed. Neurauter, J. Kuprian, J. Karlinger mit B. Klotz, 1862.

● **1151** a) **Von der Vernagthütte über das Vernagtjoch.** I, 1 st E.
Wie in R 1143 von der Hütte zum Vernagtjoch. Von hier über die blockigen Gratköpfe südwärts zum höchsten Punkt.

● **1152** b) **Über die Westflanke.** Kombinierter Anstieg, je nach den Verhältnissen schwierig. 3—4 st von der Hütte.
Über den Großen auf den Kleinen Vernagtferner, und östl. über einen kleinen Bruch hinauf in die Firnmulde westl. des Vorderen Brochkogels. Durch eine Eisrinne hoch empor in die Felsen, und über eine schwach ausgeprägte Blockrippe zum Gipfel. Zuletzt meist wieder Firn.

● **1153** c) **Von Süden über den Platteikogel.** Schöne Felskletterei, teilweise II, 4 st.
Vom Seufertweg (R 328) an seinem südl. Eck — Platteieck — nordwärts über den Rücken empor und über Schutt zum Beginn der Felsen. Man tritt möglichst bald aus dem mühsamen Schutt auf die gutgestuften Felsen über. Zu einem Vorkopf. Nun am ausgeprägten Grat, die Türme überkletternd oder umgehend, zum Platteikogel. Über die Gratköpfe abwärts zur tiefsten Einschartung südwestl. des Vorderen Brochkogels, 3369 m. Jenseits zuerst über den Grat, dann die Flanke zum Gipfel.

● **1153 a** d) **Südgrat.** Meist Gehgelände, teilweise I+, von der Vernagthütte, 3 st, von der Breslauer Hütte 2½ st.
Auf dem Seufertweg bis zum Platteibach, an dessen orogr. linkem Ufer über Schutt steil auf einen sanften Rücken (Steinmänner), dann kurz nach NO und über einen blockigen Grat zum Vorgipfel P. 3410. Weiter auf dem Grat bis zum Beginn der Gipfelschneide, über diese ausgesetzt (bei Vereisung Vorsicht!) zum höchsten Punkt. Sehr schneller Abstieg durch die südlichste Firnrinne der O-Flanke nördl. von P. 3410, bei guten Schneeverhältnissen Abfahrt bis zum Seufertweg möglich, vom Gipfel 1 st bis zur Breslauer Hütte.

● **1154** e) **Ostgrat** (O. E. Meyer, U. Konrad, W. Gebel, H. Senn, 1925). Schöner Anstieg in gutem Gestein. Teilweise III—, 2—3 st E.
(Über alle drei Rippen der O-Flanke, und über die zwischen diesen eingebetteten Eisfelder wurde der Gipfel bereits erstiegen.)

● **1154 a Schwarzkögele,** 3070 m
Kleiner Gipfel östl. der Zunge des Großen Vernagtferners, von der Vernagthütte gesehen genaues Trapez. Lohnender Aussichtsberg.

● **1154 b** a) **Normalweg,** leichtester Anstieg, 1½ st von der Vernagthütte. Auf dem Weg zum Brochkogeljoch bis auf ca. 3000 m, dann südostw. zum Sattel zwischen Schwarzkögele und Vord. Brochkogel (dort 2 Ombrometer). Südwestw. über Blöcke leicht zum Gipfel (Steinmänner der Gletschervermessung).

● **1154 c** b) **Von Süden,** 2 st.
Von der Vernagthütte auf dem Seufertweg über den Vernagtbach, dann nach wenigen Minuten links (nordw.) vom

Weg ab und über die schwach begrünte Moräne (Steindauben) aufwärts bis von NO der Abfluß des Kl. Vernagtferners herabkommt (winziger See). Durch gut gangbare Schrofen hinauf in das Schuttkar zwischen Schwarzkögele und Platteikogel, das man bis zum Ende durchquert und so den Sattel mit 2 Ombrometern von a) erreicht; weiter wie dort.

● **1154 d** c) **SW-Flanke**, stellenweise II, 2 st.
Bis auf 3000 m über riesige Gletscherschliffe, dann über Blockwerk und steile Schrofen; mehrere Durchstiegsmöglichkeiten.

● **1155** Petersenspitze, 3484 m

Firnkuppe zwischen Brochkogeljoch und Taschach-Hochjoch, mit schöner NW-Wand. Im Winter und Sommer zusammen mit den Nachbargipfeln häufig erstiegen.
Von den Ersteisteigern zu Ehren von Dr. Th. Petersen, einem der größten Freunde und Erschließer des Gebirges, so benannter Gipfel. 1. Ersteigung: M. von Déchy, Dr. V. Hecht mit J. Pinggera und J. Spechtenhauser, 1874; 1. Überschreitung: H. Heß und L. Purtscheller, 1887.

● **1156** a) **Von der Vernagthütte.** Wie in R 1136 zum Brochkogeljoch. Von hier in wenigen Min. über den Firnhang zum Gipfel.

● **1157** b) **Vom Taschachhaus.** Über Urkundsattel, Taschachjoch und W-Grat, R 326.

● **1158** c) **Vom Taschachhaus über das Taschachhochjoch.** Schöner Eisanstieg, s. R 1133.

● **1159** d) **Nordwand.** 150 m hohe, 50° geneigte Eiswand (Erstbegeher unbekannt). Zugang s. R 1133.
Über die Eiswand und die hoch gelegene Randkluft gerade empor zum Gipfel, wobei die eingelagerten Felsrippen links liegen bleiben.

● **1160** e) **Taschach-Eisflanke.** Großzügiger, 600 m hoher Eisanstieg aus dem unteren Taschachferner. Gefährlich und nur besten Eisgehern zu empfehlen, in den letzten Jahren häufig ausgeführt. (Dr. Prusik u. Gef., 1940.) Neigung bis 60°, im unteren Teil stein- und eisschlaggefährdet, bei guten Verhältnissen ca. 3 st E.
Vom Taschachhaus auf dem Rimlsteig südw. hinein auf den Taschachferner, den Eisbruch links liegen lassend auf die flache Firnzone unter der Taschach-Eisflanke. Die untere

Hälfte der Eisflanke wird von zwei pfeilerartigen Felsrippen beherrscht. Der Anstieg führt links davon durch die markante Firnrinne, die sich etwa ab Wandmitte im rechten Teil einer weiten Eisflanke verliert. (stein- und eisschlagsicherer in halber Höhe rechts auf die teilweise brüchige Felsrippe wechseln und diese bis an ihr Ende verfolgen.)
Nun zwei Seillängen in steilem Eis schräg links aufwärts in die eigentliche Flanke auf etwas geneigteres Gelände. Entweder in Fallinie oder rechts in Gratnähe in wechselnder Steilheit weiter bis an den u. U. schwierigen Bergschrund. Nach dessen Überwindung in zwei sehr steilen Seillängen zum wenig ausgeprägten Taschachhochjoch-Gipfel. Über den firnigen W-Grat auf die Petersenspitze (30 Min.).

● **1161 Hochvernagtwand,** höchster Punkt 3400 m
Wenig ausgeprägte Kammerhebungen (P. 3372 m, P. 3371 m und P. 3400 m) zwischen Taschachjoch und Sexenjoch, die ihren Namen dem Steilabfall nach N gegen den Urkundsattel verdanken. Lohnend nur in Verbindung mit der Gesamtüberschreitung vom Hinteren Brochkogel zur Hochvernagtspitze. 1. Ersteigung: H. Waitzenbauer, 1868 (von N her); 1. Überschreitung: H. Heß und L. Purtscheller, 1887.

● **1162** a) **Aus dem Vernagtferner,** wobei man nicht gerade, sondern von den dazwischen eingebetteten, überfirnten Jöchern ansteigt; I.

● **1163** b) **Überschreitung** von Joch zu Joch, teilweise Wächtengrat, etwa 1 st.

● **1164** **Pitztaler Urkund,** 3201 m
Mächtiger, dunkler Felsstock im Hintergrund des Taschachtales, der Hochvernagtwand vorgebaut. Nach N zieht ein langer Felsgrat über P. 2902 m zum Taschachhaus, von dem aus er über aperen Fels zu ersteigen ist. Ersteiger unbekannt.

● **1165** a) **Vom Urkundsattel über den Südgrat.** Teilweise II+, 1 st E.
Wie R 326 zum Urkundsattel am S-Fuß des Gipfels. Vom Urkundsattel über Platten in eine kleine Lücke und jenseits des Grates auf gutem Band weiter aufwärts. Weiter am Grat zum großen Aufschwung. Waagrecht nach links und über eine schräge 40-m-Rampe zum Grat zurück (II+). Nun immer an der anfangs scharfen, dann sich auflösenden Schneide zum Gipfel.

● **1166** b) **Vom Taschachhaus über den Nordgrat.** Teilweise II, 2¹/₂ st.
Von der Hütte auf dem Weg zum Taschachferner solange **über den Rücken empor,** bis der Weg nach links in die Hänge quert. Pfadlos weiter über Gras, Schutt und Schrofen gerade leicht empor auf den Ostgrat des Urkundkopfes und überden schärferen Grat zu diesem Gipfel. Jenseits den ersten Abbruch rechts umgehend, dann links der Schneide in den tiefsten Sattel. Hierher auch leicht, aber weniger interessant, aus dem östlich eingelagerten Kar. Stets am Grat zum Gipfel empor.

● **1167** Hochvernagtspitze, 3530 m
(3530 m Höhe des Gipfelsteinmanns), höchster Punkt 3539 m, dem Gipfelstock als steile Felsschneide östl. vorgelagert. Mächtige stumpfe Schneide, die im Hintergrund des Vernagtferners aufragt, von steilen Graten getragen. Von N gesehen scharfkantiges Trapez mit steilen Eisflanken, von W langgestreckte, 500 m hohe Felsmauer über den Wanneferner. Im Sommer und Winter häufig besucht, auf den gewöhnlichen Wegen bei guten Verhältnissen nicht schwierig. 1. Ersteigung: Franz Senn, E. Neurauter mit C. Granbichler, 1865.

● **1168** a) **Von der Vernagthütte** (Weg der Ersterstieger, gewöhnlicher Weg). Gletschererfahrung erforderlich, 3—4 st. Hinter der Hütte über den Moränen-Steig nordwestl. soweit als möglich empor. Auf Höhe der Hintergraslspitze tritt man auf das Eisfeld über. Nun gerade hinauf in die Firnbucht unter dem mächtigen, aus dem Eis aufragenden Felssporn. Etwas kürzer, aber spaltenreicher ist der Weg rechts des Spornes über den Gletscher gerade gegen die Firnfläche der Hochvernagtspitze zu.

● **1168 a** Oft wird der kleine Umweg über das S-Eck, P. 3510, empfehlenswerter sein. Links des Felspornes in die Firnbucht am O-Fuß der Schwarzwandspitze hinauf, aus der man gegen rechts über einen zuletzt ziemlich steilen Firnhang das S-Eck erreicht, dessen Felsen man westl. umgeht.
Nun nördl. über die sanft geschwungene Gipfelmulde hinüber, zuletzt kurz über Blockwerk zum Gipfelsteinmann. Der höchste Punkt entragt allerdings der östl. verlaufenden Felsschneide.

● **1169** b) **Nordostgrat** (H. Heß, L. Purtscheller, 1887). Teilweise überfirnte Gratstücke, 3—4 st.

Wie in R 327 vom Taschachhaus oder von der Vernagthütte zum Sexenjoch, 3303 m. Von hier links über den Grat empor, teils gestufter Fels, teils Firngrat oder Wächtenstück. Über den letzten Steilaufschwung erreicht man gerade den höchsten Punkt.

● **1170** c) **Nordwestgrat** (H. Heß, L. Purtscheller, 1887 im Abstieg). Teilweise steile Eiszonen und vereiste Felsen. III, 4 st vom Wannetjoch.

Es empfiehlt sich, den gesamten NW-Grat vom Wannetjoch über die beiden Sexegertenspitzen (oder mit Umgehung dieser) zu machen. Der Zugang zur tiefsten Einscharung zwischen Hochvernagtspitze und Südl. Sexegertenspitze gerade vom Fußpunkt des Pitztaler Urkunds im Sexegertenferner ist überaus langwierig und nur besten Eisgehern zu empfehlen. Wannetjoch s. R 330.

Vom Fuß des Gipfelaufbaues zuerst über Firn, dann über teils vereiste Felsen zum Gipfel. Manchmal Gipfelwächte.

● **1171** d) **Nordwestwand** (H. W. Schenk u. Gef., 1932). Kombinierte Eis- und Felsfahrt, teilweise III, 3—4 st E. Brüchiges Gestein.

Vom Wannetferner aus sieht man in Gipfelfallinie zwei markante Rinnen durch die Wand ziehen, die sich im oberen Fünftel der Wand vereinigen und auf eine steil nach links ansteigende Rinne hinweisen, die den Ausstieg auf den NW-Grat dicht unter dem Gipfel ermöglicht. Über die Schutthalde der linken Rinne zwecks Vermeidung der Randkluft. In der Rinne bis zu einer auffallenden Felskanzel, dann aufwärts querend in die rechte Rinne und auf der rechten Seite bis kurz oberhalb der Rinnenvereinigung. Queren der Eisrinne, etwa 25 m (schwierigste Stelle, Steinschlag), weiter auf der rechten Rinnenseite der Gipfelrinne.

● **1172** e) **Westwand** (O. Leixl, G. Link, 1921). Teilweise III—, brüchiges Gestein, steinschlaggefährdet, 2 st E. Rechts des Gipfels zieht eine große Eisrinne vom Grat bis zum Ferner herunter; Einstieg rechts von dieser, unmittelbar neben einer kleineren Schneerinne. An geeigneter Stelle wird die

---

XV Hochvernagt   Foto: H. Klier
I = Urkundsattel, II = Pitztaler Urkund, III = Hochvernagtwand,
IV = Hochvernagtspitze
1 = PU-Nordgrat, R 1166, 2 = R 326 (Urkundsattel von N)

Randkluft überschritten und an der Felsrippe zwischen beiden Rippen aufgestiegen. Noch etwa 100 m über die große Eisrinne, an ihrer schmalsten Stelle nach links auf kleineren Felsrippen in der Richtung des Gipfels empor (Steinmann). Im oberen Teile rechts durch einen kurzen rötlichen Kamin und zum Felsgrat, der nach wenigen Metern auf den Gipfel führt.

● **1173** f) **Vom Taschachhaus über das Sexenjoch.** Längere Bergfahrt über steile, zerrissene Gletscher; nur für erfahrene Bergsteiger, 4—6 st.
Wie in R 327 auf das Sexenjoch. Man steigt nicht gegen die Vernagthütte zu ab, sondern hält sich gleich rechts unter den Randklüften gegen den O-Fuß des auffallenden Felsspornes zu. Unter diesem durch und mitten durch den steilen, zerrissenen Ferner empor auf die weite Firnmulde unter dem Gipfel. Zuletzt über Schutt auf den Gipfel.

● **1174** g) **Vom Gepatschhaus über das Wannetjoch.** Langer Anstieg, nicht sehr empfehlenswert, etwa 7 st. NW-Grat III. Vom Gepatschhaus folgt man dem Weg zur Rauhekopfhütte, bis dieser vom Moränenkamm rechts auf den Ferner übertritt. Man hält sich auf dem Moränenkamm weit bergan, hält sich dann auf Steigspuren rechts einwärts gegen die Fernerzunge zu, und steigt über den östl. Wannetferner im Bogen gegen N auf das Wannetjoch zu. Weiter wie in c) zum Gipfel.

● **1175** h) **Von der Rauhekopfhütte über das Gepatschjoch.** Siehe R 331.
Von der Firnbucht unter der Schwarzwandspitze weiter wie bei a), Wegbeschreibung über das S-Eck.

● **1176** i) **Überschreitung zur Schwarzwandspitze** (Dr. H. Meyer mit J. J. Penz, 1895). 1 st.
Vom Gipfelsteinmann hinab in die Firnmulde, und südl. leicht ansteigend gegen die Felsen des S-Ecks, die man westl. umgeht. Über einen steilen Firnhang hinab in die Einschartung zwischen den beiden Gipfeln. Über den gutgestuften Grat, manchmal vereist, zur Schwarzwandspitze.

● **1177** **Sexegertenspitzen**
Südliche 3429 m, Nördliche 3350 m

Firnkuppen im NW-Grat der Hochvernagtspitze, nach SW mit steilen Felsmauern auf den Wannetferner abstürzend. Empfehlenswert nur zusammen mit der Ersteigung der Hochvernagtspitze. 1. Ersteigung und Überschreitung von der Hochvernagtspitze: H. Heß, L. Purtscheller, 1887.

● **1178** a) **Vom Taschachhaus über das Wannetjoch.** 4 bis 5 st. Zum Wannetjoch s. R 330.
Nun südöstl. über den Felskamm empor zum Firngupf; hier stets über Firn zuerst empor zur Nördl. Sexegertenspitze, jenseits hinab in den Sattel und zum S-Gipfel.

● **1179** b) **Gerade aus dem Sexegertenferner.** Siehe R 1170.

● **1180**   **Schwarzwandspitze,** 3467 m

Schöner, kleiner Gipfel südl. der Hochvernagtspitze. Die Schwarzwandspitze hat ihren Namen von der mächtigen „Schwarzen Wand", die von ihrem S-Grat gegen die Eisbrüche des Gepatschferners abstürzt. Die Schwarzwandspitze entsendet auch gegen SO (zum Gepatschjoch) und nach W je einen Grat. 1. Ersteigung: Dr. Th. Petersen mit A. Ennemoser und A. Praxmarer, 1876.

● **1181** a) **Von der Vernagthütte über den Nordgrat.** Gletschergang, 3 st.
Wie in R 1168a von der Hütte westl. empor in die Firnbucht südl. des S-Ecks der Hochvernagtspitze. Man hält sich nun gerade gegen die tiefste Einsattelung zu, und ersteigt den Berg über den N-Grat oder die Firnbegrenzung zur Linken.

● **1182** b) **Übergang zur Hochvernagtspitze.** Siehe R 1176.

● **1183** c) **Westgrat** (Dr. C. Baumgartner mit F. Penz, 1905). Schöne Kletterei, teilweise II, von der Rauhekopfhütte 3 st, vom Gepatschhaus 5 st.
Von der Rauhekopfhütte am Hüttenweg absteigend, hinüber auf das N-Ufer des Ferners, und rechts empor zum Fuß der Felsen. Einstieg etwas unterhalb eines auffallend roten Felsen. Nun stets in schöner Kletterei am Grat selbst über P. 3080 m zum Gipfel.

Kürzer, aber weniger empfehlenswert ist der Anstieg, der aus dem Wannetferner über die N-Flanke des Grates in die breite Gratscharte oberhalb des grauen Turmes führt.

● **1184** d) **Von der Rauhekopfhütte.** Kürzester Weg. $2^{1}/_{2}$ st. Von der Hütte wie in R 331 östl. empor gegen das Gepatschjoch. Man gelangt durch den spaltenreichen Ferner empor in die Firnbucht zwischen dem S- und dem SO-Sporn der Schwarzwandspitze. Nun nicht östl. weiter gegen das Gepatschjoch, sondern genau nördl. in den Grund der Firnbucht hinein. Vom Ufer des Ferners hält man sich rechts in die brüchigen Flanken des SO-Grates; sehr steil auf die Grathöhe und über diesen zum Gipfel.

● **1185**   Hintergraslspitzen
P. 3270 m, P. 3325 m und P. 3313 m im schroffen Felskamm, der von P. 3417 m, nördl. des Fluchtkogels, östl. hinabzieht zur Vernagthütte und den Vernagt- vom Guslarferner trennt. Als Übergang vom hinteren Guslarferner zum südl. Vernagtferner kommt das Hintergrasljöchl, 3264 m, östl. des dem Fluchtkogel nördl. vorgebauten P. 3417 m in Betracht
1. Ersteigung: Dr. S. Finsterwalder, Dr. A. Blümcke, Dr. G. Kerschensteiner, 1888.

● **1186** a) **Von der Vernagthütte** (rot bez. AV-Steig bis aufs Hintergrasleck, 1 st). Teilweise II, 2 st.
Über die grasdurchsetzten Schrofen der O-Seite empor zum sog. Hintergrasleck. Von hier folgt man fast durchwegs der scharfen Gratschneide westwärts. Der vor dem Gipfel aufragende Hintergraslturm kann auch nördl. umgangen werden. Oder über die Nordflanke, die gut gangbar ist (auch als Abstieg), I.

● **1187** b) **Nordwestgrat vom Hintergrasljoch.** Teilweise III—, 2 st E.
Der Aufstieg vollzieht sich stets über den scharfen Grat, wobei P. 3313 m am besten überklettert wird, da der Fels der Flanken brüchig ist.

● **1188** c) **Hintergraslturm-Nordwand** (H. Dillmaier, 1930). Teilweise III+, 1 st.
Wie in a) an den Fuß des Turmes. Von hier zieht rechts von dem steilen Grataufschwung eine 3 m hohe Verschneidung hinauf zu einem Band. Über dieses nach rechts gegen die Mitte der Wand zu einem auffallenden Kamin, der von zwei großen freistehenden Blöcken gebildet wird. Zwischen denselben sich emporklemmend, nach etwa 4 m links heraus in das danebenliegende Kaminstück. Nun aus dem Kamin nach links auf einer Platte zu einem größeren Platz. In einem Riß ausgesetzt empor und auf schmalen Tritten nach links gegen den Spalt, der die N-Wand durchzieht. Zuletzt nach rechts zur Kante und auf den Gipfelgrat.

● **1189**   **Rauhe Köpfe** (Großer und Kleiner)
Großer 2990 m. Erhebungen am N-Rand des Gepatschferners, nahe der Rauhekopfhütte. Hüttenbergln und Aussichtspunkte.
Vom Gepatschferner her leicht über Schutt ersteiglich.

● **1190** Fluchtkogel, 3500 m

Wuchtiger Eisberg, der mit breiter Firnflanke nach S weist. Erstklassiger Aussichtspunkt, als solcher schon seit langem gern erstiegener Berg. Neuerdings auch im Winter oft erstiegen. Der Gipfel entsendet einen schmalen Grat nach N, der sich zwischen Gepatschjoch und Hintergrasljoch zu einem eigenen felsigen Eckpfeiler, P. 3417 m, ausprägt.

Ersteigungsgeschichte: Den ersten, allerdings vergeblichen Versuch unternahm der Führer C. Granbichler schon 1865. Aber erst V. Kaltdorff, F. Senn und J. Scholz gelang es, mit den Führern A. Ennemoser und G. Spechtenhauser im Juli 1869 den Gipfel über die SW-Flanke zu erreichen. Im selben Sommer (August 1869) erstiegen A. Stolp und Fr. Wiedemann mit A. Ennemoser den Gipfel auf dem heute üblichen Weg vom Oberen Guslarjoch (Winterjöchl).

● **1191** a) **Vom Brandenburger Haus über die Südflanke.** Eishang. 1½ st.

Vom Haus, bzw. Kesselwandjoch über den oberen Kesselwandferner fast eben hinüber, später ansteigend zur breiten Firnflanke. Nahe ihrer rechten (östl.) Begrenzung, bei schlechten Eisverhältnissen manchmal auch am W-Rand der Flanke empor zum Gipfel.

● **1192** b) **Von der Vernagthütte über das Obere Guslarjoch** (Winterjöchl). Gletscherwanderung. 2½ st.

Am linken Moränenwall des Guslarferners auf einem Steiglein aufwärts in das Becken des Guslarferners. Wo sich die Moräne verliert, quert man in die Mitte der nördl. Gletschermulde hinaus und westl. ansteigend in die Mulde zwischen Kesselwand- und Hintergraslspitze bis nahe zum O-Fuß des Fluchtkogels. Hier über mäßig steilen Firn auf das Guslarjoch zwischen Kesselwandspitze und Fluchtkogel.

Im Winter stets und immer häufiger auch im Sommer steigt man jedoch gleich gerade über den steileren, aber meist weniger spaltenreichen Hang vom Oberen Guslarjoch, 3361 m, unmittelbar am Fuß der Fluchtkogelflanke eingelagert, empor. Über die Firnfläche vom Joch an den Steilaufschwung, und stets nahe der östl. Begrenzung, manchmal auch am Grat selbst, auf den oberen, weniger steilen Firnhang und zum Gipfel.

● **1193** c) **Nordgrat** (Dr. J. Pircher, F. Stolz, 1897). Leichte Blockkletterei, I, in schneereichen Jahren Wächten, 1 st.

Vom Gepatschjoch (R 331) südöstl. über den zur Rechten felsigen, links verfirnten Grat empor, schließlich gerade über den Blockgrat steil zur felsigen N-Schulter des Fluchtkogels, P. 3417. Links zweigt der Hintergraslkamm ab; rechts, südwestl. setzt der Firngrat an, über den man meist gerade zum Gipfel emporsteigen kann.

● **1194** d) **Nordwestflanke** (H. Ravenstein mit J. Gumpold, 1897). Felsstellen teilweise II, 3 st.
Wie in R 331 von der Rauhekopfhütte empor gegen das Gepatschjoch. Über dem Bruch geht man gerade über den flacheren Firn auf die W-Abstürze zu. Je nach den Verhältnissen hält man sich auf einer der Rippen oder in einer Eisrinne der steilen Wand.

● **1195** c) **Von der Rauhekopfhütte.** 3 st.
Die großen Klüfte des „Sumpfes" umgeht man am besten mit Ausbiegung nach W. Nun unter den Kesselwänden durch nordöstl. bis in Fallinie des Fluchtkogeljoches (P. 3342 südwestl. des Fluchtkogels). Über den steilen NW-Eishang oder leichter über die felsdurchsetzten W-Hänge auf das Joch und wie in a) zum Gipfel.

● **1196** Obere Kesselwände
Ehrichspitze, 3425 m, Dahmannspitze, 3401 m, und eine Reihe weiterer Felsköpfe im Kamm zwischen Fluchtkogel und Kesselwandjoch. Hüttenspitzen des Brandenburger Hauses mit teilweise schwierigen, aber kurzen Klettereien. 1. Ersteigung: M. Ehrich, 1909.

● **1197** a) **Dahmannspitze vom Brandenburger Haus.** Weganlage, 30 Min.

● **1198** b) **Übergang zur Ehrichspitze.** Gratkletterei, teilweise III—, 30 Min.

● **1199** c) **Ehrichspitze über die Ostflanke.** Steile Eisrinnen, 1½ st. Vom Kesselwandferner über die Randkluft und durch eine vom Gipfel herabziehende Rinne (teilweise Eis) empor. Wo sie ungangbar wird, heraus in eine zweite Rinne. Durch diese zum Grat und zum Gipfel.

● **1200** d) **Nordwestgrat auf P. 3342 m** (H. Püchler, 1923). Schöner Firngrat, von der Rauhekopfhütte 2—3 st.
P. 3342 m ist die erste ausgeprägte Erhebung am Beginn des langen Zackenkammes südl. des Fluchtkogels.

Von der Hütte über den „Sumpf" an den Fuß der Felsen. Diese bleiben links liegen, man steigt in die Firnmulde empor. Links empor über Firn auf die Schulter (Ansatzpunkt des Firngrates) über dem Felssockel. Nun über die Firnschneide stets gerade empor in schöner Eisarbeit zum höchsten Punkt.

● **1201** **Kesselwandspitze,** 3414 m

Schöner, schroffer Felsgipfel südl. des Fluchtkogels, der nach SO einen langen, braunen Granitgrat entsendet, welcher am O-Eck die Guslarspitzen ausprägt. 1. Ersteigung: Th. Happrecht mit J. Schell, 1869 (in der Meinung, den Fluchtkogel erstiegen zu haben).

● **1202** a) **Von der Vernagthütte.** Nur für Geübte, da die in manchen Karten noch verzeichnete Steiganlage (Brandenburger Steig) gänzlich verfallen ist. 2 st.
Wie in R 332 empor bis an den Fußpunkt des ausgeprägten O-Grates und über die brüchigen Gratschrofen weiter zum Gipfel.

● **1203** b) **Vom Guslarjoch über den Nordostgrat.** Unschwierige Blockkletterei, 30 Min.
Vom Guslarjoch, das man vom Brandenburger Haus eben, nur im letzten Teil steil ansteigend erreicht, über einer Kopf südöstl. an den Steilaufschwung, und ein wenig links der Gratschneide zum Gipfel.

● 1204 c) Auch über den langen SO-Grat des Gipfels und durch seine Flanken führen Anstiege (durchwegs brüchig und wenig empfehlenswert).

● **1205** d) **Südostwand** (L. Sztrokay, G. Kmetonyi, 1934). III, 1/2 st E. Kürzester Anstieg auf die Kesselwandspitze auf dem Weg von der Vernagthütte zum Brandenburger Haus (oder umgekehrt).
Von der Vernagthütte südwärts zum Fuß des O-Grates der Kesselwandspitze. Auf dem Brandenburger Steig bis zum Firnfeld, von dem aus ein Steig südl. zum Brandenburger Jöchl führt. Hier vom Steig ab und ungefähr 70 m auf dem O-Grat der Kesselwandspitze empor und links um einen Felszahn herum. Nun auf die S-Seite des Grates hinab und Querung über das steile Firnfeld (unter Umgehung einiger Schuttzungen) an den Fuß der SO-Wand, die zwischen O-Grat und S-Grat aufragt.
Einstieg am Beginn eines auffallenden kaminartigen Felsspaltes. Durch diesen im oberen Teil überhängend empor und nach links auf ein breites Schuttband. Von diesem gerade durch

die Wand bis unter den Gipfel empor; hier links hinauf an den S-Grat und über gutgestufte Felsen auf den höchsten Punkt. Abstieg über den steilen, östl. des S-Grates vom Gipfel hinabziehenden Schutthang.

● **1206** **Guslarspitzen**
Hintere 3151 m, Mittlere 3126 m, Vordere 3118 m
Touristisch wenig bedeutsam, meist in Verbindung mit dem Winterübergang vom Hochjochhospiz zur Vernagthütte begangen. 1. Ersteigung: Brüder Schlagintweit, 1848.

● **1207** a) **Vom Hochjochhospiz.** 2 st. Siehe R 334, sodann über unschwierige Blockgrate auf die Gipfel.

● **1208** b) Auch die **Nordflanken** vom Guslarferner und der Vernagthütte her sind je nach Verhältnissen I—II.

● **1209** **Mutspitze,** 3257 m
Östl. Eckpfeiler des langen, von der Hochvernaglwand herunterziehenden Grates, der die nördl. Umrahmung des Hintereisferners bildet. Felskopf mit schönen Blockgraten.

● **1210** a) **Vom Hochjochhospiz** (O.-Reuther-Weg), 2—3 st.
Vom Hospiz eben, westw., auf gutem Steig taleinwärts gegen die Ausmündung des Kesselwandferners zu. Auf dem ersten ausgeprägten Moränenrücken empor bis zu dessen Gipfelpunkt. Von hier aus ist der O.-Reuther-Weg in westl. Richtung sichtbar. Auf dem mit vielen Steinmännern gekennzeichneten Weg in kurzen Serpentinen aufwärts. Der auch durch verblaßte Farbflecken gekennzeichnete Steig endet unter dem Gipfelaufbau. Über den Ostgrat auf den Gipfel.

● **1211** b) **Vom Brandenburger Haus.** 30 Min.
Vom Haus leicht absteigend südöstl. hinüber in das Firnbecken nördl. des kleinen Gipfels. Hinauf zur westl. Einschartung und über den kurzen, plattigen Grat zum Gipfel.

● **1212** c) **Nordgrat.** Kurze, steile Kletterei. II, 1 st E.
Vom Fußpunkt des N-Grates am Kesselwandferner (hierher auf dem Reutherweg) zuerst über Geröll, sodann über steile Felsabsätze zum Gipfel.

● **1213** **Hintereisspitzen**
Vordere 3437 m (südl. über dem Kesselwandjoch aufragend), Mittlere 3451 m und Hintere 3486 m
Etwa 100 m aus dem Eisfeld des Gepatschferners aufragende Köpfe seiner südöstl. Umrahmung, zwischen Kesselwandjoch

und Hochvernaglwand. Knapp nördl. der Hinteren Hintereisspitze liegt die sog. „Zinne", P. 3381 m, eine als Richtungspunkt dienende Felsflanke im südl. Gepatschferner. 1. Ersteigung der Vorderen: F. Senn, E. Neurauter mit A. Ennemoser, 1869; 1. Ersteigung der Mittleren und Hinteren: Dr. Th. Petersen mit A. Ennemoser, 1875; 1. Überschreitung aller drei Gipfel: W. Mauke, Dr. C. Puff mit C. Grüner, 1891.

● **1214** a) **Vom Brandenburger Haus auf die Vordere Hintereisspitze.** 1 st.
Vom Haus hinab auf das Kesselwandjoch und jenseits über den sanft ansteigenden Firnhang auf den Gipfel.

● **1215** b) **Überschreitung aller Gipfel,** 2—3 st.
Von der Vorderen Hintereisspitze über Schrofen hinab und über einen sanften Firnsattel zum Firngrat und auf den Mittelgipfel. Südwestl. hinab auf einen weiteren Firnsattel. Jenseits zuletzt steil über Firn zur Hinteren Hintereisspitze.

●**1216** c) **Vom Hochjochhospiz,** 4 st, zur Vorderen Hintereisspitze.
Wie in R 1210 vom Hospiz zur Mutspitze. Diese überschreitend, oder nördl. umgehend in die O-Flanke des Gipfels, und über den steilen Firnhang empor zum N-Grat und zum Gipfel.

● **1217** d) Der blockige **Ostgrat** bietet anregende Kletterei. Von der Mutspitze zuerst in südl., dann am umbiegenden Grat in westl. Richtung über Firnflecken und Geröllstrecken zum Gipfel. 1¹/₂ st.

● **1218**   **Hochvernaglwand,** 3435 m, und
            Vernagl, 3555 m
Von S gesehen steile Felsmauern, die südl. Begrenzung des großen Gepatsch-Eisfeldes. Zwischen Hochvernaglwand und Vernagl liegt das als Übergang vom Langtauferer-Joch-Ferner zum Gepatschferner in Frage kommende Joch, P. 3306 m, das in den letzten Jahren ausgeapert ist. Am S-Fuß des Vernagls ist das Langtauferer Joch eingeschnitten. 1. Ersteigung: F. Senn, J. Scholz mit J. Gstrein, 1870.

● **1219** a) **Vom Brandenburger Haus.** Unschwierige Gletscherwanderung, 1³/₄ st.
Vom Kesselwandjoch südwestl., die Hintereisspitzen und die Zinne links liegen lassend, gleich hinter ihr aber südwärts umbiegend über sanft ansteigenden Firn zum Gipfel.

● **1220 b) Von Süden über den Vernaglwandferner.** Vom Hochjochhospiz 5 st.
Wie in R 1223 hinein auf den Hintereisferner. Rechts oben ist der durch einen Sporn in zwei Arme geteilte, wildzerrissene Vernaglwandferner sichtbar. Man hält auf die Zunge des rechten, nordöstl. Fernerteils zu, tritt in der Nähe des Felsspornes aufs Eis über, wendet sich unter der Hinteren Hintereisspitze durch gegen W und erreicht über steilen Firn den Gepatschferner. Von N her zum Gipfel. Am Vernaglwandferner oft schwierige Eisarbeit erforderlich. (Spalten!)

● **1221 c) Vom Langtauferer Joch auf den Vernagl.** Gratkletterei, II, 1 st E.
Wie in R 337 vom Hochjochhospiz (oder von der Weißkugelhütte) auf das Langtauferer Joch. Über die steilen Felsen des schwach ausgeprägten Felskammes empor auf den Vernagl. Der Übergang zur Hochvernaglwand über den Firn der N-Seite ist unschwierig.

● **1222 d) Von der Rauhekopfhütte.** Gletscherwanderung, 3 st.
Von der Hütte steigt man stets genau in S-Richtung, die Kesselwände und die Zinne links liegen lassend, zur Hochvernaglwand oder zum Vernagl an.

● **1223 e) Vernagl-Westflanke** (Fernando, Fabio und Fulvio Cisotti, 1936). III+, $4^{1/2}$ st.
Von der Weißkugelhütte bis 100 m von der Einmündung des Langtales in die Wand empor. Einstieg am Beginn einer Eisrinne. Durch sie empor bis zu ihrer Verzweigung. Links hinaus auf brüchige Felsen, bis man eine Kante erreicht. Über Blockwerk an der Kante empor. Nach 500 m kommt man zu einem Felsbollwerk. Mühsam darüber hinweg. Querung nach links (H.); auf eine Terrasse und zu einem ebenen Plätzchen. Nun empor bis unter die NW-Kante und über sie zum Gipfel.

● **1224 Langtauferer Spitze,** 3529 m
Über dem Hintereisferner breit emporgebauter Gipfel mit steilen Gletscherflanken. Der Berg steht mit einem Firngrat über das Weißkugeljoch (südwestl.) hin mit der Weißkugel in Verbindung. Die Ersteigung erfordert auf allen Wegen Eiserfahrung und Ausdauer. 1. Ersteigung: Freshfield, Fox, Tuckett mit Devouassoud und P. Michel, 1865.

● **1225** a) **Vom Hochjochhospiz über das Langtauferer Joch** (leichtester Anstieg, Eiserfahrung erforderlich). 4 st.
Wie in R 337 vom Hospiz auf das Langtauferer Joch. Nun über den zuerst felsigen N-Grat empor auf die Firnschulter in halber Höhe des Anstieges. Hier quert man links hinaus, südl. gegen den O-Grat, über dessen Firnschneide man zum Gipfel ansteigt.

● **1226** b) **Vom Brandenburger Haus.** 4 st.
Wie in R 1219 empor zur Hochvernaglwand, bzw. vorher rechts haltend zur Einsattelung P. 3306 m in der südl. Ecke des Gepatschferners. Durch eine im Hochsommer jetzt meist apere Blockrinne hinab auf den Langtauferer-Joch-Ferner und in wenigen Minuten hinüber zum Joch. Wie in a) zum Gipfel.

● **1227** c) **Nordgrat,** je nach den Eisverhältnissen im oberen Teil schwierig, vom Langtauferer Joch 1—2 st.
Wie in a) oder b), oder von der Weißkugelhütte über den Moränenweg und den oberen Langtauferer Ferner zum Joch. Über das erste Felsstück und den Firnrücken empor auf die Firnschulter des N-Grates. Nun stets an der Begrenzung zwischen Fels und Firn gerade über die steile Gratschneide empor zum Gipfel.

● **1228** d) **Von der Weißkugelhütte.** 3—4 st.
Dem Steiglein am Moränenkamm westl. empor folgend bis zum Übertritt auf den Ferner. Nun über den Ferner unter den Felsen und den Eisbrüchen durch steil zum Langtauferer Joch. Von hier wie in a) zum Gipfel.

● **1229** e) **Südwestgrat** (vom Weißkugeljoch). Großartige Eisfahrt, 1 st E.
Bei guten Verhältnissen in prächtiger Eisarbeit (Querspalten, Wächten) stets gerade über die Schneide zum Gipfel. Das Weißkugeljoch erreicht man vom Hochjochhospiz nach R 338, vom Ghs. Schöne Aussicht auf dem Weg zur Weißkugel aus dem hinteren Hintereisferner nordwestl. ansteigend über den steilen Firnhang; und von der Weißkugelhütte wie in R 1236 beschrieben.

● **1229 a** **Über die Südostflanke.** Vom Hochjochhospiz 4 st.
Vom Hochjochhospiz auf den Hintereisferner bis in Fallinie des steilen Gletscherarmes, der direkt von der Langtauferer Spitze herabzieht und von zwei Felspartien begrenzt wird.

Am linken Rand des Ferners sehr steil empor und gerade über die SO-Flanke zum Gipfel.
Bei guten Verhältnissen im Frühjahr mit Ski.

● **1230**   **Weißkugel,** 3739 m

Herrliche Berggestalt inmitten einer wilden Gletscherwelt, ihre ganze Umgebung weit überragend. Zweithöchster Berg der Ötztaler Alpen, von N gesehen steiler Kegel, von O mehr trapezförmig. Als hohes Bergziel und als erlesener Aussichtspunkt im Sommer und Winter sehr häufig besucht. Erfordert jedoch auch am Normalweg Gletschererfahrung und Ausdauer, für Ungeübte, Führer.
Die Weißkugel liegt im Angelpunkt von Weißkamm, Hauptkamm, Salurnkamm und Planeilbergen; deshalb ihre umfassende Übersicht über die Umgebung; durch ihre Höhe außerdem erstklassige Fernsicht, vor allem auf die Ortler-Gruppe im S, und auf Bernina, Rätikon und Ferwall im W. Schönes Gipfelkreuz.
Ersteigungsgeschichte: Den ersten Versuch unternahmen namentlich nicht bekannte österr. Vermessungsoffiziere um 1850. Die erste Ersteigung gelang jedoch erst J. A. Specht mit J. Raffeiner und einem der Brüder Klotz, wahrscheinlich Leander. Die Quellen sind nicht ganz klar; die führende Rolle des J. Raffeiner ist jedoch aus dem Anstiegsweg (Schnalstal — Kurzras — Steinschlagferner) ohne weiteres zu schließen.

● **1231** a) **Vom Hintereisjoch über den Südgrat** (Gipfelanstieg aller Normalwege). 40. Min. bis 1 st, das Felsgratl am Schluß kann bei Vereisung ungangbar werden, sonst I.
Vom Joch genau nördl. ziemlich steil über den Firnhang empor; nicht zu weit rechts halten, Wächtenbildung über der Steilflanke möglich. Vom Ende des Firnrückens (meist bildet die Wächte östl. und der Felskamm westl. eine Art Schartl) über zwei plattige Blockköpfe (teilweise gesichert, jedoch Trittsicherheit und Schwindelfreiheit erforderlich) auf den höchsten Punkt.

● **1232** b) **Vom Brandenburger Haus** (Vernaglwandsteig) 4^1/$_2$ st bis zum Hintereisjoch; Gletschererfahrung nötig.

XVI Vernaglwand und Langtauferer Spitze von W   Foto: Fred Oswald
I = Vernagl, II = Langtauferer Spitze, ▼ = Langtauferer Joch.
1 = Vernaglwandsteig, R 1232, 2 = Weißkugelhütte – Langtauferer Joch, R 1228, 3 = Langtauferer Spitze, Nordgrat, R 1227

Vom Haus fast eben im Bogen über den Gepatschferner, an der mitten im Gletscher aufragenden „Zinne" westl. vorbei, zur Vernaglwand, wo nach SW von zahlreichen Rinnen durchzogene Felsabstürze vom Langtauferer Ferner hinabstürzen. Über die 100 m hohen Abstürze führt der im unteren Teil erhaltene, in die Felsen eingesprengte Steig auf den Langtauferer Ferner hinab. Hier steil unter der NW-Flanke der Langtauferer Spitze (Spalten) empor, und links hinauf zum Weißkugeljoch. Jenseits kurz absteigend auf den obersten Firn des Hintereisferners (Spalten), in südwestl. Richtung fast eben um den Gipfelstock der Weißkugel herum und zuletzt ziemlich steil auf das Hintereisjoch. Weiter wie in a). (Heute nur noch sehr selten gemacht.)

● **1232 a** c) **Von der Rauhekopfhütte.** 6 st zum Hintereisjoch.
Von der Hütte südl. über den Gepatschferner. Westl. der „Zinne" trifft man auf Weg b).

● **1233** d) **Vom Hochjochhospiz.** Lange, wenig abwechslungsreiche Gletscherwanderung, 5 st.
Vom Hospiz westl. taleinwärts auf dem Steiglein und über Moränen auf die Zunge des Hintereisferners. Über den langen Gletscher wenig steigend in die hinteren Fernerbecken, durch zwei spaltenreiche Steilzonen ins hinterste Becken und über einen Steilhang aufs Hintereisjoch. (Auf dem SO-Grat der Langtauferer Spitze, genau nördl. vom Teufelsegg, steht jetzt in etwa 3000 m Höhe eine Gletscherforschungsstation, im Sommer meist besetzt.)

● **1234** e) **Vom Ghs. Schöne Aussicht.** Kürzester der üblichen Anstiege, 4 st, Begehung auch nichtitalienischen Staatsbürgern ohne Visum gestattet.
Vom Unterkunftshaus ein Stück auf dem nach Kurzras führenden Weg abwärts bis zu einer Wegtafel. Rechts auf bez. Steig durch die S-Hänge ansteigend gegen das Teufelsegg, wo der Steig allmählich schlechter wird. Über Blockwerk empor auf die Kammhöhe (in der Nähe des kaum ausgeprägten Steinschlagjoches). Ein Stück über den Kamm westwärts, bis man gut und mit wenig Höhenverlust in das hintere Firnbecken des Ferners hineinqueren kann. Über den Firnhang empor zum Hintereisjoch.

● **1235** f) Von der ehem. Höllerhütte über das Höllerschartl. 2½ st.
Von dem Standort der ehem. Hütte auf dem Steig nördl. empor zum Moränenkamm, der sich westl. des Oberettesferners erhebt. Über diesen

aufwärts, zuletzt am Rand des stark ausgeaperten Ferners über Schutt in die Fallinie des Schartls (Wegspuren) und zu diesem empor. Jenseits etwas absteigend, dann unter den Wegabstürzen der Inneren Quellspitze auf der Firnrampe durch zum Hintereisjoch.

● **1236** g) **Von der Weißkugelhütte.** Etwa 4 st.

Von der Hütte östl. hinein in den Moränengraben, sodann dem guten Steiglein folgend auf dem Moränenkamm bis zum Übertritt auf den Langtauferer Ferner. Immer in der Nähe des nördl. Gletscherufers aufwärts, unter den wilden Gepatsch-Eisbrüchen durch und unter den Felsen der Vernaglwand aufwärts bis dorthin, wo der Vernaglwandsteig herabkommt. Weiter wie in R 1232 auf den Gipfel.

● **1237** h) **Von der Weißkugelhütte zum Hintereisjoch oder zur West-flanke.** Schwierige Eisfahrt, selten begangen, 4—5 st zum Hintereisjoch, II. Von der Hütte hinab und über die eingeschotterte Zunge des Langtauferer Ferners hinüber auf den jenseitigen Talhang und durch die Moränen empor auf die Zunge des wildzerrissenen Bärenbartferners. Durch die Brüche des Ferners südl. gerade empor gegen das Bärenbartjoch (R 396), die tiefste Einsattelung zwischen den beiden Bärenbartkögeln. Vom Joch südöstl. über zerspaltene Firnhänge hinüber, unter zwei Felsspornen durch zur W-Flanke (über die steilen Felsen wenig vorteilhaft zum Gipfel) oder weiter zum Hintereisjoch.
In der W-Flanke ist durch die starke Ausaperung das Eis im Hochsommer völlig verschwunden; so treten jetzt durchwegs brüchige Felsen zutage.
Westgrat: Über den Bärenbartferner auf das Bärenbartjoch (R 396) und von dort über den Grat auf den inneren Bärenbartkogel. Oder wie bei k) bis zur Einsattelung des N-Grates und von hier rechts hinein in die tiefe Gletschermulde zwischen Bärenbartkogel und Weißkugel. Hier hoch bis zur Scharte zwischen den beiden Spitzen. Von hier Einstieg in den wenig ausgeprägten, steilen NW-Grat und je nach Schnee- und Eisverhältnissen über den Firnhang oder sich im Fels der W-Flanke haltend, direkt zum Gipfel (4½—5 st). Nur für geübte Bergsteiger.

● **1239** j) **Südostgrat** (J. Ittlinger, K. Dörfler, M. Ippenberger, 1920). Kombinierte Eis- und Felsfahrt, teilweise III+, 2 st E.

Vom Weißkugeljoch südwestl. mitten durch große Eisbrüche auf einen Absatz des SO-Grates (100 m höher als das Weißkugeljoch). Die plattigen Felsen sind schlecht geschichtet und brüchig. Anfangs an der Kante, bald aber in der linken Flanke; oben über die Kante nach rechts in eine flache, plattige Steilrinne. Schließlich durch einen kaminähnlichen, rechts der Kante eingeschnittenen Spalt auf die Höhe des felsigen Aufschwunges. 3 Seillängen über die steile, ausgesetzte Eiswand empor zur Wächte. Über diese auf den Hauptgrat und zum Gipfel.

● **1240** k) **Nordgrat** (teilweise Dr. H. Modlmayr, Dr. Epple mit J. A. Klotz und G. Rieder 1891; vollständige Begehung und Überkletterung des N-Gratturmes: H. Püchler, F. Rydlo, 1923). Zählt zu den schönsten und großzügigsten Eis- und Felsfahrten der Gruppe. Teilweise III+, 5 st für den Gesamtgrat, 2—3 st für den häufiger begangenen oberen Gratteil.
Bis unter die Nordwest-Flanke der Langtaufererspitze b). Dann den Gletscher querend zum Steilhang der N-Grates und über diesen auf den untersten Teil des Grates hinter einer Felsspitze (Einsattelung). Von hier zuerst leicht über den wenig steilen Grat bis zum steilen und ausgesetzten Aufschwung. Immer am Grat hoch — nur eine breite Spalte zwingt zum Ausweichen in den O-Hang — bis zum Gipfel. Nur für Geübte und schwindelfreie Bergsteiger!

● **1241** l) **Nordwestwand** (G. Perego, R. Bassi, 1941). Eisflanke, Wandhöhe etwa 350 m. 3 st E.
Einstieg am Wandfuß in Gipfelfallinie. 4 Seillängen empor, über einen Überhang und an den Beginn einer trichterförmigen Eisrinne, die gerade emporführt. Längs einer Leiste, links der Rinne haltend gegen Felsen aufwärts. Nach 50 m bricht die Rinne gegen rechts ab und wird eng und steil. In Eisarbeit durch die Rinne auf die Felsen. 3 Seillängen über den sperrenden Felsriegel aufwärts. Nach 100 m auf Schnee und empor bis in eine andere steile Rinne, die gerade empor zum höchsten Punkt führt.

● **1242** m) **Ostnordostgrat** (Dr. Harpprecht, P. Dangl, 1872). II, vom Weißkugeljoch, 3362 m, 1½ st. Für geübte Alpinisten, die vom Brandenburger Haus oder von der Weißkugelhütte kommen, empfehlenswerter, gerader Anstieg. (Auf Grund der Ausaperung wesentlich leichter als früher und von der Weißkugelhütte her oft begangen. Privat-Mitteilung Ing. H. Senzenberger, 1959.)
Vom Weißkugeljoch über Blockwerk und einen kurzen Eisrücken empor. Hier gegen die Felsen zu aufwärts, dann links haltend und weiter über den Felsgrat. Über eine, den Grat unterbrechende Rinne, und in ihr bis zu ihrem Ende empor. Dann in die Gipfelfelsen und über sie zum höchsten Punkt.

XVII Weißkugel von N   Foto: Fred Oswald
▼ = Weißkugeljoch, I = Weißkugel, II = Innerer Bärenbartkogel
1 = ONO-Grat, R 1242, 2 = Nordgrat, R 1240, 3 = NW-Wand, R 1241, 4 = Innerer Bärenbartkogel-N-Grat, R 1244

Oder vom oberen Ende des Felsgrates direkt und steil über das Eisfeld zum N-Grat unmittelbar nördl. des Gipfels und über diesen zum Gipfel. (L. Grün, Treptow mit F. Gußer, 1894.)

Innerer Bärenbartkogel, 3557 m

Kleiner Firnkegel im W-Grat der Weißkugel, neben dieser nicht besonders in Erscheinung tretend. Vom Hauptmassiv durch das Obere Bärenbartjoch, P. 3531 m, getrennt.

● **1242 a** Ein interessanter Abstieg führt von der Weißkugel über den gesamten Grat Innere Quellspitze — Steinschlagjoch — Teufelsegg — Egg — Im hinteren Eis — Rofenbergköpfe bis P. 2922, dann auf den Hochjochweg. Bis zum Hospiz etwa 5 st.

● **1243 a) Vom Hintereisjoch.** Mit der Besteigung der Weißkugel zu verbinden, 1 st.
Vom Joch nordwestl. unter dem Steilabfall der Weißkugel über Firn, zuletzt nördl. auf den kleinen Firnsattel. Über den kurzen Firngrat westl. empor zum Gipfel.

● **1244 b) Nordgrat** (1. Überschreitung: Dr. R. Heuberger, F. Hohenleitner, J. Plattner, 1909). Teilweise Firngrat, von der Weißkugelhütte 3—4 st.
Von der Hütte über den Moränenkamm östl. empor zum Langtauferer Ferner. Diesen kann man gut in seiner flachen, spaltenfreien Zone gegen den N-Fuß des N-Grates hin überschreiten. Über steile Schutt- und Schrofenhänge empor zu einer Firnflanke, und über diese weiter zu P. 3228 m, hinter welchem sich der Grat allmählich schärfer auszuprägen beginnt. Über die Schneide weiter bis an den Firngrat. Über diesen gerade empor in schönem Eis zum Gipfel.

Innere Quellspitze, 3516 m

Langgestreckter, von N nach S verlaufender Felskamm mit gezackten Graten, südl. der Weißkugel, von dieser durch das Hintereisjoch, von der südl. anschließenden Äußeren Quellspitze und dem Salurnkamm durch das Quelljoch, 3273 m, geschieden. Östl. entsendet der Berg einen Grat zum Steinschlagjoch, 3238 m, an welchem der breite Grenzkamm ansetzt, der den Hintereisferner südl. umrahmt. Ersteigung unbekannt.

● **1245 a) Vom Hintereisjoch über den Nordgrat.** Teilweise II, 30 Min. Für gute Bergsteiger mit der Ersteigung der Weißkugel gut zu verbinden.

Über den kurzen Blockgrat in anregender Kletterei unmittelbar zum Gipfel.

● **1246** b) **Südgrat.** Vom Quelljoch, 1 st Blockkletterei.
Wie in R 394 auf das Quelljoch. Dieses ist auch vom Höllerschartl, nördl. unter der Äußeren Quellspitze durchquerend, zu erreichen. Von hier stets unmittelbar auf der Grathöhe in netter Kletterei zum Gipfel, zwei Stellen mäßig schwierig (II).

Teufelsegg, 3227 m, und **„Im hinteren Eis",** 3270 m

Die ausgeprägtesten, manchmal wegen ihrer schönen Aussicht erstiegenen Köpfe im langen Kamm, der vom Steinschlagjoch (östl. der Inneren Quellspitze) nach O, später NO zieht, die südl. Umrahmung des Hintereisferners bildet, und schließlich über die Rofenbergköpfe ins Rofental beim Hochjochhospiz absetzt. Im S-Abfall des Teufelseggs prägt sich ein Kamm aus, der sich schließlich weiter unten zur Steinschlagspitze aufsteilt.

● **1247** a) **Vom Ghs. Schöne Aussicht** auf bez. Steig nordwestl. empor über Geröll und Kuppen (jetzt völlig aper) zum Gipfel, 1½ st.

● **1248** b) Das Teufelsegg ist **vom Sommerweg zur Weißkugel** (R 1234) unschwierig zu ersteigen.
Der in der neuen AV-Karte eingezeichnete Winterweg über das Teufelsegg ist nicht gangbar und überaus lawinengefährdet. Der allseits gebräuchliche und meist lawinensichere Winteranstieg führt vielmehr zuerst nördl. über den Rücken gegen das „hintere Eis" zu, quert dann links unter diesem hinaus zum Sattel 3163 m, und jenseits steil hinab auf den Hintereisferner.

● **1248 a** c) Von dem in b) erwähnten Sattel aus sind **„Hinteres Eis"** und **„Egg",** P. 3217 m der Karte, unschwierig ersteiglich.

Steinschlagspitze, 2861 m

Eigenartig steiler Felskegel im S-Hang unter dem Teufelsegg. Ragt beherrschend über den Talgrund von Kurzras empor. Guter Aussichtspunkt.

● **1249** a) **Von Kurzras** über den S-Grat. Teilweise II, 3 st. Vom Kurzhof nördl. empor auf den zunächst grasdurchsetzten Kamm, bis zum Hasenkofel. Von hier auf dem sich scharf

ausprägenden Grat zum letzten Steilaufschwung. Schöne Kletterei zum Gipfel.
- **1250** b) **Von Stueteben** über die Nordflanke. Teilweise II, 3 st.
Von Kurzras wie in R 264 hinein nach Stueteben. Hier links vom Weg ab und über Geröllhalden hinauf an den Steilaufbau des Gipfels. Über eine Rippe auf den Grat und zum Gipfel.
- **1251** **Weißseespitze,** 3526 m

Mächtiger Firngipfel am W-Eck des Gepatschferners; nach N mit 500 m hoher Firnwand auf den Weißseeferner abstürzend (Talschluß des Kaunertales), während die breite, wenig geneigte O-Flanke des Gipfels vom W-Teil des Gepatschferners gebildet wird.

Der Berg entsendet einen mehrgliedrigen, turmbesetzten Grat nach S; dieser trennt den Milanzer Ferner vom Falginferner (Übergangsmöglichkeit bietet Einsattelung 3218 m) und prägt als südl. Eck den sog. „Schmied", P. 3122 m, über der Weißkugelhütte aus. Vom O-Grat zweigt bei P. 3373 m ein langer Kamm nach N ab, der Weißseeferner und Gepatschferner trennt, und dessen nördl. Erhebungen — Großer Nörderberg, 2885 m, und Kleiner Nörderberg, 2719 m — über dem Talschluß von Gepatsch aufragen. (Von den Einheimischen „Neaderberg" genannt, „Neader" bedeutet „schrofige Lehne".)

Die Weißseespitze wird — sowohl ihrer leichten Ersteiglichkeit, als auch der schönen Fernsicht wegen — im Sommer und Winter gern besucht.

1. Ersteigung: F. Senn, V. v. Mayrl, J. Wanderer mit I. Schöpf, 1870; 1. Ersteigung von S: Dr. Th. Petersen, Chrisomannos mit Praxmarer und Hohenegger, 1891.

- **1252** a) **Vom Brandenburger Haus.** Bei guten Schneeverhältnissen bequeme Gletscherwanderung, 2 st.
Vom Kesselwandjoch quert man den Gepatschferner möglichst eben gegen die „Zinne" zu; diese bleibt jedoch links liegen. Sodann westl. an den sich allmählich ausprägenden Firnrücken und stets über diesen empor zum Gipfel.
- **1253** b) **Von der Rauhekopfhütte** (Ostflanke). Etwas steiler und länger als Anstieg a), 3 st.
Auf dem Steig südwestl. zum Gepatschferner. Zunächst durch die flache Mulde südl. einwärts, dann sich allmählich rechts haltend auf die mehr und mehr aufsteilende O-Flanke und den

Gipfel zu. Man erreicht die Kammhöhe leichter etwas südl. des Gipfels, kann diesen jedoch auch gerade oder über den rechten Firngrat erreichen.

● **1254** c) **Nordwand** (S. Plattner, F. Hohenleitner, R. Heuberger, 1909). Großzügige Eisfahrt, Wandhöhe etwa 500 m, je nach Verhältnissen 4—6 st.
Von der Gepatschalm auf einem kleinen Steig südl. durch den Waldbestand, oder im Bogen rechts um den Wald herum zur Oberen Birgalm. Links hinein in den Graben (schwacher Steig), und jenseits durch eine Gasse östl. des Grabens hinauf gegen die Zunge des Weißseeferners. Man folgt den Steigspuren auf den westl. Moränenkamm des Gletschers, der kleine Weißsee bleibt rechts liegen. Auf Höhe 2800 m tritt der Steig auf den Ferner über. (Da der Abflußbach des Weißseeferners im Hochsommer oft nicht mehr überschreitbar ist, wird man entweder wie in R 312 zum Weißsee gehen und oberhalb des Sees auf den Gletscher hineinqueren, oder man bleibt nach Überschreitung des Riffl(Weißsee)baches hinter der Birgalm durchwegs auf dem orogr. rechten Ufer und quert durch die Steilhänge des Nörderberges aufwärts bis man auf den Ferner übertritt.) Nun geradewegs auf die Firnwand in Fallinie des Gipfels zu. Bei guten Verhältnissen kann diese gerade durchstiegen werden, sonst Ausweichen gegen den westl. herabziehenden Firnrücken.

● **1255** d) **Westgrat** (Abstieg der Erstbesteiger, 1870). Von der Weißkugelhütte talauswärts, und auf dem oberen, schlechten Schafsteig nahezu eben hinüber ins Falgintal. Von der Schäferhütte aus über Almböden bergauf. Nun über Schutt in die rechte, östliche Bucht des oberen Falgintales. Ziemlich mühsam empor, bis man in etwa 2850 m den Falginferner erreicht. Bei Vereisung ans orographisch rechte Ufer ausweichen. Dann hält man sich nordöstlich, gegen den Gipfel zu, und erreicht den Westgrat in etwa 3280 m Höhe an einer kleinen Einsattelung östl. des P. 3305, dort, wo das Gletscherbecken am höchsten zum Grat hinaufreicht. Von hier ab gelangt man, dem Grat ostwärts folgend, in 30 Min. zum Gipfel. Der Falginferner hat nur im unteren Teil einige harmlose Spalten. Der das ganze Becken umrahmende Bergschrund ist leicht überschreitbar. Gesamtzeit: 3½ bis 4 st.
Vom Gepatschhaus zum Falginjoch 3 st. Wie in c) empor auf den Weißseeferner und südwärts empor auf das östl. ge-

legene Obere Falginjoch, 3111 m, wodurch man sich die Umgehung oder Überschreitung des ersten, felsigen Gratkopfes erspart

● **1255 a** dd) Wenn kein Wert auf vollständige Begehung des Westgrates gelegt wird, so braucht man das Falginjoch natürlich nicht anzugehen. Die Route kann als rascher Abstieg von der Weißseespitze wie folgt beschrieben werden:

Auf der felsigen Westgratrippe abwärts (15 Min.) bis zu einer kleinen Einsattelung (3280 m), wo sich Falgin- und Weißseeferner berühren. Nach S kann man auf dem mäßig steilen Firnhang ins Becken des Falginferners abfahren (Vorsicht, Bergschrund!), durch das man über Schutthänge die Almböden des Falgintales bei der Inneren Schäferhütte erreicht. Nun entweder westl. nach Malag oder ansteigend östl. auf einem Schafsteig zur Weißkugelhütte.

Von der Hütte an der Quelle vorbei auf den Felskopf westl. der Hütte; von dort ansteigend zu einem schmalen Steiglein ins Falgintal oberhalb der Schäferhütte. Nach Überschreiten des Baches bei einem Schäferhüttchen über Almböden bergauf. Über Schutt in die linke, westl. Bucht des oberen Falgintales, die in den letzten Jahren völlig ausgeapert ist. Etwas mühsam hinein in den Grund des düsteren Kessels und gegen rechts über den steilen Schrofenhang empor auf das obere oder untere Falginjoch.

Ostwärts über mehrere Köpfe zum Gipfel.

● **1256** e) **Südwestgrat** (H. Püchler, 1923). Teilweise IV—, sehr mühsam, sehr selten begangen: von der Weißkugelhütte 5 st.

Von der Weißkugelhütte nördl. die Schutthänge über zwei Stufen hinan und über den Kamm zu P. 2807. Bis zum Aufschwung eines gelben, klotzigen Turmes werden einige Felszähne überstiegen, dann geht es knapp unter diesen nach rechts und durch eine steile Rinne in der SO-Seite wieder zur Grathöhe. Über Platten in eine Scharte, dann über Blöcke und einige kurze Absätze zum Gipfel des „Schmied", 3122 m. Vor seinem Abbruch unangenehmer Abstieg in der östl. Flanke gegen die folgende Scharte, worauf drüben die Kante sehr schwierig etwa bis zum zweiten Drittel verfolgt wird. Durch die Rinne rechts auf einen Felsturm und weiter über den kleinen, wild zerrissenen Gratzug, zu einer torähnlichen Einsenkung. Nun in die SO-Seite und abermals über einen Grathöcker und weiter den leichter werdenden Grat in die Scharte, 3218 m. Nach einem kurzen Aufschwung folgt ein brüchiger, schwieriger Turm, dann ein zweiter und schließlich ein zerrissenes Gratstück, das unmittelbar zum schwach geneigten Gipfelfirngrat führt.

● 1257 f) **Über den Milanzer Ferner** und die Vernaglwände, auch Langtauferer Eiswände genannt; Weg der Erstbesteiger von S. Von der Weißkugelhütte 3½—4 st.

Von der Hütte ein Stück auf dem „Richterweg" taleinwärts. Dann links ab, und über steile Schutt- und Schrofenhänge (ursprünglich schönes Steiglein, heute kaum auffindbar) hinauf (auf zwei große Steinblöcke zu, die am oberen Rand des Hanges auffällig in Erscheinung treten; sehr mühsamer Anstieg) auf den beträchtlich eingeschrumpften Milanzer Ferner. Man hält auf die mittlere Rinne in den Vernaglwänden zu, die jetzt meist gänzlich ausgeapert ist. Durch die steile, besonders im Frühsommer stark steinschlaggefährdete Blockrinne, dann über die linken Begrenzungsfelsen; auf den Firnkamm empor und über diesen westwärts zum Gipfel.

● 1258 g) **Von der Weißkugelhütte: „Richterweg".** 3½ bis 4 st.

Von der Hütte auf gutem Steig oberhalb der Moränen des Langtauferer Ferners talein, die Hänge gegen die großen Gepatsch-Eisbrüche hin querend. Ein Stück zuvor jedoch schon führt der Steig in die Felsen, „Vernaglwände". Die Trittsicherheit erfordernde Steiganlage quer durch die Vernaglwand erreicht den Eisbruch, führt dann im Zickzack durch die Felsen hoch und endet auf einem Felskopf in der Höhe des Oberrandes der Eisbrüche (Steinmanndel-Markierung rot). Von dort über eine Blockhalde auf den Gepatschgletscher. Die folgende Steilstufe kann man auf dem Gletscher oder über den Felsen (rote Markierung) überrunden. (In Langtaufers als „Mühlhansen"ferner bezeichnet, da ein Bauer mit dem Vulgärnamen Mühlhans [= der Hans von der Mühle] dort in eine Spalte fiel und nur mehr tot geborgen werden konnte.

Über spaltenarmen Firn hinauf auf die große Firnfläche. Von hier geradewegs nordwestl. zum Gipfel.

● 1259 h) **Nordostgrat** (Th. Petersen u. Gef. mit 5 Führern, 1873). Teilweise II, 5½ st.

Vom Gepatschhaus hinein gegen den Weißseeferner; über die Zunge empor, bis man südl. des Großen Nörderberges, 2885 m, östl. den Kamm zum Nörderjöchl, 2837 m, erreichen kann. Über den teils schmalen Grat empor auf P. 3059 m. Jenseits kurz hinunter aufs meist verfirnte Nörderschartl, und in südöstl. Richtung über den Felssporn zwischen den

Steilgletschern empor auf den Zahn, 3373 m. Von hier über den Firnkamm, sich westl. wendend zur Weißseespitze.

Falginer Karlesspitzen
Vordere 3231 m, P. 3143, Hintere 3160 m

Im Hintergrund des Weißseeferners aufragende Felsköpfe, die nach SW eine Reihe von Zweiggraten aussenden, welche untereinander wieder mehrere einsame Hochkare zwischen Falgin- und Melagtal bilden. 1. Überschreitung: H. Heß, L. Purtscheller, 1887. Von einer Begehung dieser SW-Grate ist nichts bekannt.

● **1260** a) **Überschreitung vom Falginjoch.** Teilweise III—, 3 st.
Wie in R 1255 vom Gepatschhaus oder von der Weißkugelhütte zum Unteren Falginjoch, 3099 m.
Zunächst unschwer westl. empor auf die Vordere Karlesspitze. Nun mit zunehmender Schwierigkeit nordwärts über eine Einschartung hinüber zu P. 3143, der eine schmale Schneide darstellt. Einige schroffe Gratürme müssen dabei in der W-Flanke umgangen werden. Von der nächsten Einsattelung wieder leichter empor auf den Gipfel der Hinteren Karlesspitze.
b) Beide Gipfel können kürzer und leichter (meist über Firn) aus dem Weißseeferner gerade erstiegen werden oder über die Nockspitze (südl.).

● **1261** c) **Südostgrat** von P. 3143 m. II, 1½ st.
Vom hintersten Becken des Weißseeferners westl. an den Gratansatz über die Mittelmoräne und stets auf der Kammhöhe zum Gipfel.

● **1262** d) **Südgrat auf die Vordere Karlesspitze.** Teilweise II, 1½ st vom Nock.
Vom Nock, 3006 m, einem südl. vorgelagerten mächtigen Bergkegel, über den anfangs flachen Grat zum Gipfelaufschwung und zum Gipfel.

● **1263** **Wiesjagglkopf,** 3130 m
Geologische Besonderheit: Rest einer früheren großen Deckschicht an Wettersteindolomit.
Vom Weißseejoch her unschwierig ersteiglicher Aussichtspunkt am NW-Eck des Kammes. 1. Ersteigung wahrscheinlich schon anläßlich der militärischen Vermessung 1850.

a) **Vom Weißseejoch.** 40 Min.
Wie in R 312 vom Gepatschhaus empor zum Joch. (Oder von Melag auf gutem Almsteig.) Vom aperen Joch quert man nördl. auf den im Sattel aufragenden Felszacken herum auf das Firnjoch, 2948 m, zu dem man auch schon gerade aufsteigen kann. Nun über Blockwerk unschwierig zum Gipfel.

● **1264** b) **Ostgrat** (K. Dammel, R. Hauer, H. Grabner, 1926). III—, 3—4 st.
Vom Weg zum Weißseejoch (R 312) über Moränen zum Fußpunkt des Grates. Den untersten Gratabschnitt kann man in der Flanke rechts umgehen. Über die scharfe Schneide empor zum Vorgipfel und zum Gipfel.

● **1265** c) **Von Südosten.** Teilweise II, 40 Min. von der Karlesscharte, 3047 m.

VI. Hauptkamm

● **1266**   **Banker Kirchenkogel,** 3115 m

Mächtiger Felsberg in dem von der Äußeren Schwenzerspitze nach N abzweigenden Kamm. In dem nach N weiterlaufenden Kamm der Kleine Kirchenkogel, 2862 m. Der Kirchenkogel entsendet einen Grat nach W gegen das Gurgler Tal.

● **1267** a) **Von Hochgurgl.** 4 st.
Zur Bergstation des Sesselliftes (Großkarlift) und nordwärts zur Einmündung des Kirchenkares. Über Geröll und Schrofenhänge von NW auf den Gipfel.

● **1268** b) Über die Fels- und Schrofenhänge (II) der O-Flanke von der Bankeralm aus, die man südwärts vom Timmelsjoch aus (hierher auf R 340) erreicht.

● **1269**   **Schermerspitze,** 3117 m
Höchste Erhebung in dem von der Äußeren Schwenzerspitze nordwärts ziehenden Kamm. Zwischen dem N-Grat und einem langen, nach NW laufenden Kamm, der den Plattenkogel, 2897 m, trägt, liegt der Plattenkogelferner eingebettet.

● **1270** a) **Von Hochgurgl über den Südgrat.** 3 st.
Von Hochgurgl über die Blockhänge (oder mit dem Lift) in das mächtige Schuttkar. Plattenkar genannt, das zwischen Vorderem Wurmkogel und dem Plattenkogel, bzw. dem NW-Grat der Schermerspitze eingelagert ist. Durch dieses empor, am nördl. Rand des Wurmkogelferners vorbei auf die Ein-

sattelung, 2959 m, im Verbindungsgrat Hint. Wurmkogel—Schermerspitze. Von hier über den kurzen S-Grat zum Gipfel.

● **1271** b) **Vom Timmelsbach über die Ostflanke.** 4 st. III—.
Von Hochgurgl über den Plattenkogelferner über den NW- oder N-Grat.

● **1272** **Bankerkogel**, 3060 m
Graterhebung zwischen Hinterem Wurmkogel und Schermerspitze. Gegen W zum Wurmkogelferner mit Schrofenhängen abfallend, gegen O zieht eine steile Felsflanke zum Gletscherbecken des Bankerferners hinab. (In der AV-Karte ohne Namen. Höhenzahl richtig: 2982 m.)

● **1273** a) **Über den Südgrat.** 20 Min.
Wie bei Anstieg a) zur Schermerspitze zum Wurmkogelferner und im Bogen nach rechts auf die Einschartung südl. des Gipfels und über den S-Grat zum höchsten Punkt.

● **1274** b) **Über den Nordgrat.**
Wie oben auf die Einsattelung zwischen Bankerkogel und Schermerspitze und über den felsigen Grat zum Gipfel.

● **1275** **Wurmkogel**
Vorderer 2828 m, Hinterer 3082 m

Der Vordere Wurmkogel ist dem Hinteren Wurmkogel weit nordwestl. gegen das Gurgltal hin vorgelagert. Der Hintere Wurmkogel bildet die erste Erhebung im von der Äußeren Schwenzerspitze gegen N abstreichenden Kamm. Er blickt mit steilen Felsflanken gegen O und S. Nordwestl. des Gipfels zieht der Wurmkogelferner gegen das Plattenkar hinab. Östl. lagert sich der Bankerferner an den Fuß der O-Wände an.

● **1275 a** **Von Hochgurgl** (Normalweg).
Der Hintere Wurmkogel ist einer der am häufigsten besuchten Gipfel im Berggebiet um Hochgurgl. Zwei Sessellifte führen von Hochgurgl bis in die schöne Mulde (Plattenkar) unter dem Gipfelhang empor. Von hier in 1 st an den W-Grat und $^1/_4$ st zum Gipfel. (Gipfelsektion). Von der Bergstation in 15 Min. zum Gipfel.

● **1276** a) **Von Obergurgl über den Südostgrat.** I—II, 4 st.
Von Obergurgl auf der Straße talaus und wie in R 341 in das Königstal und talein bis von links oben die Bäche (Distelbäche) aus dem Hinteren Wurmeskar einmünden. Vom Steig ab und links des ersten Baches östl. über die Hänge empor und

in das Schuttkar, dessen Umrahmung Hinterer Wurmkogel und Äußere Schwenzerspitze und der Verbindungsgrat zur Vorderen Schwenzerspitze bilden. In die Einsattelung zwischen Hinterem Wurmkogel und Äußerer Schwenzerspitze. Über den zuletzt aufsteilenden großblockigen SO-Grat (II—) oder rechts der Gratschneide (I+, brüchig) auf den Gipfel.

● **1277** b) **Vom Timmelsjoch** zur Bankeralm und unter den Flanken der Schermerspitze entlang auf den Bankerferner in die Einsattelung zwischen Hinterem Wurmkogel und Äußerer Schwenzerspitze. Wie oben a) über den SO-Grat zum Gipfel.

● **1277 a** c) **Nordgrat.** I+, von Hochgurgl 3 st (die Lifte führen bis ins Plattenkar empor). Von Hochgurgl über die Weideböden hinauf ins Großkar, und weiter ins Plattenkar, das von den Wurmkögeln und der Schermerspitze umschlossen wird. Man steigt über Fernerreste gegen die Scharte P. 2959 zwischen Schermerspitze und Bankerkogel an (hierher von der Lift-Bergstation in $1/2$ st). Über den plattigen Grat in anregender Kletterei auf den Gipfel.

● **1278** Schwenzerspitzen
Äußere 2993 m, Vordere 2904 m
Mittlere 2889 m, Hintere 2875 m

An der Äußeren Schwenzerspitze zweigt der schon mehrmals genannte Kamm vom Hauptkamm nach N ab. Nördl. des Gipfels zieht der Bankerferner ab. Die Vordere, Mittlere und Hintere Schwenzerspitze sind Erhebungen im Hauptkamm zwischen Königsjoch und P. 2955 m der AV-Karte. Touristisch nicht besonders lohnend.

● **1279** a) **Äußere Schwenzerspitze** über den NW-Grat. Von Obergurgl $4^{1}/2$ st.
Wie oben 4a in die Einsattelung zwischen Äußerer Schwenzerspitze und Wurmkogel. Von hier über den NW-Grat auf den Gipfel.
Zur Einsattelung auch wie oben 4 b.

● **1280** b) **Die Hintere Schwenzerspitze** ist vom Königsjoch über den langen Grat unschwierig zu erreichen.
Aus dem Hinteren Wurmeskar sind Mittlere und Vordere Schwenzerspitze über ihre NW-Flanken unschwierig zu erreichen. Ihre S-Grate sind jedoch schwieriger.

● **1281**   **Königskogel,** 3055 m

Schöner, kaum vergletscherter Felsberg im Hauptkamm zwischen Königsjoch und Aperem Ferwalljoch aufragend. Der Gipfel besteht aus zwei gleich hohen Erhebungen. Er entsendet einen langen Rücken nach NW hinab, der zwischen Ferwalltal und Königstal aufragt. 1. Ersteigung: Dr. Oster mit Führer Scheiber (von S), 1885.

● **1282**   a) **Von Gurgl von Westen.** I, 3½—4 st.
Von Gurgl in das Ferwalltal und wie in R 342 gegen das Apere Ferwalljoch. In Fallinie des Gipfels vom Steig ab und nordöstl. steil empor über die Hänge und eine Felsstufe zum Gipfel.

● **1282 a**   b) **Von Gurgl über den Südgrat** (G. Becker mit Führer J. Gstrein, 1895). II, 4½—5 st.
Von Gurgl in das Ferwalltal und wie in R 342 bis knapp unterhalb des Ferwalljoches, nordöstl. auf einen Gratkopf im S-Grat und nördl. hinab in ein Schartl. Steilere Graterhebungen können auf der O-Seite umgangen werden. Über den scharfen Grat zum Gipfel.
Der Weg vom Ferwalljoch unmittelbar über den Grat zum O-Gipfel ist kaum schwieriger.

● **1283**   c) **Aus dem Königstal.** Von Obergurgl 5 st.
Wie in R 341 in den Schuttkessel („Tote Böden") unterhalb des Königsjoches. (Hierher auch von der ehemaligen Essener Hütte R 341, umgekehrter Weg.) Südöstl. haltend, gegen den SO-Rand des kleinen Königsferners. Nun zum Teil über Blockwerk und den Ferner zum Gipfel.

● **1283 a**   d) **Von der ehem. Essener Hütte, von Osten.** 2—3 st.
Von der ehem. Essener Hütte über Grashänge empor zur O-Flanke des Königskogels. Durch Felsrinnen mühsam zum Gipfel.

● **1283 b**   **Nordwestgrat** (1. vollständige Begehung A. Linsbauer, 1966). II—III, 5 st.
In Verbindung mit dem S-Grat schöne großzügige Fahrt in festem Gestein. In umgekehrter Richtung weniger zu empfehlen, da dann die meisten Kletterstellen im Abstieg zu bewältigen sind.
Vom O-Gipfel über eine Steilstufe ausgesetzt auf den W-Gipfel. Über leichte Platten und Blockwerk hinab in die Ein-

sattelung 2882 m. Über leichten Fels und Blockwerk auf einen kleinen Felskopf und in eine zweite Scharte und weiter über den immer steiler werdenden Grat auf P. 2967. Über Platten abwärts und den nun wild zerzackten Grat ausgesetzt überkletternd, zuletzt über eine schräge Platte und einen senkrechten, von einem Riß gespaltenen Aufschwung auf P. 2977. Leicht abwärts in eine breite Einsattelung. Über Gras und Blockwerk die Punkte 2910 und 2903 unschwierig überschreitend, schließlich wieder über scharfe Gratstücke ausgesetzt auf P. 2887 und P. 2850 („Königsgrat").

Über einen kurzen aber scharfen Grat auf P. 2825 hinüber. Abstieg über Blockwerk und Gras, sich immer links (südwestl.) haltend ins Ferwalltal und über R 342 hinab nach Obergurgl.

● **1284** Ferwallspitzen
Südliche 2996 m, Nördliche 2967 m

Als Ferwallspitzen werden die Graterhebungen zwischen aperem und schneeigem Ferwalljoch bezeichnet. Bergsteigerisch kaum von Interesse. In der AV-Karte unbenannt.

a) **Nördliche Ferwallspitze**, 2967 m.
Vom aperen Ferwalljoch über Steigspuren in wenigen Min. (I).

b) **Südliche Ferwallspitze**, 2996 m, vom schneeigen Ferwalljoch 1/2 st, II.
Über den scharfen Grat erst eben, dann steil empor auf P. 2954, in ein kleines Schartl und über steile, grasdurchsetzte Felsen und Blockwerk zum Gipfel (Gipfelzeichen).

c) **Gratübergang von der südlichen zur nördlichen Ferwallspitze** (vermutlich 1. Begehung A. Linsbauer, 1966), 5 st, III, brüchig, nicht empfehlenswert in umgekehrter Richtung noch unangenehmer.

● **1285** Festkogel, 3035 m

Mächtiger Eckpfeiler in dem vom Granatenkogel nach NW streichenden Seitenkamm, über der Gurgler Haide und dem Roßkar aufragend. Im Sommer verhältnismäßig unschwierig ersteigbarer Aussichtspunkt; im Winter beliebtes Skiziel. Festkogellift. Schon früh von Einheimischen erstiegen.

● **1285a** a) **Von Obergurgl.** I, 3 1/2 st.
Vom südl. Ortsende folgt man dem Weg hinauf zur Kopfstation des Skilifts (Rumsoppen). Vom Weiterweg zum Gletscherlift zweigt 50 m vor der Gaißbachbrücke links ein Steig

ab, der in Kehren durch das Gehänge steil emporleitet (bei einer Wegteilung rechts ab) und einem kleinen Steiglein folgend die ausgedehnten Grashänge empor zu einer Verflachung. Die Steigspuren führen weiter empor durch die Block- und Firnfelder des Roßkares, nordwestl. unter dem Festkogel. Weglos und mühsam aufwärts auf eine Gratschulter knapp nördl. unter dem Gipfel. Über die Steilstufe des Grates auf den höchsten Punkt.

● **1285 b** b) **Aus dem Großkar** (von der Sessellift-Bergstation), I, 1½ st.
Von der Bergstation südostwärts empor ins Roßkar und wie in a) auf den Gipfel.

● **1285 c Roßkarschneide** (A. Linsbauer, 1966), II, 5—6 st.
Wie bei R 342 in das Ferwalltal, an seiner Mündung aber rechts ab und dem Weg zur Gurgler Haide folgend um einen Felsvorsprung herum. Hier den Weg links verlassend und weglos über einen grasigen Rücken empor. Etwas links haltend an den Ansatz der Roßkarschneide. Über Platten auf die blockige Erhebung des Rotmooskogels, 2743 m. (Von Obergurgl 2½ st.)
Von hier mehrere Erhebungen überschreitend, über den langen Grat zum Festkogel.

● **1285 d Gratübergang vom Festkogel zum Granatenkogel** (A. Linsbauer, K. Ricica, 1965). III, brüchig, von Obergurgl 8—10 st.
Vom Festkogel über Blockwerk und leichte Felsen die Graterhebungen P. 3036 und P. 3050 überschreitend, über den immer schmäler werdenden Grat auf P. 2999. Steil und sehr brüchig hinab in die Scharte 2961 m (hierher auch aus dem Ferwalltal über den westlichen Ferwallferner). Über schuttbedeckte Felsen auf eine markante Graterhebung (P. 3056) und über den scharfen, teils überfirnten Grat weiter zu P. 3125. Hier steil und sehr brüchig absteigen und abseilen in die Scharte 3067 m. Wie in R 1287 auf den Gipfel.

● **1286**   **Granatenkogel,** 3304 m
Mächtige Felsgestalt im Hauptkamm zwischen Granatschartl und Schneeigem Ferwalljoch. Einer der schönsten Berge in den Ötztalern, mit steilen Fels- und Eisflanken. Der vom Gipfel weit nach NW gegen das Gurgltal ziehende Kamm trägt den Festkogel, 3055 m, und ist wegen des zahlreichen Vorkommens von Granaten berühmt. Der N-Grat trennt den Östl.

Ferwallferner vom Granatenferner und bildet die Landesgrenze.
1. Ersteigung: A. R. v. Worafka mit Führer P. P. Gstrein über NW-Grat, 1878. Ersteigung des Vorgipfels schon früher anläßlich der Militäraufnahme. Auf dem Gipfel ein Gärtlein von Alpenmohn und Enzian.

● **1287** a) **Nordwestgrat aus dem Ferwalltal** (Weg der Erstersteiger, 1. Begehung H. Meynow mit Führer J. Unterwurzacher, 1891). Von Obergurgl 4—5 st.
Von Obergurgl wie bei R 342 in das Ferwalltal. Bald nach Überschreiten des Ferwallbaches rechts ab und wieder zurück auf die rechte (südwestl.) Talseite. Auf Steigspuren talein bis in den innersten Kessel (Zolldiensthütte). Auf Steigspuren südwärts empor und über die zerrissene rechte, südwestl. Zunge des Östl. Ferwallferners empor auf eine Einschartung im NW-Kamm (P. 3076 m). Über den Grat (Firnflecken und Geröll) zum Gipfel.

● **1288** b) **Nordwestgrat und Westrinne**, II, von Obergurgl 4—5 st. (Weniger empfehlenswert, da man bei Überwindung der SW-Flanke auf sehr brüchiges Gestein trifft.) Von Obergurgl folgt man dem Weg zum Festkogel (R 1285). In etwa 2400 m Höhe verläßt man das Steiglein nach rechts und quert südöstl. auf Steigspuren empor auf die Stufe zwischen den Abstürzen des Festkogel-Granatenkogel-Grates und den Schrofenhängen, die zum Gaißbergbach und zur Zunge des Gaißbergferners abstürzen (Granatenwand, an ihr zahlreiche Granatvorkommen). Man hält sich unter der SW-Flanke des Festkogel-Granatenkogel-Grates (Steigspuren), bis in Fallinie der tiefen Einsattelung im NW-Kamm (P. 3076 m). Durch die zu dieser Einsattelung emporziehende Felsrinne (steinschlaggefährdet, u. U. Gefahr des Abbruches der großen Wächte im Sattel) und über den Kamm zum höchsten Punkt.

● **1288 a** c) **Abstieg durch die West-Rinne** (Abseilstelle 20 m). Vom Gipfel über den NW-Grat bis zur Einsattelung P. 3076 hinab. Hier links durch die steile Schuttrinne hinab in die Westflanke. Die Rinne bricht mit einem 20 m hohen Felsabsatz zum Wandfuß ab. Abseilstelle (H). [Man kann an dieser Stelle auch durch ein Wandl (III) auf die die Rinne westl. begrenzende Felsnase hinausqueren.]
Durch das Schuttkar auf die Grasböden hinab, und durch sehr steile Grasflanken gerade hinab auf den Gletscher. Nur

für sehr geübte Geher. Für diese aber der kürzeste Abstieg. (Beschreibung nach H. Klier u. Gef., 1970.)

● **1289** d) **Nordnordostgrat** (Dr. Ruhland, Dr. Winkelmann mit Führer A. Tschiderer, 1897). III, von Obergurgl 4½—5 st. Von Obergurgl wie in R 1287 zur Zolldiensthütte im innersten Kessel des Ferwalltales. Über die Firnflecken des nördl. und nordwestl. Randes des Östl. Ferwallferners direkt empor auf das Schneeige Ferwalljoch und an den Ansatz des NNO-Grates. Zuerst an der südöstl. Seite, dann über Platten empor zu einem Überhang, der ausgesetzt rechts umgangen wird. Über eine glatte Platte und brüchiges Gestein über den nun schmalen Grat und zum Gipfel.

● **1290** e) **Südostgrat** (G. Becker mit Führer J. A. Klotz, 1894). Schönster Anstieg, II—III, von Obergurgl 4—5 st. Von Obergurgl wie R 1289 zum Schneeigen Ferwalljoch. Nun über Schutt nach S auf den Granatenferner und an der südöstl. Seite des NNO-Grates empor in das oberste flache Becken des Granatenferners gegen die nordwestl. der Essener Spitze eingesenkte Scharte, Granatenscharte, 3176 m, empor. (Steiles Firn- oder Eisfeld.) Hierher auch vom Hochfirstferner, R 1300. Der Südanstieg ist jedoch ziemlich steinschlaggefährlich, weshalb die Überschreitung der Essener Spitze zu empfehlen ist. (R 1292 b.) Nun über den SO-Grat, zwei kleinere Gratzacken überschreitend, einen größeren südl. umgehend und durch einen Kamin zurück auf den Grat. Gerade über ihn zum höchsten Punkt.

● **1291** f) **Ostwand** (E. Platz, 1904). II—III, 4½ st von Obergurgl, 1½ st E.
Wie oben d) auf den Granatenferner und empor gegen die O-Flanke. Überschreiten der Randkluft an geeigneter Stelle (etwa in Fallinie des großen Turmes im SO-Grat). Empor zu den plattigen Felsen am Fuß des Gratturmes und über sie zu einer Wandstufe, die etwas abwärts gequert wird. Über Wandstufen und durch Rinnen in ein Schartl nördl. des Gipfels.

XVIII Granatenkogel Foto: Lohmann, Obergurgl
I = Granatenkogel, II = Hochfirst, III = Liebenerspitze, IV = Gurgler Kirchenkogel
1 = Granatenkogel-NO-Grat, R 1289, 2 = Granatenkogel-NW-Grat, R 1287, 3 = Liebener Spitze-Nordflanke (Eisnase), R 1313 a, 4 = Übergang Kirchenkogel–Liebener Spitze, R 1317

● **1291 a** g) **Von der ehemaligen Essener Hütte** auf dem Höhenweg nach Süden. Westl. abzweigend dem Bach auf das Schneeige Ferwalljoch folgen und wie bei R 1289 zum Gipfel. Am Anstieg zahlreiche Granatfundmöglichkeiten.

● **1292** h) **Nordwand** (Dieter Schmidt u. Gef., 1959, private Mitteilung aus München-Pasing). Durchstieg ziemlich genau in Gipfelfallinine. Schöne Eis- und Felsfahrt.

● **1292 a** i) **Nordwestwand,** 300 m Wandhöhe.
Wie in R 1287 auf den östl. Ferwallferner, aber im oberen Gletscherbecken links ab. Den Bergschrund überschreitend, rechts von den Felsrippen über ein steiles Firn- oder Eisfeld (etwa 50°) ansteigen, erst links haltend ziemlich steil, weiter oben mehr rechts haltend flacher zum Gipfel.

● **1292 b** k) **Überschreitung Essener Spitze — Granatenkogel,** stellenweise III—. Da der Südanstieg zum Granaten-Schartl (R 1290) steinschlaggefährlich ist, empfiehlt es sich, vom Hochfirstferner etwa bei Höhenlinie 3040 m über die steile Schuttflanke zur Einsattelung, 3141 m, am SO-Fuß der Essener Spitze anzusteigen. Von hier über den SO-Grat auf die Essener Spitze, wobei der erste Grataufschwung im kleingriffigen Fels etwa 15 m links umgangen wird (II). Von der Essener Spitze in anregender Kletterei über den NW-Grat hinab zum Granat-Schartl und über den SO-Grat (R 1290) auf den Granatenkogel.

● **1293** **Essener Spitze,** 3200 m
Gratturm im Hauptkamm südöstl. der Granatenscharte. 1. Ersteigung: Dr. K. Arnold und Frick mit Führer S. Pfitscher, 1900.

● **1293 a** a) **Von Gurgl über den Hochfirstferner.** 4 st.
Wie in R 1300 über den Nordwestgrat.

● **1293 b** b) **Von der Essener Hütte.** II, 3 st.
Wie in R 1299 auf den Westl. Seewerferner. Von hier empor in die Scharte südl. des Gipfels (P. 3141 m). Über den S-Grat auf den Gipfel.

● **1293 c** c) **Nordflanke** (Beschr. nach A. Linsbauer, 1966).
Man quert wie in R 1290 das oberste flache Becken des Granatenferners, in südöstl. Richtung bis unter die Essener Spitze und über ein kurzes, aber steiles Firnfeld auf den Gipfel.

● **1294** **Hoher First,** 3405 m
Höchste Erhebung im nordöstl. Teil des Hauptkammes. Der Berg hat seinen Namen von seinem mächtigen, dachfirst-

ähnlichen Gipfelaufbau. Der nordöstl. gegen das Seewerkar hinabziehende, lange Grat trägt die Racinespitze, 3040 m, und trennt den Westlichen vom Mittleren Seewerferner. Vom Gipfel zieht nordwestl. der steile Hochfirstferner gegen das Gaißbergtal hinunter. 1. Ersteigung: Dr. J. Scholz und C. J. Gärber mit den Führern P. P. Gstrein und B. Grüner von SW und über den W-Grat, 1870.

● **1295** a) **Von Süden** (G. Becker mit Führer J. Klotz, 1895). Vom Gaißbergjoch ³/₄ st.

● **1296** Von Obergurgl zur Endstation des Rumsoppenliftes und über die Brücke über den Gaißbergbach. Bei der Wegteilung südl. der Brücke (Ww.) links ab und in einer Kehre empor und in das Gaißbergtal. Zuerst an der rechten Talseite empor, dann auf den Talgrund und zur Zunge des Gaißbergferners. Auf dem Ferner südöstl. links haltend zwischen Spalten gerade empor und links eines Schuttfleckes durch den schmalen, steilen und wild zerrissenen Gaißbergferner aufwärts (Eisarbeit) und in die flachere Gletschermulde südwestl. des Gaißbergjoches. Über Firn auf dieses empor und über den brüchigen SO-Grat zum Gipfel.

Der SO-Grat kann etwas später betreten werden, indem man etwa 50 m unterhalb des Gaißbergjoches, vom Gaißbergferner aus zur W-Flanke des SO-Grates über einen Eishang und die Randkluft, eine steile Rinne und zuletzt über Schrofen den oberen Teil des SO-Grates erreicht. Dieser Anstieg ist weniger zu empfehlen.

● **1297** b) **Nordwestflanke** (H. Meynow mit Führer J. Unterwurzacher, 1891). (Je nach Verhältnissen steile Eishänge.) Von Obergurgl 6 st.
Wie oben a) auf den unteren Gaißbergferner und aus ihm nordöstl. über Geröll empor auf den Hochfirstferner. Über ihn steil empor fast unmittelbar zum Gipfel. (Diese Flanke wird von hochalpinen Skiläufern mit Skiern befahren.)

● **1298** c) **Westgrat** (Dr. A. Arnold mit Führer S. Pfitscher, 1896). III, 2¹/₂ st. E.
Wie oben a) auf den Gaißbergferner links (östl.) des Schuttfleckes und steil empor über Eis zum Fuß des W-Grates. Immer gerade über ihn empor, über steile Platten und Schrofen auf den höchsten Punkt.

● **1299** d) **Ostgrat** (Dr. K. Arnold, Baum mit Führer Froner, 1903). II—III, von der ehem. Essener Hütte 5—5¹/₂ st.
Vom Standpunkt der ehem. Essener Hütte südl. auf dem Höhenweg. Kurz nach Überschreiten des vom Schneeigen Ferwalljoch herabkommenden Baches

zweigen gegen rechts Steigspuren ab, die über die Schrofenhänge emporleiten. Dann weglos über Geröll zum Westl. Seewerferner. Man steigt über den Ferner in Richtung der südwestl. der kühn aufragenden Racinespitze eingeschnittenen Scharte empor und erreicht durch sie den O-Grat. Nun gerade über den O-Grat zum Gipfel.

● **1300** e) **Nordgrat** (Dr. Ihssen, O. Mohr und M. Kürschner, 1902). Gratüberschreitung von der Essener Spitze zum Hohen First. III, von Gurgl 7—10 st.
Wie in R 1296 auf den Gaißbergferner. Links ab zum Hochfirstferner, durch eine steile Eisrinne in die Granatscharte und über den kurzen NW-Grat auf die Essener Spitze, 3200 m. Südl. hinab in ein Schartl, 3141 m, über die plattige Wand des ersten Gratäufschwunges, links, südl. haltend, und über den langen Grat über mehrere Gratzacken zum Gipfel.

An den N-Grat auch von der ehem. Essener Hütte:
Wie R 1299 auf den Westl. Seewerferner, die Scharte südl. der Essener Spitze. Weiter wie oben.

● **1301** f) **Gratüberschreitung** vom Hohen First zum Granatenkogel. Schwierige, aber schöne Bergfahrt.

● **1302** **Rauhes Joch,** 2926 m
Felsige Erhebung in dem zwischen Hohen First und Seewerspitze vom Hauptkamm nach NO abstreichenden Grat.
Vom Gaißbergjoch über den Kamm in die Essener Scharte. Über mehrere Graterhebungen und über die Imstspitze, 3024 m, auf das Rauhe Joch.

● **1303** **Draunsberg**
Hinterer 2825 m, Mittlerer 2779 m, Vorderer 2761 m
Grinólspitze, 2763 m, **Sechs Spitzln,** 2510 m

Ausläufer des vom Rauhen Joch nordöstl. weiterziehenden Kammes. Sie erheben sich zwischen Pfelders und Seewertal. Von der ehem. Essener Hütte südl. auf dem Höhenweg (Steig) auf das Seewerjoch. Über den Grat unschwierig auf den Hintern Draunsberg, ³/₄ st vom Seewerjoch. Südl. über Blockwerk und Felsen auf den Mittleren und Vorderen Draunsberg.

● **1304** **Grinólspitze.** Südöstlich der ehem. Essener Hütte auf der anderen Talseite des Seewertales. Ein mächtiger, aus

XIX Hochfirst   Foto: H. Klier
1 = Nordgrat, R 1300, 2 = NW-Flanke, R 1297, 3 = W-Grat, R 1298,
4 = Normalweg, R 1296

Blockwerk und Schrofen gebildeter Stock, der allein stehend aufragt. Von allen Seiten über Schrofen unschwierig zu ersteigen.

● **1305 Sechs Spitzln.** Nördl. der Grinölspitze und südöstl. über der Seeweralm aufragend. Von SO und NW über den Kamm leicht zu ersteigen.

● **1306**   **Seewerspitze, 3302 m**

Nur wenig über den Hauptkamm aufragende Erhebung zwischen Hohem First und Liebenerspitze. Hier biegt der Hauptkamm nach SW ab. Nördl. des Gipfels zieht der lange Gaißbergferner durch das Gaißbergtal hinaus, an der südöstl. Flanke ist der kleine steile Hangende Ferner eingelagert.
1. Ersteigung: H. Meynow mit Führer Unterwurzacher (Überschreitung Gaißbergjoch—Liebenerspitze), 1891. 1. Abstieg nach S: Dr. K. Arnold mit den Führern J. Rainer und S. Pfitscher, 1899.

● **1307**   a) **Von Nordosten über das Gaißbergjoch.** I, von Obergurgl 4½—5 st.
Wie bei 9. Hoher First a) auf das Gaißbergjoch und über Fels und Firn südl. über den breiten Kamm auf den Gipfel.

● **1308**   b) **Von Nordwesten** aus dem Gaißbergferner, W-Grat im Aufstieg: Dr. K. Arnold mit den Führern Rainer und Pfitscher, 1899). Von Obergurgl 4½—5 st.
Wie bei 9a auf den innersten Gaißbergferner und über steilen Eis- oder Firnhang in die Einsattelung zwischen Liebenerspitze und Seewerspitze. Über den W-Grat zum höchsten Punkt.

● **1309** c) **Von der ehem. Essener Hütte.** 3 st.
Südl. auf dem Höhenweg bis unter den Mittleren Seewerferner. Hier vom Steig ab und weglos über Moränenschutt empor, an der rechte Begrenzung des Ferners, dann auf ihm steil empor unter den O-Flanken des vom Hohen First ostwärts ziehenden Kammes. Zuletzt steil über den zerrissenen Ferner auf das Gaißbergjoch und über den Kamm zum Gipfel.

● **1310** d) **Abstieg nach Süden.**
Über steile Schrofen südl. hinab, westl. des Hangenden Ferners, auf den Höhenweg Essener Hütte — Zwickauer Hütte, und nach Pfelders.

● **1311**   **Liebenerspitze, 3400 m**

Schön geformter Doppelgipfel, zu dem ein westlicher Ast des Gaißbergferners hinaufreicht. Bei der Liebenerspitze zweigt der lange, gegen Obergurgl ziehende Kirchenkogelkamm ab, der die Hohe Mut, 2659 m, und den Kirchenkogel, 3180 m, trägt. 1. Ersteigung: Dr. v. Hecht mit Führer Pinggera über südwestl. Firnhang, Abstieg O-Grat, 1872.

● **1311a Von Westen.** Von Obergurgl 5—6 st.
Wie in R 1334 auf die Zunge des Rotmoosferners. Nun links, östl. haltend, in der Mitte zwischen dem vom Heuflerkogel herabziehenden Felsstock und dem dem Kirchenkogel vorgelagerten Schutt und Felskamm empor und ostwärts über den Gletscher auf den Hauptkamm, westl. der Liebenerspitze. Über Schrofen (oder, je nach Verhältnissen, über Eis) durch eine Rinne auf den Vorgipfel, 3395 m, und über den kurzen Grat auf den höchsten Punkt.

● **1312 a) Von Westen.** Von Obergurgl 5—6 st.
Oder direkt über den dem Kirchenkogel südl. vorgelagerten Schutt- und Felskamm empor auf P. 3191, den Gletscher kurz nach O queren und wie oben zum Gipfel.
Oder wie R 1334 über die nordöstl. Hänge an den Rotmoosferner und weiter wie oben.

● **1313 b) Von Osten.** Von Obergurgl 5—6 st.
Wie in R 1296 auf das innerste Becken des Gaißbachferners und in die südöstl. Gletschermulde. Aus ihr in südl. Richtung sehr steil (Randkluft) auf die tiefste Einschartung im Hauptkamm zwischen Seewerspitze und Liebenerspitze. Über den blockigen Grat zum Gipfel.

● **1313a c) Über die Eisnase der N-Flanke.** Von Obergurgl 5¹/₂ st. Schöne Eisfahrt für Geübte.
Wie in R 1296 in das innerste Becken des Gaißbergferners. Nun rechts hinaus auf die auffallende Eisnase (N-Grat) und über diese steil unmittelbar auf den Hauptgipfel empor.

d) **Westliche Liebenerspitze vom Rotmoos**

● **1314 Gurgler Kirchenkogel, 3180 m**
Höchste Erhebung des von der Liebenerspitze nordwestl. abziehenden Felsfirstes, der zwischen dem Gaißbergferner und dem mächtigen Rotmoosferner aufragt. Die NO-Wand mit ihrem gewaltigen Marmorüberhang ist noch unbezwungen. Die Ersteigung des Kirchenkogels ist von keiner Seite leicht. 1. Ersteigung: Dr. Oster mit den Führern A. Scheiber und J. Grüner über den NW-Grat, 1885. (1. Ersteigung des Vorgipfels: Sonklar, 1856.)

● **1315 a) Aus dem Rotmoostal** (H. Meynow mit Führer Unterwurzacher, 1891). Unschwierig, aber mühsam. Trittsicherheit erforderlich. Von Gurgl 4¹/₂ st.

Von Gurgl auf dem Weg mit der Nr. 17 zum Rotmoosferner. Von der Zunge noch etwa 500 m über das Eis talein dann über die Moränen links aufwärts in das Schuttkar, das nordwestl. des Kirchenkogels eingelagert ist. Aus diesem quert man hoch droben auf das gegen W schauende Schuttdach des Berges hinaus; über dieses außerordentlich mühsam empor und auf den nördl. Gipfelgrat. Nun leicht zum Gipfel. (Für Geübte ungemein rascher und anregender Abstiegsweg.)
Oder wie in R 1334 auf die Hänge nordöstl. des Rotmoosferners und weiter wie oben.

● **1315 a** b) **Nordwestgrat** (Weg der Ersteiger), teilweise III, langwierig, im unteren Teil brüchig. Von Gurgl 7—10 st.
Wie in 1318a auf den Mutsattel und über den Kamm weiter an den Felsaufschwung. Die erste Graterhebung wird über Steigspuren unschwierig erreicht. Nun in gefährlichem Gestein absteigen und einige Zacken überschreiten (z. T. besser abseilen). Dann über den kleingriffigen und scharfen Grat auf P. 2915 und weiter auf P. 3035. Hier nach NO absteigen oder abseilen und wieder empor in eine markante Scharte im Grat queren. Man überklettert mehrere scharfe Zacken und über steile Firnreste oder über die Plattenwand auf den Vorgipfel (ihre Umgehung rechts ist möglich) und über den Grat unschwierig zum Gipfel.

● **1316** c) **Ostwand** (H. Hörtnagl und F. Niedermoser, 1923, O-Grat im Abstieg). Vom Wandfuß 2—3 st.
Wie in R 1296 auf den Gaißbergferner. Im Bogen gegen SW in die Gletschermulde östl. des Kirchenkogels. Steil empor, in Richtung des Gipfels des Kirchenkogels.
Nördl. des Gipfels zieht eine Eisrinne herab. Links von ihr über plattigen Fels empor, an eine geröllbedeckte Rippe. Über diese zu kleinem Firn- oder Eisfeld und steil (Stufenarbeit) zum Gipfel.

● **1317** d) **Gratübergang zur Liebenerspitze** (H. Hörtnagl jun., Niedermoser, 1923). Teilweise III, 1—2 st.
Vom Gipfelsteinmann steil hinab auf ein Köpfl (Steinmann). Noch ein paar Meter in Kalkfels abwärts bis zum Abbruch,

XX Liebener Spitze Foto: H. Klier
I = Liebener Spitze, II = Kirchenkogel
1 = Liebener Spitze-Ostgrat, R 1313, 2 = Liebener Spitze-Nordflanke, R 1313 a

über den man sich etwa 15 m abseilt. Nun über zahlreiche, teils brüchige Zacken in die tiefste Einsattelung, 3180 m, und über den Firngrat jenseits auf den W-Gipfel der Liebenerspitze empor. Eindrucksvolle Fahrt.

● **1318**   **Hohe Mut,** 2659 m

Gegen das Gurgltal vorgeschobene Erhebung des Kirchenkogelkammes. Schöne Aussicht auf die Gurgler Berge und den Ramolkamm. Sesselbahn-Bergstation. Bergrestaurant.

a) **Von Obergurgl** aus dem Dorf und längs des Skiliftes die Hänge empor und über die Brücke des Gaißbergbaches. Gleich nach der Brücke bei der Wegteilung links ab und in Kehren steil bergauf an den Eingang des Gaißbergtales. Bei der nächsten Wegverzweigung hoch über dem Gaißbergbach rechts ab und im Bogen um den Rücken der Hohen Mut gegen SW herum und von S auf den flachen Gipfel.

● **1318 a**   b) **Aus dem Rotmoostal.** Von Obergurgl, I, 2 st.

Auf dem Weg zur Schönwieshütte, vorbei an der Talstation des Gletscherlifts, hinauf zu einem kleinen Holzhüttchen am Eingang des Rotmoostales (gegenüber an der anderen Talseite die Schönwieshütte). Etwa 100 m oberhalb des Hüttchens zweigt bei einer Tafel der Weg links ins Rotmoostal ab. Wieder ein paar Schritte weiter zweigt von diesem Weg (14) bei einem kleinen Wiesenboden links der Weg zum Mutsattel ab (17). Durch den S-Hang der Hohen Mut etwa ½ st hinauf zu einer weiteren Wegverzweigung. Der Steig links führt zur Hohen Mut empor, der rechte führt zum Mutsattel, 2556 m, weiter.

● **1318 b**   c) **Gletscherlift Hohe Mut.**

In der Hauptverkehrszeit bei schönem Wetter ganztägig, sonst nach Bedarf, in Betrieb.

Im Liftbereich der Hohen Mut sind mehrere neue Wege angelegt worden:

d) Von der Hohen Mut zum Mutsattel und wie bei R 1334 über die Hänge zum Rotmoosferner in etwa 2700 m.

XXI Rotmoos-Gipfelrunde   Foto: H. Klier

I = Heuflerkogel, II = Trinkerkogel, III = Scheiberkogel, ▼ = Rotmoosjoch

1 = Weg Hohe Mut — Rotmoosferner, R 1318, 2 = Liebener Spitze von W, R 1311 a, 3 = Heuflerkogel-O-Grat, R 1321, 4 = Trinkerkogel von N, Ostgrat, R 1325 a, 5 = Hohe Mut — Rotmoosjoch, R 1318, 6 = Rotmoosjoch, von Obergurgl, R 1334

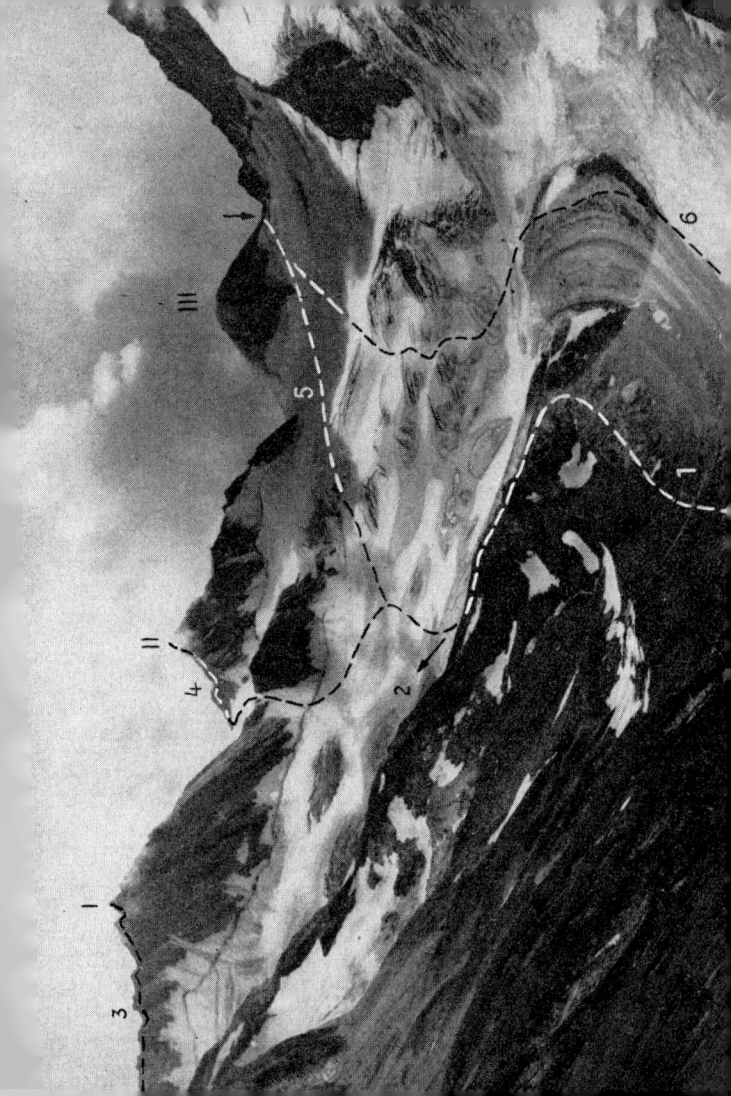

e) Vom Weg d) zweigt unter dem Steilaufschwung des Kirchenkogel-NW-Grates rechts ein zweites Steiglein ab und erreicht die Seitenmoräne bei etwa 2550 m Höhe.

f) Knapp südwestl. des Mutsattels führt ein Steig quer über die Hänge abwärts und erreicht das Rotmoostal in etwa 2450 m Höhe.

g) Diese drei Wege münden in einen vierten, der knapp nordöstl. des Rotmoosferners über Moränenschutt auf den Rücken der Seitenmoräne emporführt und zusammen mit dem Weg d) in 2700 m Höhe am Rotmoosferner mündet.
Von hier kann man auf Steigspuren über den ausgeprägten Schuttkamm (der dem östlichsten Teil des Rotmoosferners entragt und fast bis unter die Liebenerspitze emporzieht) empor auf P. 3191.

● **1319**   **Heuflerkogel,** 3220 m

Steiler, doppelgipfliger Felsberg, aus dem Rotmoosferner aufragend gegen S und SO mit steiler Felsflanke gegen das Pfelderstal abfallend. 1. Ersteigung: Dr. Oster mit Führer A. Scheiber aus dem Rotmoosferner, 1887.

● **1320** a) **Von Südwesten.** I—II, von Gurgl 5 st.
Von Obergurgl wie in R 1334 auf den Rotmoosferner. Über den spaltenreichen Gletscher in Richtung Trinkerkogel empor, dann östl. abbiegend und in die tiefste vergletscherte Einsattelung zwischen Trinkerkogel und Heuflerkogel. Zuerst über den Firnboden, dann über brüchiges Blockwerk über den SW-Grat zum Gipfel.

● **1321** b) **Von Osten.** II, von Gurgl 5 st (sehr brüchig und gefährlich).
Von Obergurgl wie in R 1334 auf den Rotmoosferner. Links haltend auf dem zur Liebenerspitze emporziehenden Fernerteil hinauf und steil über den Gletscher und über Schrofen in eine Einsattelung zwischen Liebenerspitze und Heuflerkogel. Über den O-Grat in schöner Kletterei zum Gipfel.

● **1322** c) **Überschreitung zur Liebenerspitze** (Dr. K. Arnold mit den Führern J. Rainer und S. Pfitscher, 1899). Außerordentlich brüchig und gefährlich, wie R 1321 keine empfehlenswerte Kletterei.
Vom Gipfel östl. hinab in die Einschartung zwischen Heuflerkogel und Liebenerspitze. Auf dem Hauptkamm nordöstl. empor auf den Vorgipfel und über den kurzen Grat zum höchsten Punkt der Liebenerspitze.

● 1323　　　　　　**Trinkerkogel,** 3161 m
Nur wenig über den Hauptkamm aufragende Graterhebung. Nördl. und nordwestl. mit kurzer Felsflanke gegen den Rotmoosferner, südöstl. und südl. mit steilen Fels- und Schrofenhängen gegen das Pfelderstal abfallend. 1. Ersteigung: Dr. Oster, V. Sauter, 1893.

● 1324　a) **Von Südwesten.** Von Obergurgl 4—5 st, II, brüchig und ausgesetzt.
Von Obergurgl wie in R 1334 über den Rotmoosferner gegen das Rotmoosjoch empor. Im Gletscherbecken zwischen Trinkerkogel und Scheiberkogel südöstl. empor auf die vergletscherte Einsattelung zwischen Trinker- und Scheiberkogel. Nun entweder direkt über den SW-Grat zum Gipfel, oder auf der SO-Flanke des Grates empor zum höchsten Punkt.

● 1325　b) **Von Nordosten.** Von Obergurgl 5 st, II, brüchig und ausgesetzt.
Von Obergurgl wie in R 1334 über den Rotmoosferner in Richtung des Trinkerkogel-Gipfels empor und weniger steil in die überfirnte Einsattelung zwischen Heuflerkogel und Trinkerkogel. Über den NO-Grat über Platten in schöner Kletterei zum Gipfel.

c) Den Rotmoosferner kann man von der Bergstation des Gletscherlifts auf der Hohen Mut auf einem Steig fast ohne Höhenverluste erreichen. Der Steig beginnt etwas südwesl. des Mutsattels, quert die Hänge des Kirchenkogels und erreicht den durch das Rotmoostal hereinführenden Steig auf der großen Seitenmoräne.

● 1326　d) **Von Süden.** Von der Zwickauer Hütte 2 st.
Von der Zwickauer Hütte absteigend auf dem Höhenweg zur ehem. Essener Hütte und zur SO-Wand des Trinkerkogels. Durch Rinnen empor auf den SW-Grat. Oder durch die Rinnen der S-Flanke gerade empor zum Gipfel.

● 1327　　　　　　**Scheiberkogel,** 3135 m
Kleine östl. des Rotmoosjoches aufragende Erhebung des Hauptkammes. Von hier zieht ein Felskamm gegen W, dessen einer Ast den Rotmooskogel trägt. 1. Ersteigung: K. A. Meyer mit Führer J. Pixner, 1890; 1. Begehung von SW: G. Becker mit Führer J. Klotz, 1895.

● 1328　a) **Von Nordwesten.** Vom Rotmoosjoch, 1/2 st.
Wie in R 345 auf das Rotmoosjoch und über Blockwerk zum Gipfel.

● 1328 a　b) **Nordostgrat** (Beschreibung nach A. Linsbauer, 1966). II. Vom Joch 3009 m 1/2 st.

Über Blockwerk empor zum Steilaufschwung des Grates. Man weicht zuerst in die steile grasige SO-Flanke aus, dann über den brüchigen Grat selbst zum Gipfel.

● 1329 c) **Von Süden.** Von der Zwickauer Hütte 1 st.
Von der Zwickauer Hütte auf den Planferner, den man in Richtung eines Felskopfes quert. Über diesen auf den höchsten Punkt.

● 1330 Rotmooskogel, 3338 m

Höchste Erhebung in dem kleinen, vom Rotmoosjoch westl. ziehenden Felskamm, mitten zwischen Planferner im S, Wasserfallferner im NW und Rotmoosferner im NO. 1. Ersteigung: H. Meynow mit Führer Unterwurzacher, 1891.

● 1331 a) **Ostkamm** (D. Diamantidi mit Führer Kotter, 1892). ³/₄ st.
Vom Rotmoosjoch (R 345) über Blockwerk auf den Gipfel.

● 1332 b) **Vom hintersten Wasserfallferner** über Firn und Blockwerk auf den Gipfel.

● 1333 Hinterer Seelenkogel, 3472 m

Steil aus dem Becken des Langtaler Ferners aufragendes Felshorn, zu dem sich der Seelenferner von W steil emporzieht. An die O-Flanke legt sich der schroffe Planferner an. Der nach N ziehende Kamm trägt den Mittleren und den Vorderen Seelenkogel, den Hangerer und die kleinere Kammerhebung des Halsles. 1. Ersteigung: Dr. K. Edel, Fr. v. Bibra, Klaus Gareis, Dr. Rödiger, Kurat Gärbner mit den Führern B. Grüner und M. Scheiber, 1871. Der Name ist von den kleinen Seen bei den „Ackerlen" und im Hangerer-Kar herzuleiten („See-len"), nicht von „Seele".

● 1334 a) **Von Nordosten über das Rotmoosjoch.** Von Obergurgl 5 st.
Von Obergurgl wie in R 249 auf dem Weg zur Langtalereck-Hütte talein und an den Beginn des Rotmoostales. Hier bei der Wegteilung rechts ab (man wählt den rechten der zwei in das Rotmoostal führenden Wege) und im Rotmoostal einwärts und zur Zunge des Rotmoosferners. Auf den Rotmoosferner auch wie in R 1318 (mit dem Lift auf die Hohe Mut und vom Mutsattel nach SO. Knapp vor dem Steilaufschwung des Kirchenkogel-NW-Grates rechts die Hänge über dem Rotmoosferner querend; man benützt das obere der beiden Steiglein. Es führt zur Seitenmoräne. Zum Ferner selbst südöstl. über den im unteren Teil spaltigen Gletscher aufwärts,

flacher auf den mittleren Teil des Ferners und steiler zwischen Spalten aufwärts in die Gletschermulden nördl. des Rotmoosjoches und durch sie empor auf das Joch. Südwestl. hinab auf den Planferner und unter den S-Abstürzen des Rotmooskogels (oder über den Rotmooskogel) empor gegen den Hinteren Seelenkogel.
Auf den Firnsattel zwischen Rotmooskogel und Hinterem Seelenkogel und steil empor über den Firnkamm von NO auf den Gipfel.

● **1335** b) **Über das Rotmoosjoch.** Von Obergurgl 5 st.
Wie oben a) auf das Rotmoosjoch und südwestl. hinab auf den Planferner und empor gegen den Hinteren Seelenkogel. Steil südl. auf den O-Grat und über schönen Fels zum Gipfel. Auf den O-Grat auch von der Zwickauer Hütte, bez., 1—1$^1/_2$ st. Der Planferner ist im oberen Teil sehr steil geworden (50°), so daß man bei schlechten Verhältnissen R 1331 oder R 1335 vorzieht.

● **1336** c) **Von Nordwesten aus dem Langtaler Ferner.** Von der Langtalereck-Hütte 4 st.
Von der Hütte zur Zunge des Langtaler Ferners und weiter südl. talein, auf der östl. Seitenmoräne empor und östl. auf den südl. Teil des Seelenferners. (Auf den Fernerteil, der zwischen Hinterem und Mittlerem Seelenkogel emporzieht.) In östl. Richtung steil empor in die tiefste Einsattelung zwischem Hinterem und Mittlerem Seelenkogel. Über Blockwerk und Firn südl. auf den Gipfel.

● **1337** d) **Nordostwand** (G. Jori und A. Wagleitner, 1934). Vom Rotmoosjoch. (Eine Variante führte Jori mit B. Caldonazzi 1939 durch.)
Wie oben a) zum Rotmoosjoch und über den Planferner in südwestl. Richtung zum Fuß der NO-Wand (Randkluft). Auf guter Brücke über die Randkluft, und nach einem Ausweichen gegen links wieder nach rechts empor und in Gipfelfallinie in nassem, brüchigem Gestein empor bis kurz unter den Gipfel. Hier Querung nach links und auf den O-Grat. Über ihn in wenigen Minuten zum Gipfel.

● **1338** e) **Südwand** (G. Jori und Gefährten, 1934).
f) **Überschreitung** vom Hinteren Seelenkogel über den Mittleren auf den Vorderen (K. A. Meyer mit Führer J. Pixner, 1890. 1. Abstieg nach Überschreitung vom Vorderen Seelenkogel ins Rotmoostal: H. Meynow mit Führer Unterwurz-

acher, 1891). Unschwierig bis mäßig schwierig (I—II), 1¹/₂ st.
Vom Gipfel des Hinteren Seelenkogels nordwestl. über Firn
hinab über Felsen und in die Einsattelung nordwestl. des Gipfels. Über brüchige Felsen über den S-Grat auf den Mittleren
Seelenkogel. Abstieg nordwestl. zuerst über Firngrat, dann
über brüchigen Fels nördl. in den Sattel zwischen Mittlerem
und Vorderem Seelenkogel. Nördl. empor über Blockwerk und
Firn auf den Vorderen Seelenkogel.

● 1339 Mittlerer Seelenkogel, 3426 m

Schöner, zum Teil überfirnter Felskopf, aus dem Seelenferner
und dem wild zerklüfteten Wasserfallferner aufragend. 1. Ersteigung: F. Senn mit Führer Grüner aus dem Rotmoostal,
1866. 1. Ersteigung durch die Felsen der S-Wand: Arnold,
Beyweiß, Trick und Zucker, 1903.

● 1340 **Von Süden.** II. Aus der Einsattelung zwischen Rotmooskogel und P. 3424 im NW-Kamm des Hinteren Seelenkogels, ¹/₂ st.
In die Einsattelung wie oben a) oder c) und über den S-Grat
auf den Gipfel.

● 1341 Vorderer Seelenkogel, 3290 m

Am weitesten gegen das Gurgltal vorgeschobener Gletscherberg des vom Hinteren Seelenkogel abzweigenden Seitenkammes. 1. Ersteigung: Th. Petersen.

● 1342 a) **Von Norden.** Von Gurgl 4 st.
Von Obergurgl zur Schönwieshütte wie in R 345. Nun talein
ins Rotmoostal, bis sich zur rechten eine Möglichkeit bietet,
zum Hangersee und -ferner aufzusteigen. Zuletzt über einen
flachen Firnkamm zum Vorderen Seelenkogel.

● 1342 a a) **Über den Wasserfallferner.** Von Gurgl 5 st.
Großartige Eisfahrt durch wildzerklüfteten Ferner. S-Grat II.
Von Obergurgl auf dem bez., vielbegangenen Weg zum Rotmoosferner. Man betritt die Zunge und hält sich gleich gegen
rechts an den Steilabfall des großartigen Wasserfallferners.
Durch die starke Ausaperung trennt jetzt eine Felsbarriere,
von NW her bis fast zur Mitte des Gletschers, den Rotmoosferner vom Wasserfallferner. Die darüberliegenden Eismassen bilden einen Hängegletscher. Man muß sich nun entweder einen Weg durch das Spalten-Labyrinth des südöstl.
Gletscherteils suchen oder über die schuttbedeckten Schrofen
am orographisch linken Gletscherufer ansteigen, bis man zum

relativ harmlosen, flachen Teil des Wasserfallferners oberhalb der Eisabbrüche hinüberqueren kann. Über diesen südwärts, bis man gegen rechts den Fuß des S-Grates des Vorderen Seelenkogels erreicht, der in mehreren Steilstufen abbricht. Über diesen in anregender Kletterei zum S-Gipfel.

● **1342 b** b) **Vom Langtaler Eck.** 2—3 st. Gletscherfahrt, Kletterei II.

Von der Langtalereck-Hütte auf dem Steig ins Langtal. Wo von links die Bäche vom Vorderen Seelenferner herabkommen, verliert er sich. Dort über steile Moränen hinauf zum Gletscher. Der Bruch wird links oder rechts umgangen. Hierauf gewinnt man leicht den Fußpunkt des S-Grates. Über diesen zum S-Gipfel.

● **1343 Hochebenkamm,** höchste Erhebung, 3166 m

Felsrücken, über dem innersten Gurgltal zwischen Hochebenferner und dem nördlichsten Teil des Hangererferners und dem Äußeren Hochebenkar aufragend. 1. Ersteigung des höchsten Punktes: O. Frank mit Führer S. Gstrein, 1872. Überschreitung des ganzen Grates: G. Becker, M. Scheiber, 1895. 1. Überschreitung vom westl. zum östl. Hochebenkamm: H. Hörtnagl, F. Niedermoser, 1923.

● **1344** a) **Von Nordosten.** Von der Hochebenscharte 1 st. Wie in R 1349 zur Hochebenscharte. Südl. über den Grat (östl. Kamm) über schöne Felsen zur Verzweigung, Östl.— Westl. Hochebenkamm und zum höchsten Punkt.

● **1345** b) **Von Nordwesten.** II, von der Langtalereck-Hütte 2 st.

Östl. empor über Rasen und Schutthänge zum Fuß des westl. Hochebenkammes. Schöne Kletterei über die Gratzacken (die auch umgangen werden können) auf den höchsten Punkt.

● 1346 c) Südostgrat (Abstieg).
Vom höchsten Punkt südostwärts hinab über plattigen Fels und Firnflecken in eine Schneemulde, um einen Turm links herum und hinab auf den flachen Endpunkt des Kammes. Westl. hinab über die Firnhänge des Hochebenferners, dann über die Schuttfelder des Inneren Hochebenkares abwärts und zur Langtalereck-Hütte.

● **1347** d) **Übergang zum Vorderen Seelenkogel.** 1 st.
Aus der tiefsten Einsattelung zwischen Hochebenkamm und Vorderem Seelenkogel über Firn und Blockwerk, zuletzt über Felsen auf den Vorderen Seelenkogel.

● **1348**   **Hangerer**, 3021 m

In dem vom Hinteren Seelenkogel abzweigenden Kamm über dem Gurgltal aufragend. Wegen seiner vorgeschobenen Lage prächtiger Aussichtsberg für den Ramolkamm und das Gurgltal. 1. Ersteigung: v. Sonklar, 1856.

● **1349**   a) **Von Süden.** Von Obergurgl 3½ st.

Von Obergurgl wie in R 249 auf dem Weg zur Langtalereck-Hütte bis hinter die Gurgler Alm. Vor Überschreiten des aus dem Äußeren Hochebenkar kommenden Baches vom Weg ab und pfadlos südöstl. empor in die Hochebenscharte, 2895 m. Nördl. über den S-Kamm zum Gipfel.

● **1350**   b) **Von Norden.** Von Obergurgl 3 st, bez.

Von Obergurgl wie in R 249 zur Skihütte Schönwies, 2262 m. Hier am Weg Hinweistafel „Hangerer". Der vom Steig wegführenden Bezeichnung folgend von Norden über Gras- und Schotterhänge zum Gipfel mit Kreuz und Gipfelbuch.

● **1351**   **Rotegg**, 3341 m

Südwestl. des Hinteren Seelenkogels im Hauptkamm aufragend. Gegen NW vergletscherte Flanke, gegen SO ein mächtiger Felskamm in das Pfelderstal hinabstreichend.

● **1352**   **Langtalerjochspitze**, 3157 m

Zwischen Rotegg und dem Langtaler Joch mit felsigem Gipfelaufbau im Hauptkamm aufragend.

Von Südwesten. Vom Langtaler Joch 20 Min.

Von der Langtalereck-Hütte auf dem Weg zum Hochwildehaus abwärts. Vor Überschreiten des vom Langtaler Ferner herabkommenden Gletscherbaches auf Steigspuren talein und von links auf den Langtaler Ferner. Südöstl. auf ihm empor und zuletzt steiler über den Gletscher auf das Langtaler Joch. Nordöstl. über den Firngrat, dann über Blockwerk zum Gipfel.

● **1353**   **Hochwilde** (Hohe Wilde)

Nördlicher Gipfel, 3461 m, Südlicher Gipfel, 3482 m

Nördlicher Gipfel — wilder Felszacken im Hintergrund des Gurgler Ferners. Von NW zieht ein mächtiger Firngrat bis an den Gipfelstock heran. Steile Abstürze vom Verbindungsgrat zum Südl. Gipfel nach NO und NW. Zum Südlichen Gipfel zieht der Langtaler Ferner vom N heran. Der lange S-Grat bricht zum Eisjöchl (Am Bild) herunter (Stettiner Hütte).

Schroffe Abstürze gegen O und W zum kleinen steilen Kesselferner. Beim Hochwildegipfel biegt der Hauptkamm scharf nach W um (Südseite, Vorkommen von Granat und Hornblende).

1. Ersteigung des S-Gipfels: J. Ganahl mit Bauern und Hirten aus dem Schnalstal, anläßlich der militärischen Vermessung 1858. 1. touristische Ersteigung J. J. Weilenmann, 1862. 1. Ersteigung des N-Gipfels: H. Lutze von Wurmb mit den Führern P. P. Gstrein und R. Scheiber, vom Gurgler Ferner von NW 1871.

● **1354** a) **Von Nordwesten aus dem Gurgler Ferner.** Vom Hochwildehaus 3½—4 st.

Vom Hochwildehaus zuerst längs des W-Abhanges des Schwärzenkammes südwärts und hinab auf den Gurgler Ferner. Auf dem Ferner längs des Schwärzenkammes aufwärts und das Schwärzenjoch und den Annakogel links (östl.) liegen lassend zwischen den Schrofen des Mitterkammes und dem NW-Rücken des Annakogels über Firn hindurch und unter der felsigen SW-Flanke des Annakogels vorbei in südöstl. Richtung gegen den mächtigen Firngrat der Hochwilde. An seinem rechten, südwestl. Hang steil empor zu den Gipfelfelsen.

Der erste Gratturm kann rechts umgangen, oder gerade mäßig schwierig (II) überklettert werden. Dann über Blockwerk auf den N-Gipfel (zum Teil gesichert). Übergang zum Südgipfel s. R 1355.

Der Mitterkamm kann auch rechts, südwestl. umgangen werden, indem man vom Hochwildehaus gerade südl. den Gurgler Ferner in Richtung auf die nördl. Ausläufer des Kammes überquert, dann unter dem Kamm südöstl. gerade empor gegen die Firnschneide der Hochwilde steigt.

● **1355** b) **Überschreitung Annakogel — Nordgipfel — Südgipfel** (W. Paulcke, G. Becker mit Führer Klotz und Träger Scheiber, 1895). Vom Hochwildehaus 4—5 st.

Wie oben a) auf den Gurgler Ferner ungefähr in die Höhe zwischen Schwärzenjoch und Mitterkamm. Südl. empor über den Firnrücken, zuletzt über Blockwerk auf den Gipfel des Annakogels, 3336 m. Südöstl. über einige Gratabsätze über den Felsgrat hinab in die Einschartung zwischen dem SO-Grat des Annakogels und der Firnschneide der Hochwilde. Über die Schneide (oder rechts davon) empor und auf den N-Gipfel der Hochwilde (wie a). Über den Verbindungsgrat (teilweise gesichert) in schöner Kletterei zum S-Gipfel („Gustav-Becker-Weg"), II, je nach Verhältnissen 45—90 Min.

Abstieg über den NO-Grat auf den Langtaler Ferner (1. Abstieg nach N: Dr. Petersen mit Führer Ennemoser).

● **1356** c) **Nordostgrat vom Langtaler Ferner.** 1 st E.
Vom Hochwildehaus über den Gurgler Ferner längs des Schwärzenkammes empor und auf das Schwärzenjoch. Von hier steiler Abstieg über Felswand (Eisflanke) hinab auf den Langtaler Ferner. Unter den Felsen des Schwärzenkammes, des Annakogels und des Hochwildekammes auf dem Gletscher südöstl. empor. Dann in westl. Richtung über den Ferner in Richtung Hochwildejoch an den Fuß des NO-Grates. Zuerst über Firn, dann über Fels empor zum S-Gipfel.
Zum Fuß des NO-Grates auch von der Langtalereck-Hütte südl. über den Langtaler Ferner empor in Richtung Langtaler Joch. Unter dem Joch südwestl. steiler empor (Spalten) unter das Hochwildejoch und an den Fuß des NO-Grates.

● **1357** d) **Nordostwand.**
Wie oben c) auf den Langtaler Ferner und an den Fuß der NO-Wand. Über die steile Eiswand und über Felsen zum Gipfel.

● **1358** e) **Von Südosten.** Von der ehem. Stettiner Hütte. 2½ st.
Von der ehem. Stettiner Hütte auf Steig zum Eisjöchl (Am Bild). Auf Steigspuren über einen Seitengrat des S-Grates gegen das Hochwildejoch empor. Dann westl. durch die O-Flanke zum S-Gipfel.

● **1359** f) **Südgrat.** Von der Stettiner Hütte 2½—3 st, bez., für Geübte leicht.
Von der Hütte zum Eisjöchl und nördl. empor an den Fuß des Grates. Schöne Kletterei zum P. 3130 im S-Grat. Empor über den zackigen Grat zu einem Steilabsatz, der gerade zum S-Gipfel emporleitet.

● **1360** g) **Von Nordosten.** Von der Zwickauer Hütte.
Von der Zwickauer Hütte auf Steig und Steigspuren südl. hinab und unter das Langtaler Joch. Pfadlos auf dieses empor und auf den Langtaler Ferner. Weiter wie oben c).

● **1361** **Annakogel,** 3336 m
Nordwestl. der Hochwilde und südl. des Schwärzenjoches aufragender flacher Gipfel, mit blockigem Gipfelaufbau.
Von Norden. Vom Hochwildehaus 2 st.
Vom Hochwildehaus wie oben R 1354 auf den östl. Teil des Gurgler Ferners (gefährliche Spalten!) und an den Beginn des zum Annakogel emporziehenden Firnhanges. Rechts haltend, über Firn, zuletzt über Blockwerk zum Gipfel.

● **1362** **Mitterkamm**
höchste Punkte 3200 m, 3194 m und 3208 m

Mitten im weiten Gletscherbecken des Gurgler Ferners aufragender Felskamm, der von NO nach SW zieht. 1. Ersteigung und Überschreitung: G. Becker mit Führer S. Gstrein, 1894.

● **1363** a) **Von Nordwesten.** Vom Hochwildehaus 2 st.
Vom Hochwildehaus südwestl. längs des Schwärzenkammes und auf den Gurgler Ferner. Über den Gletscher gerade zum nordwestl. Fuß des Kammes. Einstieg. Über Blöcke und Platten auf den kleinen Vorgipfel, hinab in eine kleine Scharte und empor auf den ersten Gipfelzacken (sehr brüchig). Über den Grat weiter zum Mittelgipfel und über Platten auf ihn. Ein Abbruch wird beim Abstieg in die nächste Scharte auf der NO-Seite umgangen. Aus der Scharte kurz auf den letzten Gipfel.

● **1364** b) **Von Südwesten,** aus dem Gurgler Ferner. 1 st.
Wie oben (R 1354) auf den Gurgler Ferner und um den Mitterkamm herum gegen seine SW-Flanke. Durch eine plattige, steile Rinne auf den letzten Gipfel des Kammes.

● **1365** **Schwärzenkamm,** höchster Punkt: 3201 m
Schwärzenspitze, 2980 m

Langer, mächtiger Felskamm, der vom Schwärzenjoch nach N zieht und zwischen dem großen Gurgler Ferner und dem Langtaler Ferner steht. Im nördl. Teil ragt die Schwärzenspitze aus dem zackigen Kamm empor. Schöner Aussichtsberg. 1. Ersteigung der Schwärzenspitze: wahrscheinlich Leutnant W. Cemus mit den Kaiserjägern J. Gabl und E. Esterhammer, anläßlich der militärischen Vermessung, 1870. 1. Überschreitung des Kammes: K. P. Wehl mit Führer J. Gstrein, 1907.

● **1366** a) **Von Südwesten.** Vom Hochwildehaus ¾ st.
Von der Hütte nordöstl. auf einem Steiglein empor auf die Kammhöhe, ungefähr 3000 m. Nordwärts über den Kamm über Platten auf die Schwärzenspitze.

● **1367** b) **Überschreitung des ganzen Kammes.** II, 4 st.
Vom Hochwildehaus auf dem Hüttenweg talaus (oder von der Langtalereck-Hütte auf dem Hüttenweg zum Hochwildehaus talein) bis zum Beginn des Kammes. Südl. empor über Schrofen und Zacken auf die Schwärzenspitze. Weiter über den Grat und zahlreiche schroffe Zacken und Türme bis in

eine Einschartung nördl. des Schwärzenjoches und auf den Gurgler Ferner.

Bankkogel, 3309 m

Westl. des Gurgler Eisjoches und östl. der Falschunggspitze im Hauptkamm aufragend. Der O-Grat wird durch einen mäßig steilen Blockgrat gebildet.

● **1368 Vom Westen.** Vom Hochwildehaus 3 st.
Vom Hochwildehaus auf dem Gurgler Ferner in Richtung Mitterkamm aufwärts. Rechts des Kammes eben in südwestl. Richtung über den Ferner. Im Bogen steiler nach SO empor und rechts des steilen Firn- und Felshanges, der vom NW-Grat der Bankspitze abfällt. Südöstl. über die spaltenreichen Firnhänge empor gegen den Gipfel und kurz über Blockwerk zum höchsten Punkt. (Kurz unter dem Gipfel gefährlich verdeckte Spalte!)

● 1369 Falschunggspitze, 3363 m

Westl. des Bankkogels im Hauptkamm aufragend. Der Gurgler Ferner zieht mit einem Firnhang von NW gegen den Gipfel empor. Mächtige Abstürze gegen S ins Pfossental. Schöner Blick auf die Texelgruppe.

● **1370 Von Nordwesten.** Vom Hochwildehaus 3½ st.
Vom Hochwildehaus wie in R 1363 gegen den Fuß des Mitterkammes im Gurgler Ferner. Rechts des Kammes in südwestl. Richtung eben über den Gletscher, dann südl. steiler über die Hänge und Mulden empor zum Firnhang, der zum Gipfel hinaufzieht. Über ihn zum höchsten Punkt (mächtiger Steinmann).

● **1370 a Von Nordosten.** Vom Hochwildehaus 3 st.
Wie bei R 1368 etwa 100 Höhenmeter unter den Gipfel des Bankkogel. Nun über flachen Firn an den NO-Grat der Falschungspitze queren. Über den Grat, zwei Absätze ersteigend, brüchig über Firnstellen und Blockwerk zum Gipfel.

● 1371 Karlesspitze, 3465 m
(Grubspitze)

Spitzer, zum Teil überfirnter Felskegel, mit steiler geschlossener S-Flanke gegen das Pfossental. Hier zweigt der große Ramolkamm gegen N hin vom Hauptkamm ab. Schöner Aussichtsberg. 1. Ersteigung: A. Marshall mit den Führern B. Grüner und P. P. Gstrein vom Querkogeljoch über die nördl.

Firnschneide, 1869. 1. Ersteigung von S (vom Eishof zum Karlesjoch—Querkogeljoch, N-Firnschneide): Dr. Th. Petersen mit den Führern R. Raffeiner und A. Santer, 1870.

● **1372** a) **Von Norden.** Über die nördl. Firnschneide vom Querkogeljoch. ¾ st.

Vom Hochwildehaus wie in R 359 zum Querkogeljoch.

Von der Martin-Busch-Hütte auf Samoar östl über die Grashänge abwärts und über die Bachschlucht. Am jenseitigen Hang um den Ausläufer des Marzellkammes herum und hinab auf den Marzellferner, der an geeigneter Stelle überschritten wird. Jenseits über Geröll um die Schrofen des Mutmalkammes herum und auf den Schallfferner. Auf ihm mäßig ansteigend empor, zuletzt in Richtung des vom Querkogel nach W herabziehenden Felskammes. Rechts des Kammes flacher in die südl. Gletschermulde des Schallfferners und empor zum Querkogeljoch.

Vom Joch über die steile Firnschneide zum Gipfel. (Je nach Verhältnissen Eisflanke oder Firngrat.)

● **1373** b) **Von Westen über den Grat.** Von der Martin-Busch-Hütte 5—6 st. Vom Hochwildehaus 4½ st.

Wie oben a) in die Firnmulde des südwestl. Schallfferners. Südwestl. empor an den W-Grat und über ihn zum Gipfel.

● **1374** c) **Von Westen.** Über das Karlesjoch.

Wie oben a) in die Firnmulde des südwestl. Schallfferners. Südl. eben hinaus zum Karlesjoch, einem flachen Gletschersattel westl. der Karselspitze. Auf das Karlesjoch auch vom S aus dem Pfossental. Etwas westl. des Eishofes nördl. steil empor in das Hochtal, genannt „Eiser Grube". Weiter steil empor über Schrofen und Geröll ziemlich mühsam, zuletzt über Firn auf die Jochhöhe.

Vom Sattel westl. empor über Firnhöcker an den W-Grat und über ihn zum Gipfel.

● **1375** d) **Von Südosten.** Vom Hochwildehaus 4 st.

Vom Hochwildehaus in R 1354 auf dem Gurgler Ferner empor gegen die Falschunggspitze bis auf die Höhe des Gipfels der Karlesspitze. Rechts, westl. in das äußerste, südwestl. Eck des Gurgler Ferners empor und an den Ansatz des SO-Grates. Über den mäßig steilen, blockigen Grat zum Gipfel.

● **1376**   **Querkogel**, 3448 m

Zwischen Querkogeljoch im S und Kleinleitenjoch im N aufragender Felsberg. Steile Fels- und Eisflanken gegen O. Gegen

W zieht ein langer Felskamm in den Schallfferner hinab. 1. Ersteigung: H. Heß und L. Purtscheller (Übergang N—S), 1887.

● **1377** a) **Von Norden** über das Kleinleitenjoch. Vom Hochwildehaus 3½—4 st.
Vom Hochwildehaus wie in R 358 auf das Kleinleitenjoch. Südl. zuerst fast eben, dann steiler über Firn empor und über Felsen zum Gipfel.

● **1378** b) **Von Süden**, II, über das Querkogeljoch. 1 bis 1½ st E.
Vom Hochwildehaus wie in R 359 auf das Querkogeljoch. Von der Martin-Busch-Hütte auf Samoar wie oben 33a auf das Joch. Vom Joch nördl. über Fels und Firn auf eine Graterhebung, P. 3382 m. Über den mäßig ansteigenden Felsgrat in schöner Kletterei, zuletzt über ein steil aufragendes Gratstück zum Gipfel.

● **1379** c) **Ostflanke** (Erstbegehung im Abstieg: Ing. E. Sporrer, 1923) im Abstieg.
Über die sehr steile Flanke über Blockwerk, Schutt und Eis (Steinschlag) und die Randkluft (Eisarbeit) hinab auf den Gurgler Ferner.

● **1380** d) **Westgrat** (R. Mair und S. Plattner, 1911). Von der Martin-Busch-Hütte auf Samoar 4 st.
Von der Martin-Busch-Hütte auf Samoar wie oben 33 a auf den Schallfferner und gegen den Beginn des W-Grates empor. Über Blöcke und Felsen zuerst wenig steil, dann steil über Felsen und Firn (Eis) zum Gipfel.

● **1380 a** e) **Nordflanke des Westgrates** (A. Linsbauer, P. Helbig, 1966). Vom Kleinleitenjoch 1 st.
Vom Joch nach SW queren, man übersteigt den Bergschrund und die kurze, aber steile Eiswand und erreicht die Schulter des W-Grates. Über ihn zum Gipfel.

● **1381** **Kleinleitenspitze**, 3445 m
Zwischen Schalfkogeljoch im N und Kleinleitenjoch im S als flacher Kegel mit vergletscherter steiler NO-Flanke und felsiger O-Flanke aufragend. „Der kleine Bruder des Schalfkogels." 1. Ersteigung: H. Heß und L. Purtscheller (Überschreitung N—S), 1887.

● **1382** a) **Vom Schalfkogeljoch.** 20 Min. Vom Hochwildehaus 3 st. Von der Martin-Busch-Hütte auf Samoar 4 st.
Vom Hochwildehaus wie in R 357 (von der Martin-Busch-

Hütte auf Samoar R 357 umgekehrter Weg) auf das Schalfkogeljoch. Über den breiten Firnrücken auf den Gipfel.

● **1383** b) **Nordostgrat** (H. Bouschka, F. und T. Suchomühl, 1922). Vom Hochwildehaus 3½ st.
Vom Hochwildehaus wie in R 357 unter das Schalfkogeljoch. Südwestl. an den NO-Grat und zuerst über Firn (Eis) empor. Dann über Fels und lose Blöcke, zuletzt in westl. Richtung über den Grat zum Gipfel.

● **1384** c) **Südgrat.** Vom Kleinleitenjoch, 1—1½ st E.
Vom Hochwildehaus wie in R 358 auf das Kleinleitenjoch. Von der Martin-Busch-Hütte auf Samoar wie oben 33a auf den unteren Teil des Schalfferners. Nun immer an seinem nördl. Rand mäßig steil aufwärts und über Firnhänge auf das Kleinleitenjoch. Vom Joch über Felsen auf die Graterhebung, P. 3345, weiter über einen Gratkopf und zuletzt über den kurzen, flachen Grat zum Gipfel.

● **1385** d) **Nordostwand** (E. Hein, H. Hörtnagl, K. Wessely und K. Wien, 1917). Vom Hochwildehaus 3½ st. Eiswand bis 50° Neigung, Höhe 100 m.
Vom Hochwildehaus wie in R 357 gegen das Schalfkogeljoch. 200 Höhenmeter unterhalb der Jochhöhe nimmt man Richtung auf die Kleinleitenspitze. In Gipfelfallinie über den Bergschrund und über die Firn- oder Eiswand zum Gipfel. (Durch die Ausaperung treten in der Gipfelfallinie brüchige Felsen zutage; man umgeht sie besser rechts. Private Mitteilung 1959.)

● **1386**   **Schalfkogel,** 3540 m
Nördl. des Schalfkogeljoches im Ramolkamm aufragend. Eine steile Firn- und Felsflanke zieht aus dem Gurgler Ferner zum Gipfel empor. Gegen N mit breiter Firnflanke gegen das Firmisanjoch abfallend. Von W gesehen erscheint der Schalfkogel als ebenmäßige, flache Pyramide. 1. Ersteigung: F. Mercey über das Schalfkogeljoch, 1839. 1. Ersteigung über Diemferner und Firmisanjoch: F. Senn und E. Neurauter, mit Führer I. Schöpf, 1868.

● **1387** a) **Über das Schalfkogeljoch** (Weg der Ersteiger). Vom Hochwildehaus 3—4 st.
Vom Hochwildehaus wie in R 357 oder von der Martin-Busch-Hütte auf Samoar wie oben 33a auf das Schalfkogeljoch. Nördl. über den Felsgrat steil empor, über Firn auf ein

ebenes, überfirntes Gratstück (P. 3476 m). Mäßig ansteigend über Fels und Schutt auf den Gipfel.

● **1388** b) **Über das Firmisanjoch.** Vom Ramolhaus 3 st. Vom Ramolhaus wie in R 356 auf das Firmisanjoch. Nun entweder mehrere Steilaufschwünge umgehend auf den breiten Firngrat und über diesen zum Gipfel.
Oder vom Firmisanjoch auf den Felsgrat (südl.) um einen Gratzacken links herum und ab vom Schneegrat (in schneereichen Jahren oft schwierig wegen der großen Wächten) und auf der Gurgler Seite über den Ferner schräg empor, dann steil auf den Firngrat und über ihn zum höchsten Punkt.

● **1389** c) **Westgrat über das Diemjoch.** Von der Martin-Busch-Hütte auf Samoar 5 st.
Von der Martin-Busch-Hütte auf Samoar wie oben 33a auf den Schallferner und westl. empor bis in Fallinie des Hinteren Diemkogels. Hier links, nordöstl. steiler empor, über Schutt dann über Firn zum Diemjoch. Über den Felsgrat (manchmal Eis) zum Gipfel.

Zum Diemjoch auch direkt von Vent, 5 st. Zuerst auf dem Hüttenweg zur Martin-Busch-Hütte auf Samoar talein bis vor die Ochsenleger-Kaser. Hier östl. vom Weg ab, hinab zum Bach (Niedertaler Ache). Ihre Überschreitung ist nur noch bei der Schäferhütte über ein Lawinenfeld möglich. Zuerst auf Steigspuren im steilen Firmisantal westl. aufwärts und auf die südl. Seitenmoräne des Diemferners. An geeigneter Stelle auf das flachere Stück im unteren Teil des Gletschers. Über den Ferner in südöstl. Richtung empor auf das Diemjoch.

● **1390** **Diemkögel**

Hinterer 3400 m, Mittlerer 3342 m und Vorderer 3372 m
Wenig hervortretende Graterhebungen in dem vom Diemjoch, bzw. vom Schalfkogel nach W gegen das Venter Tal ziehenden Kammes. Schroffe Abstürze des Kammes zum Schallferner, vom Diemferner nur wenig aufragend. 1. touristische Ersteigung: Vorderer Diemkogel, F. Senn und V. Kaltdorf mit dem Führer G. Spechtenhauser, 1869.

● **1391** a) **Über das Diemjoch.** Von der Martin-Busch-Hütte auf Samoar 4 st.

XXII Schalfkogel von O Foto: Lohmann, Obergurgl
I = Querkogel, II = Kleinleitenspitze, III = Schalfkogel, IV = Firmisanjoch, O = Hochwildehaus
1 = Schalfkogeljoch von O, R 357, 2 = Kleinleiten von NW, R 1382, 3 = Schalfkogel von N, R 1388

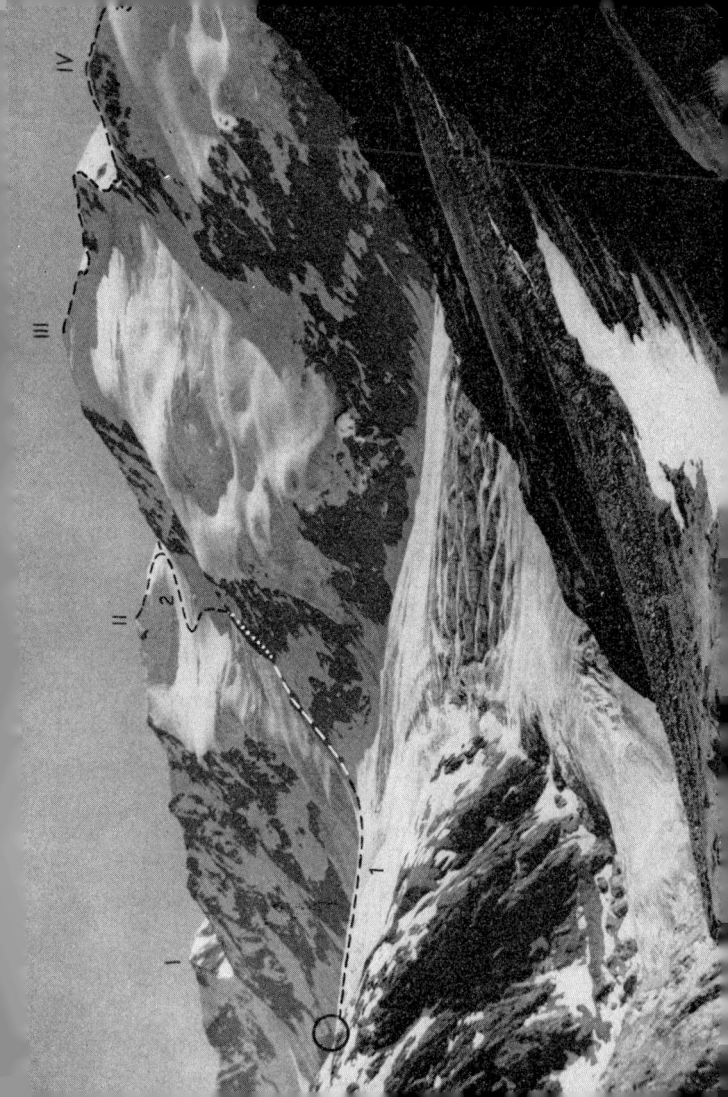

Wie in R 356 auf das Firmisanjoch und südl. empor auf dem N-Grat des Schalfkogels. Auf dem flacheren Gratstück, nach dem steilen Aufschwung, südwestl. quer über die steilen Firnhänge über eine Felsrippe auf das Diemjoch. Über den mäßig ansteigenden Grat über Blockwerk und Firn auf den Gipfel des Hinteren Diemkogels. Weiter über den unschwierigen Grat auf die anderen Erhebungen.

● **1392** b) **Aus dem unteren Diemferner auf den Vorderen Diemkogel.**
Wie oben 36 c auf das untere flachere Stück des Diemferners, oder auf seinem östl. Rand und die Moräne. Über Schutt und Firn südl. empor auf den vom Vorderen Diemkogel herabziehenden Felsgrat. Gerade empor über Blockwerk und Fels auf den Kamm. Westl. gegen die firnbedeckte Hochfläche und auf den Gipfel des Vorderen Diemkogels.

● **1393**   **Firmisanschneide,** 3491 m
Schön geformter Felsgipfel zwischen Firmisanjoch und Spiegeljoch aufragend. Mit mächtiger, steiler Gletscherflanke, zuletzt mit steilen Felshängen gegen den Gurgler Ferner abfallend. Ein langer Felsgrat zieht gegen das Venter Tal hinab. 1. Ersteigung: F. Senn und Dr. Darmstädter mit Führer A. Klotz von Vent aus, 1870.

● **1394** a) **Nordostgrat,** über das Spiegeljoch. Vom Ramolhaus 2½–3 st. I.
Vom Ramolhaus wie in R 355 auf das Spiegeljoch. Über den mäßig ansteigenden Grat empor, auf die Graterhebung P. 3380 m und weiter über die Schneide zum Gipfel.

Auf das Spiegeljoch auch von Vent. Südwestl. aus dem Dorf und auf gutem Weg empor zur Ramolalm (Weg zum Ramoljoch). Links über dem Ramolbach über Wiesenhänge steil empor und schräg einwärts bis unter die Zunge des Spiegelferners. Hier vom Weg ab und südwestl. über den Abfluß des Spiegelferners und jenseits im Bogen um den Vorderen Spiegelkogel herum und südöstl. zu den Moränen des Firmisanferners. Auf der nördl. Seitenmoräne ansteigend, zuletzt auf dem mäßig steilen Gletscher und über ihn empor auf das Spiegeljoch.

● **1395** b) **Südostgrat** (H. Heß und L. Purtscheller, 1887). Vom Firmisanjoch. Vom Ramolhaus 3 st.
Vom Ramolhaus wie in R 356 zum Firmisanjoch und südöstl. über den langen Felsrücken auf den Gipfel.

● **1396** c) **Ostwand** (Dr. G. E. Lammer, 1898, Abstieg W-Wand). 2½ st E.

Vom Ramolhaus wie in R 356 auf dem Weg zum Firmisanjoch auf das unter der Firmisanschneide eingelagerte Eisfeld. Man quert bis in Gipfelfallinie. Nun steil über die Eiswand empor. Über die Randkluft und an geeigneter Stelle an die schwarzen, brüchigen Felsen unter dem Gipfel. Durch Rinnen unmittelbar zum höchsten Punkt (Steinschlag).

● **1397** d) **Abstieg gegen Westen** durch die vom Gipfel auf den Gletscher hinabziehenden Steilrinnen.

● **1398** e) **Nordwestgrat** (Herbert und Heide Thalhammer, 1949). III, von P. 3121 m 2^1/$_2$ st.
Von Vent über die Ramolalm zum Diemferner, oder vom Ramolhaus über das Ramoljoch und über den Firmisanferner absteigend an die brüchige S-Flanke des NW-Grates. Über sie empor an den Grat, den man nordwestl. von P. 3121 m (AV-Karte) erreicht. Man verfolgt durchwegs die Gratschneide, ein größerer Gratturm kann an der S-Seite umgangen werden. Ein Firngrat führt zum steilen Gipfelaufschwung, der in festem Gestein gerade erklettert wird.

● **1399** **Spiegelkögel**
Hinterer 3426 m, Mittlerer 3310 m, Vorderer 3084 m
Der Mittlere und der Vordere Spiegelkogel liegen in dem vom Hinteren nach W und NW abstreichenden Fels- und Firnkamm. 1. Ersteigung: F. Senn und V. v. Mayrl mit den Führern J. Schöpf und J. Gstrein, 1870.

● **1400** a) **Vom Ramoljoch.** Vom Ramolhaus 2—2^1/$_2$ st.
Vom Ramolhaus auf einem Steig nördl. empor, dann nordwestl. über den kleinen Ramolferner in Richtung auf das Ramoljoch, das man zuletzt über Blockwerk erreicht. Auf das Joch auch direkt von Vent, indem man auf gutem Weg südöstl. aus dem Dorf und durch lichten Wald und über die Hänge zur Ramolalm emporsteigt. Weiter westl. über die Hänge steil empor und über dem Spiegelferner talein. Zuletzt auf den Spiegelferner und auf ein Gletscherbecken im Ferner. Aus ihm steiler empor, immer am nördl. Rand des Gletschers und von NW auf das Joch.
Vom Ramoljoch über Firn und Fels ansteigend auf einen nordöstl. Vorkopf. Von ihm südwestl. auf dem langen Grat empor zum Gipfel des Hinteren Spiegelkogels.

● **1401** b) **Von Osten.** I—II, vom Ramolhaus 2 st.
Vom Ramolhaus wie oben a) auf den Ramolferner und über

Felsen von O auf den Vorkopf. Weiter über den NO-Grat zum Gipfel.

● **1402** c) **Von Süden** (A. Haberl, R. v. Ibell, W. Kaufmann mit P. P. Gstrein und J. Falkner, 1875). II—III. Vom Spiegeljoch. Vom Ramolhaus 3 st.
Vom Ramolhaus wie in R 355 auf das Spiegeljoch. Über den ausgeprägten S-Grat auf den Gipfel.

● **1403** d) **Von Nordwesten** (Eiswand). Von Vent 5—6 st.
Von Vent wie oben a) auf das Gletscherbecken im Spiegelferner, und südöstl. zu den NW-Abstürzen, die in Eisarbeit zum Gipfel führen.
Zur NW-Flanke auch vom Ramoljoch, indem man vom Joch südwestl. abwärtssteigt und südl. gegen die NW-Flanke quert.

● **1404** e) **Kammüberschreitung** vom Hinteren zum Mittleren Spiegelkogel. III, 1 st.
Vom Gipfel des Hinteren Spiegelkogels westl. über Firn (Eis) und Fels hinab in eine Einschartung, P. 3214. Aus ihr empor über eine Graterhebung und gerade über den Grat zum Mittleren Spiegelkogel.

● **1405** f) **Mittlerer Spiegelkogel.** Von Vent 4—5 st.
Von Vent wie oben a) auf dem Weg zum Ramoljoch bis unter die Zunge des Spiegelferners. Südl. ab und über den Gletscherabfluß. Jenseits über Schutt empor, rechts der zerklüfteten Zunge des Spiegelferners. Auf dem zum Gipfel des Mittleren emporziehenden Ferner steil zum Gipfel.

● **1406** g) **Vorderer Spiegelkogel.** Von Vent 4—5 st.
Von Vent wie oben a) und f) über den Abfluß des Spiegelferners. Jenseits über Schutt empor und auf Steigspuren über das Geröll zum Beginn des kleinen Fernerteiles, der vom Mittleren Spiegelkogel herabzieht. Rechts des Ferners über Schutt und Schrofen aufwärts, zuletzt gegen W auf den Gipfel.
Der Vord. Spiegelkogel kann auch von W und S mühsam über Schutt erstiegen werden. Zugang über den Weg Ramoljoch — Martin-Busch-Hütte (354 a). Von Vent 4 st.

● **1407**   **Ramolkögel**
Kleiner 3351 m, Mittlerer 3518 m, Großer 3550 m
und Nördlicher (Anichspitze) 3428 m

Der Große Ramolkogel, ein mächtiger Fels- und Gletscherdom, ist der höchste Gipfel des Ramolkammes. Er ist vom

Kamm etwas gegen W vorgeschoben, aber durch einen Grat mit ihm verbunden, der beim Mittleren Ramolkamm abzweigt.

● **1408** a) **Von Süden.** Über das Ramoljoch (J. Noon und R. Pendlebury, 1870). Vom Ramolhaus 2—3 st. I—II.

Vom Ramolhaus wie bei R 354 unter das Ramoljoch und weiter leicht ansteigend in die Einsattelung am Fuß des Südgrates. Auf oder knapp rechts neben dem Grat bis zum mächtigen Aufschwung des Südgratkopfes. Dann in der Ostflanke schräg aufwärts auf eine Abdachung. Über sie gerade empor auf den Grat knapp südlich des Gratkopfes. Dessen Gipfelturm umgeht man rechts sehr ausgesetzt oder aber links leichter etwas tiefer. Sodann über Schrofen auf den Mittleren Ramolkogel. Übergang zum Großen Ramolkogel auf der scharfen und ausgesetzten Fels- bzw. Firnschneide.

● **1408 a** b) **Über den Südgrat des Mittleren Ramolkogels.** Vom Ramolhaus, II. Vom Ramolhaus nordwestl. durch Blockgelände zum Ramolferner. Die steile, ausgesetzte Schuttstufe, die auf ihn hinabführt, erfordert bei Vereisung Vorsicht! Über den Ferner zum Beginn des eigentlichen S-Grates des Mittl. Ramolkogels. Durch die Ostflanke des Grates, meist auf Steigspuren, aufwärts bis in die Nähe einer Schlucht, dann gerade hinauf zum Grat. Vor der Scharte, in der die Schlucht beginnt, ragt ein sperrender Gratzacken auf. Man umgeht ihn in der evtl. vereisten W-Flanke oder im O auf schmalen, ausgesetzten Schuttbändern. Dann leicht zum Gipfel des Mittl. Ramolkogels. Weiter wie in R 1409.

● **1409** c) **Von Nordosten.** Einfachster An- und Abstieg. Aus der Scharte zwischen Nördl. und Mittlerem Ramolkogel (Dr. Th. Helm mit den Führern B. Grüner und R. Scheiber, 1868; auf die Scharte und Überschreitung: Dr. W. Fickeis mit Führer P. P. Gstrein, 1876). Vom Ramolhaus 2½—3 st.

Vom Ramolhaus auf den Ramolferner, den man in Richtung auf die zwischen Nördlichem und Mittlerem Ramolkogel eingeschnittene Scharte schräg aufwärts quert. Nun südwestl. über den Firn und in schöner, leichter Kletterei (stets auf dem Grat) auf den mittleren Ramolkogel, von dort über zwei etwas schwierigere Stellen (II) des schmäleren Grates und den sich verbreiternden Schneegrat zum Großen Ramolkogel. Vorsicht auf Wächten!

● **1410** d) **Nordwestgrat** (F. Senn, 1864; aus dem Latschferner: Dr. G. Künne und J. März, 1921). II—III, von Vent 5 st.

Von Vent wie beim Spiegelkogel a) auf die nördl. Talseite des Spiegeltales empor. Hier vom Weg ab und nordöstl. empor in das Ratkarle. In ihm über Geröll und Firnflecken an den Fuß des NW-Grates und durch eine der herabziehenden Rinnen auf diesen selbst. Über den Fels-, zuletzt Firngrat auf den Großen Ramolkogel.

Auf den NW-Grat auch aus dem Latschferner. Von Vent 7 st.
Von Vent wie oben 39a zur Ramolalm. Nordöstl. über Rasenhänge und Geröll zur Zunge des Latschferners. Am SW-Rand des Gletschers über die Moräne bis unter den NW-Grat empor, wo zwei große Eisrinnen auf den Ferner herabziehen.

Über die rechte Begrenzungsrippe der rechten Rinne vollzieht sich der Anstieg. 100 m über die Felsrippe empor, dann links Überschreitung der Eisrinne. Zuerst sehen ihr empor (15 m), dann links 10 m empor zu einem geneigten Zacken. Über Platten, auf und neben der Rippe empor, bis sie in die Wand übergeht. Querung (2 Seillängen) nach links über brüchiges, erdiges Gelände, und weiter schräg links aufwärts auf den W-Grat, immer in Richtung auf den Firngrat über der Eisrinne (Steinschlag).

● **1411** e) **Nordwand** (H. Mayr, 1935). Eiswand, IV. Aus dem Latschferner $3^{1}/_{2}$ st.

Von Vent wie oben 39a zur Ramolalm. Nordöstl. empor zur Zunge des Latschterners. Zuerst am SW-Rand über die Moräne. An ihrem Ende auf den Ferner und östl. zwischen den großen Brüchen empor. Dann südl. empor zum Wandfuß. Einstieg etwa 30 m rechts der in der Eisflanke eingelagerten Felswand. Über die Randspalte in eine kleine Mulde. Nach links empor, über eine leicht überhängende Wandstelle. Querung nach links (2 m). Ein Überhang wird über Eiszacken umgangen. Über die folgende Kante zu einer kaminartigen Längsspalte. Durch sie empor zu einem sehr steilen Wandstück. Gerade empor über mehrere Spalten zum Gipfel des Großen Ramolkogels.

XXIII Ramolkogel von N Foto: H. Klier
I = Mittlerer Ramolkogel, II = Großer Ramolkogel
1 = von NO, R 1409, 2 = Nordwand, R 1411, 3 = Nordwestgrat, R 1410

● **1411 a** f) **Nordnordostwand** (Beschreibung nach A. Linsbauer, 1966). Links von der in R 1411 erwähnten, in der Eisflanke eingelagerten Felswand kann man ebenfalls zum Gipfel ansteigen.

● **1412** g) **Abstieg durch die Südflanke** auf den Spiegelferner (Ing. M. Dolczalek, 1901). II—III.

● **1413** h) **Überschreitung Mittlerer Ramolkogel — Nörderkogel** (R. Lütgens und Begleiter, 1927). 4½ st bis zum Gurgler Schartl. Vom Schartl auf den Nörderkogel 3 st. Schöne, aber Ausdauer erfordernde Bergfahrt.

● **1413 a** i) **Nördl. Ramolkogel** von Süden, vom Ramolhaus, 2 st.
Vom Ramolhaus auf den Ramolgletscher. Östl. des Ramoljoches auf dem Gletscher bzw. an seinem östl. Rand in mäßiger Steigung auf das oberste flache Plateau des Ramolferners. Von hier an den NW-Grat der Anichspitze. Zuerst in brüchig, dann in festem Fels zum Gipfelsteinmann.

● **1414**   **Manigenbachkogel**, 3313 m
Zwischen Latschkogel und Nördlichem Neederseitenjoch im Ramolkamm aufragend. Von Obergurgl gesehen auffallendes Felsspitzl über dem Eiswulst des Manigenbachferners. Die südöstl. Flanke wird vom Neederseitenferner gebildet. 1. Ersteigung: Dr. Benedict, 1871.
Von Osten. Von Gurgl 4½ st.
Von Gurgl wie in R 254 (Weg zum Ramolhaus) bis zur Schäferhütte hoch über der Gurgler Ache. Links der Bachläufe steil über die Rasenhänge, zuletzt über Geröll aufwärts zur Zunge des Manigenbachferners. Am südl. Gletscherrand empor, dem Bruch nach S (links) ausweichend und westl. über den Firnkamm zum Gipfel.

● **1415**   **Latschkögel**
    Südlicher 3357 m und Nördlicher 3386 m
Felsige, zum Teil vergletscherte Kammerhebungen zwischen Manigenbachkogel und Gampleskogel, die nur wenig über den Grat aufragen.

● **1416** a) **Überschreitung von S nach N**, über den Gampleskogel bis zur Steiniglehnscharte. 2 st.
Wie in R 254 (Weg zum Ramolhaus) und oben 41a empor auf den Manigenbachferner, den Bruch links südl., oder nördl.

umgehend und auf die Scharte südl. des Latschkogels. Nördl. über den Grat auf den Gipfel. Überschreitung des Nördl. Latschkogels und kurzer Abstieg in die nördl. Scharte.
Aus der Scharte steil nordöstl. empor auf den Gampleskogel, 3408 m. Vom Gipfel nordöstl. hinab auf den Steiniglehnferner, über Felsen und wieder südöstl. über den Ferner, oder über den P. 3269 m in die Steiniglehnscharte.

● **1417 b) Südlicher Latschkogel, Südwestgrat** H. und H. Thalhammer, W. Misof, 1949). II, 1¼ st vom Einstieg.
Von Vent zur Ramolalm. Auf Steigspuren in Richtung Mutsbichl, dann Querung leicht ansteigend in das Kar. Man überschreitet den Latschbach und erreicht über Moränenrücken nordöstl. den Gamplesferner. Von ihm südöstl. über ein Eisfeld ansteigend auf den W-Grat, nordöstl. von P. 3132 m. Von hier über den schön ausgeprägten Grat zum Gipfel.

● **1418**   **Gampleskogel, 3408 m**
Flache, zur Hälfte vergletscherte Pyramide, die im Kamm quergestellt ist. Von Obergurgl gesehen trägt der Berg eine mächtige, breite Firnkappe. Gegen S Felsflanke, auf den Manigenbachferner abfallend. Westlich des Gampleskogels, weit gegen das Venter Tal vorgeschoben, der Gampleskopf, 3165 m.

● **1419 a) Aus der Scharte zwischen Gampleskogel und Latschkogel über den S-Grat.** Von Obergurgl 4—5 st.
Von Obergurgl auf dem Weg zum Ramolhaus (R 254) bei der Schäferhütte westl. über die Hänge empor und auf den Manigenbachferner. Je nach Verhältnissen nördl. oder südl. des Bruches ansteigend und in die Gletschermulde östl. des Latschkogels. Über den Ferner westl. empor, zuletzt steil (Eis) in die Einschartung zwischen Latschkogel und Gampleskogel. Nordostwärts kurz über Fels und Firn zum Gipfel.

● **1420**   **Zirmkogel, 3281 m**
Südl. der Gurgler Scharte, mit breiter Firnfläche gegen N und Felsflanken gegen SO und SW im Kamm aufragend. Von Obergurgl nicht sichtbar. 1. Ersteigung: Aus dem Zirmeggenkar, Dr. Oster mit Führer M. Scheiber, 1893. Schöner Sommerskiberg.

● **1421 a) Aus dem Gurgler Schartl.** Von Obergurgl 3½ bis 4 st. Von Winterstallen im Venter Tal 4½ st.

Von Obergurgl oder Winterstallen (R 351) auf das Gurgler Schartl. Südl. über Geröll wenig ansteigend auf den Loobferner und über den flachen Gletscher empor auf den Gipfel.

● **1422** b) **Über den Ostgrat.** Aus dem Zirmeggenkar. Von Obergurgl 4 st. Trittsicherheit erforderlich.
Von Obergurgl auf dem Weg zum Ramolhaus auf die westl. Talseite empor. Wo der Tribesbach aus dem Zirmeggenkar herabkommt (der Weg zum Ramolhaus biegt hier nach SW ab), vom Weg ab und längs des Baches über die Hänge steil empor zu einem Heustadel. Nun auf Steigspuren dem schwach ausgeprägten Zirmegg folgend steil in das Zirmeggenkar empor. Nördl. der Seen über Schutt an den O-Grat und durch eine der vom Grat herabziehenden Rinnen auf ihn empor, und zum Gipfel.

● **1423** c) **Südgrat.** Aus der Steiniglehnscharte. II, 1 st E.
Wie oben b) dem Tribesbach entlang empor und bei zwei kleinen Seen vorbei in das südl. Zirmeggenkar. Westl. empor über Geröll, am oberen See vorbei und über Schrofen steil in die Steiniglehnscharte. Über den scharfen Grat in schöner Kletterei zum Gipfel.

● **1424** **Stockkogel** (Innerer Grießkogel), 3109 m
Nordöstl. der Gurgler Scharte mit kegelförmigem Felsgipfel aufragend. Zwischen dem langen O-Grat und dem zum Grießkogel nach NO ziehenden Kamm ist ein kleiner Ferner eingelagert.
Über den Südostgrat, aus dem Gurgler Schartl. Von Obergurgl 4 st, unschwierige Kletterei.
Von Obergurgl wie in R 351 auf das Gurgler Schartl. Über den SO-Kamm in unschwieriger Kletterei (I+) zum Gipfel.

● **1425**   **Nörderkogel,** 3163 m
Letzte größere Erhebung im Ramolkamm. Die Talgabelung Venter Tal — Gurgltal überragend. Klobiger Felsberg, in dessen NO-Flanke ein kleines Firnfeld eingelagert ist. Im östl. gegen das Gurgltal hinabziehenden Seekarl liegt der kleine Nördersee. 1. Ersteigung: Hauptmann Ganahl anläßlich der Vermessung, 1853. Weithin sichtbares Gipfelkreuz.

● **1426** a) **Von Zwieselstein** (bez. Nr. 30), 4—5 st.
Von Zwieselstein auf der Straße nach Obergurgl in Kehren den waldigen Talhang empor und auf der westl. Talseite kurz talein. Bei einem Haus zweigt rechts ein Weg zur Len-

zenalm ab. Auf ihm zur Alm und schräg über die Rasenhänge südwestl. empor (links Steig zum Nördersee). Über Schrofen in vielen kleinen Kehren in das Schuttkar nordöstl. des Gipfels und über den Kamm auf den höchsten Punkt.

Zum Nördersee auch von Pill im Gurgltal, indem man wenige Minuten auf der Straße talaus geht, bis nach links ein Weg abzweigt, der schräg die Hänge entlang führt und oberhalb der Lenzenalm auf den von Zwieselstein kommenden Weg trifft.

● **1427** b) **Nordostgrat.** Von Zwieselstein 4½ st.
Wie oben a) auf die Lenzenalm. Von der Alm pfadlos westl. empor auf den vom Mittagskogel nach N ziehenden Rücken. Über ihn auf den Mittagskogel und über den NO-Rücken auf den Gipfel.

● **1428** c) **Nordwestgrat.** Von Heiligenkreuz 4—5 st.
Von Heiligenkreuz im Venter Tal östl. pfadlos über die schrofigen Hänge empor und mühsam und steil in das Schuttkar (Neederkar) westl. des Nörderkogels. Durch eine der vom NW-Grat herabziehenden Rinnen auf ihn empor und über ihn zum Gipfel.
Auf den NW-Grat auch auf dem Weg von Zwieselstein (oben a) bis in die N-Hänge des Nörderkogels. Hier Querung des Firnfeldes gegen W und unmittelbar von N auf den Gipfel.

● **1428 a** d) **Von Obergurgl** auf bez. Weg (Nr. 18).
Auf dem Weg zum Gurgler Schartl empor (R 351), bis rechts der Weg zum Nördersee abzweigt. Hinter dem See trifft dieser auf den Steig von Zwieselstein (R 1426).

● **1429**   **Fanatspitze, 3361 m**
Zwischen Karlesjoch und Fanatjoch westl. der Karlesspitze im Hauptkamm aufragend. Gegen N Eiswand. Gegen S zieht ein mächtiger Felskamm gegen das Pfossental hinab. 1. Ersteigung: H. Heß und L. Purtscheller, 1887.

● **1430** a) **Von Westen.** Über das Fanatjoch. ½ st E.
Von der Martin-Busch-Hütte auf Samoar wie in R 1372 auf den Schallferner bis unter den vom Querkogel nach W ziehenden Kamm aufwärts. Hier südl. eben in der Gletschermulde gegen das Fanatjoch. Östl. über Firn, zuletzt Geröll, zum Gipfel.

● **1431** b) **Von Nordosten.** Über das Karlesjoch. ¼ st E.
Von der Martin-Busch-Hütte auf Samoar wie in R 1372 unter das Querkogeljoch. Südl. zum Karlesjoch und über Firn und Blockwerk zum Gipfel.

● **1432**   **Rötenspitze,** 3396 m

Wenig ausgeprägter Gipfel zwischen Fanatjoch und Roßbergjoch, mit steiler Eiswand gegen N, die gegen NW von einem in den Schallferner hinabstreichenden Felsgrat begrenzt wird. Langer Felskamm gegen das Pfossental, der die Waltlswarte, 3098 m, trägt. 1. Ersteigung: Dr. Th. Christomannos vom Roßbergjoch. Abstieg zum Fanatjoch, 1892.

● **1433**   a) **Von Westen.** II. Über das Roßbergjoch. Von der Martin-Busch-Hütte auf Samoar 4½ st.
Von der Martin-Busch-Hütte auf Samoar wie in R 361 auf das Roßbergjoch.
Vom Joch in langer Kletterei über den zackigen Grat zum Gipfel.

● **1434**   b) **Von Nordwesten.** Von der Martin-Busch-Hütte 4—4½ st.
Von der Martin-Busch-Hütte auf Samoar wie in R 1372 auf den Schallferner. Aus seinem unteren Teil gerade südl. empor in Richtung auf die westl. der Rötenspitze eingeschnittene Einsattelung (Pfaßer Scharte). Unter der Scharte gegen SW über mäßig steilen Firn, zuletzt über Blockwerk und Fels auf den höchsten Punkt.

● **1435**   c) **Von Osten.** Von der Martin-Busch-Hütte auf Samoar 4—5 st.
Von der Hütte wie oben 47a auf das Fanatjoch. Westl. empor über den ausgeprägten Blockkamm zum Gipfel.

● **1436**   **Hintere Schwärze,** 3628 m

Markanter, steil aufragender Felszacken westl. des Roßbergjoches im Hauptkamm. Erscheint vom Schalfkamm aus als scharfe Firnnadel. Gegen das Hintere Schwärzenjoch zieht ein steiler Fels- und Firn(Eis)grat hinab. Gegen SW streicht ein schroffer Zackengrat zum Marzelljoch. Der Marzellferner bildet die breite, steile NW-Eisflanke und die weniger steile Firnflanke, die nach W schaut. 1. Ersteigung: E. Pfeiffer mit den Führern B. Klotz und J. Scheiber über den W-Grat, 1867.

● **1437**   a) **Von Westen.** Von der Martin-Busch-Hütte auf Samoar 4½ st. Spaltenreicher Gletscher, am Gipfelgrat oft Vereisung.
Von der Hütte über den Niederjochbach und östl. auf den Marzellferner. Am W-Rand des Gletschers Spalten, empor

in Richtung Similaun (südl.). Dann entweder in weitem Bogen, die großen Brüche des Ferners links liegen lassend, empor auf das flachere Gletscherbecken zwischen Hinterer Schwärze und Mutmalspitze (s. Abb. XV). Oder neuerdings über den „Steilhang" links der Brüche, bei Blankeis im Blockgehänge; vom Oberrand in Richtung Marzelljoch auf das flache Firnfeld. Aus dem Firnbecken südwärts etwa 100 Höhenmeter empor, dann in Richtung auf den Gipfel die Firnrampe direkt hinauf zum Gipfel, oder etwas rechts haltend auf das östl. Marzelljoch, 3535 m, und die letzten 90 Höhenmeter über den Grat (zwei kleine Steilabsätze) auf den höchsten Punkt.

● **1438** b) **Südwestgrat** (im Abstieg: M. v. Statzer mit C. Granbichler und J. Schöpf, 1868). II, von der Martin-Busch-Hütte auf Samoar 4½ st.

Wie oben a) auf dem Marzellferner in die Gletschermulde südwestl. der Mutmalspitze. Im Bogen nach rechts um den Fuß des W-Kammes der Hinteren Schwärze herum, und westl. empor über mäßig steilen Firn auf das Marzelljoch.

Auf das Marzelljoch auch von S aus dem Pfossental.
Von der Alm Mitterkaser auf Steig westl. in das Roßbergtal. Aus dem von vielen Bächen durchzogenen Talkessel in nordwestl. Richtung pfadlos empor, rechts (östl.) der Felsen der Scharwand steil über Geröll aufwärts und zum kleinen, steilen Firnfeld des Scharferners. Über den Firn empor in die nordwestl. Bucht des Ferners und steil über Schrofen und Blockwerk auf das Marzelljoch.

Vom Joch über den zackigen Grat mit Überschreitung der Östl. Marzellspitze (oder ihrer Umgehung) in die Einsattelung zwischen Hinterer Schwärze und Östl. Marzellspitze. Auf dem SW-Grat über Schrofen, dann über zwei kurze Steilabsätze unmitelbar zum Gipfel.

● **1439** c) **Nordgrat** (H. Heß, L. Purtscheller, 1877). II—III. Je nach Verhältnissen Eisarbeit. Von der Martin-Busch-Hütte 5 st.

Von der Martin-Busch-Hütte auf Samoar wie oben a) in das flache Gletscherbecken südwestl. der Mutmalspitze. Östl. sanft ansteigend empor auf das Hintere Schwärzenjoch.

Zum Joch auch von der Martin-Busch-Hütte auf Samoar über den Schalfferner. Wie in R 361 am Weg zum Roßbergjoch rechts, westl., ab und empor zum Hinteren Schwärzenjoch.

Vom Joch südl. wenig steil empor. Dann in südwestl. Richtung über Fels und Eis sehr steil zum Gipfel.

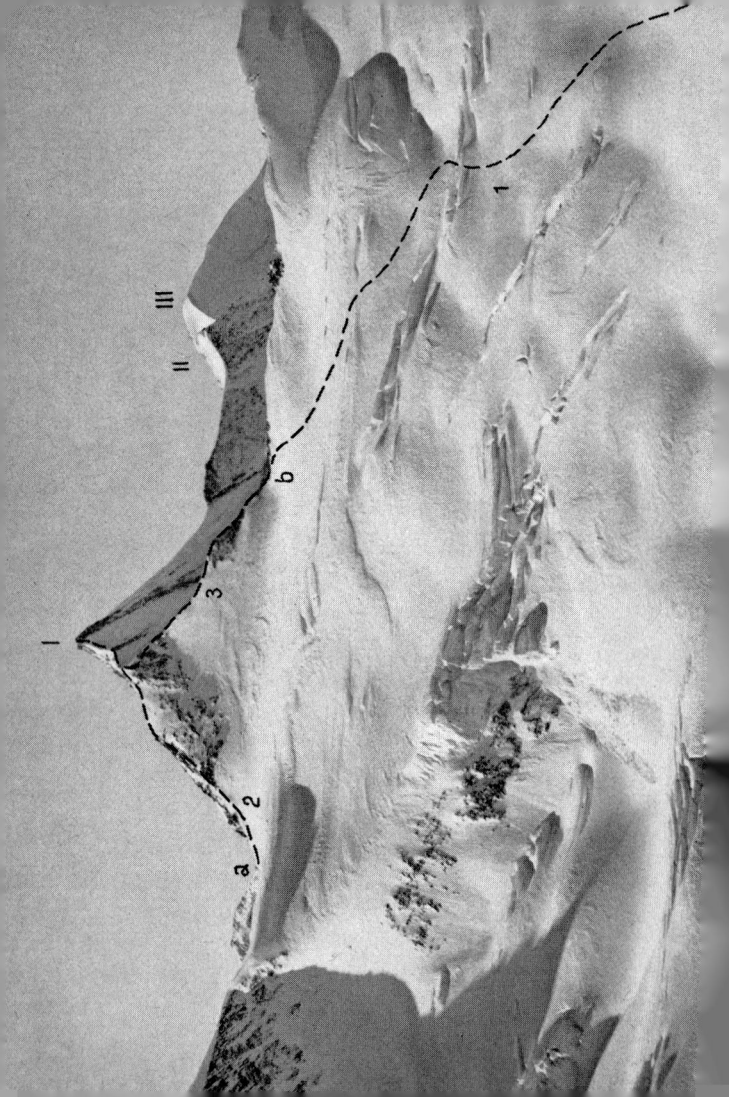

● **1440** d) **Ostgrat** („Gletscherpfarrer" Franz Senn mit C. Granbichler und J. Schöpf, 1868). Aus dem Roßbergjoch. Von der Martin-Busch-Hütte auf Samoar 5—5¹/₂ st.
Von der Martin-Busch-Hütte auf Samoar oder aus dem Pfossental wie in R 362 auf das Roßbergjoch. Zuerst mäßig steil über den Felsgrat empor, dann steil über Fels (Eis) zum Gipfel. Im Fels II.

● **1441** e) **Nordwand** (H. Angerer, S. Plattner, 1912). Eis- und Felskletterei. Steilste Stelle der Rinne über 50°. Von der Martin-Busch-Hütte etwa 6 st.
Von der Martin-Busch-Hütte auf Samoar wie in R 1437 aus der Gletschermulde des oberen Marzellferners bis unter das Hintere Schwärzenjoch. Südl. zum Fuß der N-Wand.
Oberhalb der Randkluft je nach Verhältnissen auf die vom Gipfel herabziehende Felsrippe. Über sie empor, zuletzt links in eine Rinne (Eis) und zum Grat. Über ihn zum Gipfel.

● **1442** f) **Gerade Nordwand** (K. Jager, H. Mayr, 1935. Beschreibung nach A. Fasler, F. Nietenberger, 1959).
Man umgeht den Eisbruch des Marzellferners links (östl.) in der Nähe der Felsen, die von der Mutmalspitze herabziehen. Nun über den flachen Ferner zum Fuße der N-Wand. Einstieg in der Mitte zwischen dem Eisbruch der Wand rechts (westl.) und der fast bis zum Bergschrund herabziehenden Felsrippe links (östl.). Über die fast durchwegs etwa 55° geneigte Eiswand gerade zum Gipfel empor. Wandhöhe 300 m.

● **1443**   **Mutmalspitze**, 3528 m

Nordwestl. des Hinteren Schwärzenjoches, vom Hauptkamm gegen N vorgeschoben; schön geformter, spitzer Gipfel, aus dem oberen Becken des Marzellferners aufragend. Die N-Flanke bildet der steile, zerklüftete Mutmalferner. Vom Fuß des O-Grates streicht der breite, mächtige Mutmalkamm im Bogen nach W. Höchster Punkt 3265 m. Er wird im O vom Schallferner umflossen, an die W-Flanke legt sich der Mutmalferner an. 1. Ersteigung: V. Kaltdorff mit dem Führer G.

XXIV Hintere Schwärze von O   Foto: Lohmann, Obergurgl
I = Hintere Schwärze, II = Marzellspitzen, III = Similaun, a = Roßbergjoch, b = Schwärzenjoch
1 = Hinteres Schwärzenjoch von O, R 1363, 2 = Ostgrat, R 1440, 3 = Nordgrat, R 1439

Spechtenhauser, 1868, von W Abstieg nach S auf den Marzellferner.

● **1444** a) **Von Westen** (Weg der Erstersteiger). Von der Martin-Busch-Hütte auf Samoar 4 st.
Von der Martin-Busch-Hütte auf Samoar wie in R 1437 auf die Zunge des Marzellferners. Auf ihr empor bis unter den großen, steilen Bruch in der Mitte des Ferners. Vor ihm östl. aus dem Gletscher und mühsam über Geröll auf das steile Firnfeld des südl. Mutmalferners. Östl. steil empor und über den kurzen Felskamm zum Gipfel. Führe 1446 ist lohnenswerter und kaum schwieriger.

● **1445** b) **Südwestgrat**. Aus dem Marzellferner. II. Von der Martin-Busch-Hütte auf Samoar 4 st.
Von der Martin-Busch-Hütte auf Samoar wie oben Hintere Schwärze a) in die Gletschermulde des Marzellferners südwestl. der Mutmalspitze. Gerade nördl. zu den in den Gletscher vorspringenden Felskamm. Über Geröll und Schrofen aufwärts, zuletzt über den Grat auf den Gipfel.

● **1446** c) **Südostgrat** (H. Heß und L. Purtscheller, 1887). Von der Martin-Busch-Hütte 4½ st.
Von der Martin-Busch-Hütte auf Samoar wie oben 49a und 49c auf das Hintere Schwärzenjoch. Zuerst mäßig ansteigend über den Fels- und Firngrat nordöstl. empor. Dann scharf gegen W über den Grat zum Gipfel.

● **1447** d) **Nordostgrat** (R. Mair und S. Plattner, 1911). Von der Martin-Busch-Hütte 4½ st.
Von der Martin-Busch-Hütte auf Samoar wie in R 1372 auf den Schalfferner und im Bogen nach S um den Mutmalkamm herum und steil über Firn aufwärts in Richtung Mutmalspitze. Zuletzt steil empor in die Einsattelung südl. des höchsten Punktes (3265 m) des Mutmalkammes. Über Schrofen südwestl. empor, über eine Graterhebung (3330 m) in die Einsattelung nordöstl. der Mutmalspitze. Über den Grat wie oben c) westl. empor zum Gipfel.

● **1448** e) **Nordflanke** (Dr.-Ing. A. Czernotzky, Ing. M. Hiller, O. Metzger, Ing. Rasch, 1927). Eiswand bis 55°, von der Martin-Busch-Hütte auf Samoar 4—5 st.
Von der Hütte über den Niederjochbach und ostwärts in Richtung auf den Mutmalferner, der steil herabbricht, über den Marzellferner. Über Geröll empor an die Zunge des

Mutmalferners. Man umgeht den spaltenreichen Teil des Mutmalferners im großen Bogen links und gelangt so an den Fuß des östlichen Teiles der N-Wand. Über die spaltenreiche, etwa 45° geneigte Wand empor, bis eine Riesenspalte den Weiterweg sperrt. An geeigneter Stelle über sie hinweg und nun über die bis zu 55° geneigte Wand, die noch (je nach Verhältnissen und Wegführung) von mehreren Spalten unterbrochen wird, gerade empor zum Gipfel.

● **1449** f) **Gerade Nordwand** (K. Sommer, K. Janda, G. Kestranek, 1933).
Eiswand bis zu 55° Neigung. Von der Martin-Busch-Hütte auf Samoar 4—5 st.
Wie in R 1448 an den Mutmalferner. Gerade empor durch den spaltenreichen Gletscher. Im rechten (westlichen) Wandteil von links nach rechts ansteigen unter die Eisabbrüche. Unmittelbar an ihrer Basis leicht ansteigender Rechtsquergang (45—50 Grad) in eine Rinne (bis 55 Grad), die man direkt durchsteigt und dann auf geneigteres Gelände unterhalb des Gipfels stößt. Von hier gerade empor auf den höchsten Punkt.

● **1450** Marzellspitzen
Östliche 3555 m, Mittlere 3530 m, Westliche 3540 m

Die Östl. Marzellspitze erhebt sich mit flacher Firnkuppe gegen NW und steilen Felsabstürzen gegen S, nordöstl. des Marzelljoches im Hauptkamm.
Die Mittlere mit flachem, überfirntem Gipfel, sanft ansteigendem Firnfeld aus dem Grafferner und steilem Fels- und Eisabsturz gegen N zum Marzellferner, liegt südwestl. des Marzelljoches.
Die Westliche weist mit mäßig steiler Firnflanke gegen S und SO. Gegen den Marzellferner mit steiler Eiswand und Felsflanke abfallend. Sie ragt nordwestl. der Mittleren im Hauptkamm auf und ist mit ihr durch einen Firn- und Felsgrat verbunden.
1. Ersteigung: Östliche und Westliche, M. v. Statzer mit den Führern A. Ennemoser und G. Spechtenhauser, 1870.

● **1451** a) **Westliche und Mittlere vom Similaunjoch.** Von der Martin-Busch-Hütte auf Samoar 4 st.
Von der Martin-Busch-Hütte auf Samoar wie in R 365 auf das Similaunjoch. Nordöstl. über mäßig steilen Firn empor

auf die Westl. Marzellspitze. Vom Gipfel über Firn kurz hinab und über Fels und Firn auf die Mittlere.

● **1452 b) Mittlere und Westliche, vom Marzelljoch** (1. Ersteigung der Mittleren: Dr. V. Hecht mit Führer Pinggera, 1872). Von der Martin-Busch-Hütte auf Samoar 3½—4½ st. Wie oben 49a und 49b auf das Marzelljoch. Südwestl. über den schönen Firn(Eis)grat und auf die Mittlere Marzellspitze. Weiter über den Grat über Firn und Fels zur Westlichen Marzellspitze.

● **1452 a c) Mittlere-Marzellspitze-Nordwand** (Eis, 100 m. Neigung: 55°. (Beschreibung nach Gilbert Tassaux, 1954.) Vom Normalweg auf die Hintere Schwärze oberhalb des oberen Eisbruches (3300 m) südl. ab zum Fuße der N-Wand, die rechts des Gipfels in den Verbindungsgrat Mittl.-Westl.-Marzellspitze hineinmündet. Einstieg in Fallinie zweier Felsköpfe in diesem Grat zwecks Vermeidung der Wächten. Überschreitung des Bergschrundes unschwierig. Nun gerade durch die Wand auf die Kammhöhe empor und nach links zum Gipfel.

● **1453 d) Nordwestgrat der Westlichen** (O. Schuster mit H. Moser, 1894). Zum Teil Eisgrat. Von der Martin-Busch-Hütte auf Samoar 4½—5 st. Von der Martin-Busch-Hütte auf Samoar wie in R 365 auf dem Weg zum Similaunjoch vom westl. Rand des Marzellferners, rechts am großen Bruch vorbei, gerade östl. an den Ansatz des NW-Grates. Über die mit Felsen durchsetzte Eisschneide, zuletzt sehr steil empor auf den Gipfel.

● **1453 a e) Westliche-Marzellspitze-Nordwestwand**. Eis, 200 m. Neigung: 50°. (Beschreibung nach G. Tassaux, 1954.) Der Durchstieg erfolgt dort, wo die Wand am kürzesten ist. Anstieg knapp östl. von P. 3410 m. Einstieg in Fallinie der tiefsten Einsattelung zwischen Gipfel und P. 3410 m, knapp westl. eines überhängenden Eisbruches. Überschreitung des Bergschrundes leicht. Nun gerade zum Grat und über diesen zum Gipfel.

● **1454 f) Nordwand (Eisflanke) der Westlichen** (P. Cartellieri, F. Lantschner u. Gef., 1922). Von der Martin-Busch-Hütte auf Samoar wie oben c) auf dem Weg zum Similaunjoch oberhalb des großen Bruches links, südöstl. ab und an den Beginn der N-Wand. Über Eis, zuletzt Fels gerade zum Gipfel.

● **1455 g) Östliche Marzellspitze aus dem Sattel südwestlich der Hinteren Schwärze.** Von der Martin-Busch-Hütte auf Samoar 4 st. Von der Martin-Busch-Hütte auf Samoar wie oben 49a aus dem Gletscherbecken des Marzellferners im Bogen nach rechts (südl.) um den Ansatz des W-Grates der Hinteren Schwärze herum und über steilen Firn (Eis) in die Einsattelung zwischen Hinterer Schwärze und Östl. Marzellspitze. Aus ihr über wenig geneigten Firn kurz auf den Gipfel.
Auf den Gipfel auch über den steilen W-Abbruch, aus dem Marzellferner.

XXV Hintere Schwärze von W   Foto: Lohmann, Vent
1 = von Westen, R 1437, 2 = Westgrat, R 1437 a, 3 = Östliche Marzellspitze, Westflanke, R 1455 a

● **1456**   **Similaun,** 3606 m

Weithin sichtbarer Gletscherdom, südwestl. des Similaunjoches im Hauptkamm aufragend. Von O als markante Firnschaufel auffallend. Mächtige Eiswand gegen N, Firn- und Eisgrate gegen NO und NW. Gegen S steile Felsflanke. Herrliche Fernsicht gegen S. Eine der schönsten Berggestalten des ganzen Gebirges. 1. touristische Ersteigung: Kooperator Th. Kaserer mit J. Raffeiner, vom Schnalser Tal, über das Kaserwartl und den oberen Grafferner, 1834. Gipfelkreuz (1971).

● **1457** a) **Westgrat** (1. Begehung: Brüder Schlagintweit mit M. Raffeiner und J. Dumbner, 1847). Vom Niederjoch. 2 st.

Von der Martin-Busch-Hütte auf Samoar wie in R 258 auf das Niederjoch. (Von Unser Frau im Schnalstal R 259 auf das Niederjoch.) Vom Niederjoch (und der Similaunhütte) südöstl. über mäßig steilen Firn längs des Kammes empor. Zuletzt steiler über den Blockkamm zum Gipfel.

(Im Winter steigt man von der Martin-Busch-Hütte auf Samoar aus dem untersten Teil des Niederjochferners unmittelbar über den steilen östl. Fernerteil zum W-Grat an, ohne den Umweg über das Niederjoch zu machen.)

● **1457 a** b) Kürzester Anstieg von der Martin-Busch-Hütte, 3 $^{1}/_{2}$ st.

Von der Hütte zur Zunge des Niederjochferners. An dem orographisch linken Ufer in südöstl. Richtung, bis die Spur von R 1462 erreicht wird (bis dorthin einige Spalten). Nun nicht diese Spur weiter sondern in gleicher Richtung wie vorhin zum Ansatz des NW-Grates und über diesen (Firn oder Eis, kleine Wächten) unmittelbar zum Gipfel des Similauns. Schöne Einblicke in die N-Wand.

● **1458** b) **Ostgrat** (M. v. Statzer mit A. Ennemoser und G. Spechtenhauser, Abstieg über den Marzellferner, 1870; Abstieg ins Pfossental über Similaunjoch und Stockferner: Dr. Th. Petersen mit R. Raffeiner, 1871). Je nach Verhältnissen steile Firn- oder Eisflanke. Vom Similaunjoch 1 st.

Wie in R 365 von der Martin-Busch-Hütte auf Samoar oder von S auf das Similaunjoch. Über die Firnschneide sehr steil zum Gipfel.

Die südliche Begrenzung der Ostflanke apert neuerdings im Spätsommer völlig aus. Der mittlere Teil ist vereist. Es ist deshalb oft leichter, zwischen Grafferner und Similaungipfel den Geröllhang zu benützen.

● **1459** c) **Nordwand** (G. Schöpf, S. Raffl, 1907). Steile, außerordentlich schöne Eiswand. Gipfelwand etwa 55° Neigung. 3½ st E.
Von der Martin-Busch-Hütte auf Samoar wie in R 365 auf dem Weg zum Similaunjoch. Unter dem Joch südl. an den Fuß der N-Wand. Einstieg in Gipfelfallinie. Über Spalten und eine Eisrinne empor, an ihrem Ende Quergang nach rechts bis zum Gipfelbruch. Gerade empor über viele Spalten. Mitunter Gipfelwächte.

● 1460 d) **Nordwand** (K. Jager, H. Mayr, 1935). Gipfelwand 55° Neigung. 3—4 st E.
Die „Direkte" führt links (östl.) der Schöpf-Führe durch die Wand. Nach dem Überschreiten der untersten Spalten gelangt man zum Beginn einer Eisrinne, die den weiteren Aufstieg vermittelt. Vom oberen Ende der Eisrinne, die sehr schwierig sein kann, quert man rechts zum steilen Abbruch der eigentlichen Firnwand. Gerader Durchstieg zum Gipfel (Wächte).
Bemerkung: Die Eisabbrüche im unteren Wandteil der Similaun-Nordwand sind völlig abgeschmolzen. Dadurch ist auch die Unterscheidung zwischen R 1459 und 1460 nur noch von ersteigungsgeschichtlichem Interesse.

● 1461 e) **Südgrat** (Dr. W. Hammer, 1921). Von Unser Frau 6—7 st. Von Vorderkaser im Pfossental 6—7 st. Von Mitterkaser 5—6 st
Von Unser Frau talein und über Obervernagt zum Tisenhof. Hier östl. empor in das Vernagttal. Vom Talgrund nordöstl. über Geröll und Felsen steil empor auf das Kaserwartl, 3287 m, einen vorgeschobenen Felskopf am W-Rand des Grafferners.
Hierher auch von Vorderkaser im Pfossental. Westl. empor zur Grafalm und weiter empor im Graftal über steile, große Geröllhalden zum W-Rand des Grafferners. Über den Schuttrücken weiter aufwärts auf das Kaserwartl. Von Mitterkaser westl. zur Roßbergalm und westl. steil empor über Geröll in das Schuttkar östl. der Faulwand. Steil über Schutt und Schrofen in eine Scharte südl. der Hinteren Faulwand und auf sie, 3413 m. Über den Grat nördl. empor auf den Grafferner und westl. zum S-Grat des Similauns. Vom Kaserwartl in das breite Gletscherbecken des Grafferners südl. des Similauns an den S-Grat. Über Blockwerk und Fels zum Gipfel.

Marzellkamm, höchster Punkt 3149 m

Breiter, kaum ausgeprägter Felskamm, der nördl. des Similauns gegen die Martin-Busch-Hütte auf Samoar hinabzieht.

● 1462 a) **Überschreitung** in Verbindung mit dem Similaun über den W-Grat. 3½ st.
Von der Martin-Busch-Hütte auf Samoar talein und über den Niederjochbach. Auf einem Steig um den Fuß des Marzellkammes herum und von NO in Kehren auf ihn empor. Über den flachen Kamm südl. weiter, mit Überschreitung der höchsten Punkte und südl. hinab auf den Niederjochferner. Über

diesen in gleicher Richtung weiter und an den W-Grat des Similauns.

● **1463** **Hauslabkogel,** 3403 m

Nordöstl. des Hauslabjoches. Wenig über den Kamm aufragender spitzer Gipfel. Erste Erhebung des beim Hauslabjoch vom Hauptkamm abzweigenden Kreuzkammes. 1. Ersteigung: F. v. Hauslab, 1819.

● **1464** a) **Südwestgrat.** Vom Hochjochhospiz 4—5 st. Vom Whs. Schöne Aussicht 3 st. Von der Martin-Busch-Hütte auf Samoar 3 st. Von der Similaunhütte 1½ st.
Vom Hochjochhospiz (R 375), vom Whs. Schöne Aussicht (R 374), von der Martin-Busch-Hütte auf Samoar (R 373) oder von der Similaunhütte (R 372) auf das Hauslabjoch. Vom Joch nordöstl. zuerst wenig steigend, dann steiler über den Grat zum Gipfel.

● **1465** b) **Überschreitung** vom südlichen Gipfel, 3403 m, zum nördl., 3355 m.
Vom ersten Gipfel nordwestl. über Firn und Fels auf den wenig ausgeprägten nördl. Gipfel und über ihn nordöstl. in die Scharte südl. des Saykogels.

● **1465 a** c) Von Südosten 2½ st. Von der Buschhütte auf dem Niederjochweg bis zum „Bild", dann rechts ab und gerade über Schutt und Firn, am Schluß etwas steiler, leicht zum Gipfel.

● **1465 b** d) **Ostgrat,** günstiger als c).
Vom Weg Martin-Busch-Hütte — Similaunhütte bei Ww. „Hauslabjoch" auf den flachen und gut begehbaren Ostgrat abzweigen. Diesen bis zu einem mit Felstrümmern bedeckten Plateau verfolgen. Dann am steiler werdenden Grat zu einem Vorgipfel mit Stange (ca. 3350 m). Nun auf dem in südl. Richtung verlaufenden Grat über Firnflecken und Blockwerk zum Hauptgipfel. Der Übergang zum Nordgipfel erfolgt an der stumpfen Firnschneide.

● **1466** **Saykogel,** 3360 m

Nordöstl. des Hauslabkogels im Kreuzkamm aufragend. Von NW gesehen flache Firnpyramide mit langen Blockgraten.

XXVI Similaun-Nordwand Foto: Lohmann, Vent
1 = R 1460 a (Jäger — Mayer), 2 = R 1459 (Schöpf — Raffl)

● **1467** a) **Über den flachen Grat** aus der Einschartung nordöstl. des nördl. Hauslabkogels. 20 Min.

● **1468** b) **Überschreitung von Süden nach Norden.** ³/₄ st. Aus der Einschartung südl. des Gipfels über den Blockgrat auf den höchsten Punkt und jenseits über Blöcke steiler über den NO-Grat hinab.

● **1469** c) **Von Osten.** Von der Martin-Busch-Hütte auf Samoar 2¹/₂—3 st.
Von der alten Samoarhütte auf gutem Steig im Zickzack nordwestl. den Hang empor. Den Hang südl. zum Teil weglos entlang und aufwärts zum O-Grat. Auf dem Steig, der bei 3000 m aufhört, weiter; zuletzt über den S-Grat zum Gipfel.

● **1470** d) **Von Westen.** Vom Hochjochhospiz 4 st.
Vom Steig auf der W-Seite des Hochjochtales links (östl.) auf einer Brücke über den Hochjochbach und durch Moränen auf gut markiertem Steig empor zum Beginn des W-Grates. Rechts des Grates auf Steig und über den Ferner empor. Zuletzt von rechts (von S) an den Grat und über ihn zum Gipfel.

● **1471**   Sennkogel, 3400 m
Höher und steiler als der benachbarte Saykogel aus dem Kamm aufragend. Gegen O Schutt und Schrofenflanken, gegen NO langer Blockgrat über den Gletschern. Mit dem Saykogel und Kreuzkogel durch Blockgrate verbunden. Von H. Heß nach dem Kuraten Franz Senn benannt. 1. Ersteigung: Dr. E. J. Häberlin, 1871.

● **1472** a) **Von Norden.** II, von der Martin-Busch-Hütte auf Samoar 3 st.
Von der Hütte auf Steig in Richtung Similaunhütte. Nach Querung einer breiten Wasserrinne an deren linken Rand weglos aufwärts. Über Schrofen und Geröll steil in das Schuttkar östl. des Sennkogels. Nun über Schutt steil empor in die Scharte nördl. des Sennkogels. Über den schroffen Grat südwestl. empor und steil über Firn zum Gipfel.

● **1473** b) **Überschreitung von Süden nach Norden.** I—II, 1 st.
Von der Einschartung nördl. des Saykogels über den langen Blockgrat, zuletzt in nordwestl. Richtung steil auf den Gipfel. Jenseits über Firn (Eis) und Fels hinab in die nördl. Scharte, 3227 m.

● 1474 c) **Vom Hochjochhospiz.** Über den W-Grat 4 st.
Vom Hochjochhospiz hinab und jenseits empor auf schwachem Steig zur Ruine des alten Hospizes. Südöstl. pfadlos über steile Rasenhänge, zuletzt über Schutt empor an den Beginn des W-Grates. Über den blockigen, zackigen Grat über Firnstellen zum Gipfel.

● 1475   Kreuzkogel, 3340 m

Nordöstl. des Sennkogels mit felsigem W-Absturz und flachen Blockgraten im Kreuzkamm aufragend. Gegen O und SO Schrofen und Schutthänge. 1. Ersteigung: Dr. J. A. Benedict mit F. A. Ennemoser, 1871. (Überschreitung von der Kreuzspitze her.)

● 1476 a) **Von Norden.** Von der Martin-Busch-Hütte auf Samoar 3 st. Vom Hochjochhospiz 3¹/₂ st.
Von der Martin-Busch-Hütte auf Samoar nordwestl. auf Steig die Hänge empor (Weg zur Kreuzspitze). In der Höhe der ehemaligen Brizzihütte oder des südwestl. der Brizzihütte liegenden Sees, vom Steig ab und pfadlos nordwestl. über Geröll in die Einsattelung nordöstl. des Kreuzkogels, 3254 m. Hierher auch vom Hochjochhospiz, indem man zum ehemaligen Hospiz ansteigt und auf schwachem Steig über die Schutthänge gegen den Fuß des NW-Grates des Kreuzkogels ansteigt. Unter dem Beginn des Grates links aufwärts auf den Ferner und über ihn empor in die Einsattelung.
Über Fels und Firn zum Gipfel.

● 1477 b) **Nordwestkamm.** 3 st vom Hochjochhospiz.
Wie oben a) an den Ansatz des Grates und über ihn auf den höchsten Punkt.

● 1478 c) **Über die Osthänge.** Von der Martin-Busch-Hütte auf Samoar 2 st.
Von der Hütte pfadlos westl. über die Hänge empor, zuletzt über Schutt unter den Beginn des S-Grates. Nördl. aufwärts und im Bogen nach NW auf den Gipfel.

● 1478 a d) **Südgrat**, II, brüchig, nicht empfehlenswert, von der Martin-Busch-Hütte 2—2¹/₂ st.

● 1479   Kreuzspitze, 3457 m

Schöner Felsgipfel über langgezogenen Graten nordöstl. des Kreuzkogels im Kamm aufragend. Von NO zieht der Rotkarferner gegen den Gipfel empor. An die steile, felsige W-Flanke legt sich der nördlichste Teil des Kreuzferners an.

Schöner Aussichtspunkt. (Höhe auf der AV-Karte, Ausg. 1951, nicht richtig angegeben mit 3057 m.) 1. Ersteigung: F. Senn mit Führer C. Granbichler, von SO, 1865.

● **1480** a) **Von Südosten** (Weg der Erstersteiger). Von der Martin-Busch-Hütte auf Samoar 2¹/₂ st.
Von der Hütte auf Steig nordwestl. über die Hänge empor, vorbei an der ehemaligen Brizzihütte und über die weiten Schutthänge und Fels an den Beginn des SO-Grates. Über ihn zum Gipfel.
Oder von der Brizzihütte weiter in nordwestl. Richtung zum Beginn eines Felsvorbaues und auf ihm oder in der Rinne links davon empor zum Grat und zum Gipfel.

● **1481** b) **Südwestgrat** (Dr. J. A. Benedict mit A. Ennemoser, 1871). II, von der Martin-Busch-Hütte auf Samoar 3 st. Vom Hochjochhospiz 4 st.
Am SW-Grat der Kreuzspitze in unmittelbarer Gratnähe immer wieder Steigspuren (unschwierig). Als Kletterei deshalb wenig interessant.
Von der Martin-Busch-Hütte auf Samoar oder vom Hochjochhospiz wie oben Kreuzkogel, Anstieg a) in die Einsattelung, 3254 m, zwischen Kreuzkogel und Kreuzspitze.
Über den Grat in schöner Kletterei auf den Gipfel.

● **1482** c) **Westflanke, Abstieg** (Dr. Bereitter jr., 1870, nach W. Durch die Flanke: O. Schintlholzer, K. Knapp, R. Willeit, 1908).
Vom Gipfel durch die steile W-Flanke durch Rinnen auf den nördlichsten Kreuzferner. Über ihn und hinab über Geröll auf den Steig, der vom NW-Kamm des Kreuzkogels herabführt. Große Steinschlaggefahr, dringend widerraten!

● **1483** d) **Überschreitung zur Talleitspitze** (G. Pradt mit Führer S. Scheiber, 1931). II—III, 4 st.
Vom Gipfel der Kreuzspitze steil über Firn (Eis) hinab auf den Rotkarferner und im Bogen nach links (westl.) über ihn an den langen Grat über zwei Erhebungen, 3334 m und 3379 m, letztere gerade südl. des Gipfels, zum höchsten Punkt.
e) Auch die NO-Flanke (Eisflanke, 40° Neigung) ist mehrfach durchstiegen worden.

● **1484**   **Talleitspitze**, 3408 m
Nordöstl. Eckpfeiler des Kreuzkammes. Das Venter Tal beherrschend. Mächtiger Felsgipfel mit langem S-Grat. Der

zackige N-Grat teilt sich später in einen NNO- und NW-Grat, die ein kleines Firn- und Schuttbecken einschließen. Am Fuß der großen W-Flanke liegt der Eisferner, an den sich steile, ins Rofental abfallende Schrofenhänge anschließen. 1. Ersteigung: wahrscheinlich 1811 von F. v. Hauslab. 1. sichere Besteigung anläßlich der militärischen Vermessung 1853.

● **1485** a) **Von Norden.** Von Vent 4½—5 st.
Von Vent auf dem breiten Weg zur Martin-Busch-Hütte auf Samoar in das Niedertal. Hier jedoch gleich rechts ab und westl. auf schwachem Steig steil durch lichten Wald empor und über die Hänge unter die erste kleine Kammerhebung, das Hörnle, 2406 m. Über sie und am Rand der großen Schutthänge am grasigen Kamm empor und über Geröll in die Mulde „Obere Schale", nordöstl. der Talleitspitze. Über Schrofen in das Schuttkar nordöstl. des Gipfels und steil empor an den Gipfelgrat und über ihn zum höchsten Punkt.

● **1486** b) **Überschreitung** von der Kreuzspitze (über den S-Grat zum Gipfel). Siehe oben 58 d.

● **1487** c) **Nordnordostgrat** (G. Harraud, S. Scheiber, 1927). Von Vent wie oben a) in das unterste Geröllkar nordöstl. des Gipfels. Westl. empor an den NO-Kamm und über den schrofigen Felsgrat zum Gipfel.

● **1488** **Fineilspitze, 3516 m**
Südwestl. des Hauslabjoches über dem südöstl. Hochjochferner mit prachtvollem, weithin sichtbarem Gipfelaufbau aufragend. Steile Eiswand gegen N und steile Eis- und Felsflanke gegen NW und W. Gegen das Hauslabjoch zieht ein steiler Fels- und Firn(Eis)grat im Bogen hinab. Gegen O und SO schroff abfallende Felsabstürze. Schönes Gipfelkreuz. 1. Ersteigung: F. Senn mit den Führern C. Granbichler und J. Gstrein, vom Hauslabjoch, 1865.

● **1489** a) **Nordostgrat** (Weg der Ersteiger). 1 st E.
Von der Martin-Busch-Hütte auf Samoar (R 373), der Similaunhütte (R 372), vom Whs. Schöne Aussicht (R 374) oder vom Hochjochhospiz (R 375) auf das Hauslabjoch. Vom Joch südwestl. über den Firn(Eis)grat mäßig steil empor. Später steiler und ausgesetzt, zuletzt über Fels und einen Vorgipfel auf den höchsten Punkt. Bei Vereisung schwierig.

● **1490** b) **Südwestgrat** (oberster Teil: J. Hoffmann mit J. Spechtenhauser, 1875; 1. vollständige Begehung: L. Purt-

scheller, A. Faschingbauer mit Führer J. Spechtenhauser, 1876). Aus der Einschartung zwischen Fineilspitze und dem östl. Fineilkopf 1 st.

Vom Hochjochhospiz wie in R 375 auf dem Weg zum Hauslabjoch aus der Firnmulde westl. des Hauslabkogels, gegen W heraus und um die von der Fineilspitze nach N ziehende Felsrippe (die gegen W steil abfällt) herum. Vom Whs. Schöne Aussicht wie in R 374 auf dem Weg zum Hauslabjoch unterhalb der N-Rippe der Fineilspitze südl. ab. Vom Hauslabjoch nordwestl. abwärts und um die Felsrippe herum. Westl. der Felsrippe über Firn empor und südl. in die Einsattelung östl. des Östl. Fineilkopfes. Oder südöstl. über Firn (Spalten) steiler empor und erst später auf den Grat. Über den wenig geneigten Grat über Blockwerk und Firn (Wächten) zum Gipfel.

● **1491** c) **Nordwestflanke** (H. Hoffmann mit Führer J. Spechtenhauser, 1875). Je nach Verhältnissen Eisflanke. 1½ st E.

Vom Hochjochhospiz wie in R 375 und um die von der Fineilspitze nördl. hinabziehende Felsrippe herum. (Vom Whs. Schöne Aussicht auf R 374 und gegen die N-Rippe der Fineilspitze.) Südl. über Firn empor an den Fuß der NW-Flanke und über eine breite Randkluft an die je nach Verhältnissen steile Firn- oder Eisflanke. Über sie gerade empor und auf den letzten Teil des S-Grates. Über ihn zum höchsten Punkt.

● **1492** d) **Nordgrat** (Eisschneide). 1—1½ st E.

Vom Hochjochhospiz wie in R 375 und gegen die vom Gipfel nördl. herabziehende Felsrippe.

Vom Whs. Schöne Aussicht wie in R 374 und vom Hauslabjoch (Martin-Busch-Hütte auf Samoar und Similaunhütte) nordwestl. gegen die Felsrippe. Zuerst mäßig steil über die Firnschneide empor, dann steil und ausgesetzt über Eis zum Gipfel.

● **1493** e) **Nordwand** (E. Fußenegger mit Schnalser Führer, 1931). Steile Eiswand. 2 st E.

Den Fuß der Eiswand erreicht man, indem man vom Hauslabjoch unter den großen Randklüften die Hänge quert. Vom Hochjochhospiz auf R 375, indem man aus der flacheren Glet-

XXVII Fineilspitze Foto: Lohmann, Vent
O = Similaunhütte, ▼ = Hauslabjoch
1 = R 372, 2 = Fineilspitze-NO-Grat, R 1489

scherzone unterhalb des Hauslabjoches südwestl. gegen den Beginn der Wand emporsteigt.
Vom Whs. Schöne Aussicht auf R 374, indem man nach Umschreitung der nördl. vom Fineilspitzgipfel herabziehenden Felsrippe südl. emporsteigt. Je nach Verhältnissen in schwieriger Eisarbeit zum Gipfel.

● **1494** f) **Anderer Durchstieg durch die Nordwand** (Führer Rimml mit M. Soyter, 1933).

● **1495** g) **Von Süden.** Aus dem Schnalser Tal. III, wenig begangen. Von Unser Frau 6 st.
Von Unser Frau wie in R 259 auf dem Weg zur Similaunhütte bis in das große Schuttkar, das von den Bergen südöstl. und südwestl. der Fineilspitze eingeschlossen wird. Wo der Weg in Kehren nordöstl. gegen das Niederjoch ansteigt, in nordwestl. Richtung ab und über Geröll pfadlos empor zum kleinen Ferner südöstl. der Fineilspitze. Über ihn empor und über Felsen, zuletzt neben einer Rinne in schöner Kletterei südl. des Gipfels auf den Grat. Über ihn zum Gipfel.

● **1496** **Fineilköpfe**
Östlicher etwa 3400 m, Westlicher 3418 m

Überfirnte flache Kammerhebungen südwestl. der Fineilspitze, im Hochjoch und Fineilferner eingebettet. 1. Ersteigung: L. Purtscheller, A. Faschingbauer mit Führer J. Spechtenhauser, 1876.

● **1497** a) **Von Norden.** Aus dem Hochjochferner.
Vom Hochjochhospiz (R 375) vom Whs. Schöne Aussicht (R 374) westl. der N-Rippe der Fineilspitze empor und südwestl. in die flachere Firnscharte zwischen beiden Köpfen. Aus ihr in kurzer Zeit über die Firngrate auf beide Erhebungen.

● **1498** b) **Überschreitung von der Fineilspitze**, 1—1½ st.
Vom Gipfel über den flachen SW-Grat hinab und über Firn in die Einsattelung östl. des Östlichen Fineilkopfes.
Über Geröll und Schrofen, zuletzt über Firn auf den flachen Gipfel. Westl. hinab in die übergletscherte Scharte zwischen beiden Köpfen und über den wenig geneigten Firngrat auf den Westlichen Gipfel.

● **1499** c) **Von Süden.** Von Unser Frau im Schnalstal 6—7 st.
Von Unser Frau talein, über Obervernagt und empor zum Fineilhof, 1950 m. Nördl. dem Bach entlang und steil empor in die innerste Mulde des Fineiltales mit dem Fineilsee, 2704 m. Zuerst nördl. über die Hänge steil empor, dann gegen NO über Geröll und Schrofen steil auf den kleinen Fineilferner und in die Einsattelung zwischen den zwei Fineilköpfen. Aus ihr auf die beiden Erhebungen.

● **1500** **Schwarze Wand,** 3355 m

Nordöstl. des Fineiljoches als schroffer Felsberg etwas nördl. des Hauptkammes aufragend. Name wegen der gegen W und NW abfallenden, steilen, dunklen Felswände. 1. Ersteigung: O. Gruber, M. v. Strom, 1907.

● **1501** a) **Von Südosten.** I, vom Whs. Schöne Aussicht 2 st.
Vom Whs. Schöne Aussicht auf den Hochjochferner und südöstl. quer über ihn. Über die Firnhänge sanft ansteigend gegen die Schrofen rechts, südl. der W-Wände der Schwarzen Wand. Kurz über sie empor auf einen steilen, kleinen Fernerteil. Östl. über ihn auf Fels und über einen steilen Firnhang in die kleine Scharte südöstl. der Schwarzwand. Nordwestl. über den blockartigen Grat zum Gipfel.

● **1502** b) **Überschreitung vom Westlichen Fineilkopf.** ³/₄ st.
Vom Schartl südöstl. des Westl. Fineilkopfes schräg nach W die steile Firnflanke hinab und flacher in die Einsattelung vor dem SW-Grat der Schwarzen Wand. Über ihn zum Gipfel.

● **1503** **Grawand,** 3250 m

Westl. des Fineiljoches, wenig über den Kamm aufragender Felszacken. Von N zieht der Hochjochferner weit an die N-Flanke herauf. Gegen S weite Schrofenhänge und Felsflanken gegen das Innere Schnalstal. Schöne Skiabfahrt auf das Hochjoch und über den Hochjochferner in das Rofenbergtal. 1. Ersteigung: anläßlich der militärischen Vermessung 1853.

● **1504** a) **Nordwestgrat.** I, aus dem Hochjochferner 1¹/₂ st.
Vom Hochjoch (nordöstl. des Whs. Schöne Aussicht) südöstl. über den Ferner empor, dann im Bogen nach S und SW in das Firnbecken nördl. der Grawand. Über Firn steiler an den NW-Grat und über ihn zum Gipfel.

● **1505** b) **Ostgrat.** I, vom Fineiljoch ³/₄ st.
Vom Hochjoch südöstl. sanft ansteigend über den Hochjochferner und in gleicher Richtung über ihn empor zum Fineiljoch. Über den flachen Grat zum Gipfel.

● **1506** **Graue Wand,** 3195 m

Westlicher Eckpunkt des Hauptkammes. Wenig ausgeprägter Felsgipfel mit mächtiger Felsflanke gegen W. 1. Ersteigung: wahrscheinlich anläßlich der militärischen Vermessung 1853.

● **1507 Südostgrat.** I, vom Hochjoch 1½ st.
Wie oben 63a in das Firnbecken nördl. der Grawand. Südwestl. über Firn empor an den SO-Grat und über ihn kurz zum höchsten Punkt.

VII. Texelgruppe

Sie stößt an der S-Seite der Hochwilde an den Hauptkamm. Von ihm setzt sie sich durch den Einschnitt des Eisjoches ab und wird im NO und O vom Pfelders- und Passeiertal, im S vom Vinschgau, im SW und W vom Schnals- und Pfossental begrenzt. Sie bildet einen hufeisenförmigen, gegen S offenen breiten Bogen, der das kurze, vom Zielbach entwässerte Tal einschließt. Der Zielbach stürzt mit zahlreichen Wasserfällen in die Etsch.

Das Hauptkennzeichen dieser Berggruppe sind die schneefreien, terrassenlosen, auf eine mittlere Entfernung von 4 km bis zu 2800 m hohen Steilabstürze zum Vinschgau und die Abhänge zum Schnalstal, welche einige ebene Flächen und Kare aufweisen. Die gegen das Pfossental abfallende Seite ist weniger steil und zeigt zahlreiche wie Theater-Kulissen aufgestellte Felsrippen, die oft abgeschliffen und messerscharf sind. Dazwischen liegen tiefe, gerade, kurze Gräben, die vom Hauptkamm herabziehen und Gletscher oder Gletscherreste aufweisen. Gegen das Pfelderstal und gegen das Passeiertal rückt die Texelgruppe mit zahlreichen und langen Ausläufern vor, zeigt hier weniger ausgeprägte Höhenunterschiede und ist fast gletscherfrei.

Die Texelgruppe ist mit den „Tyrolis Alpen" der alten Landkarten identisch. Der Name leitet sich von der historischen Burg des Grafen von Tirol ab. Die Texelgruppe bildet durch ihre Lage und durch ihre von den Vinschgauer Bergen in Schichtung und Form ziemlich abweichenden geologischen Beschaffenheit eine Gruppe für sich, die ihr eigenes Aussehen und ihre eigenen charakteristischen Merkmale hat. Die westl. Seite der breiten Gruppe ist orographisch und alpinistisch die wichtigere, weil sich in ihr die kühnen Spitzen der Hohen Weiße, des Lodner und des Tschigat erheben.

● **1508**   **Zielspitze,** 3006 m
Südlicher Eckpunkt der Texelgruppe. Der Vorgipfel, genannt Lahnbachspitze, etwa 3000 m, wird in Verbindung mit der Zielspitze erstiegen. Gipfelkreuz.

● **1509** a) **Von der Lodnerhütte.** 3 st. I.
Von der Lodnerhütte auf dem Hüttenweg talaus in den Felskessel „Im Ginggl" und zu P. 2049 der AV-Karte. Von hier westl empor auf Weideböden und über sie zur Könighofalm. Talein und über den Schrabach und südl. empor über Moränenschutt auf die Lahnbachspitze und über sie hinweg über eine breite Einsattelung auf die Zielspitze.

● **1510** b) **Ostgrat.** 2—3 st. I.
Wie oben a) zur Könighofalm. Von hier südl. über Moränenschutt ziemlich mühsam über den Rest des kleinen Bankknottferners und über den O-Grat zum Gipfel.

● **1510 a** c) **Vom Giggelberg** (1535 m), 4½ st.
Vom Bauernhof Giggelberg folgt man dem rot bez. Steig, der neben einer Wasserleitung verläuft. Nach 1 st verläßt man ihn bei einem primitiven Wegweiser („Ziel") nach rechts. Am Fuß der steilen Wand des Sonnenberges biegt der Steig nach links in ein Kar ab. Nun über das Gras am Rand des Kars bis zu den südl. Abbrüchen der Zielspitze hinauf. Nun nach links und auf ein meist schneebedecktes Joch. Man quert nun die Wände der Zielspitze, von W nach O (ausgesetzt) zum O-Grat. Wie in R 1510 zum Gipfel.

● **1511** **Kirchbachspitze,** 3079 m
Höchste Erhebung im südlichsten Teil der Texelgruppe. Entsendet nach SW einen langen Kamm. Nach S mit Schrofen steil abfallend, nach N große Geröllhänge und Schuttkare mit Resten des Bircherferners.

● **1512** a) **Von der Lodnerhütte** 3 st.
Wie in R 1509 zur Könighofalm. Talein, über Moränenschutt empor gegen den Rest des Muter Ferners. Aus ihm rechts empor über Schuttbänder zum N-Grat und über ihn leicht zum Gipfel. 1. Ersteigung (von S): E. G. Lammer, 1902.

● **1513** b) **Von Naturns im Vinschgau.** I, 7—8 st.
Von Naturns zum Naturnser Schloß. Dahinter auf gutem Weg in Kehren aufwärts zu den letzten Höfen. Dann auf Steigspuren weiter bis auf grasige Rippen über der Baumgrenze. Rechts haltend zum Lahnbach, wo sich verschiedene Zuflüsse vereinigen. Von hier auf den S-Grat der Kirchbachspitze und über guten Fels unter Umgehen der Platten zum Gipfel.

● **1514** c) **Übergang Kirchbachspitze — Zielspitze.** I, 1 st.
Vom Gipfel der Kirchbachspitze abwärts über den N-Kamm und rechts haltend auf Geröllbändern gegen den Muter Ferner. Über ihn und Geröll auf die Lahnbachspitze und weiter auf die Zielspitze.

● **1515** **Gfallwand,** 3174 m
Südl. Eckpunkt der Gipfelhochfläche, die von der Schwarzen Wand, der Gfallwand und dem Gipfel südl. des Ginggljoches gebildet wird. Leicht erreichbarer, lohnender Aussichtsberg mit großer Rundschau: Dolomiten, Ortler, Bernina, Linard,

Ötztaler, Zillertaler und Venediger. 1. Ersteigung von O her: Dr. G. Lammer. 1. touristische Ersteigung: 1877 durch Meraner AV-Mitglieder.

● **1516** a) **Von der Lodnerhütte.** I, 2¹/₂ st.
Von der Lodnerhütte westl. auf Steig in das Grubplattental. Vor der Gabelung über den Lafaisbach. In südwestl. Richtung über ein Blockfeld nahe den Wänden des Hühnerjochkammes empor und über Moränenschutt zu den Resten des Gfallleitferners und auf ihm empor. Hoch oben südl. ab gegen den Gipfel, den man über Firn und Geröll erreicht.

● **1517** b) **Von Neuratteis** im Schnalstal über den SW-Grat. I, 6 st.
Von Neuratteis hinauf zur Oberen Mairalm und östl. über Rasenhänge und Geröll empor auf das Kleine Jöchl, 2883 m. Von hier über den SW-Grat in mühevoller Kletterei zum mächtigen Steinmann auf dem Fleckenwarter, ungefähr 3000 m, und an den Fuß der S-Wand. Durch Schuttrinnen leicht auf den Gipfel.

● **1518** c) **Von Osten.** I, 3—3¹/₂ st.
Von der Lodnerhütte auf dem Omptedaweg südwestl. hinein und rechts haltend im Bogen auf den O-Rücken des Blasiuszeigers. Auf Steigspuren eben hinein in den Kessel der Königshofalm. Leicht ansteigend empor in Richtung Gfallwand auf eine schuttbedeckte Stufe. Über sie auf den Bircherferner, den man in Richtung eines kleinen Felsgrates, der vom N-Grat der Gfallwand herabzieht, überquert. (In den letzten Jahren fast völlig verschwundene Firnflecken.) Über den Felsgrat auf den Gipfel. Vom Gletscher ist auch unmittelbar über eine plattige, zum Teil schotterige Wand der Gipfel zu erreichen.

● **1519**   **Schwarze Wand,** 3060 m
Höchster aufragender Punkt des Hühnerjochkammes, der von der Gfallwand nach N zieht. 1. Ersteigung: Dr. G. Lammer, 1900, Zeitschrift 1901.

● **1520** a) **Von der Lodnerhütte.** III—, 3—3¹/₂ st.
Von der Lodnerhütte wie bei R 1516 zu den Resten des Gfallleitferners. Nach der ersten Steilstufe links ab gegen die von den beiden Gipfelzacken herabziehende Schneerinne. In ihr steil empor, oben über plattige Felsen nach links in ein Schartl und kurz auf die beiden Gipfel.

● **1521** b) **Übergang Schwarze Wand — Gfallwand.** III, 1¹/₂ st.
Vom Gipfel über mehrere Zacken und eine kurze Hangelstelle ausgesetzt hinab. Der folgende Gratabbruch wird links in gut geschichtetem Gestein umgangen. Nun wieder ausgesetzt in einer Rinne der O-Wand und in die tiefste Scharte vor dem Gipfelaufbau der Gfallwand. Auf den nächsten Zacken (III); sein oberster Teil wird links auf schmalen Bän-

dern umgangen. Von hier zu einem teilweise verfirnten Grat, über den man mit Ausnahme einer schwierigen Stelle im oberen Teil leicht zum Gipfel ansteigt.

Blasiuszeiger, 2835 m
Nördlichste Kammerhebung des Hühnerjochkammes.

● **1522 Von der Lodnerhütte.** 2 st.
Von der Lodnerhütte zum Teil auf Steig (ehem. Baron-Ompteda-Weg), zum Teil weglos zuerst über Almböden auf der orogr. linken Seite des Lafrisbaches, dann über ihn und am NO-Hang über Schotterhänge zum Gipfel.

Auf dem Kreuz, 3135 m, und Ginglspitze, 3161 m
Kammerhebungen nördl. des Ginggljoches.

● **1523 a) Von der Lodnerhütte.** 3 st.
Von der Hütte westl. hinein in das Grubplattental. Über Block- und Geröllflächen im Bogen nach links auf den höchsten Punkt (großer Steinmann).

● **1524 b) Von Karthaus im Schnalstal.** 4½—5 st.
Von Karthaus östl. an den steilen Hang empor zu den Weithalhöfen. Durch die Talfurche hinein, über Weidehänge, zuletzt über Schrofen zum Gipfel.

● **1524 a c) Nordflanke.** I, 3 st.
Von der Lodnerhütte folgt man dem Pfad und den Spuren, die sich durch das Lafaistal bis zur (2549 m) kotierten Anhöhe hinziehen.
Von hier anstatt zum Ginggljoch einige steinige Steilhänge überwindend dem vom Roteckferner herabrinnenden Bach entlang. Man quert den Gletscher in Richtung auf eine breite Einsenkung, die sich ganz im W zeigt. Vor dem Blaulackengletscher ändert man die Richtung und steigt über das mäßig geneigte Eis zu einem mit Geröll bedeckten Hang, der vor dem unschwierig erreichbaren Gipfel liegt.

● **1524 b d) Über den Südwestgrat.** I, ½ st.
Von der „Auf dem Kreuz" bezeichneten Spitze (3135 m) über den zerklüfteten Grat unschwierig zur Spitze.
(Anmerkung: der S-Abhang ist wegen des zerklüfteten und brüchigen Gesteins nicht empfehlenswert.)

● **1525 Blaulackenspitze, 3243 m**
Südl. Vorgipfel der Texelspitze. Benannt nach dem östl. des Bergfußes liegenden Eissee, der „Blauen Lacke". Nur in Verbindung mit der Texelspitze lohnend. 1. touristische Ersteigung Dr. Christomannos, 1890.

● **1526 a) Von der Lodnerhütte.** 3½ st.
Von der Hütte westl. hinein in das Grubplattental und über Geröll, zuletzt über den Ferner in eine Scharte nordöstl. des Gipfels. Über diese auf den höchsten Punkt.

● **1526 a** b) **Südostgrat.** I, 3½ st von der Lodnerhütte.
Im Grubplattental bis zur Blauen Lacke und weiter links haltend auf den SO-Grat.

● **1527** c) **Übergang zum Auf dem Kreuz.** I.
Hinab über den breiten, plattigen SW-Grat und Übergang zum P. 3161.

● **1528**   **Texelspitze, 3317 m**

Schöne, flache Pyramide am W-Eck der Gruppe. Hier wendet sich der bislang nordwestl. verlaufende Kamm in nordöstl. Richtung. Von der Texelspitze zieht ein mächtiger Zweiggrat nach NW; dieser prägt über dem Talbogen des Pfossentales die Zwölferspitze, 2611 m, aus. Von diesem Kamm zweigt in der Nähe des Gipfels ein weiterer Kamm nach N ab, in dem sich der Oblatschberg, 2824 m, über dem Eishof erhebt. 1. Ersteigung: Dr. Th. Petersen mit L. Ennemoser und J. Hellriegl, 1871.

● **1529** a) **Südostwand** (Dr. Th. Petersen mit L. Ennemoser, 1871). Gewöhnlicher Anstieg von der Lodnerhütte. I. 4 st. Mühsam.

Auf dem Steig westl. ins Grubplattental. Auf halbem Weg zum Ginggljoch geht man rechts nordwestl. über das Geröll gegen die Texelspitze zu. Man erreicht den Fuß der SO-Wand über die Reste des Roteckferners (Grubplattenferners) und hält auf eine breite Geröllrampe zu, die die Wand von rechts unten nach links oben durchzieht. Über steile Schrofen empor zum Beginn der Rampe. Über diese mühsam empor bis zu ihrem Ende südwestl. des Gipfels. Von hier gerade über Schrofen zum höchsten **Punkt.**

Da im Abstieg nicht leicht auffindbar, folgt eine Abstiegsbeschreibung:

Vom Gipfel über den blockigen S-Grat etwa 80 m hinab auf das schuttbedeckte ebene Gratstück, wo zur Rechten ein Firnfeld ansetzt.

Hier links, östl. hinab in die breite Schuttrampe und auf dieser abwärts, bis sie sich zur Rinne verengt und steiler abfällt. Hier hält man sich ein wenig links heraus und erreicht auf Bändern im Zickzack abwärts die Firnfelder und Schutthalden. Nun stets ostwärts hinab zur Alm und den Grashängen folgend hinaus zur Lodnerhütte.

● **1529 b** b) **Vom Roteck.** R 1536 und 1541 a, einige Stellen II—, 4¹/₂ st von der Lodnerhütte. Für gute Geher der empfehlenswerteste Anstieg.

● **1530** c) **Ostnordostgrat** (R. H. Schmitt, Dr. Christomannos, 1890). Schöner Anstieg, II, 4 st.
Von der Lodnerhütte zum Grubplattenferner (Roteckferner) und an den Fuß der tiefsten Einschartung zwischen Texelspitze und Roteck nördlich zur Rotwand durch das Joch (Texeljoch). Nun zwischen dem Texelferner und dem südl. Wandabsturz auf einem Geröllband zum Gipfel.

● **1531** d) **Südwestgrat** (Dr. G. Lammer, 1900). Schöne Kletterei, I, einige Stellen II, 4 st.
Von der Lodnerhütte westl. hinauf durch das Grubplattental, zuletzt über den Ferner auf die Einschartung zwischen Texelspitze und Blaulackenspitze. Nun gerade über den SW-Grat empor, später links haltend (brüchig) auf eine Gratschulter. Der folgende Gratzacken kann rechts umgangen werden, dann wieder zurück auf den steilen Grat. Gerade über ihn empor und zum Gipfel.

● **1532** e) **Südwestflanke** (E. Zander, A. Schußegger, 1895). I, 4¹/₂ st.
Wegen dem äußerst brüchigen Gestein ist dieser Anstieg nicht empfehlenswert.
Wie oben c) in die Scharte zwischen Texelspitze und Blaulackenspitze. Von hier rechts hinein in die SW-Flanke und in dem sehr brüchigen Gestein schräg aufwärts über Firnflecken und zum Teil über den SW-Grat zum Gipfel.

● **1533** f) **Von Nordwesten.** Im obersten Teil sehr steiler Gletscher. 4¹/₂ st.
Von Rableit im Pfossental südl. sehr steil empor, rechts des Baches über Rasenhänge und Geröll auf den steilen Felskamm, der vom Kasererberg südöstl. emporzieht. Südöstl. über den Ablatschferner und auf den obersten Teil des Texelferners. Über diesen sehr steil (Eisarbeit) zum Gipfel.

● **1534** g) **Vom Eishof im Pfossental.** Steiler, zerrissener Ferner. 5 st.
Von der Alm Eishof südl. empor über steile Gras- und Geröllhänge, links der Schrofen des Schwarzwantls aufwärts. Dem Bach folgend steil über Blockhänge, etwas links haltend auf den zerrissenen Texelferner. Auf dem spaltenreichen Ferner, links haltend, aufwärts, über den Bergschrund und auf den Gipfel.

● **1535** **Roteck, 3336 m**

Höchster Berg der Texelgruppe mit breiter Gipfelschneide, die nach W und S schroff abfällt. Der lange SW-Grat stellt die Verbindung mit der Texelspitze her; der N-Grat zieht hinab in das Pfossental, der dritte, mächtige Kamm zieht nach NO. 1. Ersteigung über den SW-Grat: Dr. Th. Petersen, R. Raffeiner, I. Kobler, 1872. Gipfelkreuz und Gipfelbuch.

● **1536 a) Ostgrat** (R. H. Schmitt, Dr. Christomannos, 1890). Gewöhnlicher Anstieg von der Lodnerhütte. Teilweise gesichert, I, 3½ st. Mit roten Punkten bezeichnet.

Von der Lodnerhütte auf dem Steig Richtung Ginggljoch westwärts etwa 20 Min. empor. Bei der Wegverzweigung rechts die Steigspuren durch die sehr steilen Grashänge empor, später auf einem besseren Steiglein unter einem Felsgürtel ansteigend in das Kar „Schafbank", das zwischen dem O-Grat und einer von ihm abzweigenden Felsrippe eingelagert ist. Über die Felsrippe zur Vereinigung mit dem O-Kamm. Nun über den O-Grat, über Firnflecken und Kletterstellen auf den südöstl. Vorgipfel und zum Gipfel.

● **1537 b) Südsüdostgrat** (Dr. G. Lammer, 1899). Er setzt am südöstl. Vorgipfel an und zieht steil abwärts ins Grubplattenkar. II, von der Lodnerhütte 4 st.

Von der Lodnerhütte ins Grubplattenkar, einem Bachlauf folgend nördl. empor gegen die Wände des Rotecks. Aufwärts bis man den östl. Ast des SSO-Grates erreicht. Auf ihm empor, den ersten Abbruch links umgehend und auf einen Absatz. Nun über unschwierige Schrofen, schwieriger über den schärfer werdenden Grat. Dann über begrünte Bänder und Blockwerk auf einen Sattel und über den Grat zum Gipfel.

● **1538 c) Südwand** (Dr. G. Lammer, 1900). II, von der Lodnerhütte 4 st.

Wie oben b) unter den Wänden des Rotecks bis in die Höhe eines großen Schuttdreiecks und auf ihm bis zur halben Höhe empor (in Fallinie des Roteckgipfels). Durch die, vom Gipfel herabziehende, schwach ausgeprägte Rinne durch die Wand steil empor zum höchsten Punkt.

● **1539 d) Südwestgrat** (Weg der Ersteiger). II, vom Texeljoch 1 st.

Wie in R 1530 in die tiefste Einschartung zwischen Roteck und Texelspitze (Texeljoch) und über den SW-Grat, der einmal von einem scharfen Absatz unterbrochen wird, zum Gipfel.

● 1540 e) Nordgrat (Dr. G. Lammer, 1899). III, 2 st.
Vom Gipfel des Rotecks über den zuerst schmalen, dann breiter werdenden Grat hinab in die Einsattelung vor dem südl. Roten Kamp. Von hier durch eine steile, steinschlaggefährdete Rinne auf den Ferner und über ihn hinab auf die Schutthänge südl. des Eishofes. Weglos hinab ins Pfossental.

● **1541 f) Nordostwand** (K. Stüdl, S. Moosmüller, 1894). Je nach Verhältnissen steile Eiswand. Von der Lodnerhütte 4 st.
Von der Lodnerhütte auf gutem Weg gegen das Grubjöchl. Jenseits der Brücke über den Trübwandbach links empor über die steinigen Weiden zur Seitenmoräne des Gletschers. Über diese hinweg auf die Mitte des Gletschers und über diesen ansteigend zum Fuß der NO-Wand.
Nahe einer großen Rinne, die an die O-Wand angrenzt und schief emporführt, über die Randkluft. Hier geht man durch die vereiste Wand etwas links der Felsen empor; ständig in gleicher Richtung aufwärts zu einer Wandeinbuchtung. Nun folgt man der steilen Felsrippe, wendet sich in die Felsflanke zurück, die hier steil emporstrebt. Über die Felsen links zum Gipfel.

● **1541 a g) Übergang zur Texelspitze.** Einige Stellen II, 1 st. Schöner Gratübergang.
Vom Roteck unmittelbar beim Gipfelkreuz über den steilen, aber gutgriffigen Grat in südwestl. Richtung hinab. Den ersten Eissattel kann man im Fels südwärts umgehen, einen brüchigen Steilabbruch umgeht man rechts (nördl.). Man erreicht dann die vergletscherte tiefste Einsattelung zwischen Roteck und Texelspitze. Von hier stets über die Gratschneide. Einen auffallenden Zacken umgeht man rechts. Dann eine plattige Schneide empor (II—) und über den Blockgrat auf den Gipfel.

Graterhebungen zwischen Roteck und Trübwand
Südl. Roter Kamp, Nördl. Roter Kamp, Südl. Rote Wand, Nördl. Rote Wand, alle ungefähr 3250 m

Schwer zugängliche kleine Gipfel in dem nach N und NO ziehenden Kamm. 1. Überschreitung: S. Moosmüller.

● **1542 a) Überschreitung vom Roteck zur Trübwand.** II bis III, 3—4 st.
Von der Einsattelung zwischen Roteck und der ersten Graterhebung (s. R 1536) schwierig über einen Überhang und über leichten Fels auf den ersten Gipfel, Südl. Roter Kamp, 3250 m. Über den Grat nördl. hinab, eine große Platte links in einer Schuttrinne umgehend, in ein Schartl. Links an der überhängenden Gratkante schwierig aufwärts zum zweiten Gipfel, Nördl. Roter Kamp, 3258 m. Leicht hinab in die breite Scharte, jenseits empor auf einen Absatz, schwierig an der Gratkante und auf ein flacheres Gratstück. Der folgende Zacken wird gerade überklettert, ein zweiter links und der folgende rechts auf einem Band umgangen; über Schrofen auf die Südl. Rote Wand, 3258 m. Leicht hinab in die Scharte, jenseits über rotbraune Felsen hinauf, die erste Graterhebung wird überschritten, eine zweite links auf Bändern umgangen; über Stufen zu

einem Schartl. Nun von links her über einen Überhang und
über gutgriffigen Fels auf den Gipfel der Nördl. Roten Wand,
3257 m. Nun rechts haltend über Schutt einen Gratabbruch
umgehend und steil auf ein Kammerhebung. Weiter am Grat
zu einer Scharte, zu der der Ferner nahe heraufreicht. Über
ein breites, ebenes Kammstück an den Gipfelaufbau der Trübwand und über den steilen SW-Grat auf den Gipfel der Trübwand.

● **1543** b) **Rotwand** (Nordanstieg). III, 3½ st.
Vom Eishof südl. empor in die Richtung der alten Moränen
des Texelgletschers. Man überschreitet diese und gelangt so zur
Zunge des Roteckgletschers. Mühsam über den steilen Gletscher empor, wobei man sich etwas links hält. So erreicht man
das obere Firnbecken.
Nach Überwindung der Randkluft kommt man durch kleine
Rinnen und über kleine Felssporne auf den Gipfelgrat. Über
diesen zum Gipfel.

● **1544** **Trübwand,** 3266 m
Schöner Gipfel mit schroffen Felsflanken nach NW und SO,
im S des Pfossentales aufragend.

● **1545** a) **Nordostgrat.** II, von der Lodnerhütte 4 st.
Von der Lodnerhütte nordwestl. empor. Rechts haltend hinein
in das Trübkar und durch eine steile, zum Teil schneeige
Schlucht auf die Trübscharte, zwischen Trübwand und Schwarzwand. Von hier leicht über den NO-Grat unter Umgehung
zweier Absätze zum Gipfel.

● **1546** b) **SO-Grat** (Dr. G. Lammer, 1899). III, von der
Lodnerhütte 4 st.
Von der Lodnerhütte nordwestl. empor zum Abfluß des vom
Roteckgipfel herabziehenden Ferners. Neben ihm aufwärts
zur linken Seitenmoräne des ehemaligen Gletschers und an
ihrem oberen Ende rechts ab und zum SO-Grat. Auf ihm
gerade empor, bis ein steiler Grataufschwung zum Ausweichen
nördl. hinab auf ein steiles Schneefeld zwingt. Auf dem Schnee
empor und in eine Scharte im Grat. Kurz gerade empor, dann
links in die S-Wand und über brüchige Platten gerade zum
Gipfel.

● **1547** c) **Südwestgrat.** I—II, vom Eishof 5 st. Weglos.
Vom Eishof talein, bis der Trübbach von rechts oben in den Pfossenbach
einmündet. Über den Pfossenbach und an der linken Seite des Trübbaches zuerst über Schutt, dann über Schrofen auf den Grat, der den
von der Trübwand nordwärts fließenden Ferner in einen westl. und östl.

Teil trennt. Zuerst auf dem Grat rechts haltend, dann direkt über ihn empor, bis zu beiden Seiten der Gletscher nahe heranreicht. Hier rechts, westl. ab und auf den Ferner hinab. Um den Stock der Trübwand rechts, westl. herum (Spalten) und auf die Einschartung zwischen Trübwand und dem letzten Gratzacken im Kamm zwischen Roteck und Trübwand. Von hier über den zuerst breiten, schwach geneigten Kamm zum eigentlichen Gipfelaufbau der Trübwand und über den steilen, doch gut griffigen SW-Grat zum höchsten Punkt.

● **1548** Schwarzwand, 3166 m

Felsberg, nordöstl. der Trübwand, in dem vom Roteck nordöstl. zur Hohen Weiße ziehenden Kamm.

● **1549** a) **Westgrat.** Gewöhnlicher Anstieg. I, von der Lodnerhütte 3½—4 st. 1. Ersteigung: E. Lammer, 1902. Mitt. 1902.

Wie in R 1545 in die Trübscharte. Über Schrofen auf den ersten Gratabsatz, gerade empor über die nächste Graterhebung, und rechts um die folgende herum auf eine steile Stufe Zuletzt über teilweise überfirnten Grat auf den Gipfel.

● **1550** b) **Nordwestflanke** (Scher, Weigand, 1922), II. Vom Eishof 4 st.

Vom Eishof talein bis zu den zwei Abflüssen des Schrottnerferners. Hier südl. empor über steile Moränenhänge auf den Schrottnerferner. In der Fallinie des westl. Vorgipfels über Firn steil an die Felsen, und (sehr brüchig) über sie auf den Vorgipfel und über den Grat zum Hauptgipfel.

● 1551 c) Nordgrat (G. E. Lammer, 1902). Im Abstieg. II, 2 st.
Vom Gipfel der Schwarzen Wand nördl. hinab auf den nahen Vorgipfel, und über Geröll, dann einige schroffe Zacken links umgehend abwärts. Die letzten Graterhebungen können rechts über gutgestuften Fels umgangen werden. Über das steile Firnfeld des Schrottnerferners hinab auf die große Moräne und über sie und Geröll in das Pfossental. Westl. talaus zum Eishof.

● **1552** d) **Ostnordostgrat.** III, 2 st.

Vom Fußpunkt des Grates anfangs unschwierig empor. Der Grat wird immer zerrissener, so daß man zu schwierigen Umgehungen gezwungen ist. Man gelangt schließlich zum Fuß einer Schulter der Schwarzwand aus rötlichem Fels. Schwierig über den unteren Teil empor, in der Mitte über eine ausgesetzte Platte, sodann zur Schulter. Von hier mühelos über den Grat zum Gipfel.

● **1553** Schrottner, 3020 m

Wenig ausgeprägter Gipfel mit steiler Felsflanke gegen das Pfossental und westl. eingelagertem Ferner, der im Bogen nach N ins Pfossental hinabzieht. Östl. der O-Flanke der kleine, steile Grubferner. 1. Ersteigung: Dr. Lehne, S. Moosmüller, 1896.

● **1554** a) **Nordostgrat.** I, vom Grubjöchl ¼ st.
Wie in R 382 auf das Grubjöchl, 2840 m, und über Schrofen auf den ersten Absatz. Über Grasflecken, Fels, zuletzt über Blockwerk zum Gipfel.

● **1555** b) **Von Südosten** (A. Burckhardt, 1898). Von der Lodnerhütte 3 st, I.
Von der Lodnerhütte nördl. empor und über Weidehänge hinauf zum SO-Abfall des Schrottnergipfels. Durch eine Schuttreise erreicht man über begrünte Hänge, sich links haltend den SW-Grat, der ohne Schwierigkeiten zum Gipfel führt.

● **1556** c) **Übergang zur Schwarzwand.** III, 2 st.
Vom Gipfel südwestl. über den Grat hinab an den Fuß des mächtigen Vorbaues. Auf diesen schwierig empor und von ihm auf den Gipfel der Schwarzen Wand.

● **1557** d) **Nordnordwestgrat.** I, ½ st.
Vom Gipfel des kleinen Schrottners südöstl. über den Grat hinunter. Man kann einigen bizarren Felsformen nach rechts auf den Schrottnerferner hin ausweichen. Nun über den Grat oder rechts davon auf den Gipfel empor.

● **1558**   **Kleiner Schrottner,** 2995 m
Nordwestl. dem Schrottnergipfel vorgelagert und mit ihm durch einen zackigen Grat verbunden. Die N-Flanke des Kleinen Schrottners fällt steil und felsig in das Pfossental ab. 1. Ersteigung: Dr. G. Lammer, 1899.

● **1559 Übergang Schrottner — Kleiner Schrottner.** I, ¼ st.
Vom Gipfel des Schrottners entweder direkt über den NW-Grat auf den Kleinen Schrottner, oder vom Gipfel westl. hinab über Schrofen auf den Schrottnerferner, südl. querend bis unterhalb des ersten Gratzackens. Hier auf den Grat und über einige Graterhebungen auf den Gipfel.

● **1560**   **Kleine Weiße,** 3058 m
Mächtiger, doppelgipfliger Felsstock über dem Grubferner, zwischen Klein-Weiß-Scharte (Johannesscharte), 2840 m, und Hochweißscharte, 2976 m (in der neuen AV-Karte sind hier die Namen unrichtig eingesetzt) aufragend. Der O-Gipfel wird

von dunklem Urgestein gebildet, der W-Gipfel von hellem Kalk.

● **1561** a) **Ostgrat** (Dr. Th. Christomannos, J. Santner mit 2 Jägern, 1890). II, von der Lodnerhütte 4½ st.
Von der Lodnerhütte nördl. empor in den innersten Kessel des Zieltales. Wo der Steig einen Bach überquert und in großen Kehren zum Johannesschartl ansteigt, rechts ab und über Schutt empor, in eine Rinne. In ihrem linken Ast steil hinauf in ein Schartl, das westl. der und höher als die Hoch-Weiß-Scharte eingeschnitten ist. Hier auf dem O-Grat in schöner Kletterei, ein Turm kann links umgangen werden, zum O-Gipfel.

● **1562** b) **Südwand** (H. Rainer, 1915). II, von der Lodnerhütte 4 st.
Auf dem Weg zur Klein-Weiß-Scharte links ab und über Geröll empor an den Fuß der S-Wand. In der Fallinie der beiden Gipfel zieht eine Steilrinne herab. Westl. der Rinne tritt eine Kalkrippe aus der Wand hervor, über welche man ansteigt. Eine schwierige Stelle in der Mitte der Rippe, neben einer schon von unten sichtbaren glatten Platte. Später legt sich die Rippe zurück und man erreicht über Schrofen den Gipfel.

● 1563 c) **Südwestflanke** (Dr. Th. Christomannos, J. Santer mit zwei Jägern, 1890). II. Von der Lodnerhütte 4 st. Von der Lodnerhütte zur Südwestflanke. Von der Scharte auf die S-Flanke des W-Grates, die man auf Bändern schräg aufwärts begeht. Empor in eine Mulde zwischen W-Grat und einer vom W-Gipfel nach SSW herabziehenden Felsrippe. Über die Einsenkung, an die Felsrippe und über sie auf den Gipfel.

● 1564 d) **Von Norden** (Dr. G. Lammer, 1902). II. Von der Stettiner Hütte 4 st.
Von der Stettiner Hütte wie in R 381 (umgekehrter Weg) auf den Gruberferner. Der Anstieg vollzieht sich durch die zweite, östl. des W-Gipfels herabziehende Rinne. In ihr steil, je nach Verhältnissen über Firn oder Eis empor, in eine Scharte nahe dem Gipfel.

e) Auch der W-Grat (vom Johannesschartl aus) soll schon begangen worden sein, bereitet aber beträchtliche Schwierigkeiten. Brüchig.

● **1565**   **Hohe Weiße,** 3281 m
Mächtiger, nach allen Seiten steil abfallender Felsberg, von dessen Gipfel ein schmaler, steiler Ferner nordwärts hinabzieht. Er bildet den nordöstl. Eckpunkt der Texelgruppe. Gipfelkreuz.

1. Ersteigung: Dr. V. Hecht mit R. Raffeiner, 1871.

● **1566** a) **Von Norden über das Grafschartl.** Kürzester Anstieg vom Eisjöchl 2¹/₂ st, unschwierig (I). (E. Zander, A. Schußegger, 1895.)
Vom Eisjöchl südl. über Fernerreste und Geröll unter den Schrofen des Schnalsbergs querend, zuletzt westl. empor auf das Grafschartl. Jenseits hinab auf den Gletscher, je nach Verhältnissen über Eis oder Firn, steil empor zum Gipfel. (Der Willy-Ahrens-Weg ist verfallen.)

Kommt man von der Lodnerhütte, so überschreitet man das Johannesschartl (Weg Nr. 8), steigt ab auf den Grubferner und drüben rechts über diesen südostwärts empor bis unter den Steilaufschwung der N-Flanke. Über den steilen Eishang oder leichter links über den Grat auf den Gipfel.

● **1567** b) **Ostgrat** (J. Rainer, M. Torggler, 1911). II—III, 4 st E.
An den Fuß des mächtigen ausgeprägten O-Grates. Von Pfelders über die Andelsalm, südwestl. steil neben einem Bach empor in das große Schuttkar, an dem der O-Grat fußt; von der Lodnerhütte über die Lodnerscharte und jenseits hinab über den Ferner und nördl. zum Fuß des Grates. Vom Hochgang aus über die Langseescharte, Milchscharte auf den Andelsboden und zum Einstieg.
Über gutgestuften Fels in ein Schartl und über einen Abbruch auf ein dem Grat entlanglaufendes Geröllband. In schöner Kletterei gerade am Grat empor. Ein Abbruch im oberen Drittel der Wand kann links ausgesetzt umgangen werden. Durch einen brüchigen Riß erreicht man wieder den Grat. Über ihn empor zum südl. Vorgipfel und zum höchsten Punkt.

● **1568** c) **Südgrat** (Dr. Hoke mit Führer Kofler, Dr. Peter Hepperger und Dr. Paul v. Hepperger, 1899). III, brüchig, von der Lodnerhütte 4¹/₂ st.
Von der Lodnerhütte nördl. empor in das Zieltal. Im innersten Kessel rechts und über Schutt und plattige Felsen auf eine Schulter, von wo aus sich der Grat steiler aufschwingt. Zuerst nach links querend in eine flache Rinne und durch sie auf ein Schartl im S-Grat. Über die O-Flanke des Grates über Bänder und Absätze auf den südl. Vorgipfel und über den kurzen Grat zum Gipfel.

● **1569** d) **Südwestwand** (L. Franz und Begleiter, 1929). III, von der Lodnerhütte 4¹/₂ st.
Von der Lodnerhütte nördl. empor in das Zieltal und an den Fuß der SW-Wand. Einstieg rechts der großen Zinne, die die

Wand durchzieht. In der Wandmitte in die Rinne und durch sie empor auf das Schartl zwischen Hauptgipfel und südl. Vorgipfel.

● **1570** e) **Westgrat** (E. Merlet, T. Hanger, 1920). III, von der Lodnerhütte 4½ st.
Von der Lodnerhütte nördl. in das Zieltal, im innersten Talkessel östl. in Richtung Hohe Weiße, dann wieder nördl. durch die Schlucht auf die Hoch-Weiß-Scharte. Von der Scharte an die aufragende Wand und über das ausgeprägte Band, das von rechts nach links in die Flanke hinauszieht, und in brüchigem Gestein empor. Um eine Kante herum und durch eine kaminartige Steilrinne auf ein Schartl. Über den schönen W-Grat gerade empor auf den höchsten Punkt.

● **1571** f) **Südostwand** (F. Gritsch, A. Berghold, 1928). III, 5 st.
Von der Andelsalm (Lazinser Tal) westwärts hinauf, unter dem Fußpunkt des Ostgrates durch und über eine Geröllhalde hinauf an die Felsen der SO-Wand.
Zunächst auf einen überhängenden Buckel links der großen Hauptrinne. Sodann 50 m leicht empor auf eine Schotterbank in der Nähe der großen Rinne. In die Rinne hinein, dann durch diese empor; nach etwa 50 m erreicht man eine breite Schutterrasse zur Rechten, an der die Steilwand ansetzt. Diese ersteigt man zuerst links, dann rechts der Rinne zum Südl. Vorgipfel. Über den Grat leicht zum Hauptgipfel.

● **1572** g) **Nordwestwand** (F. Gritsch, T. Murazzi, 1928). II, 1½ st E.
Vom Eisjöchl empor gegen die Hoch-Weiß-Scharte. Über den Gruberner in Fallinie des Gipfels aufwärts. Nach Überwindung eines breiten Schnee- oder Eishanges überschreitet man die Randkluft. Nun im linken Wandteil (gutgriffiger Fels) empor zu einer Schneeschulter, wobei man einige mächtige Felsspalten vermeidet. Von der Schneeschulter über den Eishang und den N-Grat zum Gipfel.

Grafspitze, 3150 m, und **Schnalser Berg**, 3004 m
Gezackter Felskopf nördl. der Hohen Weiße, bzw. des Firnsattels 3100 m.

● **1573** a) **Nordostgrat auf die Grafspitze** (L. Zander mit A. Schussenegger, 1895). III, 1½ st.

Vom Eisjöchl steigt man auf den Grafferner ab, den man in südöstl. Richtung überschreitet. Man trifft so auf den Fußpunkt der großen Felsrippe, welche der Hauptgrat (Grafspitze) gegen NO entsendet. Über diese Rippe schwierig bis zum Gipfel.

● **1573 a** b) **Von Süden.** Vom Firnsattel 3100 m, I, ¼ st.
Von diesem Punkt streicht ein mächtiger Felsgrat nach NO, später N („Schafschneide"), der das Becken des Grafferners östl. umrahmt. (Die Grafspitze ist in der neuen AV-Karte nicht bezeichnet.) Nw. ein Felsgrat zur Grafscharte, 2936 m, und zum Schnalser Berg.

● **1573 b** c) **Schnalser Berg.** Zerklüfteter, brüchiger Felskopf zwischen Eisjöchl und Grafscharte.
Der Berg wurde sicherlich schon früh von den Talbewohnern erstiegen.
Die Spitze kann von jeder Seite erreicht werden, am bequemsten aber vom Eisjöchl (2893 m) über einen langen, mit Platten, zerklüfteten Felsen, mit Schneeflecken und Geröll bedeckten Grat, auf dem sich einige unschwierige umgehbare Erhebungen befinden. Auch von der Grafscharte (2930 m) kann er über einen zerrissenen Grat erstiegen werden.

● **1573 c** d) **Abstieg vom Firnsattel**, 3100 m (zw. Grafsp. und Hoher Weiße) auf die Andelsalm und nach Pfelders (Dr. Heinrich Klier, Dr. C. Job, Dr. R. Meier, 1959). Schwierig (III), steinschlaggefährlich, Pfadfindergabe erforderlich, zur Andelsalm 1½ st.
Von dem flachen Firnsattel nordöstl. der Hohen Weiße (3100 m) kann man sehr rasch auf die Böden der Andelsalm hinabgelangen. Man steigt unmittelbar vom Sattel etwas nordostwärts in das schluchtartige Rinnensystem ab (mehrere Absätze). Wo sich dieses in den steilen Grashängen verliert, hält man sich südwärts (!) und gelangt in eine schmal eingeschnittene, kaminartige Rinne, durch die man (unter Umständen abseilen) an den Wandfuß hinabgelangt. Durch die Blockhalden zur Alm.

XXVIII Texelgruppe von N Foto: Lohmann, Obergurgl
I = Hohe Weiße, II = Lodner, a = Firnsattel, 3100 m, b = Hoch-Weiß-Scharte, c = Johannes-Schartl.
1 = R 1566, 2 = Hohe Weiße-NW-Wand, R 1572, 3 = Hohe Weiße, Westgrat, R 1570, 4 = Lodner, Ostgrat, R 1578, 5 = Lodner von Norden, R 1576, 6 = Lodner, NW-Grat, R 1575, 7 = Übergang Johannesschartl, R 381.

● 1574 **Lodner, 3268 m**

Beherrschender Berg des Zieltales, dessen Massiv von drei, jetzt stark zurückgegangenen Gletschern umhüllt ist. Der N-Grat stellt die Verbindung zur Hohen Weißen her, der S-Kamm zieht südöstl. zur Lazinser Röthelspitze. 1. Ersteigung: Dr. v. Hecht, J. Pinggera, 1872, über die NW-Flanke. Gipfelkreuz.

● 1575 a) **Nordwestgrat** (Dr. A. Swaine, A. v. Waltershausen, 1896). II, von der Lodnerhütte 3$^1/_2$ st. Schöne Gratkletterei.

Von der Lodnerhütte nördl. dem Bach entlang bis zur Einmündung des Abflusses des Roteckferners. Über den Zielbach und östl. empor zum Fuß des NW-Grates und auf ihm empor. Eine Graterhebung wird überklettert, eine zweite rechts über dem Abbruch der SW-Wand umgangen, über einen Reitgrat und zwei Platten. Über den Grataufschwung im oberen Teil des Kammes und gerade empor über den scharfen Grat, zuletzt am Rand der Firnkuppe aufwärts zum Gipfel.

● 1576 b) **Von Norden über den Lodnerferner** (Weg der Erstersteiger). Schwierige Eisfahrt (II+), besonders im Hochsommer bei Blankeis. Von der Lodnerhütte 3 st.

Der Lodnerferner reicht nicht mehr ganz auf den Gipfelkamm, das oberste, frisch ausgeaperte Felsgelände stellt in aperem Zustand so beträchtliche Schwierigkeiten in den Weg, daß der Gletscheranstieg der Erstersteiger nicht mehr als „Normalweg" anzusprechen ist. Der NW-Grat (Führe Swaine-Waltershausen) ist heute zweifellos leichter und ungefährlicher.

Von der Lodnerhütte nördl. in den innersten Kessel des Zieltales und rechts, östl. empor über steile Geröllhänge auf den Lodnerferner. Über ihn südöstl. empor, später gerade südöstl. sehr steil, je nach Verhältnissen über Eis oder Firn an den gelben brüchigen Felsrand. Über diesen auf den First. Von hier auf den nach S vorgelagerten schneefreien Gipfel.

● 1577 c) **Südostgrat** (E. Zander, A. Schußegger, 1895). Interessante Kletterei zum Teil in Urgestein, zum Teil in Kalk. II, von der Lodnerhütte 3$^1/_2$ st.

Von der Lodnerhütte eine Viertelstunde nördl. talein bis zur Einmündung des ersten Baches von rechts. Hier östl. über Grashänge steil empor in ein Kar am Fuß der SW-Wand. (An

den S-Grat auch vom Hochganghaus — Langseescharte — Milchscharte — unter der Röthelspitze nordwestl. querend und empor an den S-Grat.)
Einstieg wo das Urgestein am weitesten herabreicht. Der Anstieg vollzieht sich durch die S-Flanke und führt in anregender Kletterei empor auf den S-Grat. Zuerst östl. des Grates in Urgestein, dann über Kalkfelsen empor auf den Gipfel.

● **1578** d) **Ostgrat** (T. Hauger, F. Huber, H. Klotz, J. Rainer, 1920). Zerrissener Grat, der den Hochfirstferner vom Andelsferner trennt. II—III, 3 st E.
An den Beginn des O-Grates (der über die Andelsalm von Pfelders im Passeier 2½ st erreicht wird) und über ihn zuerst gerade, dann rechts über brüchige Platten und zurück zum Grat zu einem gelben Turm, der rechts umgangen werden kann, und in eine Scharte. Hier durch einen engen Riß 6 m abwärts zu einer Leiste; nun nach rechts bis zu einer Verschneidung. Durch sie bis unter den Grat, und wieder über Platten schräg rechts abwärts bis zur zweiten nach oben führenden Rinne. Durch sie und einen Kamin über Fels auf den Grat. Über den Grat empor, ein Gratturm kann umgangen werden, und über Platten zum Gipfel.

● **1578 a** e) **Lodnerscharte** (zwischen Lodner und Hoher Weiße) von Osten. II, 2 st E.
Von der Andelsalm (2280 m) über den breiten, sich südwestl. der Almhütten noch mehr verbreiternden Rücken auf eine ebene Fläche (2479 m). Dort endet der Rücken, der die Andelsböden von dem weitausgedehnten Becken, in welchem die schöne schlanke Pyramide der Hohen Weiße liegt, trennt. Von hier folgt man mühsam dem Rande eines breiten Geröllfeldes und erreicht die alten Moränen des östl. Lodnerferners. Dem Bett des Gletscherbaches folgend auf die zwischen dem vorgenannten Gletscher und dem rechts gelegenen Teil des östl. Lodnerferners liegende Moräne. Vom Moränenende zuerst über den Ferner, dann über einen felsigen Grat, der steil in die Nähe des Passes führt.

● **1579** f) **Nordostflanke** (Dr. G. Lammer, 1898). III, von Pfelders 5 st.
Von Pfelders über die Andelsalm wie in R 1567 in das Schuttkar unter dem O-Grat der Hohen Weiße. Südl. über Blockwerk um ihn herum gegen den vom Lodner nordöstl. herabziehenden Ferner. Kurz an seinem rechten Ufer aufwärts,

dann auf ihn, in Richtung auf den Gipfel, brüchiger manchmal überfirnter Fels, sehr steil auf den höchsten Punkt.

● **1579 a** g) **Südwestwand** (F. Gritsch, T. Murazzi, 1926). IV—, 5—6 st.

Wie in c) empor in das Kar unter der SW-Wand. Durch die S-Flanke empor gegen die Scharte im SO-Grat, bis man schräg links auf das breite Schotterband in Gipfelfallinie ansteigen kann.

Nach 25 m unschwieriger Wandkletterei erreicht man einen auffallenden Vorsprung. Einige Meter links bis zum ersten Überhang. Diesen überklettert man (H.), dann durch einen Riß in eine Nische, Sicherungsplatz. Aus der Nische durch den brüchigen Riß weiter zum zweiten Überhang (H.). Vom folgenden Sicherungsplatz aus quert man links eine Platte und Graspolster. Weiter zu einem Spalt, unterhalb des dritten Überhanges (H.), den man gerade überwindet. Vom Rastplatz über dem Überhang Quergang nach links in den erwähnten Spalt. Durch diesen gerade empor zu einem kleinen Band (H.), sodann schräg links empor durch brüchigen Fels. Es folgt eine lange Kletterei in leichterem Fels. Gerade hoch zum Gipfel.

● **1580** Hochkarjochspitze, 3084 m

Zerklüftete Felsschneide südl. des Lodner. Sie sendet nach NO einen den Hochkarjochferner begrenzenden Ausläufer und einen kurzen in entgegengesetzter Richtung. Die Felsen bestehen aus Glimmerschiefer, Ortogneis, kristallinen Schiefern und Kalk.

Die Bezeichnung „Hochkarjochspitze" der alten AV-Karte leitet sich von dem Namen Karjoch ab, den die Talbewohner dem vom Lodner zur Partschinser Röthelspitze hinziehenden Kamm gegeben haben. Der Gipfel wurde sicherlich zuerst von Gemsjägern erstiegen. 1. touristische Ersteigung: Berreiter, 1897 (Lodner-Hüttenbuch, Zeit. 1902, 308).

a) **Nordwestgrat.** I, 3 st.
Von der Lodnerhütte wie in R 1577 bis zu dem Sattel, der am Fuße des Lodner-SO-Grates liegt. Von hier über den mit Schneeflecken bedeckten brüchigen Grat zum Gipfel.

b) **Südostgrat.** I, 1 st E.
Von der Karjochscharte ersteigt man über Schnee und brüchigen Fels die die Scharte beherrschende Anhöhe. Nach Überschreitung derselben über den aus brüchigen Felsen bestehen-

den Südostgrat zu einer ausgedehnten Schneefläche, die vor dem Gipfel liegt.

● **1581**   Lazinser Rötelspitze, 3038 m

Zwischen Halseljoch im S und Lodner im N im Kamm aufragender Felsberg. (Auch „Partschinser Röthelspitze"). Auffallend rotes Gestein.

● **1582**   a) **Südostgrat.** Üblicher Anstieg. ½ st vom Halseljoch.

Zum Halseljoch (auf R 380). Das erste Gratstück wird an der O-Seite tief umgangen, dann nordwestl. auf Steigspuren auf den Gipfel.

● **1583**   b) **Südrippe** (Dr. G. Lammer, 1899). I, von der Tablander Lacke (unter dem Halseljoch) 1 st.

Von der Tablander Lacke (von der Lodner Hütte östl. hinauf auf dem Steig zum Halseljoch oder vom Hochganghaus R 379) über Rasenflecken und Schutt empor. Eine Felsstufe kann links umgangen werden und über Rasenbänder auf die breite S-Rippe. In festem Fels steil empor, einem Absatz östl. ausweichend, und auf den Gipfel.

● 1584   c) **Von Westen** (A. v. Radio-Radiis, 1898, im Abstieg). I, 1 st E.
Wie oben an den Fuß der S-Rippe. Westl. der nach S ziehenden Rippe streicht eine ausgeprägte Rinne empor, durch die der Gipfel erreicht wird.

● 1585   d) **Nordwestgrat.** I.
Von der Lodnerhütte östl. auf den Kamm zwischen Lodner- und Röthelspitze. Über ihn unschwierig zum Gipfel.

Tschigat, etwa 3000 m

Schöner, häufig besuchter, aus dunklem Granitgneis geformter Gipfel. 2700 m über dem Meraner Becken. Prachtvolle, weitreichende Aussicht. Gipfelkreuz und Gipfelbuch.

● **1586**   a) **Vom Halseljoch** (L. Purtscheller, 1893). I+, eine Stelle II, 1 st.

Vom Joch (R 380) unmittelbar über den grobblockigen Grat südwärts empor. (Die alte Markierung führt links um den Grat; durch den Gletscherrückgang sperren aber abschüssige Platten den Weiterweg.)
Man folgt dem Grat etwa ½ st bis zu einem steilen Grataufschwung. Den obersten Blockturm umgeht man rechts. Vom folgenden Schartl ziehen die Steigspuren links durch eine schwach ausgeprägte Rinne in die Flanke hinab; nach etwa 50 m Abstieg wieder durch Schuttrinnen empor unter die ab-

schließende Gipfelwand. Man wird in einen Riß gedrängt (II—), durch diesen gerade empor und auf den Gipfel.

● **1587** b) **Nordwestgrat** (A. v. Radio-Radiis, 1898). II, vom Halseljoch 1½ st.

Vom Halseljoch (R 380) unmittelbar über den W-Grat, über Platten und einige scharfe Zacken auf den Gipfel.

● **1588** c) **Ostwand.** II, vom Langsee 2—2½ st.

Wie in R 377 bis zum Langsee. Hier westl. empor zu den beiden Milchseen, die man links liegen läßt. Südl. hinauf in das Kar am Fuß der O-Flanke und durch die, durch die O-Wand emporziehende, große Rinne, zuerst in ihrem Grund, dann links in gutem Fels auf den Gipfel. Bei schlechten Schneeverhältnissen kann man sich nach den ersten 10 m von der Rinne links gegen den SO-Grat halten. Rechts des Grates durch einen Riß empor und in schöner Kletterei auf den Gipfel.

● **1588 a** d) **Nordostgrat.** III, vom Halseljoch 2 st.

Vom Halseljoch östl. über den Halselferner, einen Vorbau des Tschigat umgehend, und fast eben auf ein Schartl im NO-Grat. (Hierher auch vom Hochganghaus über den Hohen Gang und gerade über den Kamm zum Schartl.) Gerade empor über eine große Platte, weiter oben an ihrem rechten Rand über Blöcke, einen überhängenden Turm rechts umgehend zu einem Band mit glatten Platten und darauffolgendem Riß. Gerade über den Grat, ein gelber Abbruch kann links umgangen werden, in eine flache Gratschulter. Über eine zweite seichte Einschartung (Einmündung der großen Rinne der O-Wand) und über Blöcke und Platten auf den Gipfel.

● **1588 b** e) **Von Nordosten,** 4 st, Seilsicherungen.

Der Weg führt vom Hochganghaus über Hochgangscharte, Langsee, Milchsee und Milchseescharte bis zur Mitte des Halslferners, 2689 m. Blickt man nach links zum Gipfel des Tschigats, sieht man ein Schneefeld, das sich im Osten an die steilen Platten des vom Halsljoch herführenden Grates anlehnt und steiler werdend, in einer Rinne endet. Dieses Schneefeld überwindet man und steigt in der Rinne auf. Kurze Kletterei zum Gipfel (Seilsicherungen).

Beim Abstieg achte man darauf, daß man vom Gipfel nicht gerade nach Norden absteigt, weil man dort in die steil abfallenden glatten Felsen kommt; man wendet sich nach einigen Schritten nach links zur Rinne.

● **1589**   **Plattenspitze,** 2828 m

Westl. vom Tschigat gelegene Spitze. Sie bildet den S-Rand des Beckens, in dem die Tablander Lacken liegen und geht südl. in eine als Tablatspitze bezeichnete Anhöhe über, die ihre äußeren niederen Ausläufer in dem vom O die Partschinser Ebene umgebenden Wald hat.
Die Felsen weisen dieselben Merkmale wie der Tschigat auf, sie bestehen aus einem Granit-Gneis-Biotit-Gefüge. Zahlreiche Felsbänder charakterisieren den W-Abhang sowie die Almen, die in das breite Becken des Zieltales überleiten. In der alten AV-Karte nicht erwähnt.
Man kann die Spitze von verschiedenen Seiten erreichen, am bequemsten über den N-Abhang, von der Tablander Lacken (2650 m). Durch Schnee und Fels auf die Öffnung einer kleinen Schlucht zu. Diese führt zu einem tiefen Einschnitt östl. des Gipfels, der von dort über große Blöcke am Grat erreicht werden kann.

● **1590**   **Spronser Röthelspitze,** 2632 m

Zwischen dem Hohen Gang und dem Mittlerjoch in dem vom Tschigat südöstl. abzweigenden Seitenkamm der Texelgruppe.

● **1591**   a) **Über den Westkamm.** 1/2 st.
Wie in R 377 auf den Hohen Gang und direkt über den W-Kamm empor auf den Gipfel. Oder links des Grates auf bez. Steigspuren.

● **1592**   b) **Nordkamm.** Vom Kasersee 1 1/2 st.
Vom Hochganghaus über das Mittlerjoch nordöstl. hinab, um den von der Röthelspitze nordöstl. ziehenden Kamm herum und gegen den Kasersee und an den Beginn des N-Kammes. Über ihn leicht zum Gipfel.

● **1593**   **Mutspitze,** 2295 m

Eckpfeiler der Tschigatgruppe. Herrliche Aussicht auf Tirol, Meran, das Etschland und das Passeier.

● **1594**   a) **Über den Südostgrat.**
Von Meran über Tirol, die Muthöfe, die Mutalm. (Bez. Nr. 6 und 23.) Von hier auf den SO-Grat und über sehr steile Rasenhänge zum Gipfel.

● **1595**   b) **Vom Hochganghaus.** Vom Taufen-Joch 1 st.
Vom Hochganghaus auf das Taufen-Joch und auf bez. Weg zum Gipfel. Auf das Joch auch von der Leiter Alm (Lift von Vellau).

● **1596**   **Sefiarspitze,** 2846 m
                       (Distelgrubenwand)

Äußerste Kammerhebung in dem vom Tschigat nordöstl. ziehenden Seitenkamm der Texelgruppe, zwischen Faltmartal und Faltschnaltal. 1. touristische Ersteigung: Burckhardt, 1899.

● **1597** a) **Von Pfelders über den Nordkamm.** 3½ st.
Von Pfelders südöstl. links an der Kirche vorbei aus dem Dorf, über die Straße und den Bach und in vielen Kehren südöstl. durch schütteren Lärchenwald aufwärts auf den Grünboden. Nun weglos in das große Schuttkar und empor auf den nördl. Vorkopf, 2693 m, und über ihn leicht auf den südl. davon gelegenen Gipfel.

● **1598** b) **Südgrat** (G. E. Lammer, 1900), II+, von Pfelders 4 st.
Von Pfelders das Faltschnaltal bis P. 1949 hinauf. Dann nimmt man den Pfad links (östl.), der den steilen Hang und das Felsband bis zum Anfang eines Grabens emporführt. Durch den Graben in Richtung einer steilen und felsigen Treppe weiter, welche auf den S-Grat des Berges führt und über ihn zum Gipfel.

● **1599**   **Erenspitze,** 2760 m
Breiter Felsberg, höchste Erhebung im Bergstock, der von Pfelderstal im N, Faltschnaltal im O und Lazinser Tal im W eingerahmt wird. Aussicht auf die Gletscherberge des östl. Hauptkammes und die östl. Berge der Texelgruppe.

● **1600** a) **Von Pfelders über den Nordostkamm.** I, 3½ st.
Von Pfelders auf dem Wiesensteig südwestl. aus dem Dorf, über einen Bach und zur Militärstraße, die auf der linken Seite des Pfelderer Baches talein führt. Nach einigen Minuten zweigt nach links, südwestl., ein Steig, der schräg aufwärts durch Wald zur Faltschnal-Almhütte am Eingang des Faltschnaltales führt. Westl. hinab und über den Faltschnalbach. An geeigneter Stelle vom Steig ab und weglos querend, über drei kleine Bäche, unter den schrofigen Kammausläufern des N-Kammes der Erenspitze herum und über Rasenhänge steil südl. empor auf die Zepbichler Eren und zum kleinen See, der „Lacken", der nördl. des Erenspitzgipfels eingelagert ist. Hier links, östl. auf den NO-Kamm und über ihn zum Gipfel.

● **1601** b) **Südgrat.** II—, von der Scharte südl. des S-Grates 1—1½ st.
Vom Faltschnaljöchl (hierher wie in a) von Pfelders) nordwestl. um zwei schrofige Erhebungen links herum und zur begrünten Einschartung südl. des S-Grates. In kurzer Kletterei auf den höchsten Punkt.

● **1602**   **Ulsenspitze,** 2736 m
Felsberg im nordöstl. Seitenkamm der Texelgruppe, zwischen Sefiarspitze und Rötenspitze. Gegen W flacher Felskamm, gegen O steil abfallende Flanke.

● 1603   a) **Südkamm.** I, 4½ st.
Von Pfelders auf der Straße talaus bis zur Einmündung des
Faltmartales. Hier südl. an der linken Seite des Faltmarbaches
talein, unter der Faltmaralm vorbei in den innersten Talkessel.
Hier westl. ab und weglos über weite Schutthänge empor auf
das Ulsenjoch, südl. der Ulsenspitze. Über den S-Kamm auf
den Gipfel.

● 1604   b) **Nordostkamm.** Von Pfelders 5 st.
Von Pfelders wie in R 1603 in das hinterste Faltmartal. Hier zweigt nach
NW ein Weg ab, der zur Distelgrubenalm führt. Von der Alm westl.
empor auf die Einschartung zwischen Sefiarspitze und Ulsenspitze und
über den NO-Kamm, manchmal auf die N-Seite des Grates ausweichend,
auf den Gipfel.

● 1605   c) **Von Osten.** Von Pfelders 4½ st.
Wie oben a) in das innerste Faltmartal. Westl. empor über Schutthalden
und über die plattige O-Flanke zum Gipfel.

● 1606   **Kolbenspitze**, 2868 m
Am weitesten nach NO vorgeschobene Erhebung des nordöstl.
Seitenkammes der Texelgruppe.

● 1607   a) **Ostkamm.** Von St. Leonhard im Passeier 6—7 st.
Von St. Leonhard südwestl. auf mäßig steigenden Waldwegen über die erste Kammerhebung, die Matatzspitze,
2182 m, und weiter über den O-Kamm auf den Gipfel.

● 1608   b) **Von Platt im Passeier.** 5—6 st.
Von Platt südl. in das westl. Seitental des Salderbaches und
auf den Grat. Über den Trennungsgrat zwischen Salderer
und Fermazontal und über ihn empor bis zu einem Felsturm
(nördl. des P. 2820 der alten AV-Karte). Vor ihm aus einer
Scharte östl. hinab und über Schutt und auf den vom oben
erwähnten Punkt nach O streichenden Kamm. Über Blockwerk zum höchsten Punkt.

● 1609   c) **Von Moos über die Nordflanke.** 5—6 st.
Von Moos zum Stuibenfall und empor zum Fermazonbach.
Im steilen, engen Fermazontal aufwärts, den Bach mehrmals
überschreitend zur Fermazonalm und zu einem kleinen See
im hintersten Talboden. Über Schutt empor in das westl. des
in der Mitte herabziehenden Felsrückens gelegene Kar (Fernerrest). Zuletzt über Blockwerk zum Gipfel.

● 1610   d) **Von Pfelders.** 4—5 st.
Von Pfelders wie in R 1603 in den innersten Kessel des Faltmartales. Auf Steigspuren südöstl. empor gegen das Faltmar-

joch. Unterhalb des Joches über Schutt mühsam empor auf P. 2820 der alten AV-Karte und über den Grat zum westl. Vorgipfel. (Eckpunkt des Trennungsgrates zwischen Faltmar- und Fermazontal.) Hinab in eine Scharte und über Platten (oder Ausweichen nach links) auf den höchsten Punkt.

VIII. Salurnkamm

Einsamer Bergkamm über dem Matscher, Schlandraun- und inneren Schnalstal. Der Kamm erstreckt sich vom Bildstöckljoch zwischen dem Schnalser und dem Matscher Tal südwärts und formt mit der Salurnspitze und der etwas höheren Lagaunspitze einen schönen Gebirgsstock, welcher im oberen Teil hängende oder in malerische kleine Seen tauchende Gletscher bildet. Von dieser herrlichen Kanzel zweigt nach O ein Kamm ab, der sich im Taschljöchl mit der Mastaun-Gruppe verbindet. In der Kette, welche das Schlandrauntal vom Matscher Tal trennt, erheben sich mehrere eindrucksvolle Gipfel, z. B. Salurnkopf, Ramudel und Hochalt. Durch die Mittelstellung zwischen den Ötztaler und Ortler-Bergen ergeben sich besonders schöne Ausblicke von den Gipfeln. Unberührte Lärchen- und Zirbenwälder am Fuß der Berge. Die Höllerhütte der AV-Sektion Prag wurde 1922 von Italien enteignet, dem CAI zu treuen Händen übergeben. 1945 abgebrannt, jetzt gänzlich verfallen. Seit 1958 ist der Innere Glieshof mit Pkw. erreichbar und als Stützpunkt empfehlenswert.

● **1611** **Äußere Quellspitze,** 3385 m
Blockkogel zwischen Quelljoch und Oberettesjoch, über die sich etwa 100 m erhebt. Nach W entsendet der Berg einen mächtigen Felsgrat gegen das Matscher Tal; in diesem Kamm ist das Höllerschartl eingeschnitten.

● **1612** a) **Von der Ruine der Höllerhütte über den Westgrat.** I, $2^1/_2$—3 st.
Wie in R 1236 auf das Höllerschartl im W-Grat der Äußeren Quellspitze. Nun östl. über den wenig steilen Grat meist gerade auf der Grathöhe, zuletzt über Firn zum Gipfel.

● **1613** b) **Vom Oberettesjoch über den Südgrat.** Stellenweise II, 30—40 Min.
Vom Whs. „Schöne Aussicht" (Hochjoch) wie in R 393 über den Steinschlagferner, zuletzt über einen steilen Firnhang

zum Joch, 3244 m. Von der ehemaligen Höllerhütte hierher über den Oberettesferner; der letzte Hang unter dem Joch ist in den letzten Jahren gänzlich ausgeapert. Nun über den steilen Blockgrat meist gerade empor zum Gipfel.

● **1614 c) Vom Quelljoch.** Teilweise Firn- und Wächtengrat. 30—40 Min.
Von Kurzras über den Steinschlagferner, oder vom Höllerschartl in leichter Querung über den Matscher Ferner zu dem nördl. des Gipfels eingeschnittenen Quelljoch, 3273 m. Über den kurzen, aber mehrfach überfirnten Grat südl. empor zum Gipfel.

● **1615   Schwemser Spitze, 3456 m**
Auch Oberettesspitze genannt. Ebenmäßige, frei aufragende Pyramide über Schwemser-, Oberettes- und Steinschlagferner, die nach O, SO und S mächtige Felsgrate entsendet, und mit einem kurzen Grat nördl. zum Oberettesjoch absetzt. 1. Ersteigung: J. Hoffmann mit J. Spechtenhauser, 1875.

● **1616 a) Vom Oberettesjoch über den Nordwestgrat.** Teilweise II, vom Joch 1 st.
(Kürzester Anstieg von der Höllerhütte.) Über den Oberettesferner und den Schutthang auf die Jochhöhe. Nun südöstl. über den Grat oder die Felsen seiner Begrenzung zum Gipfel.

● 1617 b) **Von Kurzras** (Weg der Ersteiger). 4—5 st.
Vom Kurzhof westl. das Unterberg-, dann das Langgrubtal (schwaches Steiglein) talein bis in die innerste Karmulde, dann nordwestl. rechts ab in der Richtung des Mutbühels und Reiherkogels dem Schwemser Ferner zu. Auf demselben steil nordwestl. auf den S-Gipfel und über einen schönen Felskamm zum höchsten Punkt.

● 1618 c) **Südgrat vom Bildstöckljoch,** 3092 m.
Über die Begehung des langen Grates, der Oberettes- und Schwemser Ferner trennt, fehlen genauere Angaben.

● **1619   Salurnspitze, 3434 m**
Bildet zusammen mit der wenig höheren Lagaunspitze von N gesehen eine ebenmäßig emporstrebende Doppelpyramide; eine der schönsten Gipfelformen des Gebirges. Ungemein aussichtsreich wegen der vorgeschobenen Lage. Sehr selten besucht. Der vom Quelljoch bis hierher genau südl. verlaufende Kamm teilt sich bei der Salurnspitze in zwei Zweigkämme, die nach SO und SW weiterführen und das Schlandrauner Tal umrahmen. 1. Ersteigung: Pöltinger, 1853, anläßlich der mili-

tärischen Vermessung. 1. touristische Ersteigung: C. Hecke mit G. Spechtenhauser, 1876.

● **1620** a) **Von Kurzras** (Erstersteiger). I, 4—5 st.
Vom Kurzhof westl. über den Bach und auf schlechtem, teilweise nicht mehr sichtbarem Steig südwestl. steil empor auf die höchsten Weideplätze. Nun fast eben hinein (westl.) in die hinterste Karmulde, dem Bache entlang, dann über alte, bewachsene Moränenhänge, zuletzt über grobes Blockwerk etwas nördl. ausbiegend zum nördlichsten Teil des auf dieser Talseite liegenden Salurnferners. Nach einem kurzen, sanften Anstieg folgt eine steile Eiswand, über der man durch eine Firnmulde den Sattel nördl. der Salurnspitze erreicht. Nun über den gut gangbaren Blockgrat südl. zum Gipfel.

● 1621 c) **Von der Höllerhütte** (F. Malcher, Dr. M. Pfannl, 1908). Im letzten Teil stellenweise II, 3—4 st.
Von der Ruine der Höllerhütte auf gutem Steig ostwärts im Bogen durch die Moränenmulde und durch eine Schuttgasse im Schwemser Grat im Zickzack empor auf die Kammhöhe. Über geröllbedecktes Gelände fast eben hinüber zum kleinen Langgrubferner. Über den Ferner, am Bildstöckljoch vorbei, und auf den durch einen Rücken vom Langgrubferner getrennten Salurnferner. Auf diesem links (östl.) zum Langgrubjoch. Südl. über den leichten Grat zur Scharte südl. P. 3223 m. Nun wird der Grat steiler und schwieriger. Der brüchige Gratturm, 3305 m, wird überklettert. Von ihm klettert man zum Sattel nördl. des Gipfels ab. Von hier über den gut gangbaren Blockgrat zum Gipfel.

● **1621 a** b) **Von Kurzras über den Nordostgrat** (A. Kreil und Dr. Hans Kiene am 30. Juli 1939). Teilweise III, 4—5 st.
Zunächst wie bei a), sodann die Zunge des Lazaunferners querend an den SO-Fuß der Gratfelsen und über dieselbe und ein steiles Schneefeld auf der N-Seite zum Firngrat, der direkt auf den Gipfel bringt.

● **1622** d) **Vom Matscher Tal.** Oft schwierige Eisarbeit, der zielgeradeste Anstieg, 5 st.
Vom Whs. Glieshof auf der orogr. linken Talseite einwärts zur alten Matscher Kuhalm. Nordwärts hinauf an den Oberrand der Almwiese. Man überschreitet den Salurnbach nicht, vielmehr geht man den Steigspuren nach, die über seinen südl. Begrenzungsrücken emporführen. Man gelangt in eine weite Karmulde. Hier wendet man sich scharf nach links einem kleinen begrünten Jöchl zu. (50 m unterhalb entspringt aus moosgepolstertem Gestein der Hauptarm des Salurnbaches, von den Einheimischen „Fluß Jordan" genannt.) Von dem Jöchl quert man in nördl. Richtung das Schuttkar, in das die Zunge des Ramudelferners herabhängt, überschreitet dessen

Abflüsse und steigt über einen begrünten Steilhang in ein langgestrecktes talförmiges Schuttkar an (Steigspuren), durch das man an den aus wilder Felsumrahmung von rechts herabfließenden Salurnferner gelangt. Auf dem unteren flachen Ferner biegt man bald nach S ab und geht in die Mitte des im Bogen vom Sattel, 3230 m, nördl. der Salurnspitze herabkommenden Fernerteiles. In der Mitte des Ferners durch den Eisbruch auf den flacheren, weniger spaltenreichen Teil, der bald in die Firnmulde unterhalb des Sattels übergeht. Durch die Mulde bequem auf den Sattel nördl. des Gipfels und über den Blockgrat auf die Salurnspitze.

● **1623** e) **Übergang zur Lagaunspitze** (die Erstersteiger, 1876). I, 30 Min.
Vom Gipfel über den brüchigen Grat südöstl. absteigend in die Einsenkung zwischen den Zwillingsgipfeln. Jenseits über Blockwerk und Schutt empor auf die Lagaunspitze.

● **1624**   **Lagaunspitze,** 3438 m
Schöner Berg. Zwillingsgipfel der Salurnspitze und leicht mit deren Ersteigung zu verbinden. 1. Ersteigung: C. Hecke mit G. Spechtenhauser, 1876.

● **1625** a) **Von Kurzras.** Teilweise II, 5½ st.
Wie in R 1620 auf die Salurnspitze. Der Übergang über den brüchigen Grat bietet keine Schwierigkeiten.

● **1626** b) **Nordostgrat** (F. Malcher, Dr. M. Pfannl, 1908). Schönste Bergfahrt im Salurnkamm, teilweise III, 5 st.
Vom Kurzhof auf die Lagaunalpe. Taleinwärts und durch steile Schutt- und Schneerinnen südwestl. zum flachen Ansatze des Grates (etwa 3150 m). Nun abwechselnd auf den Grat oder links über Platten in wechselnder Schwierigkeit zur Gipfelwand, welche über fast senkrechte, jedoch feste Felsen unmittelbar zum Gipfel erstiegen wird.

● **1627** c) Vom Kurzhof talaus ins Lagauntal, dem Bach entlang über die Moräne zum Rest des Langen Ferners. Von hier zum Lagaunferner und über ihn zum Gipfel. (Etwas länger, aber leichter.)

● **1628**   **Oberer Salurnkopf,** 3429 m
                   Innere Salurnspitze, 3187 m
Ausgeprägte Erhebungen in der W- und S-Umrahmung des Salurnferners. Ihre Ersteigung ist jedoch nur in Verbindung mit den Zentralgipfeln lohnenswert.

● **1629 Überschreitung** Innere Salurnspitze — Oberer Salurnkopf — Salurnspitze (Gebrüder Leonhard, 1911). Aus dem Schnalstal 6—7 st. Felsgrate teilweise mäßig schwierig (II), dazwischen Firngrate.
Vom Kurzhof talaus bis zu den Koflerhöfen. Hier führt ein Steig südl. ansteigend durch den Zirbenwald aufwärts. Bevor man zum Lagaunbach kommt, wendet man sich westl. und geht weglos, zuletzt in südwestl. Richtung in das der Inneren Salurnspitze vorgelagerte Kar hinauf. Neben einem Bächlein erreicht man über steile Schutthalden den zum P. 3139 herabziehenden SO-Kamm der Salurnspitze und über diesen den höchsten Punkt. Von hier zuerst über den schönen Firnkamm, dann den etwas schärferen, teils auch felsigen Grat auf den Felsgipfel des Oberen Salurnkopfes. Der schwach gescharte Verbindungsgrat führt über Fels oder Firn (schöne Firnschneide) auf die Salurnspitze.

● **1630**   **Kortscher Schafberg,** 3103 m
Zwischen Taschljöchl und Innerer Salurnspitze; ehemaliger Hüttenberg der Heilbronner Hütte mit Weganlage. Jetzt kaum mehr begangen.

● **1631 Vom Taschljöchl.** I, 1½ st.
Wie R 387 aus dem Schnalstal oder aus dem Schlandrauner Tal auf das Taschljöchl. Nun westl. auf dem verfallenden Steig zum Hungerschattensee und auf und neben dem Kamm zum Gipfel.

● **1632**   **Berglerspitze,** 3019 m
           Westliche Gerstgraser Spitze, 3089 m
           Östliche Gerstgraser Spitze, 3100 m
Zwischen Taschljöchl und Mastaunjoch aufragender, selten besuchter, unvergletscherter Teil des Salurnkammes. Von der Östl. Gerstgraser Spitze zweigt östl. ein Kamm ab, der die Kreuzspitze, 3040 m, und die Nockspitze, 2713 m, über Unser Frau im Schnalstal trägt. 1. touristische Überschreitung: Dr. W. Hammer, L. v. Falser, 1908.

● **1633 a) Vom Taschljöchl** (R 387) südl. über den Kamm, zuletzt unschwieriger Felsgrat auf die Berglerspitze, 1 st.

● **1634 b) Von der Berglerspitze** wendet sich der Kamm gegen S, bei P. 3002 gegen O. Die Gerstgraser Spitzen werden über unschwieriges Blockwerk und Platten erreicht. Zuletzt wird der Grat schärfer.

● **1635** c) **Vom Mastaunjoch** (R 386) über gutgestufte Felsen auf die Gerstgraser Spitzen, 40 Min.

● **1636** **Mastaunspitze**, 3199 m
Über dem inneren Mastauntal, zwischen Mastaunjoch und Erdscharte aufragender Gipfel von einiger touristischer Bedeutung. 1. Ersteigung anläßlich der militärischen Vermessung, 1854.

● **1637** a) **Von Unser Frau im Schnalstal.** I, 4—5 st.
Auf dem Almsteig ins Mastauntal. An der Unteren Alm vorbei, später oberhalb des Waldes pfadlos dem Bach entlang talein. Westl. auf dem schuttbedeckten Seitengrat auf den Hauptkamm, den man südl. des Gipfels bei P. 3071 erreicht. Nördl. über rotbraunes Blockwerk zum Gipfel.

● **1638** b **Aus dem Schlandrauntal.** Vom Schupferhof 5 st.
Vom Schupferhof auf Almsteigen empor zur Stielerhütte, dann nordöstl. aufwärts in das südwestl. des Gipfels eingelagerte Kar. Über Geröllhänge mühsam empor zu P. 3071 und wie in a) zum Gipfel.

● **1639** c) **Nordgrat.** (F. Malcher, Dr. M. Pfannl, 1908). I, vom Mastaunjoch 1^1/$_2$—2 st.
Vom Joch stets über den Grat in unschwieriger Blockkletterei zum Gipfel.

● **1640** d) **Malander**, 3173 m. Erhebung im S-Kamm der Mastaunspitze.
In Verbindung mit dieser von P. 3071 m [s. a) und b)] zu ersteigen.

● **1641** **Zerminiger**, 3108 m und 3059 m
Als Aussichtspunkte bekannte Erhebungen in einem von der Erdscharte gegen SW streichenden Kamm. 1. touristische Ersteigung: A. Burckhardt, 1895.

● **1642** a) **Durch das Penaudtal** (westl.) zur Penaudalm und weiter westl. über die sanften Hänge auf die Gipfel von Karthaus 5 st.

● **1643** b) **Aus dem Schlandrauntal.** I, 4—5 st.
Über den breiten, unschwierigen W-Kamm, oder von der Tappeiner Schafhütte über den S-Grat.

● **1644** Schwarze Wand, 2982 m
Wiegenspitzen, 2987 m und 2743 m

Breit gebaute, nur im obersten Teil felsige Erhebungen im Trennungskamm zwischen Mastaun- und Penaudtal. Schon früh von Gemsjägern und Hirten erstiegen.

● **1645** a) **Von Unser Frau** durchs Mastauntal (R 386). Zuletzt südl. über die weiten Hänge empor.

● **1646** b) **Von Karthaus** durchs Penaudtal (R 385). Von der Penaudalm mühsam über die SO-Flanke auf den Gipfel.

Graue Wand, 2772 m; Marzellspitze, 2921 m;
Grubenspitze, 2898 m; Trumser, 2910 m

● **1647** a) Die letzten Erhebungen in dem vom Zerminiger östlich ziehenden langen Kamm. Vom Niederjöchl (R 384), dem Übergang von Karthaus im Schnalstal nach Kastelbell im Etschtal, sind alle Erhebungen von einem geübten Geher leicht an einem Tag zu überschreiten.

● **1648** b) **Der Trumser**, ein Aussichtsberg über dem Schnalstal, ist auch von Karthaus über die Klosteralm und den N-Grat, oder von Katharinaberg über die Saxalberalm und den Saxalbersee, 2465 m, und die O-Flanke zu ersteigen.

● **1649** Ramudelspitzen, 3292 m und 3296 m

Erste Erhebungen im westl. Zweigkamm. Südl. der Salurnspitze, bzw. des Oberen Salurnkopfes. 1. touristische Ersteigung: A. Burckhardt, 1895.

● **1650** a) **Aus dem Matscher Tal.** I, 4—5 st.
Vom Glieshof wie in R 388 aufs Ramudeljoch. Nun nördl. mit Überschreitung oder östl. Umgehung des P. 3175 m an den Grataufschwung. Über diesen (einzelne Firnunterbrechungen) zum Gipfel.

● **1651** b) **Vom Taschljöchl** aus dem Schnalstal. Vom Joch 3—4 st. zum Ramudeljoch, unschwierig, aber mühsam.
Vom Taschljöchl (R 387) über dem Kortscher Schafberg oder südl. an ihm vorbei zum Ramudeljoch. Wie in a) zum Gipfel.

● **1651 a** c) **Westflanke** (Dr. H. u. Henriette Klier, Dr. C. Job, Dr. Reinhold Meier, 1960). Interessante Gletscherfahrt. Vom Ghs. Glieshof 5 st.
Vom Glieshof wie in R 1622 zum „Fluß Jordan". Vom kleinen grünen Sattel oberhalb der Quelle sieht man zur Rechten (östl.) den eindrucksvollen Hängegletscher, der vom

nördl. Firnbecken der Ramudelspitzen in das weite Schuttkar herabhängt. Über einen Moränenrücken an einen Felsaufschwung. Über diesen gerade empor (I+), dann gegen links an die Zunge des Hängegletschers und je nach Verhältnissen und Geschmack gerade empor oder links an den Eistürmen des Bruches vorbei in die weite Firnmulde. Gerade über diese weg und durch eine Firnrinne in den Sattel zwischen P. 3290 und der nördl. Ramudelspitze. Südwärts über den Grat auf den wächtengekrönten N-Gipfel. (Stange.) Ohne Schwierigkeiten südwärts weiter zum S-Gipfel.

● **1652**   **Rappenspitze,** 3187 m
                     Opikopf, 3174 m

Zwischen Ramudeljoch und Opijoch aufragende Erhebungen, deren Ersteigung mit der Jochüberschreitung gut zu verbinden ist.

● **1653** a) **Vom Ramudeljoch über den Nordgrat** (P. Bruckmann mit F. Braxmaier, 1911). Teilweise II, 1 st.
Vom Joch in schöner Blockkletterei auf die schneidige Rappenspitze.

● **1654** b) **Ostgrat** (Gebrüder Leonhard, Herold, 1911). III, 1 st E.
Vom Weg zum Ramudeljoch am Beginn des zum Joch ziehenden Geröllkares links, südl., ab an den Gratansatz. In schöner Kletterei über den schneidigen, steilen Grat unmittelbar zum Gipfel.

● **1655**   **Hochalt,** 3294 m

Prächtiger, frei aufragender Gipfel im südl. Salurnkamm. Deshalb auch für seine Fernsicht bekannt. In die N-Flanke ist ein auffallender Steilgletscher eingefügt. 1. touristische Ersteigung: A. Burckhardt, 1894.

● **1656** a) **Vom Inneren Glieshof.** I, 5 st.
Vom Inneren Glieshof auf Almweg südl. über die Talstufe empor, über welcher der Weg über den Bach und durch das Opital fast eben zur Schluderner Alm führt, 1 st. (Nicht mit dem knapp vorher scharf links abzweigenden Ramudeltal verwechseln!) Nun zuerst eben dem Bache entlang zur zweiten, steil abfallenden Talstufe, welche auf schlechtem Steige in Schlangenwindungen an der linken (nördl.) Seite überwunden wird. So erreicht man ein weites Hochkar mit einigen Seen (2570 m) und weiter dem Bache südwestl. folgend das letzte kleine See-

auge (P. 2812 m) in einer Hochmulde westl. des Hochalts gelegen. Hier Einstieg in die Felsen des W-Grates, der in schöner Kletterei zur S-Ecke des kleinen, westl. des Gipfels eingebetteten Gletschers führt. Über diesen zum Gipfel.

● **1657** b) Südgrat (Dr. W. Hammer und Frau, 1907). Teilweise II, 3—4 st E.
Wie in a) zum kleinen See im Opital. Nun aber südwestl. empor über Blockwerk und Schneeflecken auf den Kammrücken, der knapp nördl. des P. 3060 der AV-Karte betreten wird. Nun nördl. zu den Felsabstürzen, die zu P. 3200 über gutgestufte Felsen führen. Der folgende lange, stark zersplitterte Grat wird mit Umgehung oder Ersteigung zahlreicher Felstürme über P. 3222 bis zum Gipfel überklettert.

● **1658** c) Nordgrat (Gebrüder Leonhard, Herold, 1911). 1½ st.
Von der tiefsten Einsattelung südl. des Opikopfes (Opijoch, R 1656) zuerst über Felsen auf den kleinen, westl. eingelagerten Gletscher, und über diesen an den Gipfelaufschwung und zum Gipfel.

● **1658a** d) Von der **Inneren Kortscher Alm**, 1970 m, **durch die Ostflanke** (Andreas Kreil, Pius Wachtler, Franz Kahl und Dr. Hans Kiene, 1939). Wandhöhe 600 m, 4 st. Mühsam. Der Aufstieg vollzieht sich in der Fallinie des Gipfels zwischen O- und NO-Grat. Am Fuße der „Angerlen" über steile Schrofen, Platten, Schutthalden, Rinnen und Grasbänder.

● **1659**   **Rote Riept; Weiße Riept**, 2951 m
Dem Hochaltmassiv im S vorgelagerte Erhebungen, die zum Strimm- und Gadriagraben sowie nach O lange, felsdurchsetzte Grasgrate ausstrahlen. Vom Kortscherjöchl, 2483 m, das vom Schlandrauner Tale (Schupferalm) durch das Maneidtal oder von Schlanders über den Madatscher Sonnenberg (mühsam, besser im Abstieg!) erreicht wird, unschwierig über Schrofen zu ersteigen. Schöner Fern- und Tiefblick. 5—6 st.

● **1660**   **Remspitze**, 3205 m
Südl. des Hochalt biegt der westl. Zweigkamm scharf nach W um. Vom Knick zieht ein Grat nach O zum Schlandrauner Schafberg, 3039 m, und einer nach S zur Weißen Riepe, 2952 m. Der mächtigste und touristisch bedeutendste streicht jedoch nach W und SW weiter. Die erste große Erhebung dieses Kammes ist die Remsspitze.

● **1660a** a) **Aus dem Matscher Tal.** 4—5 st.
Wie in R 1664 auf den Oberen Remsboden. Von hier über steiles Geröll an die S-Abstürze des Gipfels und durch Blockrinnen in Gipfelfallinie empor.

● **1661** b) **Ostgrat** (H. und K. Fink, L. Obersteiner, 1923). Teilweise II, 5¹/₂ st.
Vom Glieshof ins Opital, an der Schluderner Alm vorbei, in den hintersten Talkessel. Die steile Talstufe wird an ihrer rechten Seite auf schlechtem Steig erstiegen. Am oberen Rand wendet man sich nach W über Grashänge, weiter über eine Rippe in das westl. liegende Geröllkar, und durch dieses zum kleinen, westl. der Remsspitze eingelagerten Gletscher. Über den Ferner auf den O-Grat (in seinem ebenen Teil) in die tiefste Einsenkung neben dem Aufschwung. Der Steilaufschwung wird zuerst in der N-, dann in der S-Flanke erklettert; einige Felstürme müssen dabei umgangen werden. Vom Eckpunkt des Grates über mehrere Felstürme, zuletzt von einer Scharte in schöner Kletterei zum Gipfel.

● **1662** c) **Von Norden** (Dr. W. Hammer und Frau, 1907, im Abstieg). Teilweise Eisarbeit, 6 st vom Glieshof.
Von der Schluderner Alm (1 st vom Glieshof) südwestl. über Weidehänge aufwärts steil gegen den P. 2666 und dann südl. in das mit einem kleinen Gletscher versehene Kar nördl. der Remsspitze. Steil und mühsam über Schutt zum Gletscher, der in südwestl. Richtung angestiegen wird, worauf man nach Überschreitung einer Randkluft und Ersteigung eines kurzen Eishanges den Grat östl. des Gipfels und über denselben den Gipfel erreicht.

● **1663** **Litzerspitze (Litzner)**, 3204 m
Südwestl. der Remsspitze, schöne Fernsicht. 1. Ersteigung anläßlich der militärischen Vermessung, 1853. 1. touristische Ersteigung: A. Burckhardt, 1895. Eisernes Vermessungszeichen.

● **1664** a) **Aus dem Matscher Tal.** 4—5 st.
Vom Weiler Tumpaschin im Matscher Tal östl. auf dem Almweg zum Unteren, dann über Weideböden zum Oberen Remsboden. Ostwärts von diesem über Blockwerk und Firnreste zum Gipfel empor.

● **1665** b) **Vom Glieshof.** 4—5 st.
Wie in R 1656 ins Opital zur kleinen „Lacke". Nun südwestl. über Gras- und Geröllhänge gegen den nach N streichenden Grat der Litzerspitze. In anregender Kletterei zum Gipfel.

● **1665 a** c) **Von Laas** oder **Eyrs** über Allitz (1150 m).
Im Strimmbachgraben zu den Strimmerhöfen und den breiten Talschluß, aus dem steile Schutt- und Schrofenhänge zum Gipfelgrat emporbringen. Sehr mühsam. 5 st. Besser im Abstieg.

● **1666**   **Madatschknott,** 3071 m
        Hohes Kreuzjoch, 3054 m, 2986 m
        Schwarzer Knott, 2807 m

Unbedeutende Erhebungen im südwestl. Salurnkamm. 1. touristische Ersteigung: A. Burckhardt, 1895.

● **1667   Von Matsch.** I, 5 st.
Man steigt von Matsch ab zum Salurnbach, über diesen zum Weiler Run und durch Wald empor zur Runer Alm. Auf Steigspuren empor zum Runer Köpfl und über den breiten Kamm südöstl. hinauf zum Hohen Kreuzjoch. Von hier östl. hinüber auf schärfer ausgeprägtem Grat zum Madatschknott über dem Marbeltal.

IX. Die Berge ums Planeiltal

● **1668**   **Äußerer Bärenbartkogel,** 3473 m

Vom Weißkamm (Innerer Bärenbartkogel) durch den weiten Firnsattel des Bärenbartjoches getrennt. Fällt mit schroffen Wänden gegen S ins oberste Matscher Tal ab; ein mächtiger Felsgrat scheint noch nicht begangen worden zu sein. Im N reicht der zerrissene O-Teil des Freibrunnerferners bis an den Gipfelgrat; von P. 3418 m im O-Grat des Gipfels zieht die langgestreckte „Ganglschneid" nordwärts. 1. Ersteigung: F. Hohenleitner, J. Plattner, 1909.

● **1669   a) Vom Bärenbartjoch.** I, 30 Min.
Wie in R 395 auf das Bärenbartjoch zwischen Innerem und Äußerem Bärenbartkogel. Von hier westl. über Firn und eine Blockhalde auf den Firngrat und über P. 3418 und den anschließenden Firngrat zum Gipfel.

● **1670   b) Von Süden.** Teilweise II, 3—4 st aus dem innersten Matscher Tal. Vom innersten Matscher Tal steigt man zuerst über den Moränenkamm rechts haltend gegen den Matscher Ferner an. Der S-Sporn bleibt links liegen; man gelangt so ins innere Fernerbecken, aus dem man über Felsrippen bei guten Verhältnissen durch die Rinne in Gipfelfallinie zum Gipfel ansteigt.

● **1671   c) Nordgrat — „Ganglschneid"** (H. Püchler, 1923). II, Eisgrat, 3—4 st.
Wie R 396 zum Bärenbartferner. Auf ihm etwas empor, dann nach rechts über die Moränenhänge gegen den deutlich sichtbaren ersten Turm im N-Grat. Sein dreigipfliger Scheitel wird über mächtige Blöcke erreicht und mit Ausnahme eines Zahnes gerade an der Schneide überschritten. Weiter über

den sich auftürmenden Grat, der einige abwechslungsreiche Kletterstellen aufweist, auf eine geräumige ebene Stufe. Der weitere Anstieg verläuft immer an der Schneide, später etwas links über den Firngrat. Auf ihm empor zu den Felsen von P. 3418, von dem über Wächten rechts der Gipfel erreicht wird.
Oder mühelos über den Bärenbartferner bis unterhalb des Bärenbartjoches, wo man leicht rechts haltend den Firngrat der Ganglschneid betritt und ihm folgend die Spitze erreicht.

● **1672** d) **Übergang zur Freibrunnerspitze** (F. Hohenleitner, J. Plattner, 1909). Einige Gratstellen II, sonst I, 2 st.
Vom Gipfel hinab in den ersten Firnsattel. Der felsige P. 3410 m wird überschritten. Sodann über Firn hinab in die Einschartung vor der Freibrunner Spitze und über den Firngrat zum Gipfel.

● **1673** **Freibrunner Spitze**, 3366 m
Schöner Gipfel im Hintergrund des W-Beckens des Freibrunner Ferners, im Verbindungsgrat zwischen Äußerem Bärenbartkogel und Rotem Kopf. Etwas westl. erhebt sich der fast gleich hohe P. 3356 m. Die Ersteigung der Freibrunner Spitze ist von keiner Seite leicht. 1. Ersteigung: V. Kaltdorff, mit J. Blaas, 1869.

● **1674** a) **Vom Planeilschartl** her. 4 st von Melag im Langtaufers, Eiserfahrung nötig.
Von Melag im hintersten Langtaufers talein zur Melager Alm auf der orographisch linken Talseite. Von hier auf gutem Steig steil durch die Langgrube empor.
Man steigt bis zu dem fast ganz zurückgegangenen Langgrubferner an, über diesen noch ein Stück empor bis knapp unter das Planeilschartl. Nun östl. um eine Rippe herum auf den obersten W-Teil des Freibrunner Ferners. Man strebt den Firnsattel westl. des Gipfels an (Brüche); von dort über den Firngrat zum Gipfel.

● **1675** b) **Von Norden über den Freibrunner Ferner** (H. Püchler, 1923). Schöne Eistour, 4—5 st von Melag.
Von Melag talein gegen die Melager Alm. Unter den Almböden durch auf einem schlechten, fast verfallenen Steiglein gegen den Ausgang des Freibrunner Tälchens („Freibrunn"), und empor gegen die Gletscherzunge des westl. Freibrunner Ferners. Hierher rascher vom Weg zur Planeilscharte (R 400),

den man über der Waldgrenze gegen O verläßt, oder von der Planeilscharte.
Über den ersten Bruch in die erste flachere Gletscherzone. Man hält sich genau in der Mitte zwischen den zwei kleinen Brüchen und steigt stets in genau südl. Richtung durch die großen Brüche der oberen Gletscherzone auf den Gipfel zu. Die Brüche und der letzte steile Gipfelhang erfordern je nach Verhältnissen großes Können.

● 1676 c) **Vom Matscher Jöchl** (die Ersterteiger, 1869, im Abstieg). Teilweise III, 40 Min. bis 1 st.
Wie in R 402 aus dem hintersten Matscher oder Planeiltal zum Matscher Jöchl mit dem kleinen See. Über die steilen, brüchigen Felsen der SW-Flanke unmittelbar zum Gipfel.

● 1677   **Roter Kopf,** 3244 m
Felserhebung zwischen Planeilscharte und Matscher Joch. Hier stößt der kurze Verbindungsgrat zum Weißkamm an das Hufeisen der Planeiler Berge. 1. touristische Ersteigung: J. J. Weilenmann mit L. Klotz und F. Plattner, 1862.

● 1678 a) **Von der Planeilscharte.** I, 30 Min.
Wie in R 400 zur Planeilscharte. Man geht etwas südl. in den Hang hinein. Durch den schrofigen W-Hang zum Gipfel.

● 1679 b) **Übergang von der Freibrunnerspitze** (F. Hohenleitner, J. Plattner, 1909). I, 1 st.
Hinab in den westl. Firnsattel und über die Firnkuppe, 3356 m, hinüber zum Gipfelaufbau des Roten Kopfes. Man kann über den felsigen O-Grat, leichter aber durch die verfirnte O-Flanke auf den Gipfel steigen.

● 1680   **Rabenkopf,** 3394 m
Selten besuchter, aber leicht ersteiglicher Aussichtsberg am N-Ende des O-Bogens der Planeilberge. Erhebt sich sanft am S-Rand des Planeilferners; nach W ins Planeiltal stürzt eine wild-durchfurchte Felsflucht ab. 1. Ersteigung: Dr. Souchon, Dr. C. Vogt mit A. Tschiderer, 1895.

● 1681 a) **Aus dem Matscher Tal.** I, vom Glieshof 4—5 st.
Vom Glieshof im Matscher Tal wie in R 406 empor gegen die Gawëlzscharte (Schnalser Schartl). Man kann schon vor Erreichen des Schartls rechts durch die Schuttmulde abzweigen und den Gipfel unmittelbar ersteigen. Vom Schartl her erreicht man ihn über den breiten Schuttrücken; den felsigen Gipfelabsturz umgeht man rechts.

● **1682** b) **Vom Matscher Jöchl.** I, 1 st.

Wie in R 402 auf das Matscher Jöchl. Nun über einen Riegel südwestl. hinüber auf den sanften Planeilferner, und südwestl. unmittelbar hinan gegen den Gipfel.

● 1683 c) Um Berichte über eine Durchsteigung des Felsbollwerkes im W wird ersucht.

● **1684** **Falwellspitzen**
Nördliche 3334 m, Südliche 3360 m

Schöner Doppelgipfel südl. der Gawèlzscharte. Beide Gipfel senden große Zweiggrate aus. Östl. ist der kleine Gawèlzferner eingebettet. Die Einschartung zwischen den beiden Gipfeln (3217 m) nennt man Falwell-Lücke.

1. Ersteigung: Dr. C. Vogt mit A. Tschiederer, 1895.

● **1685** a) **Vom Gawèlzschartl** (Weg der Erstersteiger). II, Gratkletterei, 1 st.

Wie in R 403 aufs Gawèlzschartl. Nun über den erst südl. später mehr westl. verlaufenden Grat in schöner Kletterei zum N-Gipfel.

● **1686** b) **Übergang zum Südgipfel** (Dr. W. Hammer, L. v. Falser, 1909). Teilweise III, 1½—2 st.

Am besten gerade über den Grat hinab zu Falwell-Lücke und jenseits über morsche Platten und Blöcke auf den S-Gipfel.

● **1687** c) **Südostgrat.** Teilweise III, 5 st.

Vom Glieshof talein und gegen die Gawèlzscharte ansteigend. Vor Überschreiten des Gawèlzbachls jedoch links ab und durch die Blockmulde empor zum Fernerrest. Man erreicht die tiefste Einsattelung zwischen Gawèlz- und Südl. Falwellspitze. Nun in schöner Kletterei gerade über den SO-Grat zum S-Gipfel.

● 1688 d) Wie in c) empor gegen den Gawèlzferner. Dann jedoch rechts und zuletzt über Schutt zur Falwell-Lücke zwischen den beiden Gipfeln.

● **1689** frei für Nachträge.

● **1690** **Gawèlzspitze,** 3176 m

Unbedeutender Felsgipfel im SO-Grat der Südl. Falwellspitze. Wie oben c) empor in die tiefste Einsattelung zwischen Falwell-S-Gipfel und Gawèlzspitze. Von hier östl. über einen unschwierigen Kamm auf den Gipfel. Vom Glieshof 5 st.

● **1691**   **Pleresspitze,** 3184 m

Felshaupt nördl. des Falwellschartls. Von diesem ab streicht der Kamm in südwestl. Richtung weiter. 1. touristische Ersteigung: A. Burckhardt, 1895.

● **1692**   a) **Vom Glieshof.** I, mühsam, 4 st.

Im Matscher Tal bis zur Äußeren Matscher Alm, dann links ab durch den Zirbenbestand empor auf die großen Schutthänge. Über diese ziemlich mühsam weiter empor gegen den nach O streichenden Kamm. Über diesen zum Gipfel.

● **1693**   b) **Vom Falwellschartl.** I, 30 Min.

Wie in R 404 zum Falwellschartl. Nun nordöstl. empor und ohne Schwierigkeiten zum Gipfel.

● **1694**   c) **Übergang zum Falwell-S-Gipfel** (Dr. W. Hammer, L. v. Falser, 1909). Teilweise II, 2 st.

Nördl. über den unschwierigen, nur manchmal durch Firnstellen unterbrochenen Grat an den Gipfelaufbau der Falwellspitze. Über deren S-Grat in schöner Kletterei zum Gipfel.

● **1695**   **Portlesspitze,** 3070 m

Letzter bedeutender Gipfel im O-Bogen der Planeilberge. Von hier ab verliert der Kamm seine felsige Struktur, weist im Jafant, 2815 m, und im Hohen Joch, 2591 m, noch zwei ausgeprägte Punkte auf (die von Matsch, Mals und Planeil aus auf Almsteigen leicht zu ersteigen sind) und fällt dann ins Etschtal ab. Erlesene Fernsicht. Schon vor langem von Hirten und Jägern erstiegen.

● **1696**   a) **Vom Glieshof** über die Äußere Matscher Alm auf Steiglein durch Zirbenwald westl. empor ins Innere Portleskar. Um einen Rücken herum ins Äußere Portleskar und über Schutthänge unschwierig, aber mühsam auf den Gipfel.

● **1697**   b) **Aus dem Planeiltal.**

Vom Planeiltal taleinwärts bis vor die Knottberghütte. Von dort durch einen Graben oder auf Steigspuren in der W-Flanke empor bis zum felsigen Gipfelaufbau. Über Schutt und Schrofen zum Gipfel.

● **1698**   **Rotebenkogel,** 3157 m

Westl. der Planeilscharte, im Hintergrund des Rotebenkares aufragender Gipfel. Der nach N streichende Felskamm trennt die Langgrube vom Rotebenkar. 1. Überschreitung: F. Hohenleitner, J. Plattner, 1909.

● **1699** a) **Von der Planeilscharte.** I, 30 Min.
Von der Scharte unmittelbar über den O-Grat, zuletzt kurzer Firn- und Wächtengrat, zum Gipfel.

● **1700** b) **Westgrat** (F. Hohenleitner, J. Plattner, 1909). I, 30 Min.
Von der Scharte zwischen Falwanairspitze und Rotebenspitze, die man von S aus dem hintersten Planeil über Schutt, von N über den kleinen aber steilen Rotebenferner erreicht, unschwierig über den Grat zum Gipfel.

● **1701** Falwanairspitze, 3199 m
Am weitesten nördl. gelegener Gipfel der Planeilberge, der einen mächtigen Felskamm gegen N entsendet, dem über Langtaufers der Mittagskopf entragt.

● **1702** a) **Von Hinterkirch.** I, mühsam, $4^{1}/_{2}$ st.
In Hinterkirch geht man beim Kirchlein vom Talweg südl. ab und auf einem Steg über den Karlinbach. Durch den Lärchenwald (Steig) östl. empor zur Alpe Maßeben. Nun auf breitem Viehweg empor zu den „Schönen Böden" am Ausgang des Falwanairtales. Man gelangt zu den zwei schönen Seen im Roßboden; diese bleiben links liegen. Stets am westl. Talhang weiter, auf die Reste des Falwanairferners, oder rechts von ihm über Schutt in die Einsattelung zwischen Mitterloch- und Falwanairspitze. Von hier über den NW-Grat zum Gipfel (manchmal Firn).

● **1703** b) **Von der Planeilscharte.** I, $1^{1}/_{4}$ st.
Man überschreitet den Rotebenkogel, oder umgeht ihn südl. mühsam durch die Schutthalden. Von der Scharte östl. der Falwanairspitze unschwierig über den O-Grat zum Gipfel.

● **1704** c) **Von Süden.** I, 4—5 st aus dem Planeil.
Man folgt dem Weg zum Planeilschartl bis etwa in Fallinie des Gipfels. Nun links haltend durch die Schutthalden empor, wobei der Felssporn im Kar rechts liegen bleibt. Gerade durch den blockigen S-Abfall, oder von der östl. Scharte zum Gipfel.

● **1705** d) **Nordgrat** (H. Püchler, 1923, im Abstieg). Stellenweise II, von Hinterkirch 4—5 st.
Wie in R 1702 empor zum Beginn des Falwanairtales. Links aufwärts an den felsigen Fußpunkt des Grates und auf den breiten Rücken. Über den sich immer schärfer ausprägenden Blockgrat südl. empor, einen turmartigen Aufschwung (II) überwindend zum Gipfelgrat und zum Gipfel.

● **1706** e) **Übergang zur Mitterlochspitze.** I, 1 st.
Man hält sich bei der Überschreitung stets auf oder nahe der Grathöhe.

● **1707** **Mitterlochspitze,** 3174 m
Höchster Gipfel im W-Bogen der Planeilberge. Er entsendet nach NW einen mächtigen Zweigkamm, der den „Tiergarten", 3068 m, und den Schwarzkopf, 2996 m, trägt. Nur in Verbindung mit den Nachbargipfeln empfehlenswert. 1. touristische Ersteigung: A. Burckhardt, 1894.

● **1708** a) **Von Kapron im Langtaufers.** Teilweise II, 5½ st.
Von Kapron hinüber zum Weiler Perwarg und hinein ins Kühtal. Durch die enge Schlucht über steile Rasenflächen auf die oberen Wiesenböden, dann über steiles Geröll in die Scharte zwischen Schwarzkopf und „Tiergarten". Den „Tiergarten" kann man von hier aus leicht ersteigen. Von hier über den langen, brüchigen Grat mit einigen Kletterstellen auf die Mitterlochspitze.

● **1709** b) **Von Hinterkirch.** Teilweise II, 5½ st.
Von der Kirche in Hinterkirch hinab an den Bach (Steg) und jenseits östl. empor gegen die Alpe Maßeben. Südl. aufwärts zum Rand des Steinkarls über den Weideböden der Alm. Vom innersten Karbecken empor auf den Schwarzkopf, und über den Kamm unschwierig weiter zum „Tiergarten". Weiterweg zur Mitterlochspitze, s. a).

● **1710** c) **Übergang zum Danzewell** (H. Püchler, 1923). Teilweise II, 2 st.
Von der Mitterlochspitze über Schutt und unschwierig gangbare Felsen in eine kleine Scharte, von der man unschwierig auf eine selbständige Erhebung gelangt. Nun abermals in eine Scharte (II), dann immer auf dem Kamme zum N-Gipfel.

● **1711** **Danzewell,** 3145 m
Letzte ausgeprägte Gipfelform im W-Bogen der Planeilberge. Großartiger Blick auf die Berggruppen im S. Ein mächtiger, nach NW streichender Kamm trennt das Kühtal vom Rieglbachtal (= Ochsenbergtal), und trägt die Speikwand, 2928 m. In dem nach S zur Flachscharte abfallenden Hauptgrat erhebt sich das Zerzerköpfl, 2957 m. 1. Ersteigung anläßlich der militärischen Vermessung: Offiz. Pöltinger, 1854.

● **1712** a) **Von Kapron in Langtaufers.** I, Bergerfahrung nötig, 4 st.

Von Kapron hinüber zum Weiler Perwarg und hinein ins Kühtal. An der Alm vorbei und auf Steigspuren weiter ins hinterste Tal. Nun empor in die Scharte zwischen Speikwand und dem N-Gipfel des Danzewell. Über den felsigen NW-Grat zum N-Gipfel und weiter zum gleichhohen S-Gipfel.

● **1713** b) **Von Planeil.** I, 4—5 st.
Wie in R 405 auf die Flachscharte, 2837 m. Von dort weiter nordwärts empor auf das Zerzerköpfl, und über den Sattel zum Gipfelaufbau. Man gewinnt den Gipfel von SW.

● **1714** Mittereck, 2909 m
und die südwestlichen Ausläufer

Südwestl. der Flachscharte erhebt sich das Mittereck. Von diesem zieht der Hauptgrat nach SW weiter über das Steinmanndlköpfl, 2817 m, den Kofelboden, 2604 m, und den Salisatis, 2106 m, zur Malser Heide. Die genannten Berge sind durchwegs unschwierig von Planeil, bzw. vom Weg zur Flachscharte, R 405, zu ersteigen.

Nach W streicht ein Kamm zum Großhorn, 2628 m, hoch über St. Valentin auf der Heide, und von dort (Weiler Dörfl) über den W-Kamm ersteiglich.

Nach NW streicht ein Kamm zum Angerlikopf, 2813 m, und zum Endkopf, 2652 m; auch diese Gipfel sind unschwierig von Graun über die Grauner Alm, oder von Kapron im Langtaufers über die Ochsenbergalm ersteiglich.

Der 140 m hohe NW-Pfeiler des Endkopfes wurde 1968 durch N. Wilhalm und P. Franz erstmals begangen (IV).

● **1715** Endpunkt zwischen Matscher- und Planeiltal ist die **Spitzige Lun** über Mals, ein von dort aus oft bestiegener, unschwieriger Gipfel mit herrlicher Aussicht. 3 st von Mals.

Nachtrag

● **271 u. 279 Biwakschachtel** auf dem **Milchsee-Schartl**, (2688 m). 9 Schlafplätze, Klapptisch und -bänke, Miniküche, Decken, Erste-Hilfe-Material. AVS Meran.

● **284 a Chemnitzer Hütte** (2323 m) — **Braunschweiger Hütte** (2759 m) über den „Mainzer Höhenweg" (früherer „Hindenburgweg"). Von der Hütte auf bez. Weg in westl. Richtung zum Weißmaurachjoch (2923 m, 2 st). Nun markiert nach Süden zur Puitkogel-Ostflanke. Hier Abstieg und Querung des Kl. Südl. Puitkogel-Ferners (etwa bei Höhenlinie 2900 der AV-Karte). Von hier Besteigungsmöglichkeit des Puitkogels (3345 m) über den Ostgrat (1^1/$_2$ st, I+), siehe R 582. Nach Überschreiten einer Felsrippe (bez.) und Querung eines Firnfeldes erreicht man von Nordosten den Gipfel des Sonnenkogels (3170 m). Von diesem Abstieg auf dem schuttbedeckten Südgrat (Vorsicht, Geröll und lose Platten) zu einer Scharte (etwa 3100 m), von welcher man im Notfall über die schuttbedeckten Flanken des Wurmsitzkars nach Mittelberg (1740 m) im Pitztal absteigen könnte. Man hält sich zu diesem Zweck auf ein gut sichtbares trig. Signal zu. Von der namenlosen Scharte steigt man, sich auf der Westseite haltend, in südlicher Richtung zum Wassertalkogel (3247 m) auf. Großer formschöner Steinmann auf dem geräumigen Gipfel. Unterhalb diesem steht westlich (auf der Pitztalseite) in einer Mulde das „Westfalenbiwak" (Polymak-Biwakschachtel mit 6 Schlafplätzen und Kochgelegenheit, 4—5 st ab Chemnitzer Hütte). Vom Biwak südl. auf dem aussichtsreichen Grat (herrlicher Blick auf den südl. aufragenden Weißkamm mit der Wildspitze), gut markiert, zur Graterhebung des Gschrappkogels (3194 m) und ohne Schwierigkeiten weiter zum Wurmsitzkogel (3080 m) und zum Wilden Männle (3063 m).

Von hier aus über Gras- und Schrofenhänge Notabstieg nach Westen möglich. Es wird der Weg Mittelberg — Braunschweiger Hütte erreicht. Vom Wilden Männle über das Nördliche (2937 m) und Südl. Pollesjoch (2961 m, von diesen Besteigungsmöglichkeit der Polleskögel) zuletzt über ein im oberen Teil steiles Firnfeld von Osten her zum Pitztaler Jöchl (2995 m). Von diesem auf gutem Weg zur bereits sichtbaren Braunschweiger Hütte (2759 m). Die Sicherung und Markierung sowie die Erstellung der Biwakschachtel ist ein Verdienst der DAV-Sektion Mainz.

Randzahlen-Verzeichnis

(Die Zahlen bedeuten ausschließlich die Randzahlen, nicht die Seiten. Bezeichnung wie Groß, Klein, Hohe(r, s), Niedrig, Vorder, Hinter usw. sind nachgestellt.)

A

Affenkopf 1038
Aherkogel 646
Aifenspitze, Niedere, 633
Aifenspitze, Hohe, 632
Aifner Alm 633
Almelekogel = Abzeleskar 296
Alplalm 309
Alter Mann 879
Altfinstermünz 48
Am See 297
Ampferkogel 571
Ampferkogel, Vorderer 575
Andelsböden 380
Angerlikopf 1714
Anichspitze 1407
Annakogel 1355, 1361
Anton-Renk-Hütte 212
Aperes Ferwalljoch 342
Armelehütte 174
Arzkarkopf 999
Arzl bei Imst 91
Arzlair 91
Arzler Alm 102
Astlehn 286
Atenkogel 932
Au (bei Tumpen) 63
Auf dem Kreuz 383, 1523

B

Bärenbartferner 397
Bärenbartjoch 395
Bärenbartkogel, Äußerer 1669
Bärenbartkogel, Innerer 1243
Bankeralm 1277
Bankerferner 1277
Bankerkogel 1272
Bankkogel 1368
Beim Steinmanndl 647
Bellavista 262
Bergkastlalm 1047
Bergkastlspitze 1046
Bergleralm, Untere, Obere 302
Berglerfernerkopf 928
Berglerspitze 1632
Berglertal 928
Bielefelder Hütte 56
Bildstöckljoch 392
Birgalm 308, 312

Blasiuszeiger 1522
Blaue Lacke 1525
Blaulackenspitze 1525
Blauwand 953
Bliggalm 836
Bliggferner 829
Bliggfernerspitze 1522
Bliggjoch 830
Bliggkopf 838, 842
Bliggkopf, Innerer 847
Bliggschartl 835
Bliggspitze 834
Blose 407
Brand 66
Brandenburger Haus 235
Brandkogel 787
Braunschweiger Hütte 225
Brechkogel 419
Brechsee 291
Brehnkopf 665
Breiter Kogel 542
Breitlehnalm (Breitlehneralm) 286
Breitlehner Felderkogel 517 ff.
Breitlehner, Söldener 608
Breitlehnjöchl 286
Breitlehnkogel, Hoher (Kl. Geige) 539
Breitlehnkogel, Niederer 536
Breitlehnturm 610
Breslauer Hütte 229
Brizzisee 369
Brochkogel, Hinterer 1141
Brochkogel, Vorderer 1150
Brochkogeljoch 324
Bruchkopf s. Muttler
Bruchkopf (Glockturm) 962
Brunnenkogel, Hinterer 1112
Brunnenkogel, Vorderer 1107
Brunnenwandspitze 1023
Burgeis 132
Burgstein 66

C

Chemnitzer Hütte 188

D

Dahmannspitze 1196
Danzewell 1711
Deloretteweg 335
Diemjoch 1391

Diemkogel 1390
Distelgrubenwand (Sefiarsp.) 1596
Dorf 63
Dortmunder Hütte 55
Draunsberg 1303
Dreiirinnenkogel 435
Dristenkögel, N, S 498
Dristkogel 660
Dristkogel, Kleiner 656
Dristkogelscharte 659

E

Easpan 351
Ebene 1037
Ebneralm 190
Ehrichspitze 1196
Ehspan 63
Einzeigerkogel, Vorderer 621
Eishof 272
Eisjöchl im Bild 275, 378
Eiskastenferner, Hinterer 844
Eiskastenferner, Vorderer 845
Eiskastenkopf, Mittlerer 843
Eiskastenkopf, Vorderer 824
Eiskastenspitze 827
Endkopf 1714
Erdscharte 384
Erenspitze (Texel) 1599
Erlanger Hütte 169
Essener Hütte 243
Essener Schartl 344
Essener Spitze 1293
Eyrs 126

F

Falginjoch 1260
Falginköpfe 1260
Falkauner Alm (Falkaunalm) 291
Falkauner Köpfle 635
Falkauner Ölgrubenköpfe 638
Fallendes-Bach-Kar 884
Falschunggspitze 1369
Falser Alm 376
Falser Joch 376
Falser Tal 376
Falterschein 9
Faltschnaljoch 377
Faltschnaltal 377
Falwanairspitze 1701
Falwellscharte 404
Falwellspitzen 1685
Fanatjoch 360
Fanatspitze 1429
Feichten 112
Felderjoch 283

Felderkogel, Breitlehner 517
Felderzeiger 441
Feilerscharte 282
Fendels 36
Fendler Alm 213, 865
Fernerkogel, Linker 1072
Fernerkogel, Rechter 1076
Ferwalljoch, Aperes 342
Ferwalljoch, Schneeiges 342
Ferwallspitzen 1284
Ferwalltal 342
Festkogel 1285
Feuerkögel, Äußere 501
Feuerkögel, Innere 502
Fidelitashütte 250
Fineiljoch 1496
Fineilköpfe 1406
Fineilspitze 1488
Firmisanferner 355
Firmisanjoch 356
Firmisanschneide 1393
First, Hoher 1295
Fißladalm 302, 896
Fißladferner 932
Fißladkopf 931
Fißladtal 932
Flachscharte 405
Fließ 21
Fluchtkogel 1190
Forchheimer Biwakschachtel 167
Forchheimer Weg 279
Fotzenkar 575
Fotzenkarstange 566
Freibrunner Ferner 1675
Freibrunner Spitze 1674
Frischmannhütte 63, 181
Fundusalm 182, 183
Fundusfeiler 457
Funduskar 182

G

Gacher Blick 290
Gahwinden (Gabinten) 284
Gaißbergferner 1296
Gaißbergjoch 343, 1296
Gaißpleißkopf 1039
Gallrutalm 651
Gallrutferner 661
Gamezkogel 709
Gamórkopf 1038
Gamórscharte 1037
Gampaalm 197
Gampelkopf 626
Gampleskogel 1418
Gamskogel 68
Gamskopf 868

Gamsköpfe 950
Ganderbild 1048
Ganderbildtal 1048
Gang, Hoher 377, 379
Ganglschneide 396, 1673
Gawelzscharte (Schnalser Scharte) 403
Gawelzspitze 1690
Gebhardspitzen (Glockturm) 938
Gehsteigalm 172
Geige, Hohe 560
Geigenkamm 406
Geislacher Alm 221
Geislacher Kogel 1054
Geislacher See 1057
Gepatschalm 210, 308
Gepatschferner 239
Gepatschhaus 210
Gepatschjoch 331
Gerstgraser Spitzen 1632
Gfalleitferner 1516
Gfallwand 1515
Giggl 304
Giggljoch 383
Gigglspitze 1524
Glieshof (Inn., Whs.) 148
Glockhaus 924

Glockhausferner 921
Glockturm 986
Glockturmjoch 311
Glockturmkamm 863
Glurns 129
Goldrain 123
Grabberg 627
Grabkogel (Geigenkamm) 532
Grabkogel (Weißkamm) 1097
Grafeis 159
Grafschartl (Texel) 381
Grafspitze (Texel) 1565, 1573
Granatenkogel 1286
Gransteinalm 600
Gransteinkopf 604
Graskogel 601
Graue Wand 1506
Graue Wand (Salurn) 1647
Graun 136
Grawand 1503
Gries i. Sulztal 68
Grieskogel, Fundustaler 476
Grieskogel, Langkarles 494
Grieskögel, Lehner 463
Grieskogel, Söldener 606
Grinölspitze 1303
Großhorn 1714

Dr. Jakob Graf — Agathe Graf

Der Alpenwanderer

**Aufbau, Klima, Pflanzen und Tiere der Alpen.
3. Auflage, 228 Seiten, 8 Farbtafeln, 16 Schwarzweißtafeln, 69 Abbildungen und 272 Randzeichnungen,
Leinen DM 18,50.**

Ein willkommener Urlaubs- und Wanderbegleiter, der erdenklich genau und übersichtlich Auskunft gibt.

Ein Buch, an dem jeder Bergfreund seine Freude haben wird.

J.F. Lehmanns Verlag München

Grubalm 275
Grubengrat 821
Grubenkarspitze 819
Grubenspitze 1647
Grubjöchl 382
Grubplattental 383, 1516
Grünsee (Texel) 271
Gsallalm 671
Gsallferner 686
Gsallkopf 673
Gschrappkogel 592
Gschwell (Langtaufers) 315
Gubener Hütte 62
Gufelhütte 299
Gurgler Alm 249
Gurgler Eisjoch 350
Gurgler Schartl 351
Gueserkopf 1036
Guslarferner 1208
Guslarjoch 332
Guslarspitzen 1206
Gustav-Becker-Weg 1355

H

Habichen 57
Habicht 991
Habmesköpfe 810
Hairlacher Mulde 470
Hairlacher See 471
Hairlacher Seekopf 469
Halkogel, Äußerer, Innerer 551
Halselferner 380
Halseljoch 379, 380
Halsle 308
Hangender Ferner 1073
Hangerer 1348
Hangererferner 1342
Hapmesköpfe 810
Hauerferner 515
Hauerscharte 515
Hauersee 185, 284
Hauerseehütte 185
Hauerseekogel 521
Hauslabjoch 371
Hauslabkogel 1463
Heiligkreuz 85
Heimbachjöchl (Heinbachj.) 288
Hennesiglferner, Hinterer 311
Hennesiglkopf, Östl. 1008
Hennesiglkopf, Westl. 1011
Hennesiglspitze 1001
Hennesiglspitze, Nauderer 1015
Heuflerkogel 1319
Hexenkopf 39
Hildesheimer Hütte 73
Hinterbruck 162

Hintereisjoch 338 a
Hintereisferner 337
Hintereisspitzen 1213
Hintergraslspitzen 1185
Hintergraslturm 1188
Hinterkirch (Langtaufers) 154
Hochalt 1655
Hochebenkamm 1343
Hochebenscharte 1349
Hochfinstermünz 42
Hochganghaus 265 f.
Hochgurgl 79
Hochjoch (Glocktum) 953
Hochjoch (Hauptkamm) 262
Hochjochferner 1470
Hochjochhospiz 233, 234
Hochkarjochspitze 1580
Hochkogel (Blochkogel) 476
Hochrinneck 680 ff.
Hochsölden 72, 193
Hochstubaihütte 74
Hochvernaglwand 1218
Hochvernagtspitze 1167
Hochvernagtwand 1161
Hochwilde 1353
Hochwildehaus 250
Hochwildejoch 349
Hochzeiger 441
Hochzeigerhaus 177
Hohenzollerngipfel 945
Hohenzollernhaus 216
Höhlenspitze 970
Höllerhütte 277
Höllerschartl 338a
Huben 69
Hundsbachalm 286
Hundsbachtal 284
Hundstalkogel 524 ff.
Hühnerjochkamm 1519
Hüttekar 309
Hüttekarferner 310

I

Im Boden 663
Im Fanat 360
Im Ginggl (Texel) 270, 383
Im Hinteren Eis 1247
Imst, Bh. 7
Imsterberg 93
Imstjoch 344
Innerbergalm (v. Unterlängenfeld) 186
Innerberger Felderkogel 488
Innerbergtal 283
Innerbergwald 71
Itlsee 84

J

Jaufenburg 161
Jerzens 97
Jochkogel 531
Johannesschartl 381
Johannesweg 381

K

Kaiserbergferner 972
Kaiserbergtal 306, 309
Kaisergratspitze 974
Kaiserjoch 305
Kaiserspitze 954
Kaisertal 306
Kaisertalsee 955
Kaltenbrunn 110
Kapron 153, 1708
Karköpfe 407
Karlesferner 321
Karlesjoch 360
Karlesjoch (Hauptkamm) 1372
Karleskogel (Weißkamm) 1068
Karleskopf 1102 a
Karlesspitze (Hauptkamm) 1371
Karlesspitzen, Falginer 1260
Karlspitze, Feichtener 874
Karlsruher Hütte = Langtalereck-Hütte 248
Karthaus 140
Katelbell 121
Kaunerberg 109
Kaunergrat 625
Kaunergrathütte 203
Kauns 109
Kesselboden 350
Kesselwände, Obere 1196
Kesselwandferner 332
Kesselwandjoch 332
Kesselwandspitze 1201
Kirchbachspitze 1511
Kirchenkogel (Gurgler) 1314
Kirchenkogel, Banker 1266
Kitzmörder 646
Kleine Weiße 1560
Kleinleitenjoch 358
Kleinleitenspitze 1381
Klein-Weiß-Scharte (= Johannesscharte) 381
Klettach 303
Klopaierspitze 1049
Knottberghütte 401
Kobel, Vorderer, Hinterer 43
Köfels 63

HOCHGEBIRGSSCHULE TYROL

Ausbildungskurse in Fels und Eis

Tourenwochen in den Ost- und Westalpen

Tourenwochen für Senioren

Alpines Bergwandern

Ausbildung im hochalpinen Skilauf

Frühjahrsskitourenwochen

Programme bitte anfordern:
Hochgebirgsschule Tyrol
A-6020 Innsbruck, Innrain 67
Telefon (00 43 / 52 22) 2 59 86

Kogel, Hoher 555
Kolbenspitze 1606
Könighofalm 1509
Königsjoch 341
Königskogel 1281
Königstal 1276
Kopf, Hoher 558
Kortscher Alm 387
Kortscher Schafberg 1630
Kreuzjoch (Kreuzkamm) 369
Kreuzjoch (Geigenkamm) 416
Kreuzjoch (Kaunergrat) 626
Kreuzjoch (Salurnk.), Hohes 1666
Kreuzjochspitze 416
Kreuzjöchl (Glocktürme) 301
Kreuzjöchlspitze 448
Kreuzkogel 1475
Kreuzspitze 1479
Kropfbichl 65
Krumme See 291
Krummgampenferner 311
Krummgampenspitzen 994
Krummgampenturm 996
Kühgrube 308
Kühkarl 295
Kühtai 55
Kupphof 880
Kuppkarlespitzen 883
Kuppscharte 880
Kurzhof 142
Kurzhof, Whs. 260
Kurzras 142

L

Laas 125
Ladis 26, 31
Lagaunspitze 1624
Lahnbachspitze 1508
Landeck 18 ff.
Langgrube 400
Langgrubferner 391, 400
Langgrubjoch 391
Langkarlesschneid 491
Langkarlesgrieskogel 494
Langsee (Texel) 271
Längenfeld 64 ff.
Langtalereck-Hütte 248
Langtaler Ferner 1336
Langtaler Joch 346
Langtalerjochspitze 1352
Langtauferer Joch 337
Langtauferer-Joch-Ferner 337
Langtauferer Spitze 1224
Langtaufers 152
Latsch 122
Latsch (Etschtal) 384

Latschferner 1411
Latschkögel 1415
Laudeck, Burg 26
Lawinenkar 692
Lazins 167
Lazinser Kaser 167, 276
Lazinser Tal 380
Lehn (b. Tumpen) 63
Lehner 281
Lehner-Grieskögel 463
Lehnerjochhütte 179
Leierskopf 453
Leierstal 170
Liebenerspitze 1311
Liesele, Whs. 692
Litzerspitze 1663
Litzerweg 390
Loibis s. Luibis
Löcherferner 297
Löcherkogel 804
Lodner 1574
Lodnerhütte 269 f.
Loobachtal 717
Luibiskar 284
Luibiskogel (Loibiskogel) 503
Luibisscharte 285 a

M

Madatschferner 295
Madatschfinger 741
Madatschjoch 295, 743
Madatschknott 1666
Madatschkopf 758
Madatschspitzen 741
Mainzer Höhenweg 284 a
Mairalm, Obere (Texel) 383
Malag (Melag) 155
Malager Alm (Melager) 241
Malander 1640
Mals 131
Malzkopf 928
Mandarfen 106
Mandarfer Sonnenberg 591
Manigenbachferner 1419
Manigenbachkogel 1414
Martin-Busch-Hütte auf Samoar 255
Martinsbruck 47
Marzellferner 365, 1437
Marzelljoch 1438
Marzellkamm 1461
Marzellspitzen (Salurn) 1647
Mastaunjoch 386
Mastauntal 38
Mastaunspitze 1636
Mataunkopf 1043

Matsch 147
Matscher Alm 278, 338
Matscher Ferner 338
Matscher Jöchl 402
Matscher Tal 146
Matternturm 988
Meineidtal 389
Melag 155
Meran 114
Milchsee 271
Milchseeschartl 271, 279
Mils 8
Mittagskogel 1100
Mittagskopf (Glockturm) 864
Mittelberg 107
Mittelbergferner 322
Mittelbergjoch 323, 325
Mitterbergle, Alm 717
Mittereck 1714
Mitterkamm (Weißkamm) 1103
Mitterkamm (Hauptkamm) 1362
Mitterkarferner 323
Mitterkarjoch 323, 329
Mitterkaser 272
Mitterkopf 1103
Mitterköpfe = Hoher Kopf 558
Mitterlochspitze 1707
Mitterschragen 895
Moos im Passeier 162
Mooskopf 758
Mühl (bei Huben) 191
Murmentenkarspitze (-kopf) 412
Mut, Hohe 1318
Mutalm 279
Mutkogel 1084
Mutmalferner 1444
Mutmalkamm 1448
Mutmalspitze 1443
Mutspitze (Texel) 1593
Mutspitze (Weißkamm) 1209
Muttenkopf 205, 206
Muttler 668
Mutzeiger 279

N

Nassereiner Alm 301, 304
Nassereith (Texel) Ghs. 270
Nasse Wand 1004
Naßwandeck 1006
Naturns 119
Nauderer Berge 1014
Nauderer Hennesiglspitze s. Hennesigl
Nauderer Skihütte 218
Nauders 44
Naturs 119

Neuberg s. Vorderer u. Mittlerer Stupfarri
Neubergsattel 292
Neubergtal 661
Neu Ratteis 139
Neururer Ferner 695
Niederjoch (Geigenkamm) 291
Niederjoch (Hauptkamm) 367, 258, 259
Niederjöchl (Texel) 384
Niederthai 61, 62
Nörderberg, Großer 1251
Nörderberg, Kleiner 1251
Nörder (Nöder)see 1426, 1427
Nörderkogel 1425, 1413

O

Oberbergtal 264
Oberettesferner 393
Oberettesjoch 393
Obergurgl 80 ff.
Oberinntal 1
Oberlehner Alm 179
Obermais 116, 117
Oberried 63
Obervernagt 259
Ochsenkopf (Glockturm) 867, 976
Ochsenkopf (Nauderer) 1038
Ölgrube 302
Ölgrubenferner 300
Ölgrubenjoch 300, 848
Ölgrubenkopf 848
Ölgrubenspitze, Hintere 858
Ölgrubenspitze, Vordere 847
Omptedaweg 1518
Opikopf 152
Opital 388
Osten (Österreuthen) 171
Oetz 53
Ötztal 51, 52
Ötztaler Urkund 1137

P

Parstleskopf 729
Parstleswand 714, 723
Partschins 118
Partschweg 1123
Passeiertal 156
Pauschlerkogel s. Kl. Dristkogel
Pedroß 153
Peischlkopf 650
Penaudalm 1642, 384
Perlerkogel 598
Perlersee 602
Petersenspitze 1155
Petznerferner 319

Pfaßer Scharte 362
Pfelders 166
Pfelderstal 165
Pfossental 143
Pfrodl s. Pfrosl
Pfroslkopf (= Pfrodlkopf) 901
Pfroslkopfjoch 302
Pfunds 41
Piburger See 4, 53
Pienger Tal 218
Pifrail 139
Piller 290
Piller See 1267
Piößmes 103
Piößmesferner 699
Pirchhütte 341
Pirchlkarferner, Äußerer 544
Pitztal 90
Pitztaler Jöchl 227, 317
Pitztaler Urkund 1164
Plamorder Spitze 1048
Planeil 133
Planeil, Berge 1668
Planeilscharte 400, 401, 404
Planeiltal 150
Planggeroß (Plangeroß) 104
Planggeroßferner 763
Planggeroßkar (Glockturm) 983
Planggeroßspitze (Glockturm) 981
Platt i. Passeier 163
Plattei 328
Platteikogel 1153
Plattenrain, Alpenghs. 199
Plattenspitze 1589
Plattigjöchl 304
Plattigkogel (Plattiger Kogel) 483
Plattigkopf 941
Platzeralm 929
Platzerferner 304
Platzerjöchl 949
Platzerspitze 946
Platzertal 304, 929
Plavén 134
Pleiskopf 904
Pleresspitze 1691
Ploderferner (Pluderferner) 477
Plödern 71, 194
Pollesferner 289
Pollesjöcher (Nördl., Südl.) 289
Pollesköpfl, Nördl., Südl. 624
Pollestal 287
Pollestürme 623
Portles s. Parstles
Portlesspitze (Planeil) 1695
Puikogel s. Puitkogel

Puitkogel 580
Prutz 25 ff.

Q

Quelljoch 394
Quellkogel 1376
Quellspitze, Äußere 1611
Quellspitze, Innere 1245
Querkogeljoch 359

R

Rabenkopf 1681
Rabenstein i. Passeier 164
Rabensteiner Alm 164
Rableitalm 360
Racinespitze 1299
Radelstein, Hoher, s. Brehnkopf
Radurschelschartel 314
Radurscheltal 217
Ramolferner 1409
Ramolhaus 253
Ramoljoch 354, 1400
Ramolkögel 1407
Ramudeljoch 388
Ramudelspitze 1649
Rappenspitze 1652
Rauhe-Kopf-Hütte 239, 210
Rauher Kopf (Glockturm) 883
Rauhe Köpfe (Weißkamm) 1189
Rauhes Joch 1302
Rauth 43
Rehgraben = Ölgrube
Reiserkogel 510
Reiserscharte 285
Remspitze 1659
Renkhütte = Anton-Renk-Hütte
Reschen 136a
Rettenbachalm 195
Rettenbachferner 317
Rettenbachjoch 228
Rettenbachtal 195
Richterweg 336, 1258
Ried 34
Riegelkar 280
Riegelkopf 443
Riept (Rote und Weiße) 1659
Rifenferner 888
Rifenkar 896, 897
Rifenkarspitze, Äußere 891
Rifenkarspitze, Innere 899
Riff Hohes, s. Rifenkarspitze
Riffelferner 810
Riffeljochturm 985
Riffelkarspitze (Glockturm) 965
Riffelsee 206
Riffelseehütte 205

Neu und unentbehrlich dazu

sind für jeden Bergsteiger und Bergwanderer die

BV-Tourenblätter

Jede Mappe mit
16 achtseitigen Blättern
DM 12,80

Die besonderen Vorteile: Die schönsten Bergwanderungen aus den Alpenvereinsführern mit ca. 5 Gipfelzielen pro Blatt sind erfaßt.

Ihr Rucksack wird erleichtert. Nur das Tourenblatt, das Sie brauchen, wird mitgenommen. Gewicht knapp 40 Gramm!

Führertext, 6farbige Spezialkarte 1:50 000 und Übersichtskarte sind jederzeit lesbar und wetterfest verpackt.

Der neue Führerstil im Baukastensystem verhilft Ihnen rasch zu einer umfassenden Information, zu einem Wandern ohne Belastung.

Mappe 1: Karwendel, Rofan, Wetterstein
Mappe 2: Kaisergebirge, Berchtesgadener Alpen
Mappe 3: Allgäuer und Lechtaler Alpen, Bregenzerwaldgeb.
Mappe 4: Rätikon, Silvretta, Ferwall, Samnaun
Mappe 5: Ötztaler und Stubaier Alpen
Mappe 6: Skihochtouren in Südtirol (DM 13,80)
Mappe 7: Zillertaler Alpen, Venediger- und Glocknergruppe
Mappe 8: Dolomiten und Südtirol östlich der Etsch
Mappe 9: Südtirol westlich der Etsch, Ortler, Brenta
Mappe 10: Bernina, Bergell, Ober- und Unter-Engadin
Mappe 11: Schweizer Berge zwischen Rhein und Reuß

BERGVERLAG RUDOLF ROTHER, 8 MÜNCHEN 19

Riffeltal 298, 310
Riffljoch (Glockturmkar) 310
Rimlsteig 1132
Rofelejoch 293
Rofelewand 690
Rofenkar 322
Rofenkarferner 322
Rofenkarjoch 322
Roppen 2 ff., 54
Rösselkopf 292
Roßbergalm 362
Roßbergferner 361
Roßbergjoch 361
Roßkirpl 612
Rostizjoch 297
Rostizkogel 798
Rote Wand, Südl., Nördl. (Texel) 1542
Rotbleißkogel 473
Rotebenkogel 1698
Roteck 1535
Rotegg 1531
Rötenkarle 558
Rötenspitze 1432
Röthelspitze, Lazinser 1581
Röthelspitze, Spronser 1590
Rötkarferner 284
Roter Kamp, Südl., Nördl. 1542
Roter Kopf (Planeil) 1678
Roter Schragen 958
Roter Schrofen 864
Roter Turm 622
Rotkogel (Sölden) 614
Rotkogeljoch-Hütte 197 a
Rotmoosferner 345
Rotmoosjoch 345
Rotmooskogel 1330
Rotmooswasserfall 82
Rotschragenjoch 300
Rotschragenspitze 958

S

Sadererbach 315
Sadersjoch 1039
Saletzjoch 315a, 1043
Saletztal 1031
Salisatis 1714
Saltaus 158
Salurnferner 391, 1620
Salurnkamm 1611
Salurnkopf, Oberer 1628
Salurnspitze 1619
Salurnspitze, Innere 1628
Samoarhütte 255
Sandhof (i. Passeier) 160
Sandjoch 284

Sautens 5, 54
Saxalber See 140
Saykogel 1466
Schafbergalm 313
Schafhimmel 448, 449
Schafkarkopf 1037
Schafkopf, Großer 1030
Schafkopf, Kleiner 1035
Schalenberg s. Schalwand
Schalfferner 1372
Schalfkogel 1386
Schalfkogeljoch 357
Schalwand 642
Schartleskopf 1037
Scheiberkogel 1327
Schermerspitze 1269
Schlanders 124
Schlandrauner Tal 145
Schlanterkopf 874
Schluderner Alm 389
Schluderns 128
Schmalzkopf 1040
Schnalser Berg 1573a
Schnalser Schartl 403
Schnalstal Bh. 120
Schnalstal 138
Schneidiges Wandl 792
Schönau 340
Schöne Aussicht, Whs. 262
Schönau i. Passeier 164
Schöne Karlspitze (Schönkarlesspitze) 1022
Schönjöchl 49
Schönwies 8
Schönwies, Skihütte 247
Schönwiesgipfel 83
Schrottner 1553
Schuchtkogel 1117
Schwabenjoch 732
Schwabenkopf 731
Schwärze, Hintere 1436
Schwarze Schneide, Äußere 1058
Schwarze Schneide, Innere 1063
Schwarze Wand (Texel) 1519
Schwarze Wand (Texel) 1548
Schwarze Wand (Salurn) 1644
Schwarze Wand (Hauptkamm) 1500
Schwärzenjoch 347
Schwärzenjoch, Hinteres 363
Schwärzenkamm 1365
Schwärzenspitze 1365
Schwarzer Knott 1666
Schwarzkogel 618
Schwarzkogel (beim Hundstalkogel) 524

Schwarzkögele 1154 a
Schwarzseekogel (Sölden) 617
Schwarzsee 619
Schwarzseekopf 935
Schwarzwandspitze 1180
Schweikert 687
Schweikertferner 691
Schwemser Spitze 1615
Schwendkopf 438
Schwenzerschartl 341
Schwenzerspitze 1278
Sechs Spitzln 1303
Seebachtal 710
Seekarköpfe 1019
Seekarlesferner 793
Seekarlesschneid 780
Seekogel 791
Seelenferner 1336
Seelenkögel 1333, 1339, 1349
Seewerspitze 1306
Sefiarspitze 1596
Seite, Hohe (Geigenkamm) 488
Seiterjöchl 319
Sennkogel 1471
Serfaus 33
Serneskopf 928
Seufertweg 328
Sexegertenferner 330
Sexegertenspitzen 117, 1170
Sexenjoch 327
Siegerlandhütte 75
Silbergrubenkar 289
Silberschneide 566
Similaun 1456
Similaunhütte 257

Similaunjoch 365
Sölden 70
Söldener Grieskogel 606
Söllbergalm 291
Sonnenberg, Mantarfer 591
Sonnenkogel (Geigenkamm) 586
Sonnenkögel 702
Spiegelferner 354
Spiegeljoch 355
Spiegelkögel 1399
Spitzige Lun 1715
Spondinig 127
Spondinigalm 271
Spronser Joch 377
Stablen 319
Stalanzer Alm 214
Stalanzer Tal 888
Stallkogel 646
Steinerner Tisch 250
Steinigkarle 304
Steinigkogel 788
Steiniglehnferner 1416
Steiniglehnscharte 1416
Steinschlagjoch 1234
Steinschlagspitze 1249
Stettiner Hütte 274
Stockkogel 1424
St. Georgen 38
St. Katharinaberg 383
St. Leonhard i. Pitztal 99
St. Leonhard i. Passeier 161
St. Martin i. Passeier 159
St. Valentin 135
Straßberger Alm 634
Strimmtal 390

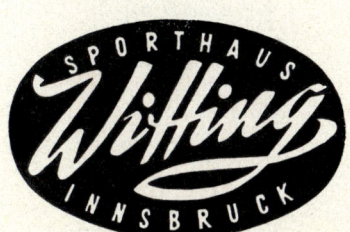

BERG-
AUSRÜSTUNG

GRÖSSTES
SPORTFACH-
GESCHÄFT
TIROLS

ganztägig geöffnet

Stuben 41
Stuibenfall 60, 61
Stupfari s. Stupfarriköpfle
Stupfarriköpfle 642
Stupfarri, Vord., Mittl., Hint. 647
Sturpen 534
Sturpen, Hinterer (= Jochkogel) 531
Sunntigwaidschrofen (Suntawa) 1039

T

Tablander Lacke 379, 380
Talleitspitze 1484
Tanzalm 177
Tartsch 130
Taschachferner 208, 1133
Taschachhaus 208
Taschachhochjoch 1133
Taschachjoch 326
Taschachwand 1133
Taschljöchl 387
Tauferer Kopf 912
Tauferer Spitze 919
Taufkarjoch 321
Taufkarkogel 1094
Teufelsegg 1247
Texelferner 1533
Texelgruppe 1508
Texeljoch 1530
Texelspitze 1528
Tiefenbach 319
Tiefenbachjoch 320
Tiefenbachkogel 1081
Tiefentalalm 101, 292
Tieflehn 105
Tiergarten 1707
Timmelsjoch 340
Tirol, Dorf 115, 268
Tisen 259
Tisenhof 259
Tisental 259
Töll 118
Tösener Alm, Obere 303
Tösens 37 ff.
Totenferner (Totenkarferner) 692
Totenkarköpfl 707
Trenkwald 103
Trinkerkogel 1324
Tristkogel s. Dristkogel
Trübferner 1544
Trübscharte 1545
Trübwand 1544
Trumser 1647
Tscheyalm 315
Tscheyegg 1037
Tscheyer Schartl 315
Tscheyjoch 316, 1037
Tscheytal 1037
Tschigat 1586
Tumpen 58
Tumpenalm, Vord., Hint. 408

U

Ulsenjoch 1603
Ulsenspitze 1602
Umhausen 59
Unser Frau 141
Untergurgl 78
Unterried 63
Urfeld 581

V

Venet 626
Vent 87
Vernagl 1218
Vernaglwand 1232
Vernaglwandferner 1220
Vernaglwandsteig 336, 1232
Vernagthütte 231, 232
Vernagtjoch 1143
Verpeilferner 704
Verpeilhütte 201
Verpeiljoch 294
Verpeilspitze 713
Verpeilturm 736
Vorderkasere 273

W

Wald 6, 94
Waldafurner Kopf 1037
Waldalm, Hintere 415
Wallfahrtsjöchl 292
Wallfahrtsköpfl 650
Wand, Lange 608
Wannetferner, Östl. 330
Wannetjoch 330
Wartkogel 548
Wassertalkogel 588
Watzeferner 772, 775
Watzekopf 771, 776
Watzespitze 762
Waze 762 ff.
Weiße, Hohe 1565
Weiße, Kleine 1560
Weißer Kogel (Kaunergrat) 729
Weißer Kogel (Weißkamm) 1089
Weißer Knott 246
Weißer Riepel 389
Weißkugel 1230

Längenfeld

Höhenluftkurort

Idealer Aufenthaltsort mitten im Ötztal.

Ruhe — Erholung, etwa 50 km ebene Wanderwege, leichte und hochalpine Bergtouren, echte Tiroler Gastfreundschaft, gepflegte Unterkünfte aller Kategorien.

Auskunft: Verkehrsverband A-6444 Längenfeld,
Telefon 00 43 52 53 / 207 (Direktverbindung)

Weißkugelhütte 240
Weißkugeljoch 339
Weißmaurachjoch 287
Weißmaurachkar 284, 287
Weißseeferner 1254 f.
Weißseejoch 312
Weißseespitze 1251
Weite Kar (Geigenkamm) 505
Weiter Karkopf 407
Wenns 96
Wettersee 281
Wiegenspitzen 1644
Wiese 98
Wiesjaglskopf 1263
Wilde Schneide, Innere 566
Wilde Schneide, Äußere 563
Wildensee 100
Wildgartenkogel 532
Wildgrat 427
Wildgratköpfe 433
Wildnörderer 1025
Wildspitze 1121
Winkl (bei Tumpen) 63
Windachtal 77
Winterstallen 86
Winterjöchl (= Ob. Guslarj.) 332
Wölfeleskopf 1043
Wurmkogel, Hinterer 1275
Wurmkogel, Vorderer 1275

Wurmsitzkogel 594
Wurmtaler Joch 298
Wurmtaler Kopf 815
Würzburger Hütte
siehe Vernagthütte

Z

Zams 11
Zamser Alm 16
Zamser Berg 15
Zaunhof 98
Zeigerberg 441
Zepbichl 167
Zerminiger 1641
Zerzer Köpfl 1713
Zielalm 270
Zielspitze 1508
Zieltal 137, 270
Zirmesköpfl 213, 214, 875
Zirmesspitze 907
Zirmkogel 1420
Zuragkogel 787
Zwieselstein 76
Zwieselstein, Talherberge 198
Zwieselstein-Tajen 340
Zwickauer Hütte 245
Zwickauer Hütte — Stettiner
Hütte 348

Neu in unserer Lehrschriftenreihe:

Helmut Dumler,
Vorsicht Lawinen
(Ursachen – Verhalten – Rettung)

96 Seiten mit 8 Farbtafeln, 34 Bildern und 22 Skizzen.
Preis DM 9,80.

„Geißel der Alpen", „Weißer Tod"; nur zwei von vielen Namen, die man der wohl größten Gefahr des winterlichen Hochgebirges gab. Im Gegensatz zur Gefährdung auf Gletschern beispielsweise, deren Gefährlichkeit durch vorheriges Üben der Spaltenbergungstechniken weitgehend gemindert wird, sind praktische Erfahrungen mit Lawinen nicht möglich; sie enden tragisch. Wappne sich demnach jeder Skitourenläufer so gut es eben möglich ist – in der Theorie. Es kann lebensrettend sein!

Dr. Adolf Schneider,
Wetter und Bergsteigen
128 Seiten mit 12 Farbtafeln, 30 Schwarzweiß-Bildern, 15 Skizzen, 10 Tabellen und 4 zweifarbigen Wetterkarten im Text.
Preis DM 9,80.

Verläuft eine Bergfahrt erfolgreich oder mißlingt sie, erlebt der Bergsteiger höchstes Glück oder gerät er in ärgste Bedrängnis – die Ursache ist oft ein einziges, unbeeinflußbares und scheinbar voller Rätsel steckendes Kriterium: das Wetter. Grundlegendes seiner ihm eigenen Spielregeln erlernen zu können, ist der Zweck dieses Büchleins!

Kaunergrathütte

„Das Heim des wirklichen Bergsteigers"

2811 m, im formenschönsten Teil der Ötztaler Alpen, 3 Stunden oberhalb Plangeroß im Pitztal. Schnellzugstation Imst — Pitztal. Bewirtschaftet 1. Juli bis 15. September.

Bergsteigerausbildung Kaunergrat der Akad. Sektion Graz, ÖAV. Alljährlich 6 Eis- und Kletterkurse. Daneben 3- und 6tägige Tourenführungen. Umfassende Bergsteigerausbildung in Fels und Eis, praktisch und theoretisch. Viele schöne Touren. Anfragen an Hermann Bratschko, A-8010 Graz, Jahngasse 2, ab 1. Juli Kaunergrathütte, A-6481 St. Leonhard, Pitztal.

Gasthof - Pension Haid
St. Leonhard im Pitztal (1371 m)

40 Fremdenbetten · Fließwasser warm und kalt · Dusche · Zentralheizung · Terrasse · Liegewiese · Parkplatz · Sommer- und Winterbetrieb.
Besitzer: Familie Gaugg-Haid

Hotel Pension Restaurant Ritzlerhof

über den Kurorten Oetz und Sautens gelegen, umgeben von Wald und Wiesen. Idyllischer Aufenthaltsort für jede Jahreszeit! Jeder Komfort, 70 Betten, großer Parkraum, geheiztes Privatschwimmbad, Rasen mit Liegestühlen, Boccia- und Federballplätze.

Sporthotel Schöne Aussicht

Hochsölden
(A-6452)

1971 modernisiert. Wohnliche Zimmer mit Bad/WC, Tel./Radio, Balkon. Gepflegte Küche, gemütliche Aufenthaltsräume, Personenlift. Im Sommer Ausgangspunkt für leichte Hochgebirgswanderungen.
Hochsölden — der Ort für Ruhe und Entspannung.

Ein Besuch auf der **Amberger Hütte**
2135 m,
ist für jeden Touristen und Bergsteiger ein Erlebnis. 55 Plätze, 35 Lager, 20 Betten. Ausgangspunkt für zahlreiche Übergänge und Hochgebirgstouren. Im Sommer und Winter bewirtschaftet (Gepäcktransport). Von Gries in 2 Stunden erreichbar.
Pächter: Bergführer Herbert Schöpf, Gries 41, Tel. 0 52 53 / 3 11 06, A-6444 Längenfeld

---

Gasthof-Pension Stuibenfall
Niederthai, Ötztal

Nach einstündigem romantischem Spaziergang entlang des Wasserfalls erreichbar. Gemütliches Einkehrhaus. Mittag- und Jausenstation. Nette Fremdenzimmer mit Fließwasser und Zentralheizung.
Besitzer: Annemarie Falkner

1436 m

...liegt dort, wo TIROL am sonnigsten ist – auf der Sonnenterrasse Tirols. Herrliche Wald- u. Wiesenwege – Tennis – Schwimmen – Liftanlagen von 1400 bis 2100 m Seehöhe. Skischule, Rodelbahn, Eislaufplatz, Langlaufloipen, Reiten, Pferdeschlittenfahren. Unterkünfte von gemütlichen Privatzimmern bis zum komfortablen Hotel (mit Familienanschluß).

Auskunft: Verkehrsverband — A-6534 FISS (41a), Telefon 00 43 - 54 76 / 2 91 99 (direkt)

Ebenfalls neu in unserer Lehrschriftenreihe:

Dr. A. W. Erbertseder,

Gesundheit und Bergsteigen

128 Seiten mit 42 teils zweifarbigen Abbildungen. Preis DM 9,80.

Was tun, wenn man plötzlich während einer Bergfahrt erkrankt? Werden die Symptome richtig gedeutet? Das Erkennen der verschiedenartigsten Krankheitsbilder setzt oft wenigstens Grundkenntnisse der Anatomie und der Lebensvorgänge im menschlichen Körper voraus. Diese sowie richtige Behandlungsmaßnahmen, darüber hinaus Ratschläge für die zweckmäßige Ernährung des Bergsteigers beinhaltet die brandneue, von einem Bergwachtarzt verfaßte Lehrschrift. Sie sollte in jedem Bergsteigerrucksack ihren festen Platz finden!

TAVERNE - TANZCAFÉ
Täglich Tanz und Stimmung
3 vollautomatische Bahnen

Betriebszeiten
Sonn- und Feiertage von 10 bis 24 Uhr
Wochentage von 14 bis 24 Uhr

Bahnreservierungen am Buffet
oder Telefon 380

Zum Besuch ladet herzlich ein
Familie K. Heidegger

SPORT KEGEL BAHN TIROLER KELLER IN OETZ

Gasthof „Piburgersee"

Alt-Bürgerliches Haus. Zimmer mit Dusche, Zentralheizung (alle Zimmer haben Balkon). Tiroler Stuben, große Terrasse, 5 Min. vom See.

Für Bergwanderungen und Bergtouren sind unentbehrliche Begleiter
FÜHRER und KARTEN
aus dem
Bergverlag Rudolf Rother · 8 München 19, Postfach 67
Verlangen Sie bitte unverbindlich einen Gesamtprospekt!

Braunschweiger Hütte

2759 m, im hintersten Pitztal

Bewirtschaftet vom 10. März bis 10. Mai, über Pfingsten 3 Tage und von 20. Juni bis 1. Oktober. Schöne Zimmer, Matratzenlager, gemütliche Aufenthaltsräume, Zentralheizung, Fließwasser, Telefon, elektrisches Licht, Gepäckaufzug. Ausgangspunkt vieler lohnender Bergtouren, im Winter herrliches Skigelände.

Pächter: Johann Auer, Bergführer und Skilehrer
6481 Mandarfen 51, Telefon 0 54 13 / 21 40 04

Am Seil vom Stabeler Much

Die 50. Auflage dieses köstlichen, humorvollen Bergbuches von Karl Springenschmid

Neue Ausgabe mit acht Kunstdruckbildern nach Aufnahmen von Heinz Müller-Brunke

BERGVERLAG RUDOLF ROTHER · MÜNCHEN 19

Der Bergwelt gehört die Zuneigung des Bergfreundes

WINTER BERGKAMERAD
Bergwelt

ist die vielseitige alpine Zeitschrift, die jedem Bergfreund Freude und vielfältige Anregungen ins Haus bringt, um die Berge in allen Jahreszeiten zu genießen.

Die BERGWELT bietet:
- **Themenhefte, welche die Zeitschrift sammelnswert machen**
- **viele schöne Farbbilder**
- **anerkannt gute Autoren**
- **Beitragsreihen, die eine fundierte und interessante Gesamtschau gewähren**
- **Tourenbeschreibungen aller Art für Sommer und Winter**

Die BERGWELT setzt die Tradition der seit Jahrzehnten bekannten alpinen Zeitschriften DER WINTER und BERGKAMERAD fort und ist die größte deutschsprachige Bergsteigerzeitschrift.
Monatlich ein Heft, Format 22 x 28 cm, Umfang 70 bis 100 Seiten, mit vielen Farb- und Schwarzweißbildern sowie ein großes, mehrseitiges Panorama.
Der Jahresbezugspreis für 12 Hefte einschließlich Porto beträgt DM 48,–.
Bitte urteilen Sie selbst und verlangen Sie ein kostenloses Probeheft (Bitte schicken Sie DM 1,50 in Briefmarken mit) von der

BERGWELT-Auslieferung, 8 München 19, Postfach 67

Notizen

Berichtigung

(bitte im Umschlag einsenden an den Bergverlag Rudolf Rother, 8 München 19, Postfach 67)

des Alpenvereinsführers Ötztal, Auflage 1975, bedarf folgender Verbesserung bzw. Neufassung:

Die Randzahl ....

bitte wenden!

Absender: ....

Postleitzahl, Ort: ....

Straße: ....

Der Bergverlag Rudolf Rother ist berechtigt, diese Berichtigung dem Verfasser zur Bearbeitung der neuen Auflage zuzustellen. Der Verlag wird bei Erscheinen dieser neuen Auflage dem Einsender ein Exemplar zum Vorzugspreis mit 50 % Nachlaß anbieten.

✂

Berichtigung
(bitte im Umschlag einsenden an den Bergverlag Rudolf Rother, 8 München 19, Postfach 67)

Die Randzahl .... des Alpenvereinsführers Ötztal, Auflage 1975, bedarf folgender Verbesserung bzw. Neufassung:

bitte wenden!

Absender: ......

Postleitzahl, Ort: ......

Straße: ......

Der Bergverlag Rudolf Rother ist berechtigt, diese Berichtigung dem Verfasser zur Bearbeitung der neuen Auflage zuzustellen. Der Verlag wird bei Erscheinen dieser neuen Auflage dem Einsender ein Exemplar zum Vorzugspreis mit 50 % Nachlaß anbieten.

Berichtigung

(bitte im Umschlag einsenden an den Bergverlag Rudolf Rother, 8 München 19, Postfach 67)

Die Randzahl .... des Alpenvereinsführers Ötztal, Auflage 1975, bedarf folgender Verbesserung bzw. Neufassung:

bitte wenden!

Absender: ....

Postleitzahl, Ort: ....

Straße: ....

Der Bergverlag Rudolf Rother ist berechtigt, diese Berichtigung dem Verfasser zur Bearbeitung der neuen Auflage zuzustellen. Der Verlag wird bei Erscheinen dieser neuen Auflage dem Einsender ein Exemplar zum Vorzugspreis mit 50 % Nachlaß anbieten.

Was pack ich ein? (Eine Liste, die Ärger erspart)

für eine Tageswanderung
- [ ] Proviant
- [ ] Thermosflasche
- [ ] Pullover
- [ ] Sonnenmütze
- [ ] Taschentuch
- [ ] Taschenmesser
- [ ] Geld/Ausweise
- [ ] Sonnenbrille
- [ ] Sonnencreme
- [ ] Führer/Karten
- [ ] Fotoapparat
- [ ] Fernglas
- [ ] Heftpflaster
- [ ] Sicherheitsnadeln
- [ ] Klopapier
- [ ] Signalpfeife
- [ ] Rettungsdecke
- [ ] Regenschirm
- [ ] Regen-Umhang
- [ ] ....
- [ ] ....

zusätzlich mit Kindern:
- [ ] Brustgeschirr
- [ ] 10 m Reepschnur
- [ ] Viel zu trinken
- [ ] ....
- [ ] ....
- [ ] ....

zusätzlich für Wochenend-Wanderungen:
- [ ] Reservewäsche
- [ ] Reservesocken
- [ ] eiserner Proviant
- [ ] Dosen-Öffner
- [ ] Biwaksack
- [ ] Kocher m. Zub.
- [ ] Taschenlampe
- [ ] Kerze
- [ ] Streichhölzer
- [ ] Reserve-Filme
- [ ] Rucksack-Apotheke
- [ ] Handschuhe
- [ ] Notizbuch
- [ ] Kugelschreiber
- [ ] Schlafsack
- [ ] ....
- [ ] ....

zusätzlich für Frühsommer-Touren:
- [ ] Grödeln oder Leichtsteigeisen

persönliche Ergänzungen:
- [ ] ....
- [ ] ....
- [ ] ....

zusätzlich für mittlere Kletterfahrten:
- [ ] Seil (11 mm / 46 m)
- [ ] 10 Karabiner
- [ ] Sich.-Autom.
- [ ] Klettersitzgürtel
- [ ] Steinschlaghelm
- [ ] Haken-Sort.
- [ ] Felshammer
- [ ] 4-5 Reepschnur-Schlingen

zusätzlich für schwierige Kletterfahrten:
- [ ] Zusatzseil (9 mm / 46 m)
- [ ] 2 Trittleitern
- [ ] Griff-Fiffi
- [ ] Hakenfänger
- [ ] 2 Steigklemmen
- [ ] Stirnlampe

zusätzlich für Biwak in Eis und Fels:
- [ ] Firnschaufel
- [ ] Biwakschuhe
- [ ] Daunen-Fußsack
- [ ] Daunenjacke
- [ ] Kleinzelt

zusätzlich für Gletschertouren:
- [ ] Seil (11 mm / 40 m)
- [ ] 10 Karabiner
- [ ] Klettersitzgürtel
- [ ] 4 Reepschnur-Schlingen à 4 m
- [ ] Eispickel
- [ ] Steigeisen
- [ ] Kompaß
- [ ] Höhenmesser
- [ ] Gamaschen
- [ ] Gletscherbrille
- [ ] Lippenschutzsalbe
- [ ] Wollhaube
- [ ] Wollschal
- [ ] Fäustlinge
- [ ] ....
- [ ] ....

zusätzlich für schwierige Eisfahrten:
- [ ] Eishammer
- [ ] Eisbeil
- [ ] Eisstichel
- [ ] 4 Eisschrauben
- [ ] 5 Eisspiralen
- [ ] Steinschlaghelm
- [ ] Firnanker
- [ ] ....

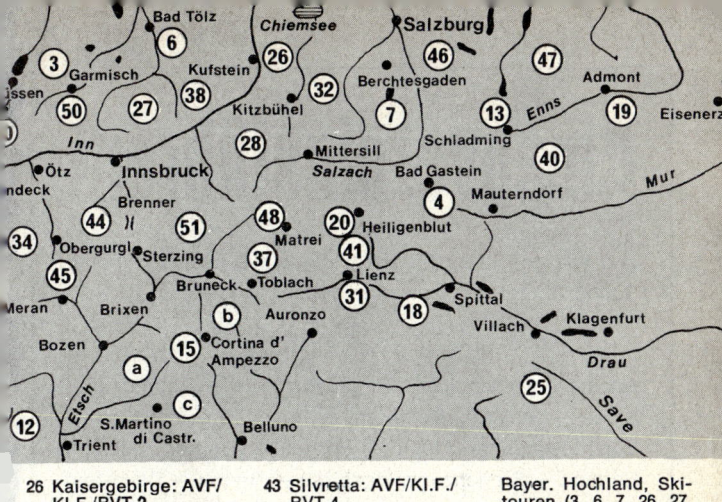

26 Kaisergebirge: AVF/Kl.F./BVT 2
27 Karwendelgebirge: AVF/Kl.F./BVT 1
28 Kitzbüheler Alpen: Skik./Kl.F. i. V.
29 Lechquellengebirge: AVF i. V.
30 Lechtaler Alpen: AVF/Kl.F./BVT 3
31 Lienzer Dolomiten: AVF/Kl.F./BVT 7
32 Loferer u. Leoganger Steinberge: AVF/BVT 2
33 Montblanc: Gr.F.
34 Ötztaler Alpen: AVF/Kl.F./Skif./Skik./BVT 5
35 Ortler: Gr.F./Kl.F./BVT 9/Skik.
36 Rätikon: AVF/Kl.F./BVT 4/Skif./Brandner Tal Kl.F.
37 Rieserferner-Gr.: AVF i. V.
38 Rofan: AVF/BVT 1/Achensee Kl.F.
39 Samnaun: AVF i. V./BVT 4/Skik.
40 Schladm. u. Radst. Tauern: AVF
41 Schobergr.: AVF/Kl.F.
42 Schweiz zw. Rhein und Reuß: BVT 11

43 Silvretta: AVF/Kl.F./BVT 4
44 Stubaier A.: AVF/Kl.F./Skik./BVT 5
45 Südtirol: BVT 9/BVT 6 (Ski)/Oberer Vinschgau: Kl.F. i. V. Sarntaler A.: Kl.F. i.V
46 Tennengebirge: AVF
47 Totes Gebirge: AVF
48 Venedigergruppe: AVF/Kl.F./BVT 7
49 Walliser Alpen: Kl.F.
50 Wetterstein: AVF/Kl.F./BVT 1/Tiroler Zugspitzgebiet Kl.F.
51 Zillertaler Alpen: AVF/Kl.F./Skik./BVT 7

Auswahlführer (in Klammern die darin enthaltenen Berggruppen):

Allgäuer Bergland (2, 11, 30, 36, 42, 43)
Bayer. Hochland und Nordtirol (3, 6, 7, 26, 27, 32, 38, 50)
Bayer. Hochland, Wochenendtouren (2, 3, 6, 7, 20, 26, 27, 34, 38, 44, 48, 50, 51)

Bayer. Hochland, Skitouren (3, 6, 7, 26, 27, 28, 30, 38, 50)
Dolomiten-Bergwanderführer (15 a, b, c)
Vom Gaspedal zum Gipfelkreuz
Bd. 1 (22, 30, 35, 45)
Bd. 2 (7, 15, 34, 44, 51)
Bd. 3 (42, 22)
Bd. 4 (13, 15, 25, 40)
Tiroler und Salzburger Zentralalpen (20, 27, 28, 34, 48, 51)
Vom Wienerwald zum Salzkammergut (13, 19, 24, 40, 46, 47)
Höhenwege Nördl. Kalkalpen (2, 3, 6, 7, 11, 13, 19, 24, 26, 27, 32, 38, 46, 47, 50)

Die Auswahlreihe „BV-Tourenblätter" ist bereits in den Gebirgsgruppen-Spalten berücksichtigt.

Ausführliche Kataloge der Führer und alpinen Werke kostenlos vom

BERGVERLAG RUDOLF ROTHER,

8 München 19, Postfach 67

Alpenvereinsführer

und andere Führer für Bergsteiger aus dem Bergverlag Rudolf Rother gibt es von folgenden Gebieten:

Adamello-Presanella — Allgäuer Alpen — Ammergauer Alpen — Ankogel-Goldberg — Bayerische Voralpen — Berchtesgadener Alpen — Bergell — Berner Alpen — Bernina — Bregenzerwaldgebirge — Brenta — Dachstein — Dauphiné — Dolomiten — Ferwall — Glocknergruppe — Gran Paradiso — Hochschwab — Julische Alpen — Kaisergebirge — Karwendel — Lechtaler Alpen — Lienzer Dolomiten — Loferer und Leoganger Steinberge — Mieminger Kette — Montblanc-Gruppe — Ötztaler Alpen — Ortler — Pala — Rätikon — Rofan — Samnaun — Schladminger und Radstädter Tauern — Schobergruppe — Silvretta — Stubaier Alpen — Tennengebirge — Totes Gebirge — Venedigergruppe — Walliser Alpen — Wetterstein — Zillertaler Alpen

Zu beziehen durch alle Buchhandlungen

BERGVERLAG RUDOLF ROTHER, MÜNCHEN 19

Unser Beitrag zum Umwelt- und Naturschutz!
Bergverlag Rudolf Rother, München

Jede Gebirgslandschaft ist charakteristisch durch eine für sie besondere Flora. Sie hat sich im Lauf der Jahreszeiten im bunten Farbenspiel harmonisch ineinandergefügt. Viele Arten haben schon die Eiszeiten überlebt und sich jeweils klimatisch angepaßt. Was sich durch Jahrtausende, oft sogar Millionen von Jahren erhalten konnte, sollte durch den heutigen Menschen nicht in wenigen Generationen zerstört werden. Er müßte bemüht sein, diese unbeschreibliche Schönheit, Vielfältigkeit und Farbenpracht der Bergblumen für seine Nachkommen zu bewahren. Seine Hauptaufgabe zum „Schutz und Erhaltung der wildwachsenden Pflanzen" erfordert Verständnis und Aufgeschlossenheit jedes einzelnen, aber auch Kenntnis der zu schützenden Arten.

Am Schluß der botanischen Angaben sind die Länder genannt, in denen die betreffende Pflanze gesetzlichen Schutz genießt: A = Österreich, CH = Schweiz, D = Deutschland, FL = Fürstentum Liechtenstein, I = Italien. Größter Teil der Aufnahmen aus **„Blumenwelt der Dolomiten"** von Paula Kohlhaupt, **Athesia-Verlag**, Bozen.

Türkenbund (Lilium martagon)
Fam.: Liliengewächse
(D, A, CH, I, FL)

Feuerlilie (Lilium bulbiferum)
Fam.: Liliengewächse
(D, A, CH, I, FL)

Frauenschuh (Cypripedium calceolus)
Fam.: Orchideen (D, A, CH, I, FL)

Rotes Waldvögelein
(Cephalanthera rubra)
Fam.: Orchideen (D, A, CH, I, FL)

Kohlröschen (schwarz und rot)
(Nigritella nigra)
Fam.: Orchideen (D, A, CH, I, FL)

Fliegen-Ragwurz
(Ophrys insectifera)
Fam.: Orchideen (D, A, CH, I, FL)

Weiße Seerose (Nymphaea alba)
Fam.: Seerosengewächse
(D, A, CH, I, FL)

Christrose, Schneerose
(Helleborus niger), Fam.: Hahnen-
fußgewächse (C, A, I)

Schwefel-Anemone (Pulsatilla
sulphurea), Fam.: Hahnenfuß-
gewächse (D, A, CH, I, FL)

Frühlings-Kuhschelle (Pulsatilla
vernalis), Fam.: Hahnenfuß-
gewächse (D, A, CH, FL)

Spinnweben-Hauswurz (Sempervivum arachnoideum), Fam.: Dickblattgewächse (D, A, CH, FL)

Trauben-Steinbrech (Saxifraga paniculata), Fam.: Steinbrechgewächse (D, A, CH)

Steinröserl (Daphne striata) Fam.: Seidelbastgewächse (D, A, CH, I)

Seidelbast (Daphne mezereum) Fam.: Seidelbastgewächse (D, A, CH)

Echte Alpenrose (Rhododendron ferrugineum), Fam.: Heidekrautgewächse (D, A, CH, FL)

Zwerg-Alpenrose (Rhodothamnus chamaecistus), Fam.: Heidekrautgewächse (D, I)

Alpenveilchen (Cyclamen europaeum), Fam.: Schlüsselblumengewächse (D, A, CH)

Schweizer-Mannsschild (Androsace helvetica), Fam.: Schlüsselblumengewächse (D, A, CH, I)

Fels-Aurikel (Primula auricula)
Fam.: Schlüsselblumengewächse
(D, A, CH, I, FL)

Zwerg-Primel (Primula minima)
Fam.: Schlüsselblumengewächse
(D, A)

Behaarte Primel (Primula hirsuta)
Fam.: Schlüsselblumengewächse
(D, CH, I)

Himmelsherold (Eritrichum nanum)
Fam.: Rauhblattgewächse
(CH, A, I)

Stengelloser Enzian (Gentiana acaulis), Fam.: Enziangewächse (D, A, CH, FL)

Gelber Enzian (Gentiana lutea) Fam.: Enziangewächse (D, A, CH, I)

Pannonischer Enzian (Gentiana pannonica), Fam.: Enziangewächse (D, A, CH, I)

Dolomiten-Glockenblume (Campanula morettiana), Fam.: Glockenblumengewächse (I)

Schopf-Teufelskralle (Physoplexis comosa), Fam.: Glockenblumengewächse (I)

Edelweiß (Leontopodium alpinum) Fam.: Korbblütler (D, A, CH, I, FL)

Echte Edelraute (Artemisia mutellina), Fam.: Korbblütler (D, A, CH, I, FL)

Arnica, Bergwohlverleih (Arnica montana), Fam.: Korbblütler (D, A, CH)